# ARM嵌入式系统软件开发实例

# （一）

周立功　等编著

北京航空航天大学出版社

## 内容简介

本书详细介绍当前几大热点 ARM 嵌入式系统软件模块的原理及其在 AM7 上的实现。分为 5 章，每章介绍一种模块。第 1 章介绍 FAT 文件系统的基础知识，以及兼容 FAT12、FAT16 和 FAT32 的文件系统模块 ZLG/FS 的源码分析。第 2 章介绍 USB 模块驱动程序的设计思想及实现过程。第 3 章详细介绍 CF 卡和 IDE 硬盘及相应软件模块 ZLG/CF 的设计思想及实现过程。第 4 章详细介绍 TCP/IP 及相应软件模块 ZLG/IP 的设计思想及实现过程。第 5 章介绍 GUI 的基础知识及 GUI 模块 ZLG/GUI 的设计思想和实现过程。

这些模块是在 PHILIPS 公司的通用 ARM7 微控制器 LPC2200 系列上调试通过的，可以很容易地移植到基于其他处理器核的嵌入式系统上。

本书可作为《ARM 嵌入式系统系列教程》的配套参考资料，可用作高等院校相关专业的 ARM 嵌入式系统课程的参考书，也可作为从事 ARM 嵌入式系统开发应用工程技术人员的参考资料。

**图书在版编目(CIP)数据**

ARM 嵌入式系统软件开发实例. 1/周立功等编著.
北京：北京航空航天大学出版社，2005.1
ISBN 7-81077-583-9

Ⅰ. A…　Ⅱ. 周…　Ⅲ. 微处理器，ARM—系统设计
Ⅳ. TP332

中国版本图书馆 CIP 数据核字(2004)第 1332214 号

**ARM 嵌入式系统软件开发实例(一)**
周立功　等编著
责任编辑　朱伟锋　　王　鸿
*
北京航空航天大学出版社出版发行
北京市海淀区学院路 37 号(100083)　发行部电话：(010)82317024　传真：(010)82328026
http://www.buaapress.com.cn　E-mail:bhpress@263.net
涿州市新华印刷有限公司印装　各地书店经销
*
开本：787×960　1/16　印张：41.25　字数：924 千字
2004 年 12 月第 1 版　2005 年 7 月第 2 次印刷　印数：5 001~10 000 册
ISBN 7-81077-583-9　定价：56.00 元

# 前　言

本书自成体系，也可作为《ARM 嵌入式系统系列教程》的配套参考资料。

互联网为何发展如此迅速？因为沟通的魅力无限。沟通可以极大地促进社会发展，这不是相加的关系，而是相乘甚至是指数的关系。设想一下，远古时代的类人猿一个一个地在森林中生活，"老死不相往来"，地球上还会出现现代文明社会吗？

早期的嵌入式系统是一个个孤立的系统，与人的沟通——人机界面也很简单。这是由当时的技术水平以及当时嵌入式系统的应用场合决定的。与早期的电脑类似，早期的嵌入式系统价格昂贵，数量也很少，普通人不可能接触，只有专家才能操作。尽管如此，早期嵌入式系统的性能却很低，只能用于解决实际的问题。由于成本昂贵，性能较低，设计嵌入式系统主要考虑如何充分发挥其性能，其他方面只好割爱；因此造成只有"专家"才能使用嵌入式系统。

时过境迁，嵌入式系统已经发生了巨大变化。如今，"福特出售的'计算能力'已超过了IBM"(福特公司的高级经理语。这里的'计算能力'泛指通用计算机和嵌入式系统的计算能力，事实上，福特公司不生产通用计算机，只生产汽车，内嵌许多嵌入式系统)，嵌入式系统已深入到社会的方方面面。嵌入式系统的广泛使用使嵌入式系统之间互相沟通变得十分重要。孤立的嵌入式系统必须事必亲为，结果任何事都不能做得最好。而嵌入式系统增多后，每个嵌入式系统可以专注于一件事，可以做得最好。同样对于一个公司，尽管每个员工都做得最好，但若员工之间没有互相沟通与协调，公司也运作不下去。因此，各个嵌入式系统之间须相互协调，甚至还需要与整个系统的外部交换数据。

本书介绍的几个软件模块都是用于嵌入式系统之间、嵌入式系统与其他系统之间、嵌入式系统与人之间的互相沟通和交换数据。鉴于 ARM 核在嵌入式系统中的地位，这些模块首先是在 PHILIPS 公司的通用 ARM7 微控制器 LPC2200 系列上调试通过的，但可以很容易移植到基于其它处理器核的嵌入式系统上。

本书各个章节内容均由各个嵌入式软件模块的编写者完成，详细地介绍了相应嵌入式软件模块的实现思想和方法。

各个章节内容安排如下：

第 1 章——ZLG/FS 原理与应用。介绍与 FAT12、FAT16 和 FAT32 兼容的文件系统的原理，并通过对 ZLG/FS 软件包的源码分析，分层次介绍如何在嵌入式系统中支持基于 FAT12、FAT16 和 FAT32 的卷，即分析 ZLG/FS 的实现。

FAT文件系统是被通用电脑广泛支持的文件系统,也是嵌入式系统常用的文件系统,使用该文件系统,可以使用简单的方法与最广泛的系统交换数据,并使这些数据发挥最大效益。

第2章——USB驱动程序开发。以PDIUSBD12为例,详细介绍如何使用PHILIPS公司的LPC2200 ARM微控制器开发基于μC/OS-II的USB驱动程序。通过这个例子,用户可深入了解如何较规范地编写基于μC/OS-II操作系统的USB驱动程序。

USB是当前PC机流行的外设接口总线,USB的从设备和主设备也愈来愈多。嵌入式系统如果作为USB从设备,与PC机通信就比较简单,如果再与FAT文件系统相结合,则可将嵌入式系统设计成U盘,不需要驱动程序即可与PC很方便地交换数据。

第3章——CF卡及IDE接口实现与编程。详细地介绍CF卡(Compact Flash Card)在True IDE模式下的应用技术,以及CF卡驱动的开发方法和实例。

CF卡是使用广泛的电子存储设备,很多数码相机、PDA都使用它来存储数据,甚至一些手机也支持CF卡。CF卡比其他电子存储设备便宜,嵌入式系统如果使用它作为存储设备,成本较低,又容易与其他设备交换数据(但须与FAT文件系统相结合)。如果与USB结合,可形成读卡器,交换数据就更加方便。

第4章——ZLG/IP的原理及应用。从网络结构的角度分析TCP/IP协议的组成,并通过解剖ZLG/IP分析TCP/IP协议栈的实现过程。

前面几章都是介绍近距离的沟通,而用本章的软件模块可实现远距离沟通。目前互联网遍布全球,通过该软件模块可实现在全世界范围内沟通。

第5章——GUI图形用户界面基础。详细介绍嵌入式系统简易的图形用户界面ZLG/GUI的原理,分析Bresenham画直线、圆和椭圆等算法,并提供实现的代码和应用例子代码。

现在嵌入式系统功能越来越强,越来越复杂,操作却要求越来越简单。这时就需要GUI图形用户界面来显身手。漂亮的人机界面还会提高用户的购买欲。

本书介绍的嵌入式软件模块均由广州周立功单片机发展有限公司资深工程师设计,并会不断地升级软件,力求软件越来越完善。

参与本书编写和工作的主要人员有陈明计、黄邵斌、戚军、叶皓贲、周立山、郑明远、刘英斌、岳宪臣和朱旻等。全书由周立功负责规划、内容安排、定稿与修改。

由于作者水平有限,书中难免有疏忽、不恰当甚至错误的地方,恳请各位老师及同行指正。

感谢北京航空航天大学出版社的大力支持,使本书得以快速出版;感谢PHILIPS美国半导体公司CK Phua先生几年来一如既往的支持和关心。

周立功

2004年11月

# 目 录

# 第1章　ZLG/FS 原理与应用

## 1.1　概　述

### 1.1.1　ZLG/FS 简介

ZLG/FS 是广州周立功单片机发展有限公司开发的面向嵌入式系统的小型文件系统，是 ZLG 系列中间件的重要成员之一。它是与 FAT12、FAT16 和 FAT32 高度兼容的文件系统，可以直接与个人电脑交换文件。它是可移植的、可固化的文件系统，可以用于前、后台系统，也可用于多任务环境。目前，ZLG/FS 的最新版本为 1.0。

### 1.1.2　ZLG/FS 的特点

- 高度兼容 FAT12、FAT16 和 FAT32。ZLG/FS 可以正确访问由 Windows98 建立的 FAT12、FAT16 和 FAT32 逻辑盘，ZLG/FS 建立的逻辑盘也可以被 Windows98 正确访问。
- 可移植。全部代码由 ANSI C 编写，并且与目标处理器的存储器结构无关(即无论存储器是大端结构还是小端结构均不影响程序的执行)，方便用户移植到自己的目标系统中。
- 可固化。ZLG/FS 为嵌入系统设计，如果用户有固化手段，那么它可以嵌入到用户产品中成为产品的一部分。
- 支持多任务操作系统。提供 ZLG/FS 在 μC/OS-II 使用的接口代码，用户参考这些代码就可以很方便地在别的多任务环境下使用 ZLG/FS。
- 兼容多种介质。ZLG/FS 提供一个底层驱动程序的接口，用户只需要提供相应介质的扇区访问代码就可以在相应的介质上使用 ZLG/FS。
- 提供源代码。需要购买源码的用户可以与广州周立功单片机发展有限公司联系。
- 可配置。得到源码的用户可以对一些参数进行配置。

### 1.1.3 已实现的特性

- 支持多个逻辑盘；
- 支持多种介质同时使用；
- 支持树型目录结构，子目录层数不受限制；
- 支持以 FAT12、FAT16 和 FAT32 格式化的逻辑盘；
- 支持 8.3 文件名格式；
- 支持文件读/写和目录操作；
- 提供格式化(Format)范例代码。

### 1.1.4 暂时未实现的特性

- 对文件、目录名的限制不够严格。这一版本的 ZLG/FS 有一些 FAT 规范限制使用的字符没有过滤掉。
- 忽略文件(目录)属性中的时间相关属性。因为嵌入式系统常常没有系统时钟，而且即使有，也没有统一的标准，所以这个版本的 ZLG/FS 没有处理文件、目录与时间相关的特性。
- 忽略文件(目录)属性中的只读、存档、隐含和系统属性。这一版本的 ZLG/FS 没有对带有几个属性的文件、目录进行特殊处理。
- 忽略除第一个 FAT 表以外的所有 FAT 表。如果逻辑盘有几个 FAT 表，则这一版本的 ZLG/FS 只操作第一个 FAT 表，其他 FAT 表保持不变。这几个 FAT 表就不同步。
- 忽略长文件名。这一版本的 ZLG/FS 不支持创建和访问长文件名的文件。但具有长文件名的文件还是可以通过短文件名访问。

ZLG/FS 的升级版将逐步解决上述问题。

## 1.2 使 用

### 1.2.1 使用示例

程序清单 1.1 是一个简单的 ZLG/FS 使用范例。它首先初始化文件系统(程序清单 1.1(2)～(4))；再建立一个目录(程序清单 1.1(5)～(7))；然后读/写一个文件(程序清单 1.1(8)～(17))，接着删除这个文件(程序清单 1.1(18))和目录(程序清单 1.1(19)、(20))；最后关闭文件系统(程序清单 1.1(21)、(22))。

**程序清单 1.1　ZLG/FS 使用示例**

```
#include "config.h"                                        (1)

int main(void)
{
    HANDLE FHandle;
    unit8 buf[10];
    char *S = "a.txt";

    DiskInit();                                            (2)
    AddFileDriver(FloppyCammand);                          (3)
    FileInit();                                            (4)

    ChangeDrive("a:");                                     (5)
    MakeDir("dir2.dir");                                   (6)
    ChangeDir("a:\\dir2");                                 (7)

    FHandle = FileOpen("a.txt", "w");                      (8)
    if (FHandle != Not_Open_FILE)                          (9)
    {
            FileSeek(FHandle, 0, SEEK_END);                (10)
            FileWrite(S, 6, FHandle);                      (11)
            FileClose(FHandle);                            (12)
    }

    FHandle = FileOpen("a.txt", "r");                      (13)
    if (FHandle != Not_Open_FILE)                          (14)
    {
            FileSeek(FHandle, 0, SEEK_SET);                (15)
            FileRead(buf, 6, FHandle2);                    (16)
            FileClose(FHandle);                            (17)
    }

    RemoveFile(S);                                         (18)

    ChangeDir("a:\\");                                     (19)
    RemoveDir("dir2");                                     (20)
```

```
    RemoveFileDriver(GetDrive("a"));                    (21)
    return 0;                                           (22)
}
```

### 1.2.2 Config.h 和 fat.h

程序清单 1.1 中的第一句就是 include "config.h",并且 config.h 是惟一包含的头文件,其他头文件均包含在这个头文件中。读者可能会注意到,本书所有的 *.c 文件都是这样。一般情况下,用户的 *.c 也应该这样做,这样,用户就不必在工程项目中每个 *.c 都考虑应该包含什么头文件。这样的代价是增加了编译时间,但现代计算机速度相当快,增加的时间并不多。这样做还有一个很重要的好处,即增加了可移植性。如果将程序由一种 CPU 移植到另一种 CPU,就不必每一个 *.c 文件都修改所包含的文件了。config.h 还可以保存用户自己的设置。

每一个 config.h 文件中均包括如程序清单 1.2 的定义。

**程序清单 1.2　fat.h**

```
#include "fat.h"
```

fat.h 定义了 ZLG/FS 的接口函数及一些 ZLG/FS 使用到的宏和数据结构。如果用户需要使用 ZLG/FS,则必须包含这个文件。

### 1.2.3 与编译器无关的数据类型

因为标准 C 语言没有规定 short、int、long 等数据类型的字长,所以不同的 C 语言编译器根据自己所对应的 CPU 的字长随意定义,隐含不可移植性。针对这种情况,ZLG/FS 要求用户定义与编译器无关的数据类型,以保证可移植性。LPC2200 的这部分代码见程序清单 1.3。

**程序清单 1.3　定义与编译器无关的数据类型**

```
typedef unsigned char       uint8;              /* 无符号 8 位整型变量 */
typedef signed char         int8;               /* 有符号 8 位整型变量 */
typedef unsigned short      uint16;             /* 无符号 16 位整型变量 */
typedef signed short        int16;              /* 有符号 16 位整型变量 */
typedef unsigned int        uint32;             /* 无符号 32 位整型变量 */
typedef signed int          int32;              /* 有符号 32 位整型变量 */
typedef float               fp32;               /* 单精度浮点数(32 位长度) */
typedef double              fp64;               /* 双精度浮点数(64 位长度) */
```

这样,假设用户在 32 位系统中使用 ZLG/FS,在程序中定义了一种数据变量如 uint32,它是一个 32 位无符号整数，范围是 0～0xFFFFFFFF；然后又把它移植到 16 位系统中。此时 unsigned int 已经是 16 位了，但 uint32 仍然是 32 位，只是将 uint32 的定义改为 unsigned long int。

### 1.2.4 初始化 ZLG/FS

在使用 ZLG/FS 之前，首先需要初始化它。初始化 ZLG/FS 主要包括以下几个步骤：

① 初始化磁盘信息管理系统(程序清单 1.1(2))。

② 加载逻辑盘驱动程序(程序清单 1.1(3))，可以加载多个逻辑盘驱动程序。

③ 初始化文件管理系统(程序清单 1.1(4))。

执行上述 3 个步骤后即可正常使用 ZLG/FS。

### 1.2.5 目录相关操作

ZLG/FS 提供很多函数用来操作逻辑盘的目录，其主要部分见表 1.1。函数的具体使用请参考 1.9 节和 1.11 节。

**表 1.1 ZLG/FS 目录操作函数列表**

| 函数名 | 功 能 |
| --- | --- |
| GetDrive | 获取逻辑盘索引号 |
| ChangeDrive | 改变当前逻辑盘 |
| MakeDir | 建立目录 |
| RemoveDir | 删除空目录 |
| ChangeDir | 改变当前目录 |

### 1.2.6 文件相关操作

ZLG/FS 提供很多函数用来操作逻辑盘的文件，其主要部分见表 1.2。函数的具体使用请参考 1.10 节和 1.11 节。

**表 1.2 ZLG/FS 文件操作函数列表**

| 函数名 | 功 能 |
| --- | --- |
| RemoveFile | 删除文件 |
| FileOpen | 打开文件 |
| FileClose | 关闭文件 |
| FileGetCh | 从文件中读取 1 个字节 |

续表 1.2

| 函数名 | 功　能 |
|---|---|
| FileRead | 从文件中读取数据块 |
| FilePutCh | 写 1 个字节到文件 |
| FileWrite | 写 1 个数据块到文件 |
| FileCloseAll | 关闭所有文件 |
| FileEof | 判断文件是否读/写到文件尾 |
| FileSeek | 移动文件读/写位置 |

### 1.2.7　关闭 ZLG/FS

当因为某种原因机器需要停机或重启时，可以关闭 ZLG/FS。关闭 ZLG/FS 时，只需要卸载所有已加载的逻辑盘驱动程序（程序清单 1.1(21)）即可。此时，用户可以停机或重启机器，或是加载新的逻辑盘驱动程序。

### 1.2.8　在多任务环境下使用 ZLG/FS

前面介绍的是在前、后台系统下 ZLG/FS 的使用，在多任务环境下其使用略有不同。程序清单 1.4 为 μC/OS－II 中使用的例子，它与程序清单 1.1 的功能完全一样。

**程序清单 1.4　在 μC/OS－II 中使用 ZLG/FS**

```
#include "config.h"

OS_STK          TaskStk[1024];
OS_STK          TaskStartStk[1024];

void  TaskStart (void * pdata);
int main(void)
{
        OSInit();
        PC_DOSSaveReturn();
        PC_VectSet(uCOS, OSCtxSw);
       OSTaskCreate(TaskStart, (void * )0, &TaskStartStk[1023], 9);
        OSTaskCreate(OSFileTask, (void * )0, &TaskStk[1023], 8);                    (1)
        OSStart();
        return 0;
}
```

```
void  TaskStart (void * pdata)
{
    HANDLE FHandle;
    unit8 buf[10];
    char * S =   "a.txt";

    pdata = pdata;

    OSAddFileDriver(FloppyCammand);

    OSChangeDrive("a:");
    OSMakeDir("dir2.dir");
    OSChangeDir("a:\\dir2");

    FHandle = OSFileOpen("a.txt", "w");
    if   (FHandle != Not_Open_FILE)
    {
            OSFileSeek(FHandle, 0, SEEK_END);
            OSFileWrite(S, 6, FHandle);
            OSFileClose(FHandle);
    }

    FHandle = OSFileOpen("a.txt", "r");
    if   (FHandle != Not_Open_FILE)
    {
            OSFileSeek(FHandle, 0, SEEK_SET);
           OSFileRead(buf, 6, FHandle2);
            OSFileClose(FHandle);
    }

    OSRemoveFile(S);

    OSChangeDir("a:\\");
    OSRemoveDir("dir2");

    OSRemoveFileDriver(GetDrive("a"));
```

```
    PC_DOSReturn();
}
```

与程序清单 1.1 比较可知,除了 ZLG/FS 的函数名前增加了 OS 两个字符外,程序清单 1.1(2)、(4)没有对应的语句,但多建立了一个任务 OSFileTask(程序清单 1.4 (1))。这个任务是 ZLG/FS 的服务器,其定义在文件 OSFile.c 中。OSFile.c 定义了 μC/OS-II 与 ZLG/FS 的接口代码,除了任务 OSFileTask 外,还定义了以 OS 打头的函数。OSFile.c 是公开的,用户可以参照它编写出其他多任务环境与 ZLG/FS 的接口代码。

任务 OSFileTask 的代码结构如程序清单 1.5 所示,完整的代码请看文件 OSFile.c。

**程序清单 1.5　μC/OS-II 与 ZLG/FS 的接口代码之文件服务器**

```
void OSFileTask(void *pdata)
{
    uint8 err;
    OSFileParameter *Command;

    pdata = pdata;

    DiskInit();                                                            (1)
    FileInit();                                                            (2)
    FileCommad = OSQCreate(OSFileQ, FILE_Q_SIZE);                          (3)
    while (1)
    {
        Command = (OSFileParameter *)OSQPend(FileCommad, 0, &err);         (4)

        if (err == OS_NO_ERR)                                              (5)
        {
            switch(Command->Command)                                       (6)
            {
                case OS_RemoveFile:
                    Command->P1.Puint8 = RemoveFile(Command->P1.cp);       (7)
                    break;                                                 (8)
/*其他函数处理*/
                default:
                    Command->P1.Puint8 = BAD_COMMAND;                      (9)
                    break;                                                 (10)
            }
```

```
        }
        OSMboxPost(Command->Rt, (void *)1);                                      (11)
    }
}
```

可以看出，程序清单 1.1(2)、(4)在这个任务中有对应，分别为程序清单 1.5(1)、(2)，这两句为文件系统初始化。然后就建立一个消息队列用于接收别的任务发送过来的文件系统操作命令(程序清单 1.5(3))。接着就用一个循环依次接收命令(程序清单 1.5(4))，并用 switch 语句处理命令(程序清单 1.5(5)～(10))。其中结构体 OSFileParameter 的定义见文件 OSFile.h。最后通过消息邮箱通知请求服务的任务：操作已经完成(程序)，返回值存于结构体 Command 的成员 Rt 中。

与文件服务器通信函数(OS 打头的函数)的例子见程序清单 1.6，详细的代码见文件OSFile.c。

**程序清单 1.6　μC/OS-II 与 ZLG/FS 的接口代码之通信函数**

```
#define  Together(a, b, c)                                        \
    Temp.Command = a;                                             \    (1)
    ThisRt = b;                                                   \
    Temp.Rt = OSMboxCreate(NULL);                                 \    (2)
    if (Temp.Rt != NULL)                                          \    (3)
    {                                                             \
        if (OSQPost(FileCommad, (void *)(&Temp)) == OS_NO_ERR)    \    (4)
        {                                                         \
            OSMboxPend(Temp.Rt, 0, &err);                         \    (5)
            if (err == OS_NO_ERR)                                 \    (6)
            {                                                     \
                OSMboxDel(Temp.Rt, OS_DEL_ALWAYS, &err);          \    (7)
                ThisRt = c;                                       \    (8)
            }                                                     \
        }                                                         \
    }                                                             \    (9)
    return ThisRt;

uint8 OSRemoveFile(uint8 *DirFileName)
{
    OSFileParameter Temp;
    uint8 err, ThisRt;
```

```
    Temp.P1.cp = DirFileName;                                          (10)
    Together(OS_RemoveFile, NOT_RUN, Temp.P1.Puint8);                  (11)
}
```

由于定义了一个宏 Together，接口函数很简单。首先函数在结构体 Temp 中保存必要的参数(程序清单 1.6(10))，然后调用宏 Together 进行实质的操作。

宏 Together 有 3 个参数：a、b、c。a 为请求的操作，其定义见文件 OSFile.h。b 为不能提供服务(包括不能提交请求)时的返回值。c 为服务器通过时的返回值。宏 Together 的代码比较简单，这里不再说明。

**注意：**“\”为 C 语言行连接符，在这里是正确的。

## 1.3　ZLG/FS 的结构视图

### 1.3.1　概　述

ZLG/FS 采用模块化层次结构设计，并使用底层驱动程序来兼容不同的硬件结构和不同的介质，其结构如图 1.1 所示。

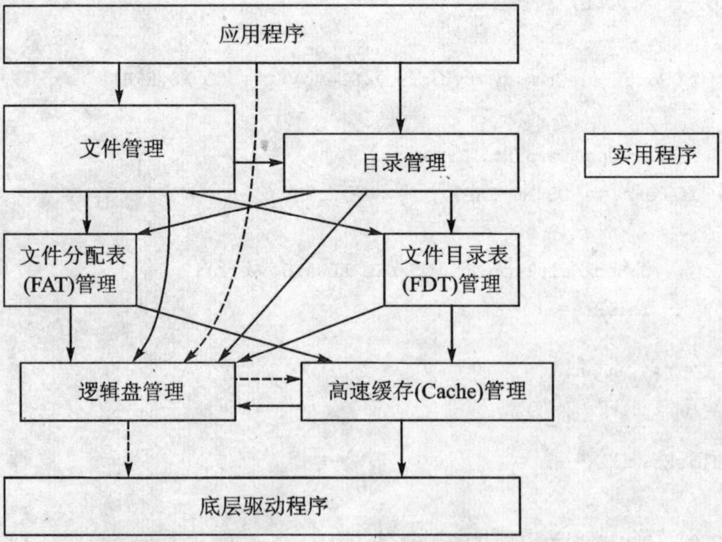


注：1　实线箭头表示正常调用关系，虚线表示正常情况不会出现的调用；

2　模块所在位置代表其所在的层次；

3　实用程序可能调用任何层次的函数。

**图 1.1　ZLG/FS 逻辑结构图**

### 1.3.2 应用程序

应用程序是用户自己编写的程序，是 ZLG/FS 的使用者，位于整个程序的最高层。应用程序可以调用 ZLG/FS 提供的函数(API)对文件和目录进行相应的操作。

### 1.3.3 文件管理与目录管理

文件管理模块和目录管理模块是直接与应用程序接口的模块，位于 ZLG/FS 的最高层。大部分用户接口函数(API)都在这两个模块中定义。文件管理模块提供所有与操作文件相关的函数(API)，目录管理模块提供与操作目录相关的函数(API)。

### 1.3.4 文件分配表管理与文件目录表管理

文件分配表管理模块和文件目录表管理模块管理着 FAT 文件系统的两个重要的数据结构，用户程序不能调用它们。

### 1.3.5 逻辑盘管理模块

逻辑盘管理模块保存着每个逻辑盘的一些基本信息，例如逻辑盘使用的驱动程序由这个模块保存。这些信息会被很多其他模块使用，大部分模块都需要调用这个模块的函数(API)来获取自己需要的逻辑盘的信息。ZLG/FS 通过这个模块管理多个逻辑盘。

### 1.3.6 高速缓存管理模块

高速缓存(Cache)是为了加快逻辑盘的访问速度而加入的。它利用一些 RAM 作为 Cache 保存一些访问过的逻辑盘扇区的内容。如果某次读取逻辑盘扇区的数据时 Cache 中有其备份，则不再读取磁盘。同时，写数据到逻辑盘扇区实际并不直接操作逻辑盘扇区，而是先写到 Cache 中，当由于某种原因这一片 Cache 要存储其他扇区数据，或是调用相应的函数(API)时，才真正写入逻辑盘。这样就极大地减少了访问逻辑盘的次数，相应地提高了速度(通常逻辑盘速度比较慢)。这个模块就是用来管理 Cache 的。

### 1.3.7 底层驱动程序

ZLG/FS 可以兼容多种介质和硬件，这是通过底层驱动程序实现的。底层驱动为上层程序提供与设备无关的接口，ZLG/FS 就通过这个接口访问实际的硬件。因为嵌入式系统的硬件没有标准，千差万别，所以底层驱动程序一般由用户编写。不过，ZLG/FS 已经把与硬件相关的代码压缩到最小，用户只要编写很少的代码就可以使用 ZLG/FS 了。同时，ZLG/FS 给出相应的文档及实例帮助用户编写底层驱动程序。

### 1.3.8 实用程序

实用程序不是 ZLG/FS 的组成部分,用户的最终代码也可能不包括它们。但它们又是非常必要的。例如,初次使用文件系统时往往要用到 format(格式化逻辑盘)实用程序初始化逻辑盘。当前版本的 ZLG/FS 包含一个与硬件无关的 format 代码(一些实用程序如分区是与硬件相关的)。

### 1.3.9 源代码文件说明

ZLG/FS 由多个文件组成,其简要说明见表 1.3。

**表 1.3 ZLG/FS 源代码说明**

| 文件名 | 所属模块 | 备 注 |
|---|---|---|
| Fat. h | 无 | ZLG/FS 的头文件 |
| file. c | 文件管理 | 无 |
| dir. c | 目录管理 | 无 |
| FAT. c | 文件分配表管理 | 用户不能直接调用 |
| FDT. c | 文件目录表管理 | 用户不能直接调用 |
| disk. c | 逻辑盘管理 | 无 |
| RWSec. c | 高速缓存管理 | 用户不能直接调用 |
| OSFile. c | μC/OS-II 接口代码 | 无 |
| 用户编写文件 | 低层驱动程序 | 参考例子 floppy. c |
| format. c | 实用程序 | 格式化例子 |

## 1.4 驱动程序设计指南

### 1.4.1 一个驱动程序的例子

通过阅读前面几节可知,ZLG/FS 使用驱动程序来兼容不同的介质和目标机环境。这样,用户就很可能需要编写自己的驱动程序。编写驱动程序比较容易,程序清单 1.7 就是 ZLG/FS 在 DOS 中使用的软盘驱动程序的例子。

**程序清单 1.7　DOS 下软盘驱动程序的例子**

```
uint16 FloppyCammand(uint8 Cammand, void * Parameter)
{
    uint16 rt;
    Disk_RW_Parameter * Dp;
    Disk_Info * DiskInfo;

    Dp = (Disk_RW_Parameter * )Parameter;                          (1)
    switch (Cammand)                                               (2)
    {
        case DISK_INIT:                                            (3)
            rt = DISK_INIT_NOT_OK;                                 (4)
            DiskInfo = GetEmptyDiskInfoAddr();                     (5)
            if (DiskInfo != NULL)                                  (6)
            {
                DiskInfo->DiakCommand = FloppyCammand;             (7)
                rt = DISK_INIT_OK;                                 (8)
            }
            break;                                                 (9)
        case DISK_CLOSE:                                           (10)
            break;                                                 (11)
        case DISK_READ_SECTOR:                                     (12)
            rt = DISK_READ_OK;                                     (13)

            if (absread(0, 1, Dp->SectorIndex, Dp->Buf) != 0)      (14)
            {
                rt = DISK_READ_NOT_OK;                             (15)
            }
            break;                                                 (16)
        case DISK_WRITE_SECTOR:                                    (17)
            rt = DISK_WRITE_OK;                                    (18)
            if (abswrite(0, 1, Dp->SectorIndex, Dp->Buf) != 0)     (19)
            {
                rt = DISK_WRITE_NOT_OK;                            (20)
            }
            break;                                                 (21)
        default:
```

```
            rt = BAD_DISK_COMMAND;                                                    (22)
            break;                                                                    (23)
        }
    return rt;                                                                        (24)
}
```

## 1.4.2 参　数

可以看出,驱动程序仅有一个接口简单的函数。它有两个参数,第 1 个参数为 ZLG/FS 对驱动程序请求的操作,有 DISK_INIT、DISK_CLOSE、DISK_READ_SECTOR 和 DISK_WRITE_SECTOR 4 种操作。其中,DISK_INIT 在 ZLG/FS 加载此驱动程序时调用;DISK_CLOSE 在卸载此驱动程序时调用;DISK_READ_SECTOR 为从逻辑盘指定逻辑扇区读取数据;DISK_WRITE_SECTOR 为将数据写入逻辑盘指定逻辑扇区。第 2 个参数为一个结构体指针,其定义见程序清单 1.8。

**程序清单 1.8　传递给底层驱动的参数结构体**

```
typedef struct _Disk_RW_Parameter
{
    uint8       Drive;              //驱动器号
    uint32      SectorIndex;        //操作的扇区
    uint32      RsvdForLow;         //保留给底层驱动程序,由_Disk_Info 中拷贝过来
    uint8       * Buf;              //数据存储位置
}Disk_RW_Parameter;
```

除了 RsvdForLow 这个成员外,源代码的注释已经很清楚,这里不再介绍。RsvdForLow 是逻辑盘信息管理结构体的一个成员 RsvdForLow 的拷贝,驱动程序可以在处理 DISK_INIT 请求时给 RsvdForLow 赋值以实现特定功能(例如一个驱动程序管理多个逻辑盘时用它区别访问的是哪个逻辑盘)。

## 1.4.3 逻辑盘初始化

DISK_INIT 请求仅在加载驱动程序时发生,其伪代码见程序清单 1.9。

**程序清单 1.9　驱动程序初始化**

```
case DISK_INIT:
    rt = DISK_INIT_NOT_OK;                                                            (1)
    for (i = 0; i < 驱动程序管理的逻辑盘数; i ++)                                         (2)
    {
```

```
            DiskInfo = GetEmptyDiskInfoAddr();                              (3)
            if (DiskInfo != NULL)                                           (4)
            {
            DiskInfo->DiakCommand = FloppyCammand;                          (5)
            DiskInfo->RsvdForLow = 驱动程序指定信息;(可选)                    (6)
            驱动程序自己的初始化代码;(可选)                                    (7)
            rt = DISK_INIT_OK;                                              (8)
            }
        }
    break;                                                                  (9)
```

程序清单 1.9 中,首先设置初始化失败时的返回值(程序清单 1.9(1)),然后依次初始化本驱动程序管理的逻辑盘(程序清单 1.9(2))。在初始化逻辑盘时,首先请求一个空闲的逻辑驱动器(程序清单 1.9(3),函数 GetEmptyDiskInfoAddr()参考第 5 章);如果有(程序清单 1.9(4)),则将被驱动程序的地址传递给逻辑盘信息管理程序(程序清单1.9(5)),还可以传递自己解释的信息(程序清单 1.9(5))和一些与硬件相关的初始化代码(程序清单 1.9(6))。如果有一个逻辑盘初始化成功,则返回成功(程序清单 1.9(8))。

### 1.4.4 卸载逻辑盘

ZLG/FS 在卸载驱动程序前会向驱动层发送 DISK_CLOSE 请求。一般情况下,驱动程序忽略这个请求。但如果驱动程序有自己的 Cache,则必须响应这个请求,以便把 Cache 数据写入逻辑盘。驱动程序一般无需 Cache,因为 ZLG/FS 有自己的 Cache 管理,当逻辑盘的扇区数据存于 ZLG/FS 的 Cache 中时,ZLG/FS 不会调用驱动程序读/写扇区。

### 1.4.5 读/写扇区

在加载驱动程序之后,卸载之前,ZLG/FS 可能在任何时候都有向驱动程序读(DISK_READ_SECTOR)或写(DISK_WRITE_SECTOR)扇区的请求,驱动程序需要将请求转化为实际的硬件操作。这两个请求是与硬件密切相关的,用户必须自己实现它。需要注意的是,ZLG/FS 传递下来的参数中的扇区号是针对文件系统的逻辑扇区号,而不是其物理存储位置。程序清单 1.9 的例子使用的是 DOS 的绝对扇区读(Absread)和绝对扇区写(Abswrite)调用来实现的。

编写完上述代码后,ZLG/FS 就可以使用相应的介质了。

# 1.5 FAT 文件系统基础知识

## 1.5.1 简　介

FAT(File Allocation Table,文件分配表)文件系统起源于 20 世纪 70 年代末 80 年代初,是微软 MS-DOS 操作系统采用的文件系统。开发之初,它作为一个简单文件系统,适合小于 500K 的软盘驱动器。随着时间的推移,它被加强从而支持越来越大的介质。目前有 3 种 FAT 文件系统:FAT12、FAT16、FAT32。这些 FAT 子类型的基本区别,即命名规则,在于实际磁盘上 FAT 结构每一表项的大小,也就是所占位数。FAT12 文件分配表每一表项为 12 位,FAT16 为 16 位,FAT32 为 32 位。

## 1.5.2 本节的约定

以"0x"开头的数字为十六进制数。其他不以"0x"开头的数字均为十进制数。本节代码为 C 语言。不严格遵守输入和语法。

本节个别代码不区分 32 位和 16 位数据,因为这里假设您是程序员,并知道如何正确写出这些指令,而不至于将 32 位转化为 16 位时而丢失数据。同时注意,所有的数据类型均为无符号型,不要用符号整型进行 FAT 计算,因为该计算会在某些 FAT 卷上出错。

## 1.5.3 概述(适用于各类型的 FAT 文件系统)

所有 FAT 文件系统最初都是为 IBM 个人电脑架构设计的。它的重要性在于用于磁盘数据结构的 FAT 文件系统都采用小端结构(依照 CPU 设计的不同,当数据宽度超过 1 个字节时,将高字节摆在后面称为 Little-endian,即小端结构;相反的方式称为 Big-endian,即大端结构)。如果将保存在磁盘中的一个 32 位 FAT 表项看作是 4 个连续的 8 位字节,第 1 个为 BYET[0],最后一个为 BYTE[3]。这里 32 个位以 00~31 标号(00 为最低位)。

```
BYTE[3]  3 3 2 2 2 2 2 2
         1 0 9 8 7 6 5 4
BYTE[2]  2 2 2 2 1 1 1 1
         3 2 1 0 9 8 7 6
BYTE[1]  1 1 1 1 1 1 0 0
         5 4 3 2 1 0 9 8
BYTE[0]  0 0 0 0 0 0 0 0
         7 6 5 4 3 2 1 0
```

确认您的电脑是否为大端结构非常重要,因为当您对磁盘进行数据交换时,必须对大、小端两种格式进行转换。ZLG/FS 的代码是与大、小端无关的。无论您的系统是大端系统还是小端系统,代码都可以正确运行。

FAT 文件系统的卷由 4 个基本区组成,它们在卷中的排列顺序如下:

0——保留区;

1——FAT 区;

2——根目录区(在 FAT32 卷中不存在);

3——文件和目录数据区。

### 1.5.4 引导扇区和 BPB

FAT 卷中第 1 个重要的数据结构是 BPB(BIOS Parameter Block,BIOS 参数块),它位于卷的保留区内第 1 个扇区中。这个扇区有时又被称为引导扇区、保留扇区或第 0 扇区,最重要的是它是卷的第 1 个扇区。

在 FAT 文件系统中,这是第 1 个容易引起混淆的问题。在 MS-DOS 1.x 版中,引导扇区中没有 BPB。在这个 FAT 文件系统的第 1 个版本中,只有两种不同的格式:一种适用于单面 360K 5.25 英寸软盘,另一种适用于双面 360K 5.25 英寸软盘。磁盘属于哪一种类型由 FAT 的第 1 个字节(FAT[0]的低 8 位)决定。

这种决定介质的方式在 MS-DOS 2.x 版本中被在引导扇区设置的 BPB 参数块取代,而且不再支持旧的介质决定方式(由 FAT 的第 1 个字节决定)。所有 FAT 卷必须在引导扇区中包含 BPB。

这就带来了第 2 点有关 FAT 卷决定方式的困惑:BPB 参数块究竟是怎样的?在 MS-DOS 2.x 定义的引导扇区中,BPB 只允许扇区数少于 65 536 个的 FAT 卷(512 字节每扇区,相当于 32 MB)。这种限制是因为 total sectors(所有扇区)字段只有 16 位。这种限制在 MS-DOS 3.x 中得到修正,BPB 使 total sectors 可以包含 32 位字段。

BPB 的下一次变化是随着微软视窗 95 操作系统一起出现的,特别是在 OEM Service Release 2(OSR2)中引入了 FAT32 类型。FAT16 受到 FAT 最大值和最大有效簇的限制,以每扇区 512 字节计算,一个逻辑盘容量不能超过 2 GB。FAT32 突破了一个 FAT 卷可使用磁盘容量大小的限制:当磁盘大于 2 GB 时,每个分区不得大于 2 GB。

FAT32 BPB 与 FAT12/FAT16 相符而且包含 BPB_TotSec32 字段。FAT12/FAT16/FAT32 的不同之处出现在偏移量 36(见下文决定 FAT 类型的介绍)。它们的相同之处在于,不论是 FAT12、FAT16 还是 FAT32,FAT 卷引导扇区中的 BPB 应该总是包括所有最新的 BPB 字段。这是保证 FAT 卷最大兼容性的一种方法,而且它一直包含所有当前定义的字段,因此能保证所有 FAT 文件系统驱动器能正确理解并支持卷。表 1.4 是包含 BPB 的 FAT 卷 0 扇区开始部分。

**注意:**表 1.4 描述中所有带“BPB_”前缀的字段是 BPB 部分,所有带“BS_”前缀的字段是引导扇区部分而不是BPB部分。

**表 1.4　引导扇区和 BPB 结构**

| 名　称 | 偏移量/字节 | 大小/字节 | 描　述 |
|---|---|---|---|
| BS_jmpBoot | 0 | 3 | 跳转指令,用于跳转到引导代码。这一字段有两种可用形式：jmpBoot[0] = 0xEB, jmpBoot[1] = 0x??, jmpBoot[2] = 0x90 和 jmpBoot[0] = 0xE9, jmpBoot[1] = 0x??, jmpBoot[2] = 0x??,其中0x?? 是指这一字节可为任一 8 位值。这两种形式是 3 字节 Intel x86 无条件分支(跳转)指令,用于跳转到操作系统自举(bootstrap)代码起始处。这段代码通常紧接着 BPB 参数块,占用扇区剩余部分,而且还可能占用其他扇区。以上两种形式均可。JmpBoot[0]＝0xEB 更为常用 |
| BS_OEMName | 3 | 8 | MSWIN4.1。关于这一字段有很多错误理解。这仅仅是一个名称字符串。微软的操作系统并不理会这一字段。某些 FAT 驱动程序却会。这就是推荐设置“MSWIN4.1”这个字符串的原因。因为这样设置能最大程度地减小兼容性问题。如果选择在此赋其他值,会导致一些 FAT 驱动器可能无法识别此卷。通常这一字段指示出是何种操作系统格式化了此卷 |
| BPB_BytsPerSec | 11 | 2 | 每一扇区的字节数。它只能取以下的值：512、1 024、2 048 或 4 096 字节。如果要求与老的工具实现最大兼容,那么只能使用 512 字节。现在很多 FAT 代码基本上被硬接线为每扇区 512 字节,也不必费心去检测此字段是否为 512 字节。微软操作系统完全支持 1 024、2 048 和 4 096 字节<br>**注意**：不要误解这些有关最大兼容性的声明。如果被标识的介质物理扇区大小为 N,则必须采用 N 这一数值,并且 N 必须小于或等于 4 096。只有采用特定的扇区大小,才能达到最大兼容性 |
| BPB_SecPerClus | 13 | 1 | 每一分配单元所占扇区数。该值必须大于 0 并且是 2 的幂。合法的值有 1、2、4、8、16、32、64、128。值得注意的是,不能使用使每簇字节数(BPB_BytsPerSec×BPB_SecPerClus)大于 32K(32×1 024)的值。使一个簇大于 32K 的值是不能正常工作的,请不要试图定义一个这样的值。某些系统的某些版本允许每簇 64 KB。许多应用软件的安装程序不能在这样的 FAT 卷上正确工作 |

续表 1.4

| 名　称 | 偏移量/字节 | 大小/字节 | 描　述 |
|---|---|---|---|
| BPB_RsvdSecCnt | 14 | 2 | 从卷的第 1 个扇区开始，卷内保留区中保留扇区的个数。该字段必须非 0。对于 FAT12 和 FAT16 卷，该值必须为 1。对于 FAT32 卷，该值为 32。许多有关 FAT12 和 FAT16 卷的 FAT 代码都默认保留扇区为 1，且并不必费心去检测此字段是否为 1。微软操作系统能支持该字段任何非 0 值 |
| BPB_NumFATs | 16 | 1 | 卷内 FAT 数据结构类型个数。对于任一类型的任一 FAT 卷，该字段应该总是 2。尽管任何大于等于 1 的值也是完全合法的，但如果该值为 2 以外的值，许多软件和一些操作系统的 FAT 文件系统驱动程序将不能正常运作。所有微软文件系统驱动程序支持 2 以外的值，但仍强烈推荐该字段不要使用 2 以外的值<br>该字段标准值为 2 是为了提供 FAT 数据结构冗余，以便当某个文件分配表中的某个扇区出错时，该数据由于在其他文件分配表中有备份而不致丢失。在基于无盘介质中，例如闪存卡，这种冗余功能是不必要的，可用值 1 以节省文件分配表备份所占空间，但某些 FAT 文件系统驱动程序可能不能正确识别此类卷 |
| BPB_RootEntCnt | 17 | 2 | 对于 FAT12 和 FAT16 卷，该字段为根目录中 32 字节的目录项的个数。对于 FAT32 卷，这一字段必须设为 0。对于 FAT12 和 FAT16 卷，该值乘以 32，结果必须为 BPB_BytsPerSec 的偶数倍。要达到最大兼容性，FAT16 卷中该值应为 512 |
| BPB_TotSec16 | 19 | 2 | 该字段为表示卷中扇区总数的旧式 16 位数。该数为卷中所有 4 个区中所有扇区数之和。该字段可为 0，如果为 0，则 BPB_TotSec32 应为非 0。对于 FAT32 卷，该字段必须为非 0 值。对于 FAT12 和 FAT16 卷，该字段为扇区数，当总扇区数匹配（小于 0x10000）时，BPB_TotSec32 为 0 |
| BPB_Media | 21 | 1 | 0xF8 为固定（非移动的）介质的标准设置。该字段合法值有 0xF0、0xF8、0xF9、0xFA、0xFB、0xFC、0xFD、0xFE 和 0xFF。另一个要点是：无论该字段被赋予何值，该值必须放入 FAT[0]表项的低位字节上。这些数为先前旧版 MS－DOS 1. x 介质定义中所指的值，通常不再使用 |

续表 1.4

| 名　称 | 偏移量/字节 | 大小/字节 | 描　述 |
|---|---|---|---|
| BPB_FATSz16 | 22 | 2 | 该字段为一 16 位数,记录 FAT12/FAT16 中一个 FAT 分区所占扇区数。在 FAT32 卷中,该字段必须为 0,而 BPB_FATSz32 中包含 FAT 大小的数值 |
| BPB_SecPerTrk | 24 | 2 | 中断 0x13 对应每轨扇区数。该字段仅与几何结构(卷被多个磁头和柱面体分为多个轨道)以及中断 0x13 可见的介质有关。该字段包含有每轨扇区数这一值 |
| BPB_NumHeads | 26 | 2 | 中断 0x13 所用的磁头数。该字段相关范围与 BPB_SecPerTrk 相同。该字段所包含一个基于磁头数的值。例如,1.44 MB 3.5 英寸软驱的值为 2 |
| BPB_HiddSec | 28 | 4 | 包含本 FAT 卷的分区前隐藏扇区总数。通常该字段只与中断 0x13 可见的介质有关。如果介质没有分区,那么该字段应为 0。究竟何值恰当取决于操作系统 |
| BPB_TotSec32 | 32 | 4 | 该字段为新的 32 位字段,存放卷的总扇区数。该数值为卷中所有 4 区中的所有扇区之和。该字段可为 0,如果为 0,则 BPB_TotSec16 应为非 0。对于 FAT32 卷,该字段必须为非 0 值。对于 FAT12 和 FAT16 卷,如果 BPB_TotSec16 为 0(总数大于等于 0x10000),该字段包含扇区数 |

从这里开始,FAT12 和 FAT16 的 BPB/引导扇区与 FAT32 的 BPB/引导扇区开始不同。表 1.5 所列为 FAT12 和 FAT16 中引导扇区偏移量 36 以后的结构。

**表 1.5　从偏移量 36 开始的 FAT12 和 FAT16 结构**

| 名　称 | 偏移量/字节 | 大小/字节 | 描　述 |
|---|---|---|---|
| BS_DrvNum | 36 | 1 | 中断 0x13 的驱动号(例如 0x80)。该字段支持 MS-DOS 自举并被设为介质的中断 0x13 驱动号(软盘为 0x00,硬盘为 0x80)<br>**注意:**该字段由操作系统设定 |
| BS_Reserved1 | 37 | 1 | 保留(用于 Windows NT)。格式化 FAT 卷的代码应该总是将该字节设为 0 |
| BS_BootSig | 38 | 1 | 扩展引导标志(0x29)。这是一标志字节,用于指示在引导扇区中存在的以下 3 个字段 |

续表 1.5

| 名　称 | 偏移量/字节 | 大小/字节 | 描　述 |
| --- | --- | --- | --- |
| BS_VolID | 39 | 4 | 卷的序列号。该字段和 BS_VolLab 一起支持卷跟踪可移动介质。这些值使 FAT 文件系统能探测出可移动驱动器中插入的是否为坏盘。该 ID 的产生方式通常是简单地将当前的日期和时间组合为一个 32 位值 |
| BS_VolLab | 43 | 11 | 卷标。这个字段与在根目录中记录的 11 字节卷标相同<br>**注意：** FAT 文件系统驱动程序应保证在根目录修改或建立其名字时更新这个字段。当无卷标时，这个字段的设置是 NO NAME |
| BS_FilSysType | 54 | 8 | 是 FAT12、FAT16 或 FAT 这几个字符串的其中一个<br>**注意：** 很多人认为这个字段中的字符串确定了该卷是哪种 FAT 类型(是 FAT12、FAT16 还是 FAT32)。这是错误的。用户可以从它的名字得知它实际上并不是 BPB 的一部分。这个字符串只是用于提供消息，由于它常常没有被正确设置或不存在，Microsoft 的文件系统驱动程序并不用它来确定 FAT 的类型。见 1.5.6 小节。尽管某些非 Microsoft FAT 文件系统驱动程序并不检查这个值，但它还应根据 FAT 类型进行设置 |

表 1.6 所列是从引导扇区偏移 36 开始的 FAT32 结构。

**表 1.6　从偏移 36 开始的 FAT32**

| 名　称 | 偏移量/字节 | 大小/字节 | 描　述 |
| --- | --- | --- | --- |
| BPB_FATSz32 | 36 | 4 | 这个字段只在 FAT32 介质中定义，在 FAT12 和 FAT16 介质中不存在。这个字段是一个 FAT 卷所占扇区数的 FAT32 32 位值。BPB_FATSz16 必须为 0 |
| BPB_ExtFlags | 40 | 2 | 这个字段只在 FAT32 介质中定义，在 FAT12 和 FAT16 介质中不存在<br>位 0～3　从 0 开始的活动 FAT 编号。仅在禁止镜像时有效<br>位 4～6　保留<br>位 7　0 表示运行时 FAT 被映像到所有 FAT<br>1 表示只有一个活动的 FAT。这是在位 0～3 引用的 FAT<br>位 8～15 保留 |

续表 1.6

| 名称 | 偏移量/字节 | 大小/字节 | 描述 |
| --- | --- | --- | --- |
| BPB_FSVer | 42 | 2 | 这个字段只在 FAT32 介质中定义,在 FAT12 和 FAT16 介质中不存在。高字节是主版次编号。低字节是次版次编号。这是 FAT32 卷的版本号。它支持以后扩展 FAT32 介质类型而不用考虑卷中安装的旧版本 FAT32 驱动程序。本文档将版本定义为 0:0。如果这个字段不为 0,以后的 Windows 版本将不能安装该卷<br>**注意:** 磁盘工具应注意该字段,不对主或次版本号比它们原来高的卷操作。FAT32 文件系统驱动器必须查看本字段,而且如果该字段不包含在写驱动器时定义的版本号就不安装该卷 |
| BPB_RootClus | 44 | 4 | 这个字段只在 FAT32 介质中定义,在 FAT12 和 FAT16 介质中不存在。它被设置为根目录第一个簇的簇编号,通常是 2,但并不要求为 2<br>**注意:** 修改根目录位置的磁盘工具尽最大努力将根目录的第 1 簇放到驱动器第 1 个好的簇中(如果簇 2 没有被标记为坏,就是簇 2)。如果该字段意外被设置为 0,那么它将被指定使磁盘修复程序,可以容易地找到根目录 |
| BPB_FSInfo | 48 | 2 | 这个字段只在 FAT32 介质中定义,在 FAT12 和 FAT16 介质中不存在。它表示在 FAT32 卷的保留区中 FSINFO 结构的扇区编号,通常为 1<br>**注意:** FSINFO 结构在 BackupBoot 中有一个副本,但只有被该字段指向的副本才会被更新(也就是主和备份引导记录将指向相同的 FSINFO 扇区) |
| BPB_BkBootSec | 50 | 2 | 这个字段只在 FAT32 介质中定义,在 FAT12 和 FAT16 介质中不存在。如果字段的值非 0,表示扇区编号在引导记录副本的卷的保留区中。它的值通常是 6。不推荐使用其他值 |
| BPB_Reserved | 52 | 12 | 这个字段只在 FAT32 介质中定义,在 FAT12 和 FAT16 介质中不存在。该字段保留用于以后的扩展。格式化 FAT32 卷的代码应将该字段的所有字节设置为 0 |
| BS_DrvNum | 64 | 1 | 该字段的定义与 FAT12 和 FAT16 介质的定义相同。它们与 FAT32 介质的惟一差别是字段在引导扇区的偏移量不同 |

续表 1.6

| 名　称 | 偏移量/字节 | 大小/字节 | 描　述 |
|---|---|---|---|
| BS_Reserved1 | 65 | 1 | 该字段的定义与 FAT12 和 FAT16 介质的定义相同。它们与 FAT32 介质的惟一差别是字段在引导扇区的偏移量不同 |
| BS_BootSig | 66 | 1 | 该字段的定义与 FAT12 和 FAT16 介质的定义相同。它们与 FAT32 介质的惟一差别是字段在引导扇区的偏移量不同 |
| BS_VolID | 67 | 4 | 该字段的定义与 FAT12 和 FAT16 介质的定义相同。它们与 FAT32 介质的惟一差别是字段在引导扇区的偏移量不同 |
| BS_VolLab | 71 | 11 | 该字段的定义与 FAT12 和 FAT16 介质的定义相同。它们与 FAT32 介质的惟一差别是字段在引导扇区的偏移量不同 |
| BS_FilSysType | 82 | 8 | 通常被设置为字符串 FAT32。请参考该字段在前面 FAT12/FAT16 部分的介绍。该字段与 FAT 类型的确定无关 |

FAT 卷扇区 0 还有另一点值得注意的地方：如果认为扇区的内容为字节数组，扇区[510]必须等于 0x55，扇区[511]必须等于 0xAA。

**注意：** 许多 FAT 文档错误地将 0xAA55 标记解释为引导扇区的最后 2 个字节。只有当 BPB_BytsPerSec 是 512 时，这种说法正确。如果 BPB_BytsPerSec 大于 512，这些标记字节的偏移量不会改变(如果引导扇区的最后 2 个字节也包含这个标记，就非常完美了)。

请检查您在 BPB_TotSec16/32 字段设置的值。假设磁盘或分区的大小在 DskSz 扇区中，如果 BPB 的 TotSec 字段(非 0 的 BPB_TotSec16 或 BPB_TotSec32 字段)小于或等于 DskSz，FAT 卷没有错误。实际上，BPB_TotSec16/32 的值比 DskSz 稍微大些不会出现不正常。BPB_TotSec16/32的值比 DskSz 小会更好。

所有这些方法都会浪费磁盘空间。FAT 卷可能在某些方法中被破坏。如果 BPB_TotSec16/32 大于 DskSz，它会展开到超过介质的结束或覆盖接下来的磁盘数据，那么卷会严重被破坏或残缺。为卷的介质或分区设置太大的 BPB_TotSec16/32 值会导致灾难性的数据丢失。

## 1.5.5 FAT 数据结构

第 2 个重要的数据结构是 FAT 本身。这个数据结构的作用是定义一个单独连接的文件范围(簇)列表。注意：FAT 目录或文件夹是一个普通文件，它的特殊属性指出它是一个目录。目录另一个特殊属性是该文件的数据或内容是一系列 32 字节的 FAT 目录项。在其他方面，目录就像文件一样。FAT 通过簇编号映射卷的数据区。第 1 个数据簇是簇 2。

簇 2 的第 1 个扇区(磁盘的数据区)用卷的 BPB 字段计算如下。首先，确定根目录占的扇区数：

```
RootDirSectors = [(BPB_RootEntCnt×32) + (BPB_BytsPerSec−1)] / BPB_BytsPerSec
```

**注意**：在 FAT32 卷中，BPB_RootEntCnt 的值通常为 0，因此 FAT32 卷的 RootDirSectors 通常也为 0。上面的 32 是以字节为单位计算的一个 FAT 目录项的大小。还要注意的是计算结果向上舍入。

数据区的开始、簇 2 的首个扇区计算如下：

```
If(BPB_FATSz16 != 0)
    FATSz = BPB_FATSz16;
else
    FATSz = BPB_FATSz32;
FirstDataSector = BPB_ResvdSecCnt + (BPB_NumFATs * FATSz) + RootDirSectors;
```

**注意**：这个扇区号与包含 BPB 的卷第 1 个扇区(包含 BPB 的扇区是 0 号扇区)相关。这不能直接映射到驱动器，因为卷的 0 扇区不必是驱动器分区的 0 扇区。

假设任一有效的数据簇编号 N，该簇第 1 个扇区的扇区号(也与 FAT 卷的 0 扇区有关)计算如下：

```
FirstSectorofCluster = ((N - 2) * BPB_SecPerClus) + FirstDataSector;
```

**注意**：由于 BPB_SecPerClus 被限制为 2 的幂(1、2、4、8、16、32…)，这就是说，乘或除 BPB_SecPerClus 实际上可以通过比 MULT 和 DIV 指令快得多的 SHIFT 操作执行。在当前的 Intel x86 处理器中，MULT 和 DIV 机器指令已对乘和除 2 的幂进行了大量优化，因此在很大程度上与速度无关。

## 1.5.6　FAT 类型的确定

人们对如何确定 FAT 类型有许多误解，导致出现许多偏差 1(Off by 1)、偏差 2、偏差 10 和巨大偏差(Massively off)错误。其实，它的工作原理相当简单。FAT 类型(FAT12、FAT16 或 FAT32)只是由卷中簇的数量决定。

请仔细阅读这部分的内容，所有内容都非常重要。

**注意**：簇的数量与最大有效簇号码不一样，因为第 1 个数据簇是 2，而不是 0 或 1。

现在，首先讨论如何确定簇的数量这个值。这都由卷的 BPB 字段完成。首先，确定前面说明的根目录占用的扇区数。

```
RootDirSectors = ((BPB_RootEntCnt * 32) + (BPB_BytsPerSec - 1)) / BPB_BytsPerSec;
```

**注意**：在 FAT32 卷中，BPB_RootEntCnt 值通常为 0，因此 FAT32 卷的 RootDirSectors 通常也为 0。接着确定卷数据区的扇区数：

```
if(BPB_FATSz16 != 0)
    FATSz = BPB_FATSz16;
else
    FATSz = BPB_FATSz32;
if(BPB_TotSec16 != 0)
    TotSec = BPB_TotSec16;
else
    TotSec = BPB_TotSec32;
DataSec = TotSec - (BPB_ResvdSecCnt + (BPB_NumFATs * FATSz) + RootDirSectors);
```

现在确定簇的数量：

```
CountofClusters = DataSec / BPB_SecPerClus;
```

**注意**：计算得到的结果向下舍入。

现在，可以确定 FAT 类型。要非常小心，否则会犯偏差 1 错误。

在下面的例子中，是“<”不是“<=”。还要注意数字是正确的。第 1 个数字是 FAT12 的 4 085；第 2 个数字是 FAT16 的 65 525。这些数字和“<”号是非假的。

```
if(CountofClusters < 4085)
{
    /*是 FAT12 卷*/
}
else if(CountofClusters < 65525)
{
    /*是 FAT16 卷*/
}
else
{
    /*是 FAT32 卷*/
}
```

这是惟一一种确定 FAT 类型的方法。FAT12 卷不会超过 4 084 簇；FAT16 卷不少于 4 085簇，但不超过 65 524 簇；FAT32 卷不少于 65 525 簇。如果用户尝试使 FAT 卷违反这一规则，那么 Microsoft 操作系统将不能正确处理它们，因为操作系统会认为卷的类型与用户认为的 FAT 类型不一样。

**注意**：现在关于FAT代码的说法很多都是错误的。许多FAT类型码都偏差1、2、8、10或16。因此，如果要格式化一个与所有已有FAT代码有最大兼容性的FAT卷，这里强烈推荐避免簇数接近4 085或65 525的任何类型卷。请在这个边界簇数为每边保留至少16个簇，例如，应避免格式化成簇数为(4 085－16)～(4 085＋16)的卷。

注意CountofClusters的值正好是从簇2开始的数据簇的数量。卷的最大有效簇号码是CountofClusters＋1，而包括两个保留簇的簇数量是CountofClusters＋2。

还有另一个很重要的计算与FAT有关。假设任一有效的簇编号N，那么该簇编号的表项在FAT的哪里？对于这个问题，最复杂的FAT类型是FAT12。FAT16和FAT32的计算非常简单：

```
If(BPB_FATSz16 != 0)
    FATSz = BPB_FATSz16;
Else
    FATSz = BPB_FATSz32;
If(FATType == FAT16)
    FATOffset = N * 2;
Else if (FATType == FAT32)
    FATOffset = N * 4;
ThisFATSecNum = BPB_ResvdSecCnt + (FATOffset / BPB_BytsPerSec);
ThisFATEntOffset = REM(FATOffset / BPB_BytsPerSec);
```

REM(…)是取余运算符。它是FATOffset被BPB_BytsPerSec除后得到的余数。ThisFATSecNum是簇N在第1个FAT表的表项所在的扇区号。如果用户需要第2个FAT表所在的扇区号，则可以把ThisFATSecNum与FATSz相加。对于第3个FAT，可以加上2×FATSz，如此类推。

现在用户就可以读出ThisFATSecNum扇区号(这是与FAT卷扇区0相关的扇区号)。假设将结果读到一个名叫SecBuff的8位字节数组，且WORD型是16位无符号数，DWORD型是32位无符号数，那么取出该簇的内容的操作：

```
If(FATType == FAT16)
    FAT16ClusEntryVal = *((WORD *) &SecBuff[ThisFATEntOffset]);
Else
    FAT32ClusEntryVal = (*((DWORD *) &SecBuff[ThisFATEntOffset])) & 0x0FFFFFFF;
```

要设置相同簇的内容请执行以下操作：

```
If(FATType == FAT16)
    *((WORD *) &SecBuff[ThisFATEntOffset]) = FAT16ClusEntryVal;
```

```
Else
{
   FAT32ClusEntryVal = FAT32ClusEntryVal & 0x0FFFFFFF;
   *((DWORD *) &SecBuff[ThisFATEntOffset]) =
   (*((DWORD *) &SecBuff[ThisFATEntOffset])) & 0xF0000000;
   *((DWORD *) &SecBuff[ThisFATEntOffset]) =
   (*((DWORD *) &SecBuff[ThisFATEntOffset])) | FAT32ClusEntryVal;
}
```

**注意：**上面的代码假设用户的系统是大端结构的，本节其他代码有相同的假设。

下面介绍上面的FAT32代码如何工作。FAT32的FAT表项实际上只是一个28位的表项。FAT32 FAT表项的高4位保留。只有当卷被格式化时FAT32的FAT表项会被修改，此时整个32位的FAT表项为0，包括高4位。

由于FAT32 FAT表项在此处会引起许多误解，下面再详细解释一下。基本的32位FAT表项并不真正是32位值，它们只有28位。例如，由于用户在读出簇表项的值时忽略了高4位，所有这些32位簇表项的值：0x10000000、0xF0000000和0x00000000都表示簇是空(Free)的。如果32位空簇的值当前是0x30000000，而且需要将值0x0FFFFFF7保存在簇中表示簇是坏的，那么在用户完成操作后32位表项包含的值是0x3FFFFFF7，因为当用户写入0x0FFFFFF7坏簇标记时，必须保留高4位。

**注意：**由于BPB_BytsPerSec的值通常能被2和4除尽，无须考虑FAT16或FAT32的FAT表项是否会越过扇区的边界(这对于FAT12是错误的)。

FAT12的代码更复杂，因为每个FAT表项有1.5字节(12位)：

```
if (FATType == FAT12)
   FATOffset = N + (N / 2);
/*不用浮点乘法乘以1.5,除2后向下舍入*/
ThisFATSecNum = BPB_ResvdSecCnt + (FATOffset / BPB_BytsPerSec);
ThisFATEntOffset = REM(FATOffset / BPB_BytsPerSec);
```

现在需要检查扇区边界的情况：

```
If(ThisFATEntOffset == (BPB_BytsPerSec - 1))
{
   /*这个簇的访问跨过了FAT的扇区边界。有许多策略可以处理这种情况*/
   /*最简单的方法是：如果卷是FAT12,则将FAT扇区成对装载到存储器(也就*/
   /*是说,如果用户需要装载FAT扇区N,则还需要接着装载FAT扇区N+1,*/
   /*除非扇区N是最后一个FAT扇区)。如果测试扇区边界并不必要,那么假设*/
```

```
    /*在这里使用这种策略*/
}
```

现在可以像访问 FAT16 一样,用 WORD 访问 FAT 表项。但如果簇号是偶数,则只取出 16 位中的低 12 位;如果簇号是奇数,则取出 16 位中的高 12 位。

```
FAT12ClusEntryVal = *((WORD *) &SecBuff[ThisFATEntOffset]);
If(N & 0x0001)
   FAT12ClusEntryVal = FAT12ClusEntryVal >> 4;              /*簇号是奇数*/
Else
   FAT12ClusEntryVal = FAT12ClusEntryVal & 0x0FFF;          /*簇号是偶数*/
```

要设置相同簇的内容,请执行以下操作:

```
If(N & 0x0001)
{
   FAT12ClusEntryVal = FAT12ClusEntryVal << 4;              /*簇号是奇数*/
   *((WORD *) &SecBuff[ThisFATEntOffset]) =
   (*((WORD *) &SecBuff[ThisFATEntOffset])) & 0x000F;
}
Else
{
   FAT12ClusEntryVal = FAT12ClusEntryVal & 0x0FFF;          /*簇号是偶数*/
   *((WORD *) &SecBuff[ThisFATEntOffset]) =
   (*((WORD *) &SecBuff[ThisFATEntOffset])) & 0xF000;
}
*((WORD *) &SecBuff[ThisFATEntOffset]) =
(*((WORD *) &SecBuff[ThisFATEntOffset])) | FAT12ClusEntryVal;
```

**注意:** 这里假设">>"运算符在高 4 位移入 0,"<<"运算符在低 4 位移入 0。

文件的数据和文件的关联方式如下。目录项记录了文件首个簇的簇编号。文件的第 1 个簇(扩展)是与这第 1 个簇编号相关的数据,数据在卷中的位置由前面介绍的簇编号计算(FirstSectorofCluster 的计算)得到。

**注意:** 长度为 0 的文件(即没有向这个文件分配数据)将编号为 0 的第 1 个簇放在它的目录项中。这个簇在 FAT 中的位置(见前面对 ThisFATSecNum 和 ThisFATEntOffset 的计算)包含 EOC(End Of Clusterchain)标志或文件下一个簇的簇编号。EOC 的值由 FAT 类型决定(假设 FATContent 是 FAT 中簇表项的内容,检查这个值可知它是否为 EOC 标志)。

```
IsEOF = FALSE;
If(FATType == FAT12)
{
   If(FATContent >= 0x0FF8)
   IsEOF = TRUE;
}
else if(FATType == FAT16)
{
   If(FATContent >= 0xFFF8)
   IsEOF = TRUE;
}
else if (FATType == FAT32)
{
   If(FATContent >= 0x0FFFFFF8)
   IsEOF = TRUE;
}
```

**注意：**FAT 中包含 EOC 标志的簇表项，其簇编号被分配到文件而且是分配到文件的最后一个簇。如果 Microsoft 操作系统的 FAT 驱动程序将簇的内容设置到 EOC 标记，FAT12 的 EOC 值是 0x0FFF，FAT16 是 0xFFFF，FAT32 是 0x0FFFFFFF。Microsoft 操作系统的其他磁盘应用程序可能使用其他值。

另外，还有一个特殊的 BAD CLUSTER 标志。所有在 FAT 表项中包含 BAD CLUSTER 值的簇不能放在空簇列表中，因为它倾向有磁盘错误。FAT12 的 BAD CLUSTER 值是 0x0FF7，FAT16 是 0xFFF7，FAT32 是 0x0FFFFFF7。还要注意，这些坏簇也是丢失的簇——看起来要被分配的簇，因为它们包含非 0 值，但不是任何文件分配链的一部分。磁盘修复程序必须能识别包含这个特定值的丢失簇是坏簇，而且不修改簇表项的内容。

**注意：**将坏簇标记为 FAT12 和 FAT16 卷的可分配簇编号是不可能的，但 0x0FFFFFF7 对于 FAT32 卷来说是一个可分配的簇编号。为了避免磁盘应用程序的混乱，FAT32 卷不会将 0x0FFFFFF7 配置为可分配的簇编号。

FAT 中的空簇列表是在 FAT 的簇表项中包含 0 值的所有簇。空簇的列表不保存在卷中，当通过扫描包含 0 值的 FAT 表项来安装卷时，必须计算这个数值。在 FAT32 卷中，BPB_FSInfo扇区可能包含卷中有效的空簇数量。请参考 1.5.8 小节的 FAT32 FSInfo 扇区部分。

在 FAT 开始保留两个簇有什么作用？第 1 个保留的簇 FAT[0]在它的低 8 位中包含 BPB_Media字节值，其他所有位都被设置为 1。例如，如果 BPB_Media 的值是 0xF8，那么 FAT12 的 FAT[0] = 0x0FF8，FAT16 的 FAT[0] = 0xFFF8，FAT32 的 FAT[0] =

0x0FFFFFF8。FORMAT 将第 2 个保留的簇 FAT[1]设置为 EOC 标记。FAT12 卷不使用这个簇,它只是包含 1 个 EOC 标记。对于 FAT16 和 FAT32,文件系统驱动程序可能用 FAT[1]表项的高 2 位为卷修改标志(Dirty Volume Flags)(所有其他位通常被设置为 1)。

**注意**:在 FAT16 和 FAT32 中,这些位的位置不一样,因为它们是表项的高 2 位。

对于 FAT16:

```
ClnShutBitMask = 0x8000;
HrdErrBitMask = 0x4000;
```

对于 FAT32:

```
ClnShutBitMask = 0x08000000;
HrdErrBitMask = 0x04000000;
```

位 ClnShutBitMask　如果位是 1,则卷是"清洁(clean)"的。如果位是 0,则卷是"脏(dirty)"的。这是指文件系统驱动程序在上次安装卷时没有正确卸载卷。在这里运行 Chkdsk/Scandisk 磁盘修复程序非常合适,因为它可能已被破坏。

位 HrdErrBitMask　如果位是 1,那么表示没有出现磁盘读/写错误。如果位为 0,那么文件系统驱动器在上次安装卷时遇到磁盘 I/O 错误,它表示卷的某些扇区被破坏。最好运行 Chkdsk/Scandisk 磁盘修复程序分析磁盘表面以查找新的坏扇区。

下面两点对于 FAT 卷的 FAT 区非常重要:

(1) FAT 的最后一个扇区不必全是 FAT 的部分。FAT 在与簇编号为 CountofClusters+1(见前面 CountofClusters 的计算)的表项对应的最后一个 FAT 扇区的簇编号处停止,表项不必在最后一个 FAT 扇区结束。FAT 代码不能假设最后的 FAT 扇区 CountofClusters+1 表项后的内容。FAT 格式化代码应将这个表项后的字节初始化为 0。

(2) BPB_FATSz16(FAT32 卷是 BPB_FATSz32)的值可能大于它需要的值。换句话说,在卷的 FAT 区中每个 FAT 的结束可能有完全没使用的 FAT 扇区。因此,FAT 的最后一个扇区通常用 CountofClusters+1 的值计算,而不用 BPB_FATSz16/32 的值计算。FAT 代码不应假想这些额外的 FAT 扇区保存的内容。FAT 格式化代码应将这些额外的 FAT 扇区内容初始化为 0。

## 1.5.7 FAT 卷的初始化

这里,细心的读者会发现有一个非常有趣的问题。假设 FAT 类型(FAT12、FAT16 或 FAT32)与簇的数量有关,而且 FAT 卷数据区提供的扇区与 FAT 的大小有关,当要处理一个没有 BPB 的未格式化卷时，如何确定所有这些并计算 BPB_SecPerClus 和 BPB_FATSz16 或 BPB_FATSz32 的值？Microsoft 操作系统对此用一个固定的值、几个表和智能算法来实现。

Microsoft 操作系统只在软盘上实现 FAT12。因为数量有限的软盘格式都有固定大小，所以可以用简单的表实现：

```
"If it is a floppy of this type, then the BPB looks like this."
```

FAT12 没有动态计算。对于 FAT12 格式，所有 BPB_SecPerClus 和 BPB_FATSz16 的计算都通过手工进行，结果记录在一个表中(请注意：得到的簇数通常小于 4 085)。如果用户的介质超过 4 MB，请不要使用 FAT12。请将 BPB_SecPerClus 的值设置为更小，那么卷将是 FAT16。

以下内容都专用于每扇区有 512 字节的驱动器。用户不能在扇区大小不一样的驱动器上使用这些表或智能算法。固定的值表示卷的大小，是 FAT16 到 FAT32 的转换值(FAT16 和 FAT32 的边界值)。比这个值小的卷是 FAT16 卷，大于等于这个值的是 FAT32 卷。对于 Windows 来说，这个值是 512 MB。也就是说，小于 512 MB 的 FAT 卷是 FAT16，大于等于 512 MB 的 FAT 卷是 FAT32。

请不要从这里得出错误的结论。

但是也有许多 FAT16 卷是大于 512 MB 的。有许多方法可以强制将介质格式化为 FAT16，而不是默认的 FAT32，而且有许多代码可以实现各种限制。这里讨论的是对于 MS-DOS 和 Windows 来说未被格式化的卷的默认转换值。FAT16 和 FAT32 各有一个表。这些表中的所有表项根据扇区为 512 字节的卷的大小选择(值在 BPB_TotSec16 或 BPB_TotSec32 中)，这个表设置的值是 BPB_SecPerClus 值。

```
    struct DSKSZTOSECPERCLUS
    {
        DWORD DiskSize;
        BYTE SecPerClusVal;
    };
/* 这个表用于 FAT16 驱动器。注意，尽管典型只使用磁盘大小小于 512 MB 的表项，
 * 但表中仍包含磁盘大小大于 512 MB 的表项。访问这个表的方式是查找磁盘
 * 大小小于或等于表项 DiskSize 字段的首个表项。该表要能正确工作，
 * BPB_RsvdSecCnt 必须为 1，BPB_NumFATs 必须为 2，BPB_RootEntCnt 必须为 512。
 * 如果不是取以上的值，则可能要求第 1 个表项的 DiskSize 值改变；否则，FAT16 的簇数会太低 */
    DSKSZTOSECPERCLUS DskTableFAT16 [] =
    {
        { 8400, 0},              /* 4.1 MB 的磁盘，SecPerClusVal 值为 0 表示出现错误 */
        { 32680, 2},             /* 16 MB 的磁盘，1K 簇 */
```

```
        { 262144, 4},                /* 128 MB 的磁盘,2K 簇 */
        { 524288, 8},                /* 256 MB 的磁盘,4K 簇 */
        { 1048576, 16},              /* 512 MB 的磁盘,8K 簇 */
/* 后面的表项不使用,除非强行使用 FAT16。 */
        { 2097152, 32},              /* 1 GB 的磁盘,16K 簇 */
        { 4194304, 64},              /* 2 GB 的磁盘,32K 簇 */
        { 0xFFFFFFFF, 0}             /* 所有大于 2 GB 的磁盘,SecPerClusVal 值为 0 表示出现错误 */
    };
/* 这个表用于 FAT32 驱动器。注意,尽管典型只使用磁盘大小小于 512 MB 的表项,
 * 但表中仍包含磁盘大小大于 512 MB 的表项。访问这个表的方式是查找磁盘
 * 大小小于或等于表项 DiskSize 字段的首个表项。该表要能正确工作,
 * BPB_RsvdSecCnt 必须为 32,BPB_NumFATs 必须为 2。如果不是取以上的值,
 * 则可能要求第 1 个表项的 DiskSize 值改变;否则,FAT32 的簇数会太低
 */
    DSKSZTOSECPERCLUS DskTableFAT32 [] =
    {
        { 66600, 0},                 /* 32.5 MB 的磁盘,SecPerClusVal 值为 0 表示出现错误 */
        { 532480, 1},                /* 260 MB 的磁盘,0.5K 簇 */
        { 16777216, 8},              /* 8 GB 的磁盘,4K 簇 */
        { 33554432, 16},             /* 16 GB 的磁盘,8K 簇 */
        { 67108864, 32},             /* 32 GB 的磁盘,16K 簇 */
        { 0xFFFFFFFF, 64}            /* 大于 32 GB 的磁盘,32K 簇 */
    };
```

假设磁盘的大小以及 FAT 的类型是 FAT16 或 FAT32,就可以取得 BPB_SecPerClus 的值。剩下要做的是计算 FAT 占用了多少扇区,以便设置 BPB_FATSz16 或 BPB_FATSz32。这里,假设 BPB_RootEntCnt、BPB_RsvdSecCnt 和 BPB_NumFATs 已被正确设置,假设 DskSize 是在 BPB_TotSec32 或 BPB_TotSec16 中设置的卷大小。

```
RootDirSectors = ((BPB_RootEntCnt * 32) + (BPB_BytsPerSec - 1)) / BPB_BytsPerSec;
TmpVal1 = DskSize - (BPB_ResvdSecCnt + RootDirSectors);
TmpVal2 = (256 * BPB_SecPerClus) + BPB_NumFATs;
If(FATType == FAT32)
   TmpVal2 = TmpVal2 / 2;
FATSz = (TMPVal1 + (TmpVal2 - 1)) / TmpVal2;
If(FATType == FAT32)
{
   BPB_FATSz16 = 0;
```

```
    BPB_FATSz32 = FATSz;
}
else
{
    BPB_FATSz16 = LOWORD(FATSz);
    /* FAT16 的 BPB 中没有 BPB_FATSz32 字段 */
}
```

请不要花太多时间了解它是如何工作的。计算的基础非常复杂,最重要的是 Microsoft 操作系统如何实现它以及它是如何工作的。

**注意:** *这种算法并不很完美。它有时会将 FATSz 设置为对 FAT16 来说太大的 2 扇区,或者设置为对 FAT32 来说太大的 8 扇区。但是它不会计算太小的 FATSz 值,因为 FATSz 太大没有什么问题(只是浪费了几个扇区)。*

## 1.5.8 FAT32 FSInfo 扇区结构和备份引导扇区

在 FAT32 卷中,FAT 可以是一个大型的数据结构,不像 FAT16 将它限制为最大相当于 128K 的扇区,FAT12 将它限制为最大相当于 6K 的扇区。因此,规定将最近的空簇数保存在 FAT32 卷中,使它不用在 API 程序询问卷有多少自由空间时计算(就像在目录清单的结束)。FSInfo 扇区号是 BPB_FSInfo 字段的值,对于 Microsoft 的操作系统来说,它通常被设置为 1。表 1.7 所列是 FSInfo 扇区的结构。

**表 1.7 FAT32 FSInfo 扇区结构和备份引导扇区**

| 名 称 | 偏移量/字节 | 大小/字节 | 描 述 |
|---|---|---|---|
| FSI_LeadSig | 0 | 4 | 值 0x41615252。这个信号用于验证这是一个 FSInfo 扇区 |
| FSI_Reserved1 | 4 | 480 | 这个字段当前保留用于以后的扩展。FAT32 格式代码应将这个字段的所有字节初始化为 0。这个字段中的字节当前不使用 |
| FSI_StrucSig | 484 | 4 | 值 0x61417272。在扇区中指出使用字段位置的另一个信号 |
| FSI_Free_Count | 488 | 4 | 在卷中包含最近已知的空簇数量。如果值是 0xFFFFFFFF,那么空簇的数量未知,必须进行计算。也可以用其他值,但不必正确。应检查这个值的范围,至少确保它小于等于卷的簇数量 |

续表 1.7

| 名 称 | 偏移量/字节 | 大小/字节 | 描 述 |
|---|---|---|---|
| FSI_Nxt_Free | 492 | 4 | 这是 FAT 驱动程序的一个提示。它指出驱动程序应从哪个簇编号开始查找空簇。由于 FAT32 的 FAT 很大,如果在 FAT 的开始分配了许多簇,而且驱动程序从簇 2 开始查找空簇,那么查找的时间会很长。典型地,这个值被设置为驱动程序最后分配的簇编号。如果值是 0xFFFFFFFF,那么将不会有提示,而且驱动器应从簇 2 开始查找。用户也可以用其他值,但应首先检查它对卷来说是否为一个有效的簇编号 |
| FSI_Reserved2 | 496 | 12 | 这个字段保留用于以后的扩展。FAT32 的代码应将这个字段的所有字节初始化为 0。当前不能使用这个字段中的字节 |
| FSI_TrailSig | 508 | 4 | 值 0xAA550000。这个结束信号用于验证这是否是 FSInfo 扇区<br>**注意**:这个值的最高 2 字节(偏移是 510 和 511)必须与扇区 0 相同偏移处的字节相同 |

只有 FAT32 卷具备 FSInfo 扇区。FAT16/FAT12 不具备的另一个特性是 BPB_BkBootSec 字段。如果卷扇区 0 的内容被改写或扇区 0 是坏扇区不能读出,FAT16/FAT12 卷会完全丢失。这是 FAT16 和 FAT12 惟一的缺点。BPB_BkBootSec 字段为 FAT32 卷降低了这个问题的严重性,因为从卷的 6 扇区开始包含卷的引导扇区信息(包括 BPB)的备份副本。

在扇区 0 的信息被意外改写的情况下,所有磁盘修复程序的工作就是从备份副本恢复引导扇区。在扇区 0 是坏扇区的情况下,它允许安装卷,因此用户可以在替代磁盘前访问数据。

在第 2 种情况中(扇区 0 是坏扇区),可以清楚地看出为什么要将 BPB_BkBootSec 字段设置为 6。如果扇区 0 不可读,各种操作系统被硬接线以检查从 FAT32 卷扇区 6 开始的备份引导扇区。注意:从 BPB_BkBootSec 扇区开始的是完整的引导记录。Microsoft FAT32 的引导扇区实际上是 3 个 512 字节的扇区。从 BPB_BkBootSec 扇区开始的是所有 3 个扇区的副本。FSInfo 扇区的副本也在这里,尽管备份引导扇区中的 BPB_FSInfo 字段被设置为与保存在扇区 0 BPB 的 BPB_FSInfo 字段的值相同。

所有这 3 个扇区像第 1 个引导扇区一样,在扇区偏移 510 和 511 处的值都是 0xAA55(见前面 BPB 结构描述最后的介绍)。

## 1.5.9 FAT 的目录结构(FDT 表)

这里首先讨论短目录项,忽略长目录项。

FAT 目录是由 32 字节结构的线性列表组成的文件。惟一特殊的目录是根目录,它一直存在。对于 FAT12 和 FAT16 介质来说，根目录在磁盘的固定位置紧跟在最后一个 FAT 后面，在扇区中固定为由 BPB_RootEntCnt 计算得到的大小（见本文档前面对 RootDirSectors 计算的介绍）。对于 FAT12 和 FAT16 介质来说，根目录的第 1 个扇区是与 FAT 卷第 1 个扇区相关的扇区号：

```
FirstRootDirSecNum = BPB_ResvdSecCnt + (BPB_NumFATs * BPB_FATSz16);
```

对于 FAT32，根目录的大小可变，而且像其他目录一样是一个簇链。FAT32 卷中根目录的第 1 个簇保存在 BPB_RootClus 中。不像其他目录，任何 FAT 类型的根目录本身具备其他目录中的头两个目录项，它没有任何日期或时间戳、没有文件名（隐含的文件名“\”除外）、不包含“.”和“..”文件。根目录另一个特殊的属性是：它是 FAT 卷中惟一一个目录能有效地拥有只有 ATTR_VOLUME_ID 属性位被置位的文件。目录项结构见表 1.8。

**表 1.8　FAT 32 字节目录项结构**

| 名 称 | 偏移量 /字节 | 大小 /字节 | 描 述 |
|---|---|---|---|
| DIR_Name | 0 | 11 | 短文件名 |
| DIR_Attr | 11 | 1 | 文件属性：<br>ATTR_READ_ONLY　0x01<br>ATTR_HIDDEN　0x02<br>ATTR_SYSTEM　0x04<br>ATTR_VOLUME_ID　0x08<br>ATTR_DIRECTORY　0x10<br>ATTR_ARCHIVE　0x20<br>ATTR_LONG_NAME　ATTR_READ_ONLY\|ATTR_HIDDEN\|ATTR_SYSTEM\|ATTR_VOLUME_ID<br>属性字节的高两位保留，当新建文件时，应将它设置为 0，以后也不要修改或查看这个值 |
| DIR_NTRes | 12 | 1 | 保留用于 Windows NT。当新建文件时，将它设置为 0，以后也不要修改或查看这个值 |
| DIR_CrtTimeTenth | 13 | 1 | 文件建立时间的毫秒戳。这个字段实际上包含 0.1 s 的数量。DIR_CrtTime秒部分的间隔尺度是 2 s，因此这个字段是 0.1 s 的数量，它的有效值范围是 0～199 |
| DIR_CrtTime | 14 | 2 | 建立文件的时间 |
| DIR_CrtDate | 16 | 2 | 建立文件的日期 |

续表 1.8

| 名称 | 偏移量/字节 | 大小/字节 | 描述 |
|---|---|---|---|
| DIR_LstAccDate | 18 | 2 | 最后的访问日期。**注意**:没有最后的访问时间,只有日期。这是最后读或写的日期。在写的情况下,它的值应设置为与 DIR_WrtDate 相同 |
| DIR_FstClusHI | 20 | 2 | 这个表项第 1 个簇编号的最高字(对于 FAT12 和 FAT16 来说通常为 0) |
| DIR_WrtTime | 22 | 2 | 最后一次写的时间。**注意**:建立文件也认为是写 |
| DIR_WrtDate | 24 | 2 | 最后一次写的日期。**注意**:建立文件也认为是写 |
| DIR_FstClusLO | 26 | 2 | 这个表项第 1 个簇编号的最低字 |
| DIR_FileSize | 28 | 4 | 32 位的 DWORD 表示按字节计算的文件大小 |

### 1. DIR_Name

**特别注意**:FAT 目录项的第 1 个字节(DIR_Name[0])。

(1) 如果 DIR_Name[0]==0xE5,那么目录项是空的(该表项中没有文件或目录名)。

(2) 如果 DIR_Name[0]==0x00,那么目录项是空的(与 0xE5 相同),而且此后没有分配的目录项(这个表项后所有表项的 DIR_Name[0]字节都被设置为 0)。特殊的 0(不是 0xE5)向 FAT 文件系统驱动程序代码指出:不需要查看该目录中剩余的表项,因为它们都是空的。

(3) 如果 DIR_Name[0]==0x05,那么这个字节实际的文件名字符是 0xE5。0xE5 实际上是日文字符集中有效 KANJI 引导字节值。使用特殊的 0x05 值使日文文件名也能被正确处理,不会让 FAT 文件系统代码认为该表项为空。

DIR_Name 字段实际上被分成两部分,然后加上 8 字符的主文件名和 3 字符的扩展文件名。这两部分用字节 0x20 填充结尾的空间。

DIR_Name[0]不能等于 0x20。主文件名和扩展文件名之间有隐含的"."字符,但这个字符并没有在 DIR_Name 中出现。DIR_Name 不允许小写字符(这些字符包括哪些由国家指定)。

下面的字符在 DIR_Name 的任意字节出现都是**非法**的:

(1) 小于 0x20 的值,除非上面介绍的 DIR_Name[0]==0x05 的特殊情况。

(2) 0x22、0x2A、0x2B、0x2C、0x2E、0x2F、0x3A、0x3B、0x3C、0x3D、0x3E、0x3F、0x5B、0x5C、0x5D 和 0x7C。

下面的例子是如何将用户输入的名字映射到 DIR_Name:

```
"foo.bar"          → "FOO     BAR"
```

```
"FOO.BAR"          → "FOO    BAR"
"Foo.Bar"          → "FOO    BAR"
"foo"              → "FOO        "
"foo."             → "FOO        "
"PICKLE.A"         → "PICKLE A   "
"prettybg.big"     → "PRETTYBGBIG"
".big"             → 非法,DIR_Name[0]不能为 0x20
```

在 FAT 目录中,所有名字都是惟一的。查看上面的前 3 个例子。这些不同的名字都指向相同的文件,但任何目录中只有一个文件可以将 DIR_Name 设置为 FOO BAR。

DIR_Attr 指定了文件的属性:

| | |
|---|---|
| ATTR_READ_ONLY | 表示不能写该文件。 |
| ATTR_HIDDEN | 表示正常的目录清单不应显示这个文件。 |
| ATTR_SYSTEM | 指出这是 1 个操作系统文件。 |
| ATTR_VOLUME_ID | 卷中只能有 1 个文件设置这个属性,而且该文件必须在根目录中。这个文件的名字实际上是卷的卷标。DIR_FstClusHI 和 DIR_FstClusLO 对卷标来说通常为 0(没有向卷标文件分配数据簇)。 |
| ATTR_DIRECTORY | 表示这个文件实际上是其他文件的存储器(文件夹)。 |
| ATTR_ARCHIVE | 这个属性支持备份工具。当建立、重命名或写文件时,这个位被 FAT 文件系统驱动程序置位。备份程序可以用这个属性指出在上次执行备份以来修改了卷中的哪些文件。 |

**注意:** ATTR_LONG_NAME 属性位组合指出该文件实际上是其他文件的长文件名表项。关于属性组合的更多信息请参考 1.5.10 小节。

当新建目录时,用户必须在 DIR_Attr 字段置位 ATTR_DIRECTORY 位,并将 DIR_FileSize 字段设置为 0。DIR_FileSize 通常不被使用,在有 ATTR_DIRECTORY 属性的文件中通常为 0(目录的大小是从簇链开始到 EOC 标志)。将一个簇分配到目录(除非它是 FAT16/FAT12 卷的根目录),而且将 DIR_FstClusLO 和 DIR_FstClusHI 设置为簇编号并将 EOC 标记放在 FAT 的簇表项中。接着,用户可以将该簇的所有字节初始化为 0。如果目录是根目录,那么就完成了(根目录中没有 dot 或 dotdot 表项)。如果目录不是根目录,用户需要在目录开始的两个 32 字节目录项中新建两个特殊的表项(用户必须分配簇数据区开始的 2 个 32 字节表项)。

第 1 个目录项将 DIR_Name 设置为“.          ”。

第 2 个目录项将 DIR_Name 设置为“..         ”。

它们被称为 dot 和 dotdot 表项。这两个表项的 DIR_FileSize 字段都被设置为 0,而且这些表项所有日期和时间字段都被设置为与它们所在目录的目录项的值相同。dot 表项(第 1

个项)的 DIR_FstClusLO 和 DIR-FstClusHI 必须设置为其所在目录的目录项对应的这两个字段的值(包含 dot 和 dotdot 表项的簇的簇编号)。

dotdot 表项(第 2 项)的 DIR_FstClusLO 和 DIR_FstClusHI 必须设置为刚新建目录所在目录第 1 个簇的编号(如果目录是根目录,这个值为 0,即使 FAT32 卷也一样)。

下面是对 dot 和 dotdot 表项的小结:

(1) dot 表项是指向它自己的目录;

(2) dotdot 表项指向该目录的父目录的起始簇(如果该目录的父目录是根目录,值为 0)。

### 2. 日期和时间格式

许多 FAT 文件系统不支持除了 DIR_WrtTime 和 DIR_WrtDate 以外的日期/时间,因此,DIR_CrtTimeMil、DIR_CrtTime、DIR_CrtDate 和 DIR_LstAccDate 字段是可选的配置字段。但是,必须支持 DIR_WrtTime 和 DIR_WrtDate。如果不支持其他日期和时间字段,那么它们会在建立文件时被设置为 0,并忽略其他文件操作。

(1) 日期格式。FAT 目录项的日期戳是一个 16 位的字段,基本上与 01/01/1980 的 MS-DOS日期相关。以下是格式的解释(位 0 是 16 位字的 LSB,位 15 是 16 位字的 MSB):

```
位 0～4  日,有效值范围是 1～31;
位 5～8  月,1 = 一月,有效值范围是 1～12;
位 9～15 从 1980 年开始的年数,有效值范围是 0～127(1980～2107)。
```

(2) 时间格式。FAT 目录项的时间戳是一个 16 位的字段,其间隔尺度为 2 s。以下是格式的解释(位 0 是 16 位字的 LSB,位 15 是 16 位字的 MSB):

```
位 0～4      2 s 的数量,有效值范围是 0～29(0～58 s);
位 5～10     分钟,有效值范围是 0～59;
位 11～15    小时,有效值范围是 0～23。
```

有效的时间范围是午夜的 00:00:00～23:59:58。

## 1.5.10 FAT 的长目录项

在向 FAT 文件系统添加长目录项时,最重要的是将它们添加到 FAT 文件系统已有的设计。

长目录项在早期的 MS-DOS 版本中基本上是透明的。主要问题是在以前的MS-DOS/Windows 版本已有的 MS-DOS API 不能方便地找到长目录项。当用完整的符匹配模式(如 *.*)和完整的属性匹配位(如匹配属性是 FFh)进行查找时,惟一能找到长目录项的 MS-DOS API 是基于 FCB 的查找(FCB-based-find)API。在 Windows 95 以后的 MS-DOS/Windows版本中,没有 MS-DOS API 可以"意外地"找到一个长目录项。在介质中,长目录项与相关的短目录项处于相邻的物理位置。很明显,长目录项和与其相关的短目录项相邻，它们的存在为文件系统强加了不明显的性能影响。

如果用磁盘维护工具检测，它们不会破坏已有文件数据的完整性。磁盘维护程序不使用 MS-DOS API 访问介质上的文件系统专用数据结构。它们宁愿从磁盘读取出物理或逻辑扇区信息，并从中判断包含了什么目录项。根据应用程序使用的启发功能，应用程序可以采取几个步骤修补它认为被破坏的文件系统专用数据结构。长目录项就以这种方法添加到 FAT 文件系统中，如果磁盘包含被 Windows 95 版本以前兼容的磁盘应用程序在以前的 MS-DOS/Windows 版本修补的长目录项，那么它不会引起文件数据丢失。

为了符合访问位置和透明的目的，长目录项被定义为有特殊属性的短目录项。在前面已介绍，长目录项是在属性字段具有以下值的普通目录项：

```
ATTR_LONG_NAME          ATTR_READ_ONLY |
                        ATTR_HIDDEN |
                        ATTR_SYSTEM |
                        ATTR_VOLUME_ID
```

还要定义确定表项长文件名子部分的屏蔽码：

```
ATTR_LONG_NAME_MASK     ATTR_READ_ONLY |
                        ATTR_HIDDEN |
                        ATTR_SYSTEM |
                        ATTR_VOLUME_ID |
                        ATTR_DIRECTORY |
                        ATTR_ARCHIVE
```

当遇到这样一个目录项时，文件系统会对它进行特殊处理。它会被当做与一个短目录项相关的一组目录项来处理，每个长目录项的结构如表 1.9 所列。

**表 1.9　FAT 长目录项的结构**

| 名　称 | 偏移量/字节 | 大小/字节 | 描　述 |
|---|---|---|---|
| LDIR_Ord | 0 | 1 | 这个表项在长目录项中的次序“与”在该组长目录项结束处的短目录项有关<br>如果用掩码 0x40 与该字节求与得到的值非 0，就表示该表项是这组长目录项的最后一个表项。所有有效的长目录项组必须用带这个掩码的表项开始 |
| LDIR_Name1 | 1 | 10 | 这个目录项中长文件名子部分的字符 1～5 |

续表 1.9

| 名 称 | 偏移量/字节 | 大小/字节 | 描 述 |
|---|---|---|---|
| LDIR_Attr | 11 | 1 | 属性,必须是 ATTR_LONG_NAME |
| LDIR_Type | 12 | 1 | 如果是 0,表示目录项是长文件名的子部分<br>非 0 值表示其他类型<br>**注意**:其他值保留用于以后的扩展 |
| LDIR_Chksum | 13 | 1 | 在长目录项组结束处的短目录项中的名字校验和 |
| LDIR_Name2 | 14 | 12 | 这个目录项中长文件名子部分的字符 6～11 |
| LDIR_FstClusLO | 26 | 2 | 必须为 0。这是人为的 FAT 第 1 个簇,而且为了与已有的磁盘应用程序兼容,这个值必须为 0。它在长目录项中是无意义的 |
| LDIR_Name3 | 28 | 4 | 这个目录项中长文件名子部分的字符 12～13 |

## 1. 短目录项和长目录项的组织和联系

一组长目录项通常与在它们后面的短目录项相关。长目录项与短目录项成对的原因是以前的 MS-DOS /Windows 版本只能看到短目录项。如果没有相应的短目录项,那么长目录项在以前的 MS-DOS /Windows 版本中完全不可见。长目录项自己并不能合法存在。如果长目录项没有与有效的短目录项成对,它们就被称为“孤儿”。图 1.2 描述了一组 N 个长目录项与它的一个短目录项相关的情况。

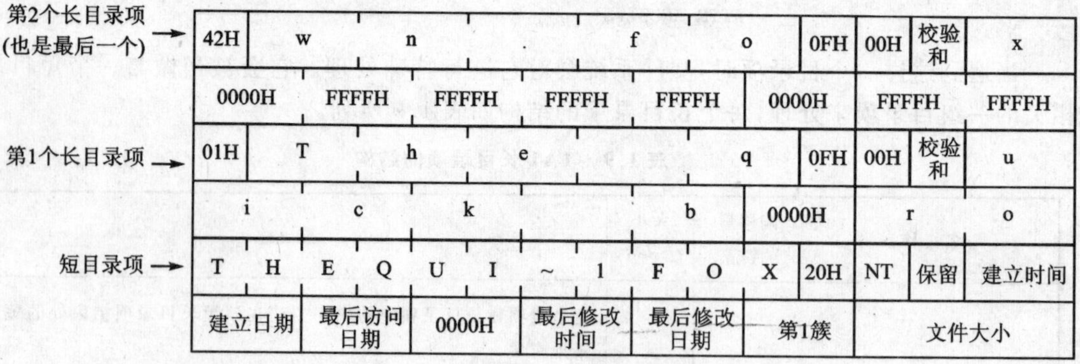


**图 1.2 长文件名与短文件名**

长目录项通常在与之相关的短目录项前面,而且物理上与其连续(见表 1.10)。文件系统用其他一些检查来确定这组长目录项实际上与短目录项相关。

表 1.10　长目录项序列

| 表　项 | 顺　序 |
|---|---|
| 第 N 个长目录项 | LAST_LONG_ENTRY (0x40) \| N |
| 其他长目录项 | … |
| 第 1 个长目录项 | 1 |
| 与前面的长目录项相关的短目录项 | 不可用 |

首先，一组长目录项每个成员的编号都是惟一的，而且该组的最后一个成员与一个标志"或"，指出它是该组最后一个成员。LDIR_Ord 字段用于确定这个情况。该组的第一个成员 LDIR_Ord 的值为 1。该组第 N 个成员的 LDIR_Ord 值为(N | LAST_LONG_ENTRY)。注意，LDIR_Ord 字段的值不能是 0xE5 或 0x00。文件系统通常用这个值指出空的目录项，或者簇中最后一个目录项。LDIR_Ord 的值可以是其取值范围内这两个值以外的其他值。LDIR_Ord 的值可以从 1 到(N | LAST_LONG_ENTRY)；否则，长目录项被破坏，而且文件系统会将它看作"孤儿"。

其次，在创建短和长目录项时会对包含在短目录项中的名字计算 8 位的校验和。短目录项中的名字的全部 11 个字符都可以在校验和计算中使用。校验和放在各个长目录项中。如果长目录项组中的任何一个校验和与包含在短目录项的名字校验和不一致，那么长目录项就被认为是"孤儿"。如果将包含长和短目录项的磁盘放到以前的 MS - DOS /Windows 版本中，那么只会重新命名带长目录项的文件或目录的短文件名。

用 C 实现的校验和算法如下：

```
//-----------------------------------------------------------------------------
// ChkSum()
// 返回一个在无符号字节数组中计算的无符号字节校验和
// 数组必须长 11 个字节，而且假设包含以 MS - DOS 目录项格式保存的名字
// 传递参数：pFcbName       指向假设是 11 字节长的无符号字节数组的指针
// 返回值：Sum pFcbName     指向数组的 8 位无符号校验和的指针
//-----------------------------------------------------------------------------
unsigned char ChkSum (unsigned char * pFcbName)
{
    short FcbNameLen;
    unsigned char Sum;

    Sum = 0;
    for (FcbNameLen = 11; FcbNameLen!= 0; FcbNameLen -- )
```

```
    {
// 注意：运算是向右循环移位 1 个无符号字符
        Sum = ((Sum & 1) ? 0x80 : 0) + (Sum >> 1) + *pFcbName++;
    }
    return (Sum);
}
```

配对的结果是短目录项成为包含以下字段的结构：最后访问日期、建立时间、建立日期、第 1 簇和大小。它还保存了一个能在以前的 MS-DOS /Windows 版本中可见的名字。长目录项可以自由地包含新的信息，而且不需要复制已在短目录项提供的信息。大体上，长目录包含文件的长文件名字。包含在短目录项中与一组长目录项相关的名字被称为文件的别名。

### 2. 长目录项中长文件名的保存

长文件名可以由多个字符(甚至比长目录项的字符多)组成。当出现这种情况时，名字被保存在一个以上长目录表项中。无论如何，长目录项中的名字字段本身是分开的。下面的例子显示了如何将一个长文件保存到几个长目录项中。名字用 NUL 终止，而且用 0xFFFF 字符填充，以便通过磁盘查错应用程序检测长文件名字段是否被破坏。如果文件名正好可以放在一组长度为 n 的长目录项中(也就是是 13 的整数倍)，则文件名不会以 NUL 终止，而且也不会用 0xFFFF 填充。

假设新建的文件名是“The quick brown. fox”。图 1.2 的例子显示了文件名如何被封装为长和短目录项。目录项中的大多数字段都被填充。

1.5.13 小节将介绍从长文件名自动生成短文件名的方法。

## 1.5.11 命名限制和字符集

### 1. 短目录项

短文件名被限制为 8 个字符，接着是一个可选的点号“.”以及最多 3 个字符的扩展名。短文件名的总路径长度包括最后的 NUL 不能超过 80 个字符(64 字符的路径+3 个驱动器字符+8.3 名字的 12 个字符+NUL)。字符可以是字母、数字或代码值大于 127 的字符。用户还可以使用以下特殊字符：

$ % ' - _ @ ~ ` ! ( ) { } ^ # &

在建立目录项时，文件名就被保存在系统配置的 OEM 代码页的短目录项中。保存在 OEM 中的短目录项是为了与以前的 MS-DOS /Windows 版本兼容。OEM 字符是一个 8 位字符或者是某些代码页的 DBCS 字符对(DBCS Character Pairs)。

传递到文件系统的短文件名通常被转换为大写，而且会丢失原来大小写值。OEM 代码页以非惟一的方式将小写映射为大写扩展字符是在许多 OEM 代码页中普遍存在的情况。这就是说，它们可以将多个扩展字符映射为一个大写字符。这会引起问题，因为它不会保留扩展字符提供的信息。这种映射还防止在正常情况下建立一些不一样的文件名：它们映射到大写后就变为相同的文件名了。

**2. 长目录项**

长文件名最多只能有 255 个字符(不包括最后的 NUL 字符)。长文件名总的路径长度不能超过 260 个字符(包括最后的 NUL 字符)。字符是短文件名定义的字符的任意组合，而且可以在长文件名中多次使用句点“.”字符。空格字符在长文件名和短文件名中都是有效字符。但是，短文件名通常不使用空格符。以下的 6 个特殊字符可以在长文件名中使用，但它们在短文件名中是非法字符：

＋　，　；　＝　［　］

用户可以在长文件名中包含空格符，但是长文件名开始和结尾的空格符都会被忽略。

文件名可以内嵌点号或以点号开始，这类文件名用长文件名格式保存。结尾的点号被忽略。

长文件名保存在 UNICODE 格式的长目录项中。UNICODE 字符是 16 位字符。由于保存在短目录项中的文字是 8 位的字符或 DBCS 字符，因此不可能在短目录项中保存UNICODE。

传递到文件系统的长文件名不会被转换为大写字符，而是保留它们原来的大小写。UNICODE解决了由于 OEM 代码页通常将小写字符转换为单一的大写字符而普遍存在的大、小写映射问题。

## 1.5.12 短文件名和长文件名的名字映射

包含在所有短目录项组中的名字被称为“短命名空间”。包含在所有长目录项组中的名字被称为“长命名空间”。它们一起组成了一个单一的命名空间，在这个命名空间中不会出现两个完全相同的名字。这就是说，指定目录中的短文件名和长文件名只能在命名空间中出现一次。尽管长文件名保留了名字的大小写，也不可能出现只有大、小写不一样的相同文件名，也就是说，如果已经有一个名为 FOOBAR 的短目录项或者一个名为 FooBar 的长目录项，则不能新建如 foobar 这类名字。

文件系统中所有类型的查找操作(即：查找、打开、新建、删除、重命名)对大、小写不敏感。如果存在 FooBar 或 foobar，那么打开 FOOBAR 会打开 FooBar 或 foobar。如果查找FOOBAR也会找到上面所说的两个文件。扩展的重读字符也使用相同的规则。

短文件名的查找操作只检查匹配的短目录项名字，而长文件名的查找操作检查短目录项和长目录项。由于文件系统遍历了目录，它缓存了包含在长目录项中的长文件名的一部分。只要遇到与缓存的长文件名相关的短目录项，长文件名的查找操作就会首先检查缓存的长文件名，然后检查短文件名。

当介质中以 OEM 字符集或 UNICODE 字符集保存的字符不能被转换为 OEM 或 ANSI

代码页对应的字符时，它通常被转换为"_"(下划线)字符，向用户表明它没有被磁盘修改。这个字符在所有 OEM 代码页和 ANSI 代码页中是相同的。

## 1.5.13 命名惯例和长文件名

API 允许调用程序指定分配给文件或目录的长文件名。它们不允许调用程序独立地指定短文件名，因为短文件名和长文件名被认为是 1 个单一的命名空间。显而易见，文件系统的命名空间不支持完全相同的名字。换句话说，文件的长文件名不能包含除了大、小写以外与另一个文件的短文件名相同的名字。这个限制防止用户和应用程序对文件或目录的正确名字产生混淆。要使这个限制更透明，当新建了一个长文件名而且没有相同的长文件名时，长文件名会自动生成不会与已有的短文件名冲突的短文件名。

由长文件名自动产生短文件名的技术在 Windows NT 后被建模。自动生成的短名由基本名和可选的数字后缀组成。

### 1. 基本名的生成算法

下面介绍基本名的生成算法。这是一个示范算法，用于显示如何从长文件名自动生成短文件名。实现的过程包括以下几个基本步骤：

(1) 传递到文件系统的 UNICODE 名字被转换为大写。

(2) 大写的 UNICODE 名字被转换为 OEM。

```
if (如果大写的 UNICODE 字符不能在 OEM 代码页中作为 OEM 字符存在)
or (OEM 字符在 8.3 文件名中是无效字符)
{
   将字符替代为 OEM 的"_"(下划线)字符
   置位"转换损失"标志
}
```

(3) 从长文件名中去掉开始和内嵌的所有空格字符。

(4) 从长文件名中去掉开始的所有点号。

```
While (不是长文件名的结束)
and (不是点号字符)
and (复制的总字符数<8)
{
   将字符复制到基本名的主要部分(primary portion)
}
```

(5) 如果基本名在名字的最后一个点号后有扩展名，请在基本名的主要部分(Primary Portion)插入一个点号。扫描长文件名中内嵌的最后一个点号：

```
If（找到内嵌的最后一个点号）
{
    While（不是长文件名的结束）
    and（复制的总字符数<3）
    {
        将字符复制到基本名的扩展部分
    }
}
```

(6) 继续执行产生数字后缀。

**2. 数字后缀的生成算法**

```
If（"转换损失"标志没有置位）
and（长文件名符合 8.3 命名惯例）
and（基本名与已有的短文件名没有冲突）
{
    短文件名只有基本名没有数字后缀
}
else
{
    在主文件名的最后插入一个形式为"～n"的数字后缀，指定"～n"的值
    以这种形式构成的文件名不会与已有的短文件名冲突，而且主文件名的长度不会超过 8
}
```

字符串"～n"的范围可以从"～1"～"～999 999"。数字 n 为有类似基本名的文件序列的下一个号码。例如，假设已存在的短文件名有 LETTER～1. DOC 和 LETTER～2. DOC。按要求，下一个自动生成的这类文件名应是 LETTER～3. DOC。假设已存在以下短文件名：LETTER～1. DOC 和 LETTER～3. DOC，那么下一个自动生成的这类文件名应是 LETTER～2. DOC。但是，不能完全依赖这类行为。在有大量这类名字的目录中，选择算法根据速度进行优化，可能会根据短名的特性选择另一个 n 值。

## 1.5.14 长目录项对旧版 FAT 的影响

硬盘支持长文件名非常重要，但是可移动介质也应支持长文件名。应用提供了无须打破已有 FAT 格式的兼容性就能支持长文件名的方法。磁盘可以由旧版系统读出，而且不出现任何兼容性问题。已有的磁盘在开始使用长文件名前不会执行转换过程。所有当前的文件仍然是未修改的。当新建一个长文件名时，同时也添加一个长目录项。如果没有要求的相邻目录项，那么为已有文件添加长文件名可能要求删除 8.3 目录项。

在旧版系统中长文件名目录项是隐藏的系统文件，这足以防止不熟悉的用户出问题。用

户可以用 8.3 文件名复制文件,并在没有任何副作用的情况下新建文件。

这里最有趣的是当磁盘在旧版的 FAT 系统下以及目录被修改后会发生的事情。由于旧版系统忽略这些长文件名,长目录项会受到影响,而且长文件名不会与 8.3 文件名正确对应。

旧版系统只在查找标记时能看见长文件名。在旧版系统中,如果卷标没有在根目录中所有长文件名表项前出现,那么卷标会被错误报告。这是因为长文件名表项置位了卷标位。这是不合适的,但不是一个严重错误。

如果尝试删除卷标,可能会删除其中一个长文件名目录表项。这是很罕见的情况,可以容易被发生这个事件的系统检测出来。长文件名表项不再是一个有效的文件表项,因为一个或多个长文件表项被标记为已删除。如果重新使用被删除的表项,那么会导致长文件名表项的属性字节值错误。

如果在旧版系统中重新命名文件,那么只有短文件名被重新命名,长文件名不受影响。由于长文件名和短文件名必须在命名空间中保持一致,它要求重命名的结果为使长文件名无效。保存在长文件名目录中的 8.3 校验和有检测这类改变的能力。在使用长文件名前,它会检查校验和来验证长文件名。只有当被重命名的 8.3 文件名正好有相同的校验和时,才会产生问题。

8.3 文件名的重命名一定不能与其他长文件名冲突,否则旧版系统会忽略大、小写,在另一个与长文件名匹配的文件中建立短文件名。要防止出现这些情况,有 8.3 格式的长文件名会通过将字符转换为大写,直接将长文件名映射为 8.3 文件名。通过这种方法会自动新建一个 8.3 文件名。

如果文件被删除,则长文件名是“孤儿”。如果新建一个文件,则长文件名将与新文件名发生错误的联系。在重命名的情况下,8.3 名字的校验和会防止出现这种错误的联系。

## 1.5.15 验证目录的内容

这些指导方针使磁盘维护程序在维持与以后增强的目录结构兼容的同时可以验证单个目录项的正确性。

不要查看被标记为保留的目录项字段,如果它们不为 0,那么它们是坏的。当标记为保留的目录项字段包含非 0 值(假设它们是坏的)时,不要将它复位为 0。目录项字段被指定为保留而不是必须为 0。用户的应用程序应忽略这些字段。这些字段用于文件系统将来的扩展。忽略这些字段的应用程序可以在操作系统的以后版本中继续运行。

当在确定目录项是长目录项还是短目录项时,请不要首先使用 A_LONG 属性。下面是确定长短目录项的正确算法:

```
if (((LDIR_attr&ATTR_LONG_NAME_MASK) == ATTR_LONG_NAME) && (LDIR_Ord != 0xE5))
{
    /* 找到一个有效的长目录项子部分 */
}
```

当确定正在查看哪种类型的短目录项时,请不要同时使用短目录项的位 4 和位 3。下面是确定短目录项类型的正确算法:

```
if (((LDIR_attr&ATTR_LONG_NAME_MASK)!= ATTR_LONG_NAME) && (LDIR_Ord != 0xE5))
{
    if ((DIR_Attr & (ATTR_DIRECTORY | ATTR_VOLUME_ID)) == 0x00)
        /* 找到一个文件 */
    else if ((DIR_Attr & (ATTR_DIRECTORY | ATTR_VOLUME_ID)) == ATTR_DIRECTORY)
        /* 找到一个目录 */
    else if ((DIR_Attr & (ATTR_DIRECTORY | ATTR_VOLUME_ID)) == ATTR_VOLUME_ID)
        /* 找到一个卷标 */
    else
        /* 找到一个无效的目录项 */
}
```

请不要将类型字段设置为非 0 值表示坏目录项。不要强制将类型字段设置为 0。

使用校验和字段作为验证目录项的值。第一簇字段当前被设置为 0,但以后可能会有变化。

## 1.5.16 与 FAT 目录项相关的其他注意事项

长文件名目录项在所有 FAT 类型中是相同的。详细情况已在 1.5.10 小节说明。

DIR_FileSize 是一个 32 位的字段。对于 FAT32 卷,FAT 文件系统驱动程序不允许建立长度超过 0x100000000 字节的簇链,而且链中最后一簇的最后一个字节不能分配给文件。这样,文件的大小就不能超过 0xFFFFFFFF 字节。这是所有 FAT 文件系统的基本限制。FAT 卷中允许的最大文件大小是 0xFFFFFFFF (4 294 967 295)字节。

类似地,FAT 文件系统驱动程序不允许目录(实际上是包含其他文件的一个文件)超过 65 536×32 (2 097 152)字节。

**注意:** 目录中的文件数量不受这个限制。它只是限制了目录本身的大小,与目录的内容无关。这个限制的出现有两个原因:

由于 FAT 目录项没有被分类或索引,建立大目录项并不好,它会像新建一个项那样的操作(要求每个已分配的目录项检查确认目录内是否存在这个名字)变得非常慢。

许多 FAT 文件系统驱动程序和磁盘应用程序(包括 Microsoft)要求能用一个 16 位的字变量计算目录中的表项。因此目录内表项的数量不能超过 16 位。

# 1.6 逻辑盘信息管理

## 1.6.1 用户接口函数

逻辑盘信息管理模块的用户接口函数见表 1.11,它们均在加载和卸载底层驱动程序时使用。

表 1.11 逻辑盘信息管理模块的用户接口函数列表

| 函数名 | 功 能 |
| --- | --- |
| DiskInit | 逻辑盘信息管理模块初始化 |
| AddFileDriver | 加载一个底层驱动程序 |
| RemoveFileDriver | 卸载一个底层驱动程序 |
| GetEmptyDiskInfoAddr | 获取空的信息登记项(底层驱动使用) |

## 1.6.2 内部使用函数

给内部使用的函数仅一个,它是用来返回逻辑盘信息的,详细情况见表 1.12。

表 1.12 逻辑盘信息管理模块内部使用函数列表

| 函数名 | 功 能 |
| --- | --- |
| GetDiskInfo | 获取指定逻辑盘信息 |

## 1.6.3 逻辑盘和卷的区别

卷是静态的概念,对应于存储介质,一个存储介质可能有多个卷。而逻辑盘是动态的概念,对应于系统。当一个系统加载了一个卷后,会有一个逻辑盘符分配给它,也就有了对应的逻辑盘。当尽管一个介质存在于系统中,当其中的卷没有被加载,其也没有对应的逻辑盘。只有这个卷被加载,才有相应的逻辑盘对应。

## 1.6.4 逻辑盘信息登录项

逻辑盘信息登录项是一个结构体数组,它记录着各个逻辑盘的各种信息。其结构体定义如程序清单 1.10 所示。由于注释已经很清楚地表达了结构体各个成员的意义,这里就不再介绍了。

逻辑盘信息登录项的存储空间分配采用静态分配,代码见程序清单 1.11。

**程序清单 1.10　逻辑盘信息登录项数据结构**

```
typedef struct _Disk_Info
{
    uint8      Drive;            //逻辑驱动器号,EMPTY_DRIVE 为还未分配
    uint8      FATType;          //类型：FAT12、FAT16 和 FAT32
    uint8      SecPerClus;       //每簇扇区数
    uint8      NumFATs;          // FAT 表数目
    uint32     SecPerDisk;       //逻辑驱动器包含扇区数
    uint32     BytsPerSec;       //每扇区字节数
    uint32     RootDirTable;     //根目录开始扇区号(FAT32 为开始簇号)
    uint32     RootSecCnt;       //根目录占用扇区数
    uint32     FATStartSec;      // FAT 表开始扇区号
    uint32     FATSecCnt;        //每个 FAT 占用扇区数
    uint32     DataStartSec;     //数据区开始扇区号
    uint32     ClusPerData;      //数据区包含簇数
    uint32     PathClusIndex;    //当前路径的 FDT 表开始簇号,0 为根目录
    uint32     RsvdForLow;       //保留给底层驱动程序
    uint16     (* DiakCommand)(uint8 Cammand, void * Parameter);
                                 //对应的驱动程序
}Disk_Info;
```

**程序清单 1.11　分配逻辑盘信息登录项存储空间**

```
Disk_Info DiskInfo[MAX_DRIVES];      //逻辑盘信息
```

## 1.6.5　初始化

在使用 ZLG/FS 之前必需初始化逻辑盘信息管理模块。这是靠调用函数 DiskInit()实现的。函数 DiskInit()没有任何参数。逻辑盘信息管理模块的初始化实质是将逻辑盘信息登录项的各个成员初始化为空值,以及初始化 Cache。代码见程序清单 1.12。代码很简单,这里不再介绍。

**程序清单 1.12　初始化逻辑盘信息管理模块**

```
void DiskInit(void)
{
    uint8 i;

    for (i = 0; i < MAX_DRIVES; i ++ )
```

```
    {
        DiskInfo[i].Drive = EMPTY_DRIVE;           //没有分配
        DiskInfo[i].FATType = 0xff;                //无效的文件系统
        DiskInfo[i].SecPerClus = 0;                //每簇扇区数
        DiskInfo[i].NumFATs = 0;                   //FAT 表数
        DiskInfo[i].SecPerDisk = 0xffffffff;       //逻辑驱动器包含扇区数
        DiskInfo[i].BytsPerSec = 0;                //每扇区字节数
        DiskInfo[i].RootDirTable = 0;              //根目录开始扇区号(FAT32 为开始簇号)
        DiskInfo[i].RootSecCnt = 0;                //根目录占用扇区数
        DiskInfo[i].FATStartSec = 0;               // FAT 表开始扇区号
        DiskInfo[i].FATSecCnt = 0;                 //每个 FAT 占用扇区数
        DiskInfo[i].DataStartSec = 0;              //数据区开始扇区号
        DiskInfo[i].PathClusIndex = 0;             //当前目录
        DiskInfo[i].DiakCommand = NULL;            //驱动程序
    }
    CacheInit();                                   //初始化磁盘 Cache
}
```

### 1.6.6 加载底层驱动程序

在使用 ZLG/FS 之前至少要加载一个底层驱动程序。用户程序可以通过调用函数 AddFileDriver()加载底层驱动程序。函数 AddFileDriver()只有一个参数,它为一个指向相应的底层驱动程序的指针(可以参考 1.4 节)。函数 AddFileDriver()的代码见程序清单 1.13,流程图见图 1.3。

程序首先判断参数是否合法(程序清单 1.13(1)),如果不合法,函数返回(程序清单 1.13(2));如果合法,则初始化底层驱动程序(程序清单 1.13 (3))。同样初始化不成功函数返回(程序清单 1.13(4))。之后程序使用一个 for 循环重新设置所有逻辑盘的参数(程序清单 1.13(4))。需要重新初始化所有逻辑盘的原因是一个底层驱动程序可以管理多个逻辑盘,为使代码简单,就不判断新增了哪些逻辑盘而直接重置所有逻辑盘了。

重置逻辑盘的流程图请参考图 1.3B。判断逻辑盘有效对应程序清单 1.13(6),逻辑盘有效才需要设置参数。当底层驱动程序初始化时,会调用函数 GetEmptyDiskInfoAddr()申请一个或多个逻辑盘(参考 1.4 节),函数 GetEmptyDiskInfoAddr()会将申请到的逻辑盘置为有效状态。读逻辑盘 0 扇区对应程序清单 1.13(7)、(8),关于这两个函数的具体情况请参考第 1.7 节。由 1.5 节可知,逻辑盘 0 扇区存储着逻辑盘本身的重要信息,因为程序通过这些信息设置逻辑盘的参数,所以要读取它。判断是否读取成功对应程序清单 1.13(9)。根据读到的数据设置参数对应程序清单 1.13(9)~(38),这些代码根据 FAT 文件系统的规范编写,如果读者

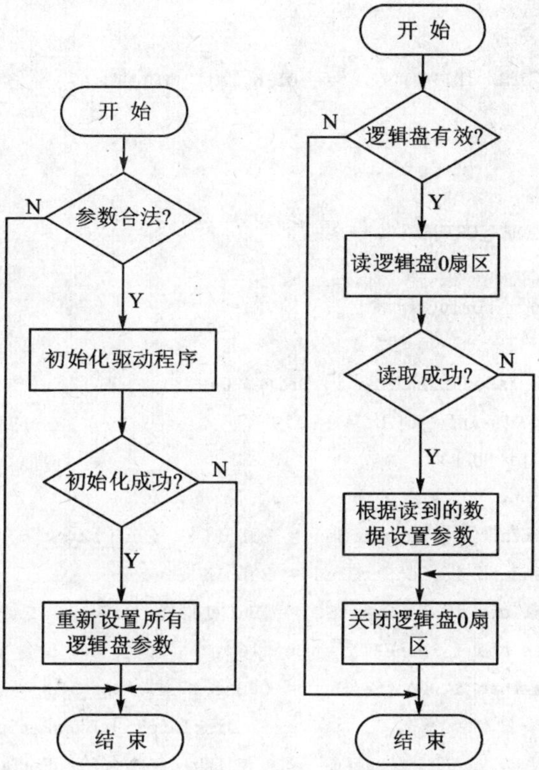


A 主流程图　　　　B 设置逻辑驱动器参数流程图

**图 1.3　加载底层驱动程序流程图**

认真阅读了 1.5 节，这些代码很容易理解。关闭逻辑盘 0 扇区对应程序清单 1.13(39)，关于这个函数的具体情况请参考 1.7 节。

### 程序清单 1.13　加载底层驱动程序

```
void AddFileDriver(uint16   ( * DiakCommand)(uint8 Cammand, void * Parameter))
{
    uint8 i;
    uint8  * Buf;
    uint16 temp;
    uint32 temp1;

    if (DiakCommand == NULL)                                                (1)
    {
```

```
        return;                                                        (2)
    }
    if (DiakCommand(DISK_INIT, NULL) == DISK_INIT_NOT_OK)              (3)
    {
        return;                                                        (4)
    }
    for (i = 0; i < MAX_DRIVES; i ++ )                                 (5)
    {
        if (DiskInfo[i].Drive != EMPTY_DRIVE)                          (6)
        {
            Buf = OpenSec(DiskInfo[i].Drive, 0);                       (7)
            ReadSec(DiskInfo[i].Drive, 0);                             (8)
            if (Buf != NULL)                                           (9)
            {
                DiskInfo[i].BytsPerSec = Buf[11] | (Buf[12] << 8);     (10)
                DiskInfo[i].SecPerClus = Buf[13];                      (11)
                DiskInfo[i].FATStartSec = Buf[14] | (Buf[15] << 8);    (12)
                DiskInfo[i].NumFATs = Buf[16];                         (13)
                DiskInfo[i].RootSecCnt = ((Buf[17] | (Buf[18] << 8)) * 32 +   (14)
                                          DiskInfo[i].BytsPerSec - 1) /
                                          DiskInfo[i].BytsPerSec;
                temp = Buf[19] | (Buf[20] << 8);                       (15)
                if (temp != 0)                                         (16)
                {
                    DiskInfo[i].SecPerDisk = temp;                     (17)
                }
                else
                {
                    DiskInfo[i].SecPerDisk = Buf[32] | (Buf[33] << 8);           (18)
                    DiskInfo[i].SecPerDisk |= (((uint32)Buf[34] << 16) | ((uint32)Buf[35]
                    << 24));                                                     (19)
                }
                temp = Buf[22] | (Buf[23] << 8);                       (20)
                if (temp != 0)                                         (21)
                {
                    DiskInfo[i].FATSecCnt = temp;                      (22)
                }
```

```
            else
            {
                DiskInfo[i].FATSecCnt = Buf[36] | (Buf[37] << 8);                        (23)
                DiskInfo[i].FATSecCnt |= (((uint32)Buf[38] << 16) | (uint32)(Buf[39]
                << 24));                                                                  (24)
            }

            DiskInfo[i].PathClusIndex = 0;                                               (25)
        }
        DiskInfo[i].RootDirTable = DiskInfo[i].NumFATs * DiskInfo[i].FATSecCnt +       (26)
                                   DiskInfo[i].FATStartSec;
        DiskInfo[i].DataStartSec = DiskInfo[i].RootDirTable + DiskInfo[i].RootSecCnt;
                                                                                          (27)
        temp1 = DiskInfo[i].SecPerDisk - DiskInfo[i].DataStartSec;                      (28)
        temp1 = temp1 / DiskInfo[i].SecPerClus;                                          (29)
        DiskInfo[i].ClusPerData = temp1;                                                 (30)
        if (temp1 < 4085)                                                                (31)
        {
            DiskInfo[i].FATType = FAT12;                                                 (32)
        }
        else if (temp1 < 65525)                                                          (33)
        {
            DiskInfo[i].FATType = FAT16;                                                 (34)
        }
        else
        {
            DiskInfo[i].FATType = FAT32;                                                 (35)
            DiskInfo[i].RootDirTable = Buf[44] | (Buf[45] << 8);                         (36)
            DiskInfo[i].RootDirTable |= (((uint32)Buf[46] << 16) | ((uint32)Buf[47]
            << 24));                                                                      (37)
            DiskInfo[i].PathClusIndex = DiskInfo[i].RootDirTable;                        (38)
        }
        CloseSec(DiskInfo[i].Drive, 0);                                                  (39)
    }
  }
}
```

## 1.6.7 卸载底层驱动程序

由于某种原因某个逻辑盘不再有效时(例如从软驱中取出软盘),需要卸载相应的底层驱动程序,这是通过调用函数 RemoveFileDriver()实现的。函数 RemoveFileDriver()的代码见程序清单 1.14。

**程序清单 1.14 卸载底层驱动程序**

```
void RemoveFileDriver(uint8 Drive)
{
    Disk_RW_Parameter Pa;

    if (Drive < MAX_DRIVES)                                              (1)
    if (DiskInfo[Drive].Drive != EMPTY_DRIVE)                            (2)
    {
        AllCacheWriteBack();                                             (3)
        Pa.Drive = Drive;                                                (4)
        Pa.RsvdForLow = DiskInfo[Drive].RsvdForLow;                      (5)
        DiskInfo[Drive].DiakCommand(DISK_CLOSE, &Pa);                    (6)
        DiskInfo[Drive].Drive = EMPTY_DRIVE;                             (7)
        DiskInfo[Drive].FATType = 0xff;                                  (8)
        DiskInfo[Drive].SecPerClus = 0;                                  (9)
        DiskInfo[Drive].NumFATs = 0;                                     (10)
        DiskInfo[Drive].SecPerDisk = 0xffffffff;                         (11)
        DiskInfo[Drive].BytsPerSec = 0;                                  (12)
        DiskInfo[Drive].RootDirTable = 0;                                (13)
        DiskInfo[Drive].RootSecCnt = 0;                                  (14)
        DiskInfo[Drive].FATStartSec = 0;                                 (15)
        DiskInfo[Drive].FATSecCnt = 0;                                   (16)
        DiskInfo[Drive].DataStartSec = 0;                                (17)
        DiskInfo[Drive].PathClusIndex = 0;                               (18)
        DiskInfo[Drive].DiakCommand = NULL;                              (19)
    }
}
```

函数 RemoveFileDriver()很简单,首先判断逻辑盘是否有效(程序清单 1.14(1)、(2))。若有效,则先把需要写回逻辑盘 Cache 中的数据写回逻辑盘(程序清单 1.14(3)),关于这个函数的说明参考 1.7 节。接着通知底层驱动程序关闭这个逻辑盘(程序清单 1.14(4)~(6))。

最后将相应的逻辑盘信息登录项置为初始值(程序清单 1.14(7)～(19))(同时也把这个逻辑盘信息登录项标记为无效了)。

## 1.6.8 获取逻辑盘信息

逻辑盘信息登录项保存着逻辑盘的重要信息,这些信息会被 ZLG/FS 的其他部分使用。ZLG/FS 的其他部分可以通过调用函数 GetDiskInfo()获取指定的逻辑盘的逻辑盘信息登录项的地址(即指向此逻辑盘信息登录项的指针)。函数 GetDiskInfo()有惟一的参数,这个参数指明需要操作的逻辑盘。需要注意的是,这个参数使用逻辑盘的内部表示方法,而不是用户的表示方法("A:"、"B:"等等)。在当前版本中,0 表示"A:",1 表示"B:",以次类推。因为 ZLG/FS 的目录管理部分有用户的表示方法与内部表示法转换的程序,所以不排除以后更改其对应关系的可能。因此,用户程序不应依赖此关系调用此函数。因为逻辑盘信息登录项在以后的版本中可能会发生变化,所以这里也不建议用户使用此函数。函数 GetDiskInfo()的代码见程序清单 1.15。代码很简单,请读者自己分析。

**程序清单 1.15 获取逻辑盘信息**

```
Disk_Info * GetDiskInfo(uint8 Drive)
{
    Disk_Info *Rt;
    Rt = NULL;
    if (Drive < MAX_DRIVES)
    {
        if (DiskInfo[Drive].Drive != EMPTY_DRIVE)
        {
            Rt = DiskInfo + Drive;
        }
    }
    return Rt;
}
```

## 1.6.9 获取空闲登录项

由 1.4 节可知,底层驱动程序需要调用函数 GetEmptyDiskInfoAddr()获取空闲的逻辑盘登记项(同时相当于获取了相应的盘符)。代码见程序清单 1.16。代码很简单,请读者自己分析。

程序清单 1.16　获取空闲逻辑盘的登记项

```
        Disk_Info * GetEmptyDiskInfoAddr(void)
{
    uint8 i;
    Disk_Info *Rt;

    Rt = NULL;
    for (i = 0; i < MAX_DRIVES; i ++ )
    {
        if (DiskInfo[i].Drive == EMPTY_DRIVE)      //逻辑盘号空闲
        {
            Rt = DiskInfo + i;
            DiskInfo[i].Drive = i;                 //分配内部表示符
            break;
        }
    }
    return Rt;
}
```

# 1.7　Cache 管理

## 1.7.1　用户接口函数

Cache(高速缓存)管理模块的用户接口函数见表 1.13。它们可以被用户程序调用，ZLG/FS内部也可能使用它们。

表 1.13　Cache 管理模块用户接口函数列表

| 函数名 | 功　能 |
|---|---|
| AllCacheWriteBack | 将所有已改变的逻辑扇区写回逻辑盘 |
| CacheWriteBack2 | 将指定 Cache 保存的内容写回逻辑盘 |

## 1.7.2　内部使用函数

Cache 管理模块的内部函数见表 1.14。它们由 ZLG/FS 内部使用。

表 1.14　Cache 管理模块内部使用函数列表

| 函数名 | 功　能 |
| --- | --- |
| CacheInit | 初始化高速缓存(Cache)管理模块 |
| GetCache | 获取一个 Cache 用于缓存逻辑扇区 |
| OpenSec | 打开一个逻辑扇区准备操作 |
| ReadSec | 从逻辑扇区读数据到 Cache |
| WriteSec | 写数据到逻辑扇区 |
| CloseSec | 关闭指定的逻辑扇区 |
| CacheWriteBack | 将指定的逻辑扇区真正写入逻辑盘 |

## 1.7.3 原　理

### 1. Cache 简介

Cache 的中文译名为高速缓冲存储器，它是一种加速内存或磁盘存取的技术，主要用来提升系统响应的速度。其运作原理在于使用较快速的储存装置保留一份从慢速储存装置中所读取的数据，当需要再从较慢的储存体中读/写数据时，Cache 能够使读/写的动作先在快速的装置上完成。这样会使系统的响应较为快速。

举例来说，存取内存（RAM）的速度较磁盘驱动器快得多，所以可将一部分的主存储器保留当成磁盘 Cache。当有磁盘读取的需求时，就把刚读取的数据拷贝一份放在 Cache 内存中。如果系统继续要求读取或写入同一份数据或同一扇区时，那么系统可以直接从内存中的 Cache 部分读/写，这样系统对磁盘的存取速度感觉上会快许多。

这种技术如果仅仅用在读数据这一方面，则没有任何问题。如果还要用在写上，即写入 Cache 中的数据不立即写回真正的储存体，则一但电源中断或出现其他意外会导致数据流失。因而每次都将数据写回真正的储存体，会使 Cache 只能发挥加速读取的功能，而不能加速写入，这样的状况使 Cache 写入的方式分为两类：

(1) 直写式(Write-through)：每次遇到写入 Cache 的同时，也把数据写入真正的储存器，以保证 Cache 和真正的储存器中相应单元数据的一致性。直写式系统简单可靠，但每次更新 Cache 时都要对真正的储存器写入，因此速度受到了影响。

(2) 回写式(Write-back)：数据一般只写到 Cache，这样有可能出现 Cache 中的数据得到更新而真正的储存器中的数据不变(数据陈旧)的情况。但此时可在 Cache 中设一标志表示数据是否需要回写，等系统有空或这部分 Cache 需要存储其他数据或等到一定的时间时后，再将数据写回真正的储存体，这种做法是承担一点风险来换取效率的。

ZLG/FS 的 Cache 使用回写方式提高效率。

Cache 的效能依算法的使用而有好、坏之分，估量的单位通常使用命中率（Hits），命中率较高者较佳。

**2. 数据结构**

ZLG/FS 的 Cache 存储器实际上是一个结构体数组,数组的每一个元素缓冲一个扇区。在结构体保存 Cache 的所有必要信息,其结构体的定义代码见程序清单 1.17。其中成员 Drive 为逻辑驱动器的内部表示,当其值为 EMPTY_DRIVE 时表示 Cache 数组的这个元素还未存储有效信息,可以直接用它保存新的信息。成员 SecIndex 为缓存的逻辑扇区。成员 Flag 为 Cache 数组的这个元素状态,其中 CACHE_READED 为可读,CACHE_WRITED 为已改写,需要写回扇区。Flag 还可以为两者的按位或,表明同时存在着两种状态。通常 CACHE_READED是有效的。成员 RW_ID 是一个计数器,用来表明 Cache 数组的这个元素有"多久"没有访问。每次访问 Cache 时,Cache 数组的所有元素的这个成员均会加 1,直至最大值。其被访问的元素的这个成员就会清 0。当 Cache 数组的所有元素都已分配又有新的未被缓存的扇区被访问时,ZLG/FS 的 Cache 管理模块会找出其中 RW_ID 值最大的元素分配给新的扇区做缓存(此时若原来缓存的扇区已被改写,则先把数据保存回逻辑盘)。成员 buf 又是一个数组,它保存的是实际数据。常量 DISK_CACHE_SIZE 为用户定义的逻辑扇区的大小。

**注意:** 它必须不能小于任何一个的逻辑扇区的大小。逻辑扇区的大小与硬件相关,不能随意设置。

**程序清单 1.17 ZLG/FS 的 Cache 数据结构**

```
typedef struct _Disk_Cache
{
    uint8      Drive;                  //驱动器号,EMPTY_DRIVE 为空闲
    uint8      Flag;                   //状态
    uint16     RW_ID;                  //读/写 ID,用于释放 Cache
    uint32     SecIndex;               //缓冲的扇区索引
    uint8      buf[DISK_CACHE_SIZE];   //缓冲区
}Disk_cache;
```

ZLG/FS 的 Cache 存储器采用静态方式分配,其代码见程序清单 1.18。其中常量 MAX_DISK_CACHES为用户配置项,用于设置 Cache 模块可以同时缓存的逻辑扇区数。

**注意:** 此数对 Cache 的效率影响很大,太小会极大的降低 Cache 的性能,进而影响整个 ZLG/FS 的性能。合适的值与很多因素有关,用户可以通过实验决定。

**程序清单 1.18 ZLG/FS 的 Cache 存储分配**

```
Disk_cache DiskCache[MAX_DISK_CACHES];        /* 磁盘 Cache */
```

## 1.7.4 初始化

在使用 Cache 之前必须初始化它,这是通过调用函数 CacheInit()实现的。初始化 Cache 由 ZLG/FS 内部处理,用户无需关心。函数 CacheInit()的代码见程序清单 1.19。代码很简单,仅仅是把数组所有元素的所有成员赋初值。惟一要注意的是程序清单 1.19(4)、(5),它们将成员 RW_ID 赋初值为−1。从 C 语言的观点看,−1 实质是无符号数的最大值。之所以不直接赋值为−1 是因为部分编译器对此检查比较严格,直接赋值为−1 会报警,甚至直接报错。为避免这种情况,使用程序清单 1.19 的代码。

**程序清单 1.19 Cache 初始化**

```
void CacheInit(void)
{
    uint16 i;

    for (i = 0; i < MAX_DISK_CACHES; i ++)                                  (1)
    {
        DiskCache[i].Drive = EMPTY_DRIVE;        /* Cache 空闲 */           (2)
        DiskCache[i].Flag = 0;                   /* 扇区无需回写 */          (3)
        DiskCache[i].RW_ID = 0;                  /* 访问纪录 */              (4)
        DiskCache[i].RW_ID --;                   /* 访问纪录 */              (5)
        DiskCache[i].SecIndex = 0;               /* 缓冲的扇区号 */          (6)
    }
}
```

## 1.7.5 通过 Cache 读/写逻辑扇区

### 1. 使用示例

Cache 的使用是比较复杂的。但除了将 Cache 回写到逻辑盘(使用简单)外,其他的 Cache 操作均在 ZLG/FS 内部使用,用户接触不到。使用 Cache 复杂点对用户并没有影响。

程序清单 1.20 为 Cache 使用的例子。访问 Cache 前首选要使用函数 OpenSec()打开指定逻辑盘的指定逻辑扇区(程序清单 1.20(1))。在一个系统中,逻辑扇区由其所在的逻辑盘和其在逻辑扇区的索引(逻辑扇区号)决定,所以函数 OpenSec()有两个参数分别指出需要操作的逻辑盘(内部表示法)及逻辑扇区。函数 OpenSec()将返回一个指针指向扇区数据读/写位置,如果这个返回值为 NULL,则表示逻辑扇区打开失败(程序清单 1.20(2))。以后的读/写操作都通过这个指针操作。接着使用 ReadSec()(在必要时)真正将数据从逻辑盘读入 Cache 内存中,如果用户不需要使用逻辑盘的数据(即在这个逻辑盘存新数据),则可以不调用这个函数。函数 ReadSec()的参数与 OpenSec()的参数一样。接着使用 OpenSec()返回的指针读/写 Cache(程序清单 1.20(5)、(6))。因为已经修改了数据(程序清单 1.20(6)),所以需要调用函数 WriteSec()通知 Cache 管理模块此扇区已经改写。函数 WriteSec()的参数与函数 OpenSec()的参数一样。最后,程序需要调用函数 CloseSec()通知 Cache 管理模块此扇区已经操作完毕。函数 CloseSec()的参数与函数 OpenSec()的参数一样。

**程序清单 1.20　Cache 使用示例**

```
void test(uint8 Drive, uint32 Index)
{
    uint8 *Buf;
    uint8 Data;

        Buf = OpenSec(Drive, SecIndex);                         (1)
        if (Buf == NULL)                                        (2)
        {
        return;                                                 (3)
        }
    ReadSec(Drive, SecIndex);                                   (4)
    Data = *Buf++;                                              (5)
    *Buf = 0;                                                   (6)
    WriteSec(Drive, SecIndex);                                  (7)
    CloseSec(Drive, SecIndex);                                  (8)
}
```

## 2. 打开扇区

在读/写逻辑扇区前必须打开它,这是通过调用函数 OpenSec()实现的。函数 OpenSec()代码见程序清单 1.21。函数 OpenSec()有两个参数,其中 Drive 指出需要操作的逻辑盘(内部表示法),Index 指出要操作的逻辑扇区。函数 OpenSec()将返回一个指针指向扇区数据读/写位置。如果这个返回值为 NULL,则表示逻辑扇区打开失败。以后的读/写操作都通过这个指针操作。

函数 OpenSec()的代码见程序清单 1.21,流程图见图 1.4。

**程序清单 1.21　打开 Cache**

```
uint8 *OpenSec(uint8 Drive, uint32 Index)
{
    uint16 i;
    uint8 *Rt;
```

```
    Disk_Info * Disk;

    for (i = 0; i < MAX_DISK_CACHES; i ++ )                         (1)
    {
        if (DiskCache[i].Drive != EMPTY_DRIVE)                      (2)
        {
            if (DiskCache[i].RW_ID < (uint16)( - 1))                (3)
            {
                DiskCache[i].RW_ID ++ ;                             (4)
            }
        }
    }
    Rt = NULL;                                                      (5)
    for (i = 0; i < MAX_DISK_CACHES; i ++ )                         (6)
    {
        if (DiskCache[i].Drive == Drive )                           (7)
        if (DiskCache[i].SecIndex == Index)                         (8)
        {
            Rt = DiskCache[i].buf;                                  (9)
            DiskCache[i].RW_ID = 0;                                 (10)
            break;                                                  (11)
        }
    }
    if (Rt == NULL)                                                 (12)
    {
        Disk = GetDiskInfo(Drive);                                  (13)
        if (Disk != NULL)                                           (14)
        if (Disk - >SecPerDisk > Index)                             (15)
        {
            i = GetCache();                                         (16)
            if (i < MAX_DISK_CACHES)                                (17)
            {
                DiskCache[i].Drive = Drive;                         (18)
                DiskCache[i].RW_ID = 0;                             (19)
                DiskCache[i].Flag = 0;                              (20)
                DiskCache[i].SecIndex = Index;                      (21)
                Rt = DiskCache[i].buf;                              (22)
```

```
                for (i = 0; i < Disk->BytsPerSec; i++)                    (23)
                {
                    Rt[i] = 0;                                            (24)
                }
            }
        }
    }
    return Rt;                                                            (25)
}
```

1.7.3 小节提到，成员 RW_ID 是一个计数器，用来表明 Cache 数组的这个元素有“多久”没有访问。每次访问 Cache 时，Cache 数组的所有元素的这个成员均会加 1，直至最大值。程序清单 1.21(1)～(4)就是做这部分工作，也就是图 1.4中增加所有 Cache 的访问间隔这部分。接着就需要判断逻辑扇区是否已经被缓存(程序清单 1.21(5)～(11))，可通过搜索得出。如果已经缓存，则 Rt 存储返回值(程序清单 1.21(9))，相应的 Cache 项的成员 RW_ID 清 0(程序清单 1.21(10))。如果没有，则 Rt 为 NULL(程序清单 1.21(5))。被访问的扇区已经被缓存，则函数可以直接返回 Rt(程序清单 1.21(25))；否则，就需要进一步处理。此时，需要先判断对应的逻辑盘是否实际的存在这个逻辑扇区(程序清单 1.21(13)、(14)、(15))。如果有，则分配一个 Cache 项(程序清单 1.21(16))。函数 GetCache()为 Cache 管理模块分配 Cache 项的函数，仅本模块内部使用，它没有任何参数，返回值为分配的 Cache 项的索引。如果其值大于等于 Cache 的最大项数(MAX_DISK_CACHES)，则表明分配失败。如果分配成功，则初始化分配到的 Cache(程序清单 1.21(18)～(24))，返回存储数据的地址(程序清单 1.21(22))。对于其他情况，此函数均返回 NULL。

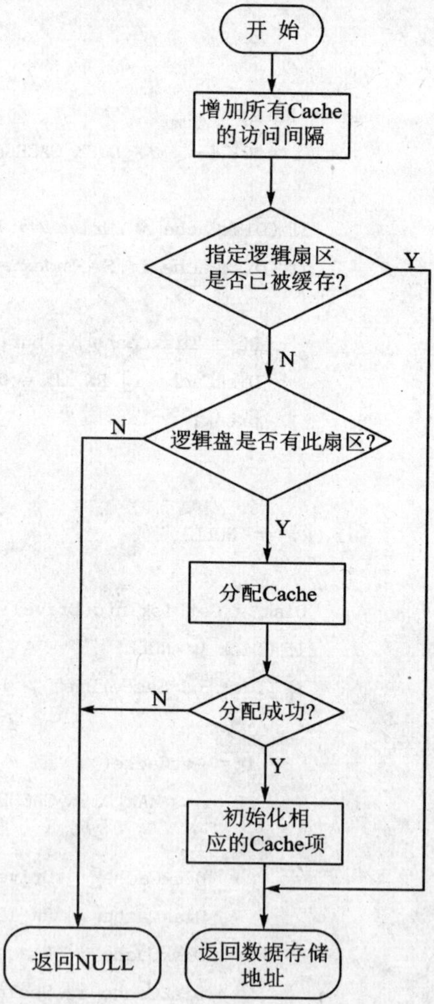


图 1.4　打开逻辑扇区流程图

前面提到分配 Cache 项的函数 GetCache()，其代码见程序清单 1.22。它没有任何参数，返回值为分配的 Cache 项的索引，若其值大于等于 Cache 的最大项数（MAX_DISK_CACHES），则表明分配失败。此函数实质是一个搜索算法，搜索所有 Cache 中 RW_ID 最大的那一项，把它分配出去。实质就是把最久未访问的 Cache 项淘汰，分配给新的逻辑扇区使用。

**程序清单 1.22　分配 Cache 项**

```
uint16 GetCache(void)
{
    uint16 Max;
    uint16 i,j;

    Max = 0;                                              (1)
    j = 0;                                                (2)
    j--;                                                  (3)
    for (i = 0; i < MAX_DISK_CACHES; i++)                 (5)
    {
        if (Max <= DiskCache[i].RW_ID)                    (6)
        {
            Max = DiskCache[i].RW_ID;                     (7)
            j = i;                                        (8)
        }
        if (Max == (uint16)(-1))                          (9)
        {
            break;                                        (10)
        }
    }
    if (j < MAX_DISK_CACHES)                              (11)
    {
        if (DiskCache[j].Drive != EMPTY_DRIVE)            (12)
        if ((DiskCache[j].Flag & CACHE_WRITED) != 0)      (13)
        {
            CacheWriteBack2(j);                           (14)
        }
    }
    return j;                                             (15)
}
```

函数 GetCache()使用 j 保存分配的结果，Max 保存所有 Cache 中 RW_ID 的最大值。一开始使用程序清单 1.22(2)、(3)给 j 赋初值为－1 的理由：从 C 语言的观点看，－1 实质是无符号数的最大值。之所以不直接赋值为－1 是因为部分编译器对此检查比较严格，直接赋值为－1 会报警甚至直接报错。如果 Max 已经是可能的最大值(程序清单 1.22(9))，则不需要搜索剩下的部分。程序清单 1.22(11)～(14)是判断将要被淘汰的 Cache 项是否需要写回逻辑盘，如果其已分配(程序清单 1.22(12))，且缓存的逻辑扇区已被修改(程序清单 1.22(13))，则写回逻辑盘(程序清单 1.22(14))。函数 CacheWriteBack2()的参数为 Cache 项的索引，其具体信息见 1.7.6 小节的第 1 条。

### 3. 从逻辑盘读数据到 Cache

函数 OpenSec()仅仅为逻辑扇区分配了 Cache，并没有把数据读到 Cache 中。如果程序对逻辑扇区中的数据感兴趣，就必须把数据从逻辑扇区读到 Cache 中。这是通过调用函数 ReadSec()实现的。函数 ReadSec()代码见程序清单 1.23。函数 ReadSec()有两个参数，其中 Drive 指出需要操作的逻辑盘(内部表示法)，Index 指出要读取的逻辑扇区。函数 ReadSec()将返回一个状态码，其中 RETURN_OK 表示成功；SECTOR_NOT_IN_CACHE 表示此扇区不在 Cache 中，即还未被打开；SECTOR_READ_ERR 表示底层驱动读扇区失败；NOT_FIND_DISK 表明没有指定的逻辑盘。

函数 ReadSec()比较简单。它先查找对应逻辑扇区在 Cache 中的位置(程序清单 1.23 (1)～(6))。如果 Cache 有此逻辑扇区则变量 i 会小于 MAX_DISK_CACHES(程序清单 1.23(8))，函数将获取对应逻辑扇区所在逻辑盘的信息(程序清单 1.23(9))，并调用底层驱动程序进行实际的读操作(程序清单 1.23(10)～(19))。关于底层驱动的信息参考第 4 章。

**程序清单 1.23　读逻辑盘数据到 Cache**

```
uint8 ReadSec(uint8 Drive, uint32 Index)
{
    uint16 i;
    Disk_RW_Parameter Pa;
    Disk_Info * Disk;
uint8 Rt;

    for (i = 0; i < MAX_DISK_CACHES; i ++ )                          (1)
    {
        if (DiskCache[i].Drive == Drive)                              (2)
        if (DiskCache[i].SecIndex == Index)                           (3)
        {
            if ((DiskCache[i].Flag & CACHE_READED) != 0)              (4)
```

```
                {
                    return RETURN_OK;                                                      (5)
                }
                break;                                                                      (6)
            }
        }
        Rt = SECTOR_NOT_IN_CACHE;                                                           (7)
        if (i < MAX_DISK_CACHES)                                                            (8)
        {
            Disk = GetDiskInfo(Drive);                                                      (9)
            DiskCache[i].Flag |= CACHE_READED;                                              (10)
            Pa.Drive = Drive;                                                               (11)
            Pa.SectorIndex = Index;                                                         (12)
            Pa.RsvdForLow = Disk->RsvdForLow;                                               (13)
            Pa.Buf = DiskCache[i].buf;                                                      (14)
            Rt = NOT_FIND_DISK;                                                             (15)
            if (Disk->DiakCommand != NULL)                                                  (16)
            {
                Rt = SECTOR_READ_ERR;                                                       (17)
                if (Disk->DiakCommand(DISK_READ_SECTOR, &Pa) == DISK_READ_OK)               (18)
                {
                    return RETURN_OK;                                                       (19)
                }
            }
        }
        return Rt;                                                                          (20)
    }
```

## 4. 读/写数据

由 1.7.5 小节的第 1 条可知，ZLG/FS 的其他部分使用 OpenSec()返回的指针读/写逻辑扇区。但这样做 Cache 管理模块就不知道对应的逻辑盘是否被修改。因此，读/写逻辑盘的程序就需要通知 Cache 管理模块对应的逻辑盘已经被修改，这是通过调用函数 WriteSec()实现的。函数 WriteSec()代码见程序清单 1.24。函数 WriteSec()有两个参数，其中 Drive 指出需要操作的逻辑盘(内部表示法)，Index 指出已改写的逻辑扇区。函数 WriteSec()的代码见程序清单 1.24。程序很简单，即找到对应的 Cache 项(程序清单 1.24(1)～(3))，并将对应项置为可读和已修改的状态(程序清单 1.24(4))。

**程序清单 1.24　通知 Cache 管理模块逻辑扇区数据已被改写**

```
void WriteSec(uint8 Drive, uint32 Index)
{
uint16 i;

    for (i = 0; i < MAX_DISK_CACHES; i ++ )                              (1)
    {
        if (DiskCache[i].Drive == Drive)                                 (2)
        if (DiskCache[i].SecIndex == Index)                              (3)
        {
            DiskCache[i].Flag |= (CACHE_WRITED | CACHE_READED);          (4)
            break;                                                       (5)
        }
    }
}
```

**5. 关闭扇区**

读/写完毕逻辑扇区后需要关闭它,这是通过调用函数 CloseSec()实现的。函数 CloseSec()有两个参数,其中 Drive 指出需要操作的逻辑盘(内部表示法),Index 指出要读取的逻辑扇区。在当前版本中,这个函数是空函数,没有任何实际功能。

## 1.7.6　把 Cache 数据写回逻辑盘

因为改变逻辑扇区的数据时仅仅改变对应 Cache 项的内容,而并不直接写到逻辑盘中,所以必须在适当的时候把数据写回逻辑盘。针对不同的情况,ZLG/FS 的 Cache 管理模块提供多个函数实现这个功能,下面逐一介绍。

**1. 回写指定 Cache**

当程序知道逻辑扇区在 Cache 中缓冲的位置时(即数组的下标,即索引值),可以直接以这个索引值为参数调用函数 CacheWriteBack2()回写指定逻辑扇区。函数 CacheWriteBack2()代码见程序清单 1.25。函数 CacheWriteBack2()只有一个参数 Index 指出逻辑扇区在 Cache 中缓冲的位置(即数组的下标)。

函数 CacheWriteBack2()比较简单。它先获取对应逻辑扇区所在逻辑盘的信息(程序清单 1.25(1)),如果确认逻辑盘存在(程序清单 1.25(2)),且对应的底层驱动程序存在(程序清单 1.25(3)),则将此 Cache 置为无需回写状态(程序清单 1.25(4)),并调用底层驱动程序进行实际的写操作(程序清单 1.25(5)~(9))。关于底层驱动的信息,请参考 1.4 节。

**程序清单 1.25　回写指定 Cache**

```
void CacheWriteBack2(uint16 Index)
{
    Disk_RW_Parameter Pa;
    Disk_Info * Disk;

    Disk = GetDiskInfo(DiskCache[Index].Drive);                    (1)
    if (Disk != NULL)                                              (2)
    if (Disk->DiakCommand != NULL)                                 (3)
    {
        DiskCache[Index].Flag &= ~CACHE_WRITED;                    (4)
        Pa.Drive = DiskCache[Index].Drive;                         (5)
        Pa.SectorIndex = DiskCache[Index].SecIndex;                (6)
        Pa.RsvdForLow = Disk->RsvdForLow;                          (7)
        Pa.Buf = DiskCache[Index].buf;                             (8)
        Disk->DiakCommand(DISK_WRITE_SECTOR, &Pa);                 (9)
    }
}
```

## 2. 回写指定扇区

如果程序不知道相应的逻辑扇区被缓存的位置，则可调用函数 CacheWriteBack()回写指定逻辑扇区。函数 CacheWriteBack()代码见程序清单 1.26。函数 CacheWriteBack()有两个参数，其中 Drive 指出需要操作的逻辑盘(内部表示法)，Index 指出要回写的逻辑扇区。函数 CacheWriteBack()很简单，它在所有 Cache 项中搜索缓存此逻辑扇区的项(程序清单 1.26(1)～(3))，找到后判断其是否需要回写(程序清单 1.26(4))。如果需要，则调用函数 CacheWriteBack2()将其写回逻辑盘(程序清单 1.26(5))。无论是否回写，只要找到对应的 Cache 项，则函数结束(程序清单 1.26(6))。

**程序清单 1.26　回写指定扇区**

```
void CacheWriteBack(uint8 Drive, uint32 Index)
{
    uint16 i;

    for (i = 0; i < MAX_DISK_CACHES; i++)                          (1)
    {
        if (DiskCache[i].Drive == Drive)                           (2)
```

```
            if (DiskCache[i].SecIndex == Index)                                    (3)
            {
                if ((DiskCache[i].Flag & CACHE_WRITED) != 0)                       (4)
                {
                    CacheWriteBack2(i);                                            (5)
                }
                break;                                                             (6)
            }
        }
    }
```

### 3. 回写所有 Cache

有时系统需要把所有已改变但未写入逻辑盘的逻辑扇区回写到逻辑盘,此时可调用函数 AllCacheWriteBack()实现。其原因可能为:卸载逻辑盘(即卸载底层驱动,例如需要取出软盘),系统需要关闭,或用户认为需要同步 Cache 与逻辑盘的数据。函数 AllCacheWriteBack()代码见程序清单 1.27。代码很简单,读者可自己分析。

**程序清单 1.27　回写所有 Cache**

```
void AllCacheWriteBack(void)
{
    uint16 i;

    for (i = 0; i < MAX_DISK_CACHES; i ++)                                         (1)
    {
        if ((DiskCache[i].Flag & CACHE_WRITED) != 0)                               (2)
        {
            CacheWriteBack2(i);                                                    (3)
        }
    }
}
```

# 1.8　文件分配表管理

## 1.8.1　FAT 简介

在解释文件分配表(FAT)的概念之前,这里先来谈谈簇(Cluster)的概念。簇是 FAT 文件系统空间分配的最小单位。簇的大小与逻辑盘的容量有关。同时,同样容量的逻辑盘使用不同的 FAT 表(FAT12、FAT16 或 FAT32),簇的大小也不同。不过,簇必须由 $2^n$ 个相邻的逻辑扇区组成。

文件分配表(FAT,File Allocation Table)是盘片内部管理文件分配的存储单元的一种系统,它记录盘片的容量和文件存储空间的分配情况,哪些簇已被数据使用,哪些簇没有被数据占用,都会记录在 FAT 表内。

FAT 的项数与逻辑盘上的总簇数相当,每一项占用的字节数也要与总簇数相适应,因为其中需要存放簇号。FAT 的格式有多种,目前有 FAT12、FAT16 和 FAT32 三种常用格式。其中,FAT16 是指文件分配表使用 16 位数字。16 位分配表最多能管理 65 536(2 的 16 次方)个簇,即所规定的一个逻辑盘的总簇数。由于一些数字被赋予了特定含义,FAT16 最多能管理的簇其实不到 65 536 个。其他两种 FAT 雷同。

实际上可以把 FAT 文件分配表看作一个数组,在这个数组中存储了逻辑盘的所有簇的分配情况。其中数组的下标表示对应的簇号。当对应的簇未分配时,其内容为 0。当对应的簇损坏时,其值为 0xFF7(FAT12)或 0xFFF7(FAT16)或 0xFFFFFFF7(FAT32)。FAT 文件系统使用一个簇链(单向链表)来记录逻辑盘空间的分配,其链头簇的簇号被记录在别的地方。而链头簇在 FAT 表中对应的位置是存储簇链的下一个簇的簇号,以此类推。簇链的最后一个簇在 FAT 表中对应位置的值为 0xFFF(FAT12)或 0xFFFF(FAT16)或 0xFFFFFFFF(FAT32)。

关于 FAT 的具体信息请参考 1.5 节。

## 1.8.2 接口函数

文件分配表所有接口函数见表 1.15。它们均为内部接口函数,一般情况用户用不上。

**表 1.15 文件分配表管理模块函数列表**

| 函数名 | 功 能 |
|---|---|
| FATGetNextClus | 获取指定簇的下一个簇号 |
| FATSetNextClus | 设置指定簇的下一个簇号 |
| FATAddClus | 为指定簇链增加一个簇 |
| FATDelClusChain | 删除指定簇链 |

## 1.8.3 获取簇的下一个簇号

FAT 文件系统使用一个簇链来记录逻辑盘空间的分配,所以 FAT 的第 1 个操作就是获取指定簇的下一个簇号,也就是返回 FAT 数组指定位置的数值。这个操作是通过调用函数

FATGetNextClus()实现的。函数 FATGetNextClus()代码见程序清单 1.28。其流程图见图 1.5。函数 FATGetNextClus()有两个参数,其中 Drive 指出需要操作的逻辑盘(内部表示法),Index 指出要操作的簇号。函数 FATGetNextClus()的返回值为读到的簇号,如果没有相应的逻辑盘和/或相应的簇号,则返回坏簇(BAD_CLUS)。当然,如果此簇确实是坏簇,那么也会返回 BAD_CLUS。

**程序清单 1.28　获取下一个簇号**

```
uint32 FATGetNextClus(uint8 Drive, uint32 Index)
{
    uint16 temp, ByteIndex;
    uint32 SecIndex;
    uint8 *Buf;
    Disk_Info * Disk;
    uint32 Rt;

    Disk = GetDiskInfo(Drive);                                          (1)
    if (Disk == NULL)                                                   (2)
    {
        return BAD_CLUS;                                                (3)
    }
    if (Index >= (Disk->ClusPerData))                                   (4)
    {
        return BAD_CLUS;                                                (5)
    }
    switch (Disk->FATType)                                              (6)
    {
        case FAT12:
            SecIndex = Index * 3 / (2 * Disk->BytsPerSec);              (7)
            ByteIndex = ((Index * 3) / 2) - (SecIndex * Disk->BytsPerSec); (8)
            SecIndex += Disk->FATStartSec;                              (9)
            break;                                                      (10)
        case FAT16:
            SecIndex = Index * 2 / Disk->BytsPerSec + Disk->FATStartSec; (11)
            ByteIndex = (Index * 2) & (Disk->BytsPerSec - 1);           (12)
            break;                                                      (13)
        case FAT32:
            SecIndex = Index * 4 / Disk->BytsPerSec + Disk->FATStartSec; (14)
```

```
            ByteIndex = (Index * 4) & (Disk->BytsPerSec - 1);          (15)
            break;                                                      (16)
        default:
            return BAD_CLUS;                                            (17)
    }
    Buf = OpenSec(Drive, SecIndex);                                     (18)
    if (Buf == NULL)                                                    (19)
    {
        return BAD_CLUS;                                                (20)
    }
    ReadSec(Drive, SecIndex);                                           (21)
    switch (Disk->FATType)                                              (22)
    {
        case FAT12:
            temp = Buf[ByteIndex];                                      (23)
            ByteIndex++;                                                (24)
            if (ByteIndex >= Disk->BytsPerSec)                          (25)
            {
                Buf = OpenSec(Drive, SecIndex + 1);                     (26)
                if (Buf == NULL)                                        (27)
                {
                    return BAD_CLUS;                                    (28)
                }
                ReadSec(Drive, SecIndex + 1);                           (29)
                temp = temp | (Buf[0] << 8);                            (30)
                CloseSec(Drive, SecIndex + 1);                          (31)
            }
            else
            {
                temp = temp | (Buf[ByteIndex] << 8);                    (32)
            }
            if ((Index & 0x01) != 0)                                    (33)
            {
                temp = temp / 16;                                       (34)
            }
            else
            {
```

```
                temp = temp & 0x0fff;                                          (35)
            }
            Rt = temp;                                                         (36)
            if (temp >= (BAD_CLUS & 0x0fff))                                   (37)
            {
                Rt = ((uint32)0x0fffL << 16) | (temp | 0xf000);                (38)
            }
            break;                                                             (39)
        case FAT16:
            temp = Buf[ByteIndex] | (Buf[ByteIndex + 1] << 8);                 (40)
            Rt = temp;                                                         (41)
            if (temp >= (BAD_CLUS & 0xffff))                                   (42)
            {
                Rt = ((uint32)0x0fffL << 16) | temp;                           (43)
            }
            break;                                                             (44)
        case FAT32:
            Rt = Buf[ByteIndex] | (Buf[ByteIndex + 1] << 8);                   (45)
            Rt |= ((uint32)Buf[ByteIndex + 2] << 16) | ((uint32)Buf[ByteIndex + 3] << 24);
                                                                               (46)
          Rt = Rt & 0x0fffffff;                                                (47)
            break;                                                             (48)
        default:
            Rt = BAD_CLUS;                                                     (49)
            break;                                                             (50)
    }
    CloseSec(Drive, SecIndex);                                                 (51)
    return Rt;                                                                 (52)
}
```

函数 FATGetNextClus()的代码看起来比较复杂,其实不然。读者仔细看一看就会发现,复杂的部分实质是为了处理 FAT12、FAT16 和 FAT32 的差异。抛开这些差异,其流程图并不复杂。图 1.5 所示的流程图就是去除这些差异后的流程图。

因为簇和 FAT 表是在逻辑盘上的,所以要获取簇的下一个簇号必须先获得逻辑盘的信息(程序清单 1.28(1)~(3))。这个操作可能失败,当不成功时,函数 FATGetNextClus()会返回 BAD_CLUS(程序清单 1.28(3))。如果系统确实有这个逻辑盘,则看一看逻辑盘中是否存在这个簇(程序清单 1.28(4)、(5))。如果不存在,函数 FATGetNextClus()会返回 BAD_CLUS

(程序清单 1.28(5))。接着开始计算从哪一个逻辑扇区的哪个字节(FAT 数组的指定位置)开始存储下一个簇号(程序清单 1.28(6)~(17))。因为 FAT12、FAT16 和 FAT32 的 FAT 表项的位数不同,所以其计算公式不同。对于 FAT12,此公式为:

所在扇区逻辑号 =(簇索引×3)/(2×每扇区字节数)+保留扇区数

在扇区位置 =(簇索引×3)%(2×每扇区字节数)

从这里开始的 2 字节中的 12 位为所需数据。至于是哪 12 位,与簇号的奇、偶有关。而且,因为逻辑扇区的大小肯定为 512 字节的整数倍,所以低 2 字节可能存于下一个扇区中。因此后来读取数据的程序比较复杂。程序清单 1.28(7)~(10)就是按照这个公式计算这些数值。对于 FAT16,此公式为:

所在扇区逻辑号 =(簇索引×2)/ 每扇区字节数+保留扇区数

在扇区位置 =(簇索引×2)% 每扇区字节数

从这里开始的 2 字节为所需数据。因为逻辑扇区的大小肯定为 512 字节的整数倍,所以低 2 字节不可能存于下一个扇区中,读取数据的程序简单一些。程序清单 1.28(11)~(13)就是按照这个公式计算这些数值。对于 FAT32,此公式为:

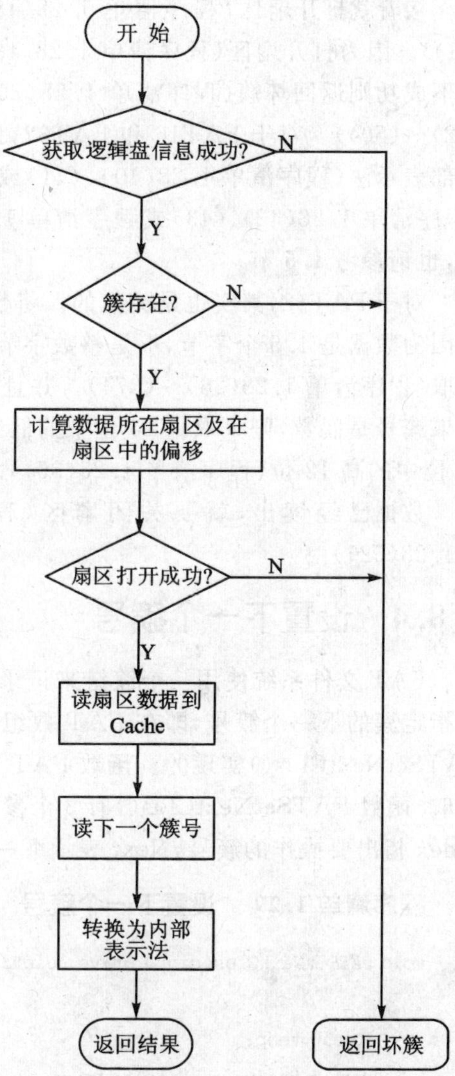


图 1.5 获取下一个簇号流程图

所在扇区逻辑号 =(簇索引×4)/ 每扇区字节数+保留扇区数

在扇区位置 =(簇索引×4)% 每扇区字节数

从这里开始的 4 字节为所需数据。因为逻辑扇区的大小肯定为 512 字节的整数倍,所以低 2 字节不可能存于下一个扇区中,读取数据的程序简单一些。程序清单 1.28(7)~(10)就是按照这个公式计算这些数值。

接着就打开扇区(程序清单 1.28(18)~(20))并读取扇区数据到 Cache(程序清单 1.28(21))。因为打开扇区(程序清单 1.28(18))可能不成功,所以需要判断(程序清单 1.28(19))。若不成功则返回坏簇(程序清单 1.28(20))。接下来就是读取实际的数据了(程序清单 1.28(22)~(50))。对于 FAT16 和 FAT32,比较简单,只是将数据读出来并拼装成对应 MCU 的内部表示法(程序清单 1.28(40)、(41)或程序清单 1.28(45)、(46))。并扩展或压缩到 28 位(程序清单 1.28(42)、(43)或程序清单 1.28(48))。这些算法 1.5 节有介绍。至于为何为 28 位,也请参考 1.5 节。

对于 FAT12,其实也是类似的。将数据读出来并拼装对应程序清单 1.28(23)~(36)。只是因为数据是 1.5 个字节,不是整数字节,所以第 2 个字节可能存于下一个扇区中,可能需要读取(程序清单 1.28(26)~(37))。并且因为数据是 1.5 个字节,所以必须取出对应的 12 位。如果簇号是偶数,则只取出 16 位中的低 12 位(程序清单 1.28(34));如果簇号是奇数,则取出 16 位中的高 12 位(程序清单 1.28(35))。之后扩展到 28 位(程序清单 1.28(37)、(38))。

数据已经读出,就要关闭扇区(程序清单 1.28(51))和返回正确的数据(程序清单1.28(52))。

## 1.8.4 设置下一个簇号

FAT 文件系统使用一个簇链来记录逻辑盘空间的分配,所以 FAT 的第 2 个操作就是设置指定簇的下一个簇号,即在 FAT 数组指定位置写入指定数值。这个操作是通过调用函数 FATSetNextClus()实现的。函数 FATSetNextClus()代码见程序清单 1.29。其流程图见图 1.6。函数 FATSetNextClus()有 3 个参数,其中 Drive 指出需要操作的逻辑盘(内部表示法),Index 指出要操作的簇号,Next 表示下一簇的簇号。

**程序清单 1.29　设置下一个簇号**

```
void FATSetNextClus(uint8 Drive, uint32 Index, uint32 Next)
{
    uint16 temp;
    uint16 SecIndex, ByteIndex;
    uint8 *Buf;
    Disk_Info * Disk;

    Disk = GetDiskInfo(Drive);                                            (1)
    if (Disk == NULL)                                                     (2)
    {
        return;                                                           (3)
    }
```

```
if (Index <= EMPTY_CLUS_1)                                          (4)
{
    return;                                                         (5)
}
if (Index >= Disk->ClusPerData)                                     (6)
{
    return;                                                         (7)
}
switch (Disk->FATType)                                              (8)
{
    case FAT12:
        SecIndex = Index * 3 / (2 * Disk->BytsPerSec);              (9)
        ByteIndex = ((Index * 3) / 2) - (SecIndex * Disk->BytsPerSec);   (10)
        SecIndex += Disk->FATStartSec;                              (11)
        break;                                                      (12)
    case FAT16:
        SecIndex = Index * 2 / Disk->BytsPerSec + Disk->FATStartSec;    (13)
        ByteIndex = (Index * 2) & (Disk->BytsPerSec - 1);           (14)
        break;                                                      (15)
    case FAT32:
        SecIndex = Index * 4 / Disk->BytsPerSec + Disk->FATStartSec;    (16)
        ByteIndex = (Index * 4) & (Disk->BytsPerSec - 1);           (17)
        break;                                                      (18)
    default:
        return;                                                     (19)
}
Buf = OpenSec(Drive, SecIndex);                                     (20)
if (Buf == NULL)                                                    (21)
{
    return;                                                         (22)
}
ReadSec(Drive, SecIndex);                                           (23)
switch (Disk->FATType)                                              (24)
{
    case FAT12:
        temp = Next & 0x0fff;                                       (25)
        if ((Index & 0x01) != 0)                                    (26)
```

```
        {
            temp = temp * 16;                                   (27)
            temp |= (Buf[ByteIndex] & 0x0f);                    (28)
            Buf[ByteIndex] = temp;                              (29)
        }
        else
        {
            Buf[ByteIndex] = temp;                              (30)
        }
        ByteIndex ++ ;                                          (31)
        temp = temp >> 8;                                       (32)
        if (ByteIndex >= Disk->BytsPerSec)                      (33)
        {
            Buf = OpenSec(Drive, SecIndex + 1);                 (34)
            if (Buf == NULL)                                    (35)
            {
                break;                                          (36)
            }
            ReadSec(Drive, SecIndex + 1);                       (37)
            if ((Index & 0x01) != 0)                            (38)
            {
                Buf[0] = temp;                                  (39)
            }
            else
            {
                Buf[0] = (Buf[0] & 0xf0) | temp;                (40)
            }
            WriteSec(Drive, SecIndex + 1);                      (41)
            CloseSec(Drive, SecIndex + 1);                      (42)
        }
        else
        {
            if ((Index & 0x01) != 0)                            (43)
            {
                Buf[ByteIndex] = temp;                          (44)
            }
            else
```

```
                {
                    Buf[ByteIndex] = (Buf[ByteIndex] & 0xf0) | temp;                     (45)
                }
            }
            break;                                                                       (46)
        case FAT16:
            Buf[ByteIndex] = Next;                                                       (47)
            Buf[ByteIndex + 1] = Next >> 8;                                              (48)
            break;                                                                       (49)
        case FAT32:
            Buf[ByteIndex] = Next;                                                       (50)
            Buf[ByteIndex + 1] = Next >> 8;                                              (51)
            Buf[ByteIndex + 2] = Next >> 16;                                             (52)
            Buf[ByteIndex + 3] = (Buf[ByteIndex + 3] & 0xf0) | ((Next >> 24) & 0x0f);    (53)
            break;                                                                       (54)
        default:                                                                         (55)
            break;                                                                       (56)
    }
    WriteSec(Drive, SecIndex);                                                           (57)
    CloseSec(Drive, SecIndex);                                                           (58)
    return ;                                                                             (59)
}
```

函数 FATSetNextClus()的代码看起来比较复杂，其实不然。读者仔细看就会发现，复杂的部分实质是为了处理 FAT12、FAT16、FAT32 的差异。抛开这些差异，其流程图并不复杂。图 1.6 所示的流程图就是去除这些差异后的流程图。

因为函数 FATSetNextClus()与函数 FATGetNextClus()操作的是同一数据结构中的数据，只是一个是读，另一个是写，所以这两个函数的结构很相似，代码也十分相似。主要的不同在于：

(1) 一个有返回值(FATGetNextClus())，一个没有(FATSetNextClus())，所以 return 语句都不同(程序清单 1.28(3)、(5)、(17)、(28)、(52)和程序清单 1.29(3)、(5)、(7)、(19)、(22)、(59))。

(2) 簇号为 0(EMPTY_CLUS)、1(EMPTY_CLUS_1)的簇没有对应的存储空间，不需要设置其值(程序清单 1.29(4)、(5))。

(3) 读/写不同(程序清单 1.28(23)～(48)和程序清单 1.29(25)～(54))。其中 FAT16 和 FAT32 部分好理解，FAT12 部分其实仔细阅读也好理解，读者请自行阅读源码和 1.8.4 小节的内容。

## 1.8.5 为簇链增加一个簇

因为 FAT 文件系统使用一个簇链来记录逻辑盘空间的分配，所以为 FAT 文件系统的文件/目录增加空间就是给指定的簇链增加簇，这个操作是通过调用函数 FATAddClus()实现的。函数 FATAddClus()代码见程序清单 1.30。其流程图见图 1.7。函数 FATAddClus()有两个参数，其中 Drive 指出需要操作的逻辑盘(内部表示法)，Index 指出要增加簇的簇链中的

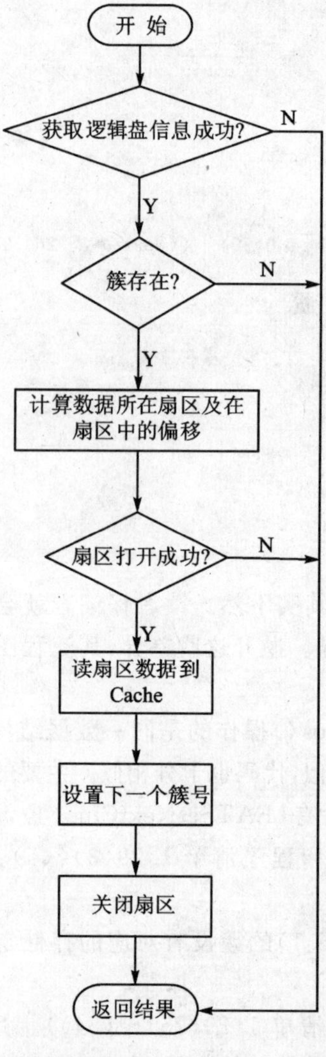


图 1.6 设置指定簇的下一个簇号流程图

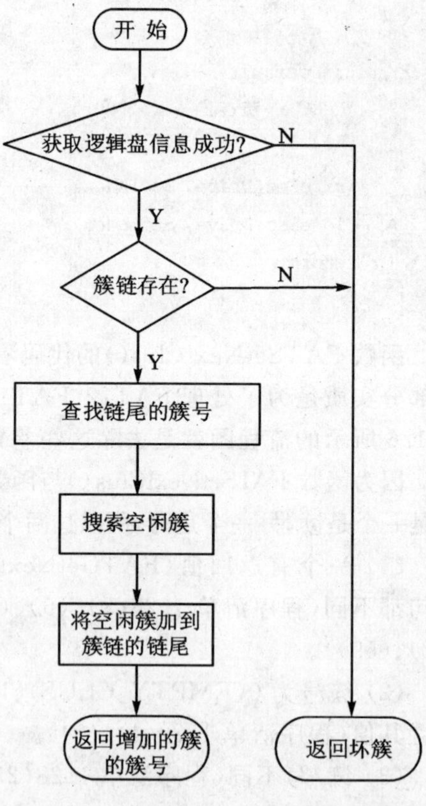


图 1.7 簇链增加一个簇号流程图

第 1 个的簇号(其实可以是任意一个簇的簇号,读者想一想这是为什么?)。当这个簇号为 EMPTY_CLUS 或 EMPTY_CLUS_1 时,表示需要新建一个簇链,并为这个新建的簇链增加一个簇。函数 FATAddClus()的返回值为增加的簇号,如果没有相应的逻辑盘和/或相应的簇链,则返回 BAD_CLUS。如果逻辑盘没有空闲空间了,那么函数 FATAddClus()也返回 BAD_CLUS。

**程序清单 1.30　为簇链增加一个簇**

```
uint32 FATAddClus(uint8 Drive, uint32 Index)
{
    uint32 NextClus,ThisClus,MaxClus;
    Disk_Info * Disk;

    Disk = GetDiskInfo(Drive);                                          (1)
    if (Disk == NULL)                                                   (2)
    {
        return BAD_CLUS;                                                (3)
    }
    if (Index>= BAD_CLUS)                                               (4)
    {
        return BAD_CLUS;                                                (5)
    }
    MaxClus = Disk->ClusPerData;                                        (6)
    ThisClus = Index;                                                   (7)
    if (ThisClus != EMPTY_CLUS && ThisClus != EMPTY_CLUS_1)             (8)
    {
        while (1)                                                       (9)
        {
            NextClus = FATGetNextClus(Drive, ThisClus);                 (10)
            if (NextClus >= EOF_CLUS_1)                                 (11)
            {
                break;                                                  (12)
            }
            if (NextClus <= EMPTY_CLUS_1)                               (13)
            {
                break;                                                  (14)
            }
            if (NextClus == BAD_CLUS)                                   (15)
```

```
            {
                return BAD_CLUS;                                                    (16)
            }
            ThisClus = NextClus;                                                    (17)
        }
    }
    else
    {
        NextClus = EMPTY_CLUS_1;                                                    (18)
    }
    for (NextClus = ThisClus + 1; NextClus < MaxClus; NextClus ++ )                 (19)
    {
        if (FATGetNextClus(Drive, NextClus) == EMPTY_CLUS)                          (20)
        {
            break;                                                                  (21)
        }
    }
    if (NextClus >= MaxClus)                                                        (22)
    {
        for (NextClus = EMPTY_CLUS_1 + 1; NextClus < ThisClus; NextClus ++ )        (23)
        {
            if (FATGetNextClus(Drive, NextClus) == EMPTY_CLUS)                      (24)
            {
                break;                                                              (25)
            }
        }
    }
    if (FATGetNextClus(Drive, NextClus) == EMPTY_CLUS)                              (26)
    {
        if (ThisClus > EMPTY_CLUS_1)                                                (27)
        {
            FATSetNextClus(Drive, ThisClus, NextClus);                              (28)
        }
        FATSetNextClus(Drive, NextClus, EOF_CLUS_END);                              (29)
        return NextClus;                                                            (30)
    }
    else
```

```
    {
        return BAD_CLUS;                                                         (31)
    }
}
```

因为簇和 FAT 表是在逻辑盘上的，所以要获取簇的下一个簇号必须先获得逻辑盘的信息(程序清单 1.30(1)～(3))。这个操作可能失败，当不成功时，函数 FATGetNextClus()会返回 BAD_CLUS(程序清单 1.30(3))。如果系统确实有这个逻辑盘，则看一看逻辑盘中是否存在这个簇链，即传递过来的簇链的第 1 个簇是否存在(程序清单 1.30 (4)、(5))。如果不存在，那么函数 FATGetNextClus()会返回 BAD_CLUS(程序清单 1.30(5))。因为新增加的簇会增加到簇链的链尾，所以接着就需要找到簇链的最后一个簇的簇号(程序清单 1.30(6)～(18))。在介绍这段代码之前，先介绍一下 ZLG/FS 搜索空闲空间的策略。

ZLG/FS 搜索空闲空间的策略的示意图见图 1.8，其中 MAX_CLUSE 为逻辑盘最大簇号。假设已找到簇链的最后一个簇号，例如如图 1.8 中的 N，则第一次在 N+1 到 MAX_CLUSE 之间搜索，从 N+1 搜索到 MAX_CLUSE。如果此次没有搜索到空闲簇，则再从 2 搜索到 N−1。如果还没有搜索到，则逻辑盘满了。使用这种方法是为了尽量让同一个文件/目录占有的空间连续(至少是增加的。这对加快常见介质如硬盘的访问有好处)，减少碎片的产生。同时，算法也不太复杂。

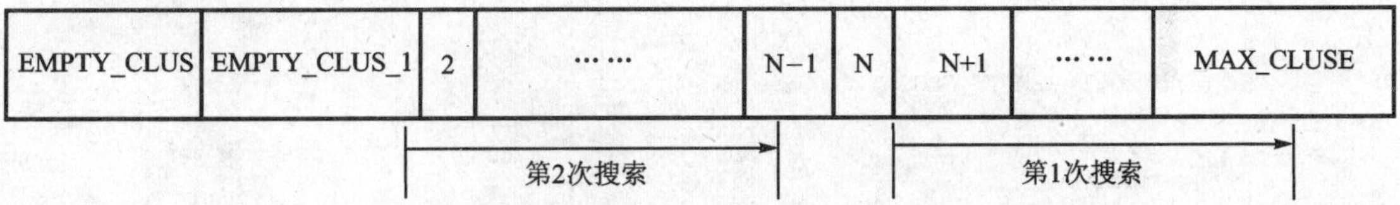


**图 1.8　搜索空闲簇的示意图**

前面提到，当 Index 为 EMPTY_CLUS 或 EMPTY_CLUS_1 时(程序清单 1.30(8))，则表示需要新建一个簇链，并为这个新建的簇链增加一个簇。此时搜索空闲簇应当从 2 开始一直搜索到 MAX_CLUSE。所以 N 应当设置为 EMPTY_CLUS_1(程序清单 1.30(18))。否则用函数 FATGetNextClus()依次获取簇链的下一个簇号(程序清单 1.30 (10)、(17))，直至簇链的链尾。判断达到链尾的标准有两种，一种是如 1.5 节所说的返回的数据为簇链的结束标志(大于等于 EOF_CLUS_1)，代码见程序清单 1.30(11)、(12)，这是正常方式；另一种为返回的数据为空簇(EMPTY_CLUS 即 0、EMPTY_CLUS_1 即 1)，代码见程序清单 1.30(13)、(14)。最后一种情况一般不会出现，但系统突然断电可能会出现。如果返回的数据为 BAD_CLUS(程序清单 1.30(15))，则表明文件系统出现严重错误，不能在此簇链增加簇，函数返回 BAD_CLUS(程序清单 1.30(16))。

接着就需要搜索空闲空间了(程序清单 1.30(19)～(25))。它是按照图 1.8 所示的方案搜索空闲空间,即判断调用函数 FATGetNextClus()依次获得相应的簇的下一个簇号是否为 EMPTY_CLUS,为 EMPTY_CLUS 即是空簇了。最后判断搜索到的簇是否真的是空簇(程序清单 1.30(26)),如果不是,则函数返回 BAD_CLUS,表示逻辑盘没有空间了;如果是,则增加簇(程序清单 1.30(27)～(30)),其中建立新簇链不须执行程序清单 1.30(28),这是因为建立新簇链没有旧的链尾。

### 1.8.6 删除一个簇链

当一个文件或目录被删除时,其占有的空间应被回收,即将相应的簇链的所有元素的值设置为 EMPTY_CLUS。这是通过调用函数 FATDelClusChain()实现的。函数 FATDelClusChain()代码见程序清单 1.31。函数 FATDelClusChain()有两个参数,其中 Drive 指出需要操作的逻辑盘(内部表示法),Index 指出要删除的簇链中的第 1 个的簇号。注意,不能为其他的簇号,否则簇链删除不全。函数 FATDelClusChain()没有返回值。请读者读本章的其他小节,这个函数的代码应很容易读懂,在这里就不加说明了。

**程序清单 1.31 删除一个簇链**

```
void FATDelClusChain(uint8 Drive, uint32 Index)
{
    uint32 NextClus, ThisClus;

    if (Index <= EMPTY_CLUS_1)                                    (1)
    {
        return;                                                   (2)
    }
    if (Index >= BAD_CLUS)                                        (3)
    {
        return;                                                   (4)
    }
    ThisClus = Index;                                             (5)
    while (1)                                                     (6)
    {
        NextClus = FATGetNextClus(Drive, ThisClus);               (7)
        FATSetNextClus(Drive, ThisClus, EMPTY_CLUS);              (8)
        if (NextClus >= BAD_CLUS)                                 (9)
        {
            break;                                                (10)
        }
```

```
        if (NextClus <= EMPTY_CLUS_1)                          (11)
        {
            break;                                             (12)
        }
        ThisClus = NextClus;                                   (13)
    }
}
```

# 1.9 文件目录表管理

## 1.9.1 FDT 简介

文件目录表(FDT)是 FAT 文件系统的重要数据结构,所有的文件、目录(不包括根目录)的主要信息均保存在这个数据结构。同时,这个数据结构比较复杂,如果要处理长文件名,则更加复杂。而且对于 FAT12 和 FAT16 来说,其根目录具有特殊的数据存储区域,与其他目录的处理方式不同。因而代码又无形地增多了一些。

FDT 的数据结构比较复杂,当前版本的 ZLG/FS 的大部分未实现的功能与这个模块相关,如日期、时间特性、长文件名、文件的只读属性的处理等,均与这个模块相关。因此,当 ZLG/FS 升级时,这个模块可能是改动较大的模块。

## 1.9.2 用户接口函数

FDT 管理模块的用户接口函数见表 1.16。它们可以被用户程序调用,ZLG/FS 内部也使用它们。其实一般的用户程序是不会调用它们的,它们是为一些实用程序准备的。

**表 1.16　FDT 管理模块用户接口函数列表**

| 函数名 | 功　能 |
|---|---|
| DirIsEmpty | 目录是否为空 |
| FDTIsLie | FDT 是否存在 |
| GetFDTInfo | 获取 FDT 信息 |

## 1.9.3 内部接口函数

FDT 管理模块的内部接口函数见表 1.17。

表 1.17 FDT 管理模块内部使用函数列表

| 函数名 | 功 能 | 函数名 | 功 能 |
|---|---|---|---|
| ClearClus | 给一个簇清 0 | SetFDTInfo | 设置 FDT 信息 |
| ChangeFDT | 改变 FDT 属性 | FindFDTInfo | 查找指定的 FDT 信息 |
| ReadFDTInfo | 读 FDT 信息 | AddFDT | 增加 FDT 表项 |
| WriteFDTInfo | 写 FDT 信息 | DelFDT | 删除 FDT 表项 |

### 1.9.4 数据结构

程序清单 1.32 为文件目录管理模块使用的一个主要的数据结构定义。它实际上就是由 FDT 表的一个元素的各个成员组成，甚至成员的顺序都一样。不过，处理器不一定是大端结构，且有编译器优化的原因，其字节顺序不一定是一样的。关于数据结构的各个成员的意义请看注释和 1.5 节相关部分。

**程序清单 1.32 FDT 数据结构**

```
typedef struct _FDT
{
    char     Name[11];                    //短文件名，主文件名
    uint8    Attr;                        //文件属性
    uint8    NTRes;                       //保留给 NT
    uint8    CrtTimeTenth;                //建立时间(FAT16 保留)
    uint16   CrtTime;                     //建立时间(FAT16 保留)
    uint16   CrtDate;                     //建立日期(FAT16 保留)
    uint16   LstAccDate;                  //最后访问日期(FAT16 保留)
    uint16   FstClusHI;                   //起始簇号高两个字节(FAT16 保留)
    uint16   WrtTime;                     //最后写时间
    uint16   WrtDate;                     //最后写日期
    uint16   FstClusLO;                   //起始簇号低两个字节
    uint32   FileSize;                    //文件大小
} FDT;
```

### 1.9.5 读取 FDT 信息

如果知道一个 FDT 表项所在的逻辑盘、逻辑扇区、和在扇区中的偏移，则获取它的信息十分容易：打开相应的扇区并读入 Cache 中，然后根据 FDT 的字节顺序读出并转换各个成员数据，最后关闭扇区。函数 ReadFDTInfo()就是实现这项功能的函数。函数 ReadFDTInfo()具

有 4 个参数，其中 Rt 是一个结构体指针，用来存储返回的 FDT 信息；而 Drive、SecIndex、ByteIndex 就是上面指定的参数。函数 ReadFDTInfo( ) 的代码见程序清单 1.33。函数 ReadFDTInfo()的返回值参考 FAT.h 文件。函数 ReadFDTInfo()的代码比较简单，惟一要注意的是，很多多字节成员不是直接读取而是计算得出。这样做是为了使目标系统无论是大端结构还是小端结构代码执行的结果都正确。代码简单，这里不再分析。

**程序清单 1.33　读取 FDT 信息**

```
uint8  ReadFDTInfo(FDT *Rt, uint8 Drive, uint32 SecIndex, uint16 ByteIndex)
{
    uint8 *Buf;
    uint8 temp;

    Buf = OpenSec(Drive, SecIndex);                                   (1)
    temp = NOT_EMPTY_CACHE;                                           (2)
    if (Buf != NULL)                                                  (3)
    {
        temp = ReadSec(Drive, SecIndex);                              (4)
        if (temp == RETURN_OK)                                        (5)
        {
            Buf = Buf + ByteIndex;                                    (6)
            Rt->Name[0] = *Buf++;                                     (7)
            Rt->Name[1] = *Buf++;                                     (8)
            Rt->Name[2] = *Buf++;                                     (9)
            Rt->Name[3] = *Buf++;                                     (10)
            Rt->Name[4] = *Buf++;                                     (11)
            Rt->Name[5] = *Buf++;                                     (12)
            Rt->Name[6] = *Buf++;                                     (13)
            Rt->Name[7] = *Buf++;                                     (14)
            Rt->Name[8] = *Buf++;                                     (15)
            Rt->Name[9] = *Buf++;                                     (16)
            Rt->Name[10] = *Buf++;                                    (17)
            Rt->Attr = *Buf++;                                        (18)
            Rt->NTRes = *Buf++;                                       (19)
            Rt->CrtTimeTenth = *Buf++;                                (20)
            Rt->CrtTime = Buf[0] | (Buf[1] << 8);                     (21)
            Rt->CrtDate = Buf[2] | (Buf[3] << 8);                     (22)
            Rt->LstAccDate = Buf[4] | (Buf[5] << 8);                  (23)
```

```
            Rt->FstClusHI = Buf[6] | (Buf[7] << 8);                                       (24)
            Rt->WrtTime = Buf[8] | (Buf[9] << 8);                                         (25)
            Rt->WrtDate = Buf[10] | (Buf[11] << 8);                                       (26)
            Rt->FstClusLO = Buf[12] | (Buf[13] << 8);                                     (27)
            Rt->FileSize = Buf[14]  | (Buf[15] << 8);                                     (28)
            Rt->FileSize |= (((uint32)Buf[16] << 16) | ((uint32)Buf[17] << 24));          (29)
            temp = RETURN_OK;                                                             (30)
        }
        CloseSec(Drive, SecIndex);                                                        (31)
    }
    return temp;                                                                          (32)
}
```

## 1.9.6 保存 FDT 信息

如果知道一个 FDT 表项所在的逻辑盘、逻辑扇区、和在扇区中的偏移，则获取它的信息十分容易：打开相应的扇区并读入 Cache 中，然后根据 FDT 的字节顺序转换将信息写入并设扇区已被修改，最后关闭扇区。函数 WriteFDTInfo()就是实现这项功能的函数。函数 WriteFDTInfo()具有 4 个参数。其中 Drive、SecIndex、ByteIndex 就是上面指定的参数，而 FDTData 则保存要写入的 FDT 的信息。函数 WriteFDTInfo()的代码见程序清单 1.34。函数 WriteFDTInfo()的返回值参考 FAT.h 文件。函数 WriteFDTInfo()的代码比较简单，惟一要注意的是，很多多字节成员不是直接写而是计算出各个字节后写入。这样做是为了使目标系统无论是大端结构还是小端结构代码执行的结果都正确。代码简单，这里不再分析。

**程序清单 1.34　保存 FDT 信息**

```
uint8   WriteFDTInfo(uint8 Drive, uint32 SecIndex, uint16 ByteIndex, FDT *FDTData)
{
    uint8 *Buf;
    uint8 temp;

    temp = NOT_EMPTY_CACHE;                                                               (1)
    Buf = OpenSec(Drive, SecIndex);                                                       (2)
    if (Buf != NULL)                                                                      (3)
    {
        temp = ReadSec(Drive, SecIndex);                                                  (4)
        if (temp == RETURN_OK)                                                            (5)
        {
```

```
        Buf = Buf + ByteIndex;
        *Buf ++ = FDTData->Name[0];
        *Buf ++ = FDTData->Name[1];
        *Buf ++ = FDTData->Name[2];
        *Buf ++ = FDTData->Name[3];
        *Buf ++ = FDTData->Name[4];
        *Buf ++ = FDTData->Name[5];
        *Buf ++ = FDTData->Name[6];
        *Buf ++ = FDTData->Name[7];
        *Buf ++ = FDTData->Name[8];
        *Buf ++ = FDTData->Name[9];
        *Buf ++ = FDTData->Name[10];
        *Buf ++ = FDTData->Attr;
        *Buf ++ = FDTData->NTRes;
        *Buf ++ = FDTData->CrtTimeTenth;
        *Buf ++ = FDTData->CrtTime;
        *Buf ++ = (FDTData->CrtTime) >> 8;
        *Buf ++ = FDTData->CrtDate;
        *Buf ++ = (FDTData->CrtDate) >> 8;
        *Buf ++ = FDTData->LstAccDate;
        *Buf ++ = (FDTData->LstAccDate) >> 8;
        *Buf ++ = FDTData->FstClusHI;
        *Buf ++ = (FDTData->FstClusHI) >> 8;
        *Buf ++ = FDTData->WrtTime;
        *Buf ++ = (FDTData->WrtTime) >> 8;
        *Buf ++ = FDTData->WrtDate;
        *Buf ++ = (FDTData->WrtDate) >> 8;
        *Buf ++ = FDTData->FstClusLO;
        *Buf ++ = (FDTData->FstClusLO) >> 8;
        *Buf ++ = (FDTData->FileSize);
        *Buf ++ = (FDTData->FileSize) >> 8;
        *Buf ++ = (FDTData->FileSize) >> 16;
        *Buf = (FDTData->FileSize) >> 24;
        WriteSec(Drive, SecIndex);
    }
    CloseSec(Drive, SecIndex);
}
```

```
    return temp;
}
```

## 1.9.7 获取指定目录指定 FDT 信息

事实上,大多数情况下我们不知道需要的 FDT 表项所在的扇区及扇区内偏移。但是,如果知道目录的开始簇号及指定 FDT 表项的索引,则可以计算出它所在的扇区及扇区内偏移,也就可以获取 FDT 表项信息。但针对 FAT12 和 FAT16,它们具有一个特殊的根目录区,其根目录是按连续扇区存放的,具有指定的长度。而其他目录的 FDT 表项存放于数据区,空间的分配存储在 FAT 表中。FAT32 的根目录与其他目录的处理方式一致。这就造成了两种情况需要分别编写代码支持。在 ZLG/FS 中,用具有统一的接口函数 GetFDTInfo()实现这个操作。函数 GetFDTInfo()具有 4 个参数,其中 Drive、ClusIndex 和 Index 分别为指定的 FDT 表项所在逻辑盘、所在目录的首簇号和索引。当 ClusIndex 为 EMPTY_CLUS 时,表示目录为根目录。而 Rt 是一个结构体指针,用来存储返回的 FDT 信息。函数 GetFDTInfo()的代码见程序清单 1.35。函数 GetFDTInfo()的返回值参考 FAT.h 文件。函数 GetFDTInfo()的流程图如图 1.9 所示,流程图做了简化,一些错误处理没有列出。

**程序清单 1.35 获取指定目录指定 FDT 信息**

```
uint8 GetFDTInfo(FDT * Rt,uint8 Drive, uint32 ClusIndex, uint32 Index)
{
    Disk_Info * Disk;
    uint16 ByteIndex;
    uint32 SecIndex, i;

    Disk = GetDiskInfo(Drive);                                          (1)
    if (Disk == NULL)                                                   (2)
    {
        return NOT_FIND_DISK;                                           (3)
    }
    if (ClusIndex == EMPTY_CLUS)                                        (4)
    {
        if (Disk->FATType == FAT32)                                     (5)
        {
            ClusIndex = Disk->RootDirTable;                             (6)
        }
        else
        {
```

```
            return GetRootFDTInfo(Rt, Drive, Index);                                  (7)
        }
    }
    if (Disk->FATType == FAT12 ||                                                     (8)
        Disk->FATType == FAT16 ||
        Disk->FATType == FAT32)
    {
        Index = Index * 32;                                                           (9)
        ByteIndex = Index % Disk->BytsPerSec;                                         (10)
        SecIndex = Index / Disk->BytsPerSec;                                          (11)
        i = Disk->SecPerClus;                                                         (12)
        while(SecIndex >= i)                                                          (13)
        {
            ClusIndex = FATGetNextClus(Drive, ClusIndex);                             (14)
            if (ClusIndex <= EMPTY_CLUS_1 ||                                          (15)
                ClusIndex >= BAD_CLUS)                                                (16)
            {
                return FDT_OVER;                                                      (17)
            }
            SecIndex -= i;                                                            (18)
        }
        SecIndex = (ClusIndex - 2) * i + SecIndex + Disk->DataStartSec;               (19)
        return ReadFDTInfo(Rt, Drive, SecIndex, ByteIndex);                           (20)
    }
    return NOT_FAT_DISK;                                                              (21)
}
```

函数首先判断指定的逻辑盘是否存在(程序清单 1.35(2))。如果不存在,则返回 NOT_FIND_DISK,表明没有指定的逻辑盘(程序清单 1.35(3))。然后判断指定目录是否是根目录(程序清单 1.35(4))。如果是根目录,且逻辑盘是 FAT32 的卷(程序清单 1.35(5)),则重新设置这个参数为真实的簇号(程序清单 1.35(6))。如果是根目录,且逻辑盘不是 FAT32 的卷,则调用另一个函数 GetRootFDTInfo()处理(程序清单 1.35(8));否则,程序先判断卷是否是 FAT 格式(程序清单 1.35(9)),若不是,则返回 NOT_FAT_DISK,表明指定逻辑盘不是 FAT 格式(程序清单 1.35(21))。接着计算这个 FDT 表项在扇区中的偏移(程序清单 1.35(9)、(10)),计算公式如下:

偏移(ByteIndex) = 索引(Index) × FDT 大小(32) % 这个逻辑盘的扇区大小(Disk->BytsPerSec)

然后获取其所在的扇区(程序清单 1.35(11)～(19))。因为 FAT 文件系统的空间分配是以簇为单位,而不是以扇区为单位,所以比较复杂。不过这个扇区是这个目录的第几个扇区(SecIndex)是容易计算的(程序清单 1.35(11)),j 计算公式如下:

偏移(ByteIndex) = 索引(Index) × FDT 大小(32) /这个逻辑盘的扇区大小(Disk->BytsPerSec)

**注意**:上述公式的"/"为 C 语言中的整数除法,是向下舍入的。

找扇区所在的簇其实也不复杂,顺着簇链依次向下找即可(程序清单 1.35 4(12)～(18)),只是要注意检查簇链的错误(程序清单 1.35(15))。这里同时计算了扇区在簇内偏移。知道了所在的簇号和簇内偏移,计算所在扇区就简单了,计算公式如下:

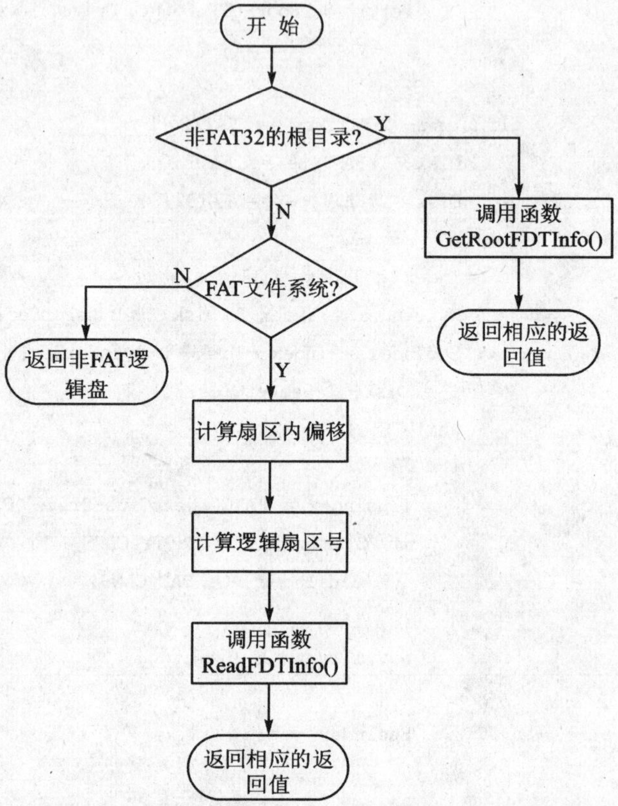


**图 1.9　获取指定目录指定 FDT 信息流程图**

所在扇区(SecIndex) = (所在簇号－2)×每簇扇区数＋在簇内偏移

程序清单 1.35(19)就是计算这个值。所有参数计算完毕,可以调用函数 ReadFDTInfo()进行真正的处理了。

上面提到,FAT12、FAT16 系统调用函数 GetRootFDTInfo()获取根目录指定 FDT 信息,这个函数的代码见程序清单 1.36。它的参数比函数 GetFDTInfo()的参数少一个,同名参数意义一致。函数 GetRootFDTInfo()返回值参考 FAT.h 文件。其实这个函数的思想与函数 GetFDTInfo()没有区别,只不过在这种情况下根目录占用固定的、连续的扇区。因此,判断索引是否超出范围及计算所在扇区及扇区的偏移均十分简单,相关知识参考 1.5 和 1.6 节,这里不再分析代码。

**程序清单 1.36　获取根目录指定 FDT 信息**

```
uint8 GetRootFDTInfo(FDT * Rt, uint8 Drive, uint32 Index)
{
    Disk_Info * Disk;
    uint16 ByteIndex;
    uint32 SecIndex;
    uint8 temp;

    temp = NOT_FIND_DISK;                                                        (1)
    Disk = GetDiskInfo(Drive);                                                   (2)
    if (Disk != NULL)                                                            (3)
    {
        temp = NOT_FAT_DISK;                                                     (4)
        Index = Index * 32;                                                      (5)
        if (Disk->FATType == FAT12 || Disk->FATType == FAT16)                    (6)
        {
            temp = FDT_OVER;                                                     (7)
            if (Index < (Disk->RootSecCnt * Disk->BytsPerSec))                   (8)
            {
                ByteIndex = Index % Disk->BytsPerSec;                            (9)
                SecIndex = Index / Disk->BytsPerSec + Disk->RootDirTable;        (10)
                temp = ReadFDTInfo(Rt, Drive, SecIndex, ByteIndex);              (11)
            }
        }
    }
    return temp;                                                                 (12)
}
```

## 1.9.8　设置指定目录指定 FDT 信息

除了获取 FDT 信息以外，还需要设置它。这可以调用函数 SetFDTInfo()实现。函数 SetFDTInfo()有 4 个参数，其中 Drive、ClusIndex、Index 分别为指定的 FDT 表项所在逻辑盘、所在目录的首簇号和索引。当 ClusIndex 为 EMPTY_CLUS 时，表示目录为根目录。而 FDTData 是一个结构体指针，设置的数据就存放在这个结构体变量中。函数 GetFDTInfo()的代码见程序清单 1.37。函数 GetFDTInfo()的返回值参考 FAT.h 文件。

这个函数和 1.9.7 小节介绍的函数是对应的。因为它们的功能相近，仅一个读，另一个写，所以它们的代码惊人地一致，且函数 SetFDTInfo()调用的函数 SetRootFDTInfo()(见程序清单 1.38)也与函数 GetFDTInfo()调用的函数 GetRootFDTInfo()惊人地一致。所以，这些代码不再分析其原理。

**程序清单 1.37　设置指定目录指定 FDT 信息**

```
uint8 SetFDTInfo(uint8 Drive, uint32 ClusIndex, uint32 Index, FDT * FDTData)
{
    Disk_Info * Disk;
    uint16 ByteIndex;
    uint32 SecIndex;
    uint8 i;

    Disk = GetDiskInfo(Drive);                                              (1)
    if (Disk == NULL)                                                       (2)
    {
        return NOT_FIND_DISK;                                               (3)
    }
    if (ClusIndex == EMPTY_CLUS)                                            (4)
    {
        if (Disk->FATType == FAT32)                                         (5)
        {
            ClusIndex = Disk->RootDirTable;                                 (6)
        }
        else
        {
            return SetRootFDTInfo(Drive, Index, FDTData);                   (7)
        }
    }
    if (Disk->FATType == FAT12 ||                                           (8)
        Disk->FATType == FAT16 ||
        Disk->FATType == FAT32)
    {
        Index = Index * 32;                                                 (9)
        ByteIndex = Index % Disk->BytsPerSec;                               (10)
        SecIndex = Index / Disk->BytsPerSec;                                (11)
        i = Disk->SecPerClus;                                               (12)
        while(SecIndex >= i)                                                (13)
        {
```

```
            ClusIndex = FATGetNextClus(Drive, ClusIndex);                          (14)
            if (ClusIndex <= EMPTY_CLUS_1 ||                                       (15)
                ClusIndex >= BAD_CLUS)
            {
                return FDT_OVER;                                                   (16)
            }
            SecIndex -= i;                                                         (17)
        }
        SecIndex = (ClusIndex - 2) * i + SecIndex + Disk->DataStartSec;            (18)
        return WriteFDTInfo(Drive, SecIndex, ByteIndex, FDTData);                  (19)
    }
    return NOT_FAT_DISK;                                                           (20)
}
```

**程序清单 1.38 设置根目录指定 FDT 信息**

```
uint8 SetRootFDTInfo(uint8 Drive, uint32 Index, FDT * FDTData)
{
    Disk_Info * Disk;
    uint16 ByteIndex;
    uint32 SecIndex;
    uint8 Rt;

    Rt = NOT_FIND_DISK;                                                            (1)
    Disk = GetDiskInfo(Drive);                                                     (2)
    if (Disk != NULL)                                                              (3)
    {
        Index = Index * 32;                                                        (4)
        if (Disk->FATType == FAT12 || Disk->FATType == FAT16)                      (5)
        {
            Rt = FDT_OVER;                                                         (6)
            if (Index < (Disk->RootSecCnt * Disk->BytsPerSec))                     (7)
            {
                ByteIndex = Index % Disk->BytsPerSec;                              (8)
                SecIndex = Index / Disk->BytsPerSec + Disk->RootDirTable;          (9)
                Rt = WriteFDTInfo(Drive, SecIndex, ByteIndex, FDTData);            (10)
            }
        }
```

```
    }
    return Rt;                                                          (11)
}
```

## 1.9.9 在指定目录查找指定 FDT

在增加 FDT 表项或删目录、文件等操作时，需要通过文件/目录的名称在指定目录获取表项的信息。这时，需要搜索目录中的所有 FDT 表项来确定是否存在需要的 FDT 表项。这个工作可以通过调用函数 FindFDTInfo()来实现。函数函数 FindFDTInfo()有 4 个参数，其中 Drive、ClusIndex、FileName 分别为指定的 FDT 表项所在逻辑盘、所在目录的首簇号和名称。当 ClusIndex 为 EMPTY_CLUS 时，表示目录为根目录。而 Rt 是一个结构体指针，用来存储返回的 FDT 信息。**注意**：FileName 为 FDT 表中的名称，与用户表示法不同。函数 GetFDTInfo()的返回值参考 FAT.h 文件。函数 FindFDTInfo()的代码见程序清单 1.39。

函数 GetFDTInfo()首先要对文件/目录名进行字符转换(程序清单 1.39(2)、(3))。这是因为 FDT 表用字符 DEL_FDT(0xE5)指示此 FDT 已经被删除。但字符 DEL_FDT(0xE5)是合法的文件/目录字符。因而当首字符为 DEL_FDT(0xE5)时，就用字符 ESC_FDT(0x05)代替。所以这里需要转换。然后函数就通过 while 循环(程序清单 1.39(4))依次得到所有的 FDT 表项(程序清单 1.39(5))并判断其名称是否相同(程序清单 1.39(11)～(22))。相同则当然返回成功(程序清单 1.39(23)、(24)、(38))。注意在返回之前需要把首字符替换回来(程序清单 1.39(26)、(27))，否则比较下一个。在获取 FDT 表项工程中可能会出现各种意外情况(程序清单 1.39(6))，此时，需要返回相应的错误代码(程序清单 1.39(7))。如果搜索完毕(程序清单 1.39(7))，就要返回 NOT_FIND_FDT，表示找不到(程序清单 1.39(9))。

**程序清单 1.39　在指定目录查找指定 FDT 信息**

```
uint8 FindFDTInfo(FDT *Rt,uint8 Drive, uint32 ClusIndex, char FileName[])
{
    uint32 i;
    uint8 temp;

    i = 0;                                                              (1)
    if (FileName[0] == DEL_FDT)                                         (2)
    {
        FileName[0] = ESC_FDT;                                          (3)
    }
    while (1)                                                           (4)
    {
```

```
        temp = GetFDTInfo(Rt, Drive, ClusIndex, i);                    (5)
        if (temp != RETURN_OK)                                          (6)
        {
            break;                                                      (7)
        }
        if (Rt->Name[0] == EMPTY_FDT)                                   (8)
        {
            temp = NOT_FIND_FDT;                                        (9)
            break;                                                      (10)
        }
        if ((Rt->Attr & ATTR_VOLUME_ID) == 0)                           (11)
        if (FileName[0] == Rt->Name[0])                                 (12)
        if (FileName[1] == Rt->Name[1])                                 (13)
        if (FileName[2] == Rt->Name[2])                                 (14)
        if (FileName[3] == Rt->Name[3])                                 (15)
        if (FileName[4] == Rt->Name[4])                                 (16)
        if (FileName[5] == Rt->Name[5])                                 (17)
        if (FileName[6] == Rt->Name[6])                                 (18)
        if (FileName[7] == Rt->Name[7])                                 (19)
        if (FileName[8] == Rt->Name[8])                                 (20)
        if (FileName[9] == Rt->Name[9])                                 (21)
        if (FileName[10] == Rt->Name[10])                               (22)
        {
            temp = RETURN_OK;                                           (23)
            break;                                                      (24)
        }
        i++;                                                            (25)
    }
    if (FileName[0] == ESC_FDT)                                         (26)
    {
        FileName[0] = DEL_FDT;                                          (27)
    }
    return temp;                                                        (28)
}
```

### 1.9.10 指定目录查增加 FDT

当建立一个文件或目录时，需要在相应的目录中增加 FDT 表项，这时可以调用函数 AddFDT()实现。函数 AddFDT()具有 4 个参数，其中 Drive、ClusIndex、Index 分别为指定的 FDT 表项所在逻辑盘、所在目录的首簇号和索引。当 ClusIndex 为 EMPTY_CLUS 时表示目录为根目录。而 FDTData 是一个结构体指针，设置的数据就存放在这个结构体变量中。函数 GetFDTInfo()的代码见程序清单 1.40。函数 GetFDTInfo()的流程图见图 1.10。函数 GetFDTInfo()的返回值参考 FAT.h 文件。

**程序清单 1.40　在指定目录增加 FDT 项**

```
uint8 AddFDT(uint8 Drive, uint32 ClusIndex, FDT * FDTData)
{
    Disk_Info * Disk;
    uint32 i;
    FDT TempFDT;
    uint8 temp;

    Disk = GetDiskInfo(Drive);                                          (1)
    if (Disk == NULL)                                                   (2)
    {
        return NOT_FIND_DISK;                                           (3)
    }
    if (ClusIndex == EMPTY_CLUS)                                        (4)
    if (Disk->FATType == FAT32)                                         (5)
    {
        ClusIndex = Disk->RootDirTable;                                 (6)
    }
    temp = FindFDTInfo(&TempFDT, Drive, ClusIndex, FDTData->Name);      (7)
    if (temp == RETURN_OK)                                              (8)
    {
        return FDT_EXISTS;                                              (9)
    }
    if (temp != NOT_FIND_FDT)                                           (10)
    if (temp != FDT_OVER)                                               (11)
    {
        return temp;                                                    (12)
    }
```

```
    if (FDTData->Name[0] == DEL_FDT)                                          (13)
    {
        FDTData->Name[0] = ESC_FDT;                                           (14)
    }
    i = 0;                                                                    (15)
    temp = RETURN_OK;                                                         (16)
    while (temp == RETURN_OK)                                                 (17)
    {
        temp = GetFDTInfo(&TempFDT, Drive, ClusIndex, i);                     (18)
        if (temp == RETURN_OK)                                                (19)
        {
            if (TempFDT.Name[0] == DEL_FDT || TempFDT.Name[0] == EMPTY_FDT)   (20)
            {
                temp = SetFDTInfo(Drive, ClusIndex, i, FDTData);              (21)
                break;                                                        (22)
            }
        }
        i ++ ;                                                                (23)
    }
    if (temp == FDT_OVER)                                                     (24)
    if (ClusIndex != EMPTY_CLUS)                                              (25)
    {
        i = FATAddClus(Drive, ClusIndex);                                     (26)
        temp = DISK_FULL;                                                     (27)
        if (i != BAD_CLUS)                                                    (28)
        {
            ClearClus(Drive, i);                                              (29)
            temp = SetFDTInfo(Drive, i, 0, FDTData);                          (30)
        }
    }
    if (FDTData->Name[0] == ESC_FDT)                                          (31)
    {
        FDTData->Name[0] = DEL_FDT;                                           (32)
    }
    return temp;                                                              (33)
}
```

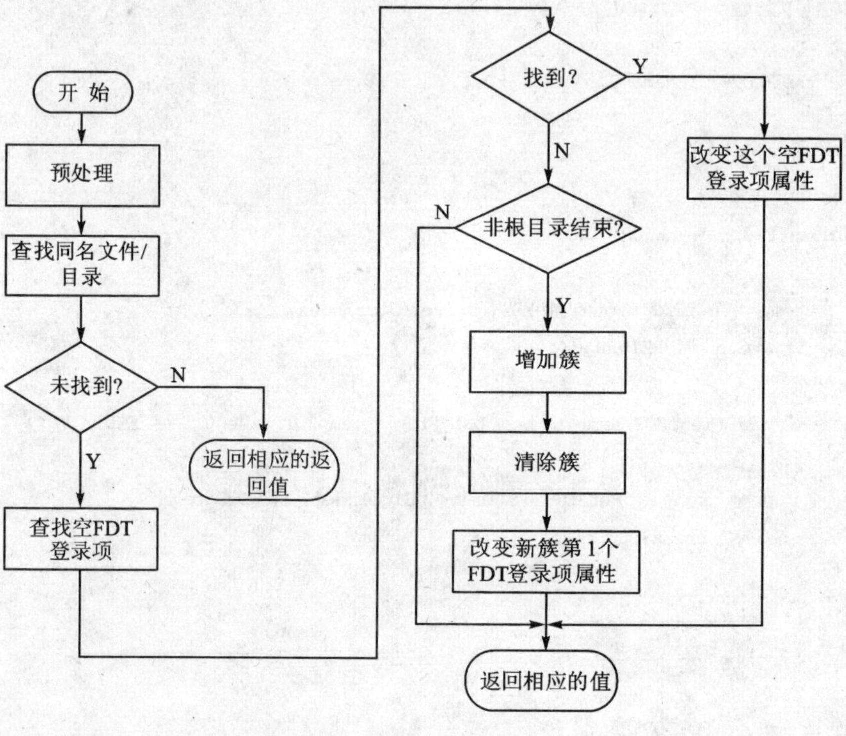


**图 1.10　添加 FDT 表项**

函数 AddFDT()首先判断逻辑盘是否存在(程序清单 1.40(1)、(2))。因为 FAT32 卷的根目录与其他目录存储方式相同,所以需要转换一下(程序清单 1.40(4)～(6))。然后查找这个目录中是否有同名的文件/目录(程序清单 1.40(7)、(8)),如果存在,则不能添加,函数应该返回 FDT_EXISTS 表明存在同名的文件/目录(程序清单 1.40(9))。如果有其他错误,那么也需要返回相应的错误(程序清单 1.40(10)～(12))。然后,函数 AddFDT()要对文件/目录名进行字符转换(程序清单 1.40(13)、(14))。这是因为 FDT 表用字符 DEL_FDT(0xE5)指示此 FDT 已被删除。但字符 DEL_FDT(0xE5)是合法的文件/目录字符,因而当首字符为 DEL_FDT(0xE5)时,就用字符 ESC_FDT(0x05)代替。所以这里需要转换。然后函数就通过 while 循环(程序清单 1.40(15))依次得到所有的 FDT 表项(程序清单 1.40(18))并判断是否为空表项(程序清单 1.40(19)、(20))。若是,则改变其属性(程序清单 1.40(21))。注意,这里与流程图不太一样,这里没有跳转到程序清单 1.40(31)。这是因为程序清单 1.40(24)的判断在这种情况肯定不成立,不必完全按照流程图而使代码复杂。剩下的代码与流程图项符合,不再介绍。

程序清单 1.40(29)提到一个函数 ClearClus(),它的作用是给一个簇的所有字节赋 0 值。这个函数具有两个参数,其中 Drive 为需要操作的逻辑盘,而 Index 为指定的簇号。函数

ClearClus()的代码见程序清单 1.41。函数 ClearClus()的返回值参考 FAT.h 文件。其流程图见图 1.11。

由 1.7 节可知，调用 OpenSec()时已经将缓冲区所有字节赋 0 值了。这样，只要再调用函数 WriteSec()和函数 CloseSec()就可以将一个扇区所有字节赋 0 值。因此对比流程图，很容易读懂代码，这里不再分析。

**程序清单 1.41　给一个簇清 0**

```
uint8 ClearClus(uint8 Drive, uint32 Index)
{
    uint8 i, temp;
    uint32 SecIndex;
    Disk_Info * Disk;

    Disk = GetDiskInfo(Drive);                                        (1)
    if (Disk != NULL)                                                 (2)
    {
        if (Index < Disk->ClusPerData)                                (3)
        {
            temp = Disk->SecPerClus;                                  (4)
            Index -= 2;                                               (5)
            SecIndex = Disk->DataStartSec + Index * temp;             (6)
            for (i = 0; i < temp; i++)                                (7)
            {
                OpenSec(Drive, SecIndex);                             (8)
                WriteSec(Drive, SecIndex);                            (9)
                CloseSec(Drive, SecIndex);                            (10)
                SecIndex++;                                           (11)
            }
            return RETURN_OK;                                         (12)
        }
        else
        {
            return CLUSTER_NOT_IN_DISK;                               (13)
        }
    }
    else
    {
```

```
        return NOT_FIND_DISK;                                          (14)
    }
}
```

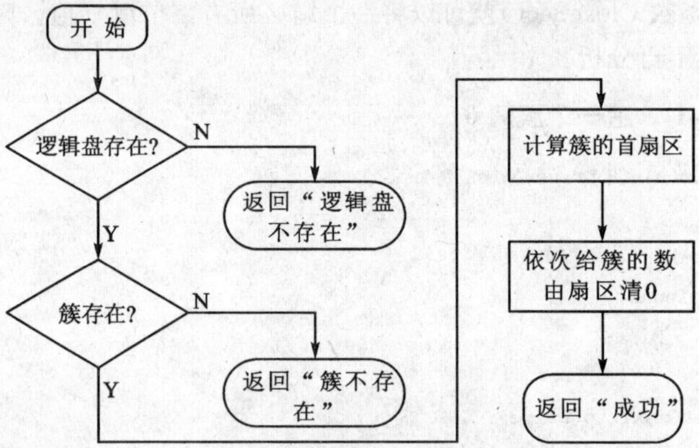


图 1.11　给一个簇清 0 流程图

## 1.9.11　在指定目录删除指定 FDT

当用户删除一个文件/目录后，必须把其占用的 FDT 表项删除，这可以通过调用函数 DelFDT()实现。函数 DelFDT()具有 4 个参数，其中 Drive、ClusIndex、FileName 分别为指定的 FDT 表项所在逻辑盘、所在目录的首簇号和名称。当 ClusIndex 为 EMPTY_CLUS 时，表示目录为根目录。而 Rt 是一个结构体指针，用来存储返回的 FDT 信息。**注意**：FileName 为 FDT 表中的名称，与用户表示法不同。函数 GetFDTInfo()的返回值参考 FAT. h 文件。函数 DelFDT()的代码见程序清单 1.42。

拿程序清单 1.42 与程序清单 1.39 比较可以看出，除了增加程序清单1.42(23)、(24)外，其他十分相似，而程序清单 1.42(23)把 FDT 表项的第 1 个字节设置为DEL_FDT，这样就表明这个 FDT 表项被删除了。程序清单 1.42(23)将改动真正写入 FDT 表中。其他部分的说明请读者参考 1.9.9 小节。

**程序清单 1.42　在指定目录删除指定 FDT**

```
uint8 DelFDT(uint8 Drive, uint32 ClusIndex, char FileName[])
{
    uint32 i;
    FDT TempFDT;
    uint8 temp;
```

```
    i = 0;                                                    (1)
    if (FileName[0] == DEL_FDT)                               (2)
    {
        FileName[0] = ESC_FDT;                                (3)
    }
    while (1)                                                 (4)
    {
        temp = GetFDTInfo(&TempFDT, Drive, ClusIndex, i);     (5)
        if (temp != RETURN_OK)                                (6)
        {
            break;                                            (7)
        }
        if (TempFDT.Name[0] == EMPTY_FDT)                     (8)
        {
            temp = NOT_FIND_FDT;                              (9)
            break;                                            (10)
        }
        if ((TempFDT.Attr & ATTR_VOLUME_ID) == 0)             (11)
        if (FileName[0] == TempFDT.Name[0])                   (12)
        if (FileName[1] == TempFDT.Name[1])                   (13)
        if (FileName[2] == TempFDT.Name[2])                   (14)
        if (FileName[3] == TempFDT.Name[3])                   (15)
        if (FileName[4] == TempFDT.Name[4])                   (16)
        if (FileName[5] == TempFDT.Name[5])                   (17)
        if (FileName[6] == TempFDT.Name[6])                   (18)
        if (FileName[7] == TempFDT.Name[7])                   (19)
        if (FileName[8] == TempFDT.Name[8])                   (20)
        if (FileName[9] == TempFDT.Name[9])                   (21)
        if (FileName[10] == TempFDT.Name[10])                 (22)
        {
            TempFDT.Name[0] = DEL_FDT;                        (23)
            temp = SetFDTInfo(Drive, ClusIndex, i, &TempFDT); (24)
            break;                                            (25)
        }
        i++;                                                  (26)
    }
    if (FileName[0] == ESC_FDT)                               (27)
```

```
    {
        FileName[0] = DEL_FDT;                                          (28)
    }
    return temp;                                                        (29)
}
```

## 1.9.12 改变指定目录指定 FDT 属性

当用户的一个文件/目录的属性发生改变,必须修改其占用的 FDT 表项,这可以通过调用函数 ChangeFDT()实现。函数 DelFDT()有 3 个参数,其中 Drive、ClusIndex、FileName 分别为指定的 FDT 表项所在逻辑盘和所在目录的首簇号和名称。当 ClusIndex 为 EMPTY_CLUS 时,表示目录为根目录。而 FDTData 是一个结构体指针,用来存储修改后的 FDT 信息。函数 ChangeFDT()的代码见程序清单 1.43。函数 ChangeFDT()的返回值参考 FAT.h 文件。函数 ChangeFDT()的代码见程序清单 1.43。

拿程序清单 1.43 与 1.9.9 小节的程序清单 1.39 比较可以看出,除了增加程序清单 1.43(23)外,其他十分相似,而程序清单 1.43(23)为 FDT 信息写入 FDT 表。其他部分的说明请读者参考 1.9.9 小节。

**程序清单 1.43 改变指定目录指定 FDT 的属性**

```
uint8 ChangeFDT(uint8 Drive, uint32 ClusIndex, FDT * FDTData)
{
    uint32 i;
    uint8 temp;
    FDT TempFDT;

    i = 0;                                                              (1)
    if (FDTData->Name[0] == DEL_FDT)                                    (2)
    {
        FDTData->Name[0] = ESC_FDT;                                     (3)
    }
    while (1)                                                           (4)
    {
        temp = GetFDTInfo(&TempFDT, Drive, ClusIndex, i);               (5)
        if (temp != RETURN_OK)                                          (6)
        {
            break;                                                      (7)
        }
```

```
            if (TempFDT.Name[0] == EMPTY_FDT)                                  (8)
            {
                temp = NOT_FIND_FDT;                                           (9)
                break;                                                         (10)
            }
            if ((TempFDT.Attr & ATTR_VOLUME_ID) == 0)                          (11)
            if (FDTData->Name[0] == TempFDT.Name[0])                           (12)
            if (FDTData->Name[1] == TempFDT.Name[1])                           (13)
            if (FDTData->Name[2] == TempFDT.Name[2])                           (14)
            if (FDTData->Name[3] == TempFDT.Name[3])                           (15)
            if (FDTData->Name[4] == TempFDT.Name[4])                           (16)
            if (FDTData->Name[5] == TempFDT.Name[5])                           (17)
            if (FDTData->Name[6] == TempFDT.Name[6])                           (18)
            if (FDTData->Name[7] == TempFDT.Name[7])                           (19)
            if (FDTData->Name[8] == TempFDT.Name[8])                           (20)
            if (FDTData->Name[9] == TempFDT.Name[9])                           (21)
            if (FDTData->Name[10] == TempFDT.Name[10])                         (22)
            {
                temp = SetFDTInfo(Drive, ClusIndex, i, FDTData);               (23)
                break;                                                         (24)
            }
            i ++ ;                                                             (25)
        }
        if (FDTData->Name[0] == ESC_FDT)                                       (26)
        {
            FDTData->Name[0] = DEL_FDT;                                        (27)
        }
        return temp;                                                           (28)
}
```

## 1.9.13 察看指定目录是否为空

在删除一个目录前，必须判断这个目录是否为空，这可以通过调用函数 DirIsEmpty()实现。函数 DirIsEmpty()具有 2 个参数，其中 Drive 为指定的目录所在逻辑盘，而 ClusIndex 为指定目录的首簇号。当 ClusIndex 为 EMPTY_CLUS 时，表示目录为根目录。函数 DirIsEmpty()的返回值参考 FAT.h 文件。函数 ChangeFDT()的代码见程序清单 1.44。

其实，判断一个目录是否为空比较简单。首先，如果此目录为根目录，则肯定不为空(因为根目录不能被删除)。程序清单 1.44(1)就是判断此目录是否为空的。另一种情况，当卷为 FAT32 时，ClusIndex 不为 EMPTY_CLUS 时也可能是根目录，程序清单 1.44(6)、(7)就是判断这种情况。接着就在这个目录中查找没有被删除的文件或目录(程序清单 1.44(10)～(16))。当 while 循环退出后，需要判断目录是否结束(程序清单 1.44(17))，如果没有结束，则这个找到的文件/目录确实存在，目录为非空(程序清单 1.44(18))；否则，目录为空(程序清单 1.44(19))。

**程序清单 1.44　参看指定目录是否为空**

```
uint8 DirIsEmpty(uint8 Drive, uint32 ClusIndex)
{
    uint32 i;
    FDT TempFDT;
    uint8 temp;
    Disk_Info * Disk;

    if (ClusIndex == EMPTY_CLUS)                                    (1)
    {
        return DIR_NOT_EMPTY;                                       (2)
    }
    Disk = GetDiskInfo(Drive);                                      (3)
    if (Disk == NULL)                                               (4)
    {
        return NOT_FIND_DISK;                                       (5)
    }
    if (Disk->FATType == FAT32)                                     (6)
    if (ClusIndex == Disk->RootDirTable )                           (7)
    {
        return DIR_NOT_EMPTY;                                       (8)
    }
    i = 2;                                                          (9)
    while (1)
    {
        temp = GetFDTInfo(&TempFDT, Drive, ClusIndex, i);           (10)
        if (temp != RETURN_OK)                                      (11)
        {
            return temp;                                            (12)
        }
```

```
        if ((TempFDT.Attr & ATTR_VOLUME_ID) == 0)                    (13)
        if (TempFDT.Name[0] != DEL_FDT)                              (14)
        {
            break;                                                   (15)
        }
        i ++ ;                                                       (16)
    }
    if (TempFDT.Name[0] == EMPTY_FDT)                                (17)
    {
        return DIR_EMPTY;                                            (18)
    }
    else
    {
        return DIR_NOT_EMPTY;                                        (19)
    }
}
```

## 1.9.14 在指定目录查看指定 FDT 是否存在

有时用户想知道某个文件/目录是否存在，实际就是确定相应的 FDT 表项示否存在，此时可以调用函数 FDTIsLie()实现。函数 FDTIsLie()具有 3 个参数，其中 Drive、ClusIndex、FileName 分别为指定的 FDT 表项所在逻辑盘、所在目录的首簇号和名称。当 ClusIndex 为 EMPTY_CLUS 时，表示目录为根目录。**注意**：FileName 为 FDT 表中的名称，与用户表示法不同。函数 GetFDTInfo()的返回值参考 FAT.h 文件。函数 FDTIsLi()的代码见程序清单 1.45。

拿程序清单 1.45 与 1.9.9 小节的程序清单 1.39 比较可以看出，除了增加程序清单 1.45 (6)～(8)外，其他十分相似，而程序清单 1.45(6)～(8)仅仅是改变了返回值而已。其他部分的说明请读者参考 1.9.9 小节。

**程序清单 1.45　在指定目录察看指定 FDT 是否存在**

```
uint8 FDTIsLie(uint8 Drive, uint32 ClusIndex, char FileName[])
{
    uint32 i;
    uint8 temp;
    FDT temp1;

    i = 0;                                                           (1)
```

```
    if (FileName[0] == DEL_FDT)                                          (2)
    {
        FileName[0] = ESC_FDT;                                           (3)
    }
    while (1)                                                            (4)
    {
        temp = GetFDTInfo(&temp1, Drive, ClusIndex, i);                  (5)
        if (temp == FDT_OVER)                                            (6)
        {
            temp = NOT_FIND_FDT;                                         (7)
            break;                                                       (8)
        }
        if (temp != RETURN_OK)                                           (9)
        {
            break;                                                       (10)
        }
        if (temp1.Name[0] == EMPTY_FDT)                                  (11)
        {
            temp = NOT_FIND_FDT;                                         (12)
            break;                                                       (13)
        }
        if ((temp1.Attr & ATTR_VOLUME_ID) == 0)                          (14)
        if (FileName[0] == temp1.Name[0])                                (15)
        if (FileName[1] == temp1.Name[1])                                (16)
        if (FileName[2] == temp1.Name[2])                                (17)
        if (FileName[3] == temp1.Name[3])                                (18)
        if (FileName[4] == temp1.Name[4])                                (19)
        if (FileName[5] == temp1.Name[5])                                (20)
        if (FileName[6] == temp1.Name[6])                                (21)
        if (FileName[7] == temp1.Name[7])                                (22)
        if (FileName[8] == temp1.Name[8])                                (23)
        if (FileName[9] == temp1.Name[9])                                (24)
        if (FileName[10] == temp1.Name[10])                              (25)
        {
            temp = FDT_EXISTS;                                           (26)
        }
        i++;                                                             (27)
```

```
    }
    if (FileName[0] == ESC_FDT)                          (28)
    {
        FileName[0] = DEL_FDT;                           (29)
    }
    return temp;                                         (30)
}
```

# 1.10 目录操作

## 1.10.1 用户接口函数

FAT 文件系统采用树型目录来管理不同的文件,因而 ZLG/FS 也需要提供对 FAT 文件系统的目录操作的函数。这些函数有大部分是用户可以直接调用的,而大部分函数都是参照 DOS 的相应命令编写。ZLG/FS 的操作目录函数与用户接口的部分见表 1.18。

**表 1.18　目录操作用户接口函数列表**

| 函数名 | 功　能 |
|---|---|
| GetDrive | 获取指定目录的逻辑盘号(内部表示法) |
| ChangeDrive | 改变当前逻辑盘 |
| MakeDir | 建立目录 |
| RemoveDir | 删除目录 |
| ChangeDir | 改变当前目录 |

## 1.10.2 内部接口函数

ZLG/FS 的目录操作函数的内部接口部分只有一个函数,见表 1.19。

**表 1.19　目录操作内部使用函数列表**

| 函数名 | 功　能 |
|---|---|
| GetDirClusIndex | 获取指定目录开始簇号 |

### 1.10.3 获取指定目录的逻辑盘号

ZLG/FS 模块内部使用自己的方法表示一个指定的逻辑盘,这与用户的表示方法不一样。同时,用户可能使用默认的逻辑盘操作文件或目录。此时就有必要在它们之间进行转换,这可以通过调用函数 GetDrive()实现。函数 GetDrive()具有惟一的参数 Path,它是一个字符串指针,指向用户表示法的路径字符串。函数 GetDrive()把这个路径隐含的或显示的指定逻辑盘符号转换为内部表示法通过返回值返回给调用者。函数 GetDrive()的代码见程序清单 1.46。程序的算法很简单,当对应的字符串的第 2 个字符不为":"时(程序清单 1.46(3)),返回当前的逻辑盘(程序清单 1.46(1)、(6))。其中变量 CurrentDrive 保存当前逻辑盘的内部名称。否则,将第 1 个字符(事先已经转换为大写了,见程序清单 1.46(3))减去"A"即为内部表示法的逻辑盘了(程序清单 1.46(5))。其他代码均为错误处理代码。

**程序清单 1.46 获取指定目录的驱动器号**

```
uint8 GetDrive(char * Path)
{
    uint8 Drive;

    Drive = CurrentDrive;                                   (1)
    if (Path != NULL)                                       (2)
    {
        strupr(Path);                                       (3)
        if (Path[1] == ':')                                 (4)
        {
            Drive = Path[0] - 'A';                          (5)
        }
    }
    return Drive;                                           (6)
}
```

### 1.10.4 改变当前逻辑盘

在 1.10.3 小节中提到,用户可能使用默认的逻辑盘操作文件或目录,因而 ZLG/FS 需要提供一个函数让用户改变当前逻辑盘,即改变内部变量 CurrentDrive 的值。这个函数就是 ChangeDrive()。和函数 GetDrive()一样(参考 1.10.3 小节),函数 ChangeDrive()有惟一的参数 Path,它是一个字符串指针,指向用户表示法的路径字符串,但它应当包含逻辑盘符,否则函数将返回 PARAMETER_ERR 表示参数错误。函数 ChangeDrive()返回 RETURN_OK

时，表示操作成功，而另一个可能的返回值是 NOT_FIND_DISK，如果指定的逻辑盘不存在，就会返回此值。函数 ChangeDrive()的代码见程序清单 1.47。函数 ChangeDrive()的算法很简单，当对应的字符串的第 2 个字符不为“:”时(程序清单 1.47(3))，函数将返回 PARAMETER_ERR 表示参数错误(程序清单 1.47(1)、(9))；否则，将第 1 个字符(事先已经转换为大写了，见程序清单 1.47(3))减去“A”即为内部表示法的逻辑盘了(程序清单 1.47(5)、(7))。此时调用函数 GetDiskInfo()(程序清单 1.47(5))判断是否具有这个逻辑盘(程序清单 1.47(6))。其他代码均为辅助代码。

**程序清单 1.47　改变当前逻辑盘**

```
uint8 ChangeDrive(char * Drive)
{
    uint8 Rt;
    Disk_Info * Disk;

    Rt = PARAMETER_ERR;                                         (1)
    strupr(Drive);                                              (2)
    if (Drive[1] == ':')                                        (3)
    {
        Rt = NOT_FIND_DISK;                                     (4)
        Disk = GetDiskInfo(Drive[0] - 'A');                     (5)
        if (Disk != NULL)                                       (6)
        {
            CurrentDrive = Drive[0] - 'A';                      (7)
            Rt = RETURN_OK;                                     (8)
        }
    }
    return Rt;                                                  (9)
}
```

## 1.10.5　建立目录

当一个逻辑盘刚刚格式化完毕时，除了根目录外没有任何子目录。此时所有的子目录都需要用户自已建立。用户的程序执行过程中可能也需要动态的建立目录，这都可以通过调用函数 MakeDir()完成。函数 MakeDir()具有惟一的参数 Path，它是一个字符串指针，指向包含指定目录名的空字符串结尾的字符串，字符串其实和 DOS 命令 mkdir(即 md)的参数一致，可以包含逻辑盘和子目录，只有最后一个目录名是要创建的目录。因而，如果参数字符串为“A:\DIR1\DIR2\DIR3”，则只有在“A:\DIR1\DIR2”存在时才会建立目录 DIR3。函数 MakeDir

()的功能也与 DOS 命令 mkdir 一样。函数 MakeDir()的返回值请参考 FAT.h 文件。函数 MakeDir()的代码见程序清单 1.48。函数 MakeDir()的流程图见图 1.12。

**程序清单 1.48　建立目录**

```
uint8 MakeDir(char * Path)
{
    uint32 ClusIndex, Temp1;
    uint8 Drive, Rt;
    FDT temp;

    strupr(Path);                                                   (1)
    ClusIndex = _GetFDTInfo(temp.Name, Path);                       (2)
    if (ClusIndex == BAD_CLUS)                                      (3)
    {
        return PATH_NOT_FIND;                                       (4)
    }
    Drive = GetDrive(Path);                                         (5)
    Rt = FDTIsLie(Drive, ClusIndex, temp.Name);                     (6)
    if (Rt != NOT_FIND_FDT)                                         (7)
    {
        return Rt;                                                  (8)
    }
    Temp1 = FATAddClus(Drive, 0);                                   (9)
    if ((Temp1 <= EMPTY_CLUS_1) || (Temp1 >= BAD_CLUS))             (10)
    {
        return  DISK_FULL;                                          (11)
    }
    ClearClus(Drive, Temp1);                                        (12)
    temp.Attr = ATTR_DIRECTORY;                                     (13)
    temp.FileSize = 0;                                              (14)
    temp.NTRes = 0;                                                 (15)
    temp.CrtTimeTenth = 0;                                          (16)
    temp.CrtTime = 0;                                               (17)
    temp.CrtDate = 0;                                               (18)
    temp.LstAccDate = 0;                                            (19)
    temp.WrtTime = 0;                                               (20)
    temp.WrtDate = 0;                                               (21)
```

```
        temp.FstClusLO = Temp1 & 0xffff;                          (22)
        temp.FstClusHI = Temp1 / 0x10000;                         (23)
        Rt = AddFDT(Drive, ClusIndex, &temp);                     (24)
        if (Rt == RETURN_OK)                                      (25)
        {
            temp.Name[0] = '.';                                   (26)
            temp.Name[1] = 0x20;                                  (27)
            temp.Name[2] = 0x20;                                  (28)
            temp.Name[3] = 0x20;                                  (29)
            temp.Name[4] = 0x20;                                  (30)
            temp.Name[5] = 0x20;                                  (31)
            temp.Name[6] = 0x20;                                  (32)
            temp.Name[7] = 0x20;                                  (33)
            temp.Name[8] = 0x20;                                  (34)
            temp.Name[9] = 0x20;                                  (35)
            temp.Name[10] = 0x20;                                 (36)
            AddFDT(Drive, Temp1, &temp);                          (37)
            temp.Name[1] = '.';                                   (38)
            temp.FstClusLO = ClusIndex & 0xffff;                  (39)
            temp.FstClusHI = ClusIndex / 0x10000;                 (40)
            Rt = AddFDT(Drive, Temp1, &temp);                     (41)
        }
        else
        {
            FATDelClusChain(Drive, Temp1);                        (42)
        }
        return Rt;                                                (43)
    }
```

函数 MakeDir()首先调用函数_GetFDTInfo()获取这个新建的目录所在的目录的开始簇号和新目录的内部名称(程序清单 1.48(2)),如果其返回值为 BAD_CLUS,则表明找不到此目录,函数返回 PATH_NOT_FIND 表明不能找到目录(程序清单 1.48(3)、(4))。关于函数_GetFDTInfo()的说明请参考 1.10.9 小节。如果不为 BAD_CLUS,则在此目录查找与新建的目录同名的文件或目录(程序清单 1.48(6)),如果存在或有别的错误,则不能创建此目录,函数返回相应的错误值(程序清单 1.48(7)、(8))。当同名文件/目录不存在,则可能可以建立新目录。这里先分配一部逻辑盘空间给新的目录(程序清单 1.48(9)),即在此逻辑盘上创建一个新的簇链。如果没有分配成功,则函数返回 DISK_FULL 表明磁盘空间满,不能建立新

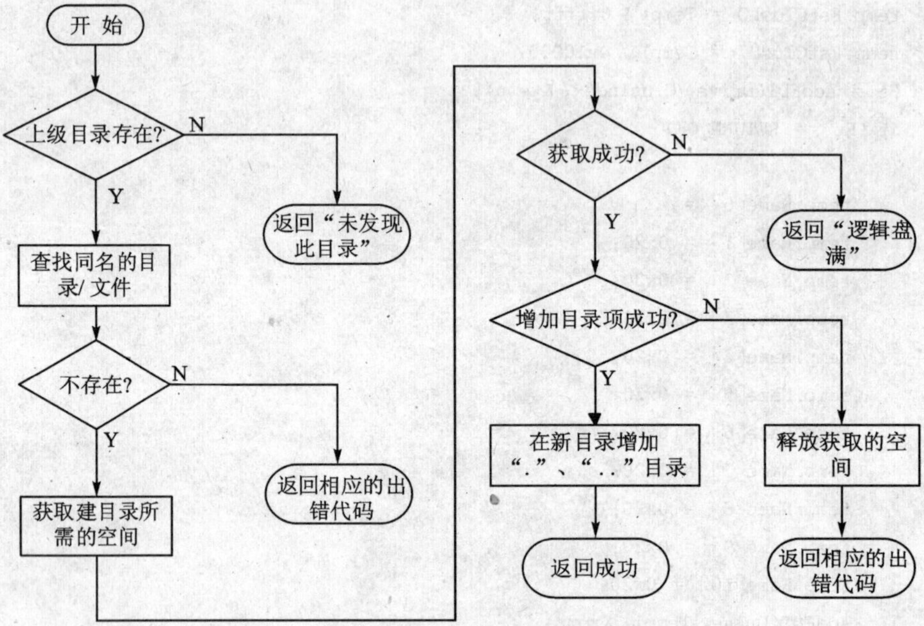


**图 1.12　建立目录流程图**

目录(程序清单 1.48(10)、(11))。把簇空间清 0(程序清单 1.48(12))后有新建目录/文件的需要,详细原因可参考 1.5 节。然后就将新目录的 FDT 登录项添加到逻辑盘中(程序清单 1.48(13)～(24))。添加 FDT 登录项可能失败,此时需要释放前配给新目录的逻辑盘空间(程序清单 1.48(42)),即删除相应的簇链,并返回相应的出错代码(程序清单 1.48(43))。否则,需要在新目录建立“.”和“..”两个目录(程序清单 1.48(26)～(41))。其中“.”目录指向这个新建的目录本身,而“..”指向新建的目录的上级目录。这两个目录都是 FAT 文件系统要求的,可以简化目录的操作。

## 1.10.6　删除目录

当某个目录由于某种原因不需要时,可以调用函数 RemoveDir()删除它。函数 RemoveDir()具有惟一的参数 Path,它是一个字符串指针,指向包含指定目录名的空字符串结尾的字符串,字符串其实和 DOS 命令 rd 的参数一致,可以包含逻辑盘和子目录,只有最后一个目录名是要删除的目录。函数 RemoveDir()的功能也与 DOS 命令 rd 一样。函数 RemoveDir()的返回值请参考 FAT.h 文件。函数 RemoveDir()的代码见程序清单 1.49。函数 RemoveDir()的流程图见图 1.13。

**注意:** 调用函数 RemoveDir()只能删除空目录,即只包含“.”和“..”,不包含其他任何子目录和文件的目录。同时函数 RemoveDir()不能删除根目录。

**程序清单 1.49　删除目录**

```
uint8 RemoveDir(char * Path)
{
    uint32 ClusIndex, ClusIndex1;
    uint8 Drive, Rt;
    char DirName[12];
    FDT temp;

    strupr(Path);                                                          (1)
    ClusIndex = _GetFDTInfo(DirName, Path);                                (2)
    if (ClusIndex == BAD_CLUS)                                             (3)
    {
        return PATH_NOT_FIND;                                              (4)
    }
    Drive = GetDrive(Path);                                                (5)
    Rt = FindFDTInfo(&temp, Drive, ClusIndex, DirName);                    (6)
    if (Rt == RETURN_OK)                                                   (7)
    {
        if ((temp.Attr & ATTR_DIRECTORY) != 0)                             (8)
        {
            ClusIndex1 = temp.FstClusLO + ((uint32)(temp.FstClusHI) << 16);    (9)
            Rt = DirIsEmpty(Drive, ClusIndex1);                            (10)
            if (Rt == DIR_EMPTY)                                           (11)
            {
                FATDelClusChain(Drive, ClusIndex1);                        (12)
                Rt = DelFDT(Drive, ClusIndex, DirName);                    (13)
            }
        }
        else
        {
            return PATH_NOT_FIND;                                          (14)
        }
    }
    return Rt;                                                             (15)
}
```

函数 RemoveDir()首先调用函数_GetFDTInfo()获取这个将要删除的目录所在的目录的

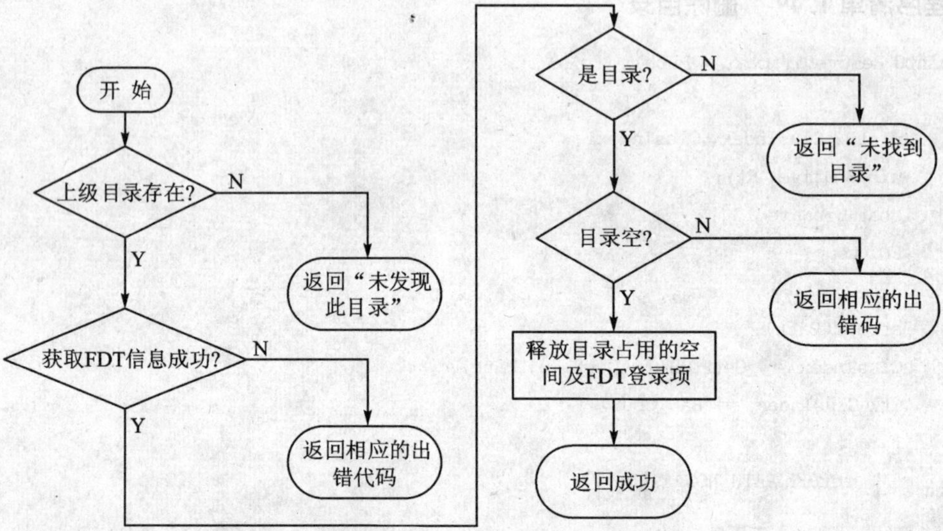


图 1.13　删除目录流程图

开始簇号和将被删除的目录的内部名称(程序清单 1.49(2)),如果其返回值为 BAD_CLUS,表明找不到此目录,函数返回 PATH_NOT_FIND 表明不能找到目录(程序清单 1.49(3)、(4))。关于函数_GetFDTInfo()的说明请参考 1.10.9 小节。如果不为 BAD_CLUS,则再调用函数 FindFDTInfo()察看此目录中是否有与将被删除的目录同名的文件或目录(程序清单 1.49(6)),同时获取了其他 FDT 信息。如果不存在或有别的错误,则不能删除此目录,函数返回相应的错误值(程序清单 1.49(7)、(15))。若同名文件/目录存在,则先判断它是否是目录(程序清单 1.49(8))。如果不是,函数返回 PATH_NOT_FIND 表明找不到此目录;否则,再察看此目录是否为空(程序清单 1.49(10))。若为空,函数释放其占用的逻辑盘空间(程序清单 1.49(11))和占用的 FDT 登录项(程序清单 1.49(12));否则,函数返回相应的出错代码。

## 1.10.7　改变当前目录

每个逻辑盘都具有自己的当前目录,这个信息由逻辑盘信息管理模块的逻辑盘信息登录项的成员 PathClusIndex 保存。这个成员仅保存这个目录的 FDT 登录项的第 1 个簇号。所有这个目录下的文件和子目录可以通过这个簇号访问(还要包含逻辑盘号),而上级目录可以通过其下的“..”目录项访问。如果此值为 0,则表示当前目录为根目录。改变当前目录的实质就是改变这个值。改变当前目录是通过调用函数 ChangeDir()实现。函数 ChangeDir()具有惟一的参数 Path,它是一个字符串指针,指向包含指定目录名的空字符串结尾的字符串,字符串其实和 DOS 命令 cd 的参数一致,可以包含逻辑盘和子目录。函数 ChangeDir()的功能也与 DOS 命令 cd 一样。函数 ChangeDir()的代码见程序清单 1.50。函数 ChangeDir()的返回值请参考 FAT.h 文件。函数 ChangeDir()的代码比较简单,它首先获取这个指定目录的开始簇号(程序清单 1.50(2)),如果不为 BAD_CLUS,则表明指定目录存在。接着需要获取指定目录所在的逻辑盘信息(程序清单 1.50(5)),并将获取的目录的开始簇号存到逻辑盘信息登录项中(程序清单 1.50(9))。其他代码均为辅助代码。

**程序清单 1.50 改变当前目录**

```
uint8 ChangeDir(char * Path)
{
    uint32 ClusIndex;
    uint8 Rt, Drive;
    Disk_Info * Disk;

    Rt = PATH_NOT_FIND;                                  (1)
    ClusIndex = GetDirClusIndex(Path);                   (2)
    if (ClusIndex != BAD_CLUS)                           (3)
    {
        Drive = GetDrive(Path);                          (4)
        Disk = GetDiskInfo(Drive);                       (5)
        Rt = NOT_FIND_DISK;                              (6)
        if (Disk != NULL)                                (7)
        {
            Rt = RETURN_OK;                              (8)
            Disk->PathClusIndex = ClusIndex;             (9)
        }
    }
    return Rt;                                           (10)
}
```

## 1.10.8 用户文件/目录名转换为系统名

FAT 文件系统的短文件名采用 8.3 格式,其中主文件名最长 8 个字符,扩展名最长 3 个字符,中间用“.”分隔开。但这是用户的表示法。在逻辑盘内部(即 FDT 表中),它统一成 11 个字符,中间没有“.”分开。逻辑盘内部表示法的主文件名是第 0～7 个字符。逻辑盘内部表示法的第 0 个字符对应用户表示法的主文件名的第 0 个字符。当用户表示法的主文件名不足 8 个字符时,不足部分被认为是字符“0x20”(即空格)。逻辑盘内部表示法的文件名的第 1 个字符不能为“0x00”、“0x20”、“0xe5”和 FAT 文件系统限制使用的其他字符。逻辑盘内部表示法的扩展文件名是第 8～10 个字符。逻辑盘内部表示法的第 8 个字符对应用户表示法的扩展文件名的第 0 个字符。当用户表示法的扩展文件名不足 3 个字符时,不足部分被认为是字符“0x20”(即空格)。其中,又有两个特殊的目录名“.”和“..”,它们的“.”不再是分隔符而被认为是主文件名。ZLG/FS 用函数 StrToFDTName()把用户表示法的文件名转换为 FAT 逻辑盘的内部表示法名称。函数 StrToFDTName()的代码见程序清单 1.51。有了以上知识,这个函数应很容易读懂。但这个函数还不太完善,因为没有过滤 FAT 文件系统的一部分不允许的字符。

**程序清单 1.51　用户文件\目录名转换为系统名**

```
uint8 StrToFDTName(char *FDTName, char *Str)
{
    uint8 i, temp;

    /* 文件\目录名是否有效 */
    if (Str[0] == 0x20 || Str[0] == 0)                    (1)
    {
        return FILE_NAME_ERR;                             (2)
    }
    for (i = 11; i != 0; i--)                             (3)
    {
        *FDTName++ = 0x20;                                (4)
    }
    FDTName -= 11;                                        (5)
    /* 是否为"." */
    if (Str[0] == '.')                                    (6)
    if (Str[1] == 0 || Str[1] == '\\')                    (7)
    {
        FDTName[0] = '.';                                 (8)
        return RETURN_OK;                                 (9)
    }
    /* 是否为".." */
    if (Str[0] == '.')                                    (10)
    if (Str[1] == '.')                                    (11)
    if (Str[2] == 0 || Str[2] == '\\')                    (12)
    {
        FDTName[0] = '.';                                 (13)
        FDTName[1] = '.';                                 (14)
        return RETURN_OK;                                 (15)
```

```
    }
    /* 获取主文件/目录名 */
    for (i = 8; i != 0; i--)                         (16)
    {
        temp = *Str;                                 (17)
        if (temp == 0 || temp == '\\')               (18)
        {
            break;                                   (19)
        }
        Str++;                                       (20)
        if (temp == '.')                             (21)
        {
            break;                                   (22)
        }
        *FDTName++ = temp;                           (23)
    }
    FDTName += i;                                    (24)
    /* 获取文件\目录扩展名 */
    for (i = 3; i != 0; i--)                         (25)
    {
        temp = *Str;                                 (26)
        if (temp == 0 || temp == '\\')               (27)
        {
            break;                                   (28)
        }
        Str++;                                       (29)
        *FDTName++ = temp;                           (30)
    }
    return RETURN_OK;                                (31)
}
```

## 1.10.9 获取指定文件/目录所在的目录的开始簇号及系统内名称

从用户角度来说，一个文件(目录)由其文件名(目录名)及所在的路径(包括逻辑盘)惟一决定。而在 ZLG/FS 内部，这是由文件(目录)的内部名称(其在 FDT 表中的名称)、所在的逻辑盘的内部名称和所在目录的开始簇号惟一决定。从用户表示法的名称中获取文件(目录)所在逻辑盘的内部名称可参考 1.10.3 小节。而标识文件/目录的另两个参数可由函数_GetFDTInfo()从文件/目录的用户表示法中获取。函数_GetFDTInfo()具有两个参数,其中DirFileName是一个字符串指针,指向包含指定目录名的空字符串结尾的字符串,可以包含逻辑盘和子目录;而FDTName是存储文件名内部表示法地址的指针。而返回值就是文件/目录所在目录的开始簇号。如果返回值为BAD_CLUS,则表明文件/目录不存在。函数_GetFDTInfo()的代码见程序清单1.52。因为这个函数仅在建立目录、删除目录/文件、(通过打开文件)建立文件时被直接或间接调用,所以参数DirFileName指向字符串的最后一个字节不能为字符"\"。在分析这个函数之前,这里分析一下参数DirFileName指向的字符串的几种形式。这个字符串虽然比较灵活,但可以分为以下2种形式:

(1) 文件/目录名。即隐含使用当前逻辑盘和当前目录。此时,字符串中没有字符"\"和字符":"。

(2) 路径+文件/目录名。此时,路径可以是任何合法的字符串,可以包含逻辑盘符。此时字符串中,至少包含字符"\"和":"之一。

后面还要介绍一个函数GetDirClusIndex(),它的作用是获取指定的目录的开始簇号。而1.10.8小节介绍了用户表示法的文件/目录转换为系统表示法的函数。很自然会使用这两个函数减少代码的复杂性。下面对于两种情况分别分析。

(1) 对于第1种情况:GetDirClusIndex(".")可以获取目录的开始簇号。StrToFDTName(FDTName, DirFileName)可以获取文件/目录的内部名称。

(2) 对于第2种情况:首先需要分离出路径字符串和文件/目录的字符串。其实分离的思路比较简单,从字符串的最后一个字符向前找,当找到字符"\"或":"之一时,在这个字符之后的字符组成的字符串为文件/目录的字符串(不包含"\"或":"),在这个字符之前的字符组成的字符串为路径字符串(包含这个字符)。于是获得了函数GetDirClusIndex()的参数和函数StrToFDTName()的参数。

原理清楚了,代码就简单了。程序清单1.52是找到字符串的最后位置,而程序清单1.52(5)、(6)是判断这个字符串是否有效。程序清单1.52(7)~(19)为查找字符"\"或":"和获取路径的开始簇号。若没有查到,则是第1种情况(程序清单1.52(16)~(18));否则,是第2种情况(程序清单1.52(9)~(15))。而剩余代码就是获取内部名了。

**程序清单1.52　获取指定文件/目录所在的目录的开始簇号及系统内名称**

```
uint32 _GetFDTInfo(char *FDTName, char *DirFileName)
{
    uint32 Rt;
    char *temp;
    uint8 i;
```

```
    temp = DirFileName;                                  (1)
    while ( * temp != 0)                                 (2)
    {
        temp ++ ;                                        (3)
    }
    temp - = 1;                                          (4)
    if ( * temp == '\\')                                 (5)
    {
            return BAD_CLUS;                             (6)
    }
    Rt = BAD_CLUS;                                       (7)
    while (1)                                            (8)
    {
        if ( * temp == '\\' || * temp == ':')            (9)
        {
            temp ++ ;                                    (10)
            i = * temp;                                  (11)
            * temp = 0;                                  (12)
            Rt = GetDirClusIndex(DirFileName);           (13)
            * temp = i;                                  (14)
            break;                                       (15)
        }
        if (temp == DirFileName)                         (16)
        {
            Rt = GetDirClusIndex(".");                   (17)
            break;                                       (18)
        }
        temp -- ;                                        (19)
    }
    if (StrToFDTName(FDTName, temp) != RETURN_OK)        (20)
    {
        Rt = BAD_CLUS;                                   (21)
    }
    return Rt;                                           (22)
}
```

## 1.10.10 获取指定目录开始簇号

1.10.9 小节提到函数 GetDirClusIndex(),使用它可得到指定目录(用户表示法)的开始簇号。函数 GetDirClusIndex()具有惟一的参数 Path,它是一个字符串指针,这个字符串为用户表示法的目录字符串,可以包含逻辑盘和子目录。而返回值就是这个目录的开始簇号。如果返回值为 BAD_CLUS,则表明目录不存在。函数 GetDirClusIndex()的代码见程序清单 1.53。函数 GetDirClusIndex()的流程图见图 1.14,它是一个简化的流程图,去掉了出错处理部分。

**程序清单 1.53 获取指定目录开始簇号**

```
uint32 GetDirClusIndex(char * Path)
{
    char DirName[12];
    uint8 Drive;
    uint32 Rt;
    FDT temp;
    Disk_Info * Disk;

    Rt = BAD_CLUS;                                                    (1)
    if (Path != NULL)
    {
        strupr(Path);                                                 (2)
        Drive = GetDrive(Path);                                       (3)
        if (Path[1] == ':')                                           (4)
        {
            Path + = 2;                                               (5)
        }
        Disk = GetDiskInfo(Drive);                                    (6)
        if (Disk != NULL)                                             (7)
        {
            Rt = 0;                                                   (8)
            if (Disk->FATType == FAT32)                               (9)
            {
                Rt = Disk->RootDirTable;                              (10)
            }
            if (Path[0] != '\\')                                      (11)
            {
```

```
        Rt = Disk->PathClusIndex;                                   (12)
    }
    else
    {
        Path++;                                                     (13)
    }
    if (Path[0] == '.')                                             (14)
    {
        Rt = Disk->PathClusIndex;                                   (15)
        if (Path[1] == 0 || Path[1] == '\\')                        (16)
        {
            Path++;                                                 (17)
        }
    }
    if (Path[0] == '\\')                                            (18)
    {
        Path++;                                                     (19)
    }
    DirName[11] = 0;                                                (20)
    while (Path[0] != 0)                                            (21)
    {
        StrToFDTName(DirName, Path);                                (22)
        if (DirName[0] == 0x20)                                     (23)
        {
            Rt = BAD_CLUS;                                          (24)
            break;                                                  (25)
        }
        if (FindFDTInfo(&temp, Drive, Rt, DirName) != RETURN_OK)    (26)
        {
            Rt = BAD_CLUS;                                          (27)
            break;                                                  (28)
        }
        if ((temp.Attr & ATTR_DIRECTORY) == 0)                      (29)
        {
            Rt = BAD_CLUS;                                          (30)
            break;                                                  (31)
        }
```

```
                Rt = temp.FstClusLO + ((uint32)(temp.FstClusHI) << 16);      (32)
                while (1)                                                    (33)
                {
                    if ( * Path == '\\')                                     (34)
                    {
                        Path ++ ;                                            (35)
                        break;                                               (36)
                    }
                    if ( * Path == 0)                                        (37)
                    {
                        break;                                               (38)
                    }
                    Path ++ ;                                                (39)
                }
            }
        }
        if (Disk->FATType == FAT32)                                          (40)
        if (Rt != BAD_CLUS)                                                  (41)
        if (Rt == Disk->RootDirTable)                                        (42)
        {
            Rt = 0;                                                          (43)
        }
    }
    return Rt;                                                               (44)
}
```

在分析函数 GetDirClusIndex()代码之前，先分析几种典型用户表示法的目录字符串：

(1) 带逻辑盘符绝对路径表示法。这是完整的目录表示法，目录的出发点为指定的逻辑盘的根目录。如 A:\dir1\dir2、A:\dir1\dir2\等。

(2) 带逻辑盘符相对路径表示法。指定逻辑盘，但目录的出发点为指定逻辑盘的当前目录。例如 A:dir2、a:.\dir2、a:\.\dir2、A:dir2\、a:.\dir2\和 A:\.\dir2\。

(3) 不带逻辑盘符绝对路径表示法。此时逻辑盘使用当前逻辑盘，而目录的出发点为当前逻辑盘的根目录。如 \dir1\dir2、\dir1\dir2\等。

(4) 不带逻辑盘符相对路径表示法。此时逻辑盘使用当前逻辑盘，而且目录的出发点为当前逻辑盘的当前目录。如 dir2、.\dir2、\.\dir2、dir2\等。

**注意**：目录字符串是不区分大小写的。

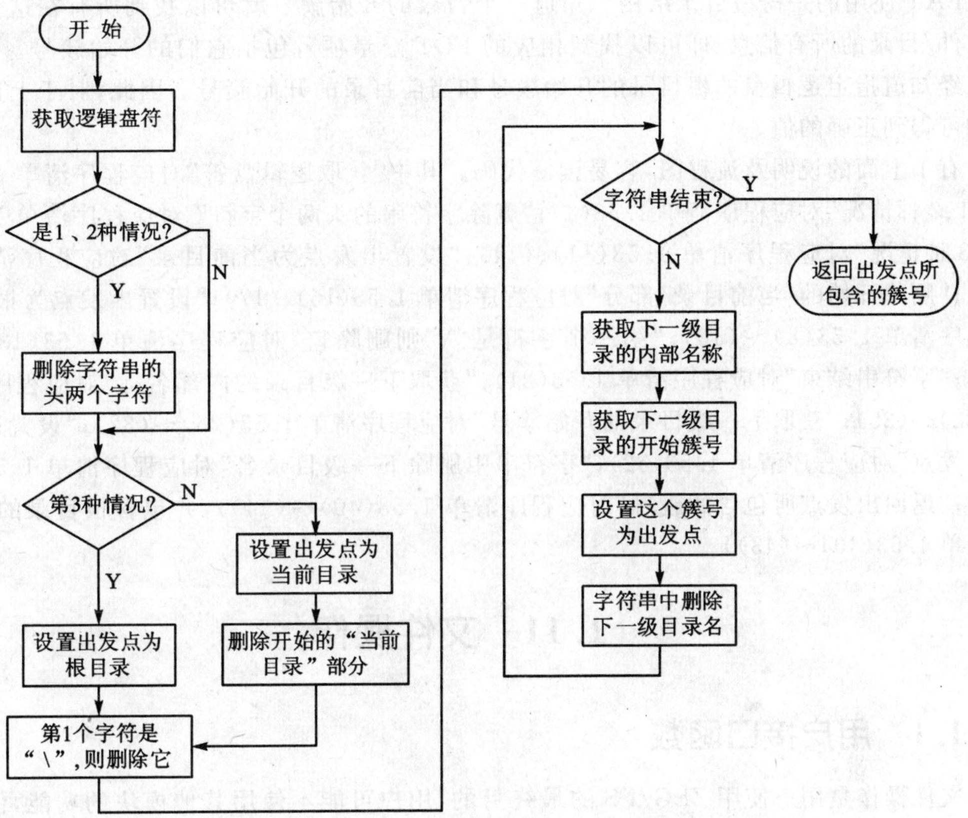


**图 1.14　获取指定目录的开始簇号**

注意分析一下这 4 种情况。第 1 种情况和第 3 种情况仅仅是操作的逻辑盘不同，而且第 1 种情况去掉头两个字符就转换为第 3 种情况了。第 2 种情况情况和第 4 种情况也有相同的关系。由 1.10.3 节可知，以 Path 为参数调用函数 GetDrive()可以获取其操作的逻辑盘(内部表示法)。这样，当调用函数 GetDrive()后发现字符串的第 2 个字符为":"时，把字符串减去头两个字符(字符串指针移动两字符即可)，然后只需要处理第 3 种情况和第 4 种情况了。

这里再分析一下第 3 种情况和第 4 种情况的区别。这两种情况的区别仅仅是目录的相对位置不同，其他处理是一样的。区分这两种情况很简单，先看第 1 个字符是否为"\"，当不为"\"时，为第 4 种情况。如果是"\"，则看第 2 个字符是否为"."，是则为第 4 种情况，否则为第 3 种情况。因此，开始时区分这两种情况，然后设置相应的查找出发点，其他代码一样。

对于"."目录，还有一点需要说明，即根目录的 FDT 表中没有这个登录项(其他目录均有)。所以在第 4 种情况中，当开始为"\.\"、".\"或整个字符串为"\."、"."时，需要先去除这些字符，以保证指定的逻辑盘当前目录为根目录时，代码能获取正确的值。

FAT 使用的是树型目录结构。知道一个目录的开始簇号就可以找到所有在这个目录下的文件/目录的所有信息(即可以找到相应的 FDT 登录项),包括它们的开始簇号。而从 1.4 节已经知道指定逻辑盘的根目录的开始簇号和当前目录的开始簇号。因此,对于上述所有情况均可得到正确的值。

有了上面的说明及流程图,容易读懂代码。其中“获取逻辑盘符”对应程序清单 1.53(3);“是 1、2 种情况”对应程序清单 1.53(4);“删除字符串的头两个字符”对应程序清单 1.53(5);“第 3 种情况”对应程序清单 1.53(11)、(14);“设置出发点为当前目录”对应程序清单 1.53(15);“删除开始的‘当前目录’部分”对应程序清单 1.53(16)、(17);“设置出发点为根目录”对应程序清单 1.53(8)～(10);“第一个字符是“\”则删除它”对应程序清单 1.53(13)、(18)、(19);“字符串结束”对应程序清单 1.53(21);“获取下一级目录的内部名称”对应程序清单 1.53(22)～(25);“获取下一级目录的开始簇号”对应程序清单 1.53(26)～(32);“设置这个簇号为出发点”对应程序清单 1.53(32);“字符串中删除下一级目录名”对应程序清单 1.53(33)～(39);“返回出发点所包含的簇号”对应程序清单 1.53(40)～(44)),并包含根目录的识别(程序清单 1.53(40)～(43))。

# 1.11 文件操作

## 1.11.1 用户接口函数

文件操作是用户使用 ZLG/FS 的最终目的,用户可能不使用其他模块的功能,但在绝大多数情况下不能不使用文件操作的功能。文件操作的函数全是用户可调用的函数,详见表 1.20。ZLG/FS 提供的这些函数与类似于 C 语言的标准函数的使用方法类似。

**注意:** 不能同时以读/写和/或只写方式打开同一个文件两次或两次以上。

**表 1.20 文件操作函数列表**

| 函数名 | 功 能 | 函数名 | 功 能 |
|---|---|---|---|
| FileInit | 初始化文件系统 | FilePutCh | 写 1 个字节到指定文件 |
| RemoveFile | 删除文件 | FileWrite | 写数据到指定文件 |
| FileOpen | 打开文件 | FileCloseAll | 关闭所有文件 |
| FileClose | 关闭文件 | FileEof | 判断是否读/写到文件末尾 |
| FileGetCh | 从指定文件读取 1 个字节 | FileSeek | 改变文件读/写位置 |
| FileRead | 从指定文件读取数据 | | |

## 1.11.2 数据结构

ZLG/FS 需要一个数据结构纪录已经打开的文件信息，这个数据结构的定义见程序清单 1.54。此数据结构仅供 ZLG/FS 内部使用，用户不得对其操作。在此数据结构中 Flags（程序清单 1.54（1））在目前版本中包含 2 个标志——FILE_FLAGS_READ（文件可读）和 FILE_FLAGS_WRITE（文件可写），也可以是这两个标志的“或”。当 Flags＝0 时，表明此表项空闲。而 Name（程序清单 1.54（2））为被打开文件的系统文件名，即其在 FDT 表中的名称。Drive（程序清单 1.54（3））也是内部表示法。一个文件由 Name、Drive、DirClus 3 个参数共同决定，不同的文件此 3 个参数必有 1 个或 1 个以上不同。FileSize 和 FstClus 均是文件本身的信息。而 Offset 决定文件的读、写位置；Clus 用于更快地定位当前读/写位置所在的逻辑扇区，加速读/写操作。

**程序清单 1.54　已打开文件信息表**

```
typedef struct _FILE
{
    uint8       Flags;              //一些标志          (1)
    char        Name[11];           //文件名            (2)
    uint8       Drive;              //文件所在磁盘      (3)
    uint32      DirClus;            //所在目录开始簇号  (4)
    uint32      FileSize;           //文件大小          (5)
    uint32      FstClus;            //起始簇号          (6)
    uint32      Clus;               //当前簇号          (7)
    uint32      Offset;             //文件指针偏移量    (8)
} MY_FILE;
```

程序清单 1.54 仅仅定义了数据结构，还没有分配存储空间。存储空间的分配代码见程序清单 1.55。从程序清单 1.55 可以看出，ZLG/FS 使用数组分配存储空间。为了简化对打开文件的操作，ZLG/FS 使用句柄的概念标识一个打开的文件。该句柄实质就是被打开文件在带已打开的文件信息表的序号，其定义见程序清单 1.56，它根据 MAX_OPEN_FILES 的值有所变化，而 MAX_OPEN_FILES 的值可由用户设置。

**程序清单 1.55　为已打开文件信息表分配空间**

```
static MY_FILE FileInfo[MAX_OPEN_FILES];        /* 打开文件信息表 */
```

**程序清单 1.56　定义文件句柄**

```
#if MAX_OPEN_FILES < 0x80
```

```
typedef     int8        HANDLE;
#else
#if MAX_OPEN_FILES < 0x8000
typedef     int16    HANDLE;
#else
typedef     int32    HANDLE;
#endif
#endif
```

## 1.11.3 初始化

用户程序必须先初始化文件操作模块才能使用,这是通过调用函数 FileInit()实现的。函数 FileInit()的代码见程序清单 1.57,它没有参数也没有返回值。函数 FileInit()很简单,仅仅将已打开文件信息表的各项设置为空闲,这里不再分析。

**程序清单 1.57　初始化文件系统**

```
void FileInit(void)
{
    HANDLE i;

    for (i = 0; i < MAX_OPEN_FILES; i ++)                                    (1)
    {
        FileInfo[i].Flags = 0;                                               (2)
    }
}
```

## 1.11.4 删除文件

假设文件系统中存在一个不再需要的文件,则应当删除它。这可调用函数 RemoveFile()实现。**注意:这个函数与 dos 的 del 命令不同,它一次只能删除一个文件,而且在当前版本中此函数不会理会文件的只读等属性。同时,如果文件已经被打开,则这个文件不能被删除。**函数 RemoveFile()仅有一个参数 DirFileName,它指向一个字符串,这个字符串是用户表示法的文件名,并可以包含文件所在路径,其与 dos 的 del 命令仅删除一个文件时的参数相同。它的返回值请参考 FAT.h 文件。函数 RemoveFile()的代码见程序清单 1.58,其流程图见图 1.15。

**程序清单 1.58　删除文件**

```
uint8 RemoveFile(char *DirFileName)
{
    uint32 ClusIndex, ClusIndex1;
    uint8 Drive, Rt;
    char DirName[12];
    FDT temp;

    strupr(DirFileName);                                                          (1)
    ClusIndex = _GetFDTInfo (DirName, DirFileName);                              (2)
    Rt = PATH_NOT_FIND;                                                           (3)
    if (ClusIndex != BAD_CLUS)                                                    (4)
    {
        Drive = GetDrive(DirFileName);                                            (5)
        Rt = FindFDTInfo(&temp, Drive, ClusIndex, DirName);                       (6)
        if (Rt == RETURN_OK)                                                      (7)
        {
            Rt = NOT_FIND_FILE;                                                   (8)
            if ((temp.Attr & ATTR_DIRECTORY) == 0)                                (9)
            {
                Rt = FILE_LOCK;                                                   (10)
                if (FindOpenFile(Drive, ClusIndex, DirName) < MAX_OPEN_FILES)     (11)
                {
                    ClusIndex1 = temp.FstClusLO + ((uint32)(temp.FstClusHI) << 16);   (12)
                    FATDelClusChain(Drive, ClusIndex1);                           (13)
                    Rt = DelFDT(Drive, ClusIndex, DirName);                       (14)
                }
            }
        }
    }
    return Rt;                                                                    (15)
}
```

因为 FAT 系统的短文件名在 FDT 中均为大写字符，所以首先要将传递过来的、包含文件信息的字符串中的小写字符转换为大写字符(程序清单 1.58(1))。然后就获取此文件的内部名称和所在目录的首簇号(程序清单 1.58(2))。如果获取不成功，则表明存放文件的路径不存在，应该返回 PATH_NOT_FIND 表明这种情况(程序清单 1.58(3)、(4)、(15))。否则则

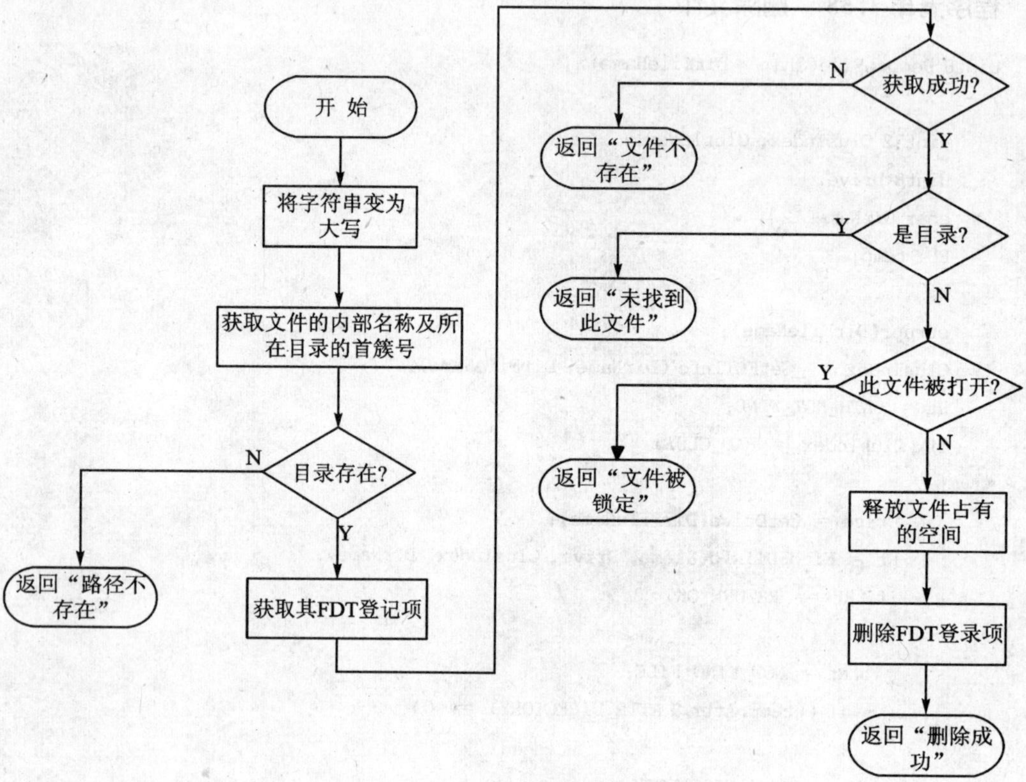


**图 1.15 删除文件流程图**

获取相应 FDT 登记项的信息(程序清单 1.58(5)、(6))。如果获取这个信息不成功,则返回相应的错误代码(程序清单 1.58(7)、(15))。否则判断其是否是目录(程序清单 1.58(9))。如果是目录,则返回 NOT_FIND_FILE,表明文件不存在(程序清单 1.58(8)、(15));如果不是目录,判断这个文件是否处于打开状态(程序清单 1.58(11))。如果处于打开状态,则返回 FILE_LOCK,表明文件被锁定(程序清单 1.58(10)、(15))。关于函数 FindOpenFile()的说明请参考 1.11.6 节。否则释放其所占用存储空间(程序清单 1.58(12)、(13)),即删除指定的簇链。最后删除这个 FDT 登录项(程序清单 1.58(14))。

## 1.11.5 打开文件

在 ZLG/FS 中,要读/写一个文件前必须先打开它。这是通过调用函数 FileOpen()实现的。它有两个参数,第 1 个参数 DirFileName 是指向文件名字符串的指针,字符串可以包含驱动器和目录,但不能包含通配符。而 Type 一个字符串(不区分大小写)用来表示文件的打开方式，目前版本可以为“R”、“W”(只写方式)、“RW”和“WR”。其中“R”为只读方式打开文件，此时若文件不存在，则打开文件错误。“W”为只写方式打开文件，此时如果文件已经存在，则文件先被删除，然后再建立这个文件。“RW”和“WR”都是以读/写方式打开文件，与只写方式不同，若文件已经存在，则不会被删除而直接被打开；否则与只写方式一样。

**注意：** 不能同时以读/写和/或只写方式打开同一个文件两次或两次以上。

函数 FileOpen()与 C 语言标准函数 fopen()的功能和使用方法类似，参数也相似。只是 C 语言标准函数 fopen()返回的是文件指针，而函数 FileOpen()返回的值是文件句柄。当这个返回值为 Not_Open_FILE 时，表明不能打开文件(而标准函数 fopen()的返回值为 NULL 时，表明不能打开文件)。函数 FileOpen()的第 1 个参数 DirFileName 遵循函数 fopen()的第 1 个参数的格式，第 2 个参数也差不多。

函数 FileOpen()的代码见程序清单 1.59。代码比较简单，它先将两个字符串中的小写字符转换为大写字符(程序清单 1.59(2)、(3))，然后根据第 2 个参数分别调用不同的函数打开文件(程序清单 1.59(1)、(4)～(13))。因代码简单，这里不再介绍。

**程序清单 1.59　打开文件**

```
HANDLE FileOpen(char * DirFileName, char * Type)
{
    HANDLE Rt;

    Rt = Not_Open_FILE;                                    (1)
    strupr(Type);                                          (2)
    strupr(DirFileName);                                   (3)
    if (Type[0] == 'R')                                    (4)
    {
        if (Type[1] == 'W')                                (5)
        {
            Rt = _FileOpenRW(DirFileName);                 (6)
        }
        else
        {
            Rt = _FileOpenR(DirFileName);                  (7)
        }
        return Rt;                                         (8)
    }
    if (Type[0] == 'W')                                    (9)
```

```
        {
            if (Type[1] == 'R')                                        (10)
            {
                Rt = _FileOpenRW(DirFileName);                         (11)
            }
            else
            {
                Rt = _FileOpenW(DirFileName);                          (12)
            }
        }
        return Rt;                                                     (13)
    }
```

由程序清单 1.59(6)、(11)可知，函数 FileOpen()实际上是调用函数_FileOpenRW()来实现以读/写方式打开文件的操作的。函数_FileOpenRW()只有一个参数 DirFileName，它与函数 FileOpen()的第 1 个参数相同。函数_FileOpenRW()的返回值也与函数 FileOpen()的返回值相同。函数_FileOpenRW()的代码见程序清单 1.60。函数_FileOpenRW()的代码也比较简单，它首先调用函数_FileOpenR()尝试以只读方式打开文件(程序清单 1.60(1))，如果不能打开，则调用函数_FileOpenW()以只写方式打开文件(程序清单 1.60(3))，并以函数_FileOpenW()的返回值作为自己的返回值返回(程序清单 1.60(8))。如果以只读方式打开文件成功，则调用函数 FindOpenFileW()察看这个文件是否处于打开状态，并且是以只写还是读/写方式打开的(程序清单 1.60(4)。如果均是，则撤销函数_FileOpenR()的操作(程序清单 1.60(6))，并返回 Not_Open_FILE。否则，添加允许写的属性(程序清单 1.60(5))，并以函数_FileOpenR()的返回值作为自己的返回值返回。

**程序清单 1.60　以读/写方式打开文件**

```
HANDLE _FileOpenRW(char * DirFileName)
{
    HANDLE Rt;

    Rt = _FileOpenR(DirFileName);                                      (1)
    if (Rt == Not_Open_FILE)                                           (2)
    {
        Rt = _FileOpenW(DirFileName);                                  (3)
    }
    else
    {
```

```
        if (FindOpenFileW(FileInfo[Rt].Drive, FileInfo[Rt].DirClus, FileInfo[Rt].Name) == Not
_Open_FILE)                                                                                    (4)
        {
            FileInfo[Rt].Flags |=  (FILE_FLAGS_WRITE | FILE_FLAGS_READ);                      (5)
        }
        else
        {
            FileInfo[Rt].Flags = 0;                                                            (6)
            Rt = Not_Open_FILE;                                                                (7)
        }
    }
    return Rt;                                                                                 (8)
}
```

由程序清单 1.59(12)可知，函数 FileOpen()实际上是调用函数_FileOpenW()来实现以只写方式打开文件的操作的。同时，_FileOpenRW()也会调用这个函数。函数_FileOpenW()只有一个参数 DirFileName，它与函数 FileOpen()的第 1 个参数相同。函数_FileOpenW()的返回值也与函数 FileOpen()的返回值相同。函数_FileOpenW()的代码见程序清单 1.61。函数_FileOpenW()的流程图见图 1.16。

**程序清单 1.61　以只写方式打开文件**

```
HANDLE _FileOpenW(char * DirFileName)
{
    MY_FILE * fp;
    FDT temp;
    HANDLE Rt;
    uint8 i;

    for (Rt = 0; Rt < MAX_OPEN_FILES; Rt ++ )                                                  (1)
    {
            if (FileInfo[Rt].Flags == 0)                                                       (2)
            {
                    break;                                                                     (3)
            }
    }
    if (Rt < MAX_OPEN_FILES)                                                                   (4)
    {
```

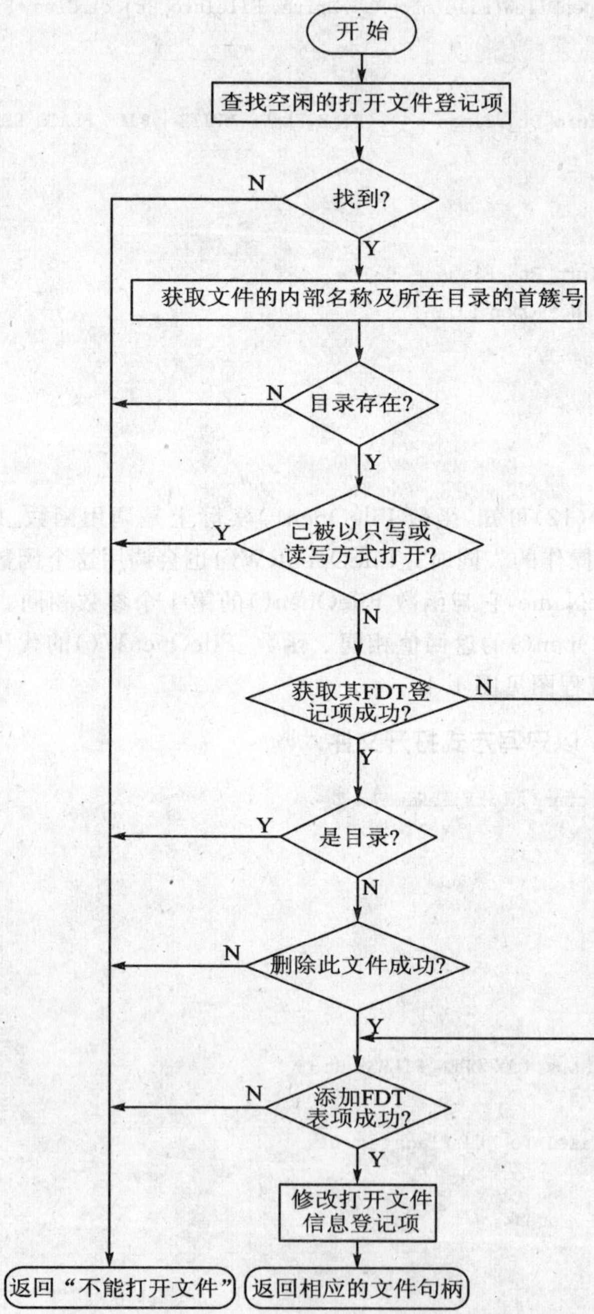


图 1.16　只写方式打开文件流程图

```
fp = FileInfo + Rt;                                                      (5)
fp->DirClus = _GetFDTInfo (fp->Name, DirFileName);                       (6)
if (fp->DirClus < BAD_CLUS)                                              (7)
{
        fp->Drive = GetDrive(DirFileName);                               (8)
        if (FindOpenFileW(fp->Drive, fp->DirClus, fp->Name) == Not_Open_FILE)
                                                                         (9)
        {
       if (FindFDTInfo(&temp, fp->Drive, fp->DirClus, fp->Name) == RETURN_OK)
                                                                        (10)
       {
           if ((temp.Attr & ATTR_DIRECTORY) != 0)                       (11)
           {
            return Not_Open_FILE;                                       (12)
           }
            if (RemoveFile(DirFileName) != RETURN_OK)                   (13)
           {
               return Not_Open_FILE;                                    (14)
           }
       }
       for (i = 0; i < 11; i++)                                         (15)
       {
           temp.Name[I] = fp->Name[I];                                  (16)
       }
      temp.Attr = 0;                                                    (17)
       temp.FileSize = 0;                                               (18)
       temp.NTRes = 0;                                                  (19)
       temp.CrtTimeTenth = 0;                                           (20)
       temp.CrtTime = 0;                                                (21)
       temp.CrtDate = 0;                                                (22)
       temp.LstAccDate = 0;                                             (23)
       temp.WrtTime = 0;                                                (24)
       temp.WrtDate = 0;                                                (25)
       temp.FstClusLO = 0;                                              (26)
       temp.FstClusHI = 0;                                              (27)
       if (AddFDT(fp->Drive, fp->DirClus, &temp) == RETURN_OK)          (28)
       {
```

```
                        fp->Flags = FILE_FLAGS_READ | FILE_FLAGS_WRITE;         (29)
                        fp->FileSize = 0;                                       (30)
                        fp->FstClus = 0;                                        (31)
                        fp->Clus = 0;                                           (32)
                        fp->Offset = 0;                                         (33)
                        return Rt;                                              (34)
                    }
                }
            }
        }
    return Not_Open_FILE;                                                       (35)
}
```

函数 FileOpen()首先查找空闲的打开文件登记项(程序清单 1.61(1)~(3)),如果没找到,则不能打开文件,函数返回 Not_Open_FILE(程序清单 1.61(35));如果找到,则纪录下来备用(程序清单 1.61(5))。然后调用函数_GetFDTInfo ()获取文件的内部名称及所在目录的首簇号(程序清单 1.61(6))。然后判断文件所在目录是否存在(程序清单 1.61(7)),如果不存在,函数返回 Not_Open_FILE(程序清单 1.61(35)),否则调用函数 FindOpenFileW()察看此文件是否已经处于打开状态,并且是以只写还是读/写方式打开的(程序清单 1.61(9))。如果均是,则不能再次打开此文件,函数返回 Not_Open_FILE(程序清单 1.61(35))。否则,需要获取它的 FDT 登录项信息(程序清单 1.61(10)),获取成功则判断其是否是目录(程序清单 1.61(11))。如果是目录,本函数也返回 Not_Open_FILE(程序清单 1.61(12))。如果是文件,则删除这个文件(程序清单 1.61(13)),同样删除不成功则函数也返回 Not_Open_FILE(程序清单 1.61(14))。接下来无论是否获取 FDT 成功都新建这个文件(程序清单 1.61(15)~(28)),即增加一个相应的 FDT 登记项。添加成功则纪录文件打开登记项(程序清单 1.61(29)~(33)),并返回相应的文件句柄(程序清单 1.61(34))。

由程序清单 1.59(7)可知,函数 FileOpen()实际上是调用函数_FileOpenR()来实现以只读方式打开文件的操作的。同时,_FileOpenRW()也会调用这个函数。函数_FileOpenR()只有一个参数 DirFileName,它与函数 FileOpen()的第 1 个参数相同。函数_FileOpenR()的返回值也与函数 FileOpen()的返回值相同。函数_FileOpenR()的代码见程序清单 1.62。函数_FileOpenR()的流程图见图 1.17。

**程序清单 1.62　以只读方式打开文件**

```
HANDLE _FileOpenR(char * DirFileName)
{
    MY_FILE * fp;
```

```
    HANDLE Rt;
    FDT FileFDT;

    for (Rt = 0; Rt < MAX_OPEN_FILES; Rt ++ )                                    (1)
    {
        if (FileInfo[Rt].Flags == 0)                                             (2)
        {
            break;                                                               (3)
        }
    }
    if (Rt < MAX_OPEN_FILES)                                                     (4)
    {
        fp = FileInfo + Rt;                                                      (5)
        fp->DirClus = _GetFDTInfo (fp->Name, DirFileName);                       (6)
        if (fp->DirClus < BAD_CLUS)                                              (7)
        {
            fp->Drive = GetDrive(DirFileName);                                   (8)
            if (FindFDTInfo(&FileFDT, fp->Drive, fp->DirClus, fp->Name) == RETURN_OK)
                                                                                 (9)
            {
                if ((FileFDT.Attr & ATTR_DIRECTORY) == 0)                        (10)
                {
                    fp->Flags = FILE_FLAGS_READ;                                 (11)
                    fp->FileSize = FileFDT.FileSize;                             (12)
                    fp->FstClus = FileFDT.FstClusLO | (uint32)FileFDT.FstClusHI << 16;
                                                                                 (13)
                    fp->Clus = fp->FstClus;                                      (14)
                    fp->Offset = 0;                                              (15)
                    return Rt;                                                   (16)
                }
            }
        }
    }
    return Not_Open_FILE;                                                        (17)
}
```

比较函数_FileOpenW()(程序清单 1.61 和图 1.16)和函数_FileOpenR()(程序清单 1.62 和图 1.17)的代码和流程图可知,在程序清单 1.62(1)～(10)与程序清单 1.61(1)～(10)相同,因而这部分的作用也一样。关于这部分的说明请见 1.11.4 小节。剩下的部分(程序清单 1.62(11)～(16))就是根据 FDT 登记项中的文件信息修改打开文件登记项,并返回相应的文件句柄。代码很简单,可参考 1.5 节,这里不再详细论述。

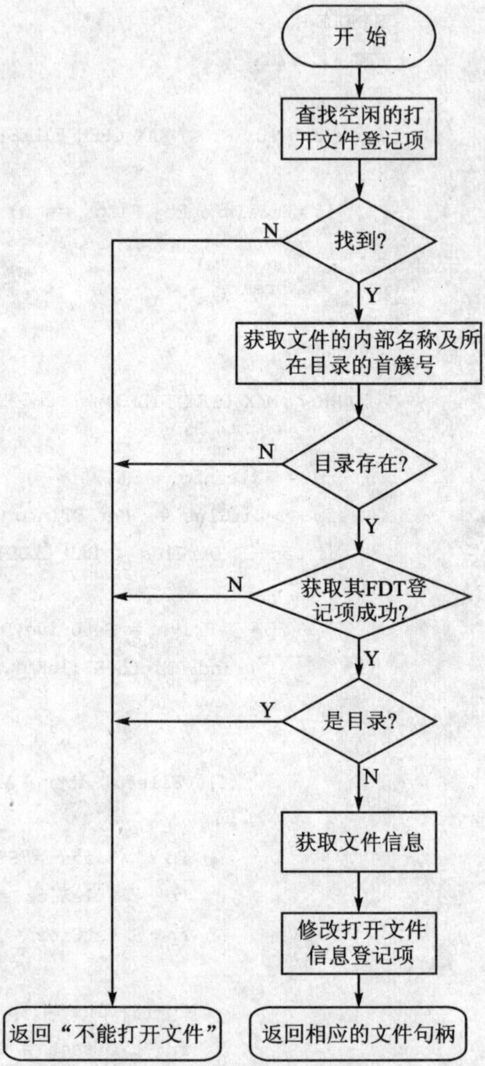

图 1.17　只读方式打开文件流程图

## 1.11.6　查看指定的文件是否处于打开状态

1.11.4 小节中程序清单 1.61 提到一个函数 FindOpenFile(),它是用来察看指定文件是否处于打开状态。函数 FindOpenFile()的代码见程序清单 1.63。函数 FindOpenFile()有 3 个参数,分别是文件所在的逻辑盘(Drive,内部表示法)、文件所在的目录的首簇号(DirClus)和文件名(FileName,内部表示法)。在 FAT 文件系统中,这 3 个参数可以惟一确定一个文件。函数 FindOpenFile()很简单,其返回值为所有指向这个文件的句柄中的一个,为 Not_Open_FILE 则表示文件没有处于打开状态。函数 FindOpenFile()很简单,它搜索所有已打开的文件(程序清单 1.63(3))中与这 3 个参数匹配的那个。如果找到,则指定文件处于打开状态;否则文件没有处于打开状态。代码简单,请读者自己分析。

**程序清单 1.63　查看指定文件是否处于打开状态**

```
HANDLE FindOpenFile(uint8 Drive, uint32 DirClus, char FileName[11])
{
    HANDLE Rt;
    MY_FILE * fp;

    fp = FileInfo;                                                    (1)
```

```
    for (Rt = 0; Rt < MAX_OPEN_FILES; Rt ++)                    (2)
    {
        if (fp->Flags != 0)                                     (3)
        if (fp->Drive == Drive)                                 (4)
        if (fp->DirClus == DirClus)                             (5)
        if (fp->Name[0] == FileName[0])                         (6)
        if (fp->Name[1] == FileName[1])                         (7)
        if (fp->Name[2] == FileName[2])                         (8)
        if (fp->Name[3] == FileName[3])                         (9)
        if (fp->Name[4] == FileName[4])                         (10)
        if (fp->Name[5] == FileName[5])                         (11)
        if (fp->Name[6] == FileName[6])                         (12)
        if (fp->Name[7] == FileName[7])                         (13)
        if (fp->Name[8] == FileName[8])                         (14)
        if (fp->Name[9] == FileName[9])                         (15)
        if (fp->Name[10] == FileName[10])                       (16)
        {
            break;                                              (17)
        }
        fp ++;                                                  (18)
    }
    if (Rt >= MAX_OPEN_FILES)                                   (19)
    {
        Rt = Not_Open_FILE;                                     (20)
    }
    return Rt;                                                  (21)
}
```

1.11.6 小节多次提到一个函数 FindOpenFileW()，它是用来察看指定文件是否处于允许写的打开状态。函数 FindOpenFileW()的代码见程序清单 1.64。函数 FindOpenFileW()有 3 个参数，分别是文件所在的逻辑盘(Drive，内部表示法)、文件所在的目录的首簇号(DirClus)和文件名(FileName，内部表示法)。在 FAT 文件系统中，这 3 个参数可以惟一确定一个文件。函数 FindOpenFileW()的返回值为所有指向这个文件且允许写的句柄中的一个。若为 Not_Open_FILE，则表示文件没有处于打开状态。函数 FindOpenFileW()很简单，它搜索所有已打开且允许写的文件(程序清单 1.64(3))中与这 3 个参数匹配的那一个。如果找到，则指定文件处于允许写的打开状态；否则文件没有处于允许写的打开状态。代码简单，请读者自己分析。

**程序清单 1.64　查找指定文件是否已以只读或读/写方式打开**

```
HANDLE FindOpenFileW(uint8 Drive, uint32 DirClus, char FileName[11])
{
    HANDLE Rt;
    MY_FILE *fp;

    fp = FileInfo;                                          (1)
    for (Rt = 0; Rt < MAX_OPEN_FILES; Rt++)                 (2)
    {
        if ((fp->Flags & FILE_FLAGS_WRITE) != 0)            (3)
        if (fp->Drive == Drive)                             (4)
        if (fp->DirClus == DirClus)                         (5)
        if (fp->Name[0] == FileName[0])                     (6)
        if (fp->Name[1] == FileName[1])                     (7)
        if (fp->Name[2] == FileName[2])                     (8)
        if (fp->Name[3] == FileName[3])                     (9)
        if (fp->Name[4] == FileName[4])                     (10)
        if (fp->Name[5] == FileName[5])                     (11)
        if (fp->Name[6] == FileName[6])                     (12)
        if (fp->Name[7] == FileName[7])                     (13)
        if (fp->Name[8] == FileName[8])                     (14)
        if (fp->Name[9] == FileName[9])                     (15)
        if (fp->Name[10] == FileName[10])                   (16)
        {
            break;                                          (17)
        }
        fp++;                                               (18)
    }
    if (Rt >= MAX_OPEN_FILES)                               (19)
    {
        Rt = Not_Open_FILE;                                 (20)
    }
    return Rt;                                              (21)
}
```

## 1.11.7 关闭文件

当用户程序读/写完某个文件后，需要关闭这个被打开的文件，这样关闭文件才能保证文件的完整性。ZLG/FS 的用户可以通过调用函数 FileClose()关闭指定的文件。函数 FileClose()具有惟一的参数——文件句柄来指定需要关闭的文件。函数 FileClose()的代码见程序清单 1.65。函数 FileClose()的流程图见图 1.18。函数 FileClose()的返回值请参考 FAT.h 文件。函数 FileClose()与 C 语言的标准函数 fclose()功能相同，使用方法也类似，只是其参数与返回值不太一样。

**程序清单 1.65 关闭指定文件**

```
uint8 FileClose(HANDLE Handle)
{
    uint8 Rt;
    FDT FileFDT;
    MY_FILE * fp;

    Rt = PARAMETER_ERR;                                                    (1)
    if (Handle >= 0 && Handle < MAX_OPEN_FILES)                            (2)
    {
        Rt = RETURN_OK;                                                    (3)
        fp = FileInfo + Handle;                                            (4)
        if ((fp->Flags & FILE_FLAGS_WRITE) == FILE_FLAGS_WRITE)            (5)
        {
            Rt = FindFDTInfo(&FileFDT, fp->Drive, fp->DirClus, fp->Name);  (6)
            if (Rt == RETURN_OK)                                           (7)
            if (FileFDT.FileSize < fp->FileSize)                           (8)
            {
                FileFDT.FileSize = fp->FileSize;                           (9)
                if (FileFDT.FstClusLO == 0)                                (10)
                if (FileFDT.FstClusHI == 0)                                (11)
                {
                    FileFDT.FstClusLO = fp->FstClus & 0xffff;              (12)
                    FileFDT.FstClusHI = (fp->FstClus >> 16) & 0xffff;      (13)
                }
                ChangeFDT(fp->Drive, fp->DirClus, &FileFDT);               (14)
            }
        }
```

```
            fp->Flags = 0;                                                        (15)
        }
        return Rt;                                                                (16)
    }
```

函数 FileClose()首先看参数是否有效(程序清单 1.65(2))。如果参数无效,则无所谓关闭文件了,函数 FileClose()返回 PARAMETER_ERR表示参数错误;否则,再判断此文件是否是以可写方式打开的(程序清单 1.65(5))。如果不是,则没有数据需要写回逻辑盘,直接释放打开文件信息登录项(程序清单 1.65(15))即可;否则,可能文件已经改变,需要读出这个文件的 FDT 登录项(程序清单 1.65(6)、(7)),并修改 FDT 登录项(程序清单 1.65(6)~(7))。其实这里应该还要加上将 Cache 写回逻辑盘的操作以确保文件的完整性。不过,如果把所有 Cache 写回逻辑盘则效率降低,而仅写回缓存本文件的 Cache 则代码复杂,且需要读 FAT 表,可能也会降低效率。因而 ZLG/FS 在这里并不管理 Cache,而由用户在适当的时候回写 Cache。

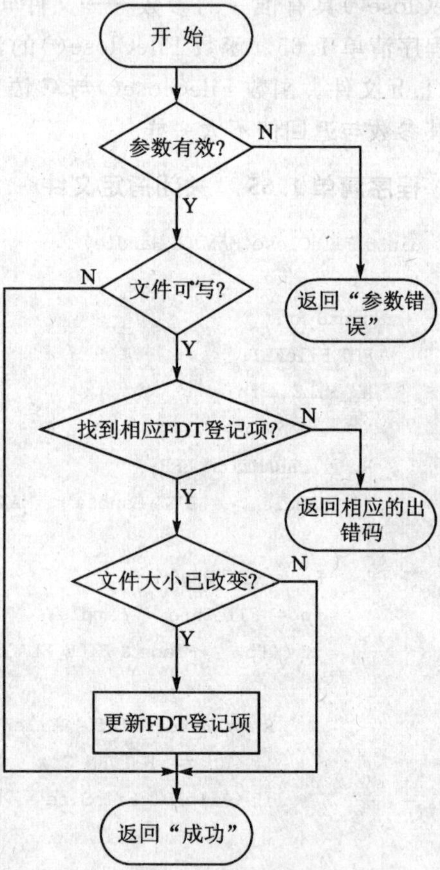


**图 1.18　关闭指定文件流程图**

ZLG/FS 的用户还可以通过调用函数 FileCloseALL()关闭所有已打开的文件。函数 FileCloseALL()的代码见程序清单 1.66。代码很简单,仅多次调用函数 FileClose,把所有已打开的文件关闭后调用函数 AllCacheWriteBack()把所有 Cache 回写逻辑盘。请读者自己分析。

**程序清单 1.66　关闭所有文件**

```
        void FileCloseAll(void)
    {
        uint32 i;

        for (i = 0; i < MAX_OPEN_FILES; i ++)                                     (1)
```

```
    {
        FileClose(i);                                                           (2)
    }
    AllCacheWriteBack();                                                        (3)
}
```

## 1.11.8 从文件中读数据

ZLG/FS 提供两个函数从文件中读取数据，其中函数 FileGetCh()为从文件中读取 1 个字节数据，而函数 FileRead()为一次从文件中读多个字节数据。它们都会把文件的读/写位置向文件尾方向移动，移动的字节数目就是读到数据的字节数目。函数 FileGetCh()有两个参数，其中 Ch 为一个指针，读到的字节数据就存储到它指向的位置。而 Handle 为文件句柄，用来指示需要操作的文件，它应当是先前调用函数 FileOpen()时的返回值。函数 FileGetCh()的返回值请参考 FAT.h 文件。函数 FileGetCh()的代码见程序清单 1.67，其流程图见图 1.19。

**程序清单 1.67　从文件中读 1 个字节**

```
uint8 FileGetCh(uint8 *Ch, HANDLE Handle)
{
    uint32 i, j, SecIndex;
    MY_FILE *fp;
    Disk_Info * DiskInfo;
    uint8 Rt;
    uint8 *Buf;

    Rt = PARAMETER_ERR;                                                         (1)
    fp = FileInfo + Handle;                                                     (2)
    if (Handle >= 0 && Handle < MAX_OPEN_FILES)                                 (3)
    if (fp->Flags != 0)                                                         (4)
    {
        Rt = FILE_EOF;                                                          (5)
        if (fp->Offset >= fp->FileSize)                                         (6)
        {
            Handle = FindOpenFileW(fp->Drive, fp->DirClus, fp->Name);           (7)
            if (Handle < MAX_OPEN_FILES)                                        (8)
            {
                fp->FileSize = FileInfo[Handle].FileSize;                       (9)
                if (fp->Offset == 0)                                            (10)
```

```
                {
                    fp->FstClus = FileInfo[Handle].FstClus;                              (11)
                    fp->Clus = FileInfo[Handle].Clus;                                    (12)
                }
            }
        }
        Rt = FILE_EOF;                                                                   (13)
        if (fp->Offset < fp->FileSize)                                                   (14)
        {
            Rt = NOT_FIND_DISK;                                                          (15)
            DiskInfo = GetDiskInfo(fp->Drive);                                           (16)
            if (DiskInfo != NULL)                                                        (17)
            {
                j = fp->Offset % (DiskInfo->SecPerClus * DiskInfo->BytsPerSec);          (18)
                i = j / DiskInfo->BytsPerSec;                                            (19)
                j = j % DiskInfo->BytsPerSec;                                            (20)
                SecIndex = (fp->Clus - 2) * DiskInfo->SecPerClus +
                           DiskInfo->DataStartSec + i;                                   (21)
                Rt = SECTOR_READ_ERR;                                                    (22)
                Buf = OpenSec(fp->Drive, SecIndex);                                      (23)
                if (Buf != NULL)                                                         (24)
                {
                    if (ReadSec(fp->Drive, SecIndex) == RETURN_OK)                       (25)
                    {
                        *Ch = Buf[j];                                                    (26)
                        fp->Offset++;                                                    (27)
                        j++;                                                             (28)
                        if (j >= DiskInfo->BytsPerSec)                                   (29)
                        {
                            i++;                                                         (30)
                            if (i >= DiskInfo->SecPerClus)                               (31)
                            {
                                fp->Clus = FATGetNextClus(fp->Drive, fp->Clus);          (32)
                            }
                        }
                        Rt = RETURN_OK;                                                  (33)
                    }
```

```
                CloseSec(fp->Drive, SecIndex);                                    (34)
            }
        }
    }
    }
    return Rt;                                                                    (35)
}
```

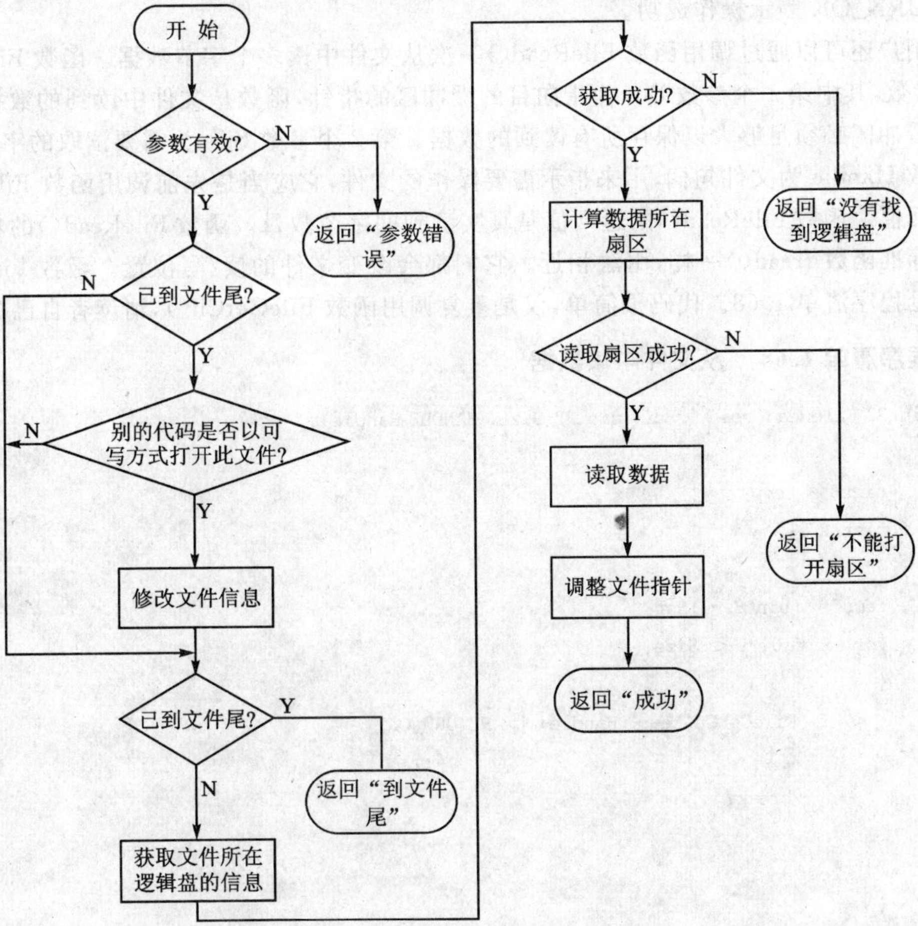


图 1.19　从指定文件读 1 个字节数据流程图

函数 FileGetCh()首先判断参数是否有效(程序清单 167(3)、(4)),如果无效,则无所谓读数据了,函数返回 PARAMETER_ERR 表示参数错误(程序清单 1.67(1)、(35))。否则,函数判断文件是否读到文件末尾(程序清单 1.67(6))。如果不是,则当然可以读数据。如果是,也有这种可能：别的代码以可写方式增加了代码的长度，此时需要改变打开文件登录项以反映文件的最新信息。程序清单 1.67(7)～(12)就是做这部分工作的。因为文件信息可能已经被修改，所以需要再次判断文件是否读到文件末尾(程序清单 1.67(14))，如果不是，就可以真正开始读数据了。接着计算所读的数据所在的逻辑扇区(SecIndex)和所在扇区的索引(j)，计算公式参考程序清单 1.67(18)～(20)。关于读/写，看过 1.5 节后应该容易理解。然后就把扇区数据读出来(程序清单 1.67(23)～(25)、(34))，其中包含错误处理的代码。最后取出所需的数据(程序清单 1.67(26))并调整文件读/写位置(程序清单 1.67(27)～(32))，函数返回 RETURN_OK 表示操作成功。

用户还可以通过调用函数 FileRead()一次从文件中读多个字节数据。函数 FileRead()有 3 个参数，其中第 1 个参数 Buf 为指向目的缓冲区的指针，函数从文件中读到的数据存放在这里。缓冲区必须足够大以保存所有读到的数据。第 2 个参数 Size 为需要读取的字节数。第 3 个参数 Handle 为文件句柄，用来指示需要操作的文件，它应当是先前调用函数 FileOpen()时的返回值。函数 FileRead()的返回值是真实读到的字节数目。函数 FileRead()的功能与 C 语言的标准函数 fread()一样，用法相近。它们都会改变文件的读/写位置。函数 FileRead()的代码见程序清单 1.68。代码很简单，仅是重复调用函数 FileGetCh()，请读者自己分析。

**程序清单 1.68　从文件中读数据**

```
uint32 FileRead(void * Buf, uint32 Size, HANDLE Handle)
{
    uint8 *temp;
    uint32 i;

    temp = (uint8 *)Buf;                                          (1)
    for (i = 0; i < Size; i ++)                                   (2)
    {
        if (FileGetCh(temp, Handle) != RETURN_OK)                 (3)
        {
            break;                                                (4)
        }
        temp ++ ;                                                 (5)
    }
    return i;                                                     (6)
}
```

## 1.11.9 把数据写入文件

ZLG/FS 提供两个函数从文件中读取数据，其中函数 FilePutCh()为从文件中读取 1 个字节数据，而函数 FileRead()为一次从文件中读多个字节数据。它们都会把文件的读/写位置向文件尾方向移动，移动的字节数目就是读到的数据的字节数目。函数 FilePutCh()有两个参数，其中 Ch 为一个指针，读到的字节数据就存储到它指向的位置。而 Handle 为文件句柄，用来指示需要操作的文件，它应当是先前调用函数 FileOpen()时的返回值。函数 FilePutCh()的返回值参考 FAT.h 文件。函数 FilePutCh()的代码见程序清单 1.69，其流程图见图 1.20。

**程序清单 1.69　写 1 个字节到文件**

```
uint8 FilePutCh(uint8 Ch, HANDLE Handle)
{
    uint32 i, j, SecIndex;
    MY_FILE * fp;
    Disk_Info * DiskInfo;
    uint8 Rt;
    uint8 * Buf;

    Rt = PARAMETER_ERR;                                                    (1)
    fp = FileInfo + Handle;                                                (2)
    if (Handle >= 0 && Handle < MAX_OPEN_FILES)                            (3)
    if (((fp->Flags) & FILE_FLAGS_WRITE) != 0)                             (4)
    {
        Rt = FILE_EOF;                                                     (5)
        if (fp->Offset <= fp->FileSize)                                    (6)
        {
            Rt = NOT_FIND_DISK;                                            (7)
            DiskInfo = GetDiskInfo(fp->Drive);                             (8)
            if (DiskInfo != NULL)                                          (9)
            {
                j = (fp->Offset) % (DiskInfo->SecPerClus * DiskInfo->BytsPerSec);
                                                                          (10)
                if (j == 0)                                               (11)
                {
                    if (fp->Offset < fp->FileSize)                        (12)
                    {
                        fp->Clus = FATGetNextClus(fp->Drive, fp->Clus);   (13)
```

```
            }
            else
            {
                i = FATAddClus(fp->Drive, fp->Clus);                    (14)
                if (i >= BAD_CLUS)                                      (15)
                {
                    return DISK_FULL;                                   (16)
                }
                fp->Clus = i;                                           (17)
                if (fp->FstClus == EMPTY_CLUS)                          (18)
                {
                    fp->FstClus = i;                                    (19)
                }
            }
        }
        i = j / DiskInfo->BytsPerSec;                                   (20)
        j = j % DiskInfo->BytsPerSec;                                   (21)
        SecIndex = (fp->Clus - 2) * DiskInfo->SecPerClus + DiskInfo->DataSt-
        artSec + i;                                                     (22)
        Rt = SECTOR_READ_ERR;                                           (23)
        fp->Offset ++ ;                                                 (24)
        if (fp->Offset > fp->FileSize)                                  (25)
        {
            fp->FileSize = fp->Offset;                                  (26)
        }
        Buf = OpenSec(fp->Drive, SecIndex);                             (27)
        if (Buf != NULL)                                                (28)
        {
            if (ReadSec(fp->Drive, SecIndex) == RETURN_OK)              (29)
            {
                Buf[j] = Ch;                                            (30)
                WriteSec(fp->Drive, SecIndex);                          (31)
                Rt = RETURN_OK;                                         (32)
            }
            CloseSec(fp->Drive, SecIndex);                              (33)
        }
    }
```

```
        }
    }
    return Rt;                                                              (34)
}
```

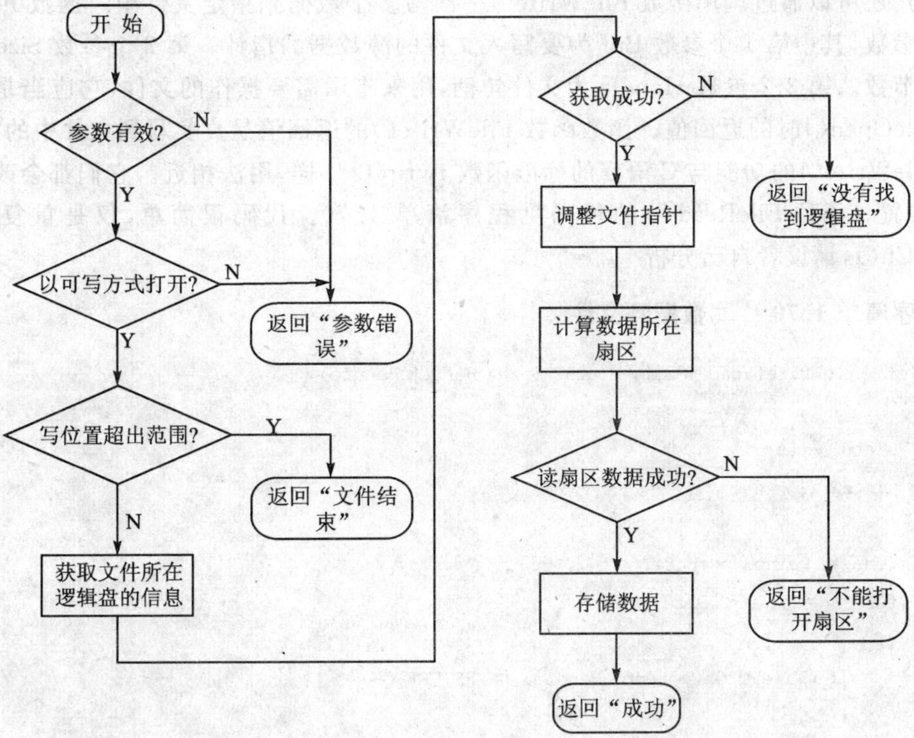


**图 1.20　写 1 个字节数据到指定文件流程图**

函数 FilePutCh()首先判断参数是否有效(程序清单 1.69(3))。如果无效,则无所谓读数据了,函数返回 PARAMETER_ERR 表示参数错误(程序清单 1.69(1)、(34))。接着,函数还要判断指定文件是否以可写方式打开(程序清单 1.69(4)),如果不是,函数也返回参数错误(程序清单 1.69(1)、(34))。然后函数判断文件的写位置是否到超过文件范围(程序清单 1.69(6)),如果不是,则可读数据。注意这里的判断是小于等于,而不是小于。也就是写位置虽然超出文件范围,但仅超出 1 个字节,则也是可写的,即"追加"。一般情况不会出现大于的情况,如果出现,则表明系统中有 BUG,需要检查了。此时,此函数返回 FILE_EOF。在真实写入数据之前,函数调整文件读/写位置(程序清单 1.69(10)～(19)、(24)～(26))。注意,程序清单 1.69(14)～(19)为文件增加一个簇。当文件添加数据到超过文件原先拥有的簇不能装下时(程序清单 1.69(11)、(13)),需要这个操作。接着计算所读数据所在的逻辑扇区(SecIndex)

和所在扇区的索引(j),计算公式参考程序清单 1.69(20)～(22),读/写看过第 5 章后应该容易理解。然后就把扇区数据读出来(程序清单 1.69(26)～(28)、(33)),其中包含错误处理的代码。最后写入所需的数据(程序清单 1.69 (31)、(32))函数返回 RETURN_OK 表示操作成功。

用户还可以通过调用函数 FileWrite()一次写多个数据到指定文件中。函数 FileWrite()有 3 个参数,其中第 1 个参数 Buf 为要写入文件的源数据的指针。第 2 个参数 Size 为需要读取的字节数。第 3 个参数 Handle 为文件句柄,用来指示需要操作的文件,它应当是先前调用函数 FileOpen()时的返回值。函数函数 FileWrite()的返回值是真实写到文件中的字节数目。函数 FileWrite()的功能与 C 语言的标准函数 fwrite()一样,用法相近。它们都会改变文件的读/写位置。函数 FileRead()的代码见程序清单 1.70。代码很简单,仅是重复调用函数 FilePutCh(),请读者自己分析。

**程序清单 1.70　写数据到文件**

```
uint32 FileWrite(void * Buf, uint32 Size, HANDLE Handle)
{
    uint8 * temp;
    uint32 i;

    temp = (uint8 * )Buf;                                          (1)
    for (i = 0; i < Size; i ++ )                                   (2)
    {
        if (FilePutCh( * temp, Handle) != RETURN_OK)               (3)
        {
            break;                                                 (4)
        }
        temp ++ ;                                                  (5)
    }
    return i;                                                      (6)
}
```

## 1.11.10　判断文件是否读/写到文件尾

C 语言的标准库提供一个函数 feof()来检测用户程序是否读/写到文件的末尾,ZLG/FS 也提供一个类似的函数 FileEof()实现相同的功能。函数 FileEof()的惟一参数 Handle 为文件句柄,用来指示需要操作的文件,它应当是先前调用函数 FileOpen()时的返回值。当用户程序没有读、写到文件的末尾时,函数 FileEof()返回 FLASE。当文件句柄无效或程序读、写到文件的末尾时，函数 FileEof()返回 TRUE。函数 FileEof()的代码见程序清单 1.71。代码很简单，请读者自己分析。

**程序清单 1.71　判断文件是否读/写到文件尾**

```
uint8 FileEof(HANDLE Handle)
{
    if (Handle < MAX_OPEN_FILES)                                        (1)
    if (FileInfo[Handle].Offset < FileInfo[Handle].FileSize)            (2)
    {
        return FALSE;                                                   (3)
    }
    return TRUE;                                                        (4)
}
```

## 1.11.11　移动文件读/写位置

C 语言的标准库提供一个函数 fseek()用来移动文件的内部指针。它将影响再次读/写文件时的位置。ZLG/FS 也提供一个相同功能的函数 FileSeek()。函数 FileSeek()具有 3 个参数，其中第 1 个参数 Handle 为文件句柄，用来指示需要操作的文件，它应当是先前调用函数 FileOpen()时的返回值。第 2 个参数 offset 为移动的字节数。注意此数是有符号数，为负数时，其移动的方向与其为正数时的方向相反。第 3 个参数 Whence 为移动的方式。当 Whence 为 SEEK_SET 时，表示从文件开始处向文件结尾处移动，此时 offset 为负数时表示从文件结尾处向文件开始处移动|offset|个字节。当 Whence 为 SEEK_END 表示从文件结尾处向文件开始处移动，此时 offset 为负数时表示从文件开始处向文件结尾处移动|offset|个字节。当 Whence 为 SEEK_CUR 时，表示从文件当前位置向文件结尾处移动，此时 offset 为负数时表示从文件当前位置向文件开始处移动|offset|个字节。当向文件开始处移动超出范围时，函数 fseek()将会将内部指针指向文件开始处。当向文件结尾处移动超出范围时，函数 fseek()将会将内部指针指向文件结尾处。函数 fseek()的代码见程序清单 1.72。代码虽然看起来比较复杂，但是实际的流程并不复杂，其简化的流程图见图 1.21。

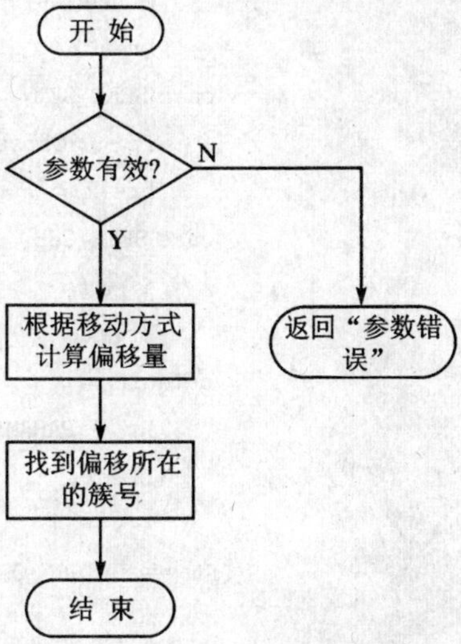


**图 1.21　移动文件读/写位置流程图**

图 1.21简化了很多细节（如出错处理），其中“根据移动方式计算偏移链”对应程序清

单 1.72(7)～(20)；"找到偏移所在的簇号"对应程序清单 1.72(23)～(33)。

**程序清单 1.72　移动文件读/写位置**

```
uint8 FileSeek(HANDLE Handle, int32 offset, uint8 Whence)
{
    uint8 Rt;
    uint32 i, Clus;
    MY_FILE *fp;
    Disk_Info * DiskInfo;

    Rt = PARAMETER_ERR;                                          (1)
    fp = FileInfo + Handle;                                      (2)
    if (Handle >= 0 && Handle < MAX_OPEN_FILES)                  (3)
    if (fp->Flags != 0)                                          (4)
    {
        Rt = RETURN_OK;                                          (5)
        switch (Whence)                                          (6)
        {
            case SEEK_END:            /*从文件尾计算*/            (7)
                fp->Offset = fp->FileSize - offset;              (8)
                offset = -offset;                                (9)
                break;                                           (10)
            case SEEK_SET:                                       (11)
                fp->Offset = offset;                             (12)
                break;                                           (13)
            case SEEK_CUR:                                       (14)
                i = fp->Offset + offset;                         (15)
                break;                                           (16)
            default:                                             (17)
                Rt = PARAMETER_ERR;                              (18)
                break;                                           (19)
        }
        if (Rt == RETURN_OK)                                     (20)
        {
            if (fp->Offset > fp->FileSize)                       (21)
            {
                if (offset > 0)                                  (22)
```

```
                {
                    fp->Offset = fp->FileSize;                                          (23)
                }
                else
                {
                    fp->Offset = 0;                                                     (24)
                }
            }
            Rt = NOT_FIND_DISK;                                                         (25)
            DiskInfo = GetDiskInfo(fp->Drive);                                          (26)
            if (DiskInfo != NULL)                                                       (27)
            {
                Rt = RETURN_OK;                                                         (28)
                i = fp->Offset / (DiskInfo->BytsPerSec * DiskInfo->SecPerClus);         (29)
                Clus = fp->FstClus;                                                     (30)
                for (; i != 0; i--)                                                     (31)
                {
                    Clus = FATGetNextClus(fp->Drive, Clus);                             (32)
                    if (Clus >= BAD_CLUS)                                               (33)
                    {
                        Rt = FAT_ERR;                                                   (34)
                        break;                                                          (35)
                    }
                }
                fp->Clus = Clus;                                                        (36)
            }
        }
    }
    return Rt;                                                                          (37)
}
```

因为前面已经具体表述了函数 FileSeek()在不同移动方式(由参数 Whence 指出)下的动作,所以“根据移动方式计算偏移量”的代码应该容易读懂。“找到偏移所在的簇号”的算法如下:首先计算此偏移是在簇链的第几个元素(程序清单 1.72(29)),然后找到簇链的这个元素对应的簇号(程序清单 1.72(30)～(36))。代码的其他部分均属辅助代码,如果读者阅读了 1.8节,则代码很容易读懂,这里不再介绍。

# 1.12 实用程序

实用程序不是 ZLG/FS 的一部分，一般也不需要包含在用户代码中。但实用程序又是不可缺少的。例如，任何逻辑盘在使用之前必须格式化，这就需要格式化实用程序了。程序清单 1.73 为一个通用的格式化程序。这个格式化程序仅建立一个 FAT 表，与标准的不一样，而且簇的大小均定义为 1 个扇区。对于 FAT32 系统，保留扇区设置为 1，与推荐值不一样，也没有对这么大的介质测试过。另外，判断逻辑盘是属于 FAT12、FAT16 还是 FAT32 过于简单，可能在临界状态出错。这只是一个示范性代码，用户可以根据自己的实际情况更改。代码看起来很复杂，其实就是做了以下 3 件事：

(1) 初始化保留扇区；

(2) 初始化 FAT 表；

(3) 初始化根目录。

由于代码是示范性代码，且相关知识在 1.5 节及相关章节介绍过，这里不再介绍，请读者自己分析。

**程序清单 1.73　格式化逻辑盘**

```
const uint8 Root[512] = {                                                        (1)
        0xEB,0x3E,0x90, 'Z', 'L', 'G', '1', '.', '0', ' ',
          ' ',0x00,0x02,0x01,0x01,0x00,0x02,0xE0,0x00,0x40,
        0x0B,0xF0,0x09,0x00,0x12,0x00,0x02,0x00,0x00,0x00,
        0x00,0x00,0x00,0x00,0x00,0x00,0x00,0x00,0x29,0x64,
        0x2A,0xD5,0x18, 'N', 'O', ' ', 'N', 'A', 'M', 'E',
          ' ', ' ', ' ', ' ', 'F', 'A', 'T', ' ', ' ', ' ',
          ' ', ' ',0xF1,0x7D,0xFA,0x33,0xC9,0x8E,0xD1,0xBC,
        0xFC,0x7B,0x16,0x07,0xBD,0x78,0x00,0xC5,0x76,0x00,
        0x1E,0x56,0x16,0x55,0xBF,0x22,0x05,0x89,0x7E,0x00,
        0x89,0x4E,0x02,0xB1,0x0B,0xFC,0xF3,0xA4,0x06,0x1F,
        0xBD,0x00,0x7C,0xC6,0x45,0xFE,0x0F,0x8B,0x46,0x18,
        0x88,0x45,0xF9,0xFB,0x38,0x66,0x24,0x7C,0x04,0xCD,
        0x13,0x72,0x3C,0x8A,0x46,0x10,0x98,0xF7,0x66,0x16,
        0x03,0x46,0x1C,0x13,0x56,0x1E,0x03,0x46,0x0E,0x13,
        0xD1,0x50,0x52,0x89,0x46,0xFC,0x89,0x56,0xFE,0xB8,
        0x20,0x00,0x8B,0x76,0x11,0xF7,0xE6,0x8B,0x5E,0x0B,
        0x03,0xC3,0x48,0xF7,0xF3,0x01,0x46,0xFC,0x11,0x4E,
        0xFE,0x5A,0x58,0xBB,0x00,0x07,0x8B,0xFB,0xB1,0x01,
```

```
        0xE8,0x94,0x00,0x72,0x47,0x38,0x2D,0x74,0x19,0xB1,
        0x0B,0x56,0x8B,0x76,0x3E,0xF3,0xA6,0x5E,0x74,0x4A,
        0x4E,0x74,0x0B,0x03,0xF9,0x83,0xC7,0x15,0x3B,0xFB,
        0x72,0xE5,0xEB,0xD7,0x2B,0xC9,0xB8,0xD8,0x7D,0x87,
        0x46,0x3E,0x3C,0xD8,0x75,0x99,0xBE,0x80,0x7D,0xAC,
        0x98,0x03,0xF0,0xAC,0x84,0xC0,0x74,0x17,0x3C,0xFF,
        0x74,0x09,0xB4,0x0E,0xBB,0x07,0x00,0xCD,0x10,0xEB,
        0xEE,0xBE,0x83,0x7D,0xEB,0xE5,0xBE,0x81,0x7D,0xEB,
        0xE0,0x33,0xC0,0xCD,0x16,0x5E,0x1F,0x8F,0x04,0x8F,
        0x44,0x02,0xCD,0x19,0xBE,0x82,0x7D,0x8B,0x7D,0x0F,
        0x83,0xFF,0x02,0x72,0xC8,0x8B,0xC7,0x48,0x48,0x8A,
        0x4E,0x0D,0xF7,0xE1,0x03,0x46,0xFC,0x13,0x56,0xFE,
        0xBB,0x00,0x07,0x53,0xB1,0x04,0xE8,0x16,0x00,0x5B,
        0x72,0xC8,0x81,0x3F,0x4D,0x5A,0x75,0xA7,0x81,0xBF,
        0x00,0x02,0x42,0x4A,0x75,0x9F,0xEA,0x00,0x02,0x70,
        0x00,0x50,0x52,0x51,0x91,0x92,0x33,0xD2,0xF7,0x76,
        0x18,0x91,0xF7,0x76,0x18,0x42,0x87,0xCA,0xF7,0x76,
        0x1A,0x8A,0xF2,0x8A,0x56,0x24,0x8A,0xE8,0xD0,0xCC,
        0xD0,0xCC,0x0A,0xCC,0xB8,0x01,0x02,0xCD,0x13,0x59,
        0x5A,0x58,0x72,0x09,0x40,0x75,0x01,0x42,0x03,0x5E,
        0x0B,0xE2,0xCC,0xC3,0x03,0x18,0x01,0x27,0x0D,0x0A,
        0x49,0x6E,0x76,0x61,0x6C,0x69,0x64,0x20,0x73,0x79,
        0x73,0x74,0x65,0x6D,0x20,0x64,0x69,0x73,0x6B,0xFF,
        0x0D,0x0A,0x44,0x69,0x73,0x6B,0x20,0x49,0x2F,0x4F,
        0x20,0x65,0x72,0x72,0x6F,0x72,0xFF,0x0D,0x0A,0x52,
        0x65,0x70,0x6C,0x61,0x63,0x65,0x20,0x74,0x68,0x65,
        0x20,0x64,0x69,0x73,0x6B,0x2C,0x20,0x61,0x6E,0x64,
        0x20,0x74,0x68,0x65,0x6E,0x20,0x70,0x72,0x65,0x73,
        0x73,0x20,0x61,0x6E,0x79,0x20,0x6B,0x65,0x79,0x0D,
        0x0A,0x00,0x49,0x4F,0x20,0x20,0x20,0x20,0x20,0x20,
        0x53,0x59,0x53,0x4D,0x53,0x44,0x4F,0x53,0x20,0x20,
        0x20,0x53,0x59,0x53,0x80,0x01,0x00,0x57,0x49,0x4E,
        0x42,0x4F,0x4F,0x54,0x20,0x53,0x59,0x53,0x00,0x00,
        0x55,0xAA
        };

static uint8 Buf[4098];
```

```
uint8 Format(uint8 Drive, uint32 SecPerDisk, uint16 BytsPerSec)
{
    const uint8 *cp1;
    uint8 *cp2;
    uint16 I, j, temp;
    uint32 temp1, k;
    Disk_RW_Parameter parameter;
    Disk_Info *Disk;

    Disk = GetDiskInfo(Drive);                                      (2)
    if (Disk != NULL)                                               (3)
    {
        cp2 = Buf;                                                  (4)
        for (I = 0; I < BytsPerSec; I++)                            (5)
        {
            *cp2++ = 0;                                             (6)
        }
        cp1 = Root;                                                 (7)
        cp2 = Buf;                                                  (8)
        for (I = 0; I < 512; I++)                                   (9)
        {
            *cp2++ = *cp1++;                                        (10)
        }
            /* 每扇区字节数 */
        Buf[11] = BytsPerSec & 0xff;                                (11)
        Buf[12] = (BytsPerSec >> 8) & 0xff;                         (12)
            /* 每簇扇区数 */
        Buf[13] = 1;                                                (13)
            /* 保留扇区数 */
        Buf[14] = 1;                                                (14)
        Buf[15] = 0;                                                (15)
            /* FAT 表个数 */
        Buf[16] = 1;                                                (16)
        Buf[19] = SecPerDisk & 0xff;                                (17)
        Buf[20] = (SecPerDisk >> 8) & 0xff;                         (18)
        if (SecPerDisk >= 0x10000)                                  (19)
        {
```

```
        Buf[19] = 0;
        Buf[20] = 0;
        Buf[32] = SecPerDisk & 0xff;
        Buf[33] = (SecPerDisk >> 8) & 0xff;
        Buf[34] = (SecPerDisk >> 16) & 0xff;
        Buf[35] = (SecPerDisk >> 17) & 0xff;
    }
/*假设为FAT12*/
    temp = (4086 * 3 / 2 + BytsPerSec - 1) / BytsPerSec;    /*FAT表占用空间*/
    I = (0xe0 * 32 + BytsPerSec - 1) / BytsPerSec;          /*根目录占用空间*/
    temp1 = SecPerDisk - temp - I;
    if (temp1 < 4085)                                       /*FAT12*/
    {
        temp = ((SecPerDisk - I - 1)  * 3 / 2 + BytsPerSec - 1) / BytsPerSec;
        /*根目录FDT项数*/
        I = (I * BytsPerSec) / 32;
        Buf[17] = I & 0xff;
        Buf[18] = (I >> 8) & 0xff;
        /*FAT表占用扇区数*/
        Buf[22] = temp & 0xff;
        Buf[23] = (temp >> 8) & 0xff;
        parameter.Drive = Drive;
        parameter.SectorIndex = 0;
        parameter.RsvdForLow = Disk->RsvdForLow;
        parameter.Buf = Buf;
        Disk->DiakCommand(DISK_WRITE_SECTOR, &parameter);
/*初始化FAT和根目录*/
        cp2 = Buf + 3;
        Buf[0] = 0xf0;
        Buf[1] = 0xff;
        Buf[2] = 0xff;
        for (j = 3; j < BytsPerSec; j++)
        {
            *cp2++ = 0;
        }
        for (j = 0; j < temp; j++)
        {
```

```
                parameter.SectorIndex = j + 1;                                          (48)
                Disk->DiakCommand(DISK_WRITE_SECTOR, &parameter);                       (49)
                Buf[0] = 0;                                                             (50)
                Buf[1] = 0;                                                             (51)
                Buf[2] = 0;                                                             (52)
            }
            I = (I * 32) / BytsPerSec;                                                  (53)
            temp++;                                                                     (54)
            for (j = 0; j < I; j++)                                                     (55)
            {
                parameter.SectorIndex = j + temp;                                       (56)
                Disk->DiakCommand(DISK_WRITE_SECTOR, &parameter);                       (57)
            }
        }
        else
        {
/*假设为FAT16*/
            temp = (4086 * 2 + BytsPerSec - 1) / BytsPerSec;    /*FAT表占用空间*/   (58)
            I = (512 * 32 + BytsPerSec - 1) / BytsPerSec;       /*根目录占用空间*/  (59)
            temp1 = SecPerDisk - temp - I;                                              (60)
            if (temp1 < 65525)                                  /*FAT16*/               (61)
            {
                temp = ((SecPerDisk - I - 1) * 2 + BytsPerSec - 1) / BytsPerSec;        (62)
                /*根目录FDT项数*/
                I = (I * BytsPerSec) / 32;                                              (63)
                Buf[17] = I & 0xff;                                                     (64)
                Buf[18] = (I >> 8) & 0xff;                                              (65)
                /*FAT表占用扇区数*/
                Buf[22] = temp & 0xff;                                                  (66)
                Buf[23] = (temp >> 8) & 0xff;                                           (67)
                parameter.Drive = Drive;                                                (68)
                parameter.SectorIndex = 0;                                              (69)
                parameter.RsvdForLow = Disk->RsvdForLow;                                (70)
                parameter.Buf = Buf;                                                    (71)
                Disk->DiakCommand(DISK_WRITE_SECTOR, &parameter);                       (72)
/*初始化FAT和根目录*/
                cp2 = Buf + 4;                                                          (73)
```

```
        Buf[0] = 0xf0;
        Buf[1] = 0xff;
        Buf[2] = 0xff;
        Buf[3] = 0xff;
        for (j = 4; j < BytsPerSec; j ++ )
        {
         * cp2 ++  = 0;
        }
        for (j = 0; j < temp; j ++ )
        {
         parameter.SectorIndex = j + 1;
         Disk - >DiakCommand(DISK_WRITE_SECTOR, &parameter);
         Buf[0] = 0;
         Buf[1] = 0;
         Buf[2] = 0;
         Buf[3] = 0;
        }
        I = (I * 32) / BytsPerSec;
        temp ++ ;
        for (j = 0; j < I; j ++ )
        {
         parameter.SectorIndex = j + temp;
         Disk - >DiakCommand(DISK_WRITE_SECTOR, &parameter);
        }
    }
    else                                / * FAT32 * /
    {
        / * 根目录 FDT 项数 * /
        Buf[17] = 0;
        Buf[18] = 0;
        / * FAT 表占用扇区数 * /
        Buf[22] = 0;
        Buf[23] = 0;
        temp1 = (SecPerDisk * 4 + BytsPerSec-1) / BytsPerSec;
        Buf[36] = temp1 & 0xff;
        Buf[37] = (temp1 >> 8) & 0xff;
        Buf[38] = (temp1 >> 16) & 0xff;
```

```
        Buf[39] = (temp1 >> 24) & 0xff;
        /* FAT32 RootDirTable 为开始簇号 */
        Buf[44] = 2;
        Buf[45] = 0;
        Buf[46] = 0;
        Buf[47] = 0;
        Buf[40] = 0;
        Buf[41] = 0;
        Buf[42] = 0;
        Buf[43] = 0;
        Buf[48] = 1;
        Buf[49] = 0;
        Buf[50] = 0;        /* 6?  */
        Buf[51] = 0;
        Buf[52] = 0;
        Buf[53] = 0;
        Buf[82] = 'F';
        Buf[83] = 'A';
        Buf[84] = 'T';
        Buf[85] = '3';
        Buf[86] = '2';
        Buf[87] = ' ';
        Buf[88] = ' ';
        Buf[89] = ' ';
        parameter.Drive = Drive;
        parameter.SectorIndex = 0;
        parameter.RsvdForLow = Disk->RsvdForLow;
        parameter.Buf = Buf;
        Disk->DiakCommand(DISK_WRITE_SECTOR, &parameter);
/* 初始化 FAT 和根目录 T */
        cp2 = Buf + 8;
        Buf[0] = 0xf0;
        Buf[1] = 0xff;
        Buf[2] = 0xff;
        Buf[3] = 0xff;
        Buf[4] = 0xff;
        Buf[5] = 0xff;
```

```
                Buf[6] = 0xff;                                              (136)
                Buf[7] = 0xff;                                              (137)
                for (j = 8; j < BytsPerSec; j ++ )                          (138)
                {
                  * cp2 ++  = 0;                                            (139)
                }
                temp + = 2;                                                 (140)
                parameter.SectorIndex = 1;                                  (141)
                Disk->DiakCommand(DISK_WRITE_SECTOR, &parameter);           (142)
                Buf[0] = 0;                                                 (143)
                Buf[1] = 0;                                                 (144)
                Buf[2] = 0;                                                 (145)
                Buf[3] = 0;                                                 (146)
                Buf[4] = 0;                                                 (147)
                Buf[5] = 0;                                                 (148)
                Buf[6] = 0;                                                 (149)
                Buf[7] = 0;                                                 (150)
                for (k = 1; k < temp1; k ++ )                               (151)
                {
                 parameter.SectorIndex = k + 1;                             (152)
                 Disk->DiakCommand(DISK_WRITE_SECTOR, &parameter);          (153)
                }
            }
        }
        return TRUE;                                                        (154)
    }
    return FALSE;                                                           (155)
}
```

# 第2章　USB 驱动程序开发

μC/OS－II 提供了多任务实时操作系统的内核。在应用这个操作系统时，用户通常需要自己编写基于 μC/OS－II 的外围器件驱动程序，以使外围器件能在操作系统的协调下更好地为用户任务服务。本章以 PDIUSBD12 为例子，用 LPC2200 微控制器开发基于 μC/OS－II 的 USB 驱动程序。通过这个例子，用户可深入了解怎样较规范地编写基于 μC/OS－II 操作系统的 USB 驱动程序。

本章先简单介绍 USB1.1 通信协议，使用户对 USB 通信协议有一定的认识。接着介绍能够实现 USB1.1 通信的 USB 器件 PDIUSBD12 有关特性。在了解这两方面知识的基础上再进行硬件电路设计。然后在已建立的硬件电路平台上，采用从下到上的方法，一步一步建立起 USB 驱动程序。

## 2.1　USB1.1 协议简介

为了使用户更容易理解 PDIUSBD12 怎样在 LPC2200 的控制下实现 USB 协议，有必要首先简单介绍 USB1.1 协议。

### 2.1.1　USB 系统构成

USB 总线由以下 4 个主要部分构成：

- 主机和设备：这是 USB 系统中的主要构件；
- 物理构成：这是指 USB 元件的连接方法；
- 逻辑构成：不同的 USB 元件所担当的角色和责任，以及从主机和设备的角度出发 USB 总线所呈现的结构；
- 客户软件与设备功能接口的关系。

USB 通信的详细参考模型如图 2.1 所示。

从图 2.1 可以看出 USB 通信的数据流结构。主机的每一个层次分别对应设备的相应层次，通过逻辑通道连接起来，客户软件通过逻辑连接可以直接控制设备的接口模块。这种连接使软件控制与接口一一对应，用户使用起来可以更加简单、快捷。

USB 总线有 4 种数据传输方式，分别是控制传输、中断传输、批量传输和同步传输。

- 控制传输：主要用于主机把命令传给设备及设备把状态返回给主机。任何一个 USB 设备都必须支持一个与控制传输类型相对应的端点 0。
- 中断传输：用来支持那些偶然需要少量数据通信，但服务时间受限制的设备。中断传输常常用在键盘、鼠标、游戏杆上。
- 批量传输：用来传输大量数据而没有周期和传输速率的设备上。批量传输方式并不能保证传输的速率，但可保证传输的可靠性，当出现错误时会要求发送方重发。
- 同步传输：同步传输要求有一个恒定的速率。同步传输方式的发送和接收方都必须保证传输速率的匹配，否则会造成数据的丢失。

从实际应用角度理解图 2.1。例如：主机为 PC 机，物理设备为 PDIUSBD12 与 LPC2200 构成的设备。主机与设备之间通过 USB 电缆进行物理连接。

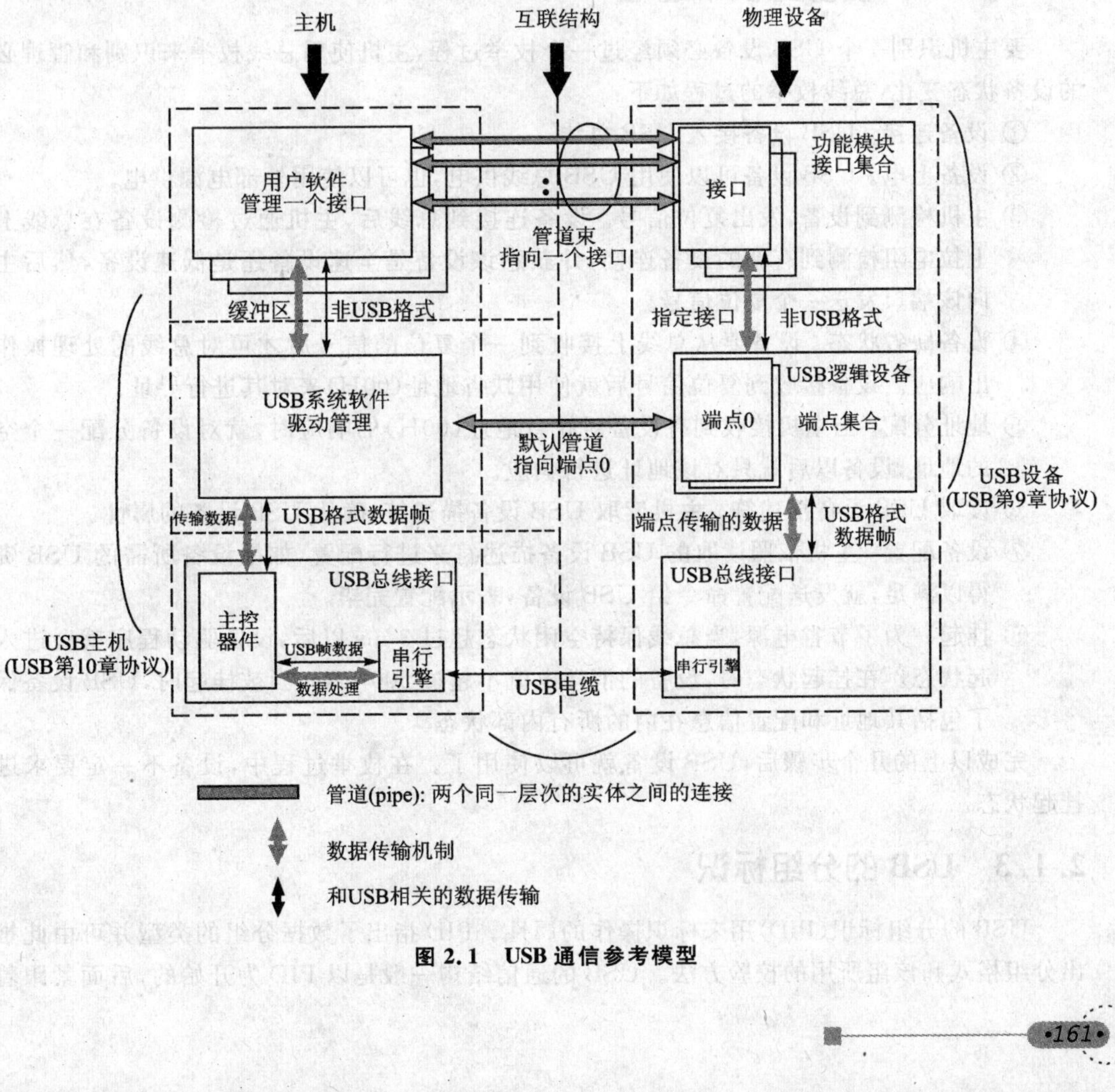


**图 2.1 USB 通信参考模型**

当主机与设备刚连接上时,主机用默认的地址(00H)对设备进行寻址。USB 协议中,可分配的设备地址为 00H ～ 7FH,共 128 个地址。地址 00H 是预设地址,用来指定给所有刚连接上的设备。设备对主机的 00H 地址有响应时,主机就分配一个非 00H 的空闲地址给该设备,以后主机与设备就使用该地址进行通信。

图 2.1 中的管道束就是主机分配给设备的一个地址(逻辑通道)。可见,该地址是一个逻辑地址。管道束中还包含很多的小管道(端点),默认的小管道为端点 0。

PDIUSBD12 有 3 个端点,其中 IN 端点的端点索引号为 1、3、5,OUT 端点的端点索引号为 0、2、4。因此端点索引 0 和 1 构成了端点 0,端点索引 2 和 3 构成了端点 1,端点索引 4 和 5 构成了端点 2。

## 2.1.2 USB 设备的枚举过程

要主机识别一个 USB 设备必须经过一个枚举过程,主机使用总线枚举来识别和管理必要的设备状态变化,总线枚举的过程如下:

① 设备连接。USB 设备接入 USB 总线。

② 设备上电。USB 设备可以使用 USB 总线供电,也可以使用外部电源供电。

③ 主机检测到设备,发出复位信号。设备连接到总线后,主机通过检测设备在总线上的上拉电阻检测到有新的设备连接,并获悉该设备是全速设备还是低速设备,然后主机向该端口发送一个复位信号。

④ 设备缺省状态。设备要从总线上接收到一个复位的信号后才可对总线的处理操作作出响应。设备接收到复位信号后就使用缺省地址(00H)来对其进行寻址。

⑤ 地址分配。当主机接收到有设备对缺省地址(00H)的响应时,就对设备分配一个空闲的地址,设备以后就只对该地址进行响应。

⑥ 读取 USB 设备描述符。主机读取 USB 设备描述符,确认 USB 设备的属性。

⑦ 设备配置。主机依照读取的 USB 设备描述符来进行配置,如果设备所需的 USB 资源得以满足,就发送配置命令给 USB 设备,表示配置完毕。

⑧ 挂起。为了节省电源,当总线保持空闲状态超过 3 ms 以后,设备驱动程序就会进入挂起状态。在挂起状态时,设备的消耗电流不超过 500 μA。当被挂起时,USB 设备保留了包括其地址和配置信息在内的所有内部状态。

完成以上的几个步骤后,USB 设备就可以使用了。在枚举过程中,设备不一定要求进入挂起状态。

## 2.1.3 USB 的分组标识

USB 的分组标识(PID)用来标识操作的属性。PID 指出了数据分组的类型并可由此推断出分组格式和该组所用的校验方法。USB 的通信结构一般是以 PID 为开始的,后面紧跟着数据或控制信息，最后是 CRC 校验。

PID 是由一个 4 位的分组类型码加上该 4 位类型码的反码组成，其格式如图 2.2 所示。

(LSb) (MSb)

| | | | | | | | |
|---|---|---|---|---|---|---|---|
| $PID_0$ | $PID_1$ | $PID_2$ | $PID_3$ | $\overline{PID_0}$ | $\overline{PID_1}$ | $\overline{PID_2}$ | $\overline{PID_3}$ |

**图 2.2　PID 分组码格式**

PID 可以分成 4 个码组：令牌、数据、握手和特殊类型，如表 2.1 所列。

PID 数据包的格式如图 2.3 所示。

**表 2.1　PID 类型**

| PID 类型 | PID 名称 | PID[3：0] | 说　明 |
|---|---|---|---|
| 令牌 | OUT | 0001b | 地址＋端点号 |
| | IN | 1001b | 地址＋端点号 |
| | SOF | 0101b | 帧标志，表示帧标号开始 |
| | SETUP | 1101b | 地址＋端点号 |
| 数据 | DATA0 | 0011b | 数据分组偶 PID |
| | DATA1 | 1011b | 数据分组奇 PID |
| 握手 | ACK | 0010b | 接收器接收到无误的数据分组 |
| | NAK | 1010b | 接收设备不能接收数据或发送设备不能发送数据 |
| | STALL | 1110b | 端点被禁止 |
| 特殊 | PRE | 1100b | 主机发出低速通信前导信号 |

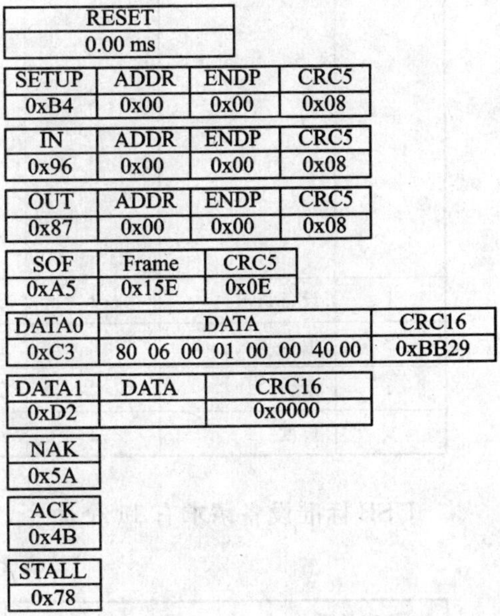


**图 2.3　PID 分组的数据格式**

## 2.1.4　USB 标准设备请求

USB 标准设备请求是用来完成 USB 设备枚举命令的，USB 设备必须对标准设备请求作出响应，不管该设备是否已经被分配了一个默认的地址或该设备目前正在配置。所有的标准设备请求都是使用缺省管道（端点 0）来传输的。

USB 的设备请求由 8 个字节组成，格式定义如表 2.2 所列。

**表 2.2　USB 设备请求格式**

| 偏移值 | 字段名称 | 字段长度 | 字段取值 | 说　明 |
|---|---|---|---|---|
| 0 | 设备请求类型 | 1 | 位图 | 请求特性：<br>D7　数据传输方向<br>0 = 主机到设备<br>1 = 设备到主机<br>D6～D5　类型<br>0 = 标准<br>1 = 类型<br>2 = 厂商<br>3 = 保留<br>D4～D0　接收方<br>0 = 设备<br>1 = 接口<br>2 = 端点<br>3 = 其他<br>4～31 = 保留 |
| 1 | 设备请求 | 1 | 数值 | USB 设备请求 |
| 2 | 值 | 2 | 值 | 根据不同的请求，以字节为单位来定义 |
| 4 | 索引 | 2 | 字段编号索引 | 根据不同的请求，以字节为单位来定义 |
| 6 | 长度 | 2 | 计数 | 如果传输一组数据，指出要传输数据的字节数 |

USB 标准设备请求有 11 个命令，对应的代码和说明如表 2.3 所列。

**表 2.3　USB 标准设备请求**

| 请求类型 | 设备请求 | 值(2 字节) | 索引(2 字节) | 长　度 | 数　据 |
|---|---|---|---|---|---|
| 1000 0000B<br>1000 0001B<br>1000 0010B | Get Status(00H) | 0 | 设备<br>接口<br>端点 | 2 | 设备、接口<br>或端点状态 |
| 0000 0000B<br>0000 0001B<br>0000 0010B | Clear Feature(01H) | 特性选择符 | 设备<br>接口<br>端点 | 0 | 无 |

续表 2.3

| 请求类型 | 设备请求 | 值(2 字节) | 索引(2 字节) | 长 度 | 数 据 |
|---|---|---|---|---|---|
| 1000 0000B<br>1000 0001B<br>1000 0010B | Set Feature(03H) | 特性选择符 | 设备<br>接口<br>端点 | 0 | 无 |
| 0000 0000B | Set Address(05H) | 设备地址 | 0 | 0 | 无 |
| 1000 0000B | Get Descriptor(06H) | 描述符的类型和索引 | 0 或语言 ID | 描述符长度 | 描述符 |
| 0000 0000B | Set Description(07H) | 描述符的类型和索引 | 0 或语言 ID | 描述符长度 | 描述符 |
| 1000 0000B | Get Configuration(08H) | 0 | 0 | 1 | 配置值 |
| 0000 0000B | Set Configuration(09H) | 配置值 | 0 | 0 | 无 |
| 1000 0000B | Get Interface(0AH) | 0 | 接口 | 1 | 可选的接口 |
| 0000 0001B | Set Interface(0BH) | 可选设置 | 接口 | 0 | 无 |
| 1000 0010B | Synch Frame(0CH) | 0 | 端点 | 2 | 帧标号 |

USB 标准请求中的描述符类型如表 2.4 所列。USB 中可以选择的特性选择符只有 2 种，如表 2.5 所列。

**表 2.4　描述符的类型**

| 描述符类型 | 数 值 |
|---|---|
| 设备 | 1 |
| 配置 | 2 |
| 字符串 | 3 |
| 接口 | 4 |
| 端点 | 5 |

**表 2.5　特性选择符**

| 特性选择符名称 | 接收方 | 数 值 |
|---|---|---|
| 设备远程唤醒 | 设备 | 1 |
| 禁止端点 | 端点 | 0 |

可以在驱动程序里定义一个结构体来记录请求的内容，方便程序的控制。结构体定义如程序清单 2.1 所示。该结构体的定义在 Chap_9.h 文件中。

**程序清单 2.1　USB 设备请求结构**

```
typedef struct _device_request
{
    unsigned char bmRequestType;           //请求类型
    unsigned char bRequest;                //USB 请求
```

```
        unsigned short wValue;                      //USB 数值
        unsigned short wIndex;                      //USB 请求索引
        unsigned short wLength;                     //长度
    } DEVICE_REQUEST
```

以上的结构体可以记录一个标准请求的内容，但当请求是带数据传输的时候(像 Set Description或一些厂商请求)，还要再定义一个结构来保存请求传输的数据，带数据的厂商请求如图 2.4 所示。

| Sync | SETUP | ADDR | ENDP | CRC5 |
|---|---|---|---|---|
| _0000001 | 0xB4 | 0x02 | 0x00 | 0x15 |

| Sync | DATA0 | DATA | CRC16 |
|---|---|---|---|
| _0000001 | 0xC3 | 40 0C 00 00 71 04 06 00 | 0x7499 |

| Sync | ACK |
|---|---|
| _0000001 | 0x4B |

| Sync | IN | ADDR | ENDP | CRC5 |
|---|---|---|---|---|
| _0000001 | 0x07 | 0x02 | 0x00 | 0x15 |

| Sync | DATA0 | DATA | CRC16 |
|---|---|---|---|
| _0000001 | 0x02 | 00 00 00 40 00 00 | 0xFF09 |

| Sync | ACK |
|---|---|
| _0000001 | 0x4B |

**图 2.4　带数据的厂商请求**

可以定义如程序清单 2.2 的结构体，把请求的内容和传输的数据都放在一起。该控制传输结构的定义见文件 Chap_9.h。

**程序清单 2.2　控制传输结构**

```
typedef struct _control_xfer
{
    DEVICE_REQUEST DeviceRequest;                         //USB 设备请求结构体,8 字节
    unsigned short wLength;                               //传输数据的总字节数
    unsigned short wCount;                                //传输字节数统计
    unsigned char * pData;                                //传输数据的指针
    unsigned char dataBuffer[MAX_CONTROLDATA_SIZE];       //请求的数据
} CONTROL_XFER;
```

例如，当接收到如图 2.4 的厂商请求后，DeviceRequest 的格式如下：

```
bmRequestType = 40H        //请求类型,表示主机向设备发送厂商请求
bRequest      = 0CH        //请求(注意,这里是厂商请求,并不是标准请求的 Synch Frame)
wValue        = 0000H      //数值
wIndex        = 0471H      //索引,厂商请求索引号,PHILIPS 公司的设备 ID
```

```
wLength          = 0006H              //长度,表示后面有 6 字节的数据
dataBuffer 的数据为 00H、00H、00H、40H、00H 和 80H
```

在主机的枚举过程中,用到了上述多个标准请求。一个设备要想让主机识别,就必须完成对标准请求的响应,这个问题在后面的协议层程序的编写里再作具体说明。

## 2.1.5 USB 设备描述符

USB 设备的描述符是对 USB 设备属性的说明。标准 USB 设备有 5 种 USB 描述符,分别是设备描述符、配置描述符、接口描述符、端点描述符、字符串描述符。USB 描述符通过 Get Descriptor来读取。

USB 设备描述符的内容繁多,为了编程方便,而且使程序阅读起来条理性好,在文件 Descriptor. h 中为各种描述符定义了相应的结构体。

(1) 设备描述符说明设备的通用信息,一个设备只有一个设备描述符。设备描述符的结构如表 2.6 所列。设备描述符在 Descriptor. h 中相应的定义为 USB_DEVICE_DESCRIPTOR 结构体。由于 PDIUSBD12 是 8 位数据总线的,故该结构体的成员都定义为 8 位。

**表 2.6 设备描述符**

| 偏移值 | 字段名称 | 字段大小 | 字段取值 | 说明 |
|---|---|---|---|---|
| 0 | blength | 1 | 数字 | 描述符的长度=12H |
| 1 | bDescriptorType | 1 | 常数 | 设备描述符类型=01H |
| 2 | bcdUSB | 2 | BCD | USB 规划发布号 |
| 4 | bDeviceClass | 1 | 类型 | 类型代码(由 USB 指定) |
| 5 | bDeviceSubClass | 1 | 子类型 | 子类型代码(由 USB 分配) |
| 6 | bDeviceProtocol | 1 | 协议 | 协议代码(由 USB 分配) |
| 7 | bMaxPacketSize0 | 1 | 数字 | 端点 0 最大分组大小(只有 8、16、32 或 64 有效) |
| 8 | idVendor | 2 | ID | 供应商 ID(由 USB 分配) |
| 10 | idProduct | 2 | ID | 产品 ID(由厂商分配) |
| 12 | bcdDevice | 2 | BCD | 设备出厂编码 |
| 14 | iManufacturer | 1 | 索引 | 厂商描述符字符串索引 |
| 15 | iProduct | 1 | 索引 | 产品描述符字符串索引 |
| 16 | iSerialNumber | 1 | 索引 | 设备序列号字符串索引 |
| 17 | bNumConfiguations | 1 | 数字 | 可能的配置数 |

(2) 配置描述符定义了设备的配置信息，其结构如表 2.7 所列。配置描述符在 Descriptor. h 中的定义为结构体 USB_CONFIGURATION_DESCRIPTOR。

**表 2.7　配置描述符**

| 偏移值 | 字段名称 | 字段大小 | 字段取值 | 说　明 |
|---|---|---|---|---|
| 0 | bLength | 1 | 数字 | 描述符的长度=09H |
| 1 | bDescriptor Type | 1 | 常数 | 配置描述符类型=02H |
| 2 | wTotalLength | 2 | 数字 | 返回整个数据的长度。包括该配置所返回的所有描述符(配置、接口、端点和类型或供应商)的联合长度 |
| 4 | bNumInterfaces | 1 | 数字 | 配置所支持的接口数 |
| 5 | bConfiguration Value | 1 | 数字 | 作为 Set Configuration 的一个参数选择配置值 |
| 6 | iConfiguration | 1 | 索引 | 用于描述该配置字符串描述符的索引 |
| 7 | bmAttributes | 1 | 位图 | 配置特性:<br>D7　总线供电<br>D6　自供电<br>D5　远程唤醒<br>D4～D0　保留(复位为 0) |
| 8 | MaxPower | 1 | mA | 当设备完全可操作时，在这种特定配置下总线供电的 USB 设备的最大消耗电流，以 2 mA为单位。 |

(3) 接口描述符说明了接口所提供的配置，接口描述符的结构如表 2.8 所列。接口描述符在 Descriptor. h 中的定义为结构体 USB_INTERFACE_DESCRIPTOR。

**表 2.8　接口描述符**

| 偏移量 | 字段名称 | 字段大小 | 字段取值 | 说　明 |
|---|---|---|---|---|
| 0 | bLength | 1 | 数字 | 描述符的长度=09H |
| 1 | bDescriptor Type | 1 | 常数 | 接口描述符类型=04H |
| 2 | bInterface Number | 1 | 数字 | 接口的编号 |
| 3 | bAlternate Setting | 1 | 数字 | 用于为上一个字段选择可供替换的设置 |
| 4 | bNumEndpoint | 1 | 数字 | 使用的端点数目(端点 0 除外) |
| 5 | bInterface Class | 1 | 类型 | 类型代码(由 USB 分配) |

续表 2.8

| 偏移量 | 字段名称 | 字段大小 | 字段取值 | 说　明 |
|---|---|---|---|---|
| 6 | bInterfaceSubClass | 1 | 子类型 | 子类型代码(由 USB 分配) |
| 7 | bInterface Protocol | 1 | 协议 | 协议代码(由 USB 分配) |
| 8 | iInterface | 1 | 索引 | 字符串描述符的索引 |

(4) USB 设备中的每一个端点都有自己的描述符。该描述符包括了端点的类型、大小等信息。端点描述符的结构如表 2.9 所列。端点描述符在 Descriptor. h 中的定义为结构体 USB_ENDPOINT_DESCRIPTOR。

**表 2.9　端点描述符**

| 偏移量 | 字段名称 | 字段大小 | 字段取值 | 说　明 |
|---|---|---|---|---|
| 0 | bLength | 1 | 数字 | 描述符的长度＝07H |
| 1 | bDescriptor Type | 1 | 常数 | 接口描述符类型＝05H |
| 2 | bEndpointAddress | 1 | 端点 | USB 设备的端点地址<br>Bit 0～3：端点号<br>Bit 4～6：保留,复位为 0<br>Bit 7：方向,对于控制端点可忽略<br>0：OUT 端点；1：IN 端点 |
| 3 | bmAttributes | 1 | 位图 | 端点属性,当进行配置时采用以下的配置值：<br>Bit 0～1：传输类型<br>00　控制<br>01　同步<br>02　批量<br>03　中断<br>其他位保留 |
| 4 | wMaxPacketSize | 2 | 数字 | 本端点接收或发送的最大信息包的大小<br>对于同步传送,此值用于为每帧的数据净负荷预留时间。而通道可能在实际运行时不需要预留带宽。实际带宽可由设备通过一种非 USB 定义的机制汇报给主机<br>对于中断传送、批传送和控制传送,端点可能发送较小的数据包。并且在结束传送后既有可能间隙时间来重启,也有可能不需要这段时间 |

续表 2.9

| 偏移量 | 字段名称 | 字段大小 | 字段取值 | 说　明 |
|---|---|---|---|---|
| 6 | bInterval | 1 | 数字 | 轮询数据传送端点的时间间隔<br>此域的值对于批传送的端点及控制传送的端点忽略。对于同步传送的端点,此域必须为 1。对于中断传送的端点,此域值的范围为 1～255 |

(5) 字符串描述符是可选的。如果一个设备不支持字符串描述符,则包括在设备、配置和接口描述符内的所用字符串描述符的索引都必须为 0。字符串描述符的结构如表 2.10 所列。字符串描述符在 Descriptor. h 中的定义为结构体 USB_STRING_DESCRIPTOR。

表 2.10　字符串描述符

| 偏移量 | 字段名称 | 字段大小 | 字段取值 | 说　明 |
|---|---|---|---|---|
| 0 | bLength | 1 | 数字 | 描述符的长度 |
| 1 | bDescriptor Type | 1 | 常数 | 字符串描述符类型 |
| 2 | bString | N | 数字 | UNICODE 编码字符串 |

以上的各种描述符适用于各种 USB 器件,由于 PDIUSBD12 除了端点 0 外,还有 2 个端点,将设备描述符除外的其他描述符结构体合并定义为一个结构体,见程序清单 2.3。

**程序清单 2.3　PDIUSBD12 描述符结构体**

```
typedef struct _USB_DESCRIPTOR {
    USB_CONFIGURATION_DESCRIPTOR ConfigDescr;        //配置描述符
    USB_INTERFACE_DESCRIPTOR InterfaceDescr;         //接口描述符
    USB_ENDPOINT_DESCRIPTOR EP1_TXDescr;             //端点 1 输入描述符
    USB_ENDPOINT_DESCRIPTOR EP1_RXDescr;             //端点 1 输出描述符
    USB_ENDPOINT_DESCRIPTOR EP2_TXDescr;             //端点 2 输入描述符
    USB_ENDPOINT_DESCRIPTOR EP2_RXDescr;             //端点 2 输出描述符
} USB_DESCRIPTOR, *PUSB_DESCRIPTOR;
```

以上所述描述符的树状结构如图 2.5 所示。

在 LPC2200 与 PDIUSBD12 构成的 USB 设备上,PDIUSBD12 设备描述符的取值如程序清单 2.4 所示,其他的配置描述符、接口描述符、端点描述符取值见程序清单 2.5。这些取值都在 Descriptor. c 文件中,为 PDIUSBD12 协议层的实现提供了设备端所需的各种描述符。该文件的宏定义值都在 Descriptor. h 文件中。

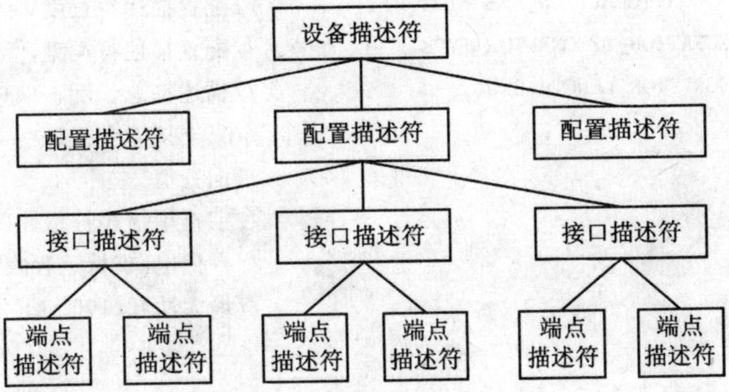


图 2.5 描述符的树状结构

每个取值都有详细的注释，请读者对照表 2.6～2.9 查看每个取值的含义，这样就能很清楚地了解每个描述符的含义。如果需要更改其中的取值，也就比较容易了。

**程序清单 2.4 PDIUSBD12 设备描述符取值**

```
const USB_DEVICE_DESCRIPTOR DeviceDescr =
{
    sizeof(USB_DEVICE_DESCRIPTOR),              //设备描述符长度，= 12H
    USB_DEVICE_DESCRIPTOR_TYPE,                 //设备描述符类型，= 01H
    0x00,0x01,                                  //协议版本，= 1.10
    USB_CLASS_CODE_TEST_CLASS_DEVICE,           //测试设备类型， = 0DCH
    0, 0,                                       //设备子类,设备协议
    EP0_PACKET_SIZE,                            //端点 0 最大数据包大小，= 10H
    0x71,0x04,                                  //PHILIPS 公司的设备 ID
    0x66,0x06,                                  //设备制造商定的产品 ID
    0x00,0x01,                                  //设备系列号
    0, 0, 0,                                    //索引
    1                                           //可能的配置数
};
```

**程序清单 2.5 PDIUSBD12 配置描述符、接口描述符、端点描述符取值**

```
const USB_DESCRIPTOR usb_descr =
{
//配置描述符
{
```

```
        sizeof(USB_CONFIGURATION_DESCRIPTOR),          //配置描述符长度,= 09H
        USB_CONFIGURATION_DESCRIPTOR_TYPE,             //配置描述符类型,= 02H
        CONFIG_DESCRIPTOR_LENGTH,0x00,                 //描述符总长度, = 002EH
        1,                                             //只支持 1 个接口
        1,                                             //配置值
        0,                                             //字符串描述符指针(无)
        0x60,                                          //自供电,支持远程唤醒
        0x32                                           //最大功耗(100 mA)
    },
    //接口描述符
    {
        sizeof(USB_INTERFACE_DESCRIPTOR),              //接口描述符长度,= 09H
        USB_INTERFACE_DESCRIPTOR_TYPE,                 //接口描述符类型,= 04H
        0,                                             //接口数,只有 1 个
        0,                                             //可选配置,只有 1 个
        NUM_ENDPOINTS,                                 //除端点 0 的端点索引数目,= 04H
        USB_CLASS_CODE_TEST_CLASS_DEVICE,              //测试设备类型,= 0DCH
        USB_SUBCLASS_CODE_TEST_CLASS_D12,              //子类代码,= 0A0H
        USB_PROTOCOL_CODE_TEST_CLASS_D12,              //协议代码,= 0B0H
        0                                              //字符串描述符索引
    },
    //端点描述符,端点 1 输入
    {
        sizeof(USB_ENDPOINT_DESCRIPTOR),               //端点描述符长度,为 07H
        USB_ENDPOINT_DESCRIPTOR_TYPE,                  //端点描述符类型,为 05H
        0x81,                                          //端点 1 IN
        USB_ENDPOINT_TYPE_INTERRUPT,                   //中断传输,为 03H
        EP1_PACKET_SIZE,0x00,                          //端点最大包的大小,为 0010H
        10                                             //传输间隔时间,为 10 ms
    },
    //端点描述符,端点 1 输出
    {
        sizeof(USB_ENDPOINT_DESCRIPTOR),               //端点描述符长度,为 07H
        USB_ENDPOINT_DESCRIPTOR_TYPE,                  //端点描述符类型,为 05H
        0x1,                                           //端点 1 OUT
        USB_ENDPOINT_TYPE_INTERRUPT,                   //中断传输,为 03H
        EP1_PACKET_SIZE,0x00,                          //端点最大包的大小,为 0010H
```

```
    10                                              //传输间隔时间,为 10 ms
},
//端点 2 输入
{
    sizeof(USB_ENDPOINT_DESCRIPTOR),                //端点描述符长度,为 07H
    USB_ENDPOINT_DESCRIPTOR_TYPE,                   //端点描述符类型,为 05H
    0x82,                                           //端点 2 OUT
    USB_ENDPOINT_TYPE_BULK,                         //批量传输,为 02H
    EP2_PACKET_SIZE,0x00,                           //端点最大包的大小,为 0040H
    10                                              //批量传输时该设备无效
},
//端点 2 输出
{
    sizeof(USB_ENDPOINT_DESCRIPTOR),                //端点描述符长度,为 07H
    USB_ENDPOINT_DESCRIPTOR_TYPE,                   //端点描述符类型,为 05H
    0x2,                                            //端点 2 IN
    USB_ENDPOINT_TYPE_BULK,                         //批量传输,为 02H
    EP2_PACKET_SIZE,0x00,                           //端点最大包的大小,为 0040H
    10                                              //批量传输时该设备无效
}
};
```

## 2.2 PDIUSBD12 器件简介

PDIUSBD12 是一款性价比很高的 USB 器件,完全符合 USB1.1 版的规范。具有以下特性:

- 高性能 USB 接口器件,集成了 SIE、FIFO 存储器、收发器以及电压调整器;
- 可与任何外部微控制器/微处理器实现高速并行接口(2 MB/s);
- 完全自治的直接内存存取(DMA)操作;
- 集成 320 字节多结构的 FIFO 存储器;
- 在批量模式和同步模式下均可实现 1 MB/s 的数据传输速率;
- 在挂起时可控制 LazyClock 输出;
- 采用 GoodLink 技术的连接指示器,在通信时使 LED 闪烁;
- 可编程的时钟频率输出;
- 符合 ACPI、OnNOW 和 USB 电源管理的要求;

● 内部上电复位和低电压复位电路；
● 有 SO28 和 TSSOP28 封装；
● 工业级操作温度：－40～＋85℃；
● 高于 8 kV 的在片静电防护电路,减少了额外元件的费用；
● 具有高错误恢复率(＞99％)的全扫描设计,确保了高品质；
● 双电源操作:(3.3±0.3)V 或扩展的 5 V 电源,范围为 3.6～5.5 V。

PDIUSBD12 引脚排列及内部功能框图如图 2.6 所示,表 2.11 为 PDIUSBD12 引脚说明。

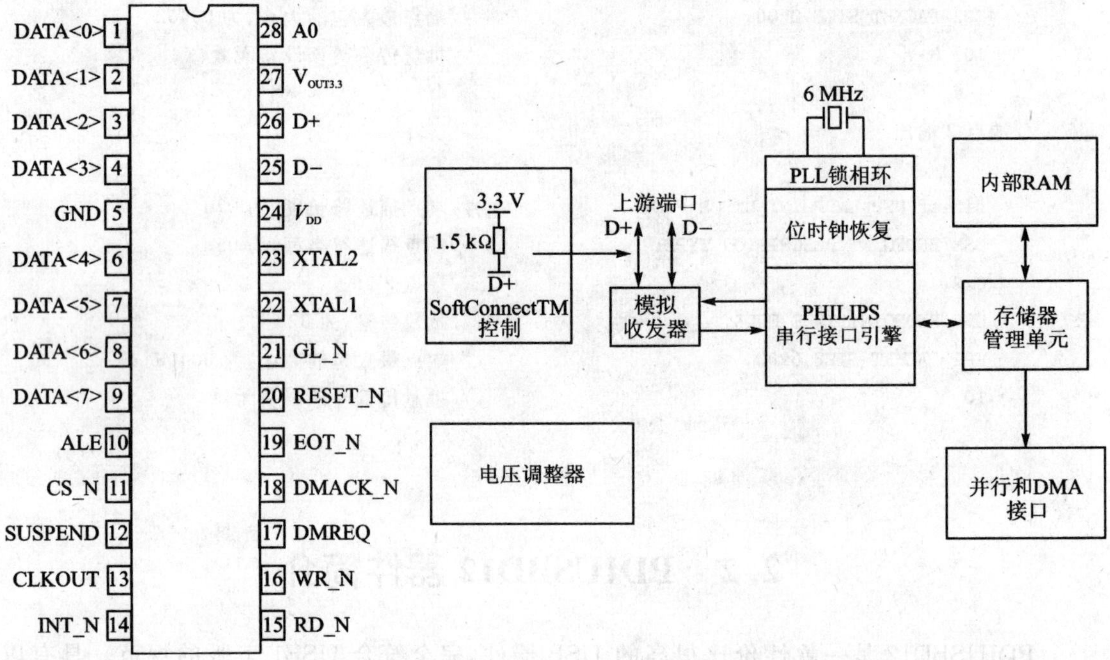


**图 2.6 PDIUSBD12 引脚排列及内部功能框图**

如图 2.6 所示,PDIUSBD12 芯片内部集成了串行接口引擎 SIE、存储器管理单元(MMU)和集成 RAM、模拟收发器以及电压调整器。可与任何外部微处理器实现高速数据传输的并行接口(2 MB/s)。PDIUSBD12 芯片提供 3 个端点,其中主端点(端点 2)的双缓冲配置增加了数据吞吐量并轻松实现实时数据传输。

PDIUSBD12 采用 GoodLink 技术的连接指示器,在通信时使 LED 闪烁,为通信状态提供了用户友好的指示,方便用户调试。SoftConnect 技术允许系统微控制器可控制 USB 总线重新连接和重新初始化,而不需要拔出电缆。

PDIUSBD12 的详细介绍请参见参考文献[1],或从 http://www.zlgmcu.com 网站下载 PDIUSBD12 使用手册。

表 2.11 PDIUSBD12 引脚描述

| 引脚 | 符号 | 类型 | 描述 |
|---|---|---|---|
| 1 | DATA<0> | IO2 | 双向数据位 0 |
| 2 | DATA<1> | IO2 | 双向数据位 1 |
| 3 | DATA<2> | IO2 | 双向数据位 2 |
| 4 | DATA<3> | IO2 | 双向数据位 3 |
| 5 | GND | P | 地 |
| 6 | DATA<4> | IO2 | 双向数据位 4 |
| 7 | DATA<5> | IO2 | 双向数据位 5 |
| 8 | DATA<6> | IO2 | 双向数据位 6 |
| 9 | DATA<7> | IO2 | 双向数据位 7 |
| 10 | ALE | I | 地址锁存使能。在多路地址/数据总线中，下降沿关闭地址信息锁存。将其固定为低电平，用于单地址/数据总线配置 |
| 11 | CS_N | I | 片选(低有效) |
| 12 | SUSPEND | I,OD4 | 器件挂起状态，高电平表示器件处于挂起状态 |
| 13 | CLKOUT | O2 | 可编程时钟输出(可控分频) |
| 14 | INT_N | OD4 | 中断(低有效) |
| 15 | RD_N | I | 读选通(低有效) |
| 16 | WR_N | I | 写选通(低有效) |
| 17 | DMREQ | O4 | DMA 请求 |
| 18 | DMACK_N | I | DMA 应答(低有效) |
| 19 | EOT_N | I | DMA 传输结束(低有效)。EOT_N 仅当 DMACK_N 和 RD_N 或 WR_N 一起激活时才有效 |
| 20 | RESET_N | I | 复位(低有效且不同步)。片内上电复位电路，该引脚可固定接 $V_{CC}$ |
| 21 | GL_N | OD8 | GoodLink LED 指示器(低有效) |
| 22 | XTAL1 | I | 晶振连接端 1(6 MHz) |
| 23 | XTAL2 | O | 晶振连接端 2(6 MHz)。如果采用外部时钟信号取代晶振，可连接 XTAL1，XTAL2 应当悬空 |
| 24 | $V_{CC}$ | P | 电源电压(4.0 V～5.5 V)，要使器件工作在 3.3 V，对 $V_{CC}$ 和 $V_{OUT3.3}$ 脚都提供 3.3 V |

续表 2.11

| 引脚 | 符号 | 类型 | 描述 |
|---|---|---|---|
| 25 | D− | A | USB D−数据线 |
| 26 | D+ | A | USB D+数据线 |
| 27 | $V_{OUT3.3}$ | P | 3.3V 调整输出。要使器件工作在 3.3 V，对 $V_{CC}$ 和 $V_{OUT3.3}$ 脚都提供 3.3 V |
| 28 | A0 | I | 地址位。A0＝1：选择命令指令；A0＝0：选择数据。该位在多路地址/数据总线配置时可忽略，应将其接高电平 |

注：O2：2 mA 驱动输出；　　OD4：4 mA 驱动开漏输出；
OD8：8 mA 驱动开漏输出；　　IO2：4 mA 输出。

在没有使用到 DMA 方式时，DMACK_N 和 EOT_N 要求接上拉电阻。

## 2.3　硬件电路设计

这里以 LPC2200 微控制器与 PDIUSBD12 构成 USB 设备，PDIUSBD12 连接到 LPC2200 的硬件原理图如图 2.6 所示，由该图可见 PDIUSBD12 各引脚与 LPC2200 的连接关系，如表 2.12 所列。

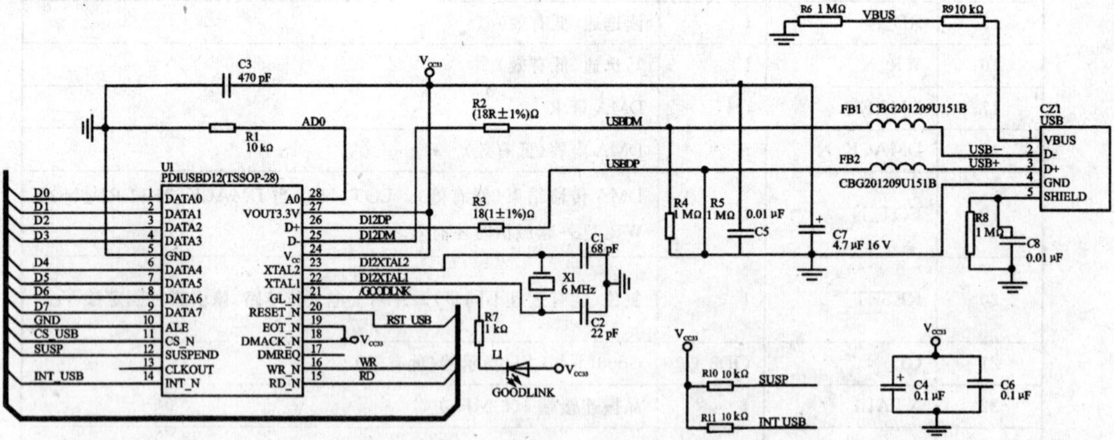


**图 2.7　PDIUSBD12 与 LPC2200 硬件连接原理图**

由以上关系，可知 PDIUSBD12 使用 LPC2200 外部存储控制的 Bank2 部分，其地址如下：

数据地址　　0x82000000(偶数地址)

命令地址　　0x82000001(奇数地址)

**表 2.12　PDIUSBD12 与 LPC2200 连接关系**

| PDIUSBD12 | 功　能 | LPC2200 |
|---|---|---|
| DATA0～DATA7 | PDIUSBD12 数据总线 | D0 ～ D7 |
| A0 | PDIUSBD12 地址总线 | A0 |
| CS_N | PDIUSBD12 片选线 | nCS2 |
| RD_N | PDIUSBD12 读使能(低电平有效) | nOE |
| WR_N | PDIUSBD12 写使能(低电平有效) | nEW |
| INT_N | PDIUSBD12 中断输出信号 | P0.16_EINT0 |
| RESET_N | PDIUSBD12 复位输入信号 | P0.10_RTS1 |
| SUSPEND | PDIUSBD12 挂起输入信号 | P0.13_DTR1 |

RST_USB、SUSP 为 LPC2200 输出引脚，PDIUSBD12 中断信号为中断输入信号，且为外部中断 0。

## 2.4　软件设计总体思想

为了使软件可移植性强、易维护，采用分层的方法编写 PDIUSBD12 的驱动程序。综合考虑 USB 协议、PDIUSBD12 硬件接线、μC/OS－II 的结构来进行分层，表 2.13 所列为 USB 驱动程序分层结构表。

以上各层关系可用图 2.8 来表示。

**表 2.13　USB 驱动程序分层结构表**

| 文件名 | 简要说明 | 相关性 |
|---|---|---|
| D12HAL.c | PDIUSBD12 与 MCU 之间的硬件接口 | 与硬件相关 |
| D12CI.c | PDIUSBD12 命令接口 | 与硬件无关 |
| Chap_9.c | USB 协议层 | 与 μC/OS－II 相关 |
| Descriptor.c | USB 协议层 | 与 μC/OS－II 相关 |
| D12Driver.c | USB 应用层 | 与 μC/OS－II 相关 |

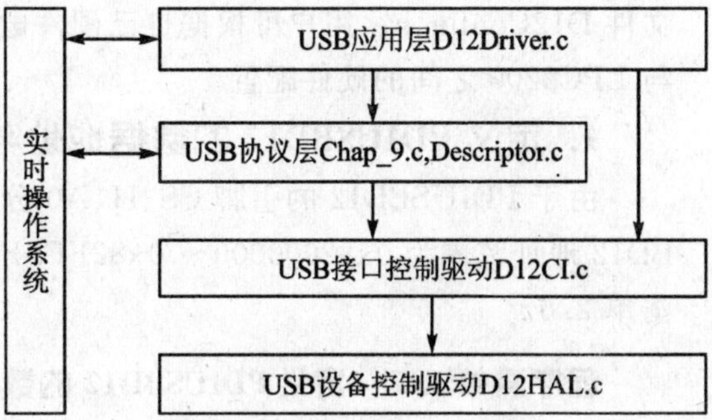


**图 2.8　USB 驱动分层结构图**

图 2.8 中，双向线表示实时操作系统 μC/OS－II 与 USB 驱动程序之间的数据交换。单向线表示上层软件对下层软件的调用。这样的驱动程序结构分明。下面以图 2.8 为参考，从下向上分析各层软件的设计与具体实现方法。

首先实现 USB 设备控制驱动 D12HAL.c,再实现 USB 接口控制驱动 D12CI.c。在这两层实现的基础上,就可以实现 USB 应用层 D12Driver.c 了,由于 USB 协议层与应用层相关性较大而且较复杂,将放在最后介绍。

下面将在软件设计总体思想的指导下,进行驱动程序各部分的设计。按照图 2.8 一步一步建立起 USB 驱动程序。

## 2.5 USB 设备控制层

USB 设备控制层主要任务是:提供初始化 PDIUSBD12 与 LPC2200 连接的配置、复位 PDIUSBD12,建立 PDIUSBD12 与 LPC2200 通信的函数。该层的主要函数列表及其作用如表 2.14 所列。

**表 2.14 USB 设备控制层函数列表**

| 函数名称 | 作 用 |
|---|---|
| void Init_D12Port(void) | 初始化及配置 PDIUSBD12 与 LPC2200 之间的硬件连接 |
| void Rst_D12(void) | 复位 PDIUSBD12 |
| void outportc(INT8U Data) | 向 PDIUSBD12 发送命令 |
| void outportd(INT8U Data) | 向 PDIUSBD12 发送数据 |
| INT8U inportd(void) | 从 PDIUSBD12 读取 1 字节 |

为了方便用户修改 PDIUSBD12 与 LPC2200 之间的配置,使用了一个用于配置硬件的头文件 D12Config.h。用户可根据自己硬件电路设计的不同,修改该头文件自定义 PDIUSBD12 与 LPC2200 之间的硬件配置。

### 1. 定义 PDIUSBD12 的数据地址与命令地址

由于 PDIUSBD12 的引脚 CS_H、A0 分别与 LPC2200 的 nCS2、A0 相互连接,故 PDIUSBD12 地址范围为 0x82000000～0x82FFFFFF。PDIUSBD12 占用其中的两个地址,请见程序清单 2.6。

**程序清单 2.6 定义 PDIUSBD12 的数据地址与命令地址**

```
#define D12_COM     (*((volatile unsigned char *) 0x82000001))     //命令地址
#define D12_DAT     (*((volatile unsigned char *) 0x82000000))     //数据地址
#define D12_NOP     (*((volatile unsigned char *) 0x80000000))     //总线空操作地址,只能读
```

### 2. 定义 PDIUSBD12 控制引脚 USBRST 和 SUSP

定义 USBRST 和 SUSP(图 2.7 中的网络标号)这两个功能端口连接到 LPC2200 P0 口的

第几个引脚，见程序清单 2.7。

**程序清单 2.7　定义 PDIUSBD12 的功能端口连接到 LPC2200 P0 口的第几个引脚**

```
#define USBRST_NUM    10              //RESET_N 引脚连接到 LPC2200 P0 口引脚的引脚数
#define SUSP_NUM      13              //SUSPEND 引脚连接到 LPC2200 P0 口引脚的引脚数
```

这样定义的目的是方便用户对这两个 I/O 口相关的功能进行操作。并且，如果需要更改而使用 P0 的其他端口时，只须修改这两个数值。利用这两个定义，定义了对这两个端口的有关操作，如程序清单 2.8 所示。

**程序清单 2.8　配置 PDIUSBD12 的功能端口**

```
/* 设定 PDIUSBD12 各端口的功能 */
#define USBRST_GPIO()   PINSEL0 &= ~(3 << (USBRST_NUM * 2))    //初始化 USBRST 为 GPIO
#define SUSP_GPIO()     PINSEL0 &= ~(3 << (SUSP_NUM * 2))      //初始化 SUSP 为 GPIO

/* 设定 PDIUSBD12 各端口的方向 */
#define USBRST_OUT()    IO0DIR |= (1 << USBRST_NUM)            //设定 USBRST 引脚为输出口
#define SUSP_OUT()      IO0DIR |= (1 << SUSP_NUM)              //设定 SUSP 引脚为输出口

/* 置 PDIUSBD12 各端口为高电平或低电平 */
#define SET_USBRST()    IO0SET |= (1 << USBRST_NUM)            //置 USBRST 为高电平
#define SET_SUSP()      IO0SET |= (1 << SUSP_NUM)              //置 SUSP 为高电平
#define CLR_USBRST()    IO0CLR |= (1 << USBRST_NUM)            //置 USBRST 为低电平
#define CLR_SUSP()      IO0CLR |= (1 << SUSP_NUM)              //置 SUSP 为低电平
```

调用以上的宏定义，就可以很方便地初始化与驱动 USBRST 和 SUSP 引脚，并且不会影响到其他端口的状态，这些宏定义都是提供给 D12HAL.c 使用的。

### 3. 定义 PDIUSBD12 中断引脚

将 INT_USB(图 2.7 中的网络标号)引脚定义为中断输入口，且定义中断处理结束后，清除中断标志以及通知 LPC2200 中断结束的宏定义。请见程序清单 2.9。

**程序清单 2.9　配置 PDIUSBD12 的中断引脚**

```
#define INIT_INTD12() PINSEL1 &= 0xFFFFFFFC;PINSEL1 |= 0x01    //初始化 INT_USB 为中断输入口
#define CLR_INTD12()  EXTINT = 0x01                            //清除 EINT0 中断标志
#define CLR_INT()     VICVectAddr = 0x00                       //通知中断结束
```

以上完成了对 PDIUSBD12 的有关配置。现在可很方便地利用这些宏定义来对 PDIUSBD12进行初始化、复位以及实现 LPC2200 与 PDIUSBD12 之间的通信(见 D12HAL.c)。

实现这些功能的函数如下。

## 1. 初始化 PDIUSBD12 有关的端口

初始化 PDIUSBD12 有关端口的函数请见程序清单 2.10。该函数只要调用了 D12Config.h 中有关的宏定义,就可以初始化 PDIUSBD12 有关端口的配置了。如果需要改动硬件配置,只须修改 D12Config.h。

**程序清单 2.10　初始化 PDIUSBD12 有关的端口**

```
void Init_D12Port(void)
{
      USBRST_GPIO();                    //使能 USBRST 为通用 I/O 口
      SUSP_GPIO();                      //使能 SUSP 为通用 I/O 口

      USBRST_OUT();                     //USBRST 为输出 I/O 口
      SUSP_OUT();                       //SUSP 为输出 I/O 口
      INIT_INTD12();                    //INT_USB 为中断输入口
}
```

## 2. 复位 PDIUSBD12

复位 D12 时,首先将 USBRST 置 0,然后延时一小段时间,再将 USBRST 置 1。这样,在 USBRST 形成一个从低到高的电平变化,就可以复位 D12 了,最后将 SUSP 置 0。实现方法请见程序清单 2.11。

**程序清单 2.11　复位 PDIUSBD12**

```
void Rst_D12(void)
{
    INT32U i;

    CLR_USBRST();                       //USBRST 置 0
    for(i = 0;i < 0x2ffff; i ++ );      //软件延时
        SET_USBRST();                   //USBRST 置 1

    for(i = 0;i < 0xfff; i ++ );        //软件延时
        CLR_SUSP();                     //SUSP 置 0
}
```

## 3. 向 PDIUSBD12 发送命令子程序

在多路地址/数据总线方式中,LPC2200 与 PDIUSBD12 的通信就像 LPC2200 扩展了一片 RAM 器件一样。因此,向 PDIUSBD12 发送命令等同于向 RAM 的一个单元写入一个数据。其实现方法请见程序清单 2.12。

**程序清单 2.12　向 PDIUSBD12 发送命令子程序**

```
void outportc(INT8U Data)
{
    bus_delay();                              //总线延时
    D12_COM = Data;                           //发送命令
}
```

### 4. 向 PDIUSBD12 发送数据子程序

向 PDIUSBD12 发送数据和向 PDIUSBD12 发送命令实现方法一样,见程序清单 2.13。

**程序清单 2.13　向 PDIUSBD12 发送数据子程序**

```
void outportd(INT8U Data)
{
    bus_delay();                              //总线延时
    D12_DAT = Data;                           //发送数据
}
```

### 5. 从 PDIUSBD12 读取数据

从 PDIUSBD12 读取数据等同于从 RAM 单元读取一个字节,见程序清单 2.14。

**程序清单 2.14　从 PDIUSBD12 读取数据子程序**

```
unsigned char inportd(void)
{
    bus_delay();                              //总线延时
    return D12_DAT;                           //读取数据
}
```

通过以上 3 个子程序,实现了 LPC2200 与 PDIUSBD12 之间的通信。用这 3 个函数就可以实现对 PDIUSBD12 的所有操作了。这 3 个函数中,bus_delay()的作用是用于数据总线操作的延时,这是由 PDIUSBD12 的读/写时序决定的。

USB 设备控制层就介绍到此,但与 PDIUSBD12 硬件配置相关,却不属于 USB 设备控制层的相关配置还有两点需要注意。

**1) PDIUSBD12 数据总线配置**

由于 PDIUSBD12 的数据总线使用 LPC2200 外部存储控制的 Bank2 部分,所以需对 Bank2 的存储器配置寄存器 BCFG2 进行配置。表 2.15 列出了 BCFG2 各个配置位的含义以及与 PDIUSBD12 相关的配置值。

表 2.15 BCFG2 配置值

| BCFG2 | 名　称 | 配置值 | 配置值含义 | BCFG2 | 名　称 | 配置值 | 配置值含义 |
|---|---|---|---|---|---|---|---|
| 3：0 | IDCY | 0000 | 空闲 CCLK 周期数 | 24 | BUSERR | 0 | |
| 4 | 保留 | 0 | | 25 | WPERR | 0 | |
| 9:5 | WST1 | 00100 | 读访问长度 | 26 | WP | 0 | 非写保护 |
| 10 | RBLE | 1 | | 27 | BM | 0 | 非 Burst ROM |
| 15：11 | WST2 | 00100 | 写访问长度 | 29：28 | MW | 00 | 使用 8 位总线 |
| 16:23 | 保留 | 0 | | 31：30 | AT | 00 | 通常写入 0 |

当前只有 PDIUSBD12 占用了 Bank2，所以可以用以下语句来配置寄存器 BCFG2，如程序清单 2.15 所示。首先将 BCFG2 寄存器清 0，然后根据表 2.15 置位相关位。考虑到用户可能还需要在 Bank2 挂接其他设备，故需要修改该寄存器的值。所以不将该配置值列入 USB 设备控制层中，该寄存器的配置应放在 ARM 微控制器 LPC2200 的启动代码初始化部分。

**程序清单 2.15　配置 Bank2 的存储器配置寄存器 BCFG2**

```
BCFG2 = 0;
BCFG2 |= (0x04 << 5)|(0x01 << 10)|(0x04 << 11);
```

同样，与 PDIUSBD12 数据总线相关的还有 LPC2200 引脚功能选择寄存器 PINSEL2，该寄存器与 PDIUSBD12 的相关性如表 2.16 所列。

表 2.16　配置引脚功能选择寄存器 2 PINSEL2

| PINSEL2 | 配置值 | 描　述 |
|---|---|---|
| 1：0 | 00 | 保留，与 PDIUSBD12 的配置无关 |
| 2 | X | 与 PDIUSBD12 的配置无关 |
| 3 | X | 与 PDIUSBD12 的配置无关 |
| 5：4 | 10 | 使能引脚为数据总线 |
| 6 | X | 与 PDIUSBD12 的配置无关 |
| 7 | X | 与 PDIUSBD12 的配置无关 |
| 8 | 1 | 使能 WE |
| 10：9 | 00 | 保留 |

续表 2.16

| PINSEL2 | 配置值 | 描 述 |
|---|---|---|
| 11 | X | 与 PDIUSBD12 的配置无关 |
| 12 | 0 | 保留 |
| 13 | X | 与 PDIUSBD12 的配置无关 |
| 15：14 | 01 | 使能 CS2，初始化代码已进行了配置 |
| 17：16 | XX | 与 PDIUSBD12 的配置无关 |
| 19：18 | 00 | 保留 |
| 20 | X | 与 PDIUSBD12 的配置无关 |
| 21 | X | 与 PDIUSBD12 的配置无关 |
| 22 | X | 与 PDIUSBD12 的配置无关 |
| 23 | 1 | 使能 A0 地址线 |
| 24 | X | 与 PDIUSBD12 的配置无关 |
| 27：25 | XXX | 与 PDIUSBD12 的配置无关 |
| 31：28 | 0000 | 保留 |

由表 2.16 可见，涉及 PDIUSBD12 的位有位[5：4]、8、[15：14]和 23。因为该寄存器的配置可能影响到挂接到数据总线上的其他设备，所以不能单独对该寄存器进行配置。应该在 ARM 微控制器 LPC2200 的启动代码中综合考虑各种因素对该寄存器进行配置。

基于这样的原因，不将该寄存器的配置列入 USB 设备控制层中，请用户在启动代码中自行添加。

在 LPC2200 的 ADS1.2 工程模板的启动代码中，已对 PINSEL2 已进行了配置，所以不需要再对该寄存器进行配置。

**2）初始化 PDIUSBD12 的中断，设置 PDIUSBD12 的中断服务程序地址**

这些工作也不属于 USB 驱动的一部分，因为 PDIUSBD12 中断的优先级需要用户根据实际情况来决定，由用户实现。程序清单 2.16 给出范例代码，代码对 PDIUSBD12 中断的配置只适于 LPC2200。

**程序清单 2.16　初始化 PDIUSBD12 的中断，设置 PDIUSBD12 的中断服务程序地址**

```
VICVectCntl1 = (0x20 | 0x0E);          //EINT0 通道分配到 IRQ slot 1
VICVectAddr1 = (INT32U)Usb_Handler;    //设置 EINT0 向量地址
VICIntEnable = 1 << 14;                //允许 EINT0
```

与硬件配置相关的程序就介绍完毕了。下面介绍 USB 接口控制驱动层。这一层主要是利用 outportc()、outportd()和 inportd() 3 个函数来实现的。USB 接口控制驱动函数存放在

D12CI.c 文件中。

## 2.6 USB 接口控制驱动

这一层的主要任务是实现 PDIUSBD12 的各种功能,如地址使能,读取端点数据,把数据写入端点等等。这一层的实现函数已经与控制 PDIUSBD12 的 CPU 类型无关。这些函数提供给协议层和应用层使用,与 μC/OS-II 无直接联系,它们保存于文件 D12CI.c 中。这些函数都以命令的方式执行。下面分析各个函数。

### 1. 读取芯片 ID 号

**命令**:FDH。

**处理**:读 2 字节。

该函数返回 PDIUSBD12 芯片的 ID 号,根据读取到的 ID 号可以判断 PDIUSBD12 是否复位成功,与 CPU 连接的 USB 芯片是否为 PDIUSBD12。读取方法见程序清单 2.17。

**程序清单 2.17　读取芯片 ID**

```
INT16U readchipid(void)
{
    INT8U i;
    INT16U chipid;

    outportc(0xFD);                    //发送读 PDIUSBD12 芯片 ID 号命令
    i = inportd();                     //读取 ID 号低位字节
    chipid = inportd();                //读取 ID 号高位字节
    chipid = chipid * 256 + i;         //组成 16 位的 PDIUSBD12 芯片 ID 号

    return chipid;
}
```

### 2. 设置地址/使能

**命令**:D0H。

**处理**:写 1 字节。

该命令用于设置 USB 分配的地址和使能功能,该命令参数的具体描述如图 2.9 所示。实现该命令的函数见程序清单 2.18。该函数用于设置 USB 分配的地址 bAddress,以及是否使能该功能 bEnable:0 表示禁止,1 表示使能。

**程序清单 2.18　设置地址/使能**

```
void D12_SetAddressEnable(INT8U bAddress, INT8U bEnable)
{
    outportc(0xD0);                     //输出设置地址/使能指令
    if(bEnable)
        bAddress |= 0x80;               //bit7 置 1,使能
    outportd(bAddress);                 //输出设置值
}
```

## 3. 设置端点使能

**命令：** D8H。

**处理：** 写 1 字节。

通过设置地址/使能命令之后才可使能普通/同步端点，该命令参数的具体功能如图 2.10 所示。

**说明：** 普通/同步端点：置 1 表示普通/同步端点使能。

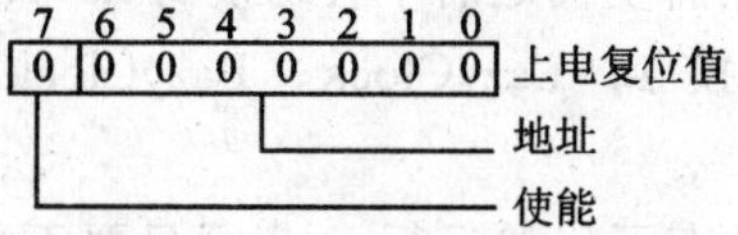


**图 2.8　设置地址/使能**

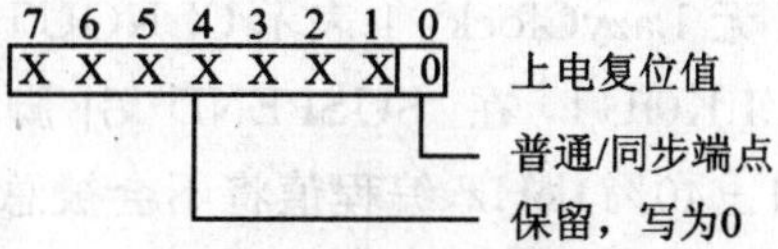


**图 2.10　设置端点使能**

设置端点使能函数见程序清单 2.19。其中 bEnable 取值为：0 表示禁止端点，1 表示使能端点。

**程序清单 2.19　设置端点使能**

```
void D12_SetEndpointEnable(INT8U bEnable)
{
    outportc(0xD8);                     //输出设置端点使能指令
    if(bEnable)
        outportd(0x01);                 //设置端点使能
    else
        outportd(0x00);                 //设置端点禁止
}
```

### 4. 设置模式

**命令**：F3H。

**处理**：写 2 字节。

设置模式命令后跟 2 个字节写入的数据，第 1 字节包含配置字节信息，第 2 字节是时钟分频因数字节。各字节的具体功能如图 2.11 和 2.12 所示。

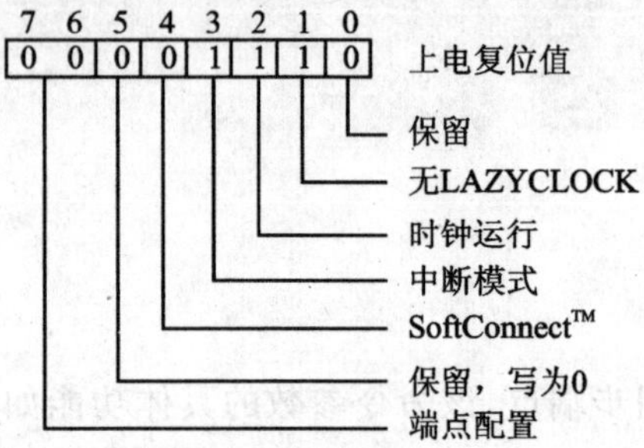


图 2.11　配置字节

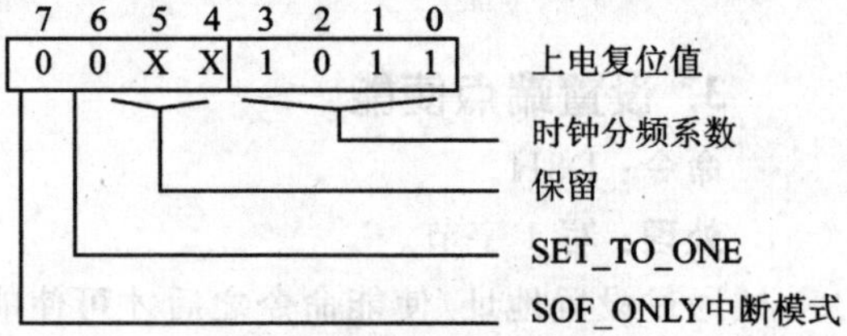


图 2.12　时钟分频系数字节

**说明**：

无 LazyClock：1 表示 CLKOUT 在 SUSPEND 引脚变高之后不会切换到 LazyClock；0 表示 CLKOUT 在 SUSPEND 引脚变高之后切换到 LazyClock。LazyClock 频率是 30(1±40%)kHz，编程值将不会被总线复位所改变。

时钟运行：1 表示内部时钟和 PLL 即使在挂起状态下仍然运行；0 表示只要不需要时，内部时钟、晶振和 PLL 就停止运行。为满足严格的挂起电流要求，该位需要设置为 0。已编程值不会被总线复位所改变。

中断模式：1 表示报告所有的错误和 NAKing，并产生一个中断；0 表示只有 OK 被报告。编程值不会被总线复位所改变。

SoftConnect：1 表示，如果 VBUS 可用，上行数据上拉电阻就被连接；0 表示不连接。已编程值不会被总线复位所改变。

端点配置：该 2 位设置端点配置如下(更多细节请参阅有关端点的描述)：

(1) 模式 0：非同步模式；

(2) 模式 1：同步输出模式；

(3) 模式 2：同步输入模式；

(4) 模式 3：同步输入/输出模式。

时钟分频系数：该值用来表示 CLKOUT 的时钟分频系数。用 N 表示分频系数，那么输出频率就为 48 MHz/(N+1)。输出频率可自行调节，当 N 为 0 时，得到最大频率 48 MHz；当 N 取最大值 11 时，得到最小频率 4 MHz。PDIUSBD12 的设计确保了在改变频率时不会出现干扰，已编程值不会被总线复位所改变。

SET_TO_ONE：该位需要在任何 DMA 读或写操作之前置 1。该位在上电复位时值为 0，复位后可将其一直设为 1。

SOF_ONLY 中断模式：将该位置 1 后，仅当帧时钟的起始(SOF)时刻引起中断的产生，而不管引脚中断模式的设置状态(设置 DMA 位 5)。

实现该命令的函数见程序清单 2.20。

**程序清单 2.20　设置 D12 的模式**

```
void D12_SetMode(INT8U bConfig,INT8U bClkDiv)
{
    outportc(0xF3);           //输出设置模式指令
    outportd(bConfig);        //输出配置字节信息
    outportd(bClkDiv);        //输出时钟分频因数字节
}
```

## 5. 设置 DMA

**命令**：FBH。

**处理**：读/写 1 字节。

设置 DMA 命令后跟 1 字节数据写入/读出 DMA 配置寄存器。该寄存器各位的具体描述如图 2.13 所示。

DMA 配置寄存器：在 DMA 操作中，2 字节的缓冲区头(状态和字节长度信息)不参与传送。这就允许了 DMA 数据的连续性，不插入信息头。在 DMA 读操作时，信息头被 PDIUSBD12跳过，直接读缓冲区命令。在 DMA 写操作时，信息头由 PDIUSBD12 自动添加。这就提供了一个简洁的 DMA 数据传输。

**说明**：

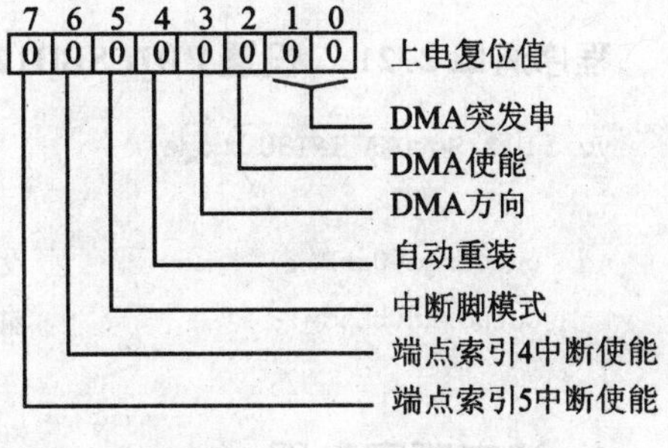


**图 2.13　设置 DMA**

DMA 突发串：选择 DMA 操作的突发串长度。

(1) 00　单周期 DMA；

(2) 01　突发串(4 周期)DMA；

(3) 10　突发串(8 周期)DMA；

(4) 11　突发串(16 周期)DMA。

DMA 使能：向该位写入 1，会通过激活 DMREQ 启动 DMA 操作。在激活 DMREQ 之前需要装满(DMA 读操作)或清空(DMA 写操作)主端点缓冲区。在单周期 DMA 模式中，DMREQ 在突发串数目耗尽后无效，然后在下一个突发串时重新激活。这个过程一直持续到 EOT_N 和 DMACK_N 以及 RD_N 或 WR_N 一起被激活,此时将该位置 0 并终止 DMA 操作。DMA 操作也可通过直接向该位写入 0 来终止。

DMA 方向:该位决定了 DMA 传输时数据流的方向。1 表示从外部共享存储器到 PDIUSBD12(DMA 写操作);0 表示从 PDIUSBD12 到外部共享存储器(DMA 读操作)。

自动重装:当该位设为 1,DMA 操作会自动重新启动。

中断脚模式:0 表示正常的中断脚模式,中断寄存器所有位的逻辑"或"产生中断。当该位写入 1 时,表示中断会在 USB 总线上行数据流出现帧时钟(SOF)起始位时产生中断,其他中断仍然有效。

端点索引 4 中断使能:该位为 1 时,表示只要端点缓冲区包含一个有效的信息包就会产生中断。通常在 DMA 操作时关闭,以减少不必要的 CPU 响应。

端点索引 5 中断使能:该位为 1 时,表示只要端点缓冲区有效(见缓冲区生效命令)就会产生中断。通常在 DMA 操作时关闭,以减少不必要的 CPU 响应。

各类型的中断模式如表 2.17 所列。

**表 2.17 中断模式**

| 时钟分频系数寄存器位 7:仅有 SOF 中断模式 | 设置 DMA 寄存器位 5:中断脚模式 | 中断类型 |
|---|---|---|
| 0 | 0 | 正常中断 |
| 0 | 1 | 正常中断+SOF |
| 1 | X | 仅有 SOF 中断 |

设置 DMA 模式的函数见程序清单 2.21。

**程序清单 2.21 设置 PDIUSBD12 的 DMA 模式**

```
void D12_SetDMA(INT8U bMode)
{
    outportc(0xFB);              //设置 DMA 工作方式命令
    outportd(bMode);             //输出设置值
}
```

## 6. 读中断寄存器

**命令:** F4H。

**处理:** 读 2 字节。

该命令主要用于读取中断寄存器的值,可连续读取 2 字节的数据,即中断寄存器字节 1 和中断寄存器字节 2,其中各位的功能信息如图 2.14 和 2.15 所示。

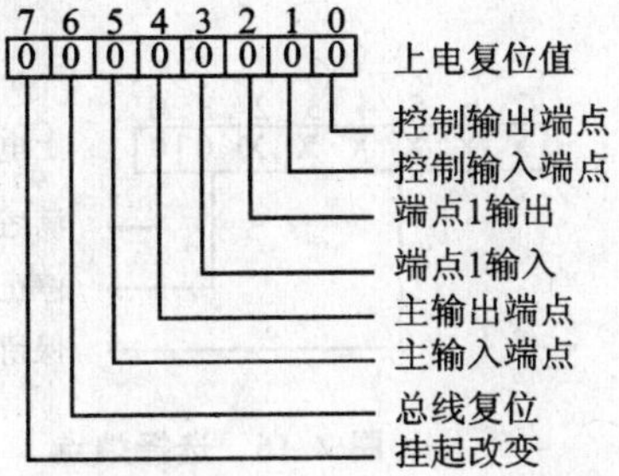


**图 2.14　中断寄存器字节 1**

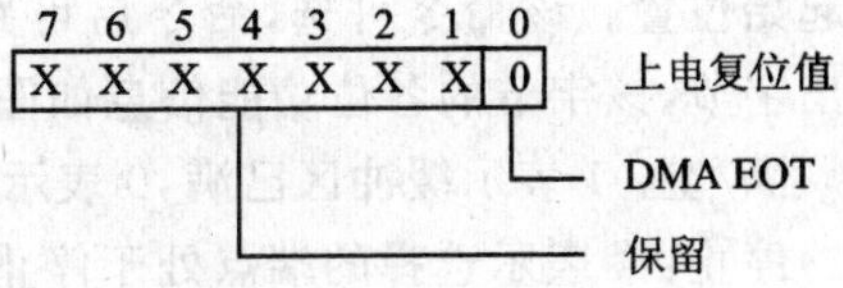


**图 2.15　中断寄存器字节 2**

中断寄存器字节 2 指示中断的来源。通过读端点最后处理状态寄存器,将端点中断位(位 0～5)清 0,其他位在读中断寄存器后被清 0。

**说明:**

总线复位:在总线复位后将产生一个中断,并将该位置 1。总线复位与通过 RESET_N 脚的硬件复位基本相同,但有一点除外,就是总线复位产生一个中断并且器件在默认地址 0 处使能。

挂起改变:当 PDIUSBD12 没有收到 3 个 SOF 时,将会进入挂起状态并将挂起改变位置位。任何挂起或唤醒状态的改变都会将该位置位并产生中断。

DMA EOT:该位表示 DMA 操作已结束。

实现该命令的函数见程序清单 2.22。

**程序清单 2.22　读中断寄存器**

```
INT16U D12_ReadInterruptRegister(void)
{
    INT8U b1;
    INT16U j;

    outportc(0xF4);              //读取中断寄存器命令
    b1 = inportd();              //读取低 8 位字节
    j = inportd();               //读取高 8 位字节
    j = j * 256;
    j += b1;                     //组合为 16 位
    return j;
}
```

## 7. 选择端点

**命令**：00～05H。

**处理**：可选读 1 字节。

选择端点命令将内部指针初始化到选择的缓冲区起始位置。该命令可选，命令后可跟一个返回的读出字节，该字节的各位功能信息如图 2.16 所示。

满/空：1 表示缓冲区已满，0 表示缓冲区为空。

停止：1 表示选择的端点处于停止状态。

实现该命令的函数如程序清单 2.23 所示。

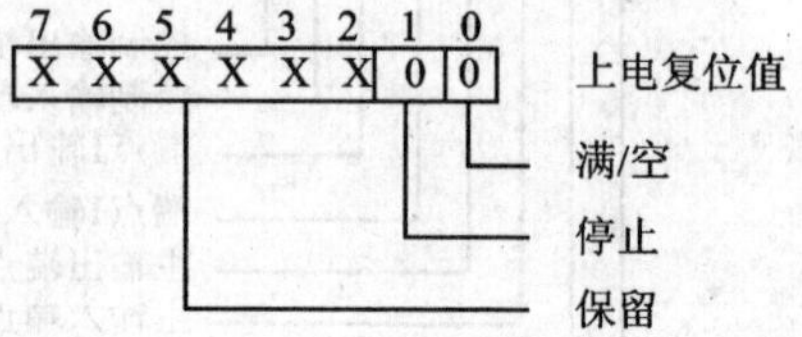


**图 2.16 选择端点**

**程序清单 2.23 选择端点**

```
INT8U D12_SelectEndpoint(INT8U bEndp)
{
    INT8U c;
    outportc(bEndp);           //端点选择
    c = inportd();             //读出 1 个字节
    return c;
}
```

## 8. 读端点状态

**命令**：80～85H。

**处理**：读 1 字节。

该命令将返回 1 个字节所选取端点的当前状态信息。该字节的各位描述如图 2.17 所示。

实现该命令的函数如程序清单 2.24 所示。

**程序清单 2.24 读端点状态**

```
INT8U D12_ReadEndpointStatus(INT8U bEndp)
{
    INT8U c;

    outportc(0x80 + bEndp);            //读取端点状态命令
    c = inportd();                     //读取端点状态
    return c;
}
```

## 9. 读最后处理状态寄存器

**命令**：40～45H。

**处理**：读 1 字节。

读最后处理状态寄存器命令后跟一个数据返回端点最后处理的状态，各状态位的具体信息如图 2.18 所示。该命令同时复位中断寄存器中的相应位并将状态清 0，表示已经读取。因为该寄存器保留了每次处理的记录，所以该命令在以调试为目的时很有用。在每次新的处理之后会将原来的状态信息覆盖。

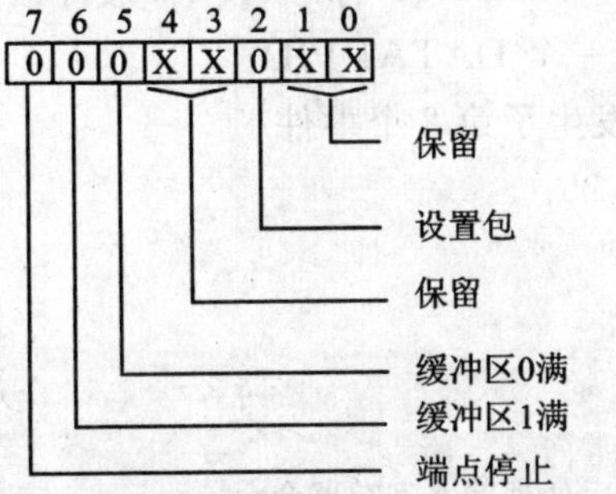


图 2.17　读端点状态

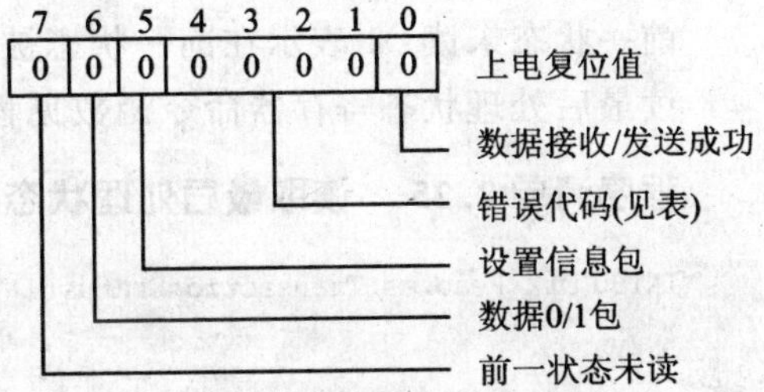


图 2.18　读最后处理状态寄存器

数据接收/发送成功：1 表示数据已经成功地接收或发送。

错误代码：各错误代码的信息如表 2.18 所列。

**表 2.18　错误代码表**

| 错误代码 | 结　果 |
|---|---|
| 0000 | 无错 |
| 0001 | PID 编码错误：位 7 ～ 4 不是位 3 ～ 0 的取反 |
| 0010 | PID 未知：编码有效，但 PID 不存在 |
| 0011 | 不期望的信息包：不是所期望的信息包(＝标志，数据或应答)或 SETUP 标志指向非控制端点 |
| 0100 | 标志 CRC 错误 |
| 0101 | 数据 CRC 错误 |
| 0110 | 时间溢出错误 |
| 0111 | 串扰错误 |
| 1000 | 不期望的信息包结束 |
| 1001 | 发送或接收 NAK |

续表 2.18

| 错误代码 | 结 果 |
| --- | --- |
| 1010 | 发送停止,已接收到标志,但端点已停用。 |
| 1011 | 溢出错误,接收的信息包大于可用的缓冲区空间 |
| 1101 | Bitstuff 错误 |
| 1111 | 错误 DATA PID: 接收的 DATA PID 不是所期望的 |

设置信息包：1 表示最后成功接收的信息包有一个 SETUP 标志(读 IN 缓冲区总为 0)。

数据 0/1 包：1 表示最后成功接收/发送包含有一个 DATA1 PID。

前一状态未读：1 表示在前一状态被读出之前发生了第 2 个事件

读最后处理状态寄存器命令函数见程序清单 2.25。

**程序清单 2.25　读取最后处理状态寄存器**

```
INT8U D12_ReadLastTransactionStatus(INT8U bEndp)
{
    outportc(0x40 + bEndp);            //输出读取最后处理状态寄存器命令
    return inportd();                  //读取状态
}
```

## 10. 读缓冲区

**命令**：F0H。

**处理**：读多个字节(最大为 130 字节)。

读缓冲区命令后,返回一系列从选择的端点数据缓冲区读出的数据。每读一个字节,内部缓冲区指针自动加 1。读缓冲区命令不会将缓冲区指针复位到缓冲区起始端,这意味着可被其他的命令所中断(选择端点命令除外)。

缓冲区数据结构如下：

字节 1：保留,可为任意值。

字节 2：数据字节的数目/长度。

字节 3：数据字节 1。

字节 4：数据字节 2。

⋮

头两个字节在 DMA 读操作中可跳过,因此第 1 个读出的字节是数据字节 1;第 2 个读出的是数据字节 2……PDIUSBD12 可通过 USB 信息包的 EOP 终止来决定包的最后一个字节。

读缓冲区函数请见程序清单 2.26。

**程序清单 2.26　读缓冲区**

```
INT8U D12_ReadEndpoint(INT8U endp, INT8U len, INT8U * buf)
{
    INT8U i, j;

    outportc(endp);                              //发送选择端点命令
    if((inportd() & 0x01) == 0) {                //如果缓冲区为空
        return 0;                                //则返回读到 0 字节
    }

    outportc(0xF0);                              //发送读缓冲区命令
    j = inportd();                               //读取保留字节
    j = inportd();                               //读取数据字节的数目/长度

    if(j > len)
        j = len;                                 //如果大于要求读的字节数目/长度
                                                 //则只读取要求的字节数目/长度
    for(i = 0; i<j; i ++ )
        * (buf + i) = inportd();                 //读取要求的字节数目/长度

    outportc(0xF2);                              //清缓冲区,新的信息包才可以重新被接收
    return j;                                    //返回读到的字节数
}
```

## 11. 写缓冲区

**命令**：F0H。

**处理**：写多个字节(最大为 130 字节)。

写缓冲区命令后跟一系列需要写入端点缓冲区的数据。数据的结构必须与前面描述的读缓冲区命令一样。第 1 个字节(保留)总为 0。在 DMA 写操作中，头两个字节会被绕过，因此第 1 个写入的字节是数据字节 1；第 2 个写入的是数据字节 2……在非同步传输(批量或中断)中，数据被发送到主机之前，缓冲区必须被完全填满并切换到下一个缓冲区。例外的情况是：当前的缓冲区内容将要被发送到主机时，由有效的 EOT_N 指示 DMA 传输的结束。

**警告**：越过缓冲区边界的写入/读出或写入 OUT 缓冲区/读出 IN 缓冲区都是不受保护的，其中的任何一个都会导致错误操作。OUT 缓冲区的数据只在成功发送之后才有意义。例外的情况是：在主端点的 DMA 操作时，指针在到达边界(双缓冲结构)后会自动指向第 2 个缓冲区。

写缓冲区的具体实现方法见程序清单 2.27。

**程序清单 2.27　写缓冲区**

```
INT8U D12_WriteEndpoint(INT8U endp, INT8U len, INT8U * buf)
{
    INT8U i;
    outportc(endp);                          //发送选择端点命令
    i = inportd();                           //可选地读取 1 字节

    outportc(0xF0);                          //发送写缓冲区命令
    outportd(0x00);                          //写入 1 个保留字节
    outportd(len);                           //写入即将写入的字节数目

    for(i = 0; i<len; i ++ )
        outportd( * (buf + i));              //写入指定的字节

    outportc(0xFA);                          //使缓冲区有效

    return len;                              //返回写入的字节数
}
```

## 12. 清空缓冲区

**命令**：F2H。

**处理**：无。

当一个信息包完全接收之后，内部端点缓冲区满标志置位，所有后续的包将被返回的 NAK 拒绝。当微控制器已读取数据，它应当通过清缓冲区命令来释放缓冲区。当缓冲区清空之后，新的信息包就可被接收了。

该命令的实现很简单，只须用一句语句：outportc(0xF2)。通常在读取缓冲区后用它来释放缓冲区，见程序清单 2.26 读缓冲区。程序清单 2.28 用于清空指定端点索引号(endp)的缓冲区。如果该端点缓冲区有两个缓冲区，就清空两个缓冲区。

**程序清单 2.28　清空指定端点缓冲区**

```
void D12_ClearBuff(INT8U endp)
{
    outportc(endp);                          //选择缓冲区
    outportc(0xF2);                          //清空第 1 个缓冲区
```

```
    if (endp >= 4){
        outportc(endp);                    //选择第 2 个缓冲区
        outportc(0xF2);                    //清空第 2 个缓冲区
    }
}
```

### 13. 使缓冲区有效

**命令**：FAH。

**处理**：无。

若微控制器已将数据写入 IN 缓冲区，它应当通过使缓冲区有效命令设置缓冲区满标志。这表示缓冲区内的数据有效并可在接收到下一个 IN 标志时将其送入主机。

该命令的实现很简单，只须用一句语句：outportc(0xFA)。通常在对缓冲区写入数据后用它来使缓冲区有效，见程序清单 2.27。

### 14. 设置端点状态

**命令**：40～45H。

**处理**：写 1 字节。

当一个停止控制的端点接收到 SETUP 标志时，自动解除停止，而不管信息包的内容如何。当端点应当处在停止状态时，微控制器就可以重新停止它。该命令参数的具体功能信息如图 2.19 所示。

当一个停止的端点解除了停止（设置端点命令或接收到一个 SETUP 标志）时，它同时被重新初始化，并将缓冲区刷新。如果是 OUT 缓冲区，就等待一个 DATA 0 PID；如果是 IN 缓冲区，就写入一个 DATA 0 PID。即使在解除停止时，将设置端点状态写为 0 也将初始化端点。

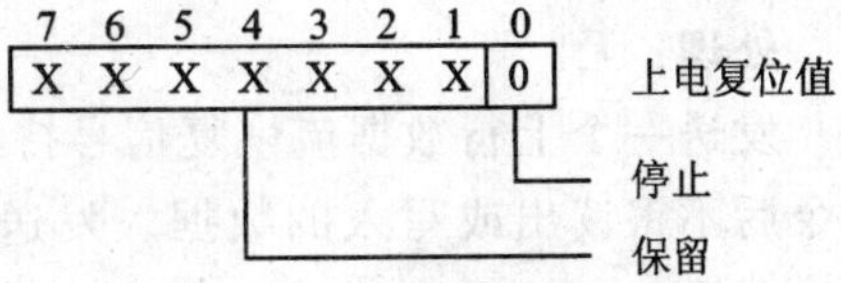


**图 2.19 设置端点状态**

停止：1 表示端点处于停止状态。设置端点状态的函数请见程序清单 2.29。

**程序清单 2.29 设置端点状态**

```
void D12_SetEndpointStatus(INT8U bEndp,INT8U bStalled)
{
    outportc(0x40 + bEndp);              //发送设置端点状态命令
    outportd(bStalled);                  //设置端点状态
}
```

### 15. 应答 SETUP

**命令**：F1H。

**处理**：无。

一个 SETUP 信息包到达后将 IN 缓冲区刷新，并禁止对 IN 和 OUT 端点的两条命令——使缓冲区有效和清零缓冲区命令。微控制器需要通过应答 SETUP 命令重新使能这些命令。这确保了最后的 SETUP 包留在缓冲区内，并且在微控制器看到 SETUP 包并应答之前，不会有任何包发回主机。微控制器必须将应答 SETUP 命令发送到 IN 和 OUT 端点。

应答 SETUP 函数的实现见程序清单 2.30。

**程序清单 2.30　应答 SETUP**

```
void D12_AcknowledgeEndpoint(INT8U endp)
{
    outportc(endp);                          //选择端点
    outportc(0xF1);                          //应答 Setup 指令
    if(endp == 0)
        outportc(0xF2);                      //清空该端点缓冲区
}
```

### 16. 发送恢复

**命令**：F6H。

**处理**：无。

发送一个上行数据流恢复信号持续 10 ms。该命令通常用于器件处于挂起状态时。恢复命令后不跟读出或写入的数据。发送恢复很简单，只有一条语句：outportc(0xF6)。详见函数 void D12_SendResume(void)。

### 17. 读当前帧数目

**命令**：F5H。

**处理**：读 1 或 2 字节。

该命令后跟 1～2 个读出的字节，并返回最后成功接收的 SOF 帧数目，帧数目为返回的低位有效字节，各字节的描述如图 2.20 所示。具体实现请见程序清单 2.31。

| 7 | 6 | 5 | 4 | 3 | 2 | 1 | 0 | |
|---|---|---|---|---|---|---|---|---|
| X | X | X | X | X | X | X | X | 低位有效字节 |

| 7 | 6 | 5 | 4 | 3 | 2 | 1 | 0 | |
|---|---|---|---|---|---|---|---|---|
| 0 | 0 | 0 | 0 | 0 | X | X | X | 高位有效字节 |

**图 2.20　读当前帧数目**

**程序清单 2.31　读当前帧数目**

```
INT16U D12_ReadCurrentFrameNumber(void)
{
    INT16U i,j;

    outportc(0xF5);                    //发送读取当前帧数目命令
    i = inportd();                     //读取帧数目的低 8 位
    j = inportd();                     //读取帧数目的高 8 位

    i += (j * 256);
    return i;                          //返目当前帧数目
}
```

USB 接口控制驱动层函数就介绍到此，这些函数将提供给 USB 协议层和应用层使用。

## 2.7　应用层

应用层实现 PDIUSBD12 的所有功能。USB 设备控制驱动、USB 接口控制驱动和协议层都在应用层的控制之中。应用层要实现的任务包括：

(1) 初始化 PDIUSBD12。包括：初始化 PDIUSBD12 的硬件连接、复位 PDIUSBD12 和初始化应用层相关的全局变量。

(2) 编写 PDIUSBD12 中断服务程序。PDIUSBD12 几乎所有功能都是通过 PDIUSBD12 中断服务程序来完成的。因此中断服务程序是应用层的核心部分，也是本驱动程序的核心部分。它要完成以下任务：

- 控制端点数据接收与发送中断服务程序，负责处理控制传输的有关工作。
- 端点 1 和端点 2 数据接收与发送中断服务程序。
- USB 总线挂起、复位、DMA 结束中断服务程序。

(3) 用户读/写端点 1 和端点 2 的 API 函数。

(4) 传输控制处理任务。该任务用于处理枚举、标准设备请求、厂商请求等控制传输。

PDIUSBD12 中断服务程序首先关闭中断，然后通过读取 PDIUSBD12 的中断寄存器，判断当前 PDIUSBD12 的中断源，调用相应的中断服务程序。

中断服务程序的流程见图 2.21。

PDIUSBD12 中断服务程序见程序清单 2.32。

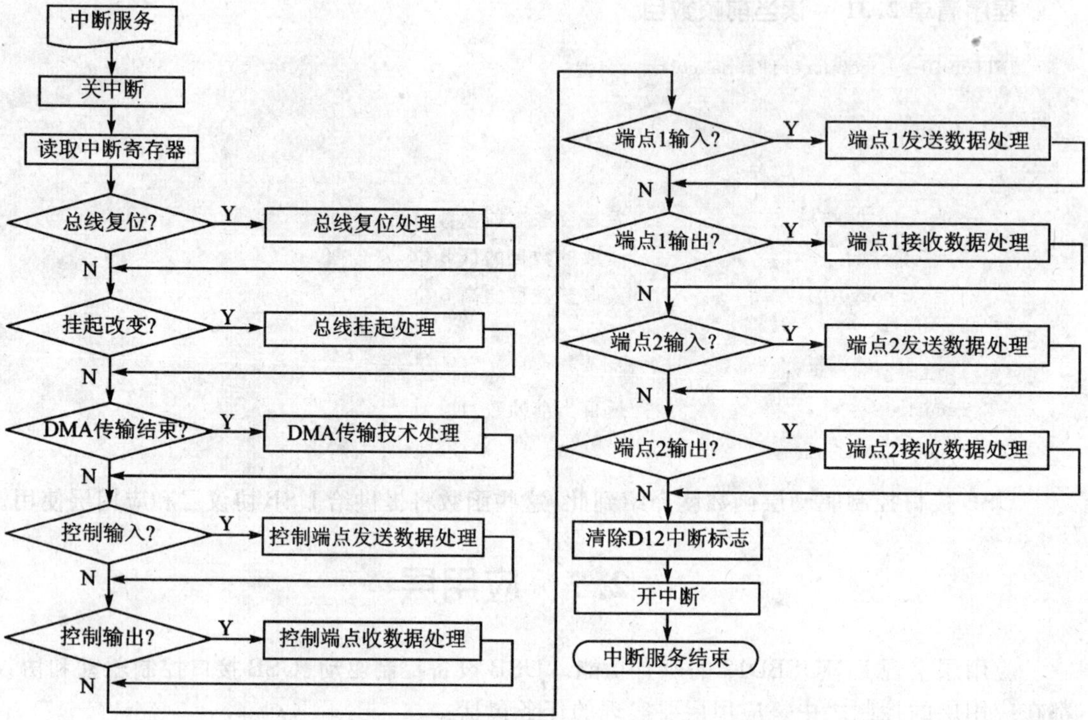


**图 2.21 PDIUSBD12 中断服务程序流程图**

### 程序清单 2.32 PDIUSBD12 中断服务程序

```
void Usb_Exception(void)
{
    INT16U i_st;

    OS_ENTER_CRITICAL();                          //进入 D12 中断服务程序时关中断
    i_st = D12_ReadInterruptRegister();           //读取 PDIUSBD12 中断寄存器值
    if(i_st != 0) {
        if(i_st & D12_INT_BUSRESET)
            bus_reset();                          //总线复位处理
        if(i_st & D12_INT_EOT)
            dma_eot();                            //DMA 传输结束处理
        if(i_st & D12_INT_SUSPENDCHANGE)
            usb_suspend();                        //总线挂起改变
        if(i_st & D12_INT_ENDPOIN)
            ep0_txdone();                         //控制端点发送数据处理
```

```
        if(i_st & D12_INT_ENDP0OUT)
            ep0_rxdone();                       //控制端点接收数据处理
        if(i_st & D12_INT_ENDP1IN)
            USB_WriteISR(&UsbSend_Ep1,3,16,1);  //端点 1 发送数据处理
        if(i_st & D12_INT_ENDP1OUT)
            USB_ReadISR(&UsbRec_Ep1,2,16,1);    //端点 1 接收数据处理
        if(i_st & D12_INT_ENDP2IN)
            USB_WriteISR(&UsbSend_Ep2,5,64,2);  //端点 2 发送数据处理
        if(i_st & D12_INT_ENDP2OUT)
            USB_ReadISR(&UsbRec_Ep2,4,64,2);    //端点 2 接收数据处理
    }
    //add for μC/OS - II
    CLR_INTD12();                               //清除 PDIUSBD12 的中断标志
    CLR_INT();                                  //通知中断结束
    OS_EXIT_CRITICAL();                         //退出 D12 中断服务程序时开中断
}
```

其中总线复位处理、DMA 传输结束处理、总线挂起改变都调用相应的函数进行处理。这 3 个函数为空函数，留给用户处理，其余的函数将在后续说明。

## 2.7.1 初始化 PDIUSBD12

初始化 PDIUSBD12 函数为 INT8U Init_D12(void)，该函数的执行流程为：

(1) 初始化 PDIUSBD12 与 LPC2200 连接的硬件配置；

(2) 复位 PDIUSBD12，从而激活 PDIUSBD12；

(3) 读取 PDIUSBD12 的芯片 ID 号，判断复位是否成功；

(4) 调用函数 reconnect_USB()，该函数先断开 USB 总线，再连接 USB 总线；

(5) 初始化应用层用到的全局变量，这些全局变量的含义及作用将在后续说明；

(6) 创建 SETUP 包处理任务所需的信号量。

初始化函数见程序清单 2.33，初始化成功返回 0，初始化失败返回 1。

**程序清单 2.33　初始化 PDIUSBD12 函数**

```
INT8U Init_D12(void)
{
    INT32U i;

    OS_ENTER_CRITICAL();
    Init_D12Port();                 //初始化 PDIUSBD12 与 LPC2200 的连接的硬件配置
```

```
    Rst_D12();                              //复位 PDIUSBD12
    reconnect_USB();                        //重新连接 USB
    if (readchipid() != 0x1012){            //读取芯片 ID 号,如果不为 1012H
        OS_EXIT_CRITICAL();
        return 1;                           //则复位失败
    }
    bEPPflags.value = 0;                    //初始化 USB 事件标志变量
    UsbRec_Ep1.Sem = 0;                     //端点 1 接收资源允许使用
    UsbRec_Ep2.Sem = 0;                     //端点 1 接收资源允许使用
    UsbSend_Ep1.Sem = 0;                    //端点 1 发送资源允许使用
    UsbSend_Ep2.Sem = 0;                    //端点 1 发送资源允许使用
    UsbRec_Ep1.Grp   = 0;                   //端点 1 无任务等待接收
    UsbRec_Ep2.Grp   = 0;                   //端点 2 无任务等待接收
    UsbSend_Ep1.Grp = 0;                    //端点 1 无任务等待发送
    UsbSend_Ep2.Grp = 0;                    //端点 2 无任务等待发送
    for (i = 0; i < OS_RDY_TBL_SIZE; i ++ ){
      UsbRec_Ep1.Tbl[i]   = 0;              //清空端点 1 和 2,接收与发送等待任务列表
      UsbRec_Ep2.Tbl[i]   = 0;
      UsbSend_Ep1.Tbl[i] = 0;
      UsbSend_Ep2.Tbl[i] = 0;
    }
    pSetup_Event = OSSemCreate(0);          //创建控制传输处理任务信号量
    if (pSetup_Event == NULL)               //如果返回的事件指针为空
    {
        OS_EXIT_CRITICAL();
        return 1;                           //则初始化失败
    }

    OS_EXIT_CRITICAL();
    return 0;                               //初始化成功
}
```

其中 Init_D12Port()、Rst_D12()和 Init_D12Int()函数在 USB 设备控制驱动层中已详细说明。reconnect_USB()函数如程序清单 2.34 所示。

**程序清单 2.34　reconnect_USB()函数清单**

```
void reconnect_USB(void)
{
```

```
    INT32U clk_cnt;

    disconnect_USB();                                   //断开芯片与 USB 总线连接
    for (clk_cnt = 0;clk_cnt<= 0x6FFFF;clk_cnt ++ );    //延时处理
    connect_USB();                                      //连接到 USB 总线
}
```

该函数调用函数 disconnect_USB(),将 Soft Connect 位清 0。然后延时一段时间,再调用 connect_USB()。该函数不单设置了 PDIUSBD12 的 SoftConnect,还设置了 PDIUSBD12 的工作模式——非同步模式。这两个函数见程序清单 2.35。

**程序清单 2.35　disconnect_USB()和 connect_USB()函数**

```
void disconnect_USB(void)
{
    D12_SetMode(D12_NOLAZYCLOCK, D12_SETTOONE | D12_CLOCK_12M);
}        //SoftConnect 断开

void connect_USB(void)
{
    D12_SetMode(D12_NOLAZYCLOCK|D12_SOFTCONNECT, D12_SETTOONE | D12_CLOCK_12M);
}        //SoftConnect 连接上,并设置为无 LazyClock,模式为非同步模式
```

初始化函数最后创建了控制传输处理任务所需的信号量,该信号量的作用将在下面介绍。注意,初始化函数执行时间比较长,且执行时关闭了中断。

## 2.7.2 控制传输处理

由中断服务程序可见,当 PDIUSBD12 中断服务程序的中断源为端点 0 接收中断时,调用控制端点接收数据处理 ep0_rxdone();当中断源为端点 0 发送中断时,调用控制端点发送数据处理 ep0_txdone()。这两个函数互相协调完成控制传输的数据传输。

这两个函数都不属于应用层,因为它们主要在处理标准设备请求、厂商请求等控制传输处理时用于传输数据(在主机与设备之间)。所以这两个函数属于协议层,其中的细节将在 USB 协议层中详细介绍。

但控制传输的处理却属于应用层的一部分,因为它由应用层进行调度。所以使用 μC/OS-II中的一个任务 TaskSetup 来处理控制传输。前提条件是:这个任务的优先级必须比较高。这个任务平时处于挂起状态,并不进行控制传输处理,只有在 PDIUSBD12 的中断服务程序中检测到已接收到 SETUP 包时才进行控制传输处理。例如将 USB 线插到 PC 机的 USB 口时,它将负责完成枚举工作。所以,可利用一个信号量来协调这方面的工作。控制传

输处理任务如程序清单 2.36 所示。

**程序清单 2.36　控制传输处理任务**

```
void  TaskSetup(void * pdata)
{
#if OS_CRITICAL_METHOD == 3          /* Allocate storage for CPU status register */
    OS_CPU_SR  cpu_sr;
#endif
    INT8U err;
    pdata = pdata;                   /* Prevent compiler warning */

    for (;;)
    {
        OSSemPend(pSetup_Event,0,&err);         //等待 SETUP 包                (1)
        if (err == OS_NO_ERR){                  //接收到 SETUP 包
            OS_ENTER_CRITICAL();                //关中断
            control_handler();                  //进行控制传输处理             (2)
            OS_EXIT_CRITICAL();                 //开中断
        }
    }
}
```

这个任务平时在等待 SETUP 包[程序清单 2.36(1)],处于挂起状态,不做任何事情。当 PDIUSBD12 的中断服务程序 ep0_rxdone()发现有 SETUP 包时,在控制端点接收处理程序 ep0_rxdone()中发一信号量 OSSemPost(pSetup_Event),使该任务就绪。该任务再调用 control_handler()[程序清单 2.36(2)]处理收到的 SETUP 包,如图 2.22 所示。该图示意了这几个函数间的关系。图中 control_handler()的箭头指向 ep0_txdone()并不是说 control_handler()调用了 ep0_txdone(),而是说 control_handler()中的数据由控制端点数据输出处理程序 ep0_txdone()在端点 0 发送中断时通过 USB 总线发往 PC 机。

这样就很容易完成了控制传输处理工作。control_handler()中对结构体全局变量 CONTROL_XFER ControlData 进行操作,因此调用 control_handler()之前必须关中断,直到处理完成才开中断。

## 2.7.3　端点 1 和端点 2 数据接收与发送设计思想

端点 1 和 2 数据的接收与发送是用户使用 PDIUSBD12 的主要部分。因此,易用性是本驱动程序设计的目标。

PC 机(上位机)与 PDIUSBD12 通信时采用的两个 API 函数：ReadData()与 WriteData()。这两个函数使用起来非常方便。在 μC/OS-II 中，我们也希望可以像这样方便地对端点 1 和端点 2 进行访问。

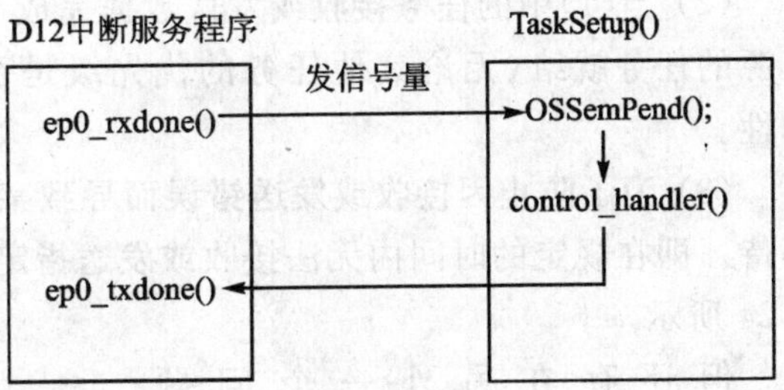


**图 2.22　控制传输处理过程**

现在来分析一下怎样才能实现这个目标。

首先必须明白，μC/OS-II 进行任务调度的指导思想是：总是运行优先级最高而且就绪的任务。

现在来做一个假设，任务 A(优先级为 1)需要从 D12 的端点 2 接收 500 字节，而任务 B(优先级为 0)也需要从 D12 的端点 2 接收 500 字节。

显然任务 B 的优先级高于 A。但由于某种原因，任务 A 已经开始接收数据了(但还没有接收完)，这时任务 B 也需要从端点 2 接收 500 字节。虽然任务 B 的优先级比任务 A 的优先级高，但它也必须等任务 A 接收完 500 字节后，它才能取得端点 2 的接收权，这样才能保证数据的完整性。这和打印机的排队打印原理是一样的。如图 2.23 所示，两个任务在争着从端点 2 接收 500 字节。

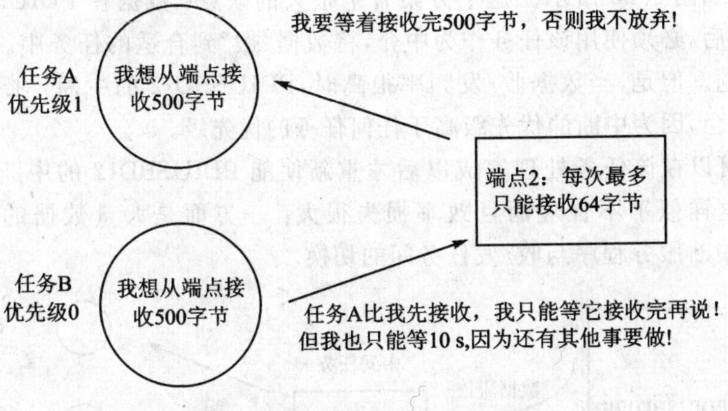


**图 2.23　两个任务争着从端点 2 接收数据**

于是，现在有两个任务在等待着端点 2 数据接收的完成(接收 500 字节)。当 500 字节接收完成后，要使哪一个任务就绪呢？在 μC/OS-II 中，是使等待列表中优先级最高的任务 B 就绪。明显地，这样做是错误的，因为这些数据是给任务 A 的，怎么反而送给了 B 呢？

所以，从端点 1 和 2 接收数据，或者向端点 1 和端点 2 发送数据，必须遵守以下规则：

(1) 一个任务得到 USB 其中一个端点的接收或者发送资源后，那么它必须独占该资源，直至使用完该资源才能放弃。这样才能确保数据发送与接收的完整性。

(2) 当(1)中的任务接收或发送数据完成了,就应该使该任务就绪,而不是使其他等待该资源的任务就绪(无论其他任务的优先级是否比该任务高)。这样才能确保数据收发的正确性。

(3) 为了防止因接收或发送错误而导致某一资源无限期被某一任务占用,必须设置超时等待。即在规定的时间内无法接收或发送指定的数据,必须自动放弃对该资源的占用。如图2.24 所示。

但还存在另外一个问题:PDIUSBD12的一个端点缓冲区最大也只有 128 字节,于是,驱动程序必须开辟至少 128 字节的数据交换缓冲区。但是,现在有多个任务想要接收与发送数据,而且接收与发送的数据往往大于甚至远远大于 128 字节,那么数据交换缓冲区与各个任务之间的数据交换就比较复杂而且处理起来也相当麻烦。有两个方案可以解决这个问题,即

图 2.24 等待超时

第 1 个方案:使用一个优先级非常高的中间任务来处理数据交换缓冲区与各个任务之间的数据交换。如图 2.25 所示。这个方案有个很大的缺点:数据在 PDIUSBD12 的中断服务程序中被接收后,必须使用该任务作为中介,将数据“搬”到合适的任务中。当数据收/发较慢时,不存在问题。但是,当数据收/发频率很高时,PDIUSBD12 的中断不断发生,该任务可能没有执行的机会,因为中断的优先级高于任何任务的优先级。

当然,也可以在该任务处理完成以后才重新使能 PDIUSBD12 的中断来解决这个问题。但可以看出,这样似乎不合理而且效率损失很大:一方面是大量数据的搬运,另一方面是PDIUSBD12 中断服务程序与收/发任务间的切换。

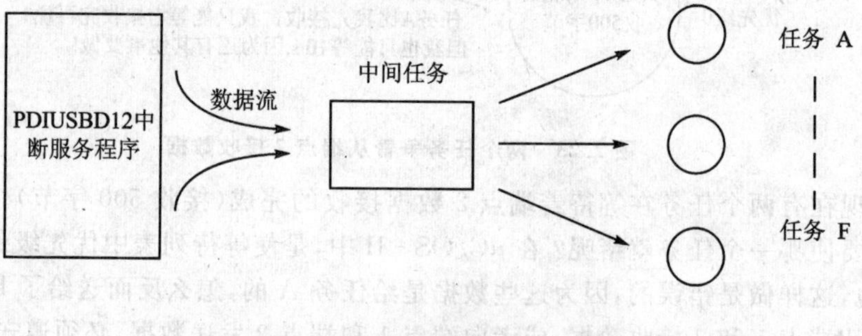


图 2.25 利用中间任务来传递与分配数据

第 2 个方案：在接收中断服务程序中利用 C 语言的指针直接将接收到的数据送到某一任务的接收缓冲区(指针)中，这样既快捷又无须开辟数据交换缓冲区。如图 2.26 所示。该图表示 PDIUSBD12 直接分配数据流给各个等待接收数据的任务。

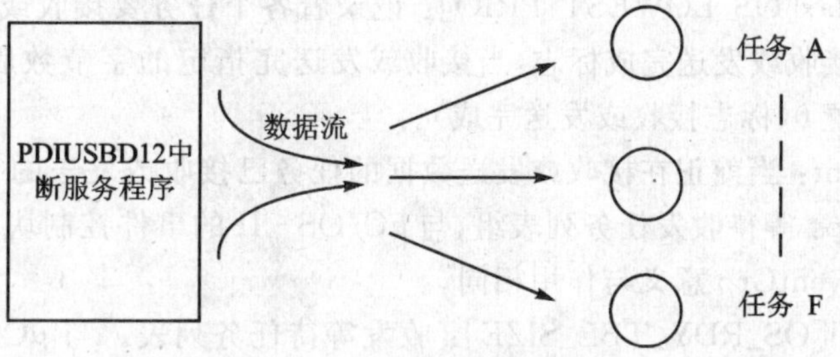


**图 2.26　中断服务程序直接将数据分配到各个任务**

这样做的好处是 保证接收到的数据及时传送到指定的任务中，因为中断比任何任务的优先级都高。而且又避免了对数据交换缓冲区(共享资源)的操作。

例如任务 1 要接收来自端点 2 的数据，它只须告诉该驱动程序：想接收来自端点 2 的 100 字节，接收数据缓冲区在 INT8U RecBuff[100]，然后它就什么事也不用做了。当数据来到时，中断服务程序将来自 USB 端点 2 的数据悄悄地传输到任务 1 的接收缓冲区中，这时任务 1 还不知道它想要的数据正在传输进入它指定的输冲区 RecBuff 中。当缓冲区被填满，中断服务程序就通知任务 1：所的数据已经在你的缓冲区中了。

综上所述，可使用一个结构体来控制数据与任务之间的交换，如程序清单 2.37 所示。

**程序清单 2.37　USB 接收或发送控制块**

```
typedef struct tagUsb_Struct
{
    INT8U    * pBuff[OS_LOWEST_PRIO];           //接收或发送数据缓冲区指针
    INT32U   Max[OS_LOWEST_PRIO];               //接收或发送字节数
    INT32U   Cnt;                               //接收或发送字节计数器
    INT8U    Grp;                               //等待组
    INT8U    Tbl[OS_RDY_TBL_SIZE];              //等待列表
    INT8U    Sem;                               //端点资源占用信号量
    INT8U    Prio;                              //占用该端点的任务优先级
}CTRL_USB;
```

该结构体很像 μC/OS－II 中的事件控制块，那么称该结构体为 USB 接收或发送控制块。下面说明这个结构体各成员的作用。

INT8U　 * pBuff[OS_LOWEST_PRIO]：记录着优先级不同的每个任务接收或发送数

据缓冲区的首地址，这样可以很方便地在任务与中断服务程序进行数据交换。OS_LOWEST_PRIO定义了 μC/OS-II 中任务的最低优先级数，故该数组记录了除空闲任务除外所有任务的收/发缓冲区的首地址。

INT32U　Max[OS_LOWEST_PRIO]：记录着各个任务要接收或发送数据的字节数，同时作为接收或发送完成标志，当接收或发送完指定的字节数后，先使该任务就绪，然后该值置 0(标志接收或发送完成)。

INT32U　Cnt：当前正在接收或发送数据的任务已接收或发送的字节数。

INT8U　Grp：等待收发任务列表组，与 μC/OS-II 的事件控制块 OS_EVENT 的成员变量 OSEventGrp 意义与作用相同。

INT8U　Tbl[OS_RDY_TBL_SIZE]：收发等待任务列表。与 μC/OS-II 的事件结构体 OS_EVENT 中的任务等待列表 OSEventTbl[]意义与作用相同。

Grp 与 Tbl[]记录着正在等待收/发的任务，其含义和作用与 μC/OS-II 的事件控制块 OS_EVENT 中的 OSEventGrp 和 OSEventTbl[]相同。

INT8U　Sem：端点资源占用信号量，表明当前端点的接收或发送资源是否被占用。其值为 0 时，没有任务在使用；为 1 时，有任务在使用。

INT8U　Prio：当前使用该端点资源的任务的优先级。

PDIUSBD12 有 3 个端点，一般利用端点 1 和 2 进行用户数据的接收或发送，因此定义 4 个结构全局变量：

```
CTRL_USB    UsbRec_Ep1;                    //控制端点 1 数据的接收
CTRL_USB    UsbRec_Ep2;                    //控制端点 2 数据的接收
CTRL_USB    UsbSend_Ep1;                   //控制端点 1 数据的发送
CTRL_USB    UsbSend_Ep2;                   //控制端点 2 数据的发送
```

同 μC/OS-II 一样，定义几个函数以方便对 USB 接收或发送控制块 CTRL_USB 的收/发等待任务列表进行操作。对收/发等待任务列表的操作与 μC/OS-II 中对事件等待列表的操作是一样的。

(1) 将一个任务插入到收/发等待任务列表中。当某个任务需要进行数据收/发时，它必须将它的优先级号插入到收/发等待任务列表中对应的位置，以便程序查询该列表中哪个任务的优先级最高，如程序清单 2.38 所示。

**程序清单 2.38　将一个任务插入到收/发等待任务列表中**

```
void USB_InsertPrio(CTRL_USB * pUsb,INT8U prio)
{
    pUsb -> Grp                |= OSMapTbl[prio >> 3];
    pUsb -> Tbl[prio >> 3]     |= OSMapTbl[prio & 0x07];
}
```

(2) 从收/发等待任务列表中删除一个任务。当某个任务数据收/发完成,或该任务等待收/发数据超时时,应把该任务从收/发等待列表中删除,如程序清单 2.39 所示。

**程序清单 2.39　从收/发等待列表中删除一个任务**

```
void USB_DelPrio(CTRL_USB * pUsb,INT8U prio)
{
    if ((pUsb -> Tbl[prio >> 3] &= ~OSMapTbl[prio & 0x07]) == 0)
        pUsb -> Grp &= ~OSMapTbl[prio >> 3];
}
```

(3) 在收/发等待任务列表中查找最高优先级的任务。如果当前端点收发资源没有被任何任务占用,而且收/发等待任务列表中有任务在等待收/发数据,那么只有等待列表中优先级最高的任务可以用该端点进行数据的收/发。查找该任务优先级的函数如程序清单 2.40 所示。

**程序清单 2.40　在收/发等待任务列表中查找最高优先级的任务**

```
INT8U USB_GetHighPrio(CTRL_USB * pUsb)
{
    INT8U x,y;
    INT8U prio;

    y = OSUnMapTbl[pUsb->Grp];
    x = OSUnMapTbl[pUsb->Tbl[y]];
    prio = (INT8U)((y << 3) + x);
    return prio;
}
```

有了以上的解决方案,就可以与 PC 机一样,很方便地使用 PDIUSBD12 的端点进行数据收发了。

## 2.7.4 从端点接收数据

PDIUSBD12 两个端点 1 和 2 之间的差别只是缓冲区大小以及缓冲区个数;因此,当某个任务想要从端点 1 或端点 2 接收数据时,它只须调用相同的读端点函数,即

INT8U USB_ReadPort(INT8U endp,CTRL_USB * pUsb,INT32U len,
INT8U * recbuff,INT16U timeout)

该函数各参数含义如表 2.19 所列。如果接收成功,该函数返回 0。

表 2.19 USB_ReadPort()函数各参数含义及取值

| 参数项 | 端点 1 取值 | 端点 2 取值 |
|---|---|---|
| 端点索引号 endp | 2 | 4 |
| USB 接收控制结构体指针 pUsb | &UsbRec_Ep1 | &UsbRec_Ep2 |
| 要接收的数据的字节长度 len | 视实际情况而定 | 视实际情况而定 |
| 接收缓冲区首址 recbuff | 视实际情况而定 | 视实际情况而定 |
| 接收超时等待时间 timeout | 视实际情况而定 | 视实际情况而定 |

该任务调用该函数以后，它就什么事也不用做了。端点接收数据处理中断服务程序 USB_ReadISR()根据该端点的 USB 接收控制块将接收到的数据自动分配到各个任务。

USB 接收控制块 UsbRec_Ep1 和 UsbRec_Ep2 的作用是实现 USB_ReadPort()和中断服务程序 USB_ReadISR()之间的通信。USB_ReadISR()函数原型为：

void USB_ReadISR(CTRL_USB * pUsb, INT8U endp, INT32U eppsize, INT8U buffnums)

该函数各参数含义及取值如表 2.20 所列。

表 2.20 USB_ReadISR()函数各参数含义及取值

| 参数项 | 端点 1 取值 | 端点 2 取值 |
|---|---|---|
| USB 接收控制结构体指针 pUsb | &UsbRec_Ep1 | &UsbRec_Ep2 |
| 端点索引号 endp | 2 | 4 |
| 缓冲区大小 eppsize | 16 | 64 |
| 该端点接收缓冲区个数 buffnums | 1 | 2 |

这两个函数之间的关系如图 2.27 所示。双向箭头表示 USB 接收控制块在这里起通信作用。例如：当前任务调用 USB_ReadPort()，它填写了 USB 接收控制块的有关参数，然后就被 OSTimeDly()挂起。当发生数据接收中断时，USB_ReadISR()根据 USB 接收控制块进行数据流分配。如果该任务所需数据已全部放进该任务的接收缓冲区，就调用 OSTimeResume()使该任务就绪。该任务就绪后，由 USB_ReadPort ()返回接收的结果。

当然，数据流的分配要遵守第 2.7.3 小节(端点 1 和端点 2 进行数据接收与发送设计思想)所阐述的规则。下面详细说明这两个函数。

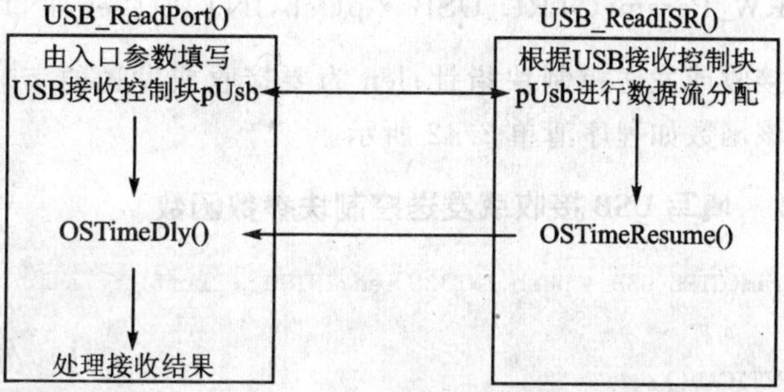


图 2.27　USB_ReadPort()与 USB_ReadISR()关系示意图

## 1. USB_ReadPort()函数分析

USB_ReadPort()函数见程序清单 2.41。程序清单 2.41 的(1)、(2)、(3)与图 2.27 的 USB_ReadPort()函数的 3 步流程一一对应，请见该程序清单的注释。

**程序清单 2.41　读端点函数 USB_ReadPort ()**

```
INT8U USB_ReadPort(INT8U endp,CTRL_USB * pUsb,INT32U len,INT8U * recbuff,INT16U timeout)
{
    INT8U err;

    err = USB_RW_Param(pUsb,len,recbuff);          //填写 USB 接收或发送控制块参数        (1)
    if (err != USB_NO_ERR)    return err;

    OS_ENTER_CRITICAL();
    if (pUsb->Max[OSPrioCur] != 0){                //如果还没接收完成
        OS_EXIT_CRITICAL();
        OSTimeDly(timeout);                        //定义超时等待                        (2)
    }
    OS_EXIT_CRITICAL();

    return (USB_RW_Result(endp,pUsb,timeout));     //返回接收结果                        (3)
}
```

程序清单 2.41(1)调用函数 USB_RW_Param()，该函数用于填写 USB 接收或发送控制块参数。程序清单 2.41(3)还调用函数 USB_RW_Result()，该函数用于处理接收或发送的结果。下面详细分析这两个函数。

**1) USB_RW_Param()函数**

该函数原型为：

INT8U USB_RW_Param(CTRL_USB * pUsb,INT32U len,INT8U * pbuff)

pUsb 为 USB 接收或发送控制块指针;len 为要接收或发送的字节个数;pbuff 为接收或发送缓冲区指针。该函数如程序清单 2.42 所示。

**程序清单 2.42　填写 USB 接收或发送控制块参数函数**

```
INT8U USB_RW_Param(CTRL_USB * pUsb,INT32U len,INT8U * pbuff)
{
    OS_ENTER_CRITICAL();
    if (bEPPflags.bits.configuration == 0){          //USB 总线未配置完成          (1)
        OS_EXIT_CRITICAL();
        return (USB_ERR_NO_CONFIG);                   //USB 总线未配置错误
    }
    if (pbuff == 0){
        OS_EXIT_CRITICAL();
        return (USB_ERR_BUFF_INVALID);                //缓冲区指针无效错误          (2)
    }

    pUsb->pBuff[OSPrioCur] = pbuff;                   //保存该任务的接收缓冲区首址  (3)
    pUsb->Max[OSPrioCur]  = len;                      //保存要收/发的字节数
    USB_InsertPrio(pUsb,OSPrioCur);                   //插入到等待任务列表中
    OS_EXIT_CRITICAL();

    return (USB_NO_ERR);
}
```

程序清单 2.42(1)　检查 PDIUSBD12 连接的 USB 总线是否已经完成了配置,这里使用了全局变量 EPPFLAGS bEPPflags 的一个位 configuration。这个全局变量将在协议层中介绍,现在暂时明白当 USB 总线配置完成时,该位被置 1,否则为 0。

程序清单 2.42(2)　检查到接收或发送缓冲区无效,返回错误,以防止内存的越区操作。

程序清单 2.42(3)　填写 USB 接收或发送控制块的有关参数。包括在该控制块中声明当前任务的接收或发送缓冲区,需要接收或发送的字节数,以及将该任务插入到该控制块的等待任务列表之中。

该函数因为要操作全局变量,所以一进入该函数就关闭中断,返回时要重新打开中断。

**2) USB_RW_Result()函数**

USB_RW_Result()函数用于处理接收或发送的结果。其原型为:

INT8U USB_RW_Result(INT8U endp,CTRL_USB * pUsb,INT16U timeout)

其中 endp 为该端点的端点索引号,pUsb 为 USB 接收或发送控制块指针,timeout 为接收或发送超时等待时间。该函数如程序清单 2.43 所示。

**程序清单 2.43　处理接收或发送的结果**

```
INT8U USB_RW_Result(INT8U endp,CTRL_USB * pUsb,INT16U timeout)
{
   OS_ENTER_CRITICAL();
   if (pUsb->Max[OSPrioCur] != 0){                //收/发完成标志不为 0,说明收发错误      (1)
       if (pUsb->Prio == OSPrioCur){              //该任务占用了端点的收/发资源
           pUsb->Sem = 0;                         //必须释放资源                          (2)
           D12_ClearBuff(endp);                   //清空收/发缓冲区
       }
       USB_DelPrio(pUsb,OSPrioCur);               //将该任务从等待列表中删除              (3)
       OS_EXIT_CRITICAL();
       return (USB_ERR_WR_TIMEOUT);               //收/发超时错误
   }else{
       OS_EXIT_CRITICAL();
       return (USB_NO_ERR);                       //收/发成功
   }
}
```

程序清单 2.43(1)　经过 timeout 个时钟节拍(程序清单 2.41(2)OSTimeDly(timeout))的等待,当前任务重新进入就绪状态。当前任务的数据是否已全部接收或发送只须判断 pUsb->Max[OSPrioCur]是否为 0,若为 0,则全部接收或发送完成;否则,接收或发送失败。

程序清单 2.43(2)　接收或发送失败,那么要释放该端点的接收或发送资源,只须将该端点的 USB 接收或发送控制块的信号量 Sem 清 0,并且将该端点的缓冲区清空。清空的目的是防止残留在缓冲区中的数据被另一个任务错误接收,或错误地将别的任务的数据发往 USB 主机。

程序清单 2.43(3)　接收或发送失败,将该任务从 USB 接收控制块的等待任务列表中删除。

程序清单 2.43(4)　pUsb->Max[OSPrioCur]为 0,则返回数据接收或发送成功。

### 2. USB_ReadISR()函数分析

下面分析与 USB_ReadPort ()相关的接收数据中断处理函数 USB_ReadISR()。该函数的程序流程图如图 2.28 所示。

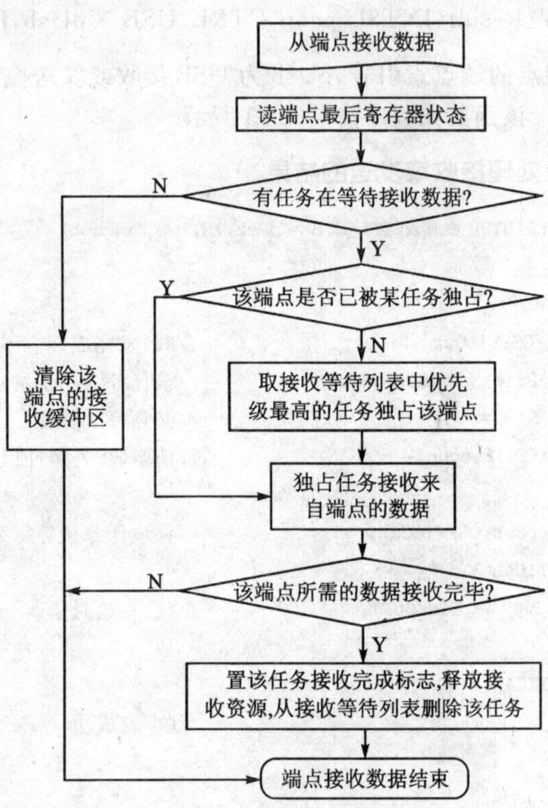


**图 2.28 USB_ReadISR()程序流程图**

该函数首先读端点的最后处理状态寄存器,达到清该端点中断标志的目的。然后查看是否有任务在等待接收,如果没有,立即将该端点的接收缓冲区清空,以防止对应的接收缓冲区被填满而导致 USB 主机的数据无法再进入接收缓冲区中,然后该函数立即返回。

如果有任务在等待接收,先查看该端点是否已被某任务独占。若已被独占,则该任务可接收数据;否则接收等待列表中优先级最高的任务接收数据。

如果独占任务所需数据接收完毕,先置该任务接收完成标志,释放接收资源,再将该任务从接收等待任务列表中删除。USB_ReadISR()函数如程序清单 2.44 所示。

**程序清单 2.44 USB_ReadISR()函数**

```
void USB_ReadISR(CTRL_USB * pUsb,INT8U endp,INT32U eppsize,INT8U buffnums)
{
    INT8U * pBuff,endpstatus,i;
    INT32U len;
```

```
    D12_ReadLastTransactionStatus(endp);              //读最后处理状态寄存器
    if (pUsb->Grp != 0){                              //有任务在等待接收才允许进行接收
        if (pUsb->Sem == 0){                          //该端点接收资源还未被某一任务独占
            pUsb->Prio = USB_GetHighPrio(pUsb);       //取等待任务列表中优先级最高的任务
                                                      //的优先级
            pUsb->Cnt   = 0;                          //接收计数清0                    (1)
            pUsb->Sem   = 1;                          //标志有任务独占了该接收端点
        }
        pBuff = pUsb->pBuff[pUsb->Prio];              //得到接收指针

        for (i = 0; i < buffnums; i ++){                                               (2)
            len = pUsb->Max[pUsb->Prio] - pUsb->Cnt; //计算还有多少个字节未接收        (3)
            if (len > 0)
            {
                if (len >= eppsize)                                                    (4)
                    len = (INT8U)D12_ReadEndpoint(endp,(INT8U)eppsize,pBuff + pUsb->Cnt);
                else
                    len = (INT8U)D12_ReadEndpoint(endp,(INT8U)len,pBuff + pUsb->Cnt);
                pUsb->Cnt = pUsb->Cnt + len;          //计数器加上实际收到的字节
            }

            if (pUsb->Cnt >= pUsb->Max[pUsb->Prio]){ //如果接收完毕
                pUsb->Max[pUsb->Prio] = 0;            //接收完成标志置0,表示正确接收
                pUsb->Sem = 0;                        //释放该端点接收资源
                USB_DelPrio(pUsb,pUsb->Prio);         //将该任务从等待队列中删除
                OSTimeDlyResume(pUsb->Prio);          //使该接收任务就绪
                break;                                                                 (5)
            }
            endpstatus = D12_ReadEndpointStatus(endp); //读该端点状态寄存器
            if ((endpstatus & 0x60) == 0)  break;      //如果缓冲为空,立即跳出循环     (6)
        }//end of for()
    }//end of if (pUsb->Grp != 0)
    else
        D12_ClearBuff(endp);                           //没有任务接收数据,清空该端点接收
}                                                      //缓冲区
```

程序清单 2.44 已做了详细注释,但有如下几个地方需要注意:

程序清单 2.44(1)　从等待任务列表中取出优先级最高的任务独占该端点时,接收计数

器 pUsb->Cnt 必须清 0。

程序清单 2.44(2) buffnums 表示该端点有多少个缓冲区。如有多个缓冲区，那么一次中断可以接收多个缓冲区的数据。

程序清单 2.44(3) 计算独占任务还有多少个字节未接收，只有未接收字节数大于 0 才进行接收。

程序清单 2.44(4) 如果未接收字节数大于该端点的接收缓冲区，那么读取整个缓冲区；否则只读取未接收的字节数。这样做的目的是防止主机发送的字节数超出设备未接收的字节数，导致接收缓冲区溢出。

程序清单 2.44(5) 独占任务完成数据的接收，它必须立即跳出循环。这样才能保证任务对端点接收资源的独占。

程序清单 2.44(6) 如果端点的接收缓冲区为空，那么不必再进行循环了，立即跳出循环。

有了以上两个函数，从端点 1 或 2 接收数据时，只须调用 USB_ReadPort()函数即可。从端点 1 或 2 读取数据的 API 函数见程序清单 2.45 所示的两个函数。

**程序清单 2.45 从端点 1 和端点 2 读取数据**

```
INT8U ReadPort1(INT32U len,INT8U * recbuff,INT16U timeout)
{
    return (USB_ReadPort(2,&UsbRec_Ep1,len,recbuff,timeout)); //从端点 1(端点索引 2)读取数据
}
INT8U ReadPort2(INT32U len,INT8U * recbuff,INT16U timeout)
{
    return (USB_ReadPort(4,&UsbRec_Ep2,len,recbuff,timeout)); //从端点 2(端点索引 4)读取数据
}
```

而中断接收数据时，只须调用 USB_ReadISR()，具体请见程序清单 2.32(PDIUSBD12 中断服务程序)。程序清单 2.46 是 PDIUSBD12 中断服务程序调用该函数的片断。

**程序清单 2.46 端点 1 和端点 2 接收数据处理程序片断**

```
if(i_st & D12_INT_ENDP1OUT)
    USB_ReadISR(&UsbRec_Ep1,2,16,1);          //从端点 1(端点索引 2)接收数据处理
    ⋮
if(i_st & D12_INT_ENDP2OUT)
    USB_ReadISR(&UsbRec_Ep2,4,64,2);          //从端点 2(端点索引 4)接收数据处理
```

## 2.7.5 往端点发送数据

往端点发送数据的设计思想与从端点接收数据大致相同。差别在于：当需要发送数据

时,在未发生数据发送中断之前,必须往该端点的发送缓冲区中写入数据。当发生数据发送中断时,主机才能从发送缓冲区中取走数据。因此,往端点发送数据必须有一个预写的过程。

当某一任务需要用端点发送数据时,它只须调用:

```
INT8U USB_WritePort (INT8U endp,INT32U eppsize,INT8U buffnums,
                     CTRL_USB * pUsb, INT8U * sendbuff,INT32U len,
                     INT16U timeout)
```

该函数各个参数含义及取值见表 2.21。

**表 2.21　USB_WritePort( )各参数含义及取值**

| 参数项 | 端点 1 取值 | 端点 2 取值 |
|---|---|---|
| 端点索引号 endp | 3 | 5 |
| 端点发送缓冲区大小 eppsize | 16 | 64 |
| 发送缓冲区个数 buffnums | 1 | 2 |
| USB 发送控制块指针 pUsb | &UsbSend_Ep1 | &UsbSend_Ep2 |
| 发送缓冲区首址 sendbuff | 视实际情况而定 | 视实际情况而定 |
| 要发送的数据的字节长度 len | 视实际情况而定 | 视实际情况而定 |
| 发送超时等待时间 timeout | 视实际情况而定 | 视实际情况而定 |

该任务调用该函数以后,它就进入了挂起状态。发送数据处理中断服务程序 USB_WriteISR()根据该端点的 USB 发送控制块将各个任务需要发送的数据自动发送出去,如图 2.29 所示。

**图 2.29　USB_WriteISR( )直接将各个任务的数据发送到 USB 主机**

USB 发送控制块 UsbSend_Ep1 和 UsbSend_Ep2 的作用是实现 USB_WritePort( )和中断服务程序 USB_WriteISR()之间的通信。USB_WriteISR()函数原型为:

void USB_WriteISR(CTRL_USB * pUsb,INT8U endp,INT32U eppsize,INT8U buffnums)

该函数各参数含义及取值如表 2.22 所列。

**表 2.22　USB_WriteISR()函数各参数含义及取值**

| 参数项 | 端点 1 取值 | 端点 2 取值 |
|---|---|---|
| USB 发送控制结构体指针 pUsb | &UsbSend_Ep1 | &UsbSend_Ep2 |
| 端点索引号 endp | 3 | 5 |
| 缓冲区大小 eppsize | 16 | 64 |
| 端点缓冲区个数 buffnums | 1 | 2 |

这两个函数之间的关系如图 2.30 所示。双向箭头表示 USB 发送控制块起通信作用。例如：当前任务调用 USB_WritePort()，它填写了 USB 发送控制块的有关参数，如果当前发送缓冲区没有被其他任务占用，该任务可以往缓冲区预写一些数据，然后就被 OSTimeDly()挂起。当发生数据发送中断时，USB_WriteISR()根据 USB 发送控制块将各任务需要发送的数据根据一定的规则发送出去。如果该任务需要发送的数据已经全部发送完毕，就调用 OSTimeResume()使该任务就绪。该任务就绪后，再由 USB_WritePort ()返回发送的结果。

当然数据流的分配要遵守第 2.7.3 小节(端点 1 和端点 2 进行数据接收与发送设计思想)所阐述的规则。下面详细分析这两个函数。

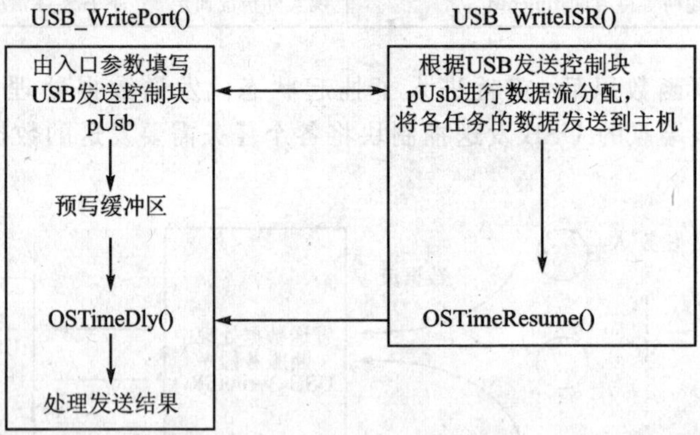


**图 2.30　USB_WritePort()与 USB_WriteISR()关系示意图**

## 1. USB_WritePort()函数分析

USB_WritePort()函数如程序清单 2.47 所示。该函数结构与图 2.30 中的 WritePort()函数的 4 步流程一一对应。4 步流程为：

程序清单 2.47(1)　调用函数 USB_RW_Param()填写 USB 发送控制块有关参数。该函数在 USB_ReadPort()函数分析中已作详细分析。

程序清单 2.47(2)　if (pUsb ->Sem == 0){}条件执行中的语句作用为“预写”发送缓

冲区。

程序清单 2.47(8) 用 OSTimeDly()挂起当前任务,等待数据发送完毕。

程序清单 2.47(9) 调用函数 USB_RW_Result()判断当前任务发送数据的结果。该函数在 USB_ReadPort()函数分析中已作详细分析。

**程序清单 2.47 USB_WritePort()函数**

```
INT8U USB_WritePort(INT8U endp,INT32U eppsize,INT8U buffnums,CTRL_USB * pUsb,
            INT8U * sendbuff,INT32U len,INT16U timeout)
{
    INT8U err,i;
    INT32U length;

    err = USB_RW_Param(pUsb,len,sendbuff);                    //填写 USB 接收或发送控制块参数 (1)
    if (err != USB_NO_ERR)    return err;

    OS_ENTER_CRITICAL();
    if (pUsb->Sem == 0){                                      //该端点未被独占                (2)
        pUsb->Sem   = 1;                                      //独占该端点                    (3)
        pUsb->Cnt   = 0;                                      //发送计数值清 0
        pUsb->Prio = OSPrioCur;                               //保存独占该端点的任务优先级

        for (i = 0; i < buffnums; i ++){                                                      (4)
            length = pUsb->Max[pUsb->Prio] - pUsb->Cnt;  //计算未发送字节个数               (5)
            if (length > 0){                                  //未发送字节数大于 0
                if (length >= eppsize)                        //写满缓冲区                    (6)
                    length = D12_WriteEndpoint(endp,(INT8U)eppsize,sendbuff + pUsb->Cnt);
                else                                          //写 length 个字节
                    length = D12_WriteEndpoint(endp,(INT8U)length,sendbuff + pUsb->Cnt);
                pUsb->Cnt = pUsb->Cnt + length;               //发送计数器加 length          (7)
            }
        }
    }//end of if (pUsb->Sem == 0)
    OS_EXIT_CRITICAL();

    OS_ENTER_CRITICAL();
    if (pUsb->Max[OSPrioCur] != 0){                           //还未发送完毕
        OS_EXIT_CRITICAL();
```

```
        OSTimeDly(timeout);                              //定义超时等待时间          (8)
    }
    OS_EXIT_CRITICAL();

    return (USB_RW_Result(endp,pUsb,timeout));           //返回发送结果              (9)
}
```

那么分析一下预写缓冲区是怎样进行的：

程序清单 2.47(2)　只有该端点的发送资源没有被其他任务占用时才可以进行缓冲区的预写。

程序清单 2.47(3)　预写开始时,应使当前任务独占该发送资源,即将 pUsb->Sem 置 1。还需要清 0 发送计数器 pUsb->Cnt = 0,以及将当前任务(独占任务)的优先级保存于 pUsb->Prio 中。

程序清单 2.47(4)　预写次数与被写入端点的缓冲区个数相关。例如端点 1 只有 1 个发送缓冲区,这时 buffnums 值为 1,该循环只循环 1 次。而对于端点 2,发送缓冲区有 2 个,可以循环两次,写满两个发送缓冲区。

程序清单 2.47(5)　计算当前任务还有多少个字节未发送,只有未发送字节个数大于 0 才能写缓冲区。

程序清单 2.47(6)　计算当前任务未发送的字节个数。如果大于端点的缓冲区大小,那么最多也只能写入端冲区大小的字节数;否则将未发送的字节全部写入缓冲区中。

## 2. USB_WriteISR()函数分析

下面分析与 USB_WritePort ()相关的数据发送中断处理函数 USB_WriteISR()。该函数的程序流程如图 2.31 所示。

数据发送中断时,主机将从 PDIUSBD12 的发送缓冲区中读走 1 个或 2 个缓冲区的数据。当然对于端点 1,只有 1 个发送缓冲区,每次中断最多也只能读走 1 个缓冲区的数据。

被取走数据的缓冲区变为空,所以要重新将数据写入到这些缓冲区中,以备下一次中断时缓冲区中有数据可被取走。USB_WriteISR()所要做的就是协调各任务的数据按一定规则发送到主机。该函数如程序清单 2.48 所示。

**程序清单 2.48　数据发送中断处理函数 USB_WriteISR()**

```
void USB_WriteISR(CTRL_USB * pUsb,INT8U endp,INT32U eppsize,INT8U buffnums)
{
    INT32U len;
    INT8U * pBuff,i,endpstatus;
    D12_ReadLastTransactionStatus(endp);                 //复位中断寄存器
```

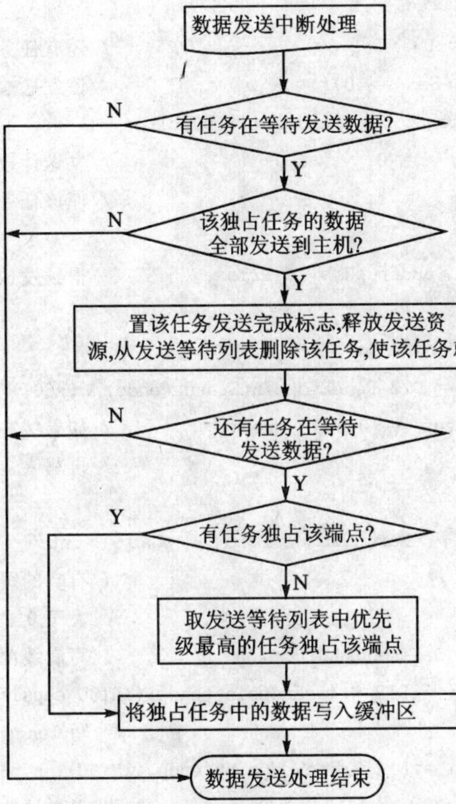


**图 2.31　数据发送中断处理函数流程图**

```
if (pUsb->Grp != 0){                                                        (1)
    if (pUsb->Cnt >= pUsb->Max[pUsb->Prio]){ //独占任务全部数据写入缓冲区      (2)
        endpstatus = D12_ReadEndpointStatus(endp) & 0x60;
        if (endpstatus == 0){                  //缓冲区中的数据全部发送完毕       (3)
            pUsb->Sem   = 0;                   //释放该端点的发送资源
            pUsb->Max[pUsb->Prio] = 0;         //置正确发送标志为 0
            USB_DelPrio(pUsb,pUsb->Prio);      //将该任务从等待队列中删除
            OSTimeDlyResume(pUsb->Prio);       //使该任务就绪
        }else
            return;
    }
}else
    return;
```

```
        if (pUsb->Grp != 0){                          //还有任务在等待发送数据        (4)
            if (pUsb->Sem == 0){                      //该发送端点可以使用            (5)
            pUsb->Prio = USB_GetHighPrio(pUsb);
            pUsb->Cnt   = 0;                          //发送计数清 0
            pUsb->Sem   = 1;                          //使该任务独占该发送资源
        }
        pBuff = pUsb->pBuff[pUsb->Prio];              //得到发送缓冲区指针

        for (i = 0; i < buffnums; i++){                                               (6)
            endpstatus = D12_ReadEndpointStatus(endp) & 0x60;
            if (endpstatus == 0x60)  break;           //如果缓冲区全部都满,那么不可以
                                                      //再写入                        (7)

            len = pUsb->Max[pUsb->Prio] - pUsb->Cnt;
            if (len > 0){                             //有空的缓冲区,而且等待发送字节数
                                                      //大于 0                        (8)
                if (len >= eppsize)                   //写满缓冲区                    (9)
                    len = D12_WriteEndpoint(endp,(INT8U)eppsize,pBuff + pUsb->Cnt);
                else                                  //写 len 个字节
                    len = D12_WriteEndpoint(endp,(INT8U)len,pBuff + pUsb->Cnt);
                pUsb->Cnt = pUsb->Cnt + len;          //发送计数器加上实际上发送的字节
            }//end of if (len > 0)
        }//end of for()
    }//end of if (pUsb->Grp != 0)
}
```

程序清单 2.48(1)　如果有任务在等待发送数据,则执行下面的工作;否则什么事也不做就返回了。

程序清单 2.48(2)　独占发送端点的任务已经将它要发送的全部数据写入到缓冲区中。

程序清单 2.48(3)　缓冲区为空,说明独占该发送端点的任务的数据已经完全发送到USB 主机了。这时,该任务必须释放对该端点的独占,置发送完成标志为 0(pUsb->Max[pUsb->Prio] = 0;),并将该任务从 USB 发送控制块的等待任务列表中删除,同时使该任务就绪。这样就保证了数据的完整发送。

程序清单 2.48(4)　经过以上处理(可能有任务从等待列表中删除了),如果还有任务在等待发送数据,那么还得进行下面的处理。

程序清单 2.48(5) 判断该端点是否已被其他任务独占。如果未被独占，则从等待任务列表中取出优先级最高的任务独占该端点，同时发送计数器 pUsb->Cnt必须清 0。

程序清单 2.48(6) 根据该端点缓冲区的个数，决定写缓冲区的次数。如果为端点 1，则发送缓冲区个数 buffnums = 1，只循环 1 次；如果为端点 2，则 buffnums = 2，循环 2 次。

程序清单 2.48(7) 如果缓冲区满了，无论如何都不能再写数据了，立即跳出循环。

程序清单 2.48(8) 只有独占任务未发送字节数大于 0，才允许写缓冲区。

程序清单 2.48(9) 如果未发送字节数大于缓冲区的大小，那么一次可写入整个缓冲区；否则只能写入未发送的字节。

有了以上两个函数，往端点 1 或 2 发送数据时，只须调用 USB_WritePort()函数即可。往端点 1 或 2 发送数据的 API 函数见程序清单 2.49 所示的两个函数。

**程序清单 2.49　往端点 1 和端点 2 发送数据**

```
INT8U WritePort1(INT32U len,INT8U * sendbuff,INT16U timeout)
{
    return (USB_WritePort(3,16,1,&UsbSend_Ep1,sendbuff,len,timeout));
}              //往端点 1(端点索引号 3)发送数据

INT8U WritePort2(INT32U len,INT8U * sendbuff,INT16U timeout)
{
    return (USB_WritePort(5,64,2,&UsbSend_Ep2,sendbuff,len,timeout));
}              //往端点 2(端点索引号 5)发送数据
```

而端点 1 和 2 发生发送数据中断时，只须调用发送数据处理函数 USB_WriteISR()，调用过程见程序清单 2.32(PDIUSBD12 中断服务程序)。程序清单 2.50 是 PDIUSBD12 中断服务程序调用该函数的片断。

**程序清单 2.50　调用端点 1 和端点 2 发送数据处理中断服务程序片断**

```
if(i_st & D12_INT_ENDP1IN)
    USB_WriteISR(&UsbSend_Ep1,3,16,1);        //端点 1(端点索引号 3)发送数据处理
    ⋮
if(i_st & D12_INT_ENDP2IN)
    USB_WriteISR(&UsbSend_Ep2,5,64,2);        //端点 2(端点索引号 5)发送数据处理
```

## 2.8 协议层

协议层处理标准的 USB 设备请求,还有特殊的厂商请求,例如 DMA 等。USB 主机通过标准 USB 设备请求,可设定和获取 USB 设备的有关信息,完成 USB 设备的枚举。

所有的请求都是通过端点 0 接收和发送 SETUP 包来完成的。如图 2.32 所示,接收主机 SETUP 包的函数为 ep0_rxdone(),所有 SETUP 包都由函数 control_handler()来处理,发送 SETUP 包的函数为 ep0_txdone()。

SETUP 包的接收和发送通过控制传输结构全局变量 CONTROL_XFER ControlData 来控制,它实现了以上 3 个函数之间的通信。CONTROL_XFER 结构体的定义见程序清单 2.2。

上述几个函数及 ControlData 变量之间的关系如图 2.32 所示。

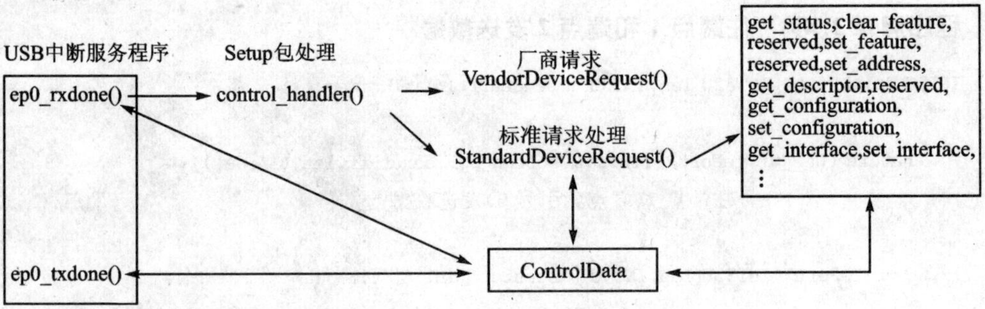


图 2.32 USB 协议层

标准设备请求的过程如图 2.32 所示。其过程为:

① 设备收到来自主机端点 0 的数据,发生中断,调用控制端点接收数据处理函数ep0_rxdone()。

② 如果 ep0_rxdone()收到 SETUP 包,则调用 control_handler()来处理 SETUP 包。

③ 如果请求为 USB 标准请求,那么调用标准请求处理函数 StandardDeviceRequest(),该函数再根据设备请求的内容调用 get_status()和 clear_feature()等标准请求处理函数。如果请求为其他类型,例如厂商请求,那么调用厂商请求处理函数 VendorDeviceRequest()。

④ 标准请求处理函数 get_status()和 clear_feature()等将需要发送的数据放入 ControlData中,在端点 0 发送中断时调用函数 ep0_txdone()将数据发送到主机。

CONTROL_XFER ControlData 在这里起了数据交换缓冲区的作用。

标准请求处理函数 get_status()、clear_feature()等各函数之间以及 ep0_rxdone()和 ep0_txdone()之间存在一定的相关性,如 set_feature()和 clear_feature()是两个相反的动作。

所以这些函数之间还需要进行通信。这里定义一个 USB 事件标志结构体来完成这方面的工作。该结构体如程序清单 2.51 所示，该结构体在 chap_9.h 中定义。

**程序清单 2.51　USB 事件标志**

```
typedef union _epp_flags
{
    struct _flags
        {
            unsigned  remote_wakeup       : 1;      //远程唤醒标志
            unsigned  control_state       : 2;      //控制端点处理状态
                                                    //0: IDEL          空闲状态
                                                    //1: TRANSMIT      数据发送状态
                                                    //2: RECEIVEL      数据接收状态
            unsigned  configuration       : 1;      //配置标志(0: 未配置; 1: 已经配置)
            unsigned  command             : 1;      //未使用
        } bits;
        INT16U value;
} EPPFLAGS;
```

这个 USB 事件标志还有很多位未使用，目的是保留给用户在增加其他请求时使用。

在 chap.c 中定义了该结构体的一个全局变量 EPPFLAGS bEPPflags。

下面将根据图 2.32 这个 USB 协议层的示意图，从左到右分析各个函数。这种设计方式称为从上到下、从整体到局部的设计方法。

## 1. 控制端点数据收/发数据处理

控制端点的数据收/发称为控制传输。控制端点数据接收 ep0_rxdone() 和数据发送 ep0_txdone() 都在 PDIUSBD12 的中断服务程序中进行，其调用过程见程序清单 2.32 (PDIUSBD12中断服务程序)。程序清单 2.52 是 PDIUSBD12 中断服务程序调用这两个函数的片断。

**程序清单 2.52　调用控制端点收/发数据处理程序片断**

```
if(i_st & D12_INT_ENDP0IN)
    ep0_txdone();                    //控制端点发送数据处理
if(i_st & D12_INT_ENDP0OUT)
    ep0_rxdone();                    //控制端点接收数据处理
```

控制传输都是以主机对设备发送请求的方式进行的，即主机是主动请求，而设备(如 PDIUSBD12)为被动接收，设备根据请求内容决定是否进行数据的收/发。控制传输一般分为

3 个阶段：设置阶段、数据阶段(“无数据控制”传输类型没有此阶段)以及状态阶段。因此，主机对外围设备产生起始作用的 3 种基本控制传输为 控制读取、控制写入和无数据控制。如表 2.23 所列。

**表 2.23　控制传输**

| 传输类型 | 设置阶段 | 数据阶段 | 状态阶段 |
|---|---|---|---|
| 控制读取 | SETUP | IN… …IN | OUT |
| 控制写入 | SETUP | OUT… …OUT | IN |
| 无数据控制 | SETUP | ……… | IN |

## 2. 控制端点接收数据

控制端点接收首先判断接收到的数据类型，接收的数据类型有两种可能：一是建立包，另一个是数据。即可能是表 2.23 所列的控制写入(写入的意思是主机发送数据到设备)或无数据控制的 SETUP 包，或控制写入的数据包。因此，ep0_rxdone()需要做的工作分为两大部分：一方面是处理 SETUP 包(建立包)，另一方面是接收数据或进入等待状态。如图 2.33 所示。

由图 2.33 中，可以看出：如果接收到的 SETUP 包是没有要求有数据阶段的，即表 2.23 中的“无数据控制”，那么不需要进行“接收数据”的工作。

如果接收到 SETUP 包要求有数据阶段，即表 2.23 中的控制写入，那么“处理建立包”中将对 bEppflags. bits. control_state 进行标志。等到下一次发生控制端点数据接收中断时，将转到接收数据部分进行数据阶段的接收。bEppflags. bits. control_state 在这里起协调作用。

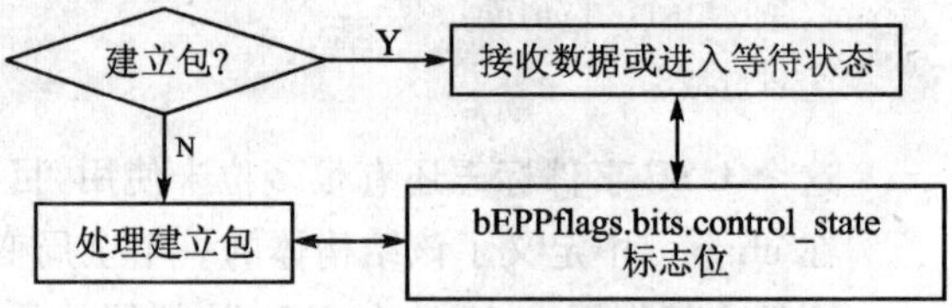


**图 2.33　ep0_rxdone()需处理的两大部分**

下面详细分析 void ep0_rxdone(void)。按它所要完成的工作分为两部分来介绍。

### 1) 处理建立包

ep0_rxdone()函数中接收建立包的流程如图 2.34 所示。图中首先判断是否收到了建立包，如果是，才对接收到的建立包进行处理；否则转到接收数据部分。ep0_rxdone()函数见程序清单 2.53 所示。

**程序清单 2.53　控制端点数据接收处理 ep0_rxdone()**

```
void ep0_rxdone(void)
{
    INT8U ep_last, i;
    INT8U req[sizeof(DEVICE_REQUEST)];                    //SETUP 包接收缓冲区
```

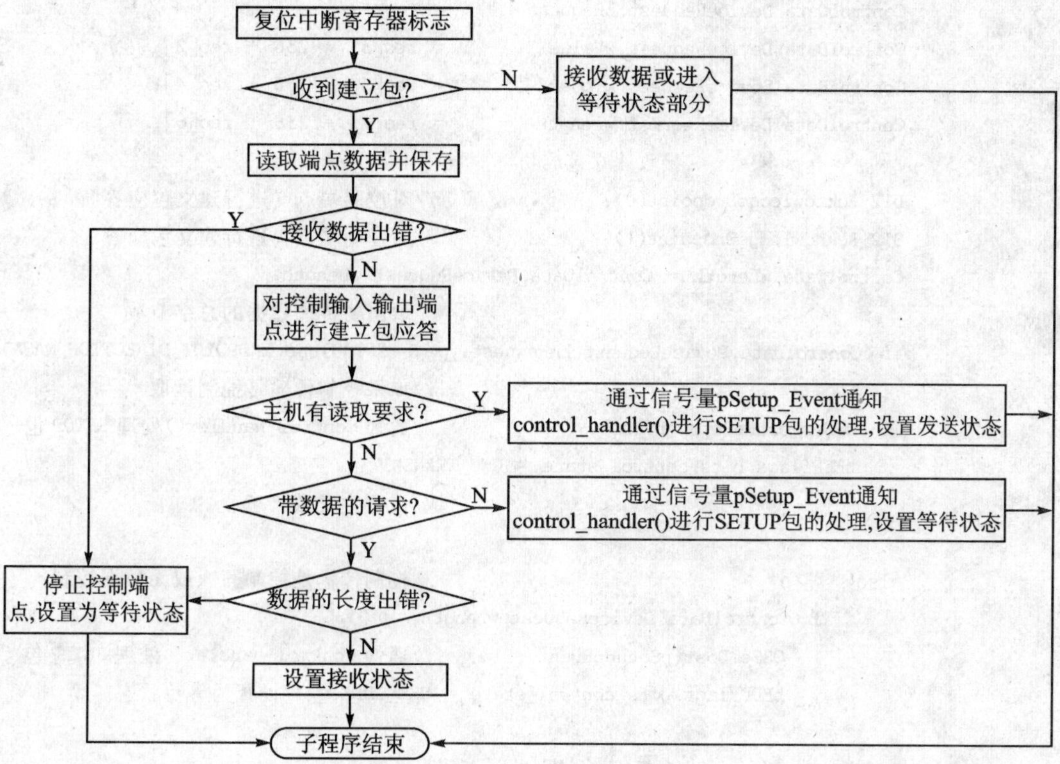


图 2.34　控制端点接收 SETUP 包

```
ep_last = D12_ReadLastTransactionStatus(0);  //清除中断寄存器状态,取得最后处理状态
if (ep_last & D12_SETUPPACKET) {              //如果收到了建立包(SETUP 包)          (1)
    ControlData.wLength = 0;                  //传输字节总数清 0
    ControlData.wCount = 0;                   //传输字节计数器清 0
    if(D12_ReadEndpoint(0, sizeof(ControlData.DeviceRequest),req)
                     != sizeof(DEVICE_REQUEST) ) {
                                              //从端点 0 读 8 字节失败              (2)
        D12_SetEndpointStatus(0, 1);          //停止控制端点 0
        D12_SetEndpointStatus(1, 1);          //停止控制端点 1
        bEPPflags.bits.control_state = USB_IDLE;  //设置为等待状态
        return;
    }
    /******* 以下语句解决通信中的大、小端问题,使该函数与编译器无关 ****/
    ControlData.DeviceRequest.bmRequestType = req[0];
```

```
        ControlData.DeviceRequest.bRequest        = req[1];
        ControlData.DeviceRequest.wValue          = req[3] * 256 + req[2];
        ControlData.DeviceRequest.wIndex          = req[5] * 256 + req[4];
        ControlData.DeviceRequest.wLength         = req[7] * 256 + req[6];
        /* * * * * * * * *  接收建立包成功 * * * * * * * * * * * */
        D12_AcknowledgeEndpoint(0);               //对控制端点 0 进行建立包应答
        D12_AcknowledgeEndpoint(1);               //对控制端点 1 进行建立包应答
        ControlData.wLength = ControlData.DeviceRequest.wLength;
                                                  //取出要传输数据的总字节数
        if (ControlData.DeviceRequest.bmRequestType & (INT8U)USB_ENDPOINT_DIRECTION_MASK) {
                                                  //如果控制传输是控制读取          (3)
            OSSemPost(pSetup_Event);              //通知 control_handler()处理 SETUP 包
            bEPPflags.bits.control_state = USB_TRANSMIT;
                                                  //设置为发送状态
        }
        else{                                     //控制传输是控制写入或无数据控制
            if (ControlData.DeviceRequest.wLength == 0) {                           (4)
                OSSemPost(pSetup_Event);          //通知 control_handler()处理 SETUP 包
                bEPPflags.bits.control_state = USB_IDLE;  //设置为等待状态
            }
            else {                                                                  (5)
                if (ControlData.DeviceRequest.wLength > MAX_CONTROLDATA_SIZE) {
                                                  //数据长度出错
                    bEPPflags.bits.control_state = USB_IDLE;  //设置为等待状态
                    D12_SetEndpointStatus(0, 1);  //停止控制端点 0
                    D12_SetEndpointStatus(1, 1);  //停止控制端点 1
                }
                else
                    bEPPflags.bits.control_state = USB_RECEIVE;  //设置为接收状态
            }// set command with data
        }// else set command
    }// if setup packet

    /* * * * *    下面为控制写入的数据阶段  * * * * * * * * * * * * * * * * */
    else if (bEPPflags.bits.control_state == USB_RECEIVE) {  //为接收状态         (6)
        i = D12_ReadEndpoint(0, EP0_PACKET_SIZE,
        ControlData.dataBuffer + ControlData.wCount);  //从端点 0 接收数据
```

```
            ControlData.wCount += i;                //统计已接收的字节数
            if( i != EP0_PACKET_SIZE || ControlData.wCount >= ControlData.wLength) {
                                                    //数据接收完毕
                OSSemPost(pSetup_Event);            //通知 control_handler()
                                                    //处理 SETUP 包                    (7)
                bEPPflags.bits.control_state = USB_IDLE;  //设置为等待状态
            }
        }else
            bEPPflags.bits.control_state = USB_IDLE;  //设置等待状态
}
```

程序清单 2.53(1) 接收到了建立包。

程序清单 2.53(2) 接收建立包出错。

程序清单 2.53(3) 接收到的建立包要求进行控制读取，即表 2.23 中的“控制读取”，那么标志 bEPPflags.bits.control_state 为发送状态，等到再次发生控制端点数据发送中断时，通过 ep0_txdone()将数据发送出去。

程序清单 2.53(4) 接收建立包为表 2.23 中的“无数据控制”。

程序清单 2.53(5) 接收建立包为表 2.23 中的“控制写入”，主机告诉设备将有数据发送到设备。该函数先判断即将发送来的数据长度是否正确，如果正确，才标志 bEPPflags.bits.control_state 为接收状态。

**2）控制传输数据接收部分**

只有当控制传输要求控制写入时，即 bEPPflags.bits.control_state 被标志为接收状态时才会执行到这段程序。这段程序请见程序清单 2.53(6)至该函数的结束部分。这部分的流程图如图 2.35 所示。

这一部分是在设备接收到建立包后，建立包显示该控制传输还有数据阶段，于是置建立包处理阶段标志 bEPPflags.bits.control_state 为接收状态。当再一次发生控制传输的数据接收中断时，进入接收数据阶段，即表 2.23 中“控制写入”的数据阶段。

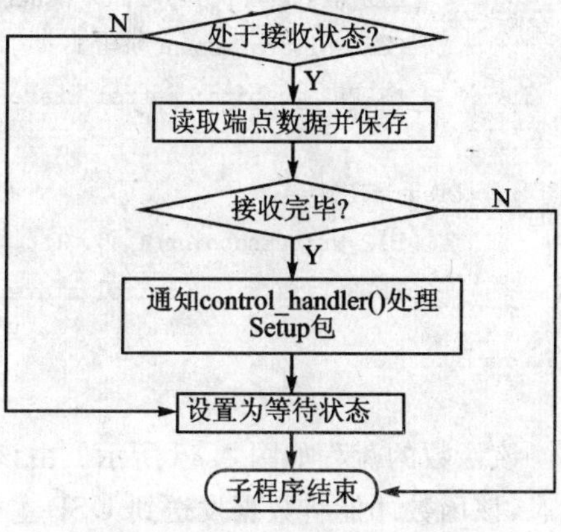


图 2.35 控制端点接收数据阶段

程序清单 2.53(7) 所需数据接收完毕，那么通知 control_handler()处理控制传输接收到的数据。

### 3. 控制端点发送数据

控制端点发送的 ep0_txdone()函数用于将控制传输的数据输出。该函数如程序清单2.54 所示。

**程序清单 2.54　控制端点数据发送处理的 ep0_txdone()函数**

```
void ep0_txdone(void)
{
    INT16 i = ControlData.wLength - ControlData.wCount;     //计算未发送的字节数

    D12_ReadLastTransactionStatus(1);                        //清除中断寄存器标志位
    if (bEPPflags.bits.control_state != USB_TRANSMIT){       //非发送状态
        single_transmit(0, 0);
        return;                                              //返回
    }
    if( i >= EP0_PACKET_SIZE) {                              //未发送字节数大于16,发送16字节
        D12_WriteEndpoint(1, EP0_PACKET_SIZE, ControlData.pData + ControlData.wCount);
        ControlData.wCount += EP0_PACKET_SIZE;
        bEPPflags.bits.control_state = USB_TRANSMIT;
    }
    else if( i != 0) {                                       //发送所有未发送的字节
        D12_WriteEndpoint(1, i, ControlData.pData + ControlData.wCount);
        ControlData.wCount += i;
        bEPPflags.bits.control_state = USB_IDLE;             //置状态为等待状态
    }
    else if (i == 0){
        D12_WriteEndpoint(1, 0, 0);                          //发送完毕,发0字节
        bEPPflags.bits.control_state = USB_IDLE;
    }
}
```

该函数的流程如图 2.36 所示。由该图可见,只有 bEPPflags.bits.control_state 置为发送状态,该函数才能将数据发送到 USB 主机上。

### 4. 控制传输处理

控制传输处理函数已在应用层的第 2.7.2 小节(控制传输处理)中介绍过,它只有在信号量 pSetup_Event 有效时,才调用控制传输处理函数 control_handler()进行 SETUP 包的处理。而发送该信号量的函数为控制端点数据接收处理函数 ep0_rxdone(),具体请见该函数的流程图以及程序清单。

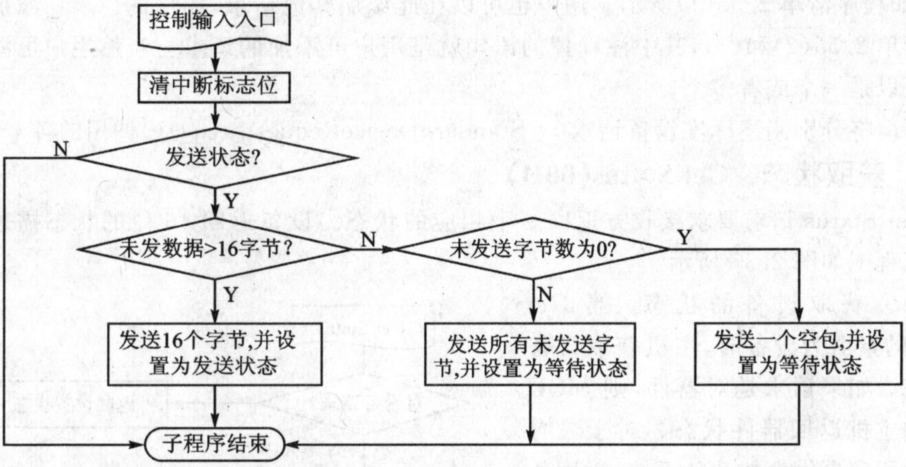


图 2.36 控制输入处理流程

控制传输处理函数如程序清单 2.55 所示。

**程序清单 2.55 control_handler()函数**

```
void control_handler()
{
    INT8U type, req;

    type = ControlData.DeviceRequest.bmRequestType & USB_REQUEST_TYPE_MASK;
                                                    //读取请求类型码
    req = ControlData.DeviceRequest.bRequest & USB_REQUEST_MASK;
                                                    //读取请求号
    if (type == USB_STANDARD_REQUEST)
          ( * StandardDeviceRequest[req])();  //标准请求处理                    (1)
       //else if (type == USB_VENDOR_REQUEST)
       //     ( * VendorDeviceRequest[req])();  //厂商请求                      (2)
       //else if(type == USB_CLASS_REQUEST)
       //     ( * ClassDeviceRequest[req])();   //类请求,例如大容量类            (3)
    else
          stall_ep0();                          //无效请求,返回 STALL
}
```

该函数首先从结构体 ControlData 读出请求的类型 type，然后读取请求号。再根据请求的类型 type,使用请求号 req 作为该请求的索引号,从而调用请求函数指针数组中的各个处理函数,如程序清单 2.55(1)所示。用户也可以在此添加其他请求,如厂商请求。添加的方法见程序清单 2.55(2)和(3),其中注释掉的语句就是用户可添加的请求。当然用户可添加的请求数量可以是一个或者多个。

下面将分别阐述标准设备请求(*StandardDeviceRequest[req])()调用的各个函数。

### 1. 获取状态 Get Status(00H)

Get Status 请求要求接收方返回一个相应的状态。设备返回 16 位的状态描述。具体的工作流程图如图 2.37 所示。

(1) 获取设备的状态。当 Get Status的索引为设备时,主机获取设备的状态。如果请求是对器件,则 MCU 必须向主机返回器件状态。对于具有远程唤醒和自供电能力的系统,返回数据应该是 0x0003。

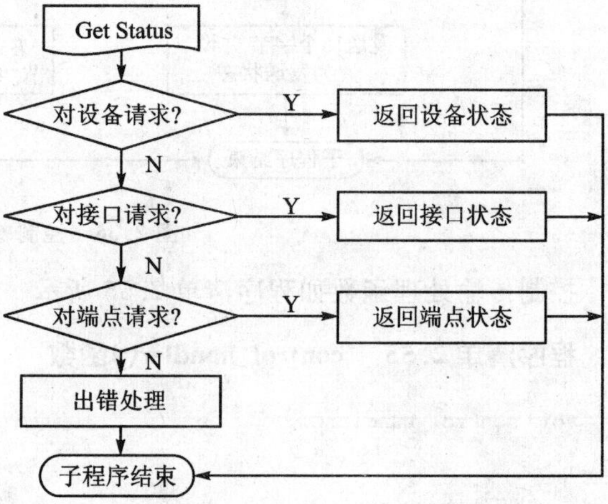


图 2.37 Get Status 工作流程

返回值信息如下:

Bit0:自供电(0:总线供电;1:自供电)。

Bit1:远程唤醒(0:不支持远程唤醒;1:支持远程唤醒)。

Bit2~Bit15:保留(复位为 0)。

(2) 获取接口的状态。接口状态的 16 位字节全部保留,所以返回 0x0000 就可以了。

(3) 获取端点的状态。一个端点有输入和输出两个端点号。这里使用了索引 Bit7 来标识要求返回的端点地方向,Bit7=1 时,返回输入端点的状态;Bit7=0 时,返回输出端点的状态。返回值信息如下:

Bit0:Halt(0:端点允许;1:端点禁止);

Bit1~Bit15:保留(复位为 0)。

获取状态函数见程序清单 2.56。该函数中用 if…else…语句判断获取请求的类型,然后经过处理后返回相应状态。各个宏定义如 USB_RECIPIENT_DEVICE 等请见Descriptor.h文件。如果请求为非标准请求,那么调用 stall_ep0(),发送 STALL,使控制端点停止。

**程序清单 2.56 获取状态函数 GetStatus()**

```
void get_status(void)
{
    INT8U endp, txdat[2], c;
```

```
    INT8U bRecipient = ControlData.DeviceRequest.bmRequestType & USB_RECIPIENT;
                                                                //取得请求类型
    if (bRecipient == USB_RECIPIENT_DEVICE) {                   //对设备请求
        if(bEPPflags.bits.remote_wakeup == 1)
            txdat[0] = 3;                                       //支持远程唤醒,自供电
        else
            txdat[0] = 1;                                       //不支持远程唤醒,自供电
        txdat[1] = 0;                                           //高 8 位为 0
        single_transmit(txdat, 2);                              //发送 16 位的状态到主机

    } else if (bRecipient == USB_RECIPIENT_INTERFACE) {        //对接口请求
        txdat[0] = 0;
        txdat[1] = 0;
        single_transmit(txdat, 2);                              //发送 16 位的状态到主机

    } else if (bRecipient == USB_RECIPIENT_ENDPOINT) {         //对端点请求
        endp = (INT8U)(ControlData.DeviceRequest.wIndex & MAX_ENDPOINTS);
        if (ControlData.DeviceRequest.wIndex & (INT8U)USB_ENDPOINT_DIRECTION_MASK)
            c = D12_SelectEndpoint(endp * 2 + 1);               //读取输入端点状态
        else
            c = D12_SelectEndpoint(endp * 2);                   //读取输出端点状态
        if(c & D12_STALL)
            txdat[0] = 1;                                       //端点禁止
        else
            txdat[0] = 0;                                       //端点有效
        txdat[1] = 0;
        single_transmit(txdat, 2);                              //发送 16 位的状态到主机
    } else
        stall_ep0();                                            //非标准请求,发 STALL
}
```

## 2. 清除特性 Clear Feature(01H)

Clear Feature 用来清除或禁止设备一个特定的特性。当接收到 Clear Feature 请求后,设备就执行相应的操作,并返回一个空的数据表示执行完毕。如果 Clear Feature 请求的特性不能清除或根本不存在,就发一个停止(STALL)的握手信号。Clear Feature 的工作流程如图 2.38 所示。

Clear Feature 的功能有两个,分别对应前面的 USB 特性选择符。当设备请求的值为 1 时,清除设备的远程唤醒功能;当设备请求的值为 0 时,清除索引号对应的输入或输出端点的

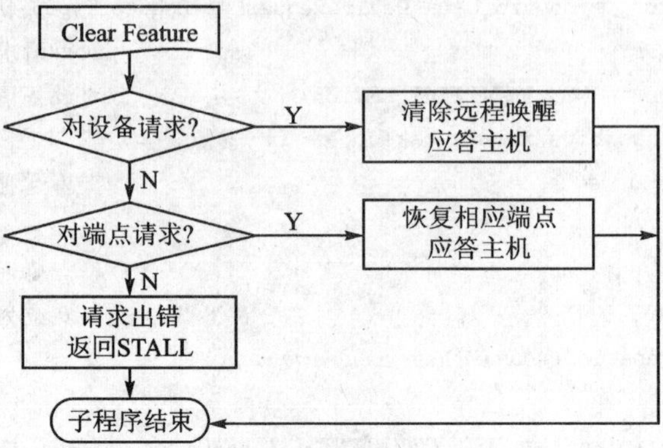


图 2.38　Clear Feature 工作流程

禁止功能,恢复其使用权。Clear Feature 函数见程序清单 2.57。

**程序清单 2.57　clear_feature()函数**

```
void clear_feature(void)
{
    INT8U endp;                                         //读取请求类型中的接收方
    INT8U bRecipient = ControlData.DeviceRequest.bmRequestType & USB_RECIPIENT;
                                                        //读取请求类型
    if (bRecipient == USB_RECIPIENT_DEVICE              //对设备请求
        && ControlData.DeviceRequest.wValue == USB_FEATURE_REMOTE_WAKEUP) {
        OS_ENTER_CRITICAL();                            //清除远程唤醒特性
        bEPPflags.bits.remote_wakeup = 0;               //清 0 远程唤醒标志
        OS_EXIT_CRITICAL();
        single_transmit(0, 0);                          //返回一个空的数据表示执行完毕
    }
    else if (bRecipient == USB_RECIPIENT_ENDPOINT       //对端点请求
       && ControlData.DeviceRequest.wValue == USB_FEATURE_ENDPOINT_STALL) {
        //清除端点禁止特性,恢复其使用
        endp = (INT8U)(ControlData.DeviceRequest.wIndex & MAX_ENDPOINTS);
        if (ControlData.DeviceRequest.wIndex & (INT8U)USB_ENDPOINT_DIRECTION_MASK)
            D12_SetEndpointStatus(endp * 2 + 1, 0);     //清除控制输入端点 STALL 特性
        else
            D12_SetEndpointStatus(endp * 2, 0);         //清除控制输出端点 STALL 特性
        single_transmit(0, 0);                          //返回一个空的数据表示执行完毕
    } else
```

```
            stall_ep0();                                        //没有该请求,返回 STALL
        }
    }
```

### 3. 设置特性　Set Feature(03H)

Set Feature 用来设置或允许一个特性。Set Feature 与 Clear Feature 是两个相反的动作。当接收到 Set Feature 请求后,设备就执行相应的操作,并返回一个空的数据表示执行完毕。如果 Set Feature 请求的特性不能清除或根本不存在,就发送一个停止(STALL)的握手。

Set Feature 的功能有两个,分别对应前面的 USB 特性选择符。当设备请求的值为 1 时,设置设备的远程唤醒功能;当设备请求的值为 0 时,禁止索引号对应的输入或输出端点的使用权。例如,如果特征选择器是 0(意味着对端点的使能),PDIUSBD12 指定的端点必须通过“PDIUSBD12 设置端点状态”命令停止。

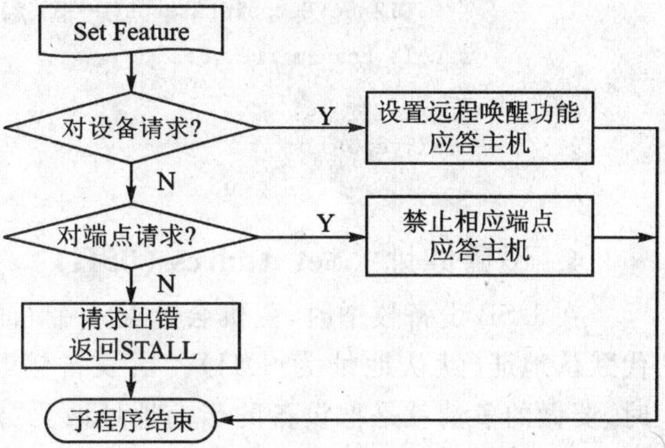


图 2.39　Set Feature 工作流程

Set Feature 的工作流程如图 2.39 所示。函数见程序清单 2.58。

**程序清单 2.58　set_feature()函数**

```
void set_feature(void)
{
    INT8U endp;                                             //读取请求类型中的接收方
    INT8U bRecipient = ControlData.DeviceRequest.bmRequestType & USB_RECIPIENT;
                                                            //读取请求类型
    if (bRecipient == USB_RECIPIENT_DEVICE                  //对设备请求
        && ControlData.DeviceRequest.wValue == USB_FEATURE_REMOTE_WAKEUP) {
                                                            //设置远程唤醒特性
        OS_ENTER_CRITICAL();
        bEPPflags.bits.remote_wakeup = 1;                   //置 1 远程唤醒标志
        OS_EXIT_CRITICAL();
        single_transmit(0, 0);                              //返回一个空的数据表示执行完毕
    }
```

```
    else if (bRecipient == USB_RECIPIENT_ENDPOINT   //对端点请求
        && ControlData.DeviceRequest.wValue == USB_FEATURE_ENDPOINT_STALL) {
        //禁止端点
        endp = (INT8U)(ControlData.DeviceRequest.wIndex & MAX_ENDPOINTS);
        if (ControlData.DeviceRequest.wIndex & (INT8U)USB_ENDPOINT_DIRECTION_MASK)
            D12_SetEndpointStatus(endp * 2 + 1, 1); //设置输入端点禁止
        else
            D12_SetEndpointStatus(endp * 2, 1);     //设置输出端点禁止
        single_transmit(0, 0);                      //返回一个空的数据表示执行完毕
    } else
        stall_ep0();                                //没有该请求,返回 STALL
}
```

### 4. 设置地址  Set Address(05H)

在 USB 设备枚举时,主机会分配一个新的地址给设备以取代默认地址(默认地址为 00H)。当设备接收到这一设备请求时,要做的事情就是把设备的当前地址改为分配的地址,以后设备就只对新的地址作出响应。注意该设置地址请求不含数据阶段,MCU 需要向主机写一个零长度的数据包作为应答。

Set Address 的工作流程如图 2.40 所示,函数见程序清单 2.59。

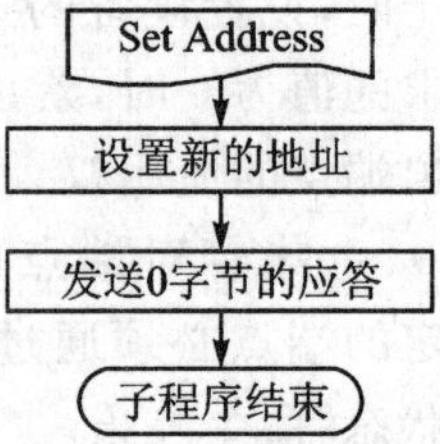


**图 2.40  Set Address 工作流程**

**程序清单 2.59  set_address()函数**

```
void set_address(void)
{
    D12_SetAddressEnable((INT8U)(ControlData.DeviceRequest.wValue &
                          DEVICE_ADDRESS_MASK), 1);
    single_transmit(0, 0);                              //发送一个空的数据响应
}
```

### 5. 获取描述符  Get Descriptor(06H)

Get Descriptor 是主机用来获取 USB 设备相对应的描述符的一个请求。在这里,设备请求值的高 8 位为要求获取描述符的类型(参考表 2.4),设备按照请求类型返回相应的描述符。若存在描述符,则 MCU 必须返回指定的描述符。首先,MCU 将确定描述符类型请求是用于器件还是配置。如果是器件,那么发送器件描述符的前 16 字节在下一个 IN 令牌里再发送剩余的 2 字节。控制返回字节的长度是因为控制缓冲区只有 16 字节的存储区。MCU 设置寄存器 bEPPflags.bits.control_state 的状态以指示传输规格的位置。

Get Descriptor 的工作流程如图 2.41 所示,函数见程序清单 2.60。

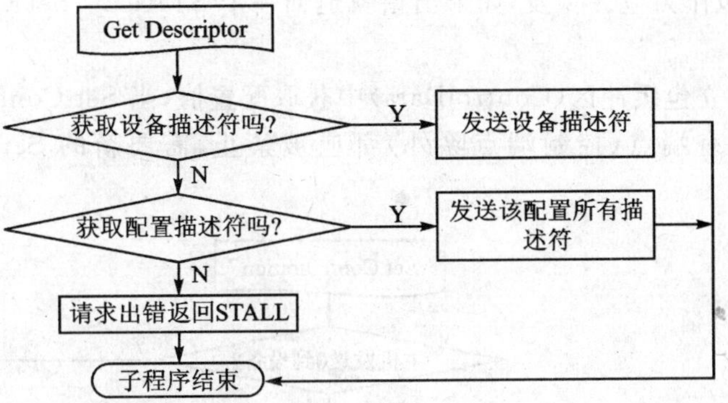


图 2.41 Get Descriptor 工作流程

**程序清单 2.60 get_descriptor()函数**

```
void get_descriptor(void)
{
    INT8U bDescriptor = MSB(ControlData.DeviceRequest.wValue);      //读取请求的描述符类型

    if (bDescriptor == USB_DEVICE_DESCRIPTOR_TYPE){                 //获取设备描述符
        code_transmit((INT8U *)&DeviceDescr, sizeof(USB_DEVICE_DESCRIPTOR));

    }else if (bDescriptor == USB_CONFIGURATION_DESCRIPTOR_TYPE) {   //获取其他描述符
        if (ControlData.DeviceRequest.wLength > CONFIG_DESCRIPTOR_LENGTH){
            ControlData.DeviceRequest.wLength = CONFIG_DESCRIPTOR_LENGTH;
        }
        code_transmit((INT8U *)&(usb_descr.ConfigDescr), ControlData.DeviceRequest.
        wLength);
                                                                    //发送描述符内容
    }else
        stall_ep0();                                                //没有该请求,返回 STALL
}
```

## 6. 设置描述符 Set Descriptor(07H)

Set Descriptor 是一个可选的请求。因为使用的单片机无法更新自己 ROM 里的内容,所以这里就没有使用到固件。如果设备支持这一请求,就更新存在的描述符或添加新的描述符。

## 7. 设置配置 Set Configuration(08H)

Set Configuration 用来选择设备的工作配置。Set Configuration 中的值只能是 0 或与配置描述符中与 bConfiguration Value 相同的值。一旦 Set Configuration 有效,MCU 还需要向

主机发送零数据包作为应答阶段,如果出错就返回一个 STALL。Set Configuration 的工作流程如图 2.42 所示。

MCU 将从建立包缓冲区(ControlData)中获取配置值,当 Set Configuration 为 0 时,设备进入地址状态,所有端点(控制端点除外)都应被禁止,需要新的 Set Configuration 请求来配置。

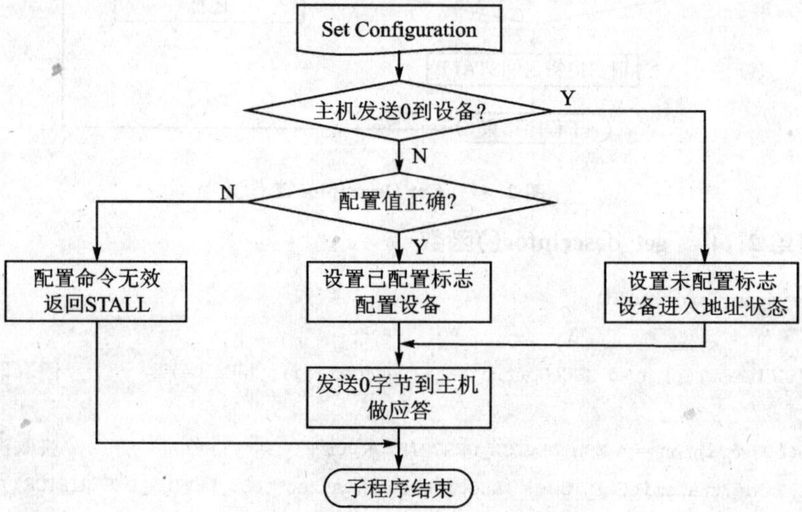


**图 2.42 Set Configuration 工作流程**

只有当 Set Configuration 与 bConfiguration Value 相同时,才使能其他端点。set_configuration()函数如程序清单 2.61 所示。

**程序清单 2.61 set_configuration()函数**

```
void set_configuration(void)
{
    if (ControlData.DeviceRequest.wValue == 0) {          //配置值不对,设备进入未配置状态
        single_transmit(0, 0);                            //发送一个空包响应
        OS_ENTER_CRITICAL();
        bEPPflags.bits.configuration = 0;                 //标记未配置
        OS_EXIT_CRITICAL();
        init_unconfig();                                  //进入地址状态,禁止 0 除外的所有端点

    } else if (ControlData.DeviceRequest.wValue == 1) {//配置设备
        single_transmit(0, 0);                            //发送一个空包响应
        init_unconfig();                                  //进入地址状态,禁止 0 除外的所有端点
```

```
        init_config();                          //配置处理，允许端点收发
        OS_ENTER_CRITICAL();
        bEPPflags.bits.configuration = 1;       //标志已配置
        OS_EXIT_CRITICAL();
    } else
        stall_ep0();                            //没有该请求，返回 STALL
}
```

## 8. 获取配置信息　Get Configuration(09H)

Get Configuration 获取当前的配置信息。如果设备已经配置，则返回信息为当前的配置值(1 个字节)；否则返回 0，表示设备还没有配置。Get Configuration 的工作流程如图 2.43 所示，函数见程序清单 2.62。

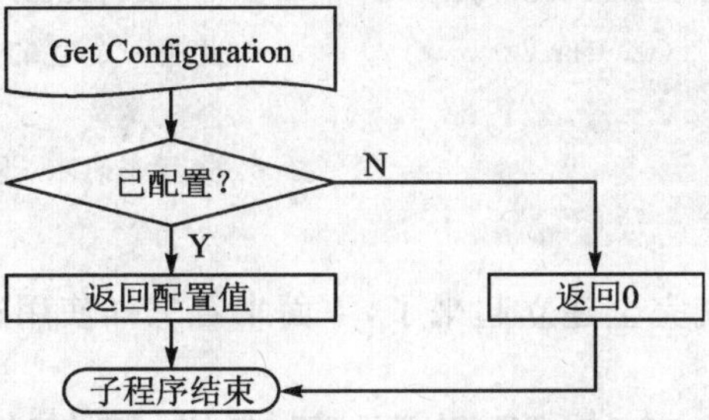


图 2.43　Get Configuration 工作流程

**程序清单 2.62　get_configuration()函数**

```
void get_configuration(void)
{
    INT8U c = bEPPflags.bits.configuration;     //取出配置值

    single_transmit(&c, 1);                     //发送配置值
}
```

## 9. 获取接口信息　Get Interface(0AH)

Get Interface 用于返回当前的接口号。返回信息为 1 个字节。当接口不存在时，设备返回 STALL。Get Interface 的函数见程序清单 2.63。

**程序清单 2.63　get_interface()函数**

```
void get_interface(void)
{
```

```
    INT8U txdat = 0;                              //本设备只有 1 个接口
    single_transmit(&txdat, 1);                   //发送 1 个字节
}
```

### 10. 设置接口 Set Interface(0BH)

当设备支持多接口时,主机用 Set Interface 来选择一个接口。如果选择正确,设备发送一个空的数据表示执行完毕。当接口不存在时,设备返回 STALL。Set Interface 函数见程序清单 2.64。

**程序清单 2.64 set_interface()函数**

```
void set_interface(void)
{
    if (ControlData.DeviceRequest.wValue == 0 && ControlData.DeviceRequest.wIndex == 0)
        single_transmit(0, 0);                   //发送一个空的数据表示执行完毕
    else
        stall_ep0();                             //没有该请求,返回 STALL
}
```

USB 驱动程序到此就完全建立起来了,下面来看怎样使用这个驱动程序包。

## 2.9 USB 驱动程序软件包的使用方法

USB 驱动程序软件包包括的文件如表 2.24 所列,目前本软件包的版本号为 1.0。

**表 2.24 USB 驱动程序软件包主要文件列表**

| 文件名 | 描述及作用 |
|---|---|
| D12Config.h | D12 驱动程序的配置,包括所有与硬件相关的配置 |
| D12HAL.c | USB 设备控制驱动,与具体使用的 MCU 及硬件相关 |
| D12HAL.h | USB 设备控制驱动 D12HAL.c 的头文件 |
| D12CI.c | USB 接口控制驱动,与具体使用的 USB 芯片相关 |
| D12CI.h | USB 接口控制驱动 D12CI.c 的头文件 |
| Descriptor.c | USB 协议层,PDIUSBD12 所有描述符取值 |
| Descriptor.h | USB 描述符结构体的定义,以及 PDIUSBD12 用到的一些宏定义的取值 |
| Chap_9.c | USB 协议层,完成所有与控制传输相关的工作 |

续表 2.24

| 文件名 | 描述及作用 |
|---|---|
| Chap_9.h | USB 协议层 Chap_9.c 的头文件,包含控制传输用到的结构体的定义 |
| D12Driver.c | USB 应用层,包含提供给用户使用的 API 函数 |
| D12Driver.h | USB 应用层 D12Driver.c 的头文件 |

该软件包的默认硬件配置与 2.5 节 USB 设备控制层介绍的一样。使用该软件包时,建议使用工程模板 ARM Executable Image for μC/OS－II(for IPC2200)。

如果用户的硬件配置与软件包的默认配置不同,那么只须修改软件包中 D12Config.h 文件。该文件主要是配置 PDIUSBD12 与 LPC2200 的引脚。D12Config.h 文件中相关配置的修改方法请见 2.5 节 USB 设备控制层。

除此以外,还有几点需要注意:

- 每个 C 文件的开始都包括了头文件(#include "config.h"),该头文件是工程模板 ARM Executable Image for μC/OS－II(for IPC2200)的配置文件,软件包中 C 文件都已经默认加上该头文件默认已加上。
- 在工程模板的 IRQ.s 文件的 END 语句之前加上如下语句:

```
Usb_Handler     HANDLER Usb_Exception
```

- 由于 PDIUSBD12 收/发大量数据时中断比较频繁,必须修改工程模板中允许中断嵌套的层数,因此 Startup.s 文件的第 2 行应改为(这里的中断嵌套层数只考虑了 PDIUSBD12 的中断以及 μC/OS－II 的时钟中断):

```
IRQ_STACK_LEGTH   EQU   9 * 25      ;每层嵌套需要 9 个字堆栈,允许 25 层嵌套
```

- 该软件包的控制传输处理使用了 1 个信号量,所以在配置 μC/OS－II 使用的最大事件数时,要考虑到该事件。配置 μC/OS－II 使用的最大事件数用 os_cfg.h 文件中的宏定义 OS_MAX_EVENTS 来定义。
- 在软件包的默认硬件配置中,PDIUSBD12 使用了 LPC2200 的外部存储空间的 Bank2 部分,所以必须配置 LPC2200 的 BCFG2 寄存器(这部分在 2.5 节 USB 设备控制层已详细介绍)。在模板的 target.c 的 TargetInit()函数添加以下代码:

```
BCFG2 = 0;
BCFG2 |= (0x04 << 5)|(0x01 << 10)|(0x04 << 11);          //配置 BCFG2 控制寄存器
```

- 工程模板配置外部 RAM 和外部 Flash ROM 总线的访问速度适于大部分型号的 RAM 与 Flash ROM,而且 RAM 和 Flash ROM 这两部分分别占用了外部存储器的 Bank0 和 Bank1。必须重新配置访问这些器件的数据总线与地址总线的有关参数,这

些参数由 BCFG0 和 BCFG1 寄存器控制,这样程序的运行速度才能跟上 PDIUSBD12 的运行速度。这些值配置的具体方法见 LPC2200 的数据手册以及用户所使用的 RAM 与 Flash ROM 的数据手册。程序的运行速度主要与 CPU 主频与外部 RAM、Flash ROM 速度相关。这方面在模板的 target.c 的 TargetResetInit()函数修改。如程序清单 2.65 所示。

**程序清单 2.65　配置 TargetResetInit ()函数**

```
#ifdef __DEBUG                  //Bank0 - RAM, Bank1 - Flash, 外部存储器启动系统
    MEMMAP = 0x3;               //remap
    BCFG0  = 0x10000400;        //外部 RAM
    BCFG1  = 0x10000460;        //外部 Flash
#endif

#ifdef __OUT_CHIP               //Bank0 - Flash, Bank1 - RAM, 外部存储器启动系统
    MEMMAP = 0x3;               //remap
    BCFG0  = 0x10000460;        //外部 Flash
    BCFG1  = 0x10000400;        //外部 RAM
#endif

#ifdef __IN_CHIP                //Bank0 - RAM,Bank1 - Flash ,适用于内部 Flash 存储器启动系统
    MEMMAP = 0x1;               //remap
    BCFG0  = 0x10000400;        //外部 RAM
    BCFG1  = 0x10000460;        //外部 Flash
#endif
```

USB 驱动程序软件包提供给用户读/写端点的函数为:

```
读端点 1: INT8U ReadPort1(INT32U len,INT8U * recbuff,INT16U timeout)
写端点 1: INT8U WritePort1(INT32U len,INT8U * sendbuff,INT16U timeout)
读端点 2: INT8U ReadPort2(INT32U len,INT8U * recbuff,INT16U timeout)
写端点 2: INT8U WritePort2(INT32U len,INT8U * sendbuff,INT16U timeout)
```

调用读/写端点函数 WritePort1()、WritePort2()、ReadPort1()和 ReadPort2()一定要遵守以下规则:

*读/写端点的任务必须保证有机会能调用到以上函数,才能成功收/发数据。*

这是因为以上函数给出了接收数据的缓冲区或发送数据的缓冲区。只有给出了缓冲区,从主机发来的数据才有"地方(接收缓冲区)"让它存放。否则本驱动程序将收到的数据都"扔掉"。同理,只有这些函数给出了需要发送的数据在什么"地方(发送缓冲区)",驱动程序才能

有目的地把数据发送出去。

运行于 μC/OS-II 上的 PDIUSBD12 驱动程序的设计方法就介绍到此，用户可以在此驱动程序的基础上实现其他功能：

- 在本驱动的协议层增加其他请求，如厂商请求、大容量类请求。这样，USB 驱动程序的功能就更加强大了。
- 将本 USB 驱动程序应用到实际工程中，例如利用该驱动实现 USB 编程器，用 USB 控制 LPC2200 的其他外设等等。

总之，请用户发挥想像力，在驱动程序基础上动手编写程序实现更多的实用功能。

# 第3章 CF卡及IDE接口实现与编程

本章详细介绍CF卡(Compact Flash Card)及使用LPC2210 ARM微控制器的GPIO控制CF卡与IDE硬盘的基本原理和应用技术。CF卡有3种工作模式,分别为PC Card ATA I/O模式(I/O口模式)、PC Card ATA Memory模式(Memory模式)和True IDE模式。因为True IDE模式与IDE硬盘兼容,所以本章详细介绍CF卡在True IDE模式下的应用技术。以下内容除了特别说明外,均适用于IDE硬盘。

## 3.1 CF简介

### 3.1.1 CF背景

CF协会(CFA)始建于1995年10月,现在CF存储技术正日益成熟,作为一种小巧、轻便、易携带、低功耗的技术,它提高了人们现有的生活质量。

CF卡的设计观念很简单:能捕获、保存、传送数据及其他音像信息。CF卡在传输数字信号方面有很好的兼容性,其操作软件支持很多不同的数字处理系统。CFA指定并发行了CF标准。其遵循独立厂商规范,使用户能够更好地开发CF系列产品与未来的CF协议兼容,消除兼容性的弊病。

现在CFA已经开发出了CF+规范,进一步将CF的含义扩展到闪存、I/O设备、磁盘数据存储器等方面。CF+的规范中包括了原始的I型卡(3.3 mm厚)及最新的II型卡(5 mm厚)。Compact Flash及一些I/O设备适合于I型卡,II型卡则兼容了更大容量的CF卡、磁盘卡及其他一些I/O设备。

### 3.1.2 CFA目标与宗旨

CFA的目标是鼓励和促进CF+及CF技术作为一个通用开放的标准在全世界被使用。协会的主要宗旨是促进二次开发的可行性;促进CF+规范作为一个工业标准在全球的平台及市场上的推行;保证CF和CF+的兼容性,不断地完善CF+标准以保证其向后兼容性。

### 3.1.3 CF 存储卡总览

CF＋卡已经成为一种小型卡的标准，包括 CF 存储卡、磁盘卡、其他 I/O 卡，当然还包括串行卡 、以太网卡、传真/调制解调卡及无线寻呼卡。

CF＋卡遵循国际个人电脑存储卡协会(The Personal Computer Memory Card International Association)的标准，拥有较高的数据存储容量及很多 I/O 功能。虽然 CF＋卡及 CF 卡只有火柴盒大小，但是它们也能够嵌入在 PC 卡 II 型及 III 型的插槽中使用。

CF 存储卡在 True IDE 模式下运行能与 IDE 磁盘驱动器兼容。其他一些 CF＋卡设备如磁盘卡，也可以在 True IDE 模式下运行。

CF 存储卡卡内拥有智能控制器，可以管理接口协议，数据存储，ECC 码(Error Correcting Code)的修复，错误处理及诊断，电源管理及时钟控制。CF 卡被主控器设置后，可被主控器当作标准的 ATA 磁盘使用。

CF＋规范中还有许多类似的控制器功能，可使 CF＋卡与多种多样的设备配合使用。图 3.1 给出了 CF＋卡与 CF 卡的模式分类。

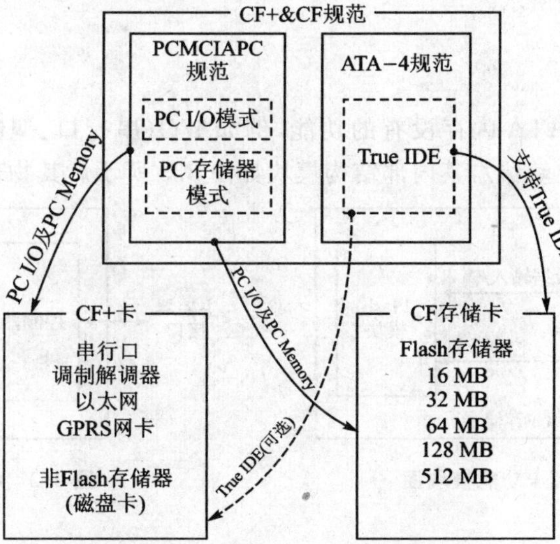


图 3.1 CF＋卡/CF 卡模式分类

### 3.1.4 CF 存储特点与应用

Flash 存储器是近年来发展迅速的一种存储器，属于非易失内存(Non-volatile)。它具有 EEPROM 电擦除的特点，还具有低功耗、密度高、体积小、可靠性高、可擦除、可重写、可重复编程等优点。单片机的 Flash Memory 芯片容量有限，同时接口逻辑比较特殊，在大数据量场合使用会使控制逻辑较为繁琐。集成了多片 Flash 存储器和外部接口、控制机构和协议的 CF 卡可以提供相当可观的存储容量和标准的电气接口协议,可以满足大容量数据处理的要求。

CF 卡在很小的体积内集成了控制装置、Flash Memory 阵列和读/写缓冲区。实际上,控制装置起到了协议转换的作用,将对 Flash Memory 的读/写转化成对 ATA 协议控制器的访问。CF 卡对于缓冲区的设计使用了一种双缓冲结构,在外部设备和 CF 卡通信的同时,使 CF 卡的片内 MCU 可对 Flash Memory 阵列进行读/写。这种设计可以增加 CF 卡数据读/写的可靠性,同时提高数据通信的速率。

## 3.2 CF 存储卡物理层结构

### 3.2.1 CF 存储卡

CF 存储卡内嵌单片控制器及闪存模块,其大小如同火柴盒,连接口为 25 针双排的母插口,点距为 50 mil(1.27 mm)。控制器与主控系统的接口允许数据被闪存模块操作。CF 卡内部结构模块图如图 3.2 所示。

### 3.2.2 CF+卡

CF+卡具备一些 ATA 闪存没有的功能,例如 I/O(串行口、调制解调器、局域网等)、非 Flash 型存储器(硬盘驱动器),其内部结构模块如图 3.3 所示。其物理规范与 CF 卡相同。

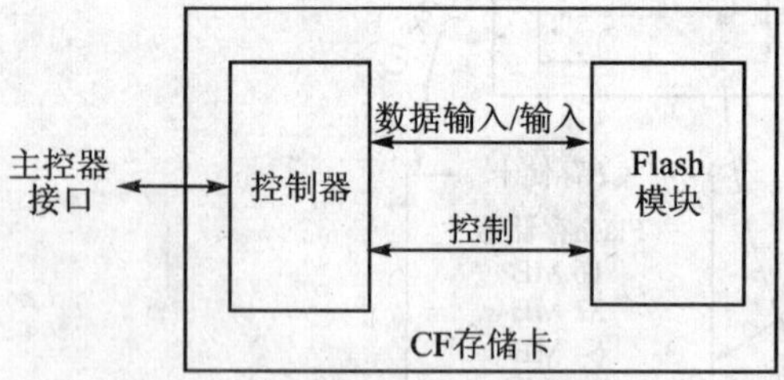


图 3.2 CF 存储卡功能模块图

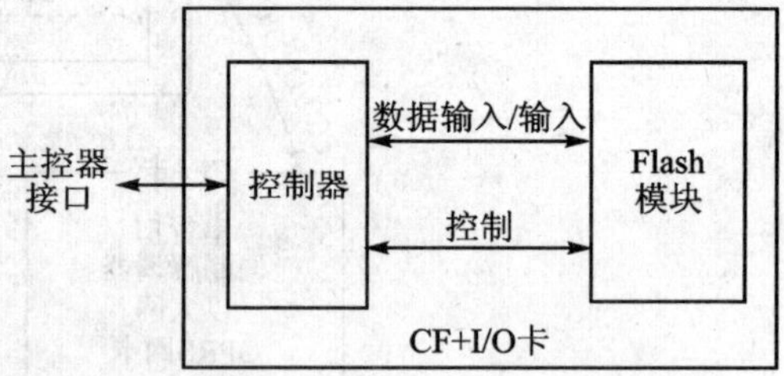


图 3.3 CF+卡模块图

## 3.3 CF 存储卡电气接口

### 3.3.1 物理描述

主控器通过一个 50 针的连接器与 CF 存储卡及 CF+卡连接。连接器为每排 25 针(1.27 mm)的公插头。

信号及引脚设定如表 3.1 所列。引脚类型有输入类型、输出类型或输入/输出类型。3.3.

4 小节定义了所有输入及输出模块的直流特性。

## 3.3.2 电气描述

CF 卡有 3 种基本模式：PC-ATA 卡 I/O 模式、PC-ATA 卡存储体模式和 True IDE 模式。其中的 True IDE 模式与大多数磁盘驱动器兼容。CF 存储卡要求支持以上 3 种模式，CF+卡能在模式 1、2 中正常工作，True IDE 模式为可选模式。

表 3.1 定义了各引脚名称及类型。在主控器端的信号被指定为输入，而在 CF 存储卡/CF+卡的信号则被设定为输出。CF 存储卡/CF+卡逻辑电平的设定可参看 PCMCIA 2.1 版规范。如表 3.1 所列，卡上所有的输出引脚都被标志，除了数据总线上的准双向触发态信号。输入及输出类型定义请参见 3.3.4 小节。表 3.2 分别描述了 CF 卡在 True IDE 工作模式下的各引脚的功能。

**表 3.1 引脚设定及引脚类型**

| 引脚号 | 信号名称 | 引脚类型 | 输入/输出类型 | 引脚号 | 信号名称 | 引脚类型 | 输入/输出类型 |
|---|---|---|---|---|---|---|---|
| 1 | GND | | Groud | 21 | D00 | I/O | I1Z、OZ3 |
| 2 | D03 | I/O | I1Z、OZ3 | 22 | D01 | I/O | I1Z、OZ3 |
| 3 | D04 | I/O | I1Z、OZ3 | 23 | D02 | I/O | I1Z、OZ3 |
| 4 | D05 | I/O | I1Z、OZ3 | 24 | $\overline{\text{IOCS16}}$ | O | OT3 |
| 5 | D06 | I/O | I1Z、OZ3 | 25 | $\overline{\text{CD2}}$ | O | Ground |
| 6 | D07 | I/O | I1Z、OZ3 | 26 | $\overline{\text{CD1}}$ | O | Ground |
| 7 | $\overline{\text{CS0}}$ | I | I3Z | 27 | D11[1] | I/O | I1Z,OZ3 |
| 8 | A10[2] | I | I1Z | 28 | D12[1] | I/O | I1Z,OZ3 |
| 9 | $\overline{\text{ATASEL}}$ | I | I3U | 29 | D13[1] | I/O | I1Z,OZ3 |
| 10 | A09[2] | I | I1Z | 30 | D14[1] | I/O | I1Z,OZ3 |
| 11 | A08[2] | I | I1Z | 31 | D15[1] | I/O | I1Z,OZ3 |
| 12 | A07[2] | I | I1Z | 32 | $\overline{\text{CS1}}$[1] | I | I3Z |
| 13 | $V_{CC}$ | | Power | 33 | $\overline{\text{VS1}}$ | O | Ground |
| 14 | A06[2] | I | I1Z | 34 | $\overline{\text{IORD}}$ | I | I3Z |
| 15 | A05[2] | I | I1Z | 35 | $\overline{\text{IOWR}}$ | I | I3Z |
| 16 | A04[2] | I | I1Z | 36 | $\overline{\text{WE}}$[3] | I | I3U |
| 17 | A03[2] | I | I1Z | 37 | INTRQ | O | OT1 |
| 18 | A02 | I | I1Z | 38 | $V_{CC}$ | | Power |
| 19 | A01 | I | I1Z | 39 | $\overline{\text{CSEL}}$ | I | I2Z |
| 20 | A00 | I | I1Z | 40 | $\overline{\text{VS2}}$ | O | OPEN |

续表 3.1

| 引脚号 | 信号名称 | 引脚类型 | 输入/输出类型 | 引脚号 | 信号名称 | 引脚类型 | 输入/输出类型 |
|---|---|---|---|---|---|---|---|
| 41 | $\overline{\text{RESET}}$ | I | I2Z | 46 | $\overline{\text{PDIAG}}$ | O | OT1 |
| 42 | IORDY | O | OT1 | 47 | D08[1] | I/O | I1Z、OZ3 |
| 43 | RFU | O | OT1 | 48 | D09[1] | I/O | I1Z、OZ3 |
| 44 | RFU[6] | I | I3U | 49 | D10[1] | I/O | I1Z、OZ3 |
| 45 | $\overline{\text{DASP}}$ | O | OT1 | 50 | GND | | Ground |

1　这些信号仅对 16 位系统有用,在 8 位系统中无效。设备应允许设置 3 态信号以省电。

2　主控器上的这些信号应该接地。

3　主控器上的这些信号应该与 $V_{CC}$ 连接。

4　该引脚应保持高电平或在主控器上与 $V_{CC}$ 连接。

**表 3.2　信号描述**

| 信号名 | 方 向 | 引 脚 | 描 述 |
|---|---|---|---|
| A10～A00 | I | 8、10、11、12、14、15、16、17、18、19、20 | 在 True IDE 模式中,A[2:0]可用来选择 Task File(任务文件)中 8 个寄存器中的一个,其他的地址线应该被主控器设置为接地 |
| $\overline{\text{PDIAG}}$ | I/O | 46 | 在 IDE 实模式下,诊断信号可通过主/从握手协议输入/输出 |
| $\overline{\text{DASP}}$ | I/O | 45 | 在 True IDE 模式下,磁盘启动/从盘就绪信号可通过主/从握手协议输入/输出 |
| $\overline{\text{CD1}}$、$\overline{\text{CD2}}$ | O | 26、25 | CF 存储卡及 CF+卡上的这些卡检测引脚接地。它们被主控器用来检测 CF 存储卡及 CF+卡是否完全插进插槽 |
| $\overline{\text{CS0}}$、$\overline{\text{CS1}}$ | I | 7、32 | 在 True IDE 模式下,当$\overline{\text{CS1}}$用来选择辅助状态寄存器及设备控制寄存器,$\overline{\text{CS0}}$为任务文件寄存器的片选信号 |
| $\overline{\text{CSEL}}$ | I | 39 | 卡内部该引脚上拉信号控制设备。当引脚接地,设备被配置为主模式;当引脚为空,设备被配置为从模式 |
| D15～D00 | I/O | 31、30、29、28、27、49、48、47、6、5、4、3、2、23、22、21 | 当所有的数据通过 D[15:0]进行 16 位传输时,任务文件寄存器在总线低位 D[7:0]上以字节方式操作 |
| GND | — | 1、50 | 地 |
| 保　留 | O | 43 | 在 True IDE 模式下,该输出信号无效,无需与主控器连接 |

续表 3.2

| 信号名 | 方 向 | 引 脚 | 描 述 |
|---|---|---|---|
| $\overline{IORD}$ | I | 34 | 读 CF 卡寄存器信号引脚 |
| $\overline{IOWR}$ | I | 35 | 写 CF 卡寄存器信号引脚 |
| $\overline{ATASEL}$ | I | 9 | 为了使能 True IDE 模式,该输入信号线应被主控器接地 |
| INTRQ | O | 37 | 在 True IDE 模式下,该信号线对主控器发出中断请求 |
| 保留 | I | 44 | 该输入信号无效,应被置高或通过主控器连接至 $V_{CC}$ |
| $\overline{RESET}$ | I | 41 | True IDE 模式下,通过主控器,该输入引脚低电平复位 |
| $V_{CC}$ | — | 13、38 | +5 V、+3.3 V 电源 |
| $\overline{VS1}$、$\overline{VS2}$ | O | 33、40 | CF 卡工作电压控测信号。$\overline{VS1}$接地,可使 CF 存储卡/CF+卡在 3.3 V 下被读取,$\overline{VS2}$保留 |
| $\overline{IORDY}$ | O | 42 | 在 True IDE 模式下,该输出信号可当作 IORDY 信号使用 |
| $\overline{WE}$ | I | 36 | 在 True IDE 模式下,该输入信号无效,可通过主控器接 $V_{CC}$ |
| $\overline{IOIS16}$ | O | 24 | 在 True IDE 模式,当设备为一个字数据传输周期时,该输出信号为低 |

## 3.3.3 电气接口

图 3.4 为 CF 卡内部结构简图,图中的箭头从外指向控制器(CONTROLLER)的引脚为输入引脚,从控制器指向外面的引脚为输出引脚,标有双箭头的引脚为输入/输出双向引脚。

在 True IDE 模式下,CF 卡的许多引脚是不需要与主机连接的,不需要与主机连接的引脚有些应当接高电平,有些应当接地,有些是可以悬空的,如图 3.5 所示。

在 True IDE 模式下,CF 卡的 D0～D15、A0～A2、$\overline{CE1}$、$\overline{CE2}$、$\overline{DIOR}$、$\overline{DIOW}$、$\overline{RST}$是最基本的连接信号线,$\overline{CD1}$、$\overline{CD2}$可探测 CF 卡是否插入,其他的没有连接的信号线是可以选用的。各引脚描述如表 3.2 所列。

## 3.3.4 电气规范

表 3.3、表 3.4、表 3.5、表 3.6 及表 3.8 覆盖了所有 CF 存储卡/CF+卡系列的 DC 电气特性。均在以下正常条件下获得:

$V_{CC} = 5(1\pm10\%)$ V

$V_{CC} = 3.3(1\pm5\%)$ V

Ta = 0～60℃

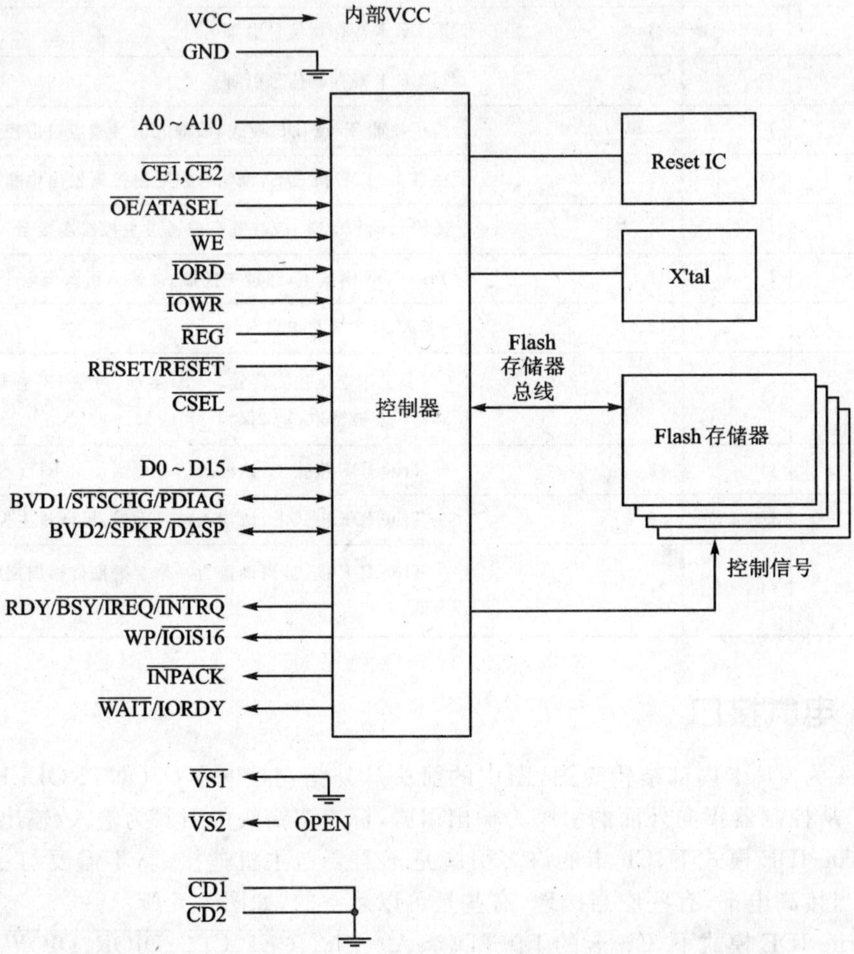


注：CE1、CE2、OE、WE、IORD、IOWR、REG、RESET、CSEL、PDIAG和DASP等引脚在卡内部有上拉；
CE1、CE2、OE、WE、IORD、IOWR和REG等引脚为斯密特沿触发输入。

**图 3.4　CF 卡内部结构简图**

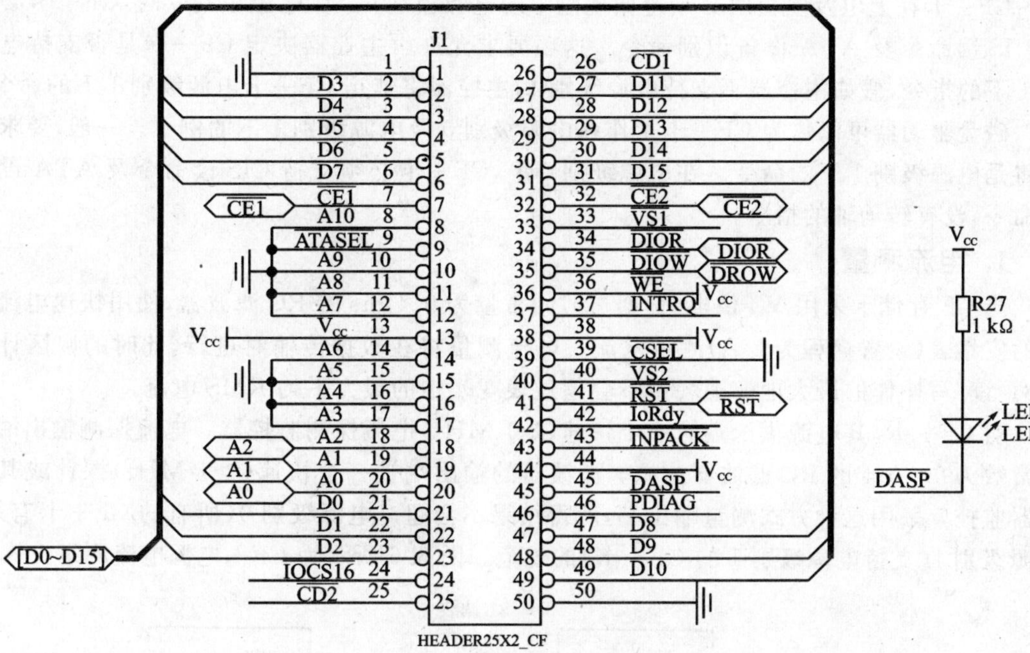


图 3.5 True IDE 模式接线图

表 3.3 绝对最大条件

| 参　数 | 符号名 | 条　件 |
|---|---|---|
| 电源输入 | $V_{CC}$ | 最小－0.3 V,最大 6.5 V |
| $V_{CC}$以外的引脚最好接地 | V | 最小－0.5 V,最大 $V_{CC}$＋0.5 V |

表 3.4 输入电源

| 电　压 | 最大平均 RMS 电流 | 测量方式 |
|---|---|---|
| 3.3(1±5%) V | 75 mA(500 mA 在电源级别 1) | 3.3 V,在 25℃ |
| 5(1±10%) V | 100 mA(500 mA 在电源级别 1) | 5 V,在 25℃ |

CF/CF＋系列产品可在电压规定范围内正常工作,如表 3.4 所列。为遵循规范,电流不应超过规范。

CF 卡最大平均 RMS 电流在 3.3 V 时为 75 mA,在 5 V 时为 100 mA。CF＋卡定义了两种电源级别。电源级别 0 与 CF 卡相同,在电源级别 1 时,最大电流为 500 mA(在 3.3 V 及 5 V 情况下)。

CF+卡在上电及复位时必须遵循规范中的电源级别 0。在电源级别 0 时,CF+卡必须支持 CIS 读命令及 ATA 设备识别命令。这项要求允许由主控器决定 CF+卡是否支持电源级别 1 下的指令,假如主控器不支持电源级别 1,主控器将禁止 CF+卡电源级别 1 下的命令。

磁盘驱动器可以作为 CF+卡工作在电源级别 0 及电源级别 1 下的例子。一般,要求轴转动将是电源级别 1 下的命令。在电源级别 0 下,CF+卡必须支持 CIS 读命令及 ATA 设备识别命令,没有转动轴的指令。

## 1. 电流测量

当 CF 存储卡采用 $V_{CC}$ 供电时,通过时间常量为 0.1 ms 的 RC 滤波器,使用快速电流探测端的安培表(设置量程为 2 A)测量电流。电流测量将在数据传输时进行,此时的扇区计数为 128。读/写操作的最大电流消耗值不会超过表 3.4 中的最大平均 RMS 电流。

对 CF+卡,其电源供给端有一个快速(>1 MHz)电流探测监控器。电流探测输出端被时间常数为 0.1 ms 的 RC 滤波器滤波。滤波器的输出端被一个快速(>1 MHz)探针或其他监控器监控。采用这种方式测量输出端,所得结果不会超过电源级别 0(所有的 CF+卡有效)及电源级别 1(支持电源级别 1 的 CF+卡)的规范。图 3.6 所示为 CF+电源电流测量方式。

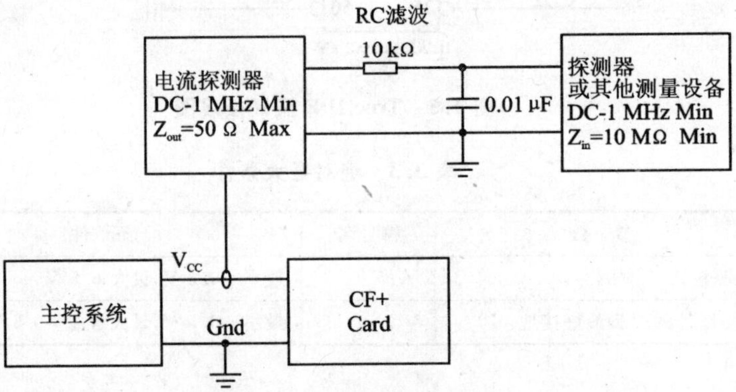


图 3.6 CF+电源电流测量方式

## 2. 输入漏级电流

如表 3.5 所列,x 表示输入特性中描述的特性。举例:I1U 指代 I 型输入特性时的上拉电阻。

表 3.5 输入漏级电流

| 类 型 | 参 数 | 符 号 | 条 件 | 最小值 | 典型值 | 最大值 |
|---|---|---|---|---|---|---|
| IxZ | 输入漏级电流 | IL | Vih=$V_{CC}$/Vil=Gnd | −1 μA | | 1 μA |
| IxU | 上拉电阻 | RPU1 | $V_{CC}$=5.0 V | 50 kΩ | | 500 kΩ |
| IxD | 下拉电阻 | RPD1 | $V_{CC}$=5.0 V | 50 kΩ | | 500 kΩ |

注:PCMCIA 规范中最小漏级输入引脚的上拉电阻为 10 kΩ,但 CF 规范中阻值要高一些以降低电源消耗。

### 3. 输入特性

表 3.6 为 CF 卡的输入特性描述。

**表 3.6　输入特性**

| 类型 | 参数 | 符号 | 最小值 | 典型值 | 最大值 | 最小值 | 典型值 | 最大值 | 单位 |
|---|---|---|---|---|---|---|---|---|---|
| | | | $V_{CC}=3.3$ V | | | $V_{CC}=5.0$ V | | | |
| 1 | 输入电流 CMOS | Vih<br>Vil | 2.4 | | 0.6 | 4.0[1] | | 0.8 | V |
| 2 | 输入电流 CMOS | Vih<br>Vil | 1.5 | | 0.6 | 2.0 | | 0.8 | V |
| 3 | 输入电压 CMOS<br>史密特触发器 | Vth<br>Vtk | | 1.8<br>1.0 | | | 2.8<br>2.0 | | V |

1　PCMCIA 电器规范信号接口，主控器必须对 CMOS 器件提供一个高于 0.9×VCC 的逻辑高电平。对于一个 5 V 的器件，电压至少需要 0.9×4.5 V=4.05 V。

### 4. 输入驱动器类型

在表 3.7 中，x 代表输出驱动器特性中描述的特性。如：OT3 指代类型 3 输出驱动器特性的输出。

### 5. 输出驱动器特性

表 3.8 为 CF 卡的输出特性描述。

**表 3.7　输出驱动器类型**

| 类型 | 输出类型 | 有效条件 |
|---|---|---|
| OTx | 图腾埠 (totempole) | Ioh & Iol |
| OZx | N-P 通道触发态 | Ioh & Iol |
| OPx | P 通道 | Ioh |
| ONx | N 通道 | Iol |

**表 3.8　输出驱动器特性**

| 类型 | 参数 | 符号 | 条件 | 最小值 | 最大值 |
|---|---|---|---|---|---|
| 1 | 输出电压 | Voh<br>Vol | Ioh= −4 mA<br>Iol= 4 mA | $V_{CC}-0.8$ V | Gnd+0.4 V |
| 2 | 输出电压 | Voh<br>Vol | Ioh= −8 mA<br>Iol= 4 mA | $V_{CC}-0.8$ V | Gnd+0.4 V |
| 3 | 输出电压 | Voh<br>Vol | Ioh= −8 mA<br>Iol= 8 mA | $V_{CC}-0.8$ V | Gnd+0.4 V |
| X | 触发态漏级电流 | Ioz | Vol=Gnd<br>Voh=VCC | −10 μA | 10 μA |

### 6. 信号接口

必须符合电气规范以保证数据的可靠性。电气接口描述如表 3.9 所列。

表 3.9 电气接口

| 类别 | 信号 | CF/CF+卡 | 主控器 |
|---|---|---|---|
| 控制信号 | $\overline{CE1}$、$\overline{CE2}$<br>$\overline{REG}$、$\overline{IORD}$<br>$\overline{IOWR}$ | 当引脚没有接至主控器时，$V_{CC}$应接 500 kΩ≥R≥50 kΩ 的上拉电阻[2]，以保持输入 | |
| | $\overline{OE}$、$\overline{WE}$ | $V_{CC}$应接 500 kΩ≥R≥50 kΩ 的上拉电阻[1,2] | |
| | RESET | $V_{CC}$应接 500 kΩ≥R≥50 kΩ 的上拉电阻[1,2] | |
| 状态信号 | READY<br>$\overline{INPACK}$<br>$\overline{WAIT}$，WP | | $V_{CC}$应接 R≥10kΩ[3] 的上拉电阻 |
| 地址信号 | A[11：0] | | |
| 数据总线 | D[15：0] | | |
| 卡检测 | $\overline{CD}$[2：1] | 卡内连接至地 | |
| 电压判断 | $\overline{VS1}$、$\overline{VS2}$ | | $V_{CC}$应接 100 kΩ≥R≥10 kΩ 的上拉电阻 |
| 电池/检测 | BVD[2：1] | | $V_{CC}$应接 R≥50 kΩ[3,4] 的上拉电阻 |

1 控制信号：卡上的每个插孔的负载电容在 DC 电流为 700 μA 低态及 150 μA 高态时应不高于 50 pF，且须包含一个上拉电阻。插孔被驱动时，负载需要符合以下交流特性：(并行线上的插孔数)×(每个插孔的 DC 电流为 700 μA 低状态，或 150 μA 高状态下时，具有 50 pF 的电容)。

2 电阻可选。

3 状态信号：卡上的每个插孔的负载电容在 400 μA 低态及 150 μA 高态时应不高于 50 pF，且须包含一个上拉电阻。卡被驱动时，负载需要符合以下交流特性：在 DC 电流为 400 μA 低态及 100 μA 高态时，负载电容应不高于 50 pF。

4 BVD2 在 JEIDA 3.0 版本中没有定义。系统要完全支持 JEIDA 3.0 SRAM 卡，必须上拉 45 脚(BVD2)以避免检测到其电源为低。

## 3.3.5 接口/总线时序

### 1. PC I/O 模式及 PC Memory 模式

PCMCIA 接口有两种类型的总线周期及时序：直接 I/O 映射传输与存储体存取方式。PCMCIA PC 卡标准中详细描述了这两种时序。有关 CF 卡及 CF+卡在 PC I/O 模式及 PC Memory 模式下的应用请参阅相关文档。

### 2. True IDE 模式 I/O 输入/输出(读/写)时序规范

本小节中的 True IDE 模式操作时序图由 ATA-4 规范转换而来，其与 PCMCIA 规范及早期版本的规范在约定的描述上有差异。表 3.10 为 True IDE 模式读/写时序，图 3.7 为 True IDE 模式 I/O 时序图。

**表 3.10 True IDE 模式读/写时序**

| 符 号 | 项 | 模式 0 /ns | 模式 1 /ns | 模式 2 /ns | 模式 3 /ns | 模式 4. /ns | 注 |
|---|---|---|---|---|---|---|---|
| $t_0$ | 周期时间(min) | 600 | 383 | 240 | 180 | 120 | 1 |
| $t_1$ | 地址有效时，$\overline{IORD}/\overline{IOWR}$的调整时间(min) | 70 | 50 | 30 | 30 | 25 | |
| $t_2$ | $\overline{IORD}/\overline{IOWR}$(min) | 165 | 125 | 100 | 80 | 70 | 1 |
| $t_2$ | $\overline{IORD}/\overline{IOWR}$(min)寄存器(8 位) | 290 | 290 | 290 | 80 | 70 | 1 |
| $t_{2i}$ | $\overline{IORD}/\overline{IOWR}$唤醒时间(min) | — | — | — | 70 | 25 | 1 |
| $t_3$ | $\overline{IOWR}$数据调整时间(min) | 60 | 45 | 30 | 30 | 20 | |
| $t_3$ | $\overline{IOWR}$数据保持时间(min) | 30 | 20 | 15 | 10 | 10 | |
| $t_5$ | $\overline{IORD}$数据调整时间(min) | 50 | 35 | 20 | 20 | 20 | |
| $t_6$ | $\overline{IORD}$数据保持时间(min) | 5 | 5 | 5 | 5 | 5 | |
| $t_{6z}$ | $\overline{IORD}$数据触发态 | 30 | 30 | 30 | 30 | 30 | 2 |
| $t_7$ | 地址有效时，$\overline{IOCS16}$的设定时间(最大) | 90 | 50 | 40 | N/a | N/a | 4 |
| $t_8$ | 地址有效时，$\overline{IOCS16}$的释放时间(最大) | 60 | 45 | 30 | N/a | N/a | 4 |
| $t_9$ | 地址有效时，$\overline{IORD}/\overline{IOWR}$的保持时间 | 20 | 15 | 10 | 10 | 10 | |
| $t_{RD}$ | 读数据有效时，IORDY 的启动时间(min)。如果在 $t_A$ 时序后，IORDY 初始化为低 | 0 | 0 | 0 | 0 | 0 | |
| $t_A$ | IORDY 调整时间 | 35 | 35 | 35 | 35 | 35 | 3 |
| $t_B$ | IORDY 脉冲宽度(最大) | 1 250 | 1 250 | 1 250 | 1 250 | 1 250 | |
| $t_C$ | IORDY 设定到释放的时间(最大) | 5 | 5 | 5 | 5 | 5 | |

注：$\overline{IOIS16}$的最大负载为一个 50 pF 的 LSTTL。时间级为 ns 级。从$\overline{IORDY}$高电平到$\overline{IORD}$高电平的最短时间为 0 ns，但是必须符合最小$\overline{IORD}$宽度。

1 $t_0$ 为最小总周期时间；$t_2$ 为最小指令启动时间；$t_{2i}$为最小指令恢复时间及指令失效时间。实际周期时间等于实际指令活动时间加上实际指令停止时间。$t_0$、$t_2$ 和 $t_{2i}$ 应遵循时间的要求。最小总周期时间要求大于 $t_2$ 加 $t_{2i}$的值。主控器可加长 $t_2$ 或 $t_{2i}$的时间长度，以保证 $t_0$ 等于或大于设备驱动识别指令的返回值。CF 存储卡应用时，应可被老式主控器操作。

2 参数设定了从$\overline{IORD}$低电平到 CF 存储卡(触发态)不能驱动数据总线特定时间。

3 从$\overline{IORD}$或$\overline{IOWR}$启动到 IORDY 首次采样应有一段延时。如果 IORDY 静止，那么在 PIO 周期完成之前，主控器将等待 IORDY 启动。在$\overline{IORD}$或$\overline{IOWR}$活动后的 $t_A$ 时间段中，如果 CF 存储卡没有驱动 IORDY 为低，则 $t_5$ 应被遵循，$t_{RD}$无用。如果在$\overline{IORD}$或$\overline{IOWR}$启动后的 $t_A$ 时间段内，CF 存储卡驱动 IORDY 为低，则 $t_{RD}$应被遵循，$t_5$ 无用。

4 $t_7$ 及 $t_8$ 仅可作用于模式 0、1 及 2。在其他模式下，该信号无效。

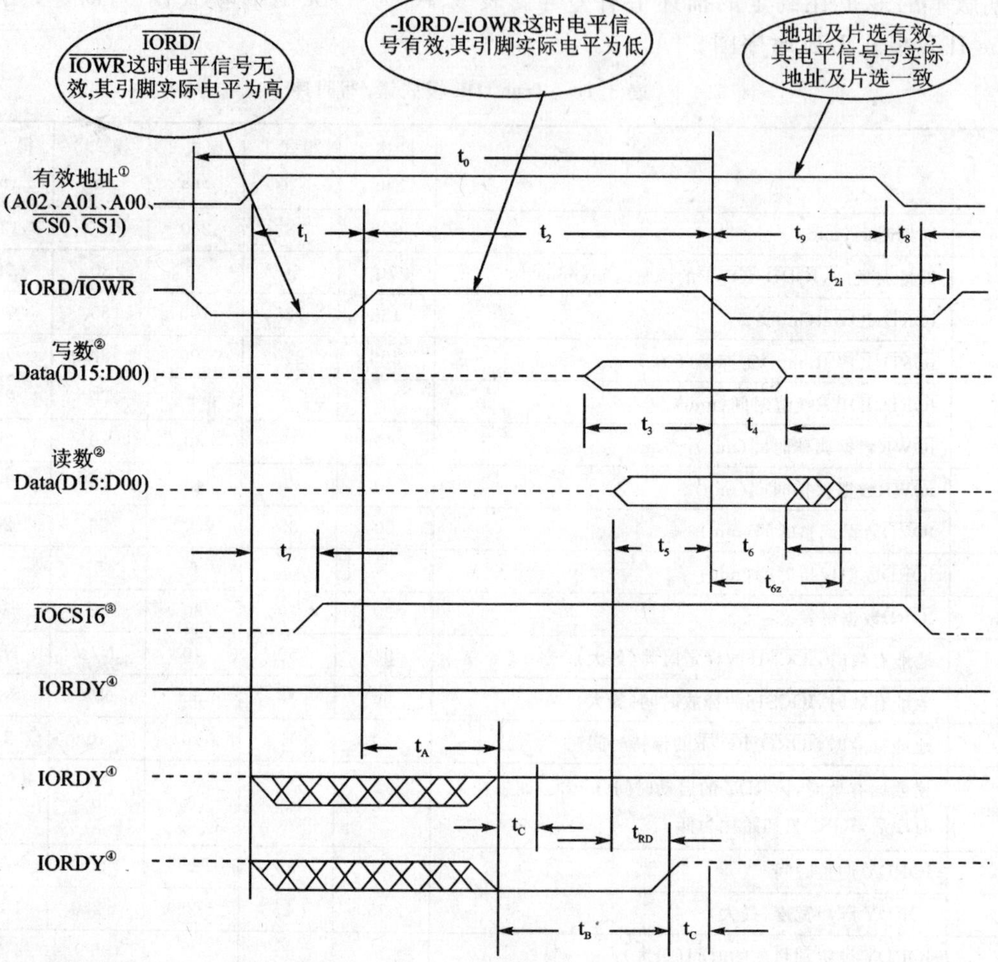


① 设备地址由$\overline{CS0}$、$\overline{CS1}$及 A[02：00]决定。

② 数据由 D[15：00](16 位)或 D[07：00](8 位)决定。

③ $\overline{IOCS16}$在 PIO 模式 0、1 和 2 中有效,其他模式忽略该信号。

④ 设备产生 IORDY 低电平以扩展 PIO 周期。$\overline{IORD}$或$\overline{IOWR}$被设置 $t_A$ 时间后,主控器可判断周期是否被扩展。IORDY 描述有以下 3 种方式:

(1) 设备从来不产生 IODRY 低电平:无等待。

(2) 设备在 $t_A$ 之前开始驱动 IORDY 为低,将使 IORDY 在 $t_A$ 之前被设定:无等待。

(3) 设备在 $t_A$ 之前开始驱动 IORDY 为低:有等待。在 IORDY 重新有效后就完成了一个周期。在等待信号产生至 IORDY 有效时间,设备需要在 $T_{RD}$ 时间段内将被读取的数据放在 D15～D00 数据总线上。

**图 3.7　True IDE 模式 I/O 时序图**

在图 3.7 中波形的信号不一定表示高电平，而是表示所定义的电平信号有效，从而忽略实际引脚信号的高/低电平状态。所以，对于图 3.7 中的$\overline{\text{IORD}}$、$\overline{\text{IOWR}}$及$\overline{\text{IOCS16}}$等信号，当其波形为高时，表示其脚电平信号有效，其实际电平为低电平。

## 3.3.6 True IDE 模式 I/O 传输功能

CF 存储卡/CF＋卡能够被设置为在 True IDE 模式下进行操作。设置卡为 True IDE 模式仅需卡在上电的过程中使$\overline{\text{OE}}$($\overline{\text{ATASEL}}$)输入信号引脚接地。CF 存储卡/CF＋卡可支持以下可选择的检测方式。

在 True IDE 模式下，PCMCIA 协议及配置被禁止，仅允许对任务文件及数据寄存器的 I/O 操作。在这种模式下，主控器无法操作存储体及属性寄存器。如果用户使用了设置特性指令可以使 CF 卡进入 8 位模式，那以 CF 卡可进行 8 位数据存取。

注：任务文件是发送 ATA 指令相关的寄存器组，分别为：特征寄存器、扇区计数寄存器、扇区号寄存器、低柱面寄存器、高柱面寄存器、设备/磁头寄存器及命令寄存器。在 True IDE 模式下，PCMCIA 的功能特性都被禁止，可将当前的卡作为一个 IDE 设备，如 IDE 硬盘使用。

为了配置 True IDE 模式下的 CF 存储卡，50 针的插槽必须在 CF 存储卡插入上电时产生$\overline{\text{OE}}$($\overline{\text{ATASEL}}$)信号。如图 3.8 所示。

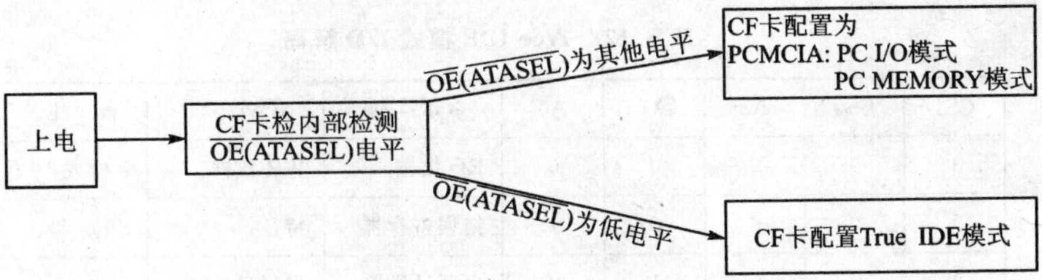


**图 3.8 CF＋/CF 模式选择**

CF＋卡可以选择是否支持 True IDE 模式。表 3.11 为 True IDE 模式 I/O 功能，其定义了 True IDE 模式下的操作。

**表 3.11 True IDE 模式 I/O 功能**

| 功能模式 | $\overline{\text{CS1}}$ | $\overline{\text{CS0}}$ | A0～A2 | $\overline{\text{IORD}}$ | $\overline{\text{IOWR}}$ | D15～D8 | D7～D0 |
|---|---|---|---|---|---|---|---|
| 无效模式 | L | L | X | X | X | 高阻 | 高阻 |
| 待机模式 | H | H | X | X | X | 高阻 | 高阻 |
| 任务文件写 | H | L | 1～7H | H | L | 无关 | 数据输入 |
| 任务文件读 | H | L | 1～7H | L | H | 高阻 | 数据输出 |
| 数据寄存器写 | H | L | 0 | H | L | 奇字节输入 | 偶字节输入 |

续表 3.11

| 功能模式 | $\overline{CS1}$ | $\overline{CS0}$ | A0～A2 | $\overline{IORD}$ | $\overline{IOWR}$ | D15～D8 | D7～D0 |
|---|---|---|---|---|---|---|---|
| 数据寄存器读 | H | L | 0 | L | H | 奇字节输出 | 偶字节输出 |
| 控制寄存器写 | L | H | 6h | H | L | 无关 | 控制输入 |
| Alt 状态读 | L | H | 6h | L | H | 高阻 | 状态输出 |
| 驱动器地址 | L | H | 7h | L | H | 高阻 | 数据输出 |

## 3.4 CF+/CF 卡 True IDE 模式软件接口

本节描述了 CF 设备的主控器进行硬件控制的一些命令寄存器。这些寄存器通常被称为任务文件。

在 True IDE 操作模式下，除了数据寄存器一般为 16 位外，其他所有的寄存器均为 8 位。但是通过 ATA 指令集中的设置特征指令，数据寄存器也可以被配置为 8 位数据传输。当执行长读及长写指令时，数据寄存器为 8 位，由于历史原因，其极少使用。

当 CF 存储卡/CF+卡在 True IDE 模式下被配置时，I/O 解码过程如表 3.12 所列。

表 3.12 True IDE 模式 I/O 解码

| $\overline{CS1}$ | $\overline{CS0}$ | A2 | A1 | A0 | $\overline{IORD}$=0 | $\overline{IOWR}$=0 | 注 |
|---|---|---|---|---|---|---|---|
| 1 | 0 | 0 | 0 | 0 | RD 数据 | WR 数据 | 8 位或 16 位 |
| 1 | 0 | 0 | 0 | 1 | 错误寄存器 | 特征 | 8 位 |
| 1 | 0 | 0 | 1 | 0 | 扇区计数 | 扇区计数 | 8 位 |
| 1 | 0 | 0 | 1 | 1 | 扇区号 | 扇区号 | 8 位 |
| 1 | 0 | 1 | 0 | 0 | 低柱面 | 低柱面 | 8 位 |
| 1 | 0 | 1 | 0 | 1 | 高柱面 | 高柱面 | 8 位 |
| 1 | 0 | 1 | 1 | 0 | 选择卡/磁头 | 选择卡/磁头 | 8 位 |
| 1 | 0 | 1 | 1 | 1 | 状态 | 命令 | 8 位 |
| 0 | 1 | 1 | 1 | 0 | Alt 状态 | 设备控制 | 8 位 |

## 3.4.1 数据寄存器

数据寄存器是可读/写寄存器，其默认为 16 位数据，但可通过特性设置指令设置为 8 位总线，如图 3.9 所示。主机在进行 PIO 数据传输过程中，只有当状态寄存器（辅助状态寄存器）中的 DRQ 位为 1 和 $\overline{DMACK}$无效时，数据寄存器中数据才有效。

PIO 数据输出（从卡到主机）传输，通过连续读该寄存器，每次读出的数据为之前读出数据之后的一个；PIO 数据输入（从主机到卡）传输，通过连续写该寄存器，每次写入的值为之前写入数据之后的一个。

在 PIO 输出传输时写数据寄存器或在 PIO 输入传输读数据寄存器，其值都是不确定的。

| D15 | D14 | D13 | D12 | D11 | D10 | D09 | D08 |
|---|---|---|---|---|---|---|---|
| Data(15:8) | | | | | | | |
| D7 | D6 | D5 | D4 | D3 | D2 | D1 | D0 |
| Data(7:0) | | | | | | | |

**图 3.9 数据寄存器**

该寄存器处理函数原型如程序清单 3.1 所示。

**程序清单 3.1 数据寄存器的读/写函数**

```
unsigned short  GetData(void)                                    (1)
void  SetData(unsigned short  x)                                 (2)
```

程序清单 3.1(1)　读数据寄存器函数。该函数功能实现读出数据寄存器操作，其返回值为数 16 位二进制数或 8 位二进制数（CF 卡配置为 8 位总线方式）。

程序清单 3.1(2)　写数据寄存器函数。该函数的功能是实现写数据寄存器操作。

## 3.4.2 错误寄存器

错误寄存器为只读寄存器，其地址与特征寄存器一致。对该寄存器进行写操作时，特征寄存器将被写。

当状态寄存器（辅助状态寄存器）中的 BSY 位和 DRQ 位都为 0 而 EER 位为 1 时，错误寄存器的内容有效；完成上电或软、硬件复位，或完成设备诊断或设备复位等指令时，该寄存器的内容有效；当设备在睡眠模式下，该寄存器内容无效。

除设备诊断指令外，执行任何指令后，当状态寄存器中的 EER 位为 1 时，该寄存器内容有效。该寄存器各个位定义如图 3.10 所示。

| D7 | D6 | D5 | D4 | D3 | D2 | D1 | D0 |
|---|---|---|---|---|---|---|---|
| BBK | UNC | 0 | IDNF | 0 | ABRT | 0 | AMNF |

图 3.10 错误寄存器

对该寄存器中各位说明如下：

- BBK——Bad Block Detected,该位被置 1,表示在请求的扇区 ID 域内发现了坏块标记。
- UNC——Uncorrectable Data Error,该位被置 1,表示设备在执行指令时发生了不可纠正的错误。
- IDNF——ID Not Found,该位被置 1,表示请求操作的扇区 ID 没有找到。
- ABRT——表示因为指令代码或指令参数无效,或其他一些原因,操作当前指令被终止。如果指令为数据传输指令,已传输的数据将是一个未知数。
- AMNF——Address Mark Not Found,该位为 1,表示在找到正确的 ID 域以后没有找到相应数据地址标记。

该寄存器处理函数原型如程序清单 3.2 所示。

**程序清单 3.2　读错误寄存器函数原型**

```
unsigned char  GetERR()                                                    (1)
```

程序清单 3.2(1)　读错误寄存器函数,该函数的功能是实现读出错误寄存器操作,返回值为 8 位二进制数。

## 3.4.3 特征寄存器

特征寄存器为只写寄存器,其地址与错误寄存器相同,进行读特征寄存器时,错误寄存器被读。

该寄存器只有在状态寄存器(辅助状态寄存器)中的 BSY 位和 DRQ 位值都为 0 及 $\overline{\text{DMACK}}$引脚无效时(如果没有使用 DMA 方式,则不用考虑$\overline{\text{DMACK}}$是否有效)才可进行写操作;如果在 BSY 位或 DRQ 位值为 1 时进行写该寄存器操作,则其结果不确定。

在写 ATA 指令时,该寄存器可作为指令的一个参数,其内容与具体的 ATA 指令相关。

该寄存器处理函数原型如程序清单 3.3 所示。

**程序清单 3.3　写特征寄存器函数原型**

```
void  SetFeature ( unsigned char x)                                        (1)
```

程序清单 3.3(1)　写特征寄存器函数,该函数的功能是实现对特征寄存器写操作。

### 3.4.4 扇区计数寄存器

扇区计数寄存器为可读/写寄存器。

该寄存器应该只有当状态寄存器(辅助状态寄存器)中的 BSY 位和 DRQ 位值都为 0 及 $\overline{\text{DMACK}}$无效时(如果没有使用 DMA 方式,则不用考虑$\overline{\text{DMACK}}$是否有效)才可以进行写操作;只有当 BSY 位为 0 时,读该寄存器内容才有效;如果在 BSY 位或 DRQ 位值为 1 时进行写操作,其结果不确定;当设备在睡眠模式下,操作该寄存器是无效的。

在写 ATA 指令时,该寄存器可作为指令的参数。该寄存器的内容与具体的 ATA 指令相关(见 3.5 节),如读扇区指令和写扇区指令等,其包含的内容为该指令操作的扇区数。

该寄存器处理函数原型如程序清单 3.4 所示。

**程序清单 3.4　扇区计数寄存器读/写函数原型**

```
unsigned char  SetSECCNT (void)                    (1)
void  GetSECCNT (unsigned char x)                  (2)
```

程序清单 3.4(1)　读扇区计数寄存器函数,该函数的功能是实现读扇区计数寄存器操作,返回值为 8 位二进制数;

程序清单 3.4(2)　写扇区计数寄存器函数,该函数的功能是实现写扇区计数寄存器。

### 3.4.5 扇区号寄存器

扇区号寄存器(LBA [7:0])为可读/写寄存器。

该寄存器应该只有当状态寄存器(辅助状态寄存器)中的 BSY 位和 DRQ 位都为 0 和 $\overline{\text{DMACK}}$无效时(如果没有使用 DMA 方式,则不用考虑$\overline{\text{DMACK}}$是否有效)才可以进行写操作;只有当 BSY 位为 0 时,该寄存器内容才有效;如果在 BSY 位或 DRQ 位为 1 时进行写操作,其结果不确定;当设备在睡眠模式下,该寄存器内容无效。

在写 ATA 指令时,该寄存器可作为一个指令的参数,其内容与具体的指令相关(见 3.5 节),例如读扇区指令和写扇区指令等,其包含的内容为 LBA 扇区号的 Bit[7:0]位。

该寄存器处理函数原型如程序清单 3.5 所示。

**程序清单 3.5　扇区号寄存器读/写函数原型**

```
unsigned char  SetSector (void)                    (1)
void  GetSector (unsigned char x)                  (2)
```

程序清单 3.5(1)　读扇区号寄存器函数,该函数的功能是实现对扇区号寄存器的读出操作,返回值为 8 位二进制数;

程序清单 3.5(2)　写扇区号寄存器函数,该函数的功能是实现写扇区号寄存器操作。

## 3.4.6　柱面低寄存器

柱面低寄存器(LBA[15:8])为可读/写寄存器。

该寄存器应该只有当状态寄存器(辅助状态寄存器)中的 BSY 位和 DRQ 位值都为 0 和 $\overline{DMACK}$无效时(若没有使用 DMA 方式,则不用考虑$\overline{DMACK}$是否有效)才可以进行写该寄存器操作;当 BSY 位为 0 时,读该寄存器内容才有效;如果在 BSY 位或 DRQ 位值为 1 时写操作,其结果不确定;当设备在睡眠模式下时,操作该寄存器无效。

在写指令时,该寄存器可作为一个指令的参数,其内容与具体的指令相关(见 3.5 节),例如读扇区指令和写扇区指令等,其包含的内容为 LBA 扇区号的 Bit[15:8]。

该寄存器处理函数原型如程序清单 3.6 所示。

**程序清单 3.6　柱面低寄存器读/写函数原型**

```
unsigned char   SetCylinderLow (void)                                    (1)
void   GetCylinderLow (unsigned char x)                                  (2)
```

程序清单 3.6(1)　读柱面低寄存器函数,该函数的功能是实现读柱面低寄存器操作,返回值为 8 位二进制数;

程序清单 3.6(2)　写柱面低寄存器函数,该函数的功能是实现写柱面低寄存器操作。

## 3.4.7　柱面高寄存器

柱面高寄存器(LBA[23:16])为可读/写寄存器。

该寄存器只有当状态寄存器(辅助状态寄存器)中的 BSY 位和 DRQ 位值都为 0 和 $\overline{DMACK}$无效时(如果没有使用 DMA 方式,则不用考虑$\overline{DMACK}$是否有效)才可以进行写操作;只有当 BSY 位值为 0 时,读该寄存器内容才有效;如果在 BSY 位或 DRQ 位值为 1 时写操作,其结果是不确定的;当设备在睡眠模式下操作该寄存器是无效的。

在写 ATA 指令时,该寄存器可作为指令的参数,其内容与具体的 ATA 指令相关(见 3.5 节),例如读扇区、写扇区等指令,其包含的内容为 LBA 扇区号的 Bit[23:16]。

该寄存器处理函数原型如程序清单 3.7 所示。

**程序清单 3.7　柱面高寄存器读/写函数原型**

```
unsigned char   SetCylinderHigh (void)                                   (1)
void   GetCylinderHigh (unsigned char x)                                 (2)
```

程序清单 3.7(1)　读柱面高寄存器函数,该函数的功能是实现读柱面高寄存器操作,返回值为 8 位二进制数;

程序清单 3.7(2) 写柱面高寄存器函数，该函数的功能是实现写柱面高寄存器操作。

## 3.4.8 设备/磁头寄存器

设备/磁头寄存器(LBA[27：24])为可读/写寄存器。

该寄存器只有当态寄存器(辅助状态寄存器)中的 BSY 位和 DRQ 位值都为 0 和$\overline{\text{DMACK}}$无效时(如果没有使用 DMA 方式，则不用考虑$\overline{\text{DMACK}}$是否有效)才可以被写操作；只有当 BSY 位值为 0 时，读该寄存器内容才有效；如果在 BSY 位或 DRQ 位值为 1 时进行写操作，其结果是不确定的；当设备在睡眠模式下操作时，该寄存器是无效的。

写 ATA 指令时，该寄存器低 4 位(Bit[3：0])可作为指令的参数，其内容与具体的 ATA 指令相关(见 3.5 节)，例如读扇区、写扇区等指令，该寄存器低 4 位包含的内容为 LBA 地址扇区号的 Bit[27：24]位。

该寄存器各个位的定义如图 3.11 所示。

| D7 | D6 | D5 | D4 | D3 | D2 | D1 | D0 |
|---|---|---|---|---|---|---|---|
| obsolete | LBA | obsolete | DRV | # | # | # | # |

**图 3.11 驱动器/磁头寄存器**

对图 3.11 中寄存器各位说明如下：

- obsolete 这些位已不再使用，主机应设为 1，设备应将这些位忽略。
- ＃ 寄存器中“＃”符号表示这些位与具体指令相关(见 3.5 节)。
- Bit6(LBA) 该位为 0 说明该设备以 HCS(柱面/磁头/扇区)方式寻址(该方式已不常用)，该位为 1 则说明设备是以 LBA(逻辑块地址)方式寻址。
- Bit[3：0] Bit[3：0]为磁头号，即 LBA 寻址扇区号的 Bit[27：24]。
- Bit4(DRV) 该位用于选择主 ATA 设备(设备 0)或从 ATA 设备(设备 1)。对于主从设备的寻址须通过该位选定。

**注意：**同一个 ATA 接口上不可以出现两个主设备或两个从设备。

该寄存器处理函数原型如程序清单 3.8 所示。

**程序清单 3.8 设备/磁头寄存器读/写函数原型**

```
unsigned char  SetCylinderHigh (void)                    (1)
void  GetCylinderHigh (unsigned char x)                  (2)
```

程序清单 3.8(1) 读设备/磁头寄存器函数，该函数的功能是实现读设备/磁头寄存器的操作，返回值为 8 位二进制数；

程序清单 3.8(2)　写设备/磁头寄存器函数,该函数的功能是实现写设备/磁头寄存器操作。

## 3.4.9　状态和辅助状态寄存器

状态寄存器为只读寄存器,其地址与命令寄存器相同,对其写操作时,命令寄存器被写操作;辅助状态寄存器也是只读寄存器,其地址与设备控制寄存器相同,对辅助状态寄存器写操作时,设备控制寄存器将被写。

当该寄存器的 BSY 值为 1 时,该寄存器内容的其他位(Bit[6 : 0])无效;除非设备进入睡眠模式,否则任何时候 BSY 值都是有效的。

读状态和辅助状态寄存器的值都是一样的,不同的是读取状态寄存器可以清除设备中断,而读取辅助状态寄存器则不会。各状态位描述如图 3.12 所示。

| D7 | D6 | D5 | D4 | D3 | D2 | D1 | D0 |
|---|---|---|---|---|---|---|---|
| BSY | DRDY | # | DSC | DRQ | obs | obs | ERR |

**图 3.12　状态和变化状态寄存器**

对该寄存器中各位说明如下:

- Bit 7(BSY)　当该位为 1 时,表示设备当前状态忙。在写命令寄存器之后到设备执行指令完成期间,BSY 或 DRQ 位值为 1。

当 BSY 位值为 1 时,除设备复位指令之外,设备将忽略主机写入的指令;当 BSY 位为 1,主机读取命令块寄存器(控制寄存器和辅助状态寄存器以外的寄存器)时,除了 BSY 位本身,其他寄存器的内容可能都无效。

- Bit 6(DRDY)　DRDY 判断 CF 存储卡是否准备好。该位在设备上电或软、硬件复位时清 0,设备初始化完成并可以接收指令时,该位置 1。
- ＃　寄存器中"＃"符号表示的位,与具体 ATA 指令相关(见 3.5 节)。
- Bit4(DSC)　当 CF 卡就绪(IDE 硬盘寻道结束)时,该位置 1。
- Bit3(DRQ)　当设备准备好传输数据时,设备将该位置 1;在最后一个字或字节(CF 卡设置为 8 位总线时)传输完成后,该位清 0。
- obs　这些位不再使用,主机可忽略这些位。
- Bit0(ERR)　当 BSY 或 DRQ 位值为 1 而设备执行 ATA 指令发生错误时,该位置 1。

当 EER 位被置 1 时,错误寄存器值有效。设备在接收到新的指令或软件、硬件复位前不应该改变以下寄存器内容:错误寄存器、柱面高寄存器、柱面低寄存器、扇区计数寄存器、扇区号寄存器、设备/磁头寄存器。

设备在接收到新的指令、软件复位或硬件复位后,设备将该位清 0;设备接收到新的 ATA 指令后,ERR 位被清 0,主机应忽略错误寄存器内容。

该寄存器处理函数原型如程序清单 3.9 所示。

**程序清单 3.9　读状态或辅助状态寄存器函数原型**

```
unsigned char  GetStatus (void)                                        (1)
unsigned char  GetAStatus (void)                                       (2)
```

程序清单 3.9(1)　读状态寄存器函数原型。该函数的功能是实现读状态寄存器操作，其返回值为 8 位二进制数。

程序清单 3.9(2)　读辅助状态寄存器函数原型。该函数的功能是实现读辅助状态寄存器操作，其返回值为 8 位二进制数。

## 3.4.10　设备控制寄存器

设备控制寄存器为只写寄存器，其地址与辅助状态寄存器相同，读设备控制寄存器操作时辅助状态寄存器将被读。

在$\overline{DMACK}$引脚无效时才可写该寄存器（如果没有使用 DMA 方式，则不用考虑$\overline{DMACK}$是否有效）；即使设备在 BUSY 状态，写该寄存器操作仍然有效；该寄存器可以实现 ATA 设备软件复位，可禁能或使能所选中设备的中断。

该寄存器各位定义如图 3.13 所示。

| D7 | D6 | D5 | D4 | D3 | D2 | D1 | D0 |
|---|---|---|---|---|---|---|---|
| R | R | R | R | R | SRST | nIEN | 0 |

**图 3.13　设备控制寄存器**

对该寄存器中各位说明如下：

- R　这些位为保留位，主机应写入 0。
- SRST　当该位被设置 1 时，CF 存储卡被强制执行软件复位操作，与硬件复位效果一样。该位被写入 1 后，设备将保持复位时的状态，直到该位被清 0。
- nIEN　当该位为 0，使能 ATA 设备中断。当该位为 1，禁止 CF 存储卡产生中断。上电或复位时，该位为 0。
- Bit0　该位应写入 0。

该寄存器处理函数原型如程序清单 3.10 所示。

**程序清单 3.10　写设备控制寄存器函数原型**

```
void  SetControl ( unsigned char x)                                    (1)
```

程序清单 3.10(1)　写设备控制寄存器函数原型。该函数的功能是实现写设备控制寄存器操作。

### 3.4.11 命令寄存器

命令寄存器为只写寄存器，其地址与状态寄存器相同。读命令寄存器时，状态寄存器将被读。

除了设备复位指令(CF 卡不支持该指令)，只有当状态寄存器(辅助状态寄存器)中的 BSY 位和 DRQ 位值都为 0 和 $\overline{\text{DMACK}}$引脚无效(如果没有使用 DMA 方式，则不用考虑$\overline{\text{DMACK}}$是否有效)时，才可以进行写操作。

当写入命令寄存器操作后，命令块寄存器(特征、扇区计数、扇区号、柱面高、柱面低、设备/磁头等寄存器)包含该 ATA 指令相关的参数(见 3.5 节)。写命令寄器后，没有处理的中断也会被清除。

该寄存器处理函数原型如程序清单 3.11 所示。

**程序清单 3.11 写命令寄存器函数原型**

```
void  SetCommand ( unsigned char x)                                          (1)
```

程序清单 3.11(1) 写命令寄存器函数原型。该函数的功能是实现写命令寄存器操作。

### 3.4.12 ATA 设备硬件复位

对 ATA 设备进行操作前，需要进行硬件复位，使 ATA 设备恢复默认配置，从而确保正确的操作。

要进行可靠的复位，主机须保持$\overline{\text{RESET}}$复位引脚信号有效($\overline{\text{RESET}}$为低电平)，至少为 25 μs。在$\overline{\text{RESET}}$复位引脚信号无效($\overline{\text{RESET}}$为高电平)后，设备将在 2～450 ms 内完成设备硬件初始化和自诊断测试。完成硬件初始化和自诊断测试后设备应将结果写入错误寄存器的 Bit[6：0]，并写入扇区计数寄存器值为 0x01，扇区号寄存器值为 0x01，柱面高寄存器值为 0x00，柱面低寄存器值为 0x00，设备磁头寄存器值为 0x00，设置设备控制寄存器的 SRST 位为 0。

实现对 CF 卡等 ATA 设备的硬件复位，通过对该 ATA 设备的$\overline{\text{RESET}}$引脚控制实现(见 3.3.2 小节电气接口描述)。该操作函数原型如程序清单 3.12 所示。

**程序清单 3.12 硬件复位函数原型**

```
void SYS_IdeHardReset(void)
```

### 3.4.13 ATA 设备插入及移出检测

如果主机在读 ATA 设备操作时设备已被移走，主机读到设备寄存器的数据是不可知的，这样会使系统主机产生误操作。例如使系统支持 ATA 设备的热插拔操作，就很有必要对 ATA 设备的插入及移出进行探测。

由于$\overline{CD1}$、$\overline{CD2}$引脚在 CF 卡内部是与地直接连接的，可以检测这两个引脚的电平信号来判断 CF 卡是否已插入。对于 IDE 硬盘，虽然并没有提供如 CF 卡那样的引脚，但 IDE 硬盘也有许多共地的引脚。

**注意：**规范中并没有说明 IDE 硬盘标号为 GND 的引脚都共地，但在对多个硬盘进行测试结果表明它们都是共地的。

ATA 设备插入及移出检测函数如程序清单 3.13 所示。

**程序清单 3.13　CF 卡检测函数**

```
unsigned char SYS_HaveCard(void)
{
    #define    DEVICE_IS_ATTACHED    0                              (1)
/*  #define    DEVICE_IS_ATTACHED    (IO1PIN & (1<<23))    */       (2)
    if(DEVICE_IS_ATTACHED)                                          (3)
        return FALSE;
    else
        return TRUE;
}
```

使用 ZLG/CF 驱动时，即使系统中没有对 ATA 设备插入及拔出进行探测，也需要提供该函数接口。

如果系统中没有检测 ATA 设备是否存在的功能，在该函数里应如程序清单 3.13(1)所示，定义 DEVICE_IS_ATTACHED 为 0，假定 ATA 设备一直存在。

例如系统中使用 LPC2210 的 P1.23(有 10 kΩ 的上拉电阻)引脚的 GPIO 输入方式检测设备是否存在，在该函数里应如程序清单 3.13(2)所示，定义 DEVICE_IS_ATTACHED 为实际检测引脚的电平状态。

在程序清单 3.13(3)中，如果 DEVICE_IS_ATTACHED 值为 0，即认为有设备存在，则函数返回 TRUE，反之则返回 FALSE。

## 3.4.14　主/从设备的配置与操作

ATA 接口可以同时连接两个 ATA 设备，即主设备和从设备，也可以单独连接一个主设备或一个从设备，但不能同时连接两个主设备或两个从设备。

硬件上的主/从设备配置：通过配置 CF 存储卡的$\overline{CSEL}$引脚为低电平，从而配置该设备为主设备，对于其他情况则配置为从设备；对于 IDE 硬盘主/从设备的配置，则由硬盘上的跳线配置决定，而各厂家的硬盘主/从配置都有差别，具体设置需参考硬盘使用手册。

### 1. 设备 0 与设备 1 同时存在

硬件复位、软件复位或执行设备诊断指令后，默认设备 0 被选中。在操作某设备的命令块或控制寄存器前，应先写入设备/磁头寄存器中的 DEV 位适当的值(DEV 值为 0 选择设备 0，反之选择设备 1)。在写设备/磁头寄存器的其他位时，需确保 DEV 位值与操作的设备一致。读设备/磁头寄存器中的内容时，DEV 位的值可以指示当前选择的设备。

### 2. 只有设备 0 存在

在单设备配置中，只有设备 0(主设备)存在，而主机选择了设备 1(从设备)，设备 0 应作以下回应：

- 写设备控制寄存器时，就像当前选择的是设备 0 一样；
- 除了命令寄存器外，写每个命令块寄存器操作就像选择是设备 0 那样操作；
- 除了执行设备诊断指令外，其他写命令寄存器的操作都被忽略；
- 除了状态寄存器和辅助状态寄存器外，读取控制块寄存器或命令块寄存器就像选择设备 0 那样操作；
- 读取状态寄存器或辅助状态寄存器时，返回值应为 0。

**注意：**如果设备 1 存在，则返回设备 1 相应寄存器的值。

### 3. 只有设备 1 存在

当只有设备 1(从设备)存在，而主机选择了设备 0，并访问控制块寄存器或命令块寄存器时，设备 1 响应其操作与设备 0 同时存在的情况一样，这是因为设备 1 不能确定设备 0 是否存在。

软、硬件复位后或执行设备诊断指令后，设备 1 不再被选中，可以通过以下几步重新选择设备 1，即

① 写设备磁头寄存器的 DEV 位为 1。

② 向一个或多个可读/写命令块寄存器(如扇区计数寄存器或扇区号寄存器)写入一个非 0x00 和 0xFF 的 8 位二进制数。

③ 读出上一步写入的寄存器的值，并与上一步写入的值比较，如果其值相同即继续执行第⑤步。

④ 反复执行第①～③步，直到第③步数据匹配时执行第⑤步。如果软、硬件复位后或执行设备诊断指令后达到 31 s，则不再执行第①～③步，可以假定设备 1 不可用。

⑤ 读状态寄存器和错误寄存器，检查状态寄存器和错误寄存器的内容，出现任何错误情况都可说明设备 1 被选中。

CF+/CF 卡 Trne IDE 模式软件接口小结如图 3.14 所示。

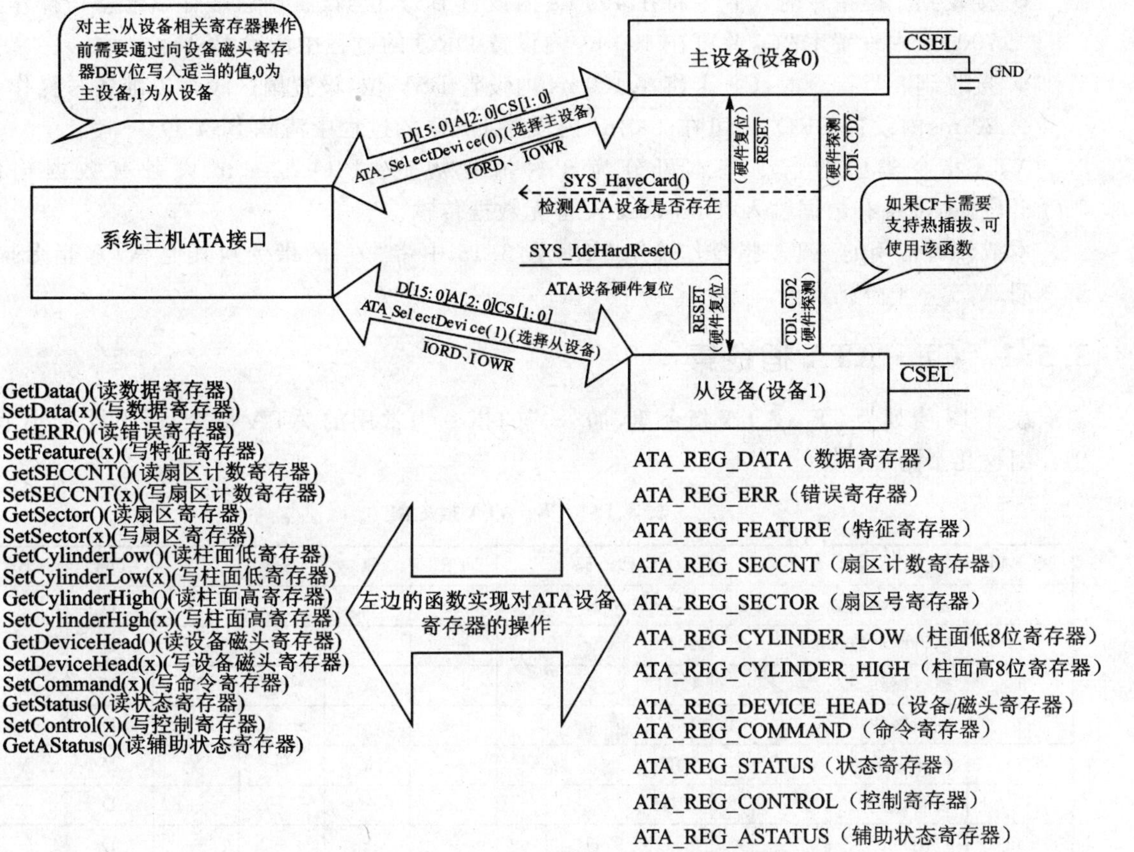


**图 3.14 CF+/CF 卡 True IDE 模式软件接口小结**

## 3.5 ATA 指令描述

本节描述了主控器发往 CF 存储卡的指令格式及软件要求。ATA 指令要求装载指令块中特定的寄存器,并给出相应的参数,然后向命令寄存器写入 ATA 指令代码。ATA 指令可有多种执行态,这里有 3 类(表 3.13 CF-ATA 指令集):1 类、2 类和 3 类。CF 卡主控器除非在 CF 卡为非 BSY 状态(BSY=0),否则不会执行指令。规范中的所有指令列表都可被应用,有些指令可能为空操作。CF 卡 2.0 规范中介绍了一些新的指令及特征,如果这些新指令运行于老式 CF 卡中,将会出现指令错误。

3 类指令描述如下:

- 接收到 1 类指令时,CF 卡将在 400 ns 内设置 BSY 位。

● 接收到 2 类指令时,CF 卡将在 400 ns 内设置 BSY 位,设置扇区缓存以准备写操作,在 700 ns 内设置 DRQ,并可在 400 ns 内设置 DRQ 的过程中清除 BSY 位。

● 接收到 3 类指令时,CF 卡将在 400 ns 内设置 BSY 位,设置扇区缓存以准备写操作,在 20 ms内设置 DRQ,并可在 400 ns 内设置 DRQ 的过程中清除 BSY 位。

ATA 指令集中的指令基本可分为 3 种流程规范: PIO data in 设备有数据输出, PIO data out设备有数据输入,Non-data 设备无数据传输。

本节只对常用的 ATA 指令作详细介绍(表 3.13 中带"*"的指令),其他 ATA 指令描述请参阅 ATA-4 协议规范。

## 3.5.1 CF-ATA 指令集

表 3.13 所列为 CF-ATA 指令集,加"*"的指令为常用的 ATA 指令,以下几个小节分别介绍这几个指令。

**表 3.13 CF-ATA 指令集**

| 类别 | 指令 | 代码 | FR | SC | SN | CY | DH | LBA |
|---|---|---|---|---|---|---|---|---|
| 1 | 检测电源模式 | E5H 或 98H | — | — | — | — | D | |
| 1 | 运行驱动器诊断 | 90H | — | — | — | — | D | |
| 1 | 扇区擦除 | C0H | — | Y | Y | Y | Y | Y |
| 1 | 刷新缓冲 | E7H | — | — | — | — | D | |
| 2 | 格式磁道 | 50H | — | Y | — | Y | Y | Y |
| 1 | 设备识别* | ECH | — | — | — | — | D | — |
| 1 | 空闲 | E3H 或 97H | — | Y | — | — | D | — |
| 1 | 立即空闲* | E1H 或 95H | — | — | — | — | D | — |
| 1 | 驱动器参数初始化 | 91H | — | Y | — | — | Y | — |
| 1 | 键管理<br>结构读取* | B9H<br>特征 0~127 | C | C | C | C | DC | — |
| 1 | 键管理<br>读键资源 | B9<br>特征 80 | C | C | C | C | DC | — |
| 2 | 键管理更改<br>键管理值 | B9<br>特征 81 | C | C | C | C | DC | — |
| 1 | NOP | 00H | — | — | — | — | D | — |
| 1 | 缓冲区读取 | E4H | — | — | — | — | D | — |
| 1 | 长扇区读取 | 22H 或 23H | — | — | Y | Y | Y | Y |
| 1 | 多重读 | C4H | — | Y | Y | Y | Y | Y |
| 1 | 扇区读* | 20H 或 21H | — | Y | Y | Y | Y | Y |

续表 3.13

| 类　别 | 指　令 | 代　码 | FR | SC | SN | CY | DH | LBA |
|---|---|---|---|---|---|---|---|---|
| 1 | 扇区读校验 | 40H 或 41H | — | Y | Y | Y | Y | Y |
| 1 | 校准 | 1XH | — | — | — | — | D | — |
| 1 | 请求判断 | 03H | — | — | — | — | D | — |
| 1 | 安全禁止密码 | F6H | — | — | — | — | D | — |
| 1 | 安全擦除准备 | F3H | — | — | — | — | D | — |
| 1 | 安全擦除单位 | F4H | — | — | — | — | D | — |
| 1 | 安全锁定 | F5H | — | — | — | — | D | — |
| 1 | 安全设定密码 | F1H | — | — | — | — | D | — |
| 1 | 安全解锁 | F2H | — | — | — | — | D | — |
| 1 | 查询定位 | 7XH | — | — | Y | Y | Y | Y |
| 1 | 特征设定* | EFH | Y | — | — | — | D | — |
| 1 | 多重模式设定 | C6H | — | Y | — | — | D | — |
| 1 | 睡眠模式设定 | E6H 或 99H | — | — | — | — | D | — |
| 1 | 待机模式 | E2H 或 96H | — | — | — | — | D | — |
| 1 | 立即待机* | E0H 或 94H | — | — | — | — | D | — |
| 1 | 扇区转换 | 87H | — | Y | Y | Y | Y | Y |
| 1 | 允许级别(Wear Level) | F5H | — | — | — | — | Y | — |
| 2 | 写缓冲区 | E8H | — | — | — | — | D | — |
| 2 | 长扇区写 | 32H 或 33H | — | — | Y | Y | Y | Y |
| 3 | 多重写操作 | C5H | — | Y | Y | Y | Y | Y |
| 3 | 多重写操作(无擦除) | CDH | — | Y | Y | Y | Y | Y |
| 2 | 扇区写操作* | 30H 或 31H | — | Y | Y | Y | Y | Y |
| 2 | 扇区写操作(无擦除) | 38H | — | Y | Y | Y | Y | Y |
| 3 | 写校验 | 3CH | — | Y | Y | Y | Y | Y |

注：

- FR 为特征寄存器(Features Register)。
- SC 为扇区计数寄存器(Sector Count Register)。
- SN 为扇区号寄存器(Sector Number Register)。
- CY 为柱面寄存器(Cylinder Register)。
- DH 为卡/驱动器/磁头寄存器(Card/Drive/Head Register)。
- LBA 为逻辑块寻址模式(Logical Block Address mode supported)。
- Y 表示该寄存器含有指令的正确参数。对驱动器/磁头寄存器，Y 意味着 CF 存储卡及磁头使用时，返回的参数正确。
- D 表示 CF 存储卡参数正确，无磁头相关参数。
- C 表示该寄存器含有指令所指定的数据。

## 3.5.2 设置特征——EFH

设置特征指令输入参数如图 3.15 所示。

| 位 | 7 | 6 | 5 | 4 | 3 | 2 | 1 | 0 |
|---|---|---|---|---|---|---|---|---|
| 命令COMMAND(7) | EFH | | | | | | | |
| 设备/磁头C_D_H(6) | X | X | X | Drive | X | | | |
| 柱面高位CYLHIGH(5) | X | | | | | | | |
| 柱面低位CYLLOW(4) | X | | | | | | | |
| 扇区号SECNUM(3) | X | | | | | | | |
| 扇区计数SECCNT(2) | 配置 | | | | | | | |
| 特性(1) | 特征 | | | | | | | |

图 3.15 设置特征指令输入参数

### 1. 指令描述

主控器使用该指令设置或取消设备的一些特性。如果一些子命令输入值无效或不支持，CF 存储卡将返回指令终止状态。表 3.14 中定义了所有支持的特性。

CF 卡支持 8 位数据总线的操作方式，当主机系统使用 8 位数据线连接 CF 卡时，须通过该指令设置。

特征 01H 及 81H 被用来使能及清除 True IDE 模式下的 8 位数据传输。如果 01H 特性子指令被执行，所有的数据传输将会在数据总线 D[7：0]上，访问数据寄存器时将不会产生 IOIS16 信号。

特征 02H 及 82H 允许主控器使能或禁止 CF 存储卡写缓存。当子指令禁止写缓存操作时，CF 存储卡将重新初始化指令执行次序，在指令完成之前，首先刷新缓存到非易失性存储器。

特性 03H 允许主控器通过扇区计数寄存器中一个特定的值选择 PIO 传输模式。该寄存器高 5 位定义的是传输类型，低 3 位定义的是模式编码，如表 3.15 所列，设备时刻处于某种 PIO 模式中，主控器可以通过设置特征指令选择 PIO 模式。

表 3.14 特性支持

| 特 性 | 操 作 | 特 性 | 操 作 |
|---|---|---|---|
| 01H | 使能8位数据传输 | 82H | 禁能写缓存 |
| 02H | 使能写缓存 | 85H | 禁能高级电源管理 |
| 03H | 设置基于扇区计数寄存器值的传输模式 | 89H | 禁能扩展电源操作 |
| 05H | 使能高级电源管理 | 8AH | 禁能电源级别1系列指令 |
| 09H | 使能扩展电源操作 | 96H | NOP——向后兼容 |
| 0AH | 使能电源级别1指令 | 97H | 向后兼容,不推荐使用该特性 |
| 44H | 长读/写指令中产品特定的ECC字节 | 9AH | 设置电流源容性,漏级电流及读/写速率的准确定义 |
| 55H | 禁能前部读操作 | AaH | 使能预读操作 |
| 66H | 禁能上电复位(POR),默认软件复位 | BBH | 4字节操作的长读/写指令 |
| 69H | NOP——向下兼容性 | CCH | 使能上电复位(POR),默认软件复位 |
| 81H | 禁能8位数据传输 | | |

如果CF存储卡支持PIO模式,接收到一个具有设置传输模式参数,且扇区计数值为00000000b的设置特征指令,其将被设置为默认PIO模式。如果值为00000001b,CF存储卡支持禁止IORDY操作,那么CF存储卡将设置为默认PIO模式且禁能IORDY。一个CF存储卡如果支持最高的模式,那么其下所有模式都应被支持,例如:若支持PIO模式1,则也应支持PIO模式0。

如果当前操作模式为PIO模式3或更高级别模式,IORDY被强制性支持。

特性05H允许主控器使能高级电源管理。为使能高级电源管理,主控器先向扇区计数寄存器写入所要求的高级电源管理级别,然后执行设置特性指令,其子命令代码为05H。电源管理级别的值为01H时具有最小功耗,为FEH时有最大功率。该值如表3.16所列。

表 3.15 传输模式值

| 模 式 | 位[7:3] | 位[2:0] |
|---|---|---|
| PIO默认模式 | 00000b | 000b |
| PIO默认模式,禁止IORDY | 00000b | 001b |
| PIO流控制传输模式 | 00001b | 模式 |
| 保留 | 00010b | N/A |
| 保留 | 00100b | N/A |
| 保留 | 01000b | N/A |
| 保留 | 10000b | N/A |
| 模式=传输模式号 | | |

表 3.16 高级电源管理级别

| 级 别 | 扇区计数值 |
|---|---|
| 最大功率 | FEH |
| 非等待模式下中间电源管理级别 | 81H~FDH |
| 非等待模式下最小电源消耗 | 80H |
| 等待模式下中间电源管理级别 | 02~7FH |
| 等待模式下最小电源消耗 | 01H |
| 保留 | FFH |
| 保留 | 00H |

可以通过增加电源管理级别的值增加设备功率。增加电源管理级别也会增加设备电源消耗。电源管理级别具有一定的离散性。如：一个设备可以在电源级别为 80H 到 A0H 条件下工作,获得高功率,而在电源管理级别为 A1H 到 FEH 工作时,仅得到更高的功耗。高级电源管理级别 80H 及更高的值并不符合设备的节能特性。

特性 85H 禁止高级电源管理。在设置特性子命令为 05H 的设备上,有可能无法运行子命令 85H。

特性 0AH 及 8AH 被用于使能或禁止电源管理级别 1 指令。特性 0AH 为 CF 存储卡扩展电源模式中的默认特性。

特性 55H 及 BBH 为 CF 存储卡的默认特性。除非遇到兼容性原因,否则主控器不会执行与这些特性有关的指令。

特性码 9AH 使能主控器配置卡,以使主控器系统满足最佳的电源要求。主控器设置在扇区计数寄存器中的值等于卡平均消耗电流的 1/4。如：如果扇区计数寄存器设置为 6,则卡最佳功率时的电流不会超过 24 mA。完成该指令后,在一定范围的值内卡响应主控器。低柱面寄存器中为最小值,高柱面寄存器中为最大值。如果为默认值,则在一次上电复位后,设备将处于最高功率状态,即最高电流模式。

卡可以接收可编程范围外的值,但是将工作在一定的低功率或高功率状态。

特性 66H 及 CCH 用于使能或禁止当软件复位产生时是否设置上电复位为默认状态。当软件复位产生时,上电复位为默认设置。

**注意**：该指令对 IDE 硬盘无效,只对 CF 卡有效。对于以上一些特征设置,并不是所有 CF 卡都支持。

## 2. 执行条件

该命令需在状态寄存器中的 DRDY 位为 1 时才可以执行。

## 3. 输入参数

图 3.15 为该 ATA 指令需要的相关参数,X 为任意值,命令寄存器为最后写入的值。

## 4. 正常返回

正常返回寄存器的值如图 3.16 所示。

### 1) 设备/磁头寄存器

DEV 位表示所选择的设备,DEV 位为 0 时,选择主设备;DEV 位为 1 时,选择从设备。

### 2) 状态寄存器

BSY：该位应为 0;

DRDY：该位应置 1;

DF(Devive Fault)：该位应清 0;

DRQ：该位应清 0;

EER：该位应清0。

| 寄存器名称 | 7 | 6 | 5 | 4 | 3 | 2 | 1 | 0 |
|---|---|---|---|---|---|---|---|---|
| 错误寄存器 | X | X | X | X | X | X | X | X |
| 扇区计数寄存器 | X | | | | | | | |
| 扇区号寄存器 | X | | | | | | | |
| 柱面低8位寄存器 | X | | | | | | | |
| 柱面高8位寄存器 | X | | | | | | | |
| 设备磁头寄存器 | obs | X | obs | DEV | X | | | |
| 状态寄存器 | BSY | DRDY | DF | X | DRQ | X | X | ERR |

**图3.16 设置特性指令正常返回**

## 5. 出错返回

如果输入的参数不是当前的CF存储卡所支持的或是无效的，则CF存储卡应终止指令执行。图3.17所示为CF存储卡终止指令执行时出错返回相关的位。

| 寄存器名称 | 7 | 6 | 5 | 4 | 3 | 2 | 1 | 0 |
|---|---|---|---|---|---|---|---|---|
| 错误寄存器 | X | X | X | X | X | ABRT | X | X |
| 扇区计数寄存器 | X | | | | | | | |
| 扇区号寄存器 | X | | | | | | | |
| 柱面低8位寄存器 | X | | | | | | | |
| 柱面高8位寄存器 | X | | | | | | | |
| 设备磁头寄存器 | obs | X | obs | DEV | X | | | |
| 状态寄存器 | BSY | DRDY | DF | X | DRQ | X | X | ERR |

**图3.17 设置特性指令执行出错**

### 1) 状态寄存器

BSY：该位清0则指示该指令执行完成；

DRDY：该位置1；

DF(Device Fault)：如果有该设备故障，则DF位置1；否则为0；

DRQ：该位清0；

ERR：如果错误寄存器有某些位置1，则该位置1。

### 2) 设备磁头寄存器

DEV：该位表示当前选择的设备，该位为0时，选择的是主设备；为1则选择的是从设备。

### 3) 错误寄存器

ABRT：如果输入的参数不是当前CF存储卡所支持的或是无效的，则CF存储卡应返回终止指令执行，该位置1。

## 6. 参考流程及程序

该指令遵守Non-data设备没数据传输流程(见3.6.4小节)。参考程序如程序清单

3.14 所示。程序清单 3.14 中包含了设置 CF 存储卡数据总线为 16 位或 8 位方式，编译器根据 ATA_BUS_AT_8bit 宏选择编译。

**程序清单 3.14　CF 存储卡总线设置**

```
/*************************************************************************
** 函数名称：ATA_SetFeature
** 功能描述：设置 CF 卡功能特性命令(如使用 CF 卡特有的 8 位数据总线)
** 输    入：Device,执行该指令的设备
** 输    出：指令正常完成返回 TURE,出错返回 FALSE
*************************************************************************/
uint8 ATA_SetFeature(uint8 Device)
{
    uint8 retStatus = FALSE;
    if(ATA_SelectDevice(Device))                                    (1)
    {
#ifdef ATA_BUS_AT_8bit                                              (2)
            ATA_CommandSet(                                         (3)
                            0x01,                                   (4)
                            NULL,                                   (5)
                            NULL,
                            NULL,
                            NULL,
                            ATA_DevReg,                             (6)
                            IDE_CMD_SETFEATURES                     (7)
                        );
#else                                                               (8)
            ATA_CommandSet(
                            0x81,
                            NULL,
                            NULL,
                            NULL,
                            NULL,
                            ATA_DevReg,
                            IDE_CMD_SETFEATURES
                        );
#endif
        retStatus = ATA_WaitOnBusyNDrdy();                          (9)
```

```
    }
    return retStatus;
}
```

程序清单 3.14(1)　选择执行该指令的设备，详见 3.6.1 小节。

程序清单 3.14(2)　如果程序中定义了 ATA_BUS_AT_8bit 宏，则设置 CF 存储卡工作在 8 位的数据总线方式；如果程序中未定义 ATA_BUS_AT_8bit 宏，则设置 CF 存储卡工作在 16 位的数据总线方式，在程序清单(8)开始编译。

程序清单 3.14(3)　ATA 指令设置函数，该函数源程序如程序清单 3.23 所示。

程序清单 3.14(4)　命令块寄存器中的特征寄器参数，0x01 使能 8 位总线；0x81 禁能 8 位总线，即使能 16 位总线(见表 3.14)。

程序清单 3.14(5)　其他无关的参数设置为空(NULL 值为 0)。

程序清单 3.14(6)　设置设备/磁头寄存器的 DEV 位，ATA_DevReg 为全局变量，其值在选择函数中被设置。

程序清单 3.14(7)　IDE_CMD_SETFEATURES 为设置特性指令代码宏定义，其定义的值为 0xEF。

程序清单 3.14(8)　如果没有定义 ATA_BUS_AT_8bit 宏，则 CF 存储卡工作在 16 位总线方式。

程序清单 3.14(9)　等待设备就绪，并且获取指令执行结果。ATA _WaitOnBusyNDrdy() 函数返回值为 TURE，指令正常完成；返回值为 FALSE，指令执行出错。该函数源程序如程序清单 3.27 所示。

## 3.5.3　设备识别——ECH

设备识别指令如图 3.18 所示。

### 1. 指令描述

设备识别命令允许主控器接收 CF 卡上的参数信息。这个命令与读扇区指令的协议相同，写入 0xEC 指令后，该设备(CF 卡或硬盘)将设置状态寄存器(辅助状态寄存器)的 BSY 位为 1；当将要传输给主机的 256 个字设备识别数据准备好后，置 DRQ 位为 1，同时清 BSY 位为 0，如果设备中断使能，还会产生中断信号。当状态寄存器的 DRQ 位为 1 时，主机可以读出 256 个字的设备识别数据。缓冲区中参数的划分及其意义可参见表 3.17。

所有的保留位或字都为 0。表 3.17 列举了磁盘识别命令返回后数据每一区域的含义。在表 3.17 中，X 表示卡中的不确定值，aaaa 表示特定磁盘的 ASCII 码标志。

CF - ATA 指令集中有些指令对某些 CF 卡有可能不支持，使用这些指令时先执行该指令，通过相关的位或字判断当前 CF 卡是否支持。

| 位 | 7 | 6 | 5 | 4 | 3 | 2 | 1 | 0 |
|---|---|---|---|---|---|---|---|---|
| 命令COMMAND(7) | ECH | | | | | | | |
| 设备/磁头C_D_H(6) | X | X | X | Drive | X | | | |
| 柱面高位CYLHIGH(5) | X | | | | | | | |
| 柱面低位CYLLOW(4) | X | | | | | | | |
| 扇区号SECNUM(3) | X | | | | | | | |
| 扇区计数SECCNT(2) | X | | | | | | | |
| 特性(1) | X | | | | | | | |

**图 3.18　磁盘识别**

**表 3.17　设备识别信息**

| 字地址 | 默认值 | 总字节数 | 数据格式类型信息 |
|---|---|---|---|
| 0 | 848AH | 2 | 普通设置——CF 卡标志 |
| 1 | XXXXH | 2 | 默认柱面数 |
| 2 | 0000H | 2 | 保留 |
| 3 | 00XXH | 2 | 默认磁头数 |
| 4 | XXXXH | 2 | 不再使用 |
| 5 | 0000H | 2 | 不再使用 |
| 6 | XXXXH | 2 | 每磁道默认扇区数 |
| 7～8 | XXXXH | 4 | 每卡扇区数(字 7＝MSW,字 8＝LSW) |
| 9 | XXXXH | 2 | 不再使用 |
| 10～19 | aaaa | 20 | ASCII 序列号(靠右填写) |
| 20 | 0000H | 2 | 不再使用 |
| 21 | 0000H | 2 | 不再使用 |
| 22 | 0004H | 2 | 读/写长指令时的 ECC 字节数 |
| 23～26 | aaaa | 8 | ASCII 固件版本。大端格式 |
| 27～46 | aaaa | 40 | ASCII 模式号(靠左填写),大端格式 |
| 47 | XXXXH | 2 | 多重读/写指令最大扇区号 |
| 48 | 0000H | 2 | 保留 |
| 49 | XX00H | 2 | 功能支持 |
| 50 | 0000H | 2 | 保留 |

续表 3.17

| 字地址 | 默认值 | 总字节数 | 数据格式类型信息 |
|---|---|---|---|
| 51 | 0X00H | 2 | PIO数据传输周期时序模式 |
| 52 | 0000H | 2 | 不再使用 |
| 53 | 00XH | 2 | 有效域 |
| 54 | XXXXH | 2 | 当前柱面数 |
| 55 | XXXXH | 2 | 当前磁头数 |
| 56 | XXXXH | 2 | 当前每磁道扇区数 |
| 57～58 | XXXXH | 4 | 当前扇区容量(LBA)(字57＝LSW,字58＝MSW) |
| 59 | 01XXh | 2 | 多重扇区设置 |
| 60～61 | XXXXH | 4 | LBA模式下可寻址的扇区总数 |
| 62～63 | 0000H | 4 | 保留 |
| 64 | 00XXH | 2 | 高级PIO模式 |
| 65～66 | 0000H | 4 | 保留 |
| 67 | XXXXH | 2 | 非流控制下最小PIO传输周期时间 |
| 68 | XXXXH | 2 | IORDY流控制小最小PIO传输周期时间 |
| 69～79 | 0000H | 20 | 保留 |
| 80～81 | 0000H | 4 | 保留——CF卡不返回ATA版本号 |
| 82～84 | XXXXH | 6 | 支持特征/命令集 |
| 85～87 | XXXXH | 6 | 使能特征/命令集 |
| 88 | 0000H | 2 | 保留 |
| 89 | XXXXH | 2 | 安全擦除单位完成的时间要求 |
| 90 | XXXXH | 2 | 增强型安全擦除单位完成的时间要求 |
| 91 | XXXXH | 2 | 当前高级电源管理值 |
| 92～127 | 0000H | 72 | 保留 |
| 128 | XXXXH | 2 | 安全状态 |
| 129～159 | 0000H | 64 | 厂家特有字 |
| 160 | XXXXH | 2 | 电源要求描述 |
| 161 | 0000H | 2 | CFA的保留分配 |
| 162 | 0000H | 2 | 键管理表 |
| 163～175 | 0000H | 26 | CFA的保留分配 |
| 176～255 | 0000H | 140 | 保留 |

- 字 0：一般配置。该域指示设备为 CF 存储卡。主控器运行注解：如果磁盘识别信息的字 0 为 848AH，设备遵循 CFA 规范，而非 ATA－4 规范。对于 IDE 硬盘，其值通常为 0C5AH。
- 字 1：默认柱面数。该域包含了默认转换模式下柱面的转换数。此值与柱面数相同。
- 字 3：默认磁头数。该域包含默认转换模式中磁头的转换数。
- 字 6：每磁道默认的扇区数。该域包含了默认转换模式下每磁道的扇区数。
- 字 10～19：序列号。该域 CF 存储卡的序列号(靠右对齐)，其他为空。
- 字 22：EEC 计数。该域定义了在读/写长指令时每个扇区的 EEC 字节数。该值将被设置为 0004h。
- 字 23～26：固件版本。该域包含产品的模式号，以左对齐，其他为空。
- 字 27～46：型号。该域包含产品的型号，并靠左对齐，其他以空格填充。
- 字 47：读/写多重扇区计数。15～8 位建议设置为 80H，或认可值 00H。CF 存储卡支持多重读/写指令时，该字的位 7～0 定义了每块最大扇区数。
- 字 49：功能。

  位 13：待机计时器。如果位 13 为 1，通过 IDLE 指令支持待机定时器；如果位 13 为 0，通过厂家进行待机定时器操作。

  位 11：IORDY 支持。如果位 11 为 1，CF 存储卡支持 IORDY 操作；如果位 11 为 0，CF 存储卡有可能支持 IORDY 操作。

  位 10：IORDY 被禁止。位 10 将被设置为 0，指示 IORDY 是不被禁止的。

  位 9：LBA 支持。位 9 将被设置为 1，以鉴别 CF 存储卡是否支持 LBA 模式寻址。通常 CF 设备都应该支持 LBA 寻址。

  位 8：DMA 支持。如果位 8 为 1，将支持读/写 DMA 指令；当位 8 被设置为 0 时，CF 卡不支持读/写 DMA 指令。
- 字 51：PIO 数据传输周期时序模式。CF 存储卡进入 PIO 传输时序模式需要符合规范中的时序参数。模式 0 下，位 15～8 返回的值将为 00H，模式 1 为 01H，模式 2 为 02H。03H～FFH 保留。
- 字 53：参数转换验证。位 0 为 1，以鉴别字 54～58 是否有效，并反映当前的柱面数、磁头数、扇区数。如果字 53 的位 1 为 1，字 64～70 的值有效。如果该位清 0，则字 64～70 的值无效。一些支持 PIO 模式 3 或以上模式的 CF 存储卡应设置字 53 的位 1 为 1，以支持字 64～70 区域。
- 字 54～56：当前每磁道柱面数、磁头数和扇区数。该区域包含了当前转换模式下当前可寻址的柱面数、磁头数和扇区数。
- 字 57～58：当前容量。该区域包含了 CF 卡当前柱面、磁盘、扇区和剩积。
- 字 59：多重扇区设置。

位 15～9 保留，其值为 0。

位 8 应设置为 1，指示多重扇区有效。

位 7～0 为扇区数的当前设定值，每次传输指定的扇区数后，将产生中断。

- 字 60～61：LBA 模式下可寻址扇区总数。该区域包含了该 CF 存储卡在 LBA 模式下可寻址的扇区总数。
- 字 64：高级 PIO 传输模式。磁盘识别参数信息的字 64 的位 7～0，作为高级 PIO 数据传输模式支持区域。当字 53 的位 1 将被设置为 1 时，该区域值有效。该区域为位寻址，CF 存储卡该区域的任何位都可被设置为 1，以指示支持高级 PIO 模式。

  位 7～2 保留，以作高级 PIO 模式的将来之用。如果位 0 为 1，指示 CF 存储卡支持 PIO 模式 3；如果位 1 为 1，指示 CF 存储卡支持 PIO 模式 4。
- 字 67：非流控制下的最小 PIO 传输周期。设备识别指令参数信息的字 67 被定义为非流控制下最小 PIO 传输周期。该区域定义为 ns 级，在最小的周期时间被主控器使用，在没有利用流控制的情况下，CF 存储卡保证传输完整的数据。

  如果字 53 的位 1 置 1，该区域值有效。一些支持 PIO 模式 3 及以上模式的 CF 存储卡均支持该区域，字 67 的值不应小于字 68 的值。

  如果字 53 的位 1 置 1，CF 存储卡除了支持该域，还支持 64～70；如果 CF 存储卡不支持该区域，CF 存储卡该域的值应返回 0。
- 字 68：IORDY 下的最小 PIO 传输周期时间。设备识别指令参数信息的字 68 作为 IORDY 流控制下最小 PIO 传输周期。该域为 ns 级，在利用 IORDY 流控制的情况下，CF 存储卡进行数据传输时的周期最小。

  如果字 53 的位 1 置 1 该区域值有效。一些支持 PIO 模式 3 及以上模式的 CF 卡应该支持该域，CF 存储卡的字 68 应该在 PIO 模式下最先被定义。

  如果字 53 的位 1 置 1，CF 卡除了支持该域还支持字 64～70；如果 CF 存储卡不支持该域，CF 存储卡的该域将返回 0。
- 字 82～84：特征/指令设置。字 82、83 及 84 将鉴别是否支持特征/命令设置。0000H 或 FFFFH 被 CF 存储卡优先于 ATA－3 存放每个字，主控器将解释特征/指令设置。字 83 的位 1～13，及字 84 的位 0～13 被保留。字 83/字 84 的位 14 将被置 1，字 83/字 84的位 15 将被清 0，以指示支持特征/命令设置。这些字中的值与主控器无关。

  字 82 的位 0 被设置为 0 时，不支持 SMART 特征。

  字 82 的位 1 被设置为 1 时，支持安全模式特征。

  字 82 的位 2 被设置为 0 时，不支持可移除媒体特征。

  字 82 的位 3 被设置为 1 时，支持电源管理特征。

  字 82 的位 4 被设置为 0 时，不支持 PACKET 命令特征。

  字 82 的位 5 被设置为 1 时，支持写缓存。

字 82 的位 6 被设置为 1 时，支持预测(Look－ahead)。

字 82 的位 7 被设置为 0 时，不支持释放中断。

字 82 的位 8 被设置为 0 时，不支持中断服务。

字 82 的位 9 被设置为 0 时，不支持设备复位指令。

字 82 的位 10 被设置为 0 时，不支持主控器区域保护特征。

字 82 的位 11 已不使用。

字 82 的位 12 被设置为 1 时，CF 存储卡支持写缓冲区指令。

字 82 的位 13 被设置为 1 时，CF 存储卡支持读缓冲区指令。

字 82 的位 14 被设置为 1 时，CF 存储卡支持 NOP 指令。

字 82 的位 15 已不使用。

字 83 的位 0 被设置为 0 时，CF 卡不支持微代码下载指令。

字 83 的位 1 被设置为 0 时，CF 存储不支持读 DMA 队列指令及写 DMA 队列指令。

字 83 的位 2 被设置为 1 时，CF 存储卡支持 CFA 特性。

字 83 的位 3 被设置为 1 时，CF 存储卡支持高级电源管理特征。

字 83 的位 4 被设置为 0 时，CF 存储卡不支持可移除媒体状态特征。

● 字 85～87：特征/指令设置使能。字 85、86、87 指示特征/指令设置使能。CF 存储卡将优先于 ATA－4 将 0000H 或 FFFFH 存放于以上各字，且主控器不会标识特征/指令设置使能。字 86 的位 1～15 保留。字 87 的位 0～13 保留。字 87 的位 14 应置 1，字 87 的位 15 应清 0 以指示特征/指令设置有效。以上各字的值与主控器无关。

字 85 的位 0 被设置为 0 时，不支持 SMART 特征。

字 85 的位 1 被设置为 1 时，安全模式特性通过安全密码设定指令使能。

字 85 的位 3 被设置为 0 时，不支持可移除媒体特征。

字 85 的位 4 被设置为 0 时，不支持封装指令。

字 85 的位 5 被设置为 1 时，写缓存使能。

字 85 的位 6 被设置为 1 时，使能预测(Look－ahead)。

字 85 的位 7 被设置为 0 时，不支持释放中断。

字 85 的位 8 被设置为 0 时，不支持中断服务。

字 85 的位 9 被设置为 0 时，不支持设备复位指令。

字 85 的位 10 被设置为 0 时，不支持主控器保护区域特性。

字 85 的位 11 已不使用。

字 85 的位 12 被设置为 1 时，CF 存储卡支持写缓冲区指令。

字 85 的位 13 被设置为 1 时，CF 存储卡支持读缓冲区指令。

字 85 的位 14 被设置为 1 时，CF 存储卡支持 NOP 指令。

字 85 的位 15 已不使用。

字 86 的位 0 被设置为 0 时，CF 存储卡不支持微代码下载指令。

字 86 的位 1 被设置为 0 时；CF 存储卡不支持读 DMA 队列及写 DMA 队列指令。

字 86 的位 2 被设置为 1 时，CF 存储卡支持 CFA 特性设置。

字 86 的位 3 被设置为 1 时，通过特性设置指令使能高级电源管理特性设置。

字 86 的位 4 被设置为 0 时，CF 存储卡不支持可移除媒体特性设置。

- 字 89：安全擦除单位的时间要求。字 89 为安全擦除单位的完成时间要求。CF 存储卡应支持该指令，以提供一定的安全特性。安全擦除单位的时间见表 3.18。
- 字 90：增强型安全擦除单位的完全时间要求。字 90 为增强型安全擦除单位的完全时间要求相关定义。CF 存储卡应支持该指令以提供一定的安全特性。增强型安全擦除单位见表 3.19。

**表 3.18　安全擦除单位的时间**

| 值 | 时　间 |
|---|---|
| 0 | 不确定 |
| 1～254 | （值×2）min |
| 255 | ＞508 min |

**表 3.19　增强型安全擦除单位**

| 值 | 时　间 |
|---|---|
| 0 | 不确定 |
| 1～254 | （值×2）min |
| 255 | ＞508 min |

- 字 91：高级电源管理级别。字 91 的位 7～0 为当前高级电源管理级别的设定值。
- 字 128：安全状态。

位 8：安全级别。该位为 1，指示安全模式使能，安全级别最大。该位为 0，安全模式使能，指示安全级别为高。

位 5：支持单位增强型安全擦除特性。该位为 1，指示支持增强安全单元擦除特性。

位 4：超期。设置为 1，以指示安全计数超期，上电复位或硬件复位时，安全解锁及安全擦除单位被指令终止。

位 3：冻结。设置为 1，以指示安全模式为冻结。

位 2：锁定。设置为 1，以指示安全模式为锁定。

位 1：使能/禁止。设置为 1，以指示安全模式使能；设置为 0，以指示安全模式禁止。

位 0：功能。设置为 1，以指示 CF 存储卡支持安全模式特性设置；设置为 0，以指示 CF 存储卡不支持安全模式特性设置。

- 字 160：电源要求描述。CF 存储卡要求该字支持电源模式 1。

位 15：VLD。该位为 1 时，以指示该字包含一个有效的电源要求描述；该位为 0 时，以指示该字不包含一个有效的电源要求描述。

位 14：RSV。该位保留，必须为 0。

位 13：$\overline{XP}$。该位为 1 时，以指示 CF 存储卡拥有电源级别 1 指令；该位为 0 时，以指示 CF 存储卡没有电源级别 1 指令。

位 12：$\overline{XE}$。该位为 1 时，以指示电源级别 1 指令禁止。该位为 0 时，以指示电源级别 1 指令使能。

位 0～11：最大电流。该区域包含了 CF 存储卡的当前最大电流（单位：mA）。

● 字 162：支持键管理列表。

位 0：支持 CPRM。该位为 1 时，设备支持 CPRM 列表(可识别媒体的内容保护)；该位为 0 时，设备不支持 CPRM。

位 1～15：保留，以准备未来添加键管理列表。

## 2. 执行条件

该指令在状态寄存器中的 DRDY 位值为 1 时才可以执行。

## 3. 输入参数

图 3.18 为该指令相关的输入参数，X 表示任意值，命令寄存器需在最后才写入。

## 4. 正常返回

正常返回各寄存器的值如图 3.19 所示。

| 寄存器名称 | 7 | 6 | 5 | 4 | 3 | 2 | 1 | 0 |
|---|---|---|---|---|---|---|---|---|
| 错误寄存器 | X | X | X | X | X | X | X | X |
| 扇区计数寄存器 | X | | | | | | | |
| 扇区号寄存器 | X | | | | | | | |
| 柱面低 8 位寄存器 | X | | | | | | | |
| 柱面高 8 位寄存器 | X | | | | | | | |
| 设备磁头寄存器 | obs | X | obs | DEV | X | | | |
| 状态寄存器 | BSY | DRDY | DF | X | DRQ | X | X | ERR |

**图 3.19　设备识别指令正常返回**

### 1) 设备/磁头寄存器

DEV：该位表示所选择的设备，DEV 位为 0 时，选择主设备；DEV 位为 1 时，选择从设备。

### 2) 状态寄存器

BSY：该位应为 0；

DRDY：该位应为 1；

DF(Devive Fault)：该位应清 0；

DRQ：该位应清 0；

EER：该位应清 0。

## 5. 出错返回

所有的 ATA 设备都支持该指令，该指令是 ATA 设备最基本的指令之一，不应该有任何错误报告。

### 6. 参考流程及程序

执行该指令，主机及设备需要遵守 PIO data in 设备有数据输出流程(见 3.6.2 小节)。获取设备识别数据函数如程序清单 3.15 所示。

**程序清单 3.15　获取设备识别信息函数**

```
/*********************************************************************************
** 函数名称：ATA_IdentifyDrive
** 功能描述：确认 IDE 设备,获取 IDE 设备信息
** 输    入：Device:设备号,0 为主设备,1 为从设备
**           PTR:保存设备信息的指针
** 输    出：出错返回 0
*********************************************************************************/
    uint8 ATA_IdentifyDrive(uint8 Device,void * PTR)
    {
        uint8 retStatus = FALSE;
    #ifdef UCOSII                                                              (1)
        uint8 err;
    #endif
        if(ATA[Device].ATAIsOK == FALSE)                                       (2)
            return    FALSE;
    #ifdef UCOSII
        OSSemPend(CFIDESem, 0, &err);                                          (3)
    #endif
        if(ATA_SelectDevice(Device))                                           (4)
        {
                ATA_CommandSet(                                                (5)
                                NULL,                                          (6)
                                NULL,
                                NULL,
                                NULL,
                                NULL,
                                ATA_DevReg,                                    (7)
                                IDE_CMD_IDENTIFY                               (8)
                            );
                if(ATA_DriveAllInfo(PTR))                                      (9)
                    if(ATA_WaitOnBusyNDrdy())                                  (10)
```

```
                retStatus = TRUE;
        }
    #ifdef UCOSII
        OSSemPost(CFIDESem);                                                    (11)
    #endif
        return retStatus;
    }
```

程序清单 3.15(1)　选择编译,如果定义了 UCOSII 宏,则该函数可用于 μC/OS－II 多任务操作系统。基于 μC/OS－II 多任务操作系统,使用一个信号量 CFIDESem 实现多任务共享设备资源(详见 3.7.2 小节)。

程序清单 3.15(2)　当主机检测到 ATA 接口上的设备可用时,ATA[Device].ATAIsOK 设置值为 TRUE;当检测到 ATA 接口上的设备不可用时,则设置 ATA[Device].ATAIsOK 值为 FALSE。如果将要操作的设备不可用时,主机放弃对该设备的操作。

程序清单 3.15(3)　假如该函数用于 μC/OS－II 操作系统,当前任务则等待信号量(详见 3.7.2 小节)。

程序清单 3.15(4)　选择执行该指令的设备,详见 3.6.1 小节。

程序清单 3.15(5)　设置 ATA 指令函数,该函数源程序如程序清单 3.23 所示。

程序清单 3.15(6)　其他无关的指令参数设置为空(NULL 值为 0)。

程序清单 3.15(7)　设置设备/磁头寄存器的 DEV 位,ATA_DevReg 为全局变量,其值在选择设备函数中被设置。

程序清单 3.15(8)　IDE_CMD_IDENTIFY 为设备识别指令代码宏定义,其定义的值为 0xEC。

程序清单 3.15(9)　ATA_DriveAllInfo()为保存设备识别数据函数,PTR 为保存设备信息缓冲区指针,缓冲区至少为 512 字节。根据表 3.17 描述,将设备识别数据以一定的数据结构形式保存,该结构体成员如表3.20所列。查询设备相关信息可以访问结构体中的相应成员直接获得。该函数返回值为 TURE,表示指令正常完成。返回值为 FALSE,表示指令出错。

程序清单 3.15(10)　等待设备就绪,并且获取指令执行结果。ATA _WaitOnBusyNDrdy()函数返回值为 TURE,表示指令正常完成;返回值为 FALSE,表示指令执行出错。该函数源程序如程序清单 3.27 所示。

程序清单 3.15(11)　假如该函数用于 μC/OS－II 多任务操作系统,当前任务完成对 ATA 设备操作,则发送信号量(详见 3.7.2 小节)。

表 3.20 保存 ATA 设备信息结构成员

| 成员类型 | 成员名称 | 描述信息 |
|---|---|---|
| unsigned short | GeneralConfiguration | 普通设置——CF卡标志 |
| unsigned short | NumberOfCylinders | 默认柱面数 |
| unsigned short | Reserved1 | 保留 |
| unsigned short | NumberOfHeads | 默认磁头数 |
| unsigned short | UnformattedBytesPerTrack | 不再使用 |
| unsigned short | UnformattedBytesPerSector | 不再使用 |
| unsigned short | SectorsPerTrack | 每磁道默认扇区数 |
| unsigned int | SectorsPerCard | 每卡扇区数(字7=MSW,字8=LSW) |
| unsigned short | VendorUnique | 不再使用 |
| unsigned short | SerialNumber[10] | ASCII序列号(靠右填写) |
| unsigned short | BufferType | 不再使用 |
| unsigned short | BufferSectorSize | 不再使用 |
| unsigned short | NumberOfEccBytes | 读/写长指令时的ECC字节数 |
| unsigned short | FirmwareRevision[4] | ASCII固件版本。大端格式 |
| unsigned short | ModelNumber[20] | ASCII模式号(靠左填写),大端格式 |
| unsigned short | MaximumBlockTransfer | 多重读/写指令最大扇区号 |
| unsigned short | Reserved2 | 保留 |
| unsigned short | Capabilities | 功能支持 |
| unsigned short | Reserved3 | 保留 |
| unsigned short | PioCycleTimingMode | PIO数据传输周期时序模式 |
| unsigned short | DmaCycleTimingMode | 不再使用 |
| unsigned short | TranslationFieldsValid | 有效域 |
| unsigned short | NumberOfCurrentCylinders | 当前柱面数 |
| unsigned short | NumberOfCurrentHeads | 当前磁头数 |
| unsigned short | CurrentSectorsPerTrack | 当前每磁道扇区数 |
| unsigned int | CurrentSectorCapacity | 当前扇区容量(LBA)(字57=LSW,字58=MSW) |
| unsigned short | CurrentMultiSectorSetting | 多重扇区设置 |
| unsigned int | UserAddressableSectors | LBA模式下可寻址的扇区总数 |

续表 3.20

| 成员类型 | 成员名称 | 描述信息 |
|---|---|---|
| unsigned short | Reserved4[2] | 保留 |
| unsigned short | AdvancedPIOModes | 高级 PIO 模式 |
| unsigned short | Reserved6[2] | 保留 |
| unsigned short | MinimumPIOCycleTime | 非流控制下最小 PIO 传输周期时间 |
| unsigned short | MinimumPIOCycleTimeIORDY | IORDY 流控制小最小 PIO 传输周期时间 |
| unsigned short | Reserved7[10] | 保留 |
| unsigned int | AtaVersion | 保留——CF 卡不返回 ATA 版本号 |
| unsigned short | FeaturesCommandSupported[3] | 支持特征/命令集 |
| unsigned short | FeaturesCommandEnabled[3] | 使能特征/命令集 |
| unsigned short | Reserved8 | 保留 |
| unsigned short | MajorRevision | 安全擦除单位完成的时间要求 |
| unsigned short | MinorRevision | 增强型安全擦除单位完成的时间要求 |
| unsigned short | PowerManagementValue | 当前高级电源管理值 |
| unsigned short | Reserved9[36] | 保留 |
| unsigned short | SecurityStatus | 安全状态 |
| unsigned short | VendorUniqueBytes[32] | 厂家特有字 |
| unsigned short | PowerRequirementDescription | 电源要求描述 |
| unsigned short | Reserved10 | CFA 的保留分配 |
| unsigned short | KeyManagementSupported | 键管理表 |
| unsigned short | Reserved11[83] | CFA 的保留分配 |

ATA_DriveAllInfo()函数源程序如程序清单 3.16 所示。

**程序清单 3.16　保存设备信息**

```
/*************************************************************************
** 函数名称：ATA_DriveAllInfo
** 功能描述：该函数获取 IDE 设备的特征信息
** 输    入：结构体保存起始指针
** 输    出：出错返回 0
*************************************************************************/
uint8 ATA_DriveAllInfo(void * PTR)
{       uint8 c,Status;
       if(ATA_WaitOnBusyNDrq())                                           (1)
```

```
{
#define     DEVICEINFO                  ((PCF_IDENTIFY_DATA)PTR)                                      (2)
        DEVICEINFO->GeneralConfiguration            = GetData();            //Word 01          (3)
        DEVICEINFO->NumberOfCylinders               = GetData();            //Word 01
        DEVICEINFO->Reserved1                       = GetData();            //Word 02
        DEVICEINFO->NumberOfHeads                   = GetData();            //Word 03
        DEVICEINFO->UnformattedBytesPerTrack        = GetData();            //Word 04
        DEVICEINFO->UnformattedBytesPerSector       = GetData();            //Word 05
        DEVICEINFO->SectorsPerTrack                 = GetData();            //Word 06
        DEVICEINFO->SectorsPerCard              = (uint32) GetData()<<16;   //Word 07
        DEVICEINFO->SectorsPerCard             |= (uint32) GetData();       //Word 08
        DEVICEINFO->VendorUnique                    = GetData();            //Word 09
         for(c = 0 ; c<10 ; c++ )
              DEVICEINFO->SerialNumber[c]           = GetData();            //Word 10 - 19
        DEVICEINFO->BufferType                      = GetData();            //Word 20
        DEVICEINFO->BufferSectorSize                = GetData();            //Word 21
        DEVICEINFO->NumberOfEccBytes                = GetData();            //Word 22
        for(c = 0 ; c<4 ; c++ )
            DEVICEINFO->FirmwareRevision[c]         = GetData();            //Word 23 - 26
        for(c = 0 ; c<20 ; c++ )
            DEVICEINFO->ModelNumber[c]              = GetData();            //Word 27 - 46
        DEVICEINFO->MaximumBlockTransfer            = GetData();            //Word 47
        DEVICEINFO->Reserved2                       = GetData();            //Word 48
        DEVICEINFO->Capabilities                    = GetData();            //Word 49
        DEVICEINFO->Reserved3                       = GetData();            //Word 50
        DEVICEINFO->PioCycleTimingMode              = GetData();            //Word 51
        DEVICEINFO->DmaCycleTimingMode              = GetData();            //Word 52
        DEVICEINFO->TranslationFieldsValid          = GetData();            //Word 53
        DEVICEINFO->NumberOfCurrentCylinders        = GetData();            //Word 54
        DEVICEINFO->NumberOfCurrentHeads            = GetData();            //Word 55
        DEVICEINFO->CurrentSectorsPerTrack          = GetData();            //Word 56
        DEVICEINFO->CurrentSectorCapacity      =(uint32)GetData();          //Word 57
        DEVICEINFO->CurrentSectorCapacity     |=(uint32)GetData()<<16;      //Word 58
        DEVICEINFO->CurrentMultiSectorSetting       = GetData();            //Word 59
        DEVICEINFO->UserAddressableSectors =(uint32)GetData();              //Word 60
        DEVICEINFO->UserAddressableSectors |=(uint32)GetData()<<16;         //Word 61
        DEVICEINFO->Reserved4[0]               = GetData();                 //Word 62
```

```
DEVICEINFO->Reserved4[1]                    = GetData();          //Word 63
DEVICEINFO->AdvancedPIOModes                = GetData();          //Word 64
DEVICEINFO->Reserved6[0]                    = GetData();          //Word 65
DEVICEINFO->Reserved6[1]                    = GetData();          //Word 66
DEVICEINFO->MinimumPIOCycleTime             = GetData();          //Word 67
DEVICEINFO->MinimumPIOCycleTimeIORDY        = GetData();          //Word 68
for(c = 0 ; c<10 ; c++)
    DEVICEINFO->Reserved7[c]                = GetData();          //Word 69 - 79
DEVICEINFO->AtaVersion                  = (uint32)GetData();      //Word 80
DEVICEINFO->AtaVersion                 |= (uint32)GetData();      //Word 81
DEVICEINFO->FeaturesCommandSupported[0]     = GetData();          //Word 82
DEVICEINFO->FeaturesCommandSupported[1]     = GetData();          //Word 83
DEVICEINFO->FeaturesCommandSupported[2]     = GetData();          //Word 84
DEVICEINFO->FeaturesCommandEnabled[0]       = GetData();          //Word 85
DEVICEINFO->FeaturesCommandEnabled[1]       = GetData();          //Word 86
DEVICEINFO->FeaturesCommandEnabled[2]       = GetData();          //Word 87
DEVICEINFO->Reserved8                       = GetData();          //Word 88
DEVICEINFO->MajorRevision                   = GetData();          //Word 89
DEVICEINFO->MinorRevision                   = GetData();          //Word 90
DEVICEINFO->PowerManagementValue            = GetData();          //Word 91
for(c = 0 ; c<36 ; c++)
    DEVICEINFO->Reserved9[c]                = GetData();          //Word 92 - 127
DEVICEINFO->SecurityStatus                  = GetData();          //Word 128
for(c = 0 ; c<32 ; c++)
    DEVICEINFO->VendorUniqueBytes[c]        = GetData();          //Word 129 - 159
DEVICEINFO->PowerRequirementDescription     = GetData();          //Word 160
DEVICEINFO->Reserved10                      = GetData();          //Word 161
DEVICEINFO->KeyManagementSupported          = GetData();          //Word 162
for(c = 0 ; c<83 ; c++)
    DEVICEINFO->Reserved11[c]               = GetData();          //Word 163 - 255
ATA_GetStatus(&Status);                                                          (4)
if(Status == CARD_IS_FALSE)                                                      (5)
    return  FALSE;
for(c = 0;Status&ATA_STAT_REG_DRQ;c++)                                           (6)
{    GetData();                                                                  (7)
     ATA_GetStatus(&Status);
     if(Status == CARD_IS_FALSE)
```

```
                return  FALSE;
            }
            return  TRUE;
    }
    else
            return  FALSE;
#undef    DEVICEINFO
}
```

程序清单 3.16(1)　等待设备准备好数据传输。ATA_WaitOnBusyNDrq()函数检测设备对指令的响应，如果设备准备好传输数据，则开始读设备数据寄存器；如果设备没响应，则返回 FALSE。

程序清单 3.16(2)　PCF_IDENTIFY_DATA 为结构体指针类型，将缓冲区指针强行转换为设备信息结构体类型，并将其宏定义为 DEVICEINFO。

程序清单 3.16(3)　GetData()函数为读设备数据寄存器，并将读取的内容保存到指定的结构体位置。

程序清单 3.16(4)　读取设备状态寄器的内容，其返回值指示了设备的当前状态。ATA_GetStatus() 函数如程序清单 3.29 所示。

程序清单 3.16(5)　如果 Status 值等于 CARD_IS_FALSE，表示设备有故障或无效，直接返回 FALSE。

程序清单 3.16(6)　ATA_STAT_REG_DRQ 为 0x08 宏定义，若其与 Status 求“与”得到的值非 0，则数据传输没有完成，须继续读设备数据寄存器。

程序清单 3.16(7)　规范中只指定设备识别数据只有 512 节字，因此将设备识别信息 512 字节后的数据直接丢弃。

## 3.5.4　读扇区——20H 或 21H

设扇区指令输入参数如图 3.20 所示。

| 位 | 7 | 6 | 5 | 4 | 3 | 2 | 1 | 0 |
|---|---|---|---|---|---|---|---|---|
| 命令COMMAND(7) | 20H或21H | | | | | | | |
| 设备/磁头C_D_H(6) | 1 | LBA | 1 | Drive | 磁头(LBA [27：24]) | | | |
| 柱面高位CYLHIGH(5) | 高柱面(LBA[23：16]) | | | | | | | |
| 柱面低位CYLLOW(4) | 低柱面(LBA[15：8]) | | | | | | | |
| 扇区号SECNUM(3) | 扇区号(LBA[7：0]) | | | | | | | |
| 扇区计数SECCNT(2) | 扇区计数 | | | | | | | |
| 特性(1) | X | | | | | | | |

图 3.20　读扇区

### 1. 指令描述

该指令可以连续读取 1～256 个扇区，而读取的扇区数由扇区计数寄存器的值决定，当扇区计数寄存器值为 0 时，则读 256 个扇区。传输从扇区号寄存器指定的扇区开始。该指令被执行，主控器读取每个扇区的数据后，CF 存储卡将设置 BSY 位为 1，同时会将扇区的数据存入缓冲区，并设置 DRQ 为 1，清 BSY 位为 0，并产生中断。然后，主控器从缓冲区读 512 字节数据。

在指令完成时，命令块寄存器包含最后读得的柱面、磁头及扇区号。如果发生错误，读扇区操作将停止。命令块寄存器包含错误产生时的柱面、磁头、扇区号。扇区缓冲区的错误数据将被挂起。

### 2. 执行条件

该命令在状态寄存器中的 DRDY 位为 1 时才可以执行。

### 3. 正常返回

正常返回各寄存器的值如图 3.21 所示。

<table>
<tr><td>寄存器名称</td><td>7</td><td>6</td><td>5</td><td>4</td><td>3</td><td>2</td><td>1</td><td>0</td></tr>
<tr><td>错误寄存器</td><td>X</td><td>X</td><td>X</td><td>X</td><td>X</td><td>X</td><td>X</td><td>X</td></tr>
<tr><td>扇区计数寄存器</td><td colspan="8">X</td></tr>
<tr><td>扇区号寄存器</td><td colspan="8">X</td></tr>
<tr><td>柱面低 8 位寄存器</td><td colspan="8">X</td></tr>
<tr><td>柱面高 8 位寄存器</td><td colspan="8">X</td></tr>
<tr><td>设备磁头寄存器</td><td>obs</td><td>X</td><td>obs</td><td>DEV</td><td colspan="4">X</td></tr>
<tr><td>状态寄存器</td><td>BSY</td><td>DRDY</td><td>DF</td><td>X</td><td>DRQ</td><td>X</td><td>X</td><td>ERR</td></tr>
</table>

图 3.21　读扇区指令正常返回

#### 1) 设备/磁头寄存器

DEV：位指示选中的设备，0 为主设备，1 为从设备。

#### 2) 状态寄存器

BSY：该位清 0，指示该指令执行完成。

DRDY：该位置 1。

DF(Device Fault)：该位清 0。

DRQ：该位清 0。

ERR：该位清 0。

### 4. 出错返回

出错返回各寄存器的值如图 3.22 所示。在执行指令时，发生了不可纠正的错误，导致中止指令的执行。命令块寄存器中的相关寄存器记录了首次发生错误的扇区号，而已传输的数

| 寄存器名称 | 7 | 6 | 5 | 4 | 3 | 2 | 1 | 0 |
|---|---|---|---|---|---|---|---|---|
| 错误寄存器 | X | UNC | X | IDNF | X | ABRT | X | AMNF |
| 扇区计数寄存器 | X | | | | | | | |
| 扇区号寄存器 | 扇区号或LBA[7：0] | | | | | | | |
| 柱面低8位寄存器 | 柱面低8位或LBA[15：8] | | | | | | | |
| 柱面高8位寄存器 | 柱面高8位或LBA[23：16] | | | | | | | |
| 设备磁头寄存器 | obs | X | obs | DEV | 磁头号或LBA[27：24] | | | |
| 状态寄存器 | BSY | DRDY | DF | X | DRQ | X | X | ERR |

图3.22 读扇区出错返回

据总数是不可确定的。

**1）状态寄存器**

BSY：该位清0，指示该指令执行完成。

DRDY：该位置1。

DF(Device Fault)：如果有该设备故障DF位置1，否则为0。

DRQ：该位清0。

ERR：如果错误寄存器有某些位置1，该位置1。

**2）错误寄存器**

UNC：如果发生了数据不可纠正的错误时，该位置1。

IDNF：如果请求操作的扇区ID没有找到，该位置1。

ABRT：如果器件没有完成指令要求的操作，ABRT将置1。如果IDNF未置1，欲寻址的空间超过用户可访问空间的范围，ABRT也将置1。

AMNF：该位置1表示在找到正确的ID域以后没有找到相应数据地址标记。

**3）扇区号、柱面低位、柱面高位、设备/磁头寄存器**

首次发生不可纠正数据错误的扇区号。

DEV：位指示选中的设备，0为主设备，1为从设备。

## 5. 参考流程及程序

执行该指令，主机及设备需要遵守PIO data in设备有数据输出流程（见3.6.2小节）。读扇区函数如程序清单3.17所示。

**程序清单3.17 读扇区函数**

```
/*************************************************************************
** 函数名称：ATA_ReadSector
** 功能描述：从硬盘读取1或多个扇区，放入到形参指定的内存中
** 输    入：Buffer，缓冲区地址
```

```
* *             Sector,读扇区号
* *             count, 读扇区数
* * 输     出: 出错返回 0
*************************************************************************/
uint8 ATA_ReadSector(uint8 Device,uint16 * Buffer,uint32 Sector,uint8 count)
{
#ifdef UCOSII                                                           (1)
    uint8      err;
#endif
    uint8      Status = FALSE;
    if(ATA[Device].ATAIsOK == FALSE)                                    (2)
        return    FALSE;
#ifdef UCOSII
    OSSemPend(CFIDESem, 0, &err);                                       (3)
#endif
    if(ATA_SelectDevice(Device))                                        (4)
    {
        ATA_CommandSet(                                                 (5)
                        NULL,
                        (uint8) count,                                  (6)
                        (uint8)Sector,                                  (7)
                        (uint8)(Sector/0x100),                          (8)
                        (uint8)(Sector/0x10000),                        (9)
                        (uint8)(((Sector/0x1000000)&0x0f)|ATA_DevReg),  (10)
                        (uint8)IDE_CMD_READ );                          (11)
        do
        {    count-- ;
            if(ATA_WaitOnBusyNDrq())                                    (12)
            {
                    ATA_ReadData512B( Buffer );                         (13)
                    Buffer  += 256;                                     (14)
            }
            else
                    break;                                              (15)
        }while(count>0);                                                (16)
        if(ATA_WaitOnBusyNDrdy())                                       (17)
            Status  =  TRUE;
```

```
    }
#ifdef UCOSII
    OSSemPost(CFIDESem);                                                        (18)
#endif
    return Status;
}
```

程序清单 3.17(1) 选择编译，如果定义了 UCOS－II 宏，则该函数可用于 μC/OS－II 多任务操作系统。基于 μC/OS－II 多任务操作系统使用一个信号量 CFIDESem 实现多任务共享设备资源（详见 3.7.2 小节）。

程序清单 3.17(2) 当主机检测到 ATA 接口上的设备可用时，设置 ATA[Device].ATAIsOK 值为 TRUE；当检测到 ATA 接口上的设备不可用时，则设置 ATA[Device].ATAIsOK值为 FALSE。如果要操作的设备不可用，主机立即放弃对该设备的操作。

程序清单 3.17(3) 假如该函数用于 μC/OS－II 多任务操作系统，当前任务则需要等待允许操作 ATA 设备的信号量，详见 3.7.2 小节。

程序清单 3.17(4) 选择执行该指令的设备，详见 3.6.1 小节。

程序清单 3.17(5) 设置 ATA 指令函数，该函数源程序如程序清单 3.23 所示。

程序清单 3.17(6) 执行指令要读取的扇区数，值为 0，则读取 256 个扇区。

程序清单 3.17(7)、(8)、(9)、(10) 包含扇区号的各个位。程序清单 3.17(10)中写入参数的高 4 位包含了设备号和寻址方式。全局变量 ATA_DevReg 包含参数的高 4 位，其值在 ATA_SelectDevice 函数中被设置。

程序清单 3.17(11) IDE_CMD_READ 为读扇区指令代码的宏定义，其定义的值为 0x20。

程序清单 3.17(12) 等待设备准备好数据传输。ATA_WaitOnBusyNDrq()函数检测设备对指令的响应，如果设备准备好传输数据，则开始连续读设备数据寄存器；如果设备没响应，则返回 FALSE。

程序清单 3.17(13) 连续读取 ATA 设备 512 字节数据，Buffer 为存放数据缓冲区的指针，指针类型为无符号型 16 位。ATA_ReadData512B()函数如程序清单 3.25 所示。

程序清单 3.17(14) 调整数据缓冲区 Buffer 指针。

程序清单 3.17(15) 如果 ATA_WaitOnBusyNDrq()函数检测到执行指令发生错误，主机即退出循环。

程序清单 3.17(16) 读取的扇区数已完成，则退出循环。

程序清单 3.17(17) 主机等待设备就绪，并获取设备指令执行结果。ATA _WaitOnBusyNDrdy()函数返回值为 TURE，则指令正常完成；返回值为 FALSE，指令执行出错。该函数源程序如程序清单 3.27 所示。

程序清单 3.17(18)　假如该函数用于 μC/OS-II 多任务操作系统，当前任务已完成对 ATA 设备操作，则发送信号量(详见 3.7.2 小节)。

## 3.5.5　写扇区——30H 或 31H

写扇区指令输入参数如图 3.23 所示。

| 位 | 7 | 6 | 5 | 4 | 3 | 2 | 1 | 0 |
|---|---|---|---|---|---|---|---|---|
| 命令COMMAND(7) | 30H或31H | | | | | | | |
| 设备/磁头C_D_H(6) | X | LBA | X | Drive | 磁头(LBA[27：24]) | | | |
| 柱面高位CYLHIGH(5) | 高柱面(LBA[23：16]) | | | | | | | |
| 柱面低位CYLLOW(4) | 低柱面(LBA[15：8]) | | | | | | | |
| 扇区号SECNUM(3) | 扇区号(LBA[7：0]) | | | | | | | |
| 扇区计数SECCNT(2) | 扇区计数 | | | | | | | |
| 特性(1) | X | | | | | | | |

**图 3.23　写扇区**

### 1. 指令描述

该指令可以连续写入 1～256 个扇区，而写入的扇区数由扇区计数寄存器的值决定，当扇区计数寄存器值为 0 时，则写 256 个扇区。命令块寄存器组成的扇区号是写入的起始扇区。当 CF 存储卡收到指令时，先设置 BSY 值为 1，然后设置 DRQ 值为 1，并设置 BSY 值为 0，最后等待主控器用要写入的数据填充扇区缓冲器。除非 BSY 清 0，否则主控器不会传输数据。

对于写多扇区，当第 1 个扇区数据处于缓冲区中时，BSY 置 1，DRQ 清 0；在下一个缓冲区准备好数据传输时，BSY 清 0，DRQ 置 1，并产生中断；当最后扇区的数据准备好后，BSY 置 1，DRQ 清 0，并将保持此状态直到指令完成，此时 BSY 清 0，且产生中断。

如果在写扇区时产生错误，将会结束写操作。命令块寄存器包含错误发生的柱面、磁头及扇区号。主控器将读取命令块寄存器，以判断错误发生的扇区。

### 2. 执行条件

该命令只有在状态寄存器中的 DRDY 位值为 1 时才可以执行。

### 3. 正常返回

正常返回各寄存器的值如图 3.24 所示。

#### 1) 设备/磁头寄存器

DEV：该位表示选中的设备，0 为主设备，1 为从设备。

| 寄存器名称 | 7 | 6 | 5 | 4 | 3 | 2 | 1 | 0 |
|---|---|---|---|---|---|---|---|---|
| 错误寄存器 | X | X | X | X | X | X | X | X |
| 扇区计数寄存器 | X | | | | | | | |
| 扇区号寄存器 | X | | | | | | | |
| 柱面低 8 位寄存器 | X | | | | | | | |
| 柱面高 8 位寄存器 | X | | | | | | | |
| 设备磁头寄存器 | obs | X | obs | DEV | X | | | |
| 状态寄存器 | BSY | DRDY | DF | X | DRQ | X | X | ERR |

图 3.24　写扇区指令正常返回

**2）状态寄存器**

BSY：该位清 0，表示该指令执行完成；

DRDY：该位置 1；

DF(Device Fault)：该位清 0；

DRQ：该位清 0；

ERR：该位清 0。

## 4. 出错返回

出错返回各寄存器的值如图 3.25 所示。

| 寄存器名称 | 7 | 6 | 5 | 4 | 3 | 2 | 1 | 0 |
|---|---|---|---|---|---|---|---|---|
| 错误寄存器 | X | UNC | X | IDNF | X | ABRT | X | X |
| 扇区计数寄存器 | X | | | | | | | |
| 扇区号寄存器 | 扇区号或LBA[7:0] | | | | | | | |
| 柱面低 8 位寄存器 | 柱面低 8 位或LBA[15:8] | | | | | | | |
| 柱面高 8 位寄存器 | 柱面高 8 位或LBA[23:16] | | | | | | | |
| 设备磁头寄存器 | obs | X | obs | DEV | 磁头号或LBA[27:24] | | | |
| 状态寄存器 | BSY | DRDY | DF | X | DRQ | X | X | ERR |

图 3.25　写扇区指令出错返回

在执行指令时，发生了不可纠正的错误会导致指令中止执行。命令块寄存器中的相关寄存器记录了首次发生错误的扇区号，但已传输的数据总数不可确定。

**1）状态寄存器**

BSY：该位清 0 表示该指令执行完成；

DRDY：该位置 1；

DF(Device Fault)：如果该设备发生故障，DF 位置 1，否则为 0；

DRQ：该位清 0；

ERR：如果错误寄存器有某些位置 1，该位置 1。

**2）错误寄存器**

UNC：如果发生了不可纠正的数据错误时，该位置 1。

IDNF：如果请求操作的扇区 ID 没有找到，该位置 1。

ABRT：如果设备没有完成该指令要求的操作，ABRT 将置 1；如果 IDNF 未置 1，而欲寻址的空间超过用户可访问空间的范围时，ABRT 也将置 1。

**3）扇区号、柱面低位、柱面高位、设备/磁头寄存器**

这些寄存器记录了首次发生不可纠正数据错误的扇区号。

DEV：该位表示选中的设备，0 为主设备，1 为从设备。

## 5. 参考流程及程序

执行该指令，主机及设备需要遵守 PIO data out 设备有数据输入流程（见 3.6.3 小节）。写扇区函数如程序清单 3.18 所示。

**程序清单 3.18　写扇区函数**

```
/**********************************************************************
** 函数名称：WriteSector
** 功能描述：向硬盘写入一或多个扇区
** 输    入：Device,选择主设备或从设备
**           Buffer,缓冲区地址
**           Sector,写入扇区号
**           count, 写入扇区数
** 输    出：出错返回 0
**********************************************************************/
uint8 ATA_WriteSector(uint8 Device,uint16 * Buffer, uint32 Sector ,uint8 count)
{
#ifdef UCOSII                                                          (1)
    uint8     err;
#endif
    uint8     Status = FALSE;
    if(ATA[Device].ATAIsOK == FALSE)                                   (2)
        return    FALSE;

#ifdef UCOSII
    OSSemPend(CFIDESem, 0, &err);                                      (3)
#endif

    if(ATA_SelectDevice(Device))                                       (4)
```

```
    {
        ATA_CommandSet(                                                    (5)
                        NULL,
                        (uint8) count,                                     (6)
                        (uint8)Sector,                                     (7)
                        (uint8)(Sector/0x100),                             (8)
                        (uint8)(Sector/0x10000),                           (9)
                        (uint8)(((Sector/0x1000000)&0x0f)|ATA_DevReg),     (10)
                        (uint8)IDE_CMD_WRITE                               (11)
                    );
        do
        {
            count--;
            if(ATA_WaitOnBusyNDrq())                                       (12)
            {
                ATA_WriteData512B(Buffer);                                 (13)
                Buffer += 256;                                             (14)
            }
            else
                break;                                                     (15)
        }while(count>0);                                                   (16)
        if(ATA_WaitOnBusyNDrdy())                                          (17)
            Status = TRUE;
    }
#ifdef UCOSII
    OSSemPost(CFIDESem);                                                   (18)
#endif
    return Status;
}
```

程序清单 3.18(1)　选择编译,如果定义了 UCOSII 宏,则该函数可用于 μC/OS-II 多任务操作系统。基于 μC/OS-II 多任务操作系统使用一个信号量 CFIDESem 实现多任务共享设备资源(详见 3.7.2 小节)。

程序清单 3.18(2)　当主机检测到 ATA 接口上的设备可用时,设置 ATA[Device].ATAIsOK 值为 TRUE;当检测到 ATA 接口上的设备不可用时,则设置 ATA[Device].ATAIsOK 值为 FALSE。如果将要操作的设备不可用,主机即放弃对设备的操作。

程序清单 3.18(3) 若该函数用于 μC/OS-II 多任务操作系统，当前任务则等待 ATA 设备的信号量(详见 3.7.2 小节)。

程序清单 3.18(4) 选择执行该指令的设备，详见 3.6.1 小节。

程序清单 3.18(5) ATA 指令设置函数，该函数源程序如程序清单 3.23 所示。

程序清单 3.18(6) count 为写入的扇区数，值为 0，则写入 256 个扇区。

程序清单 3.18(7)、(8)、(9)、(10)包含扇区号的各个位。程序清单 3.18(10)中写入参数的高 4 位包含了设备号和寻址方式。全局变量 ATA_DevReg 包含参数的高 4 位，其值在 ATA_SelectDevice 函数中被设置。

程序清单 3.18(11) IDE_CMD_WRITE 为写扇区指令代码宏定义，其定义的值为 0x30。

程序清单 3.18(12) 等待设备准备好数据传输。ATA_WaitOnBusyNDrq()函数检测设备对指令的响应，如果设备准备好传输数据，则主机开始写入数据到设备数据寄存器；如果设备没响应，则返回 FALSE。

程序清单 3.18(13) 连续写入 ATA 设备 512 字节数据，Buffer 为存放数据缓冲区的指针，指针类型为无符号型 16 位。ATA_WriteData512B()函数如程序清单 3.26 所示。

程序清单 3.18(14) 调整数据缓冲区 Buffer 指针。

程序清单 3.18(15) 如果 ATA_WaitOnBusyNDrq()函数检测指令执行发生了错误，主机即退出循环。

程序清单 3.18(16) 写入的扇区数已全部完成，则退出循环。

程序清单 3.18(17) 等待设备就绪，并且获取指令执行结果。ATA _WaitOnBusyNDrdy()函数返回值为 TURE，则指令正常完成；返回值为 FALSE，则指令出错。该函数源程序如程序清单 3.27 所示。

程序清单 3.18(18) 假如该函数用于 μC/OS-II 多任务操作系统，当前任务完成对 ATA 设备的操作，则发送信号量(详见 3.7.2 小节)。

### 3.5.6 立即空闲——95H 或 E1H

立即空闲指令输入参数如图 3.26 所示。

#### 1. 指令描述

该指令使 CF 存储卡先设置 BSY 位为 1，然后进入空闲模式，之后设置 BSY 位为 0，如果允许中断还会产生中断。

使用该指令时，需确认 CF 卡是否支持电源管理特性。对于大多数 CF 卡都是不支持的，但对于 IDE 硬盘一般都支持。执行该指令可以使 IDE 硬盘从待机模式进入空闲模式，这时硬盘的电机将转动。

对于支持电源管理特性的 CF 卡和 IDE 硬盘，在执行如读、写等操作指令时，设备也会自

| 位 | 7 | 6 | 5 | 4 | 3 | 2 | 1 | 0 |
|---|---|---|---|---|---|---|---|---|
| 命令COMMAND(7) | 95H或E1H | | | | | | | |
| 设备/磁头C_D_H(6) | X | X | X | Drive | X | | | |
| 柱面高位CYLHIGH(5) | X | | | | | | | |
| 柱面低位CYLLOW(4) | X | | | | | | | |
| 扇区号SECNUM(3) | X | | | | | | | |
| 扇区计数SECCNT(2) | X | | | | | | | |
| 特性(1) | X | | | | | | | |

图 3.26 立即空闲

动地从待机返回空闲。

## 2. 执行条件

该命令在状态寄存器中的 DRDY 位为 1 时才可以执行。

## 3. 正常返回

正常返回各寄存器的值如图 3.27 所示。

| 寄存器名称 | 7 | 6 | 5 | 4 | 3 | 2 | 1 | 0 |
|---|---|---|---|---|---|---|---|---|
| 错误寄存器 | X | X | X | X | X | X | X | X |
| 扇区计数寄存器 | X | | | | | | | |
| 扇区号寄存器 | X | | | | | | | |
| 柱面低 8 位寄存器 | X | | | | | | | |
| 柱面高 8 位寄存器 | X | | | | | | | |
| 设备磁头寄存器 | obs | X | obs | DEV | X | | | |
| 状态寄存器 | BSY | DRDY | DF | X | DRQ | X | X | ERR |

图 3.27 立即空闲指令正常返回

### 1) 设备/磁头寄存器

DEV：该位表示选中的设备，0 为主设备，1 为从设备。

### 2) 状态寄存器

BSY：该位清 0，表示该指令执行完成；

DRDY：该位置 1；

DF(Device Fault)：该位清 0；

DRQ：该位清 0；

ERR：该位清 0。

## 4. 出错返回

出错返回各寄存器的值如图 3.28 所示。如果该设备不支持电源管理特性设置，执行该指令将发生指令中止出错。

| 寄存器名称 | 7 | 6 | 5 | 4 | 3 | 2 | 1 | 0 |
|---|---|---|---|---|---|---|---|---|
| 错误寄存器 | X | X | X | X | X | ABRT | X | X |
| 扇区计数寄存器 | X | | | | | | | |
| 扇区号寄存器 | X | | | | | | | |
| 柱面低 8 位寄存器 | X | | | | | | | |
| 柱面高 8 位寄存器 | X | | | | | | | |
| 设备磁头寄存器 | obs | X | obs | DEV | X | | | |
| 状态寄存器 | BSY | DRDY | DF | X | DRQ | X | X | ERR |

**图 3.28 立即空闲指令出错返回**

### 1) 状态寄存器

BSY：该位清 0 表示该指令执行完成；

DRDY：该位置 1；

DF(Device Fault)：如果该设备发生故障，DF 位置 1，否则清 0；

DRQ：该位清 0；

ERR：如果错误寄存器有某些位置 1，该位置 1。

### 2) 错误寄存器

ABRT：如果该设备不支持电源管理特性设置，该位会置 1；如果不能完成该指令所需要的动作，该位也置 1。

### 3) 设备/磁头寄存器

DEV：该位表示选中的设备，0 为主设备，1 为从设备。

## 5. 参考流程及程序

执行该指令，主机及设备需要遵守 Non－data 设备没有数据传输流程(见 3.6.4 小节)。立即空闲函数如程序清单 3.19 所示。

**程序清单 3.19 立即空闲函数**

```
/*********************************************************************
** 函数名称：ATA_IdleImmediate
** 功能描述：直接进入空闲状态(硬件转动)
** 输    入：Device,选择主设备或从设备
** 输    出：出错返回 0
*********************************************************************/
```

```
uint8 ATA_IdleImmediate(uint8 Device)
{
#ifdef UCOSII                                                   (1)
    uint8     err;
#endif
    uint8     retStatus = FALSE;
    if(ATA[Device].ATAIsOK == FALSE)                            (2)
        return    FALSE;
#ifdef UCOSII
    OSSemPend(CFIDESem, 0, &err);                               (3)
#endif
    if(ATA_SelectDevice(Device))                                (4)
    {    ATA_CommandSet(                                        (5)
                        NULL,                                   (6)
                        NULL,
                        NULL,
                        NULL,
                        NULL,
                        ATA_DevReg,                             (7)
                        IDE_CMD_IDLE_IMMEDIATE );               (8)
    retStatus = ATA_WaitOnBusyNDrdy();                          (9)
    }
#ifdef UCOSII
    OSSemPost(CFIDESem);                                        (10)
#endif
    return retStatus;
}
```

程序清单 3.19(1)　选择编译，如果定义了 UCOSII 宏，则该函数可用于 μC/OS－II 多任务操作系统。基于 μC/OS－II 多任务操作系统，使用一个信号量 CFIDESem 实现多任务共享设备资源(详见 3.7.2 小节)。

程序清单 3.19(2)　当主机检测到 ATA 接口上的设备可用时，设置 ATA[Device].ATAIsOK 值为 TRUE，否则设置 ATA[Device].ATAIsOK 值为 FALSE。如果将要操作的设备不可用，主机即放弃对设备的操作。

程序清单 3.19(3)　假如该函数用于 μC/OS－II 多任务操作系统，当前任务则等待 ATA 设备的信号量(详见 3.7.2 小节)。

程序清单 3.19(4)　选择执行该指令的设备，详见 3.6.1 小节。

程序清单 3.19(5)　设置 ATA 指令函数，该函数源程序如程序清单 3.23 所示。

程序清单 3.19(6)　其他无关的参数设置为空(NULL 值为 0)。

程序清单 3.19(7)　全局变量 ATA_DevReg 包含参数的高 4 位，其值在 ATA_SelectDevice 函数中被设置。

程序清单 3.19(8)　IDE_CMD_IDLE_IMMEDIATE 为写扇区指令代码宏定义，其定义的值为 0xE1。

程序清单 3.19(9)　等待设备就绪，并且获取指令执行结果。ATA_WaitOnBusyNDrdy() 函数返回值为 TURE 时，指令正常完成；返回值为 FALSE 时，指令出错。该函数源程序如程序清单 3.27 所示。

程序清单 3.19(10)　假如该函数用于 μC/OS-II 多任务操作系统，当前任务已完成对 ATA 设备的操作后，则发送信号量(详见 3.7.2 小节)。

## 3.5.7　立即待机——94H 或 E0H

立即待机指令输入参数如图 3.29 所示。

| 位 | 7 | 6 | 5 | 4 | 3 | 2 | 1 | 0 |
|---|---|---|---|---|---|---|---|---|
| 命令COMMAND(7) | 94H或E0H | | | | | | | |
| 设备/磁头C_D_H(6) | X | X | X | Drive | X | | | |
| 柱面高位CYLHIGH(5) | X | | | | | | | |
| 柱面低位CYLLOW(4) | X | | | | | | | |
| 扇区号SECNUM(3) | X | | | | | | | |
| 扇区计数SECCNT(2) | X | | | | | | | |
| 特性(1) | X | | | | | | | |

图 3.29　立即待机

### 1. 指令描述

执行该指令时，CF 存储卡先设置 BSY 为 1，然后进入睡眠模式(与 ATA 待机模式类似，IDE 硬盘停止转动)，最后设置 BSY 为 0，并产生中断。可通过执行简单的命令从睡眠模式中唤醒(不需要复位)。

### 2. 执行条件

该命令需在状态寄存器中的 DRDY 位为 1 时才可以执行。

### 3. 正常返回

正常返回各寄存器的值如图 3.30 所示。

#### 1) 设备/磁头寄存器

DEV：该位表示选中的设备，0 为主设备，1 为从设备。

| 寄存器名称 | 7 | 6 | 5 | 4 | 3 | 2 | 1 | 0 |
|---|---|---|---|---|---|---|---|---|
| 错误寄存器 | X | X | X | X | X | X | X | X |
| 扇区计数寄存器 | X | | | | | | | |
| 扇区号寄存器 | X | | | | | | | |
| 柱面低 8 位寄存器 | X | | | | | | | |
| 柱面高 8 位寄存器 | X | | | | | | | |
| 设备磁头寄存器 | obs | X | obs | DEV | X | | | |
| 状态寄存器 | BSY | DRDY | DF | X | DRQ | X | X | ERR |

**图 3.30　立即待机指令正常返回**

**2）状态寄存器**

BSY：该位清 0，表示该指令执行完成；

DRDY：该位置 1；

DF(Device Fault)：该位清 0；

DRQ：该位清 0；

ERR：该位清 0。

## 4. 出错返回

出错返回各寄存器的值如图 3.31 所示。如果该设备不支持电源管理特性设置，执行该指令将发生指令中止出错。

| 寄存器名称 | 7 | 6 | 5 | 4 | 3 | 2 | 1 | 0 |
|---|---|---|---|---|---|---|---|---|
| 错误寄存器 | X | X | X | X | X | ABRT | X | X |
| 扇区计数寄存器 | X | | | | | | | |
| 扇区号寄存器 | X | | | | | | | |
| 柱面低 8 位寄存器 | X | | | | | | | |
| 柱面高 8 位寄存器 | X | | | | | | | |
| 设备磁头寄存器 | obs | X | obs | DEV | X | | | |
| 状态寄存器 | BSY | DRDY | DF | X | DRQ | X | X | ERR |

**图 3.31　立即待机指令出错返回**

**1）状态寄存器**

BSY：该位清 0 表示该指令执行完成；

DRDY：该位置 1；

DF(Device Fault)：如果该设备发生故障，DF 位置 1，否则清 0；

DRQ：该位清 0；

ERR：如果错误寄存器有某些位置 1，该位置 1。

**2) 错误寄存器**

ABRT：如果该设备不支持电源管理特性设置，该位将置 1；如果不能完成该指令所需要的动作，该位也置 1。

**3) 设备/磁头寄存器**

DEV：该位表示选中的设备，0 为主设备，1 为从设备。

## 5. 参考流程及程序

执行该指令，主机及设备需要遵守 Non-data 设备没有数据传输流程(见 3.6.4 小节)。立即待机函数如程序清单 3.20 所示。

**程序清单 3.20　立即待机函数**

```
/*************************************************************************
** 函数名称：ATA_StandbyImmediate
** 功能描述：立即进入空闲(硬盘停转)
** 输    入：Device,主设备或从设备
** 输    出：出错返回 0
*************************************************************************/
uint8 ATA_StandbyImmediate(uint8 Device)
{
#ifdef UCOSII                                                          (1)
    uint8    err;
#endif
    uint8 retStatus = FALSE;
    if(ATA[Device].ATAIsOK == FALSE)                                   (2)
        return    FALSE;
#ifdef UCOSII
    OSSemPend(CFIDESem, 0, &err);                                      (3)
#endif
    if(ATA_SelectDevice(Device))                                       (4)
    {
            ATA_CommandSet(                                            (5)
                NULL,                                                  (6)
                NULL,
                NULL,
                NULL,
                NULL,
                ATA_DevReg,                                            (7)
```

```
                IDE_CMD_STANDBY_IMMEDIATE                                   (8)
                );

        retStatus = ATA_WaitOnBusyNDrdy();                                  (9)
    }
  #ifdef UCOSII
      OSSemPost(CFIDESem);                                                  (10)
  #endif
      return retStatus;
  }
```

程序清单 3.20(1)　选择编译，如果定义了 UCOSII 宏，则该函数可用于 μC/OS－II 多任务操作系统。基于 μC/OS－II 多任务操作系统，使用一个信号量 CFIDESem 实现多任务共享设备资源(详见 3.7.2 小节)。

程序清单 3.20(2)　当主机检测到 ATA 接口上的设备可用时，设置 ATA[Device]. ATAIsOK 值为 TRUE，否则设置 ATA[Device]. ATAIsOK 值为 FALSE。如果将要操作的设备不可用，主机即放弃对该设备的操作。

程序清单 3.20(3)　假如该函数用于 μC/OS－II 多任务操作系统，当前任务需等待允许操作 ATA 设备的信号量(详见 3.7.2 小节)。

程序清单 3.20(4)　选择执行该指令的设备，详见 3.6.1 小节。

程序清单 3.20(5)　设置 ATA 指令函数，该函数源程序如程序清单 3.23 所示。

程序清单 3.20(6)　其他无关的参数设置为空(NULL 值为 0)。

程序清单 3.20(7)　全局变量 ATA _DevReg 包含参数的高 4 位，其值在 ATA _SelectDevice 函数中被设置。

程序清单 3.20(8)　IDE_CMD_STANDBY_IMMEDIATE 为写扇区指令代码宏定义，其定义的值为 0xE0。

程序清单 3.20(9)　等待设备就绪，并且获取指令执行结果。ATA _WaitOnBusyNDrdy() 函数返回值为 TURE 时，指令正常完成；返回值为 FALSE 时，指令出错。该函数源程序如程序清单 3.27 所示。

程序清单 3.20(10)　假如该函数用于 μC/OS－II 多任务操作系统，当前任务完成了对 ATA 设备的操作，则发送信号量(详见 3.7.2 小节)。

**注意：**以上的 ATA 指令为 CF 存储卡等 ATA 设备通用的指令，使用以上指令可以实现对 CF 存储卡等 ATA 设备的基本操作。CF 存储卡 ATA 指令集的其他指令在本书中不作介绍。

# 3.6 ATA 指令流程规范

## 3.6.1 选择设备

除了设备复位指令外，主机向设备发指令时，须先确保设备不忙(BSY＝0 和 DRQ＝0)，然后选择所需要的设备(设备 0、设备 1)，最后再确定所选择的设备是否可以接收指令。图 3.32为选择设备流程。

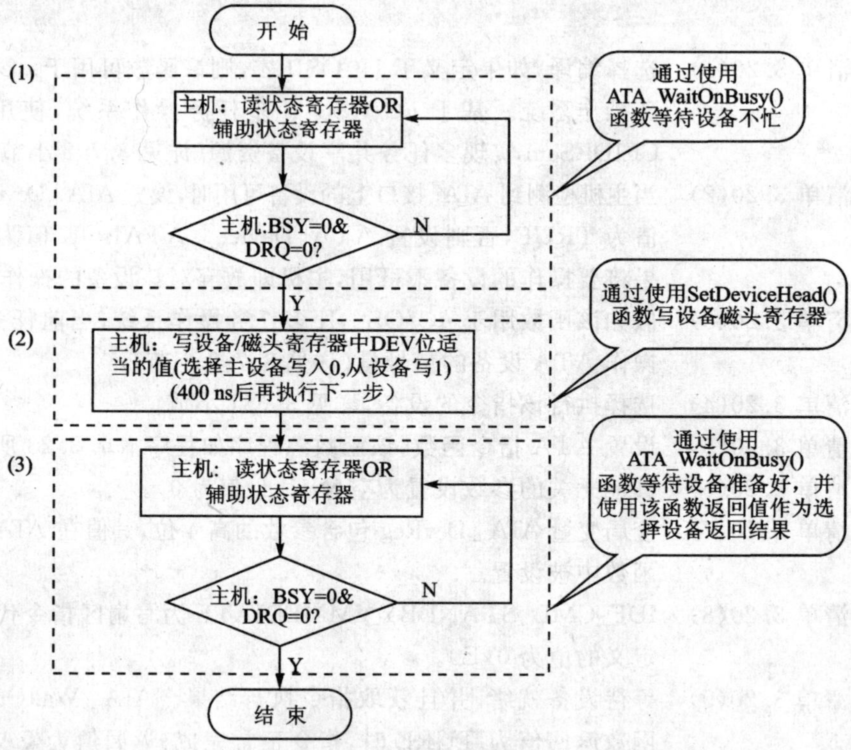


**图 3.32 选择设备流程**

图 3.32 中(1)，在选择设备前须确定当前操作的设备是否忙，只有在设备空闲时才选择设备。主机通过读取状态寄存器的内容判断设备是否忙，当 BSY 位和 DRQ 位都为 0 时，则设备空闲。主机可以通过 ATA_WaitOnBusy()函数等待设备空闲。ATA_WaitOnBusy()函数源程序如程序清单 3.21 所示。

**程序清单 3.21　等待设备空闲**

```
/*********************************************************************
** 函数名称：ATA_WaitOnBusy
** 功能描述：等待设备空闲
** 输　　入：无
** 输　　出：出错返回 0
*********************************************************************/
  uint8 ATA_WaitOnBusy(void)
  {    uint8       ATAStatus;
       uint32 timeout;
     for(timeout = 0;timeout<TIMEOUTSET;timeout ++ )                       (1)
     {
         ATA_GetStatus(&ATAStatus);                                        (2)
         if(ATAStatus == CARD_IS_FALSE)                                    (3)
             return FALSE;
         if((ATAStatus & ATA_STAT_BSY_DRQ) == 0)                           (4)
                return TRUE;                                               (5)
      }
     ATA[THIS_DEVICE].ERRCODE  =  CARD_TIMEOUT;                            (6)
     ATA[THIS_DEVICE].ERRSECTOR  =  -1;                                    (7)
     return FALSE;
  }
```

程序清单 3.21(1)　使用 for 循环多次读取状态寄存器，并且判断设备是否空闲。如果在一定次数后设备仍然忙，则认为等待设备超时。

程序清单 3.21(2)　ATA _GetStatus()为读取当前设备状态函数，并对设备的状态进行检测，如果设备不存在、出错或无效，则返回 CARD_IS_FALSE；否则，返回设备当前状态。ATA _GetStatus()函数如程序清单 3.29 所示。

程序清单 3.21(3)　设备不存在、出错或无效，返回 FALSE，表示等待设备失败。

程序清单 3.21(4)　ATA _STAT _BSY_DRQ 的值为 0x88，通过 ATA _STAT _BSY_DRQ 及 ATAStatus 求“与”，判断 BSY 位和 DRQ 位是否都为 0。

程序清单 3.21(5)　BSY 位和 DRQ 位全为 0，即设备空闲，返回 TRUE。

程序清单 3.21(6)　ATA[THIS_DEVICE]. ERRCODE 是一个全局的结构体成员，该成员变量的低 8 位记录错误状态寄存器的内容，其他位为系统定义的出错标记，这里标记为超时出错。

THIS_DEVICE 是((ATA_DevReg&0x10)>>4)的宏定义，其结果

为所选择的设备号。

程序清单 3.21(7)　ATA[THIS_DEVICE]. ERRSECTOR 是一个全局的结构体成员，该成员保存当执行读/写扇区指令出错时的扇区号。这里标记为－1(即 0xFFFFFFFF)，是无效的扇区号。

选择设备函数如程序清单 3.22 所示。图 3.32(2)为写入设备/磁头寄存器中的 DEV 位操作，可通过 SetDeviceHead()函数实现，有关写设备/磁头寄存器操作参见 3.4.8 小节。图 3.32(3)为等待已选择的设备空闲。主机也可以通 ATA_WaitOnBusy()函数实现其功能。不同于图 3.32(1)的是，该函数返回的值同时也作为选择设备函数的返回值。

**程序清单 3.22　选择设备函数**

```
/*********************************************************************
** 函数名称：ATA_SelectDevice
** 功能描述：选择主从设备
** 输    入：Device,0 为主设备,1 为从设备
** 输    出：TURE,选择设备成功,并设备准备好
**           FALSH,设备不存在或无效
**********************************************************************/
uint8 ATA_SelectDevice(uint8 Device)
{
    ATA_WaitOnBusy();                                          (1)
    if(Device == 0)                                            (2)
        ATA_DevReg = 0xE0;                                     (3)
    else                                                       (4)
        ATA_DevReg = 0xF0;                                     (5)
    SetDeviceHead(ATA_DevReg);                                 (6)
    return  ATA_WaitOnBusy ();                                 (7)
}
```

程序清单 3.22(1)　等待设备不忙，通常在上一条指令执行完成后设备就会将 BSY 清 0。

程序清单 3.22(2)　Device 为该函数的参数，Device 为 0 时，选择主设备(设备 0)；Device 为其他值时，则选择从主备(设备 1)。

程序清单 3.22(3)　选择主设备，并使用 LBA 寻址方式，所以写入设备/磁头寄存器的值为 0xE0(见 3.4.8 小节)。

程序清单 3.22(4)　Device 不为 0，选择从设备。

程序清单 3.22(5)　选择从设备，并使用 LBA 寻址方式，所以写入设备/磁头寄存器的值为 0xF0(见 3.4.8 小节)。

程序清单 3.22(6) 把设置值 ATA_DevReg 写入设备/磁头寄存器。

程序清单 3.22(7) 等待设备不忙,并将其结果作 ATA_SelectDevice 函数的返回值。

## 3.6.2 PIO data in 设备有数据输出

读扇区指令、识别设备指令、读缓冲区指令等,都需要从设备传输一个或多个数据块到主机。如图 3.33 所示,PIO data in 为设备有数据传输到主机的流程规范,图中概述了主机及设备各个状态的配置流程,但没有包含设备可能出现错误的情况。

图 3.33 中(1),主机通过 ATA_SelectDevice()函数选择主/从设备,该函数源程序如程序清单 3.22 所示。

图 3.33 中(2),主机通过 ATA_CommandSet()函数实现指令的设置,该函数源程序如程序清单 3.23 所示。

**程序清单 3.23 ATA 指令设置函数**

```
/*********************************************************************
** 函数名称: ATA_CommandSet
** 功能描述: 指令设置相关的寄存器
** 输    入: Feature,特征寄存器
**           SecCnt,扇区计数寄存器
**           SecNum,扇区号寄存器
**           CylLow,柱面低寄存器
**           CylHigh,柱面高寄存器
**           C_D_H,设备磁头寄存器
**           Command,指令寄存器
** 输    出: 无
*********************************************************************/
void ATA_CommandSet(uint8 Feature,
                    uint8 SecCnt,
                    uint8 SecNum,
                    uint8 CylLow,
                    uint8 CylHigh,
                    uint8 C_D_H,
                    uint8 Command)
{
    SetFeature(Feature);                                        (1)
    SetSECCNT(SecCnt);                                          (2)
    SetSector(SecNum);                                          (3)
```

```
    SetCylinderLow(CylLow);                                          (4)
    SetCylinderHigh(CylHigh);                                        (5)
    SetDeviceHead(C_D_H );                                           (6)
    SetCommand(Command);                                             (7)
}
```

程序清单 3.23(1)　写特征寄存器操作,Feature 为需要写入的参数,详见 3.4.3 小节。

程序清单 3.23(2)　写扇区计数寄存器操作,SecCnt 为需要写入的参数,详见 3.4.4 小节。

程序清单 3.23(3)　写扇区号寄存器操作,SecNum 为需要写入的参数,详见 3.4.5 小节。

程序清单 3.23(4)　写柱面低 8 位寄存器操作,CylLow 为需要写入的参数,详见 3.4.6 小节。

程序清单 3.23(5)　写柱面高 8 位寄存器操作,CylHigh 为需要写入的参数,详见 3.4.7 小节。

程序清单 3.23(6)　写设备/磁头寄存器操作,C_D_H 为需要写入的参数,详见 3.4.8 小节。

程序清单 3.23(7)　写命令寄存器操作,Command 为需要写入的参数,详见 3.4.11 小节。

图 3.33 中(3),主机需要读取设备的状态寄存器,等待设备准备好传输数据。主机通过 ATA_WaitOnBusyNDrq()函数等待设备准备好传输数据,如果设备在执行该指令时产生错误,ATA_WaitOnBusyNDrq()会返回 FALSE,表示出错。ATA_WaitOnBusyNDrq()源程序如程序清单 3.24 所示。

**程序清单 3.24　等待设备请求交换数据**

```
/****************************************************************************
** 函数名称:ATA_WaitOnBusyNDrq
** 功能描述:等待设备不忙,并有数据传输请求
** 输    入:无
** 输    出:设备出错返回 0
****************************************************************************/
uint8 ATA_WaitOnBusyNDrq(void)
{    uint8     ATAStatus;
     uint32 timeout;
     for(timeout = 0;timeout< TIMEOUTSET;timeout ++ )                 (1)
     {    ATA_GetStatus(&ATAStatus);                                  (2)
          if(ATAStatus == CARD_IS_FALSE)                              (3)
            return FALSE;
        if(ATAStatus & ATA_STAT_REG_ERR)                              (4)
            return FALSE;
```

```
        if(ATA_STAT_REG_DRQ == (ATAStatus&ATA_STAT_BSY_DRQ))                                    (5)
               return TRUE;
    }
    ATA[THIS_DEVICE].ERRCODE = CARD_TIMEOUT;                                                    (6)
    ATA[THIS_DEVICE].ERRSECTOR = -1;                                                            (7)
    return FALSE;
}
```

程序清单 3.24(1)　见程序清单 3.21 中的(1)。

程序清单 3.24(2)　见程序清单 3.21 中的(2)。

程序清单 3.24(3)　见程序清单 3.21 中的(3)。

程序清单 3.24(4)　ATA_STAT_REG_ERR 宏定义的值为 0x01，ATA_STAT_REG_ERR 与返回的状态值 ATAStatus 求“与”(ATAStatus & ATA_STAT_REG_ERR)，从而判断设备状态寄存器的 EER 位是否置 1。如果置 1，表示出错，返回 FALSE。

程序清单 3.24(5)　ATA_STAT_REG_DRQ 宏定义值为 0x08，ATA_STAT_BSY_DRQ 宏定义值为 0x88。如果 ATA_STAT_BSY_DRQ 与 ATAStatus 求“与”得到的值与 ATA_STAT_REG_DRQ 相等，即 BSY 位值为 0 和 DRQ 位值为 1，设备准备好传输数据。

程序清单 3.24(6)　见程序清单 3.21 中的 (6)。

程序清单 3.24(7)　见程序清单 3.21 中的 (7)。

图 3.33(4)为主机读取设备传输的数据。主机可以连续读取 1 个或多个扇区的数据，当主机执行一般读扇区、读缓冲区、长读扇区等指令时，主机则连续读取 1 个扇区；当主机执行多扇区读取指令时，则可以连续读取多个扇区，一次可以连续读取多少个扇区数由设备特性决定，一般的 CF 存储卡只支持 1 个扇区。主机可以通过 ATA_ReadData512B()函数连续读取 1 个扇区(512 字节)数据。ATA_ReadData512B()函数如程序清单 3.25 所示。

**程序清单 3.25　连续读取 1 个扇区数据**

```
void ATA_ReadData512B(uint16 * Buffer)
{    uint16 i;
     for(i = 0; i < 256; i ++ )
            * (Buffer ++ ) = GetData();                                                         (1)
}
```

程序清单 3.25(1)　GetData()函数从 ATA 设备数据寄存器读取 1 个字的数据，详见3.4.1 小节。

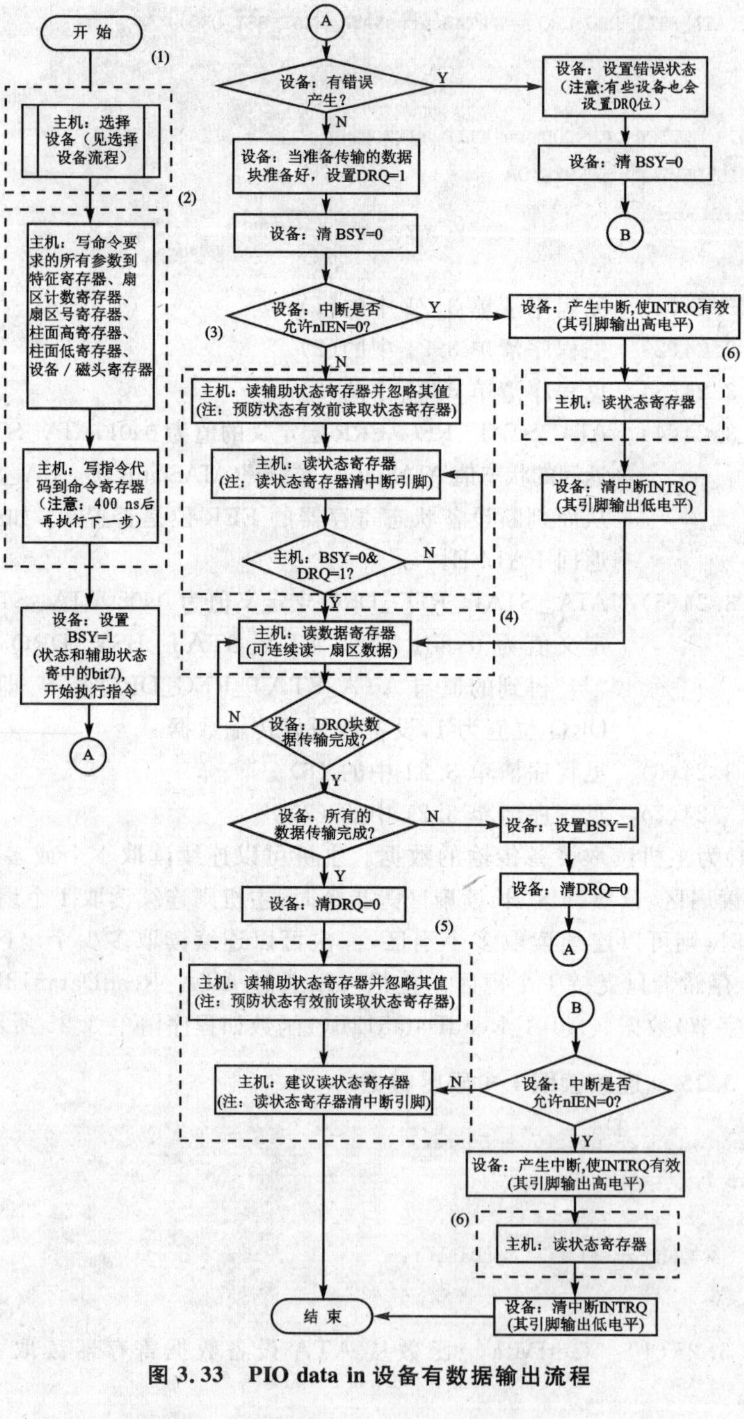


图 3.33 PIO data in 设备有数据输出流程

### 3.6.3 PIO data out 设备有数据输入

写扇区指令、写多扇区指令、写缓冲区指令等，都需要从主机写入一个或多个数据块到设备，图 3.34 为主机传输数据到设备的流程规范，图中概述了主机及设备各个状态的配置流程，但没有包含设备可能出现错误的情况。

图 3.34(1)，主机可以使用 ATA_SelectDevice()函数实现主/从设备的选择，该函数源程序如程序清单 3.22 所示。

图 3.34(2)，主机可以使用 ATA_CommandSet()函数实现指令的设置，该函数源程序如程序清单 3.23 所示。

图 3.34(3)，主机需要读取设备的状态寄存器确定设备是否准备好传输数据，并且等待设备准备好传输数据。主机通过 ATA_WaitOnBusyNDrq()函数等待设备准备好传输数据，如果设备在执行该指令时出错，ATA_WaitOnBusyNDrq()将返回 FALSE，表示出错。ATA_WaitOnBusyNDrq()源程序如程序清单 3.24 所示。

图 3.34(4)，为主机向设备写入数据。主机可以连续写入 1 个或多个扇区的数据，当主机执行一般写扇区、写缓冲区、长写扇区等指令时，主机则连续写入 1 个扇区(512 字节)数据；当主机执行多扇区写指令时，则可以连续写入多个扇区，一次可以连续写入多少个扇区数由设备特性决定，一般的 CF 存储卡只支持 1 个扇区。主机可以通过 ATA_WriteData512B()函数连续写入 1 个扇区(512 字节)数据。ATA_WriteData512B()函数如程序清单 3.26 所示。

**程序清单 3.26　连续写入 1 个扇区数据**

```
/*********************************************************************
** 函数名称：ATA_WriteData512B
** 功能描述：写入 ATA 设备 512 字节数据
** 输    入：Buffer，缓冲区地址
** 输    出：无
*********************************************************************/
void ATA_WriteData512B(uint16 * Buffer)
{
    uint16 i;
    for(i = 0; i < 256; i ++)                                        (1)
    {
        SetData( * (Buffer ++ ));                                    (2)
    }
}
```

程序清单 3.26(1)　for 循环连续写入 256 次，每次写入 1 个字数据，即共写入 512 字节。

程序清单 3.26(2)　SetData()函数为写入 ATA 设备数据寄存器，每次写入 1 个字，即 2 字节。有关写数据寄存器详见 3.4.1 小节。

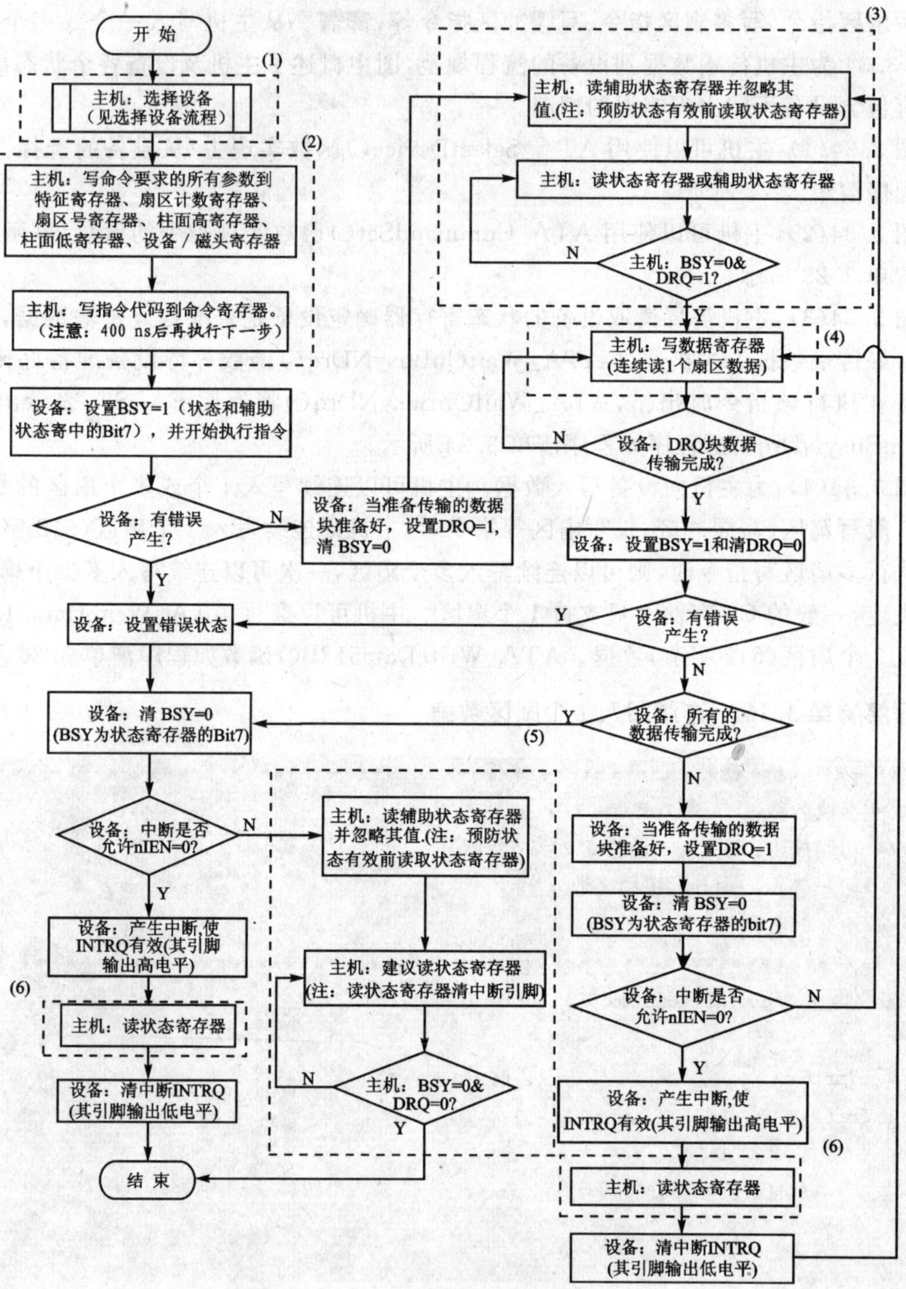


图 3.34　PIO data out 设备有数据输入流程

图3.34(5)为主机读ATA设备的当前状态。主机通过读取状态寄存器的内容判断设备是否正常完成指令,设备当前状态是否为空闲,是否准备好接收新的指令。主机可以通过ATA_WaitOnBusyNDrdy()函数实现以上功能,该函数的返回值为FALSE表示设备执行指令出错或该设备无效。ATA_WaitOnBusyNDrdy()函数源程序如程序清单3.27所示。

**程序清单3.27　等待设备就绪函数**

```
/****************************************************************************
** 函数名称:ATA_WaitOnBusyNDrdy
** 功能描述:设备忙等待直到设备不忙且设备准备好
** 输    入:无
** 输    出:设备出错返回0
****************************************************************************/
uint8 ATA_WaitOnBusyNDrdy(void)
{
    uint8     ATAStatus;
    uint32    timeout;
    for(timeout = 0;timeout<TIMEOUTSET;timeout ++ )                    (1)
    {
        ATA_GetStatus(&ATAStatus);                                      (2)
        if( ATAStatus == CARD_IS_FALSE)                                 (3)
            return FALSE;
        if(ATAStatus&ATA_STAT_REG_ERR)                                  (4)
            return FALSE;

        if(ATA_STAT_REG_DRDY == (ATAStatus&ATA_STAT_BSY_DRDY))          (5)
             return TRUE;
    }

    ATA[THIS_DEVICE].ERRCODE = CARD_TIMEOUT;                            (6)
    ATA[THIS_DEVICE].ERRSECTOR = -1;                                    (7)
    return FALSE;
}
```

程序清单3.27(1)、(2)、(3)　见程序清单3.21中的(1)、(2)、(3)。

程序清单3.27(4)　ATA_STAT_REG_ERR宏定义的值为0x01,它与返回的状态ATAStatus求"与",从而判断设备状态寄存器的EER位是否置1。如果置1,表示出错,返回FALSE。

程序清单 3.27(5)　ATA _STAT _REG_DRDY 宏定义值为 0x40,ATA _STAT _BSY_DRDY 宏定义值为 0xC0。如果 ATA_STAT_BSY_DRDY 与 ATAStatus 求"与"得到的值与 ATA_STAT_REG_DRDY 相等,即 BSY 位的值为 0、DRDY 位的值为 1 时,设备准备好接收新的指令。

程序清单 3.27(6)、(7)　见程序清单 3.21 中的 (6) 、(7)。

图 3.34(6),设备在执行写扇区操作指令,当设备被写入 1 个或 n 个(多扇区写指令)扇区时,如果设备中断被使能,设备会产生中断告诉主机操作完成或发生错误。主机通过读取设备状态寄存器判断该指令执行的结果,并清除设备的中断。

**注意:** 一般主机系统不推荐使用 ATA 设备的中断方式,除非主机系统使用 DMA 控制器读取 ATA 设备。ATA 设备响应指令的速度很快,使用中断方式系统整体性能不会有很大提高。

### 3.6.4　Non-data 设备没有数据传输

对于设置特性指令、立即空闲指令、立即待机指令等,主机与设备之间不需要有数据的传输,图 3.35 为设备没有数据传输的流程规范,图中概述了主机及设备各个状态的配置流程,但没有包含设备可能出现错误的情况。

图 3.35(1),主机可以使用 ATA_SelectDevice()函数实现主/从设备的选择,该函数源程序见程序清单 3.22。

图 3.35(2),主机可以使用 ATA_CommandSet()函数实现指令的设置,该函数源程序如程序清单 3.23 所示。

图 3.35(3),为主机读 ATA 设备的当前状态。主机通过读取状态寄存器的内容判断设备是否正常完成指令,设备当前状态是否为空闲,是否准备好接收新的指令。主机可以通过 ATA_WaitOnBusyNDrdy()函数实现以上功能,该函数的返回值为 FALSE 表示设备执行指令出错或该设备无效。ATA_WaitOnBusyNDrdy()函数源程序如程序清单 3.27 所示。

图 3.35(4),设备在执行指令后会产生中断,告诉主机指令执行完成的结果:正常完成或发生错误。主机通过读取设备状态寄存器判断该指令执行的结果,并清除设备的中断。

**注意:** 一般的主机系统不推荐使用 ATA 设备的中断方式,除非主机系统使用 DMA 控制器读取 ATA 设备。ATA 设备响应指令的速度很快,使用中断方式系统整体性能不会有很大提高。

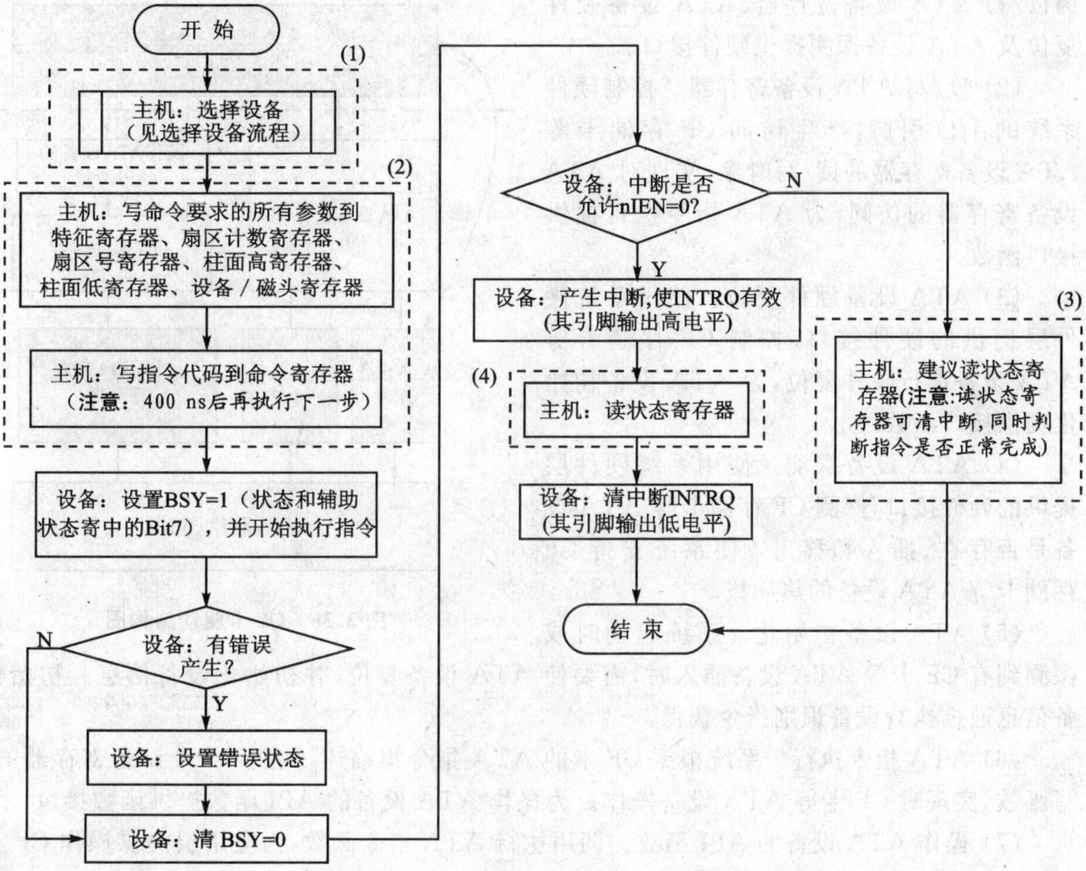


图 3.35　Non-data 设备没有数据传输流程

# 3.7　ZLG/CF 驱动中间件

CF 卡可以工作在 PC Card ATA I/O 模式（I/O 口模式）、PC Card ATA Memory 模式（Memory 模式）、True IDE 模式。考虑到 CF 卡在 True IDE 模式下工作时兼容 IDE 硬盘，并且使用的 I/O 引脚较少，因此推荐使用 True IDE 模式，并提供 CF 卡在 True IDE 模式的驱动中间件 ZLG/CF。

## 3.7.1　ZLG/CF 驱动的结构视图

CF 存储卡驱动的结构如图 3.36 所示。

(1) 系统硬件 GPIO。使用硬件系统的 I/O 引脚模拟 CF 存储卡接口及 IDE 硬盘接口。

为读/写 ATA 设备寄存器、ATA 设备硬件复位及 ATA 设备探测提供硬件接口。

(2) 读/写 ATA 设备寄存器。控制硬件系统的 I/O 引脚,产生访问 CF 存储卡等 ATA 设备寄存器的读/写时序,实现对 ATA 设备寄存器的访问,为 ATA 指令执行提供接口函数。

(3) ATA 设备硬件复位。使用系统硬件层提供的硬件接口,控制 CF 存储卡等 ATA 设备进行硬件复位,为 ATA 设备初始化提供接口函数。

(4) ATA 设备探测。使用系统硬件层提供的硬件接口,探测 CF 存储卡等 ATA 设备是否存在、插入和移出。使系统支持 CF 存储卡等 ATA 设备的热插拔。

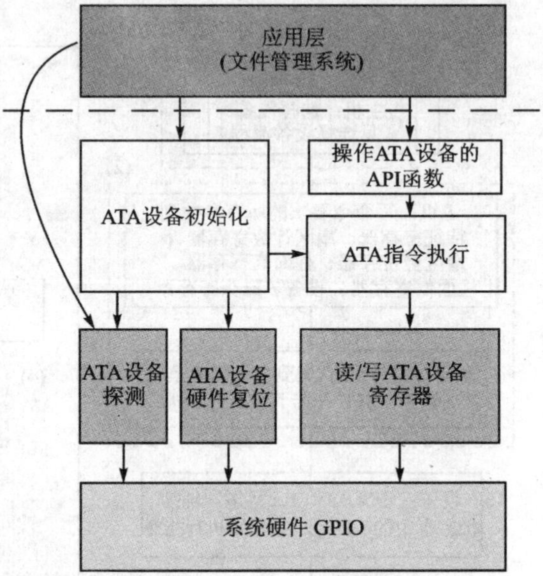


图 3.36　CF 卡驱动结构图

(5) ATA 设备初始化。系统起动时或探测到有 CF 卡等 ATA 设备插入时,需要使 ATA 设备复位,并初始化设备信息。初始化设备信息通过执行设备识别指令获得。

(6) ATA 指令执行。系统根据 CF 卡的 ATA 指令集描述,调用 ATA 设备寄存器的读/写函数,实现对 CF 卡等 ATA 设备操作。为操作 ATA 设备的 API 函数提供函数接口。

(7) 操作 ATA 设备的 API 函数。调用执行 ATA 指令函数,为应用层提供操作 CF 卡等 ATA 设备的接口函数。使应用层操作 ATA 设备不需要了解 ATA 的协议规范。

(8) 应用层(文件管理系统)。调用 ZLG/CF 驱动提供的 API 函数,结合 ZLG/FS 等文件管理系统对 CF 卡等大容量 ATA 设备进行数据管理。

## 3.7.2　中间件原理

### 1. 总体思想

本驱动主要是为了实现对 CF 存储卡扇区的读/写操作,对于 IDE 硬盘只是兼容性的支持。CF 存储卡虽然也支持多扇区读/写指令,但是一般的 CF 存储卡支持的多扇区数为 1,即与普通的读/写扇区指令效果一样,因此只支持一般的扇区读/写指令。

为了实现驱动的通用性,通过定义宏使用选择编译,可以使本驱动同时适用于 μC/OS-II 多任务操作系统和非操作系统。由于 CF 存储卡还有支持 8 位数据总线的特性,I/O 资源紧张的系统可以使用 8 位数据总线模式。通过定义 ATA_BUS_AT_8bit 宏,选用 8 位数据总线模式。

使用一个结构体信息保存ATA接口上各设备状态及设备基本信息，该结构体定义如程序清单3.28所示。

**程序清单3.28　设备状态及信息**

```
/*设备基本信息*/
typedef struct _ATA_IDENTIFY_DATA {
        uint16 NumberOfCylinders;                              /*柱面数*/
         uint16 NumberOfHeads;                                 /*磁头数*/
         uint16 SectorsPerTrack;                               /*每磁道默认扇区数*/
         uint32 CurrentSectorCapacity;                         /*当前扇区容量*/
} ATA_IDENTIFY_DATA, *PATA_IDENTIFY_DATA;


/*设备状态及信息结构*/
typedef struct {
    uint8                 ATAIsOK;                                       (1)
    uint16                ERRCODE;                                       (2)
    uint32                ERRSECTOR;                                     (3)
    ATA_IDENTIFY_DATA     INFODATA;                    /*设备的基本信息*/
}ATADEVICE, *PATADEVICE;

extern ATADEVICE    ATA[MAX_DEVICE];                   /*设备识别信息识别结构*/
```

程序清单3.28(1)　如果设备有效为1，无效、出错或不存在为0。

程序清单3.28(2)　设备出错代码。该变量低8位与ATA错误寄存器一致，高8位为本驱动定义的出错标记位。出错代码见表3.21。

程序清单3.28(3)　在执行扇区操作指令时，如果发生的错误与扇区有关，则记录出错扇区的扇区号。

**表3.21　设备出错状态代码**

| 宏定义名称 | 出错代码 | 描　述 |
| --- | --- | --- |
| ATA_EER_REG_AMNF | 0x01 | 见3.4.2小节 |
| ATA_EER_REG_ABRT | 0x04 | 见3.4.2小节 |
| ATA_EER_REG_IDNF | 0x10 | 见3.4.2小节 |
| ATA_EER_REG_UNC | 0x40 | 见3.4.2小节 |
| ATA_EER_REG_BBK | 0x80 | 见3.4.2小节 |
| CARD_IS_FALSE | 0x00FF | CF卡不存在或无效 |
| CARD_IS_TRUE | 0x0000 | CF卡有效 |
| CARD_TIMEOUT | 0x0100 | 对CF卡操作超时出错 |

ATA 接口初始化时将同时初始化设备状态(如程序清单 3.30(1)所示),查找到有效的设备时,设置设备状态及设备基本信息(如程序清单 3.31 所示),在读 ATA 设备状态寄存器时更新设备状态(如程序清单 3.29 所示)。

**程序清单 3.29　获取设备状态**

```
/*********************************************************************
** 函数名称:ATA_GetStatus
** 功能描述:读取 ATA 状态寄存器
** 输    入:Status,存放状态值的变量指针
** 输    出:无
*********************************************************************/
void ATA_GetStatus(uint8 *Status)
{
    if(SYS_HaveCard())                                              (1)
    {
        GetAStatus();                                               (2)
        *Status = (uint8)GetStatus();                               (3)
        if((*Status)&ATA_STAT_REG_BSY)                              (4)
        {
            *Status = ATA_STAT_REG_BSY;                             (5)
            ATA[THIS_DEVICE].ERRCODE = CARD_IS_TRUE;                (6)
        }
        else
        {
            if((*Status) & ATA_STAT_REG_ERR)                        (7)
            {
                ATA[THIS_DEVICE].ERRCODE = (uint8)GetERR();         (8)
                if(ATA[THIS_DEVICE].ERRCODE & ATA_EER_REG_IDNF)     (9)
                {
                    ATA[THIS_DEVICE].ERRSECTOR
                        = (uint8)GetSector();                       (10)
                    ATA[THIS_DEVICE].ERRSECTOR
                        |= ((uint8)GetCylinderLow()) * 0x100;       (11)
                    ATA[THIS_DEVICE].ERRSECTOR
                        |= ((uint8)GetCylinderHigh()) * 0x10000;    (12)
                    ATA[THIS_DEVICE].ERRSECTOR
                        |= ((uint8)GetDeviceHead()&0x0f) * 0x1000000;  (13)
```

```
                    }
                }
                else
                    if( * Status == 0)                                            (14)
                    {
                        ATA[THIS_DEVICE].ERRCODE = CARD_IS_FALSE;
                        * Status = CARD_IS_FALSE;
                    }
                    else
                    {
                        ATA[THIS_DEVICE].ERRCODE = CARD_IS_TRUE;
                    }
            }
        }
        else
        {                                                                         (15)
            * Status = CARD_IS_FALSE;                        /* 设备不可用 */
            ATA[THIS_DEVICE].ERRCODE = CARD_IS_FALSE;        /* 设备不可用 */
            ATA[THIS_DEVICE].ATAIsOK = FALSE;                /* 设备不可用 */
        }
    }
```

程序清单 3.29(1) SYS_HaveCard 检测设备是否还存在,如果设备已不存在,则返回 FALSE,设置设备当前状态不可用。详见 3.4.13 小节。

程序清单 3.29(2) 读辅助状态寄存器。先读该寄存器可以保证读状态寄存器值有效。

程序清单 3.29(3) 读状态寄存器。详见 3.4.9 小节。

程序清单 3.29(4) ATA_STAT_REG_BSY 宏定义值为 0x80,与状态寄存器值求"与"得到的值非零,即 BSY 位为 1,表示设备正忙。

程序清单 3.29(5) 如果 BSY 位为 1,则状态寄存器的其他位都无效,因而屏蔽状态寄存器的其他位都返回设备忙状态。详见 3.4.9 小节。

程序清单 3.29(6) 更新设备出错状态代码。THIS_DEVICE 为当前选择的设备号,其宏定义的内容为((ATA _DevReg&0x10)>>4),即由 ATA _DevReg 寄存器中 Bit4 位(该位与写入到 ATA 设备的设备磁头寄存器的 DEV 值一致)的值决定,该位为 0 即为主设备,为 1 即为从设备。

程序清单 3.29(7) ATA_STAT_REG_ERR 宏定义值为 0x01,与状态寄存器值求"与"得到的值非零,即 ERR 位为 1。

程序清单 3.29(8)　读错误状态寄存器,更新设备出错状态信息。

程序清单 3.29(9)　ATA_EER_REG_IDNF 的宏定义值为 0x10,与错误寄存器值求"与"得到的值非零,即执行扇区操作指令时出错(见 3.4.2 小节)。这时记录出错的扇区号。

程序清单 3.29(10)、(11)、(12)、(13)保存出错的扇区号。读取扇区号的各个位,组合为一个 32 位二进制数的扇区号。

程序清单 3.29(14)　如果设备状态寄存器的值为 0,则选择的设备不存在或无效。设置该 ATA 设备状态为设备无效。

程序清单 3.29(15)　ATA 设备不存在,返回状态值。

ATA 接口初始化完成并找到可用的 ATA 设备后,就可以使用 ATA 指令对 ATA 设备操作。因为对 ATA 设备操作时,须先选择操作的设备,所以应建一个函数处理设备的选择,规范及程序见 3.6.1 小节。绝大部分 CF 卡的 ATA 指令都遵守 PIO data in 设备有数据输出(见 3.6.2 小节)、PIO data out 设备有数据输入(见 3.6.3 小节)、Non-data 设备没有数据传输(见 3.6.4 小节)规范,对 CF 卡各指令的操作可以根据以上 3 种流程规范执行。

对 ATA 设备的操作,须在当前指令执行完成后才可以执行新的指令。基于 μC/OS－II 多任务操作系统,各任务对 ATA 接口的操作只有在 ATA 接口没有被其他任务使用时才可以被操作。各个任务都有不同的优先级,通过采用信号量机制来预防在低优先级任务操作 ATA 接口时更高优先级的任务抢占操作 ATA 接口。高优先级任务须等待正在操作 ATA 接口的低优先级任务完成对 ATA 接口的操作。如图 3.37 所示。

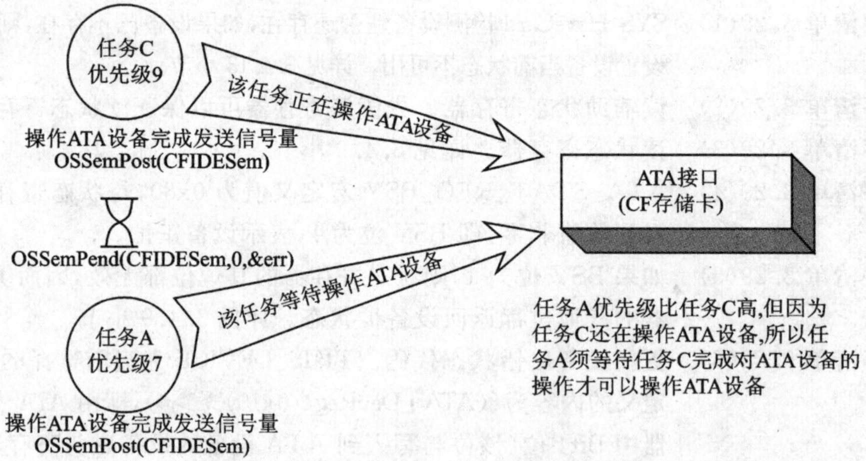


**图 3.37　不同优先级任务对 ATA 设备的操作**

图 3.38 为各 ATA 指令执行的总体流程,图中执行 ATA 指令的操作包括了 PIO data out 设备有数据输入、PIO data in 设备有数据输出、Non-data 设备没有数据传输流程规范。

## 2. ATA 接口初始化

ATA 接口初始化时,需要完成查找 ATA 接口上的设备,并初始化设备的有关信息及设备的状态。如果是基于 μC/OS－II 操作系统平台,则需要创建信号量,使用信号量的机制实现多任务共享 ATA 接口资源。如果信号量创建不成功,立即退出初始化。流程图如图 3.39 所示,ATA 接口初始化如程序清单 3.30 所示。

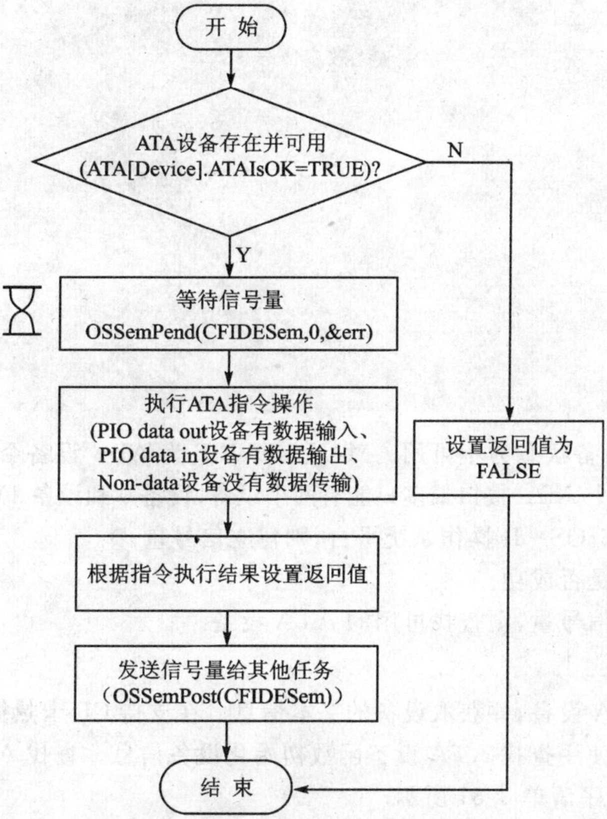


图 3.38　ATA 指令执行的整体流程

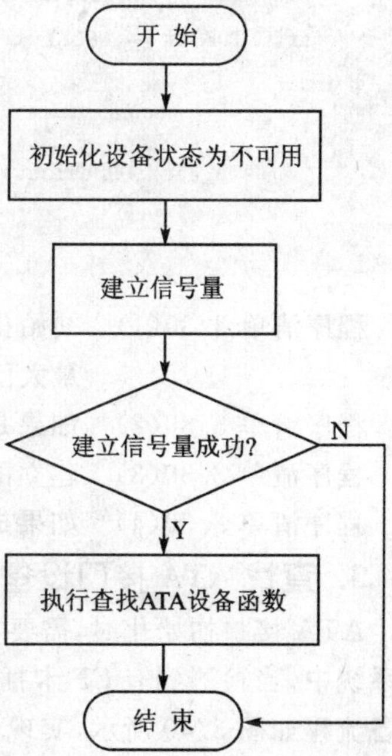


图 3.39　ATA 接口初始化流程图

### 程序清单 3.30　ATA 接口初始化

```
/*************************************************************************
** 函数名称：ATA_INI
** 功能描述：ATA 设备初始化
** 输　　入：无
** 输　　出：无
*************************************************************************/
```

```
void ATA_INI(void)
{
    uint8 Device;
    for(Device = 0;Device<MAX_DEVICE;Device ++ )                                        (1)
    {
        ATA[Device].ATAIsOK = FALSE;                    /* 初始化设备不存在 */
        ATA[Device].ERRCODE = CARD_IS_FALSE;            /* 设备无效 */
        ATA[Device].ERRSECTOR =  - 1;                   /* 无效扇区号 */
    }
#ifdef UCOSII
    CFIDESem = OSSemCreate(1);                                                          (2)
    if(CFIDESem != NULL)                                                                (3)
#endif
    {
        ATA_FindIDEDevice();                                                            (4)
    }
}
```

程序清单 3.30(1)　初始化 ATA 设备状态为不可用。MAX_DEVICE 为 ATA 设备个数，最大值为 2(每个 ATA 接口最多只能有两个设备,设备 0 和设备 1)。

程序清单 3.30(2)　如果是基于 μC/OS-II 操作系统平台,则建立信号量。

程序清单 3.30(3)　建立的信号量是否成功。

程序清单 3.30(4)　如果成功建立信号量,则查找可用的 ATA 设备。

### 3. 查找 ATA 接口设备函数

ATA 接口初始化时,需要查找 ATA 设备,并获取设备的基本信息。在支持 CF 卡热插拔的系统中,当检测到有 CF 卡插入时,可使用查找 ATA 设备函数初始化设备信息。查找 ATA 设备流程如图 3.40 所示,实现函数如程序清单 3.31 所示。

**程序清单 3.31　查找 ATA 设备函数**

```
/*********************************************************************************
** 函数名称: ATA_FindIDEDevice
** 功能描述: 查找 ATA 设备,硬件复位
** 输    入: 无
** 输    出: 无
*********************************************************************************/
void ATA_FindIDEDevice(void)
{
```

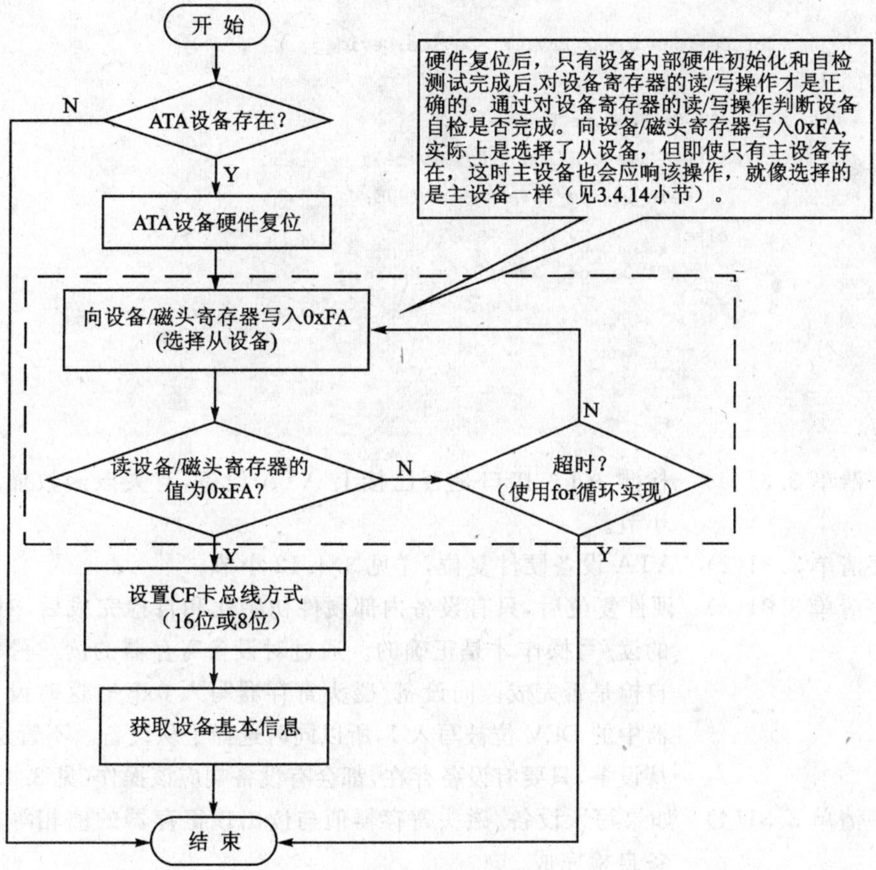


**图 3.40 ATA 接口初始化流程**

```
uint32 temp32;
uint8   Device;
if(SYS_HaveCard())                                              (1)
{
    SYS_IdeHardReset();                                         (2)
    for(temp32 = 0;temp32<TIMEOUTSET;temp32 ++ )
    {
          SetDeviceHead(0xfa);                                  (3)
          if( 0xfa == (uint8)GetDeviceHead())                   (4)
              break;
    }
    if(temp32<TIMEOUTSET)                                       (5)
```

```
        {
            for(Device = 0;MAX_DEVICE>Device;Device ++ )
            {
                ATA_SetFeature(Device);                                          (6)
                if(ATA_IssueIDEIdentify(Device))                                 (7)
                    ATA[Device].ATAIsOK = TRUE;
                else
                    ATA[Device].ATAIsOK = FALSE;
            }
        }
    }
}
```

程序清单 3.31(1)　检测 ATA 接口是否已接上 ATA 设备,有关该函数描述见 3.4.13 小节。

程序清单 3.31(2)　ATA 设备硬件复位,详见 3.4.12 小节。

程序清单 3.31(3)　硬件复位后,只有设备内部硬件初始化和自检完成后,对设备寄存器的读/写操作才是正确的。通过对设备寄存器的读/写操作判断设备自检是否完成。向设备/磁头寄存器写入 0xFA,这时设备/磁头寄存器中的 DEV 位被写入 1,所以同时选择了从设备。不管是主设备还是从设备,只要有设备存在,都会有设备响应该操作(见 3.4.14 小节)。

程序清单 3.31(4)　如果写入设备/磁头寄存器值与读出该寄存器的值相等,则可认为设备自检完成。

程序清单 3.31(5)　如果已超时,则不再执行,退出该函数。

程序清单 3.31(6)　设置 CF 卡的总线方式,详见 3.4.3 小节。

程序清单 3.31(7)　获取设备基本信息,如设备的容量等。该函数执行设备识别指令(代码为 0xEC),从设备描述的信息中获取所需信息。设备识别指令是 ATA 设备的最基本指令之一,任何 ATA 设备都应支持,如果设备不能正常完成该指令,则可以认为该设备无效。有关设备识别指令详见 3.5.3 小节,ATA_IssueIDEIdentify()函数如程序清单 3.32 所示。

**程序清单 3.32　ATA_IssueIDEIdentify()函数**

```
/*********************************************************************
** 函数名称：ATA_IssueIDEIdentify
** 功能描述：确认 IDE 设备,获取 IDE 设备信息
```

```
** 输      入：Device,设备号
** 输      出：出错返回 0
********************************************************************/
uint8 ATA_IssueIDEIdentify(uint8 Device)
{
    uint8 retStatus = FALSE;
    if(ATA_SelectDevice(Device))                                                (1)
    {
        ATA_CommandSet(                                                         (2)
                        NULL,               /*Feature,特征寄存器*/
                        NULL,               /*SecCnt,扇区计数寄存器*/
                        NULL,               /*SecNum,扇区号寄存器*/
                        NULL,               /*CylLow,柱面低寄存器*/
                        NULL,               /*CylHigh,柱面高寄存器*/
                        ATA_DevReg,         /*C_D_H,设备磁头寄存器*/            (3)
                        IDE_CMD_IDENTIFY    /*Command,指令寄存器*/              (4)
                    );
        if(ATA_DriveBasicInfo(Device))                                          (5)
            if(ATA_WaitOnBusyNDrdy())                                           (6)
                retStatus = TRUE;
    }
    return retStatus;
}
```

程序清单 3.32(1)　选择执行该指令的设备，详见 3.6.1 小节。

程序清单 3.32(2)　设置 ATA 指令函数，该函数源程序如程序清单 3.23 所示。

程序清单 3.32(3)　设置设备/磁头寄存器的 DEV 位，ATA_DevReg 为全局变量，其值在选择函数中被设置。

程序清单 3.32(4)　IDE_CMD_IDENTIFY 为设备识别指令代码宏定义，其定义的值为 0xEC。

程序清单 3.32(5)　保存设备的基本信息，如：设备的总扇区数、磁头数、柱面数、每柱面磁道数。如程序清单 3.33 所示。

程序清单 3.32(6)　等待设备就绪，并且获取指令执行结果。ATA_WaitOnBusyNDrdy()函数返回值为 TURE，则指令正常完成；返回值为 FALSE，则指令出错。该函数源程序如程序清单 3.27 所示。

**程序清单 3.33　获取 ATA 设备基本信息**

```
/*****************************************************************************
** 函数名称：ATA_ DriveBasicInfo
** 功能描述：获取设备基本信息
** 输　　入：Device,设备号
** 输　　出：出错返回 0
*****************************************************************************/
uint8 ATA_DriveBasicInfo(uint8 Device)
{
    uint8 c,Status;
    if(ATA_WaitOnBusyNDrq())                                                    (1)
    {
        GetData();                                         // * Word 00          (2)
        ATA[Device].INFODATA.NumberOfCylinders = GetData(); // * Word 01         (3)
        GetData();                                         // Word 02
        ATA[Device].INFODATA.NumberOfHeads = GetData();    // * Word 03          (4)
        GetData();                                         // Word 04
        GetData();                                         // Word 05
        ATA[Device].INFODATA.SectorsPerTrack = GetData();  // * Word 06          (5)
        for(c = 7;c < 57;c ++ )    GetData();
        ATA[Device].INFODATA.CurrentSectorCapacity = (uint32)GetData();      // * Word 57 (6)
        ATA[Device].INFODATA.CurrentSectorCapacity|= (uint32)GetData()<<16; // * Word 58 (7)
        for(c = 59;c < 255;c ++ )    GetData();
        ATA_GetStatus(&Status);                            /* 获取设备状态寄存器 */
        if(Status == CARD_IS_FALSE)                        /* 如果设备失败返回 */
            return    FALSE;                               /* 返回 FALSE */
        for(c = 0;Status&ATA_STAT_REG_DRQ;c ++ )                                (8)
        {
                GetData();                                 /* 读取一个字数据并抛弃 */
                ATA_GetStatus(&Status);                    /* 获取设备状态寄存器 */
                if( Status == CARD_IS_FALSE )              /* 如果设备失败返回 */
                    return    FALSE;                       /* 返回 FALSE */
        }

        if( ATA[Device].INFODATA.CurrentSectorCapacity == 0)                    (9)
        {
            ATA[Device].INFODATA.CurrentSectorCapacity =
```

```
                    (uint32)ATA[Device].INFODATA.NumberOfCylinders *        /* 柱面数 */
                    (uint32)ATA[Device].INFODATA.NumberOfHeads     *        /* 磁头数 */
                            ATA[Device].INFODATA.SectorsPerTrack;           /* 磁道数 */
        }
        return  TRUE;
    }
    else
        return  FALSE;
}
```

程序清单 3.33(1)　等待设备准备好传输数据,该函数如程序清单 3.24 所示。

程序清单 3.33(2)　直接丢弃不需要保存的信息。

程序清单 3.33(3)　设备的柱面数。

程序清单 3.33(4)　设备的磁头数。

程序清单 3.33(5)　每磁道扇区号。

程序清单 3.33(6)　保存设备扇区数的低 16 位。

程序清单 3.33(7)　保存设备扇区数的高 16 位。

程序清单 3.33(8)　ATA_STAT_REG_DRQ 为 0x08 宏定义,其与 Status 求"与"得到的值如果非 0,则数据还没传输完成,须继续读设备数据寄存器。规范中指定设备识别信息只有 512 节字,所以将设备识别信息 512 字节以后的数据丢弃。

程序清单 3.33(9)　如果获取设备容量(设备包含的总扇区数)信息值为 0,即为无效的设备容量信息,这时设备容量可以通过磁头数、柱面数、每磁道扇区数相乘求得。

### 4. 读扇区操作

ATA 设备中的数据是以扇区形式存储的,读取设备中的数据时也是以扇区形式读出的。ATA 指令集中提供读扇区指令,根据读扇区指令编写读扇区操作函数,见 3.5.4 小节。

### 5. 写扇区操作

ATA 设备中的数据是以扇区形式存储的,写入数据到设备时也是以扇区形式写入的。ATA 指令集中提供写扇区指令,根据写扇区指令编写写扇区操作函数,见 3.5.5 小节。

### 6. 获取设备信息

ATA 设备有 512 个字节数据描述自身的特性,ATA 指令集提供了读取设备描述数据的指令(识别设备指令,代码为 0xEC),根据识别设备指令编写获取设备描述数据的函数,并将读到的数据以一定的数据结构保存,见 3.5.3 小节。

**7. 使设备立即进入待机状态**

使 ATA 设备进入待机状态(CF 存储卡的睡眠模式)可以降低系统的整体功耗,如 IDE 硬盘进入待机状态使电机停止转动。根据设备立即待机指令编写使设备立即进入待机状态的函数,见 3.5.7 小节。

**8. 使设备立即进入空闲状态**

使 ATA 设备从待机状态(CF 存储卡的睡眠模式)返回空闲模式,如 IDE 硬盘电机转动。根据设备立即空闲指令编写使设备立即进入空闲状态的函数,见 3.5.6 小节。

# 第4章 ZLG/IP的原理及应用

## 4.1 概 述

### 4.1.1 ZLG/IP简介

ZLG/IP是广州周立功单片机发展有限公司面向嵌入式系统开发的基于μC/OS－II的小型TCP/IP协议栈。ZLG/IP源码包提供实现Internet网络上IP接点的功能，是个高性能的嵌入式TCP/IP协议栈软件。它使用μC/OS－II实时操作系统的信号机制来实现一个多任务并行并可重入的协议栈，完全使用ANSI C进行编写，可以像μC/OS－II那样支持多种CPU。ZLG/IP还具有层次清晰、易于升级和修改等特点。

ZLG/IP已在广州周立功单片机发展有限公司的EasyARM2200开发学习套件上调试通过，当前版本为1.0版，支持TCP、UDP、IP、ICMP、ARP和ETHERNET。

### 4.1.2 ZLG/IP特点

- Socket库兼容BSD标准Socket API，方便用户进行应用层协议的开发。
- 基于μC/OS－II实时多任务操作系统，具有良好的实时性能。
- 所有函数都可以工作在非阻塞方式。
- 支持RFC标准TCP。
- 简易的路由协议处理，可以跨越网关收/发数据。
- 完全源代码 。
- 高移植度。
- 为嵌入系统做过优化。
- 代码可重入。
- TCP层代码小而且速度快。
- 与处理器无关。
- 用户可配置和裁减。
- 支持网络地址解析(NAT)。

- 支持多网络接口的应用。
- 基本完整的 TCP 栈支持,TCP 模块处理支持以下功能:
  - 一 发送确认;
  - 一 带外数据;
  - 一 数据重传;
  - 一 数据校验;
  - 一 流模式;
  - 一 连接数目只受内存大小限制。

## 4.2 ZLG/IP 支持的硬件举例以太网接口

### 4.2.1 EasyARM2200 以太网接口电路图

LPC2200 与 RTL8019AS 构成以太网接口的具体电路如图 4.1 所示。

其中 RTL8019AS 的数据线 SD0～SD15 与 LPC2200 的 D0～D15 相连(中间串一个 470 Ω电阻),由 A22 地址线和 nCS3 片选线决定 RTL8019AS 的访问地址为 0x8340001F～0x83400000,短接 JP4 跳线后,复位信号由 P0.6 控制,RTL8019AS 的工作方式是跳线方式。

### 4.2.2 以太网控制芯片 RTL8019AS

RTL8019AS 是一种 10M 的以太网控制芯片,引脚图如图 4.2 所示。

### 4.2.3 RTL8019AS 引脚分类

#### 1. 电源引脚

具体引脚名称和用法如表 4.1 所列,$V_{DD}$接+5 V。

表 4.1 电源引脚

| 引脚号 | 名 称 | 类 型 | 描 述 |
|---|---|---|---|
| 6、17、47、57、70、89 | $V_{DD}$ | P | +5 V |
| 14、28、44、52、83、86 | GND | P | 地 |

#### 2. ISA 总线接口引脚

具体引脚名称和用法如表 4.2 所列。

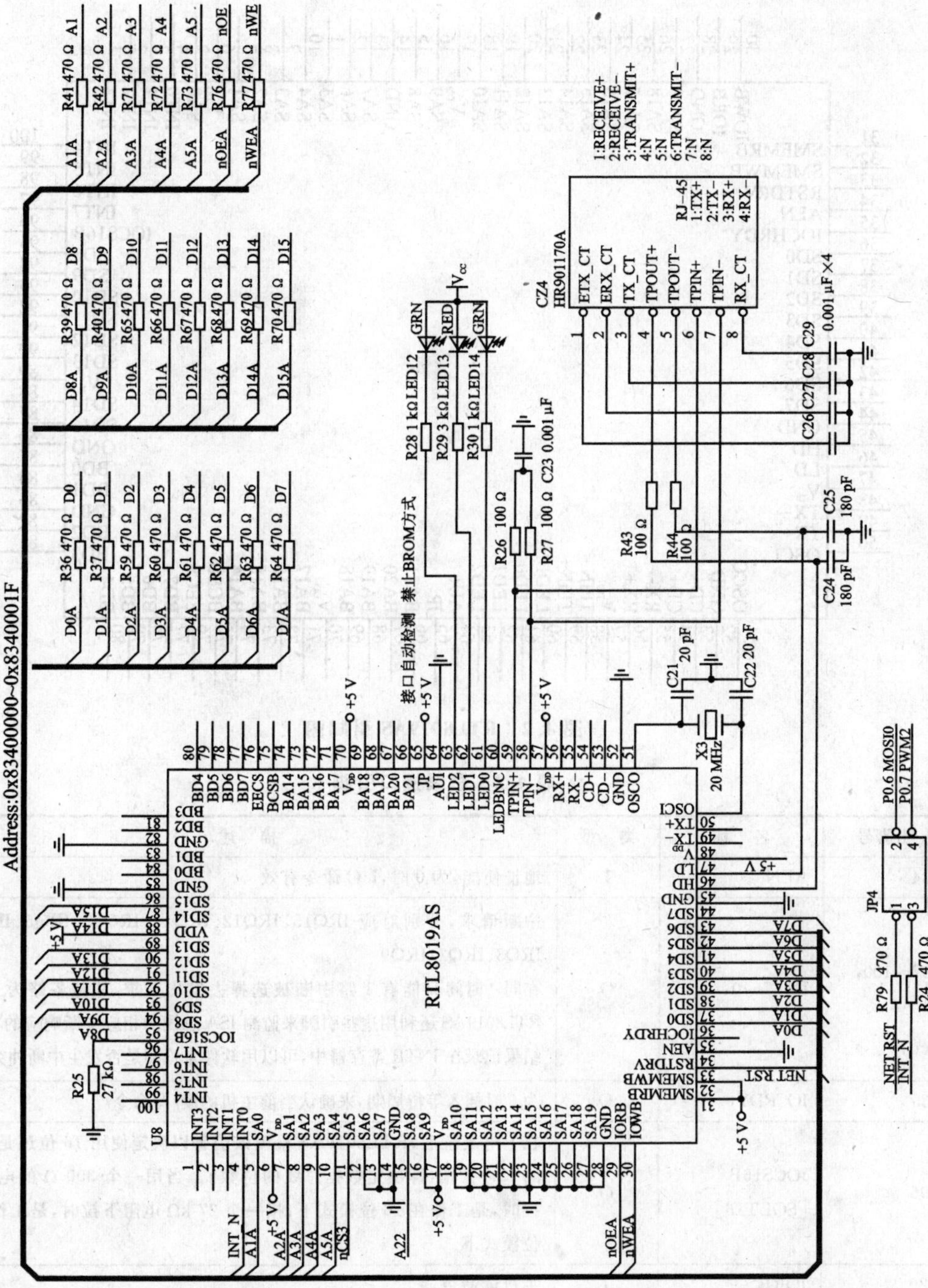


图 4.1 LPC2200 与 RTL8019AS 接口电路图

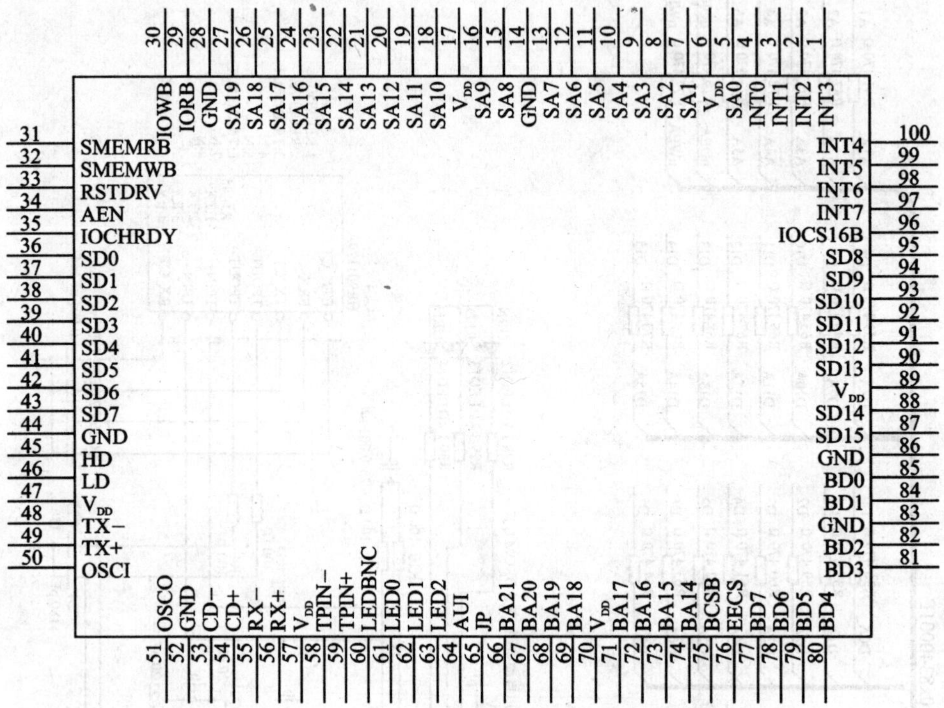

图 4.2 RTL8019AS 引脚图

表 4.2 总线接口引脚

| 引脚号 | 名 称 | 类 型 | 描 述 |
| --- | --- | --- | --- |
| 34 | AEN | I | 地址使能,为 0 时,I/O 命令有效 |
| 97~100,<br>1~4 | INT7~0 | O | 中断请求,分别对应 IRQ15、IRQ12、IRQ11、IRQ10、IRQ5、IRQ4、IRQ3、IRQ2/IRQ9<br>在同一时间只能有 1 路中断被选择去发出请求,其他各路为三态。RTL8019AS 还利用这些引脚来监测 ISA 总线的相应中断响应的状态,结果记录在 INTR 寄存器中,可以用软件来检测是否发生中断冲突 |
| 35 | IOCRDY | O | 为 0 时插入等待周期,来确认当前主机的读/写命令 |
| 96 | IOCS16B<br>[SOLT16] | O | 在上电复位后,RTL8019AS 检测该引脚以决定使用 16 位还是 8 位的 ISA 插槽(即决定数据总线的位数)。当用一个 300 Ω 的电阻上拉时,是工作在 16 位模式下;接一个 27 kΩ 电阻下拉时,是工作在 8 位模式下 |
| 29 | IORB | I | 主机读命令 |
| 30 | IOWB | I | 主机写命令 |

续表 4.2

| 引脚号 | 名 称 | 类 型 | 描 述 |
|---|---|---|---|
| 33 | RSTDRV | I | 复位引脚,高复位,当脉冲宽度小于 800 ns 时忽略 |
| 27～18,<br>16～15,<br>13～7,5 | SA19～0 | I | 主机地址总线,SA10 是额外地址(279H 和 A79H),以实现 PnP 端口完全解码。SA10 在正确的 PnP 端口访问时应该为 0 |
| 87～88,<br>90～95,<br>43～36 | SD15～0 | I/O | 主机数据总线 |
| 31 | SMEMRB | I | 主机内存读命令 |
| 32 | SMEMWB | I | 主机内存写命令,该引脚额外的解析为 Flash Memory 的写命令 |

## 3. 内存接口引脚

包括 EEPROM 和 BROM 的连接引脚,具体如表 4.3 所列。

表 4.3　内存接口引脚

| 引脚号 | 名 称 | 类 型 | 描 述 |
|---|---|---|---|
| 75 | BCSB | O | BROM 芯片的选择。当在读 BROM 时置 0。在 SA19～14 对应上 BROM 的地址时置 0,并可能发生的情况是：SMEMRB 为低,SMEMWB 为低,并且 RTL8019AS 的 Flash Memory 写功能使能 |
| 76 | EECS | O | 9346 的片选 |
| 66～69,<br>71～74<br>77～82,<br>84～85 | BA21～14<br>BD7～0 | O<br>I/O | BROM 地址*<br>BROM 数据总线 |
| 79<br>78<br>77 | EESK<br>EEDI<br>EEDO | O<br>O<br>I | 9346 串行数据时钟<br>9346 串行数据输入<br>9346 串行数据输出 |
| 下列引脚可用跳线来定义。它们的状态取决于复位信号上升沿时的电平高低,然后就变成 SRAM bus 的相应引脚。它们内部都有一个 100 kΩ 的下拉电阻,所以外部可接 10 kΩ 上拉电阻 | | | |
| 66 | PNP | I | 当为 1 时,且为非跳线模式(在 JP＝0 时),RTL8019AS 不管 9346 的内容是什么强行进入 PnP 模式 |
| 以下引脚在非跳线模式(JP＝0)下可以不管 | | | |

续表 4.3

| 引脚号 | 名称 | 类型 | 描述 |
|---|---|---|---|
| 72～71,<br>69～67 | BS4～0 | I | 选择 BROM 的大小和基地址 |
| 85～84,<br>82～81 | IOS3～0 | I | 选择 I/O 的基地址 |
| 70,74 | PL1～0 | I | 选择网络传播介质的类型 |
| 80～78 | IRQS2～0 | I | 选择在 INT7～0 使用哪路中断 |
| 65 | JP | I | 为 1 时选择跳线模式,为 0 时选择非跳线模式(包括 RT 非跳线模式和 PnP 模式) |

* 在 RTL8019AS 复位并确定跳线状态后,这些脚总是把值映射到 BPAGE 寄存器的 BROM 页模式。通常 BA16～BA20 是不用的,而 BA14～BA15 的用法如表 4.4 所列。

**表 4.4　BROM 的地址定义**

| BROM 大小/KB | BA14 | BA15 |
|---|---|---|
| 16 | High | High |
| 32 | SA14 | High |
| 64 | SA14 | SA15 |

注:在 SMEMRB 信号从高变低时,不要改变 BA14～20。

## 4. 介质接口方式引脚

连接介质双绞线或同轴电缆,如表 4.5 所列。

**表 4.5　网络接口引脚**

| 引脚号 | 名称 | 类型 | 描述 |
|---|---|---|---|
| 64 | AUI | I | 用于检测外部是否使用 AUI 接口来传输数据,为 0 时是 BNC 接口,为 1 时是 MAU。当为 1 时,RTL8019AS 置位 CONFIG0 的第 5 位 AUI 位,并把 LEDBNC 脚置低,如果不使用就把该引脚接地 |
| 54,53 | CD+,CD− | I | AUI 的冲突差分信号输入线 |
| 56,55 | RX+,RX− | I | AUI 的接收信号线 |
| 49,48 | TX+,TX− | O | AUI 的接收信号线,发送的是曼彻斯特编码,输出信号是电压跟随的,需要 270 Ω 电阻下拉到地 |
| 59,58 | TPIN+,TPIN− | I | 为双绞线的接收脚 |

续表 4.5

| 引脚号 | 名 称 | 类 型 | 描 述 |
|---|---|---|---|
| 45,46 | TPOUT+,TPOUT- | O | 为双绞线的发送脚 |
| 50 | X1 | I | 20 MHz 晶振或外部时钟的输入端 |
| 51 | X2 | O | 晶振反馈输出端,接外时钟时不接悬空 |

### 5. LED 输出引脚

共 4 个引脚,用于显示状态,如表 4.6 所列。

表 4.6 LED 输出引脚

| 引脚号 | 名 称 | 类 型 | 描 述 |
|---|---|---|---|
| 60 | LEDBNC | O | 当 RTL8019AS 的网络媒介类型设为 10Base2 模式或自动检测模式时,连接测试失败时置高,否则为低。该引脚可以连接一盏 LED 来显示网络媒介的类型 |
| 61 | LED0- | O | 当 LEDS0 位(在寄存器第 3 页 CONFIG3 寄存器中)为 0,该引脚工作同 LED_COL,为 1 时工作同 LED_LINK |
| 62,63 | LED1<br>LED2 | O | 当 LEDS0 位(在寄存器第 3 页 CONFIG3 寄存器中)为 0,两引脚工作分别同 LED_RX 和 LED_TX。为 1 时,该引脚工作分别同 LED_CRS和 MCSB |

## 4.2.4 RTL8019AS 寄存器的说明

RTL8019AS 的寄存器组根据它们的地址和功能粗略地可分为两组,一组是 NE2000,另一组是 PnP。PnP 寄存器与这里的例子的应用无关,所以就不介绍了,有兴趣的读者可以参考 RTL9018AS 芯片的数据手册。

首先介绍 NE2000 寄存器。这组包括 4 页寄存器,可由 CR 寄存器中的 PS0 和 PS1 位来选择。每一页包括 16 个寄存器。此外,除了这些兼容 NE2000 的寄存器,RTL8019AS 还定义了一些为以后扩展和软件配置的寄存器。

### 1. 寄存器表

寄存器总表如表 4.7 所列。

表 4.7 寄存器总表

| 序号(16位) | 第0页 | | 第1页 | 第2页 | 第3页 | |
|---|---|---|---|---|---|---|
| | 读 | 写 | 读/写 | 读 | 读 | 写 |
| 00 | CR | CR | CR | CR | CR | CR |
| 01 | CLDA0 | PSTART | PAR0 | PSTART | **9346CR** | **9346CR** |
| 02 | CLDA1 | PSTOP | PAR1 | PSTOP | **BPAGE** | **BPAGE-** |
| 03 | BNRY | BNRY | PAR2 | — | **CONFIG0** | — |
| 04 | TSR | TPSR | PAR3 | TPSR | **CONFIG1** | **CONFIG1** |
| 05 | NCR | TBCR0 | PAR4 | — | **CONFIG2** | **CONFIG2** |
| 06 | FIFO | TBCR1 | PAR5 | — | **CONFIG3** | **CONFIG3** |
| 07 | ISR | ISR | CURR | — | — | **TEST** |
| 08 | CRDA0 | RSAR0 | MAR0 | — | **CSNSAV** | — |
| 09 | CRDA1 | RSAR1 | MAR1 | — | — | **HLTCLK** |
| 0A | **8019ID0** | RBCR0 | MAR2 | — | — | — |
| 0B | **8019ID1** | RBCR1 | MAR3 | — | **INTR** | — |
| 0C | RSR | RCR | MAR4 | RCR | — | **FMWP** |
| 0D | CNRT0 | TCR | MAR5 | TCR | **CONFIG4** | — |
| 0E | CNTR1 | DCR | MAR6 | DCR | — | — |
| 0F | CNTR2 | IMR | MAR7 | IMR | — | — |
| 10～17 | 远程 DMA 端口 | | | | | |
| 18～1F | 复位端口 | | | | | |

注:"—"为保留。用粗体字的寄存器是只在 RTL8019AS 里定义的,NE2000 标准不支持。

表 4.8～4.11 是寄存器详细列表。

表 4.8 第 0 页(PS1=0,PS0=0)

| 序号 | 名称 | 类型 | 位7 | 位6 | 位5 | 位4 | 位3 | 位2 | 位1 | 位0 |
|---|---|---|---|---|---|---|---|---|---|---|
| 00H | CR | R/W | PS1 | PS0 | RD2 | RD1 | RD0 | TXP | STA | STP |
| 01H | CLDA0 | R | A7 | A6 | A5 | A4 | A3 | A2 | A1 | A0 |
| | PSTART | W | A15 | A14 | A13 | A12 | A11 | A10 | A9 | A8 |
| 02H | CLDA1 | R | A15 | A14 | A13 | A12 | A11 | A10 | A9 | A8 |
| | PSTOP | W | A15 | A14 | A13 | A12 | A11 | A10 | A9 | A8 |
| 03H | BNRY | R/W | A15 | A14 | A13 | A12 | A11 | A10 | A9 | A8 |

续表 4.8

| 序 号 | 名 称 | 类 型 | 位 7 | 位 6 | 位 5 | 位 4 | 位 3 | 位 2 | 位 1 | 位 0 |
|---|---|---|---|---|---|---|---|---|---|---|
| 04H | TSR | R | OWC | CDH | 0 | CRS | ABT | COL | — | PTX |
| | TPSR | W | A15 | A14 | A13 | A12 | A11 | A10 | A9 | A8 |
| 05H | NCR | R | 0 | 0 | 0 | 0 | NC3 | NC2 | NC1 | NC0 |
| | TBCR0 | W | TBC7 | TBC6 | TBC5 | TBC4 | TBC3 | TBC2 | TBC1 | TBC0 |
| 06H | FIFO | R | D7 | D6 | D5 | D4 | D3 | D2 | D1 | D0 |
| | TBCR1 | W | TBC15 | TBC14 | TBC13 | TBC12 | TBC11 | TBC10 | TBC9 | TBC8 |
| 07H | ISR | R/W | RST | RDT | CNT | OVW | TXE | RXE | PTX | PRX |
| 08H | CRDA0 | R | A7 | A6 | A5 | A4 | A3 | A2 | A1 | A0 |
| | RSAR0 | W | A7 | A6 | A5 | A4 | A3 | A2 | A1 | A0 |
| 09H | CRDA1 | R | A15 | A14 | A13 | A12 | A11 | A10 | A9 | A8 |
| | RSAR1 | W | A15 | A14 | A13 | A12 | A11 | A10 | A9 | A8 |
| 0AH | 8019D0 | R | 0 | 1 | 0 | 1 | 0 | 0 | 0 | 0 |
| | RBCR0 | W | RBC7 | RBC6 | RBC5 | RBC4 | RBC3 | RBC2 | RBC1 | RBC1 |
| 0BH | 8019ID1 | R | 0 | 1 | 1 | 1 | 0 | 0 | 0 | 0 |
| | RBCR1 | W | RBC15 | RBC14 | RBC13 | RBC12 | RBC11 | RBC10 | RBC9 | RBC8 |
| 0CH | RSR | R | DFR | DIS | PHY | MPA | 0 | FAE | CRC | PRX |
| | RCR | W | — | — | MON | PRO | AM | AB | AR | SER |
| 0DH | CNTR0 | R | CNT7 | CNT6 | CNT5 | CNT4 | CNT3 | CNT2 | CNT1 | CNT0 |
| | TCR | W | — | — | — | OFST | ATD | BL1 | BL0 | CRC |
| 0EH | CNTR1 | R | CNT7 | CNT6 | CNT5 | CNT4 | CNT3 | CNT2 | CNT1 | CNT0 |
| | DCR | W | — | FT1 | FT0 | ARM | LS | LAS | BOS | WTS |
| 0FH | CNTR2 | R | CNT7 | CNT6 | CNT5 | CNT4 | CNT3 | CNT2 | CNT1 | CNT0 |
| | IMR | W | — | RDCE | CNTE | OVWE | TXEE | RXEE | PTXE | PRXE |

表 4.9 第 1 页(PS1=0,PS0=1)

| 序 号 | 名 称 | 类 型 | 位 7 | 位 6 | 位 5 | 位 4 | 位 3 | 位 2 | 位 1 | 位 0 |
|---|---|---|---|---|---|---|---|---|---|---|
| 00H | CR | R/W | PS1 | PS0 | RD2 | RD1 | RD0 | TXP | STA | STP |
| 01H | PAR0 | R/W | DA7 | DA6 | DA5 | DA4 | DA3 | DA2 | DA1 | DA0 |
| 02H | PAR1 | R/W | DA15 | DA14 | DA13 | DA12 | DA11 | DA10 | DA9 | DA8 |
| 03H | PAR2 | R/W | DA23 | DA22 | DA21 | DA20 | DA19 | DA18 | DA17 | DA16 |
| 04H | PAR3 | R/W | DA31 | DA30 | DA29 | DA28 | DA27 | DA26 | DA25 | DA24 |

续表 4.9

| 序 号 | 名 称 | 类 型 | 位 7 | 位 6 | 位 5 | 位 4 | 位 3 | 位 2 | 位 1 | 位 0 |
|---|---|---|---|---|---|---|---|---|---|---|
| 05H | PAR4 | R/W | DA39 | DA38 | DA37 | DA36 | DA35 | DA34 | DA33 | DA32 |
| 06H | PAR5 | R/W | DA47 | DA46 | DA45 | DA44 | DA43 | DA42 | DA41 | DA40 |
| 07H | CURR | R/W | A15 | A14 | A13 | A12 | A11 | A10 | A9 | A8 |
| 08H | MAR0 | R/W | FB7 | FB6 | FB5 | FB4 | FB3 | FB2 | FB1 | FB0 |
| 09H | MAR1 | R/W | FB15 | FB14 | FB13 | FB12 | FB11 | FB10 | FB9 | FB8 |
| 0AH | MAR2 | R/W | FB23 | FB22 | FB21 | FB20 | FB19 | FB18 | FB17 | FB16 |
| 0BH | MAR3 | R/W | FB31 | FB30 | FB29 | FB28 | FB27 | FB26 | FB25 | FB24 |
| 0CH | MAR4 | R/W | FB39 | FB38 | FB37 | FB36 | FB35 | FB34 | FB33 | FB32 |
| 0DH | MAR5 | R/W | FB47 | FB46 | FB45 | FB44 | FB43 | FB42 | FB41 | FB40 |
| 0EH | MAR6 | R/W | FB55 | FB54 | FB53 | FB52 | FB51 | FB50 | FB49 | FB48 |
| 0FH | MAR7 | R/W | FB63 | FB62 | FB61 | FB60 | FB59 | FB58 | FB57 | FB56 |

**表 4.10 第 2 页(PS1=1,PS0=0)**

| 序 号 | 名 称 | 类 型 | 位 7 | 位 6 | 位 5 | 位 4 | 位 3 | 位 2 | 位 1 | 位 0 |
|---|---|---|---|---|---|---|---|---|---|---|
| 00H | CR | R/W | PS1 | PS0 | RD2 | RD1 | RD0 | TXP | STA | STP |
| 01H | PSTART | R | A15 | A14 | A13 | A12 | A11 | A10 | A9 | A8 |
| 02H | PSTOP | R | A15 | A14 | A13 | A12 | A11 | A10 | A9 | A8 |
| 03H | — | | | | | | | | | |
| 04H | TPSR | R | A15 | A14 | A13 | A12 | A11 | A10 | A9 | A8 |
| 05H<br>∫<br>0BH | — | | | | | | | | | |
| 0CH | RCR | R | — | — | MON | PRO | AM | AB | AR | SEP |
| 0DH | TCR | R | — | — | — | OFST | ATD | LB1 | LB0 | CRC |
| 0EH | DCR | R | — | FT1 | FT0 | ARM | LS | LAS | BOS | WTS |
| 0FH | IMR | R | — | RDCE | CNTE | OVWE | TXEE | RXEE | PTXE | PRXE |

表 4.11 第 3 页(PS1=1,PS0=1)

| 序号 | 名称 | 类型 | 位 7 | 位 6 | 位 5 | 位 4 | 位 3 | 位 2 | 位 1 | 位 0 |
|---|---|---|---|---|---|---|---|---|---|---|
| 00H | CR | R/W | PS1 | PS0 | RD2 | RD1 | RD0 | TXP | STA | STP |
| 01H | 9346CR | R | EEM1 | EEM0 | — | — | EECS | EESK | EEDI | EEDO |
| | | W | EEM1 | EEM0 | — | — | EECS | EESK | EEDI | — |
| 02H | BPAGE | R/W | BP7 | BP6 | BP5 | BP4 | BP3 | BP2 | BP1 | BP0 |
| 03H | CONFIG0 | R | VerID1 | VerID0 | AUI | PNPJP | JP | BNC | 0 | 0 |
| 04H | CONFIG1 | R | IRQEN | IRQS2 | IRQS1 | IRQS0 | IOS3 | IOS2 | IOS1 | IOS0 |
| | | W* | IRQEN | — | — | — | — | — | — | — |
| 05H | CONFIG2 | R | PL1 | PL2 | BSELB | BS4 | BS3 | BS2 | BS1 | BS0 |
| | | W* | PL1 | PL2 | BSELB | — | — | — | — | — |
| 06H | CONFIG3 | R | PNP | FUDUP | LEDS1 | LEDS0 | — | SLEEP | PWRDN | ACTIVEB |
| | | W* | — | — | — | — | — | SLEEP | PWRDN | — |
| 07H | TEST | R/W | 保留,测试 RTL8019AS 能否读写 | | | | | | | |
| 08H | CSNSAV | R | CSN7 | CSN6 | CSN5 | CSN4 | CSN3 | CSN2 | CSN1 | CSN0 |
| 09H | HLTCLK | W | HLT7 | HLT6 | HLT5 | HLT4 | HLT3 | HLT2 | HLT1 | HLT0 |
| 0AH | — | — | 保留 | | | | | | | |
| 0BH | INTR | R | INT7 | INT6 | INT5 | INT4 | INT3 | INT2 | INT1 | INT0 |
| 0CH | FMWP | W* | Falsh Memory 写保护 | | | | | | | |
| 0DH | CONFIG4 | R | — | — | — | — | — | — | — | IOMS |
| 0EH ∫ 0FH | — | — | 保 留 | | | | | | | |

注:标有“W*”的寄存器在 EMM1=EMM0=1 时只能写!

## 2. 寄存器功能

### 1) NE2000 兼容寄存器

(1) RD:命令寄存器(00H。类型:R/W)。这个寄存器用于选择寄存器页,使能或禁止远程 DMA 操作、发出。如表 4.12 所列。

表 4.12 RD 命令寄存器

<table>
<tr><th>位</th><th>符 号</th><th colspan="4">描 述</th></tr>
<tr><td rowspan="5">7,6</td><td rowspan="5">PS1,PS0</td><td>PS1</td><td>PS0</td><td>寄存器页</td><td>备 注</td></tr>
<tr><td>0</td><td>0</td><td>0</td><td>NE2000 兼容</td></tr>
<tr><td>0</td><td>1</td><td>1</td><td>NE2000 兼容</td></tr>
<tr><td>1</td><td>0</td><td>2</td><td>NE2000 兼容</td></tr>
<tr><td>1</td><td>1</td><td>3</td><td>RTL8019AS 配置</td></tr>
<tr><td rowspan="6">5～3</td><td rowspan="6">RD2～0</td><td>RD2</td><td>RD1</td><td>RD0</td><td>备 注</td></tr>
<tr><td>0</td><td>0</td><td>0</td><td>不允许</td></tr>
<tr><td>0</td><td>0</td><td>1</td><td>远程读</td></tr>
<tr><td>0</td><td>1</td><td>0</td><td>远程写</td></tr>
<tr><td>0</td><td>1</td><td>1</td><td>发送包</td></tr>
<tr><td>1</td><td>*</td><td>*</td><td>结束或完成远程 DMA</td></tr>
<tr><td>2</td><td>TXP</td><td colspan="4">这一位在置 1 时发送数据包,在发送完毕或终止时自动清 0,写 0 没影响</td></tr>
<tr><td>1</td><td>STA</td><td colspan="4">STA 不控制任何操作,它只反映已写入的值。上电为 0 用法如下</td></tr>
<tr><td rowspan="4">0</td><td rowspan="4">STP</td><td colspan="4">这一位是停止命令。当置 1 时不接收或发送任何包。上电为 1</td></tr>
<tr><td>STA</td><td>STP</td><td colspan="2">功 能</td></tr>
<tr><td>1</td><td>0</td><td colspan="2">开始执行命令</td></tr>
<tr><td>0</td><td>1</td><td colspan="2">停止命令</td></tr>
</table>

应用例子,页切换函数,如程序清单 4.1 所示。

**程序清单 4.1 页切换函数**

```
void page(uint8 pagenumber)
{
    uint8 temp;
    temp = ReadFromNet(0);          //command register
    temp = temp&0x3B ;              //注意: txp 位不能变
    pagenumber = pagenumber <<6;
    temp = temp | pagenumber;
    WriteToNet(0,temp);
}
```

(2) ISR: 中断状态寄存器(07H。类型: R/W,在第 0 页)。这个寄存器反映 NIC 的状态。主机通过它来测定中断的原因。对应位写 1 为清除。在上电后必须清 0。如表 4.13 所列。一般在初始化结束的地方清除,所以中断标志在发生中断时要读取中断状态,然后清除中断标志,再分别处理。

表 4.13 中断状态寄存器

| 位 | 符 号 | 描 述 |
|---|---|---|
| 7 | RST | 当 NIC 进入复位状态时置 1,当一条命令由 CR 确认后清 0。当接收缓冲区溢出时置 1,而读出一个包以后自动清 0 |
| 6 | RDC | 当远程 DMA 操作完成后置 1 |
| 5 | CNT | 当 MSB 的一个或多个网络计数器启动时置 1 |
| 4 | OVW | 当接收缓冲区满时置 1 |
| 3 | TXE | 发送一个包时,因冲突等原因失败时置 1 |
| 2 | RXE | 当接收到一个包时发现一下错误时置 1<br>— CRC 校验错误<br>— 帧队列失败<br>— 丢失包 |
| 1 | PTX | 这一位显示发送无错误 |
| 0 | PRX | 这一位显示接收无错误 |

(3) IMR：中断允许寄存器(0FH。类型：W,在第 0 页；类型：R,在第 2 页)。所有位都对应 ISR 寄存器中的相应位。上电为 0。相应位置 1,即使能相应的中断。该寄存器一般只在初始化时使用。

(4) DCR：数据配置寄存器(0EH。类型:W,在第 0 页；类型:R,在第 2 页)。如表 4.14 所列。该寄存器一般只在初始化时使用。

表 4.14 数据配置寄存器

| 位 | 符 号 | 描 述 |
|---|---|---|
| 7 | — | 总是 1 |
| 6,5 | FT1,FT0 | FIFO 的选择 |
| 4 | ARM | 远程自动初始化<br>1：不发送命令包<br>2：发送命令包 |
| 3 | LS | 回环选择<br>0：选择回环模式,TCR 的位 1、2 要被定义为回环的操作<br>1：普通模式 |

续表 4.14

| 位 | 符 号 | 描 述 |
|---|---|---|
| 2 | LAS | 该位必须设为 0,NIC 只支持双 16 位的 DMA 模式。上电为 1 |
| 1 | BOS | 在字中,高位字节在前(INTEL)为 0,反之为 1 |
| 0 | WTS | 字传输选择:0 字节长度的 DMA 传输,1 字长度的 DMA 传输 |

(5) TCR：传输配置寄存器(0DH。类型：W,在第 0 页;类型：R,在第 2 页)。如表 4.15 所列。该寄存器一般只在初始化时使用。

表 4.15　传输配置寄存器

<table>
<tr><th>位</th><th>符 号</th><th colspan="4">描 述</th></tr>
<tr><td>7</td><td>—</td><td colspan="4">总为 1</td></tr>
<tr><td>6</td><td>—</td><td colspan="4">总为 1</td></tr>
<tr><td>5</td><td>—</td><td colspan="4">总为 1</td></tr>
<tr><td>4</td><td>OFST</td><td colspan="4">冲突消除使能</td></tr>
<tr><td>3</td><td>ATD</td><td colspan="4">自动传输禁止<br>0：普通操作<br>1：接收组播模式</td></tr>
<tr><td rowspan="5">2,1.</td><td rowspan="5">LB1,LB2</td><td>LB1</td><td>LB0</td><td>模 式</td><td>注 释</td></tr>
<tr><td>0</td><td>0</td><td>0</td><td>普通模式</td></tr>
<tr><td>0</td><td>1</td><td>1</td><td>内部回环</td></tr>
<tr><td>1</td><td>0</td><td>2</td><td>外部回环</td></tr>
<tr><td>1</td><td>1</td><td>3</td><td>外部回环</td></tr>
<tr><td rowspan="7">0</td><td rowspan="7">CRC</td><td colspan="4">NIC 的 CRC 逻辑部分包括发送的 CRC 发生器和接收的 CRC 检查器。如果置 1 则在发送时不添加 CRC 功能,否则在发送时附加 CRC</td></tr>
<tr><td colspan="2">条 件</td><td colspan="2">CRC 的工作</td></tr>
<tr><td>CRC 位</td><td>模 式</td><td>CRC 发生器</td><td>CRC 检查器</td></tr>
<tr><td>0</td><td>普通</td><td>使能</td><td>使能</td></tr>
<tr><td>1</td><td>普通</td><td>禁止</td><td>使能</td></tr>
<tr><td>0</td><td>反馈</td><td>使能</td><td>禁止</td></tr>
<tr><td>1</td><td>反馈</td><td>禁止</td><td>使能</td></tr>
</table>

(6) TSR：发送状态寄存器(04H。类型：R,在第 0 页)。这个寄存器显示包发送的状态,如表 4.16 所列。该寄存器一般只在发送时使用,发送结束后读取该寄存器判断发送是否成功。

表 4.16 发送状态寄存器

| 位 | 符 号 | 描 述 |
|---|---|---|
| 7 | OWC | 发送冲突,置 1 时因发送冲突而终止包的传输,应该重新发送 |
| 6 | CDH | NIC 监测在一个传输完成后,帧间间隙的第 1 个 6.4 μs 期间的 CD 信号跳动。在发送这个跳动失败时置 1 |
| 5 | — | 总为 1 |
| 4 | CRS | 当传送过程中发现丢失包时,就置 1 |
| 3 | ABT | 置 1 表明 NIC 已经取消传输 |
| 2 | COL | 显示传输的冲突是和网络的其他节点有关 |
| 1 | — | 总为 1 |
| 0 | PTX | 显示传输完成没错误 |

(7) RCR：接收配置寄存器(0CH。类型：W,在第 0 页;类型：R,在第 2 页)。如表 4.17 所列。该寄存器一般只在初始化时使用。

表 4.17 接收配置寄存器

| 位 | 符 号 | 描 述 |
|---|---|---|
| 7 | — | 总为 1 |
| 6 | — | 总为 1 |
| 5 | MON | 当监测模式位置 1,只检查地址、CRC、帧队列,但不存入缓存区;否则存入缓存区 |
| 4 | PRO | 如果为 1,所有包的目标 MAC 地址都接收<br>如果为 0,只有当目标 MAC 地址和 PAR0～5 的值一一对应才接收 |
| 3 | AM | 如果为 1,接收目标地址为组播地址的包<br>如果为 0,不接收目标地址为组播地址的包 |
| 2 | AB | 如果为 1,接收目标地址为广播地址的包<br>如果为 0,不接收目标地址为广播地址的包 |
| 1 | AR | 1,长度小于 64 字节的包也接收 0,长度小于 64 字节的包不接收 |
| 0 | SEP | 1,包有接收错误也接收;0,包有接收错误不接收 |

(8) RSR：接收状态寄存器(0CH。类型：R,在第 0 页)。如表 4.18 所列。该寄存器一般只在接收数据时使用,接收到数据后读取该寄存器判断接收是否成功。

表 4.18 接收状态寄存器

| 位 | 符 号 | 描 述 |
|---|---|---|
| 7 | DFR | 发送冲突时置 1 |
| 6 | DIS | 接收取消。在 NIC 进入监测模式时,该位置 1,而且接收取消。结束监测模式后,接收使能时清 0 |
| 5 | PHY | 当接收到的是组播包或广播包时置 1。接收到对应 MAC 地址的包时清 0 |
| 4 | MPA | 由于在监测模式或缺少缓冲区而丢失了接收包则置 1,然后计数器 CNTR2 加 1 |
| 3 | — | 总为 1 |
| 2 | FAE | 帧队列错误位,当输入包的包尾分界不对或 CRC 位和分界位不对应时置 1,计数器 CNTR0 加 1 |
| 1 | CRC | CRC 错误位,接收的包 CRC 错误。当 FAE 错误时也置 1,计数器 CNTR1 加 1 |
| 0 | PRX | 这一位显示接收无错误 |

(9) CLDA0 和 1:当前的本地 DMA 寄存器(01H 和 02H。类型:R,在第 0 页)。可以通过读这两个寄存器得到当前的本地 DMA 地址。

(10) PSTART:开始页寄存器(01H。类型:W,在第 0 页;类型:R,在第 2 页)。这个开始页寄存器用于设置接收缓存环的开始页地址。该寄存器一般只用在初始化中。

(11) PSTOP:结束页寄存器(02H。类型:W,在第 0 页;类型 R,在第 2 页)。这个结束页寄存器用于设置接收缓存环的结束页地址。该寄存器一般只用在初始化中。

(12) BNRY:边界寄存器(03H。类型:R/W,在第 0 页)。这个寄存器用于防止接收缓存环把还没被主机读的数据给写了。它常常是当作一个指针来用,指向已经被主机读了的那一页的下一页。该寄存器一般只用于数据的接收。

(13) TPSR:发送开始页寄存器(04H。类型:W,在第 0 页)。用于设置要发送包的起始页,该寄存器一般只用于数据的发送。

(14) TBCR0 和 1:发送字节计数器(05H 和 06H。类型:W,在第 0 页)。这两个寄存器用于设置要发送包的长度(字节数)。该寄存器一般只用于数据的发送。

(15) NCR:冲突数寄存器(05H。类型:R,在第 0 页)。这个寄存器记录发送一个包过程所发生的冲突次数。

(16) FIFO:FIFO 寄存器(06H。类型:R,在第 0 页)。这个寄存器允许主机在回环后检查 FIFO 的内容。

(17) CRDA0 和 1:当前远程 DMA 地址寄存器(08H 和 09H。类型:R,在第 0 页)。这两个寄存器记录当前远程的 DMA 地址。

(18) RSAR0 和 1:远程起始地址寄存器(08H 和 09H。类型:W,在第 0 页)。用于设置远程 DMA 的起始地址，该寄存器在数据的发送和接收时都用到。

(19) RBCR0 和 1：远程自动增加计数寄存器(0AH 和 0BH。类型：W，在第 0 页)。这两个寄存器用于记录远程 DMA 的数据字节数，该寄存器在数据的发送和接收时都用到。

(20) CNTR0：帧队列错误计数器寄存器(0DH。类型：R，在第 0 页)。

(21) CNTR1：CRC 错误计数器寄存器(0EH。类型：R，在第 0 页)。

(22) CNTR2：丢失包计数器寄存器(0FH。类型：R，在第 0 页)。

(23) PAR0～5：MAC 地址寄存器(01H～06H。类型：R/W，在第 1 页)。这些寄存器用于记录本以太网节点的 MAC 地址，并用于对比接收包的目标地址是否一致而决定接收还是丢弃，一般用在初始化中。

(24) CURR：当前页寄存器(07H。类型：R/W，在第 1 页)。这个寄存器指出接收缓存环中所接收包的第 1 页地址。一般用于初始化和接收数据。

(25) MAR0～7：组播地址寄存器(08H～0FH。类型：R/W，在第 1 页)。这些寄存器为 CRC 逻辑提供组播地址的过滤位。

**2) RTL8019AS 定义寄存器**

◆ 第 0 页(PS1＝0，PS0＝0)：这两个寄存器记录 RTL8019 的芯片 ID，如表 4.19 所列。

**表 4.19　芯片 ID**

| 序　号 | 名　称 | 类　型 | Bit7～0 |
|---|---|---|---|
| 0AH | 8019ID0 | R | 50H(ASCII 码"P") |
| 0BH | 8019ID1 | R | 70H(ASCII 码"p") |

◆ 第 3 页(PS1＝1，PS0＝1)：第 3 页寄存器在上电读取跳线状态和 9346 内容前的值，如表 4.20 所列。

**表 4.20　第 3 页寄存器上电值**

| 序　号 | 名　称 | 类　型 | Bit7 | Bit6 | Bit5 | Bit4 | Bit3 | Bit2 | Bit1 | Bit0 |
|---|---|---|---|---|---|---|---|---|---|---|
| 00H | CR | R/W | 0 | 0 | 1 | 0 | 0 | 0 | 0 | 1 |
| 01H | 9346CD | R/W | 0 | 0 | — | — | * | * | * | * |
| 02H | BPAGE | R/W | 0 | 0 | 0 | 0 | 0 | 0 | 0 | 0 |
| 03H | CONFIG0 | R/W | 0 | 0 | * | * | * | * | 0 | 0 |
| 04H | CONFIG1 | R/W | 1 | * | * | * | * | * | * | * |
| 05H | CONFIG2 | R/W | * | * | 0 | * | * | * | * | * |
| 06H | CONFIG3 | R/W | * | * | * | * | * | 0 | 0 | 1 |
| 07H | TEST | R/W | — | — | — | — | — | — | — | — |

**续表 4.20**

| 序 号 | 名 称 | 类 型 | Bit7 | Bit6 | Bit5 | Bit4 | Bit3 | Bit2 | Bit1 | Bit0 |
|---|---|---|---|---|---|---|---|---|---|---|
| 08H | CSNSAV | R | 0 | 0 | 0 | 0 | 0 | 0 | 0 | 0 |
| 09H | HLTCLK | W | 1 | 1 | 1 | 1 | 1 | 1 | 1 | 1 |
| 0AH | — | | | | | | | | | |
| 0BH | INTR | R | * | * | * | * | * | * | 8 | * |
| 0CH | FMWP | W | | | | | | | | |
| 0DH | CONFIG4 | R | — | — | — | — | — | — | — | * |
| 0EH ∫ 0FH | — | | | | | | | | | |

第 3 页内容描述如下：

(1) 9346CD：9346 命令寄存器(01H。类型：R/W，除了 Bit0 R)，如表 4.21 所列。

**表 4.21 9346 命令寄存器**

<table>
<tr><th>位</th><th>符 号</th><th colspan="3">描 述</th></tr>
<tr><td rowspan="5">7～6</td><td rowspan="5">EEM1～0</td><td colspan="3">这两位是选择 RTL8019AS 的操作模式</td></tr>
<tr><td>EEM1</td><td>EEM0</td><td>操作模式</td></tr>
<tr><td>0</td><td>0</td><td>普通模式(兼容 DP8390)</td></tr>
<tr><td>0</td><td>1</td><td>自动读：进入这种模式后，RTL8019AS 将读取 9346 的内容，就像 RSTDRV 收到复位信号时一样</td></tr>
<tr><td>1</td><td>0</td><td>9346 写入模式：在这种模式下通过对 EECS、EESK、EEDI、EEDO 位的操作可以对应为对 9346 的操作</td></tr>
<tr><td></td><td></td><td>1</td><td>1</td><td>配置寄存器写使能(对 CONFIG1～3)：在对第 3 页的 CONFIG1～3 进行写操作前，必须进入该模式。这是为了防止 RTL8019AS 配置值的意外改变</td></tr>
<tr><td>5～4</td><td>—</td><td colspan="3">不用</td></tr>
<tr><td>3</td><td>EECS</td><td colspan="3" rowspan="4">在自动读或 9346 写入模式时，这些位的状态对应引脚 EECD、EESK、EEDI、EEDO</td></tr>
<tr><td>2</td><td>EESK</td></tr>
<tr><td>1</td><td>EEDI</td></tr>
<tr><td>0</td><td>EED0</td></tr>
</table>

(2) BPAGE：BROM 页寄存器(02H。类型：R/W)。这个寄存器用于主机选择 BROM 的页来读取。它总共可以选择 256 页，而每页为 16 KB。所以，BROM 的空间最大可达 256B×16K=4 MB。

(3) CONFIG0：RTL8019AS 配置寄存器 0(03H。除了 Bit7～6 为 R/W，其他位的类型为 R)，如表 4.22 所列。

**表 4.22 配置寄存器 0**

<table>
<tr><th>位</th><th>符 号</th><th>描 述</th></tr>
<tr><td>7～6</td><td>VERID</td><td>版本 ID：这两位的定义如下<br>
<table>
<tr><th>BIT7</th><th>BIT6</th><th>类 型</th><th>模 式</th></tr>
<tr><td>1</td><td>1</td><td>R</td><td>RTL8019</td></tr>
<tr><td>0</td><td>0</td><td>R</td><td>RTL8019A</td></tr>
<tr><td>0</td><td>0</td><td>R/W</td><td>RTL8019AS，在上电时都为 0，但可以在 EEM0=EEM1=1 时改变其值。主要用于给软件识别芯片</td></tr>
</table></td></tr>
<tr><td>5</td><td>AUI</td><td>当外部传输使用 AUI 接口时置 1，所以在 10Base5 模式或 AUI 脚为高时置 1</td></tr>
<tr><td>4</td><td>PNPJP</td><td>当 PNP 口外部被拉高时置 1</td></tr>
<tr><td>3</td><td>JP</td><td>这一位时映射 JP 脚的状态。为 1 时，RTL8019 是在跳线模式</td></tr>
<tr><td>2</td><td>BNC</td><td>置 1 时显示 RTL8019AS 是使用 10Base2 的连线方式。在以下两种情况下为 1：1. PL1=PL0=0(自动检测模式)并且连接测试失败；2. PL1=PL0=1(10Base2)</td></tr>
<tr><td>1～0</td><td>0</td><td>总为 0</td></tr>
</table>

表 4.23 显示了各位及引脚在不同连线介质情况下的状态。

**表 4.23 配置寄存器 0 对应值**

| 介质类型 | AUI 输入 | 被选择介质 | AUI 位 | BNC 位 | LENBNC 输出 | RTL8019 的 BNC 位的最初状态(仅供参考) |
|---|---|---|---|---|---|---|
| 10Base5 | X | AUI | 1 | 0 | L | 0 |
| 10Base2 | X | BNC | 0 | 1 | H | 1 |
| 10BaseT 连接禁止 | X | UTP | 0 | 0 | L | 0 |
| 自动检测连接 OK | X | UTP | 0 | 0 | L | 0 |

续表 4.23

| 介质类型 | AUI 输入 | 被选择介质 | AUI 位 | BNC 位 | LENBNC 输出 | RTL8019 的 BNC 位的最初状态(仅供参考) |
|---|---|---|---|---|---|---|
| 自动检测连接失败 | L | BNC | 0 | 1 | H | 1 |
| 自动检测连接失败 | H | AUI | 1 | 0 | L | 1 |

(4) CONFIG1：RTL8019AS 配置寄存器 1(04H。除了 Bit7 为 R/W,其他位的类型为 R),如表 4.24 所列。

表 4.24　配置寄存器 1

<table>
<tr><th>位</th><th>符　号</th><th>描　述</th></tr>
<tr><td>7</td><td>IRQEN</td><td>IRQ 使能：这一位控制被 IRQ2～0 所选择的中断请求口线引脚的状态。如果为 1,有中断请求口线引脚输出 1,无时输出 0<br>这一位上电初始化为 1,可以在 EEM1＝EEM0＝1 的时候改为 0</td></tr>
<tr><td>6～4</td><td>IRQS2～0</td><td>IRQ 选择：这 3 位是用于选择引脚 INT7～0 所对应的 RTL8019AS 的中断请求状态的。如果不选择中断,口线为三态
<table>
<tr><th>IRQS2</th><th>IRQS1</th><th>IRQS0</th><th>中断口线引脚</th><th>分配的 ISA IRQ</th></tr>
<tr><td>0</td><td>0</td><td>0</td><td>INT0</td><td>IRQ2/9</td></tr>
<tr><td>0</td><td>0</td><td>1</td><td>INT1</td><td>IRQ3</td></tr>
<tr><td>0</td><td>1</td><td>0</td><td>INT2</td><td>IRQ4</td></tr>
<tr><td>0</td><td>1</td><td>1</td><td>INT3</td><td>IRQ5</td></tr>
<tr><td>1</td><td>0</td><td>0</td><td>INT4</td><td>IRQ10</td></tr>
<tr><td>1</td><td>0</td><td>1</td><td>INT5</td><td>IRQ11</td></tr>
<tr><td>1</td><td>1</td><td>0</td><td>INT6</td><td>IRQ12</td></tr>
<tr><td>1</td><td>1</td><td>1</td><td>INT7</td><td>IRQ15</td></tr>
</table></td></tr>
</table>

续表 4.24

| 位 | 符 号 | 描 述 | | | | |
|---|---|---|---|---|---|---|
| 3～0 | IOS3～0 | 选择 I/O 的基地址 | | | | |
| | | IOS3 | IOS2 | IOS1 | IOS0 | I/O 基地址 |
| | | 0 | 0 | 0 | 0 | 300H |
| | | 0 | 0 | 0 | 1 | 320H |
| | | 0 | 0 | 1 | 0 | 340H |
| | | 0 | 0 | 1 | 1 | 360H |
| | | 1 | 0 | 0 | 0 | 380H |
| | | 1 | 0 | 0 | 1 | 3A0H |
| | | 1 | 0 | 1 | 0 | 3C0H |
| | | 1 | 0 | 1 | 1 | 3E0H |
| | | 0 | 1 | 0 | 0 | 200H |
| | | 0 | 1 | 0 | 1 | 220H |
| | | 0 | 1 | 1 | 0 | 240H |
| | | 0 | 1 | 1 | 1 | 260H |
| | | 1 | 1 | 0 | 0 | 280H |
| | | 1 | 1 | 0 | 1 | 2A0H |
| | | 1 | 1 | 1 | 0 | 2C0H |
| | | 1 | 1 | 1 | 1 | 2E0H |

(5) CONFIG2：RTL8019AS 配置寄存器 2(05H。除了 Bit7～5 为 R/W,其他位的类型是 R),如表 4.25 所列。

**表 4.25 配置寄存器 2**

| 位 | 信 号 | 描 述 | | |
|---|---|---|---|---|
| 7～6 | PL1～0 | 选择网络介质的类型 | | |
| | | PL1 | PL0 | 介质类型 |
| | | 0 | 0 | TP/CX 自动检测(10BaseT 连接测试使能) |
| | | 0 | 1 | 10BaseT,但连接测试禁止 |
| | | 1 | 0 | 10Base5 |
| | | 1 | 1 | 10Base2 |

续表 4.25

<table>
<tr><th>位</th><th>信　号</th><th>描　述</th></tr>
<tr><td>5</td><td>BSELB</td><td>如果这一位置 1，禁止 BROM，不管 BS4～0 的值是多少，它上电初始化时值为 0。在 EEM1＝EEM0＝1 的情况下，可以改变其值</td></tr>
<tr><td>4～0</td><td>BS4～0</td><td>这些位用于选择 BROM 的大小及基地址<br>RTL8019AS 支持一种特殊的 BROM 模式：页模式。在页模式下，BROM 总是占用主机的 16 KB 内存空间。然而实际上 BROM 的大小可以达到 4 MB。BROM 被分为一些 16 KB 的页。上电时被设为 0 页，并且第 0 页的程序负责用 BPAGE 寄存器选择其他的页和读它们的程序<br>在页模式中，BPAGE 寄存器的 BP7～0 位对应 BA21～14 脚来选择适当的 BROM 页。在其他方式下 BA21～16 脚没用，BA15～14 输入如下表所示
<table>
<tr><th>BROM 大小</th><th>BA14</th><th>BA15</th></tr>
<tr><td>16 KB</td><td>H</td><td>H</td></tr>
<tr><td>32 KB</td><td>SA14</td><td>H</td></tr>
<tr><td>64 KB</td><td>SA15</td><td>SA15</td></tr>
</table></td></tr>
</table>

(6) CONFIG3：RTL8019AS 配置寄存器 3(06H。除了 Bit2～1 为 R/W，其他位的类型是 R)，如表 4.26 所列。

**表 4.26　配置寄存器 3**

| 位 | 符　号 | 描　述 |
|---|---|---|
| 7 | PNP | 这一位在跳线模式时可以忽略。在非跳线模式时，为 1 显示 RTL8019AS 工作在 PNP 模式。在 PNP 脚为高或 9346 已经设为工作于非跳线方式时，为 1 |
| 6 | FUDUP | 当用双绞线连在一个全双工的以太交换机或集线器上时，置 1，可以让 RTL8019AS 工作在全双工的模式，支持同时进行发送和接收。这个特性不会把带宽从 10 Mbps 变为 20 Mbps，但是可以减少以太网 CSMA/CD 协议带来的信道冲突问题 |

续表 4.26

<table>
<tr><th>位</th><th>符 号</th><th>描 述</th></tr>
<tr><td>5～4</td><td>LEDS1～0</td><td>这两位选择 LED2～0 脚的输出<br><table><tr><td>LEDS0</td><td>LED0 脚</td></tr><tr><td>0</td><td>LED_COL</td></tr><tr><td>1</td><td>LED_LINK</td></tr></table><br><table><tr><td>LEDS1</td><td>LED1 脚</td><td>LED2 脚</td></tr><tr><td>0</td><td>LED_RX</td><td>LES_TX</td></tr><tr><td>1</td><td>LED_CRS</td><td>MCSB</td></tr></table><br>MCSB 信号表明在 DMA 不再运行时，SRAM 缓存区进入空闲模式，降低功耗</td></tr>
<tr><td>3</td><td>—</td><td>保留，这一位不能写 1</td></tr>
<tr><td>2</td><td>SLEEP</td><td>置 1 时 RTL8019AS 进入睡眠模式<br>在睡眠模式下，除了 LEDBNC，RTL8019AS 还可以收/发数据，所有的 LED 信号都置高（关掉 LED）。这一位对 LEDBNC 没影响<br>它上电初始化时值为 0，在 EEM1＝EEM0＝1 的情况下可以改变其值</td></tr>
<tr><td>1</td><td>PWRDN</td><td>RTL8019AS 进入掉电模式时置 1<br>RTL8019AS 支持两种掉电模式，由 HLTCLK 寄存器来选择<br>模式 1：掉电，但时钟还运行<br>模式 2：掉电，而且时钟不运行<br>在这两种模式下，RTL8019AS 都关闭了接收和发送接口，任何网络信息都被忽略<br>除了 LEDBNC，所有 LED 信号被置高。LEDBNC 被强行置低，以关闭电平转换器<br>在模式 2，RTL8019AS 停止时钟以减少电源功耗。寄存器除了 HLTCLK 外都不能被访问<br>其来自 9346 的初始化值，在 EEM1＝EEM0＝1 时可以改变</td></tr>
<tr><td>0</td><td>ACTIVEB</td><td>这一位是与 PNP 激活寄存器（是 PNP 的寄存器）第 0 位相反<br>当 RTL8019AS 掉电时，除了 HLTCLK 寄存器，BROM 和 I/O 的访问都被忽略<br>HLTCLK 寄存器和 PNP 逻辑的工作就如同没有进入掉电模式一样<br>注意：通过 PNP 逻辑设备控制寄存器是惟一激活 RTL8019AS 的方法，所以在 RTL8019AS 没有在停止时钟的掉电模式下激活时，HLTCLK 寄存器允许被写入</td></tr>
</table>

(7) CONFIG4：RTL8019AS 配置寄存器 4（ODH。类型：R），如表 4.27 所列。

表 4.27 配置寄存器 4

| 位 | 符 号 | 描 述 |
| --- | --- | --- |
| 7～1 | — | 保留 |
| 0 | IOMS | 为 1 时,RTL8019AS 访问 NE2000 寄存器的 I/O 地址线为 SA15～0。为 0 时是 SA9～SA0 这种模式支持 I/O 地址全解码方式的应用。这一位只读,来自 9346 的的 03H |

(8) CSNSAV：CSN 保存寄存器(08H。类型：R)。用于保存 PNP 寄存器组中的 CSN 寄存器。

(9) HLTCLK：停止时钟寄存器(09H。类型：W)如表 4.28 所列。这是 RTL8019AS 在掉电模式下惟一激活寄存器组中的一个寄存器。如果不是在掉电模式下,是不能写该寄存器的。写入数据由 RTL8019AS 是在哪种掉电模式下所决定。

表 4.28 停止时钟寄存器

| 数 据 | 掉电模式 |
| --- | --- |
| 52H(ASCII 码“R”) | 模式 1,时钟运行 |
| 48H(ASCII 码“H”) | 模式 2,时钟不运行 |
| 其他值 | 忽略 |

(10) INTR：中断寄存器(0BH。类型：R)。该寄存器反映那 ISA 总线上 INT7～0 脚的状态。

(11) FMWP：Flash Memory 写保护寄存器(0CH。类型：W)。这个寄存器只能写。只有在 EEM0＝EEM1＝1 时写入才有效。这时写两个字节的数据(57H 然后 A8H)到该寄存器就可以使能 Flash Memory 的写操作。写入其他数据则重置编程次序,并禁止 Flash Memory 的写入。在禁止写入模式使能时,主机对 Flash Memory 的任何写入命令都被忽略。

# 4.3 ZLG/IP 的应用指南

关于 ZLG/IP 的应用,这里分两部分来说明：第 1 部分是 SOCKET API 的使用指南,第 2 部分是 ZLG/IP 使用前的设置及驱动的编写规则。

## 4.3.1 SOCKET API 的使用指南

SOCKET API 函数从使用的方式来分有 3 种,一种是通用函数,即 TCP 或 UDP 通信都使用的函数;一种是 TCP 专用函数,即只在 TCP 通信中使用的函数;一种是 UDP 专用函数,即只在 UDP 通信中使用的函数。下面先介绍 TCP 通信中 SOCKET API 函数的使用。

### 1. SOCKET API 函数在 TCP 通信中的使用

编写 TCP 通信的任务时分为服务器方式和客户机方式两种。服务器方式需要监听连接,只有在与客户机建立连接后才能进行数据处理。客户机方式是主动连接服务器的,它也是在连接成功后才能进行数据处理。图 4.3 是 TCP 通信时服务器端和客户机端通信函数应用过程图。程序清单 4.2 是一个服务器任务的例子,用户可以参考该任务中 SOCKET API 函数的使用来编写自己的程序。关于客户机端任务的编写,这里就不举例子了,用户可以参考图 4.3 自己编写。

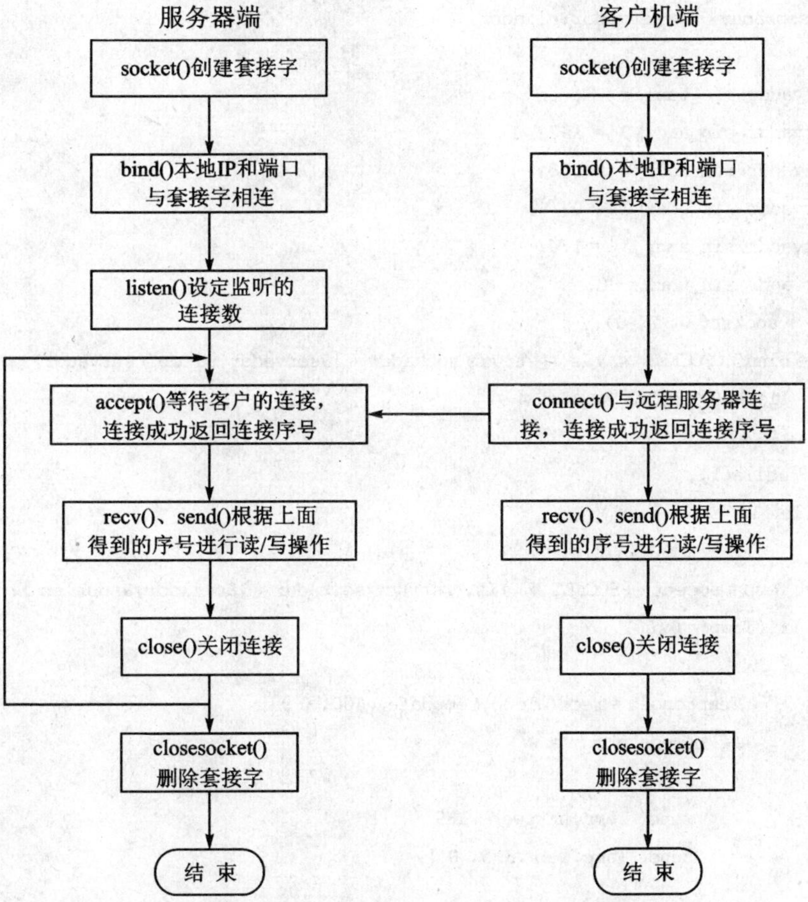


**图 4.3 TCP 通信时 SOCKET API 函数的应用**

## 程序清单 4.2 TCP 服务器程序编写实例

```
void TaskE(void *pdata)
{
uint8      Temp = 0;
uint16     TempLength;
```

```
int         addrlen;
int         ei;
uint8       ip_add[4] = {192,168,0,1};
uint8       tempdata[400];
SOCKET      s;
struct sockaddr      servaddr,cliaddr;
     ⋮
    servaddr.sin_family = 0;
    servaddr.sin_addr[0] = 192;
    servaddr.sin_addr[1] = 168;
    servaddr.sin_addr[2] = 0;
    servaddr.sin_addr[3] = 174;
    servaddr.sin_port = 80;
    s = * socket( 0, 0, 0);
    ei = bind( (SOCKET * )&s, (struct sockaddr * )&servaddr,sizeof(servaddr));
    ei = listen( (SOCKET * )&s, 4 );
    if(ei!= 4)
        while(1);
    while (1)
    {
        Temp = accept( (SOCKET * )&s, (struct sockaddr * )&cliaddr,&addrlen );
        if(Temp!= 0xff)
        {
            TempLength = recv( Temp,tempdata ,400, 0 );
            if(tempdata[5] == ' ')
            {
                send( Temp,httpweb ,169, 0 );
                send( Temp,web ,395, 0 );
            }
            else if(tempdata[5] == '1')
            {
                send( Temp, httpgif,169, 0 );
                send( Temp,bmp ,442, 0 );
            }
            memset(tempdata, 0,400);
            OSTimeDly(20);
            close(Temp);
```

```
        }
    }
}
```

## 2. SOCKET API 函数在 UDP 通信中的使用

编写 UDP 通信的任务时也分为服务器方式和客户机方式两种。服务器方式是先接收到数据再进行处理,而客户机则是先发生数据然后等待回应处理,它们所用到的 SOCKET API 函数都是相同的。如图 4.4 是 UDP 通信时服务器端和客户机端通信的函数应用过程图。程序清单 4.3 是一个服务器任务的例子,用户可以参考该任务中 SOCKET API 函数的使用来编写自己的程序。关于客户机端任务的编写,这里不再举例,用户可以参考图 4.4 自己编写。

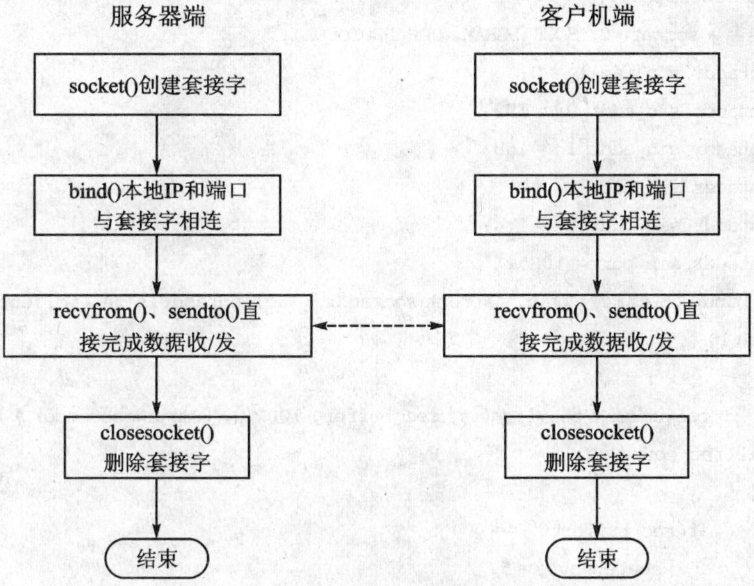


图 4.4 UDP 通信时 SOCKET API 函数的应用

**程序清单 4.3 UDP 服务器程序编写实例**

```
void TaskD(void *pdata)
{
uint8 add[36] = {"ZLGMCUyhbabcdefghijklmnopqrstuvwxyz"};
uint8 add1[10] = {"123456789"};
uint8 rec_buffer[100];
SOCKET     s;
uint8 couter_byte = 5;
```

```
int      rec_coute,send_coute;
uint16 iii;
struct sockaddr servaddr,clientaddr;
    ⋮
    servaddr.sin_family = 0;
    servaddr.sin_addr[0] = 192;
    servaddr.sin_addr[1] = 168;
    servaddr.sin_addr[2] = 0;
    servaddr.sin_addr[3] = 55;
    servaddr.sin_port = 1026;
        OSTimeDly(60);
        s = * socket( 0, SOCK_DGRAM, UDP_PROTOCOL);
    clientaddr.sin_family = 0;
    clientaddr.sin_addr[0] = 192;
    clientaddr.sin_addr[1] = 168;
    clientaddr.sin_addr[2] = 0;
    clientaddr.sin_addr[3] = 174;
    clientaddr.sin_port = 1025;
    iii = bind( (SOCKET * )&s, (struct sockaddr * )&clientaddr,sizeof(clientaddr));
    while (1)
    {
            rec_coute = recvfrom( s, rec_buffer, 100, 0, (struct sockaddr * )&servaddr, &iii );
        if(rec_coute>0)
        {
            if(rec_buffer[0] == 'A')
                couter_byte = 5;
            else
                send_coute = sendto(s, rec_buffer, rec_coute, 0,
                    (struct sockaddr * )&servaddr, sizeof(servaddr) );
        }
        while(couter_byte!= 0)
        {
            send_ coute = sendto ( s, add, 34, 0, ( struct sockaddr * ) &servaddr, sizeof
(servaddr) );
                if(send_coute == 34)
                OSTimeDly(40);
            else
```

```
            send_coute = sendto(s, add1, 9, 0, (struct sockaddr * )&servaddr, sizeof(servad-
dr) );
            OSTimeDly(40);
            couter_byte -- ;
        }
    }
}
```

**注意**：因为 UDP 发送不基于可靠的连接，所以在使用 sendto()函数时应该判断返回值是否大于 0，只有在大于 0 时才算发送成功。(以上例子使用得不算规范。)

## 4.3.2 ZLG/IP 设置指南

ZLG/IP 在使用前要进行一些设置，μC/OS－II 也需要改设置。在描述如何设置之前先说明一下文件的放置。

首先是整个目录，它有一个主目录 μC/OS－II，如图 4.5 所示，在这个主目录里面包含了所有文件和目录。

μC/OS－II 目录下包含了几个目录，这里以图 4.6 为例子进行说明。首先是 arm 目录，它保存了 μC/OS－II 在 ARM 下的移植文件，如果用户还有其他 CPU 的移植文件，可以新建

图 4.5 主目录

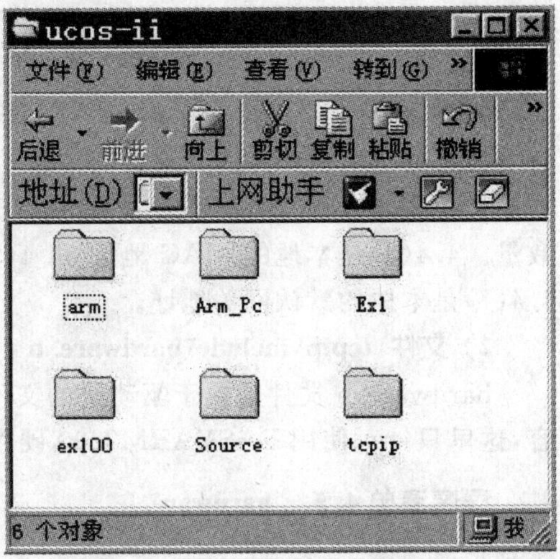


图 4.6 目录内容

一个目录如 x86 等来保存在该 CPU 下的移植文件。然后是 Arm_Pc，这是在 ARM 板上的应用程序，如 PC. c 和 PC. h 等。Ex1 目录包含了一个例子中原文件(main 函数文件)和 CPU 头文件以及项目管理文件 *. MCP 等，它是 ADS 的项目管理目录。Ex100 也是一样，它是另外一个例子或者说是另外一个项目。Source 是 μC/OS－II 的系统文件目录。Tcpip 是 ZLG/IP 的程序目录，它包含所有的 ZLG/IP 文件，包括源程序文件和头文件等。

### 1. ZLG/IP 的设置

关于 ZLG/IP 设置，下面逐个文件来说明。

**1) 文件\tcpip\include\cfg_net. h**

该文件如程序清单 4.4 所示。

**程序清单 4.4　cfg_net. h**

```
#define     MAX_ARP_TERM     50                                              (1)
#define     MAX_TCP_DATA     1460                                            (2)
#define     MAX_TCP_LINKS    4                                               (3)
/**************first Net Port Config ****************************/
#define     My_Mac_1ID        {0x52,0x54,0x4c,0x19,0xf8,0x22}                 (4)
#define     IP_MARK_1ID       {255,255,255,0}                                 (5)
#define     MY_IP_1ID         {192,168,0,174}                                 (6)
#define     MY_GATEWAY_1ID    {192,168,0,1}                                   (7)
/**************End Net Port Config ******************************/
```

程序清单 4.4(1)定义了内部 ARP 表的大小，默认记录 50 个。程序清单 4.4(2)是 TCP 有效负载的最大值，即 TCP 通信时一帧可以携带的数据字节数，默认最大值是 1 460 字节，它的定义范围是 8～1 460。程序清单 4.4(3)是 TCP 连接的数量，即可以同时建立的 TCP 连接数量。4.4(4)是本地的 MAC 地址；4.4(5)是本地的子网掩码地址；4.4(6)是本地 IP 地址；4.4(7)是本地的默认网关地址。

**2) 文件\tcpip\include\hardware. h**

hardware. h 文件是属于驱动层的文件，如程序清单 4.5 所示。不同的驱动程序有不同内容，这里只针对使用 EASYARM2200 硬件进行说明。

**程序清单 4.5　hardwarc. h**

```
#define     MAX_REC_BUFF     5                                               (1)
```

程序清单 4.5(1)定义了驱动程序中接收缓存区的大小，该数量表示可以同时处理的帧数量，默认值是 5 帧。

**3) 文件\tcpip\include\udp. h**

该文件如程序清单 4.6 所示。

**程序清单 4.6　udp.h**

```
#define    UdpMaxRec        3                                    (1)
#define    MAX_UDP_LINKS    5                                    (2)
```

程序清单 4.6(1)定义了 UDP 处理时可以同时接收 UDP 帧的数量，默认是 3 帧。程序清单 4.6(2)定义了 UDP 通信时最大的连接数量，即最多可以建立的 UDP SOCKET 数量，默认值是 5。

**4) 文件\tcpip\include\hardware.c**

该文件如程序清单 4.7 所示。

**程序清单 4.7　hardware.c**

```
#define    NET_RST          0x00000040                           (1)
#define    NET_BASE_ADDR    0x83400000                           (2)
```

hardware.h 是属于驱动层的文件，不同的驱动程序有不同内容，这里只针对本硬件进行说明。程序清单 4.7(1)是 RTL8019AS 芯片复位控制引脚的定义，在 EASYARM2200 板中是使用 P0.6 进行控制的，所以定义是 0x00000040；程序清单 4.7(2)是 RTL8019AS 芯片控制的基地址。

ZLG/IP 用到了一个定时器，其中断方式的中断处理函数 void Timer1(void)在\EX1\test.C 文件的末尾，在使用前要先初始化该定时器。

### 2. 使用 ZLG/IP 时 μC/OS－II 的设置

因为 ZLG/IP 使用了一下 μC/OS－II 的系统函数，所以要对 μC/OS－II 进行必要的设置，这样才能保证程序正确运行。

**文件\EX1\SRC\OS_CFG.H**

在该文件中应主要设置 3 个地方，一个是最大事件数，此值一定要足够大，因为 ZLG/IP 使用了很多信号量和消息队列，消息队列用了 3 个，信号量的个数比较机动，是 5＋MAX_UDP_LINKS＋3×MAX_TCP_LINKS 个；另一个是要使能消息队列的使用；最后一个是使能信号量的使用。

最后就是 3 个任务：接收、TCP 处理、UDP 处理。这 3 个任务是必须的，由 ZLG/IP 占用。

## 4.3.3　ZLG/IP 的驱动编写规则

首先假设用户使用的是以太网通信，驱动程序的编写就只包含 hardware.c 和 hardware.h 两个文件。实际上以太网的驱动包括 3 个文件：初始化、接收和发送。

初始化函数功能包括控制芯片的复位和初始化内部各寄存器等，它由 main()函数调用。

发送函数 Send_Packet()由以太网层的 Send_ethernet_Frame()函数调用,用于发送以太网帧。输入参数是结构_pkst 指针,如程序清单 4.8 所示。*STPTR 是一个结构本身类型的指针,用于指向前一个结构,length 表示以太网帧头的长度;*DAPTR 是指向要发送的以太网帧头的起始地址。

**程序清单 4.8　结构_pkst**

```
struct      _pkst{
                struct _pkst       * STPTR;
                unsigned int       length;
                unsigned char       * DAPTR;
            };
```

Send_Packet()函数的输入参数值就是图 4.7 的灰底部分。根据输入参数,获得整个需要发送的数据,然后发送。若发送失败(冲突等原因),则重发 6 次直到成功。

**注意:** 整个 Send_Packet()函数都是属于临界区的,所以需要保护。

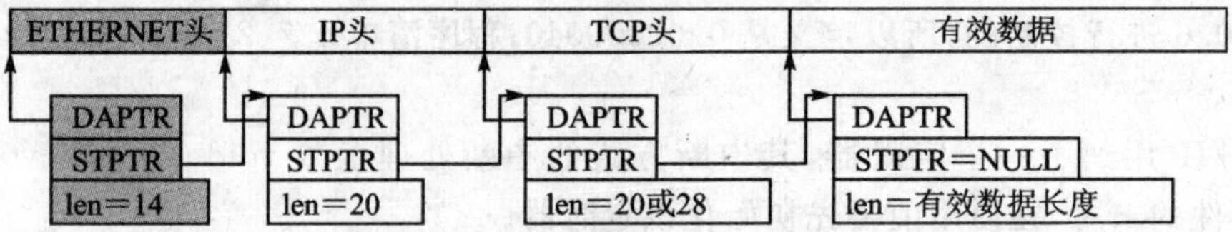


**图 4.7　_pkst 结构中的以太网部分**

接收函数 Rec_Packet()是直接由接收任务调用的,返回值是 uint8 型,接收成功返回 0。在编写接收处理函数前,需要定义一个做接收缓存区的循环链表,链表表项的长度是对方发送的最大帧的长度,链表表项的数量由自己来决定。接收的处理过程可以参考图 4.8。其中在调用 Rec_Ethernet_Packed()函数时,该函数的输入参数是刚接收数据的接收缓存区的起始地址,另外一个参数设为 0。

现在假定用户使用的不是以太网通信,可能是 PPP 通信或其他通信,这时就不需要以太网层和 ARP 的协议处理了。所以 main 函数调用的 SetNetPort()、InitNic(0)、Initial_arp()这 3 个函数都要作出修改或换为功能类似的函数。

首先是发送,作者定义了一个函数 Send_Ip_To_LLC(),用户首先要编写这个接口函数。该函数的返回值类型是 uint8,返回 1 表示发送成功,返回 0 表示发送失败。输入参数有3 个:

第 1 个结构_pkst 指针,*STPTR 是一个结构本身类型的指针,用于指向前一个结构,length 表示 IP 帧头的长度;*DAPTR 是指向要发送的 IP 帧头的起始地址,如图 4.9 所示。

第 2 个是 uint8 指针,用于指向存放目的 IP 地址的起始地址。

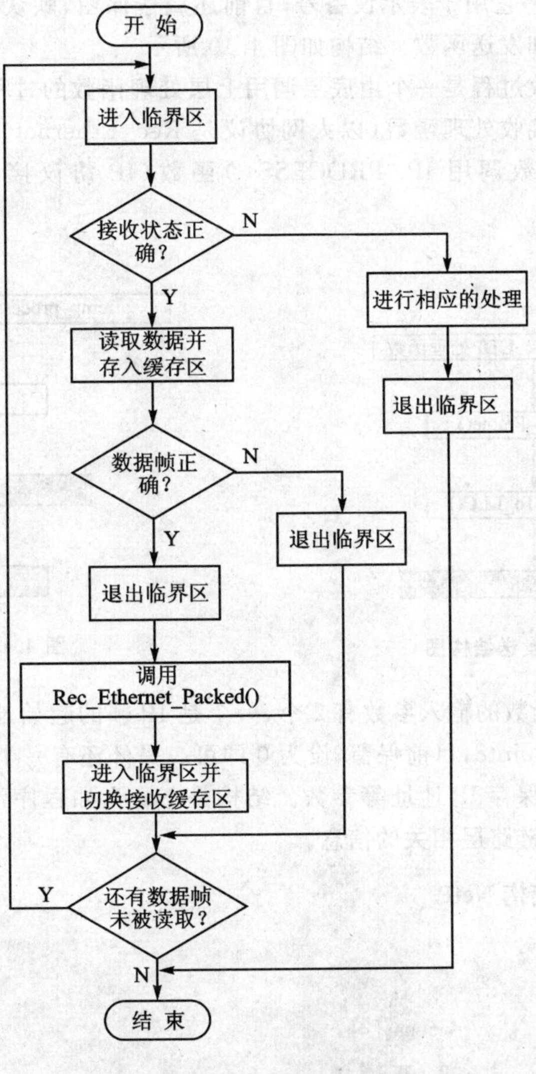


**图 4.8 驱动接收函数流程图**

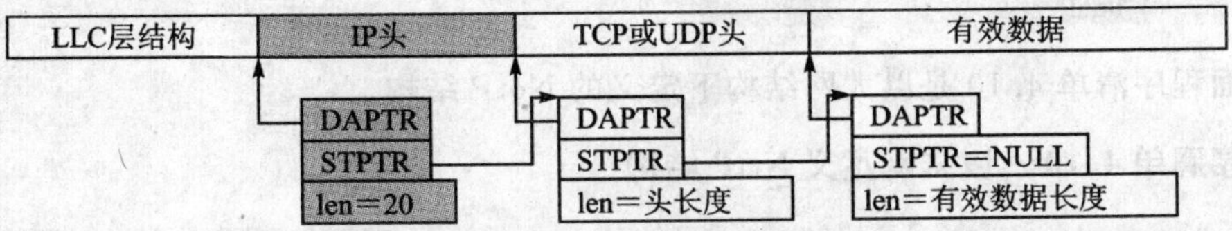


**图 4.9 _pkst 结构中的 IP 部分**

第 3 个是 uint8 值,它用于表示设备号,目前还属于保留,默认是 0。编写完接口函数后,即可编写底层的设置和发送函数。结构如图 4.10 所示。

然后是接收。接收过程是一个由底层调用上层处理函数的过程,首先是 Rec_Packet()函数调用数据链路层的接收处理函数(以太网协议是 Rec_Ethernet_Packed()函数),然后由数据链路层接收处理函数调用 IP_PROCESS()函数(IP 协议接收处理函数)即可。结构如图 4.11 所示。

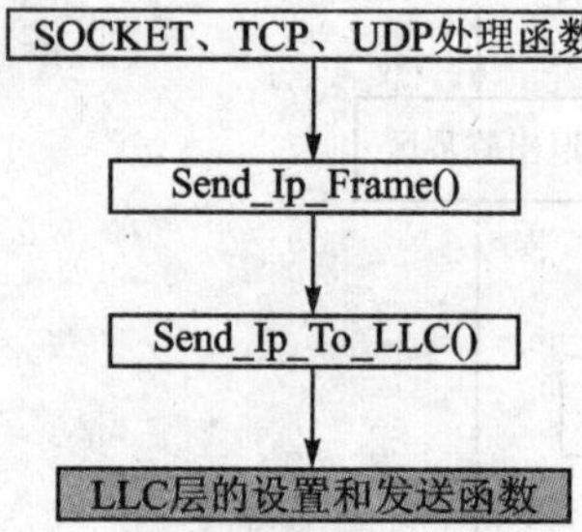


**图 4.10　发送结构图**

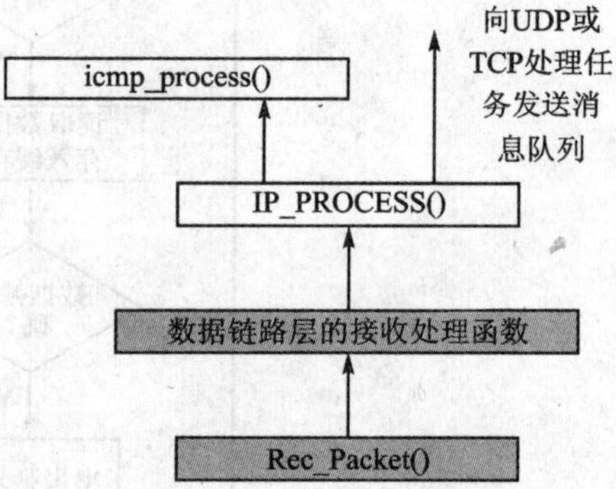


**图 4.11　接收结构图**

IP_PROCESS()函数的输入参数有 2 个,一个是 IP 帧的起始地址,类型是 uint8 指针;另一个是设备号,类型是 uint8,目前保留,设为 0 即可。另外还有一个比较重要的结构需要用户自己定义,该结构用于保存 IP 地址等参数。结构是 NetP,如程序清单 4.9 所示,它默认有 3 项,用户需要增加数据链路层相关的信息。

**程序清单 4.9　结构 NetP**

```
typedef struct    {
            uint8     My_Ip[4];
            uint8     My_Gateway[4];
            uint8     My_Ip_Mark[4];
            ⋮
        } NetP;
```

下面程序清单 4.10 是以太网结构下定义的 NetP 结构。

**程序清单 4.10　以太网定义 NetP 结构**

```
typedef struct    {
            uint8 My_Ip[4];
            uint8 My_Gateway[4];
```

```
            uint8 My_Ip_Mark[4];
            uint8 My_Mac[6];
            uint8 My_Gateway_Mac[6];
            uint8 Gateway_IP_TTL;
            struct a_t ARP_TERM[MAX_ARP_TERM];   //ARP 缓存表
        } NetP;
```

定义 NetP 结构后即可定义一个对应的结构数据，用于保存相关的网络信息，如程序清单 4.11 所示。

**程序清单 4.11　NetPort 定义**

```
#define     MAX_NET_PORT     0x01
NetP        NetPort[MAX_NET_PORT];
```

**注意：**该结构体数组是一个全局变量，需要作出声明。MAX_NET_PORT 定义了网络接口的数目，默认是 1。数据链路层初始化时需要对该结构数组进行设置。

# 4.4　TCP/IP 协议栈的分析

## 4.4.1　TCP/IP 简介

TCP/IP 起源于 20 世纪 60 年代末美国政府资助的一个分组交换网络研究项目。到 20 世纪 90 年代已经发展成为计算机之间最常用的通信协议。

## 4.4.2　TCP/IP 的分层

TCP/IP 协议分为 4 层，如表 4.29 所列。各层联系如图 4.12 所示。而底层一般是包含高层的。如图 4.13 所示。

下面举一个完整的例子来分析一下 TCP/IP 协议的分层。

以下是在以太网上传输的一个 HTTP 协议帧。该帧共 344 字节，包含以太网层、IP 层、TCP 层和 HTTP 层。

**表 4.29　协议分层**

| | |
|---|---|
| 应用层 | Telnet、FTP、HTTP、SMTP |
| 传输层 | TCP、UDP、(ICMP、IGMP) |
| 网络层 | IP、ARP |
| 链路层 | 设备驱动(PPP、以太网、FDDI 等) |

注：括号内的 ICMP 和 IGMP 协议，有的书中将其归为网络层，这里从协议编写的角度把它们归为传输层。ARP 属于网络层和链路层的通道。

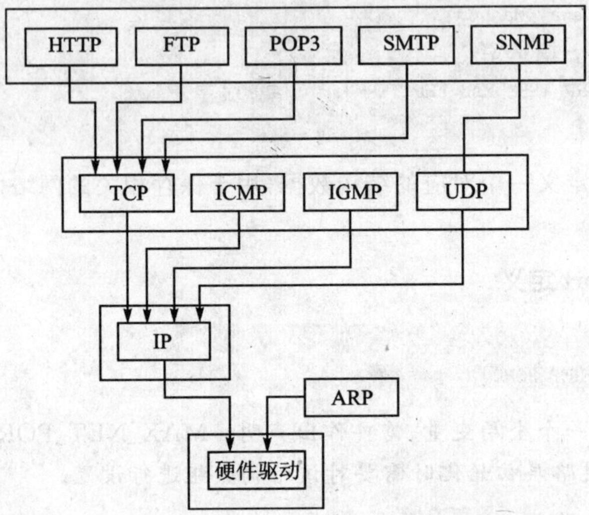


图 4.12 各层的联系分布图

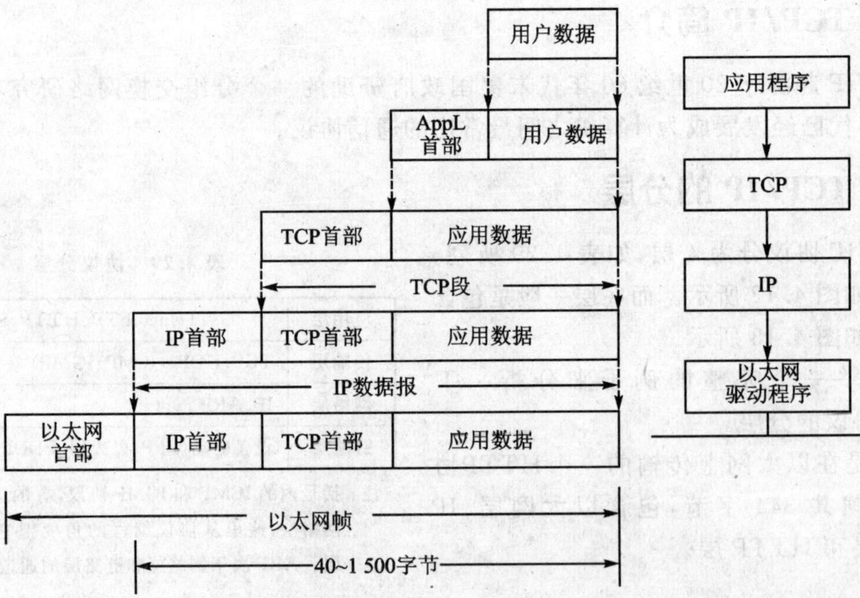


图 4.13 TCP/IP 协议栈的结构图

```
Ethernet II, Src: 00:05:5d:67:d0:b1, Dst: 00:05:5d:61:58:a8
Destination: 00:05:5d:61:58:a8 (D-Link_61:58:a8)
Source: 00:05:5d:67:d0:b1 (D-Link_67:d0:b1)
Type: IP (0x0800)
```

【分析】 Ethernet II 网络协议层。发送源的网络地址(又被称为 MAC 地址)是 00∶05∶5d∶67∶d0∶b1,发送目标的网络地址是 00∶05∶5d∶61∶58∶a8,上层协议类型为 IP 协议(0x0800 为 IP 协议,0x0806 为 ARP 协议)。这一层首部长度为 14 字节(长度是多少由该层使用什么协议来决定,如 PPP 协议的首部长度又不同)。

实际接收数据(Ethernet II 报首部)　00 05 5d 61 58 a8 00 05 5d 67 d0 b1 08 00

```
Internet Protocol, Src Addr: 192.168.0.1, Dst Addr: 192.168.0.55
    Version: 4
    Header length: 20 bytes
    Differentiated Services Field: 0x00 (DSCP 0x00: Default; ECN: 0x00)
        0000 00.. = Differentiated Services Codepoint: Default (0x00)
        .... ..0. = ECN-Capable Transport (ECT): 0
        .... ...0 = ECN-CE: 0
    Total Length: 330
    Identification: 0x07e9 (2025)
    Flags: 0x04
        .1.. = Don't fragment: Set
        ..0. = More fragments: Not set
    Fragment offset: 0
    Time to live: 128
    Protocol: TCP (0x06)
    Header checksum: 0x703c (correct)
    Source: 192.168.0.1 (192.168.0.1)
Destination: 192.168.0.55 (192.168.0.55)
```

【分析】 IP 层首部。版本为 4,就是说 IP 地址由 4 字节组成(现在 6 字节的 IP 地址还没有完全推广)。IP 首部长度为 20 字节。服务类型(Differentiated Services Field )为 0,即没有使用服务,大多数的实现(包括 UNIX)都不使用服务。IP 层的总长度为 330 字节(加上以太网首部 14 个字节刚好 344 字节)。IP 报标识(Identification),16 位长度,只要不相等就可以认为不是同一个 IP 报。标志字段(Flags)和片偏移字段(Fragment Offset)用于 IP 数据段的扩展传输,即属于分段传输,但一般 IP 层的传输不分段,而是由上层的协议 TCP 层来分段,所以这里设置为不使用(0x4000)。生存时间(Time to Live)简称 TTL,是指该 IP 报还可以通过的路由器的数目,每经过一个路由器都会把该字段减 1。如果减到 0 就扔掉这个 IP 报。这里的

TTL＝128。上层协议(Protocol)为 TCP 协议(1 为 ICMP,6 为 TCP,17 为 UDP)。IP 报首部校验和(Header Checksum)为 0x703C。发送源 IP 地址为 192.168.0.1,发送目标 IP 地址为 192.168.0.55。

实际接收数据(IP 报首部)　45 00 01 4a 07 e9 40 00 80 06 70 3c c0 a8
00 01 c0 a8 00 37

```
Transmission Control Protocol, Src Port: 8080 (8080), Dst Port: 1453 (1453), Seq: 4025895053,
Ack: 3209996, Len: 290
    Source port: 8080 (8080)
    Destination port: 1453 (1453)
    Sequence number: 4025895053
    Next sequence number: 4025895343
    Acknowledgement number: 3209996
    Header length: 20 bytes
    Flags: 0x0018 (PSH, ACK)
        0... .... = Congestion Window Reduced (CWR): Not set
        .0.. .... = ECN - Echo: Not set
        ..0. .... = Urgent: Not set
        ...1 .... = Acknowledgment: Set
        .... 1... = Push: Set
        .... .0.. = Reset: Not set
        .... ..0. = Syn: Not set
        .... ...0 = Fin: Not set
    Window size: 65127
Checksum: 0xa569 (correct)
```

【分析】 TCP 协议。发送源端口为 8080,发送目标端口为 1453,数据段的长度为 290 字节(IP 报长度为 330,IP 报首部长度为 20,TCP 报首部长度为 20,故剩下的 290 字节就是 TCP 数据段的长度)。32 位序号(Sequence Number)为 4 025 895 053,用于控制 TCP 传输的流,而下一次序号(Next Sequence Number)为本次接收序号加上 TCP 报的数据长度(4 025 895 343＝4 025 895 053＋290)。32 位确认序号(Acknowledgement Number)为 4 025 895 053,它也用于控制 TCP 传输的流。TCP 报首部长度(Header Length)为 20 字节。标志字段为 PSH 和 ACK,也就是说该帧的功能是发送数据和应答。窗口大小(Window Size)为 65 127,它表示发送方的接收缓存区剩余空间的大小,所以这里称为接收缓存区大小更为合适。在它为 0 时,就是告诉对方这里已满,不要再发数据过来。校验和为 0xA569,它的计算包含 TCP 报首部和 TCP 报数据段。

实际接收数据(TCP 报首部)　1f 90 05 ad ef f6 48 8d 00 30 fb 0c 50

18 fe 67 a5 69 00 00

```
Hypertext Transfer Protocol
    HTTP/1.0 200 OK\r\n
    Date: Mon, 24 Nov 2003 01:24:17 GMT\r\n
    Server: Apache/1.3.27 (Unix) mod_ssl/2.8.12 OpenSSL/0.9.6g FrontPage/5.0.2.2623 PHP/4.3.1\r\n
    Last-Modified: Wed, 21 Feb 2001 23:40:05 GMT\r\n
    ETag: "5ef0be-209-3a9451d5"\r\n
    Accept-Ranges: bytes\r\n
    Content-Length: 521\r\n
    Content-Type: text/html\r\n
\r\n
```

【分析】 HTTP 协议是一个以 ASCII 码为传输代码的传输协议，它本身不具备流控制，流控制由下层的 TCP 协议来实现。下列是这一帧的完整数据流。

该帧的实际接收数据为：

```
0000: 00 05 5d 61 58 a8 00 05 5d 67 d0 b1 08 00 45 00
0010: 01 4a 07 e9 40 00 80 06 70 3c c0 a8 00 01 c0 a8
0020: 00 37 1f 90 05 ad ef f6 48 8d 00 30 fb 0c 50 18
0030: fe 67 a5 69 00 00 48 54 54 50 2f 31 2e 30 20 32
0040: 30 30 20 4f 4b 0d 0a 44 61 74 65 3a 20 4d 6f 6e
0050: 2c 20 32 34 20 4e 6f 76 20 32 30 30 33 20 30 31
0060: 3a 32 34 3a 31 37 20 47 4d 54 0d 0a 53 65 72 76
0070: 65 72 3a 20 41 70 61 63 68 65 2f 31 2e 33 2e 32
0080: 37 20 28 55 6e 69 78 29 20 6d 6f 64 5f 73 73 6c
0090: 2f 32 2e 38 2e 31 32 20 4f 70 65 6e 53 53 4c 2f
00a0: 30 2e 39 2e 36 67 20 46 72 6f 6e 74 50 61 67 65
00b0: 2f 35 2e 30 2e 32 2e 32 36 32 33 20 50 48 50 2f
00c0: 34 2e 33 2e 31 0d 0a 4c 61 73 74 2d 4d 6f 64 69
00d0: 66 69 65 64 3a 20 57 65 64 2c 20 32 31 20 46 65
00e0: 62 20 32 30 30 31 20 32 33 3a 34 30 3a 30 35 20
00f0: 47 4d 54 0d 0a 45 54 61 67 3a 20 22 35 65 66 30
0100: 62 65 2d 32 30 39 2d 33 61 39 34 35 31 64 35 22
0110: 0d 0a 41 63 63 65 70 74 2d 52 61 6e 67 65 73 3a
0120: 20 62 79 74 65 73 0d 0a 43 6f 6e 74 65 6e 74 2d
0130: 4c 65 6e 67 74 68 3a 20 35 32 31 0d 0a 43 6f 6e
0140: 74 65 6e 74 2d 54 79 70 65 3a 20 74 65 78 74 2f
0150: 68 74 6d 6c 0d 0a 0d 0a
```

由上面的例子可清楚地了解到，TCP/IP 协议栈是一个分层的协议，底层协议包含上一层的协议。

下面就开始由底层到高层、一层一层地分析它的结构和编程方法。

## 4.4.3 TCP/IP 协议栈中最底层的链路层

TCP/IP 协议栈中的链路层又称为网络接口层，在我们的应用上它也是编程的一个重要环节。

一般在这一层与 TCP/IP 有关的分为局域网(LAN)和广域网(WAN)，而局域网上有很多类型的网络如以太网、令牌网、FDDI 等，广域网上的就更多了如 ATM、DSL、帧中继、SLIP、PPP 等等。

我们主要要了解的是它们的封装方法——它们是如何把 IP 报封装到其帧当中的。在嵌入式的 TCP/IP 应用中，局域网大多使用以太网的方式，在广域网中大多使用 SLIP 和 PPP。下面开始分别介绍，当然以太网是我们的重点。

### 1. SLIP 协议

SLIP 协议是属于广域网上的一种点到点的通信协议，它同 PPP 协议一样可以通过串行线路来传输。SLIP 本身是一种非常简单的将数据报组帧的协议。它仅提供了帧的定界功能，而不提供协议识别、完整性检查、流量控制等。其实制订它就是为了使不需要这些功能的数据传输实现起来更简单。

在定界 IP 报时，SLIP 协议使用了一个特殊字节 0xC0，该字节在 SLIP 协议中被称为 END。它放在 IP 报的开始和结束的地方，如图 4.14 所示。

接收端在收到 0xC0 时开始确认 IP 报的开始位置，然后收到第 2 个 0xC0 时确认这个 IP 报接收结束。这样就可以辨认出接收到的 IP 报的起始和结束了。

| END | | END |
|---|---|---|
| 0xC0 | IP报 | 0xC0 |

**图 4.14 SLIP 的 IP 报封装**

如果 IP 报中包含一个 0xC0 的字节，SLIP 协议就会使用另外的字节来代替它，代替它的字节在 SLIP 中被称为 ESC。0xDB 0xDC 用来取代 IP 报内的 0xC0 字节。而在 IP 报内的 0xDB 字节就由 0xDB 0xDD 来取代，如图 4.15 所示。

图 4.15 为实际发送的帧。在实际发送过程中，SLIP 协议把 IP 报的开始和接收各加上 END(0xCO)，然后检查被封装的 IP 报里面是否包含 0xC0 或 0xDB 等数据，并把它们转成 0xDB 0xDC 和 0xDB 0xDD。接收端在接收到 END 时开始确认接收 IP 报，直到接收到 END 结束。在这个过程中，检查到 0xDB 0xDC 时就把它翻译成 0xC0，检查到 0xDB 0xDD 时就把它翻译成 0xDB。

在 Windows 系统下 SLIP 协议传输的帧最大为 1 500 字节，而在大多数的系统里面都遵循 RFC 1 055 文档的要求，SLIP 上发送 IP 报的大小最大为 1 006 字节。一般建议使用 Windows 系统的方案，因为在做以太网与 SLIP 合用时，如果最大 IP 报为 1 006 可能会引起 IP 报的断裂。会断裂的原因在后面以太网的介绍里面将会说明。

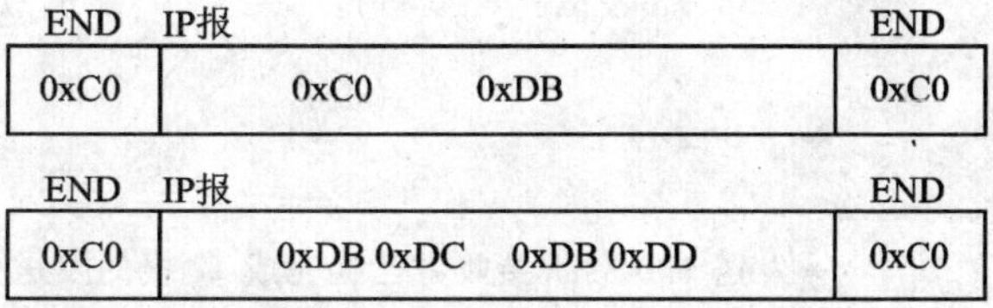


图 4.15　ESC 的应用

程序清单 4.12 是一个实现 SLIP 协议发送和接收的函数。

**程序清单 4.12　SLIP 协议发送和接收的函数例子**

```
#define END          0x0C    /* indicates end of packet */
#define ESC          0xDB    /* indicates byte stuffing */
#define ESC_END      0xDC    /* ESC ESC_END means END data byte */
#define ESC_ESC      0xDD    /* ESC ESC_ESC means ESC data byte */

/* SEND_PACKET: sends a packet of length "len", starting at * location " TxPtr ". */
void send_packet(INT16 len ,INT8 * TxPtr)
{
/* 发送 END,告诉接收方 IP 报从这里开始发送 */
    sendchar(END);
/* 发送每一个字节时,检查是 0x0C 还是 0xDB */
    while(len--)
    {
        switch( * TxPtr)
        {
            /* 如果发送的字节是 0x0C,就改为发送 0xDB 0xDC */
            case END:
                sendchar(ESC);
                sendchar(ESC_END);
                break;
            /* 如果发送的字节是 0xDB,就改为发送 0xDB 0xDD */
            case ESC:
                sendchar(ESC);
                sendchar(ESC_ESC);
                break;
            /* 否则就直接发送该字节 */
            default:
```

```
            sendchar( * TxPtr);
        }
        TxPtr ++ ;
    }
    /* 发送 END,告诉接收方已经完成 IP 报的发送 */
    sendchar(END);
}

/* RECV_PACKET: receives a packet into the buffer located at " RxPtr".
 * 如果超过 len 的字节被接收到,就放弃保存;否则返回保存的个数 */
INT16 recv_packet(INT16 len ,INT8 * RxPtr)
{
    UINT8 c;
    INT16 received = 0;
    /* 循环读取数据,直到把整个 IP 报完全接收为止 */
    while(received < len )
    {
        /* 读取 1 字节 */
        c = _getkey();
        /* 检查该字节是否有处理的必要,并进行相应的处理 */
        switch(c)
        {
            /* 如果接收到 END 字节,表明已经接收完毕 */
            case END:
                if(received)
                    {
                        return received;
                    }
                else
                    break;
            /* 如果接收到的字节是 ESC,就再接收一个字节,然后确认究竟是 0xC0 还是 0xDB */
            case ESC:
                c = _getkey();
                switch(c)
                {
                    case ESC_END:
                        c = END;
```

```
                        break;
                    case ESC_ESC:
                        c = ESC;
                        break;
                }
            /*保存数据*/
            default:
                if(received < len)    RxPtr[received ++ ] = c;
        }
    }
}
```

## 2. PPP 协议

PPP 协议是接触最多的，因为 PC 机就是通过它拨号上网的，包括传统 MODEOM、ISDN、ADSL 等都是通过 PPP 协议来上网的。究竟 PPP 是怎样的一个协议呢？下面进行简单介绍。

PPP 是点对点协议，它是一种标准的点对点网络封装方式，它弥补了 SLIP 协议不能进行协议识别、完整性检查等功能的缺陷。事实上，PPP 协议不是一个协议，而像 TCP/IP 一样是一个协议栈。

它包含一套从数据链路层到网络层的协议封装，另外它还有扩展协议。下面介绍它的数据链路层的封装。

PPP 的封装形式是基于 HDLC(高层数据链路控制)协议的。PPP 帧的 HDLC 封装形式如图 4.16 所示。

| 标志 | 地址 | 控件 | 协议 | IP数据报 | 帧检测序列 | 标志 |
|---|---|---|---|---|---|---|
| 0x7E | 0xFF | 0x03 | 0x0021 | | XXXXh | 0x7E |

**图 4.16　IP 报在 HDLC 下的 PPP 封装**

对各字段的描述如下：

- 标志：该字段为 0x7E(01111110B)，长度为 1 字节。用于标识 PPP 帧的起始和结束的位置。
- 地址：它与 HDLC 有点关系，因为 PPP 协议本身是点对点的，它的接收节点只有一个，所以在 PPP 中它把 HDLC 中的地址设为 0xFF——广播地址。
- 控件：它也与 HDLC 有点关系，因为 HDLC 协议中由控件字节来控制排序和确认，以实现数据链路层的可靠传输。而在 PPP 协议中它不提供可靠的数据链路层传输，所以它被设成 0x03——无编好信息帧。

- 协议：它的长度是 2 字节，表示 PPP 所传输的上层协议，0x0021 为 IP 数据报，0x002B 为 IPX 数据报等。
- 帧检验序列(FCS)：它的长度是 2 字节，用来检查 PPP 帧的 BIT 完整性，它由发送的节点接收处理并一起发送，而接收的节点从接收的第 1 个字节开始计算，然后再比较计算结果和接收值，如果结果不相等，接收节点就会把该帧丢掉。

另外还有小型的 PPP 帧，它把帧头减小了，效率更高了。图 4.17 所示为 IP 报在使用地址、控件和协议压缩下的 PPP 封装。

| 标志 | 协议 | IP数据报 | 帧检测序列 | 标志 |
|---|---|---|---|---|
| 0x7E | 0x21 | | XXXXH | 0x7E |

**图 4.17 IP 报在使用地址、控件和协议压缩下的 PPP 封装**

PPP 协议定义了一个 MTU 最大传输单元，一般默认值是 1 500 字节。PPP 还有一个扩展协议 PPPMP，它可以把多个物理层连接变成一个逻辑连接，就像 ISDN 的双通道通信，用一个通道是 64 Kbps，而用两个通道是 128 Kbps，但要交双倍电话费。有兴趣的读者可参考 RFC1991 文档。

### 3. 以太网协议

Ethernet II 标准是一种比较旧的以太网标准，它是由 Digital、Intel、Xeror 3 家公司共同创建的，而后来 IEEE 又创立了 IEEE 802.3 标准。图 4.18 为 Etherent II 帧的封装。下面来分析一下。

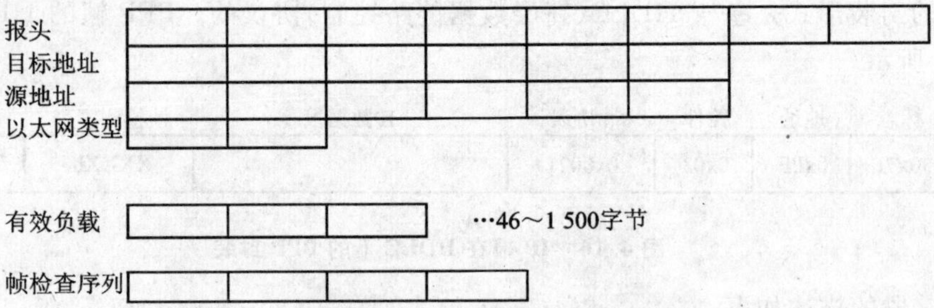


**图 4.18 Ethernet II 帧的封装**

- 报头：共 8 字节，其中前 7 字节是连续的 0xAA，用于同步，然后是一个 0xAB，它表示帧开始的地方。它提供了同步和前定界的功能，后定界的方法后面再详细介绍。
- 目标地址：长度是 6 字节，表示目标节点的地址，它可能是单播、多播、广播地址，单播即物理地址，也叫 MAC 地址。广播地址一般是 0xFF 0xFF 0xFF 0xFF 0xFF 0xFF，广播地址可以通过网桥，但通不过网关。
- 源地址：与上面相同，但它只能是单播地址。

- 以太网类型：长度是 2 字节，它用来表示有效负载上的协议。0x0800 为 IP 报，0x0806 为 ARP 报，0x8035 为 RARP 报，0x86DD 为 IPv6 报，0x880B 为 PPP 报（基于以太网的 ppp 报）。
- 有效负载：Ethernet II 帧最大负载是 1 500 字节，最小为 46 字节。
- 帧检查序列：它的长度是 4 字节，用于检查帧的完整性，其原理和 PPP 的帧检查序列一样。

下面来解析以太网帧后定界功能的实现。因为以太网帧格式无法明确指出帧的结束位置，它就在每个以太网帧之间留出一个间隙来实现后定界。这个间隙是用时间量度的方法，它的时间是发送 96 位所需时间，在 10M 以太网上的时间是 9.6 μs。如果接收器在收到连续的 96 位无信号，则表明该帧的最后一位在 96 位前。

下面是一个完整的 Ethernet II 帧。

```
Ethernet II, Src: 00 : 05 : 5d : a1 : b8 : 40, Dst: ff : ff : ff : ff : ff : ff
    Destination: ff : ff : ff : ff : ff : ff (Broadcast)
    Source: 00 : 05 : 5d : a1 : b8 : 40 (D-Link_a1 : b8 : 40)
    Type: ARP (0x0806)
```

完整的帧数据如下：

```
0000 : ff ff ff ff ff ff 00 05 5d a1 b8 40 08 06 00 01
0010 : 08 00 06 04 00 01 00 05 5d a1 b8 40 c0 a8 00 02
0020 : 00 00 00 00 00 00 c0 a8 00 10 9c 20 85 40 50 11
0030 : ff c2 82 3f 00 00 00 00 00 00 00 00
```

图 4.19 为 IEEE 802.3 帧的封装。

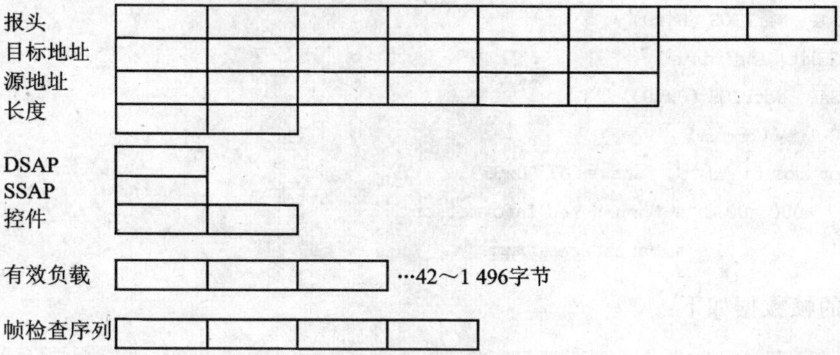


图 4.19　IEEE 802.3 帧的封装

- 报头、目标地址、源地址：与 Ethernet II 帧相同。
- 长度：指从 DSAP 开始到有效负载的最后一位的字节数。最大值为 1 500，最小值为 46。
- DSAP：长度是 1 字节，它表明目标节点下一层的协议类型，如 NetBIOS 为 0xF0、SNAP 为 0xAA。
- SSAP：与 DSAP 相同，它表明源节点下一层的协议类型。
- 控件：长度可能是 2 字节，也可能是 1 字节。这取决于在该层协议的可靠传输服务，单字节为不可靠的连接服务，2 字节为面向连接的可靠服务。但因为 IP 报和 ARP 报都不使用面向连接的可靠服务，所以它们的控件都是 1 字节，用 0x03 来表示。

从图 4.18 和 4.19 比较可知，Ethernet II 帧与 IEEE 802.3 帧的不同之处就是以太网类型变成了帧长度。可以把 IEEE 802.3 帧的 DSAP、SSAP、控件都看作 Ethernet II 帧有效负载的一部分。所以在接收到一帧数据时，判断它是 Ethernet II 帧还是 IEEE 802.3 帧可以由 Ethernet II 帧的以太网类型来判断，大于等于 1 500(0x05DC)就是 Ethernet II 帧，小于 1 500 就是 IEEE 802.3 帧。

其实就算是 Windows，它默认也是不响应 IEEE 802.3 帧的。所以在嵌入式中的应用时，只对 Ethernet II 帧处理即可，可以对 Ethernet II 帧的以太网类型小于 1 500 的不作处理。

如下所示是一个完整的 IEEE 802.3 帧。

```
IEEE 802.3 Ethernet
    Destination: 03 : 00 : 00 : 00 : 00 : 01 (NETBIOS - )
    Source: 00 : 05 : 5d : 72 : 96 : 88 (D - Link_72 : 96 : 88)
    Length: 174
Logical - Link Control
    DSAP: NetBIOS (0xf0)
    IG Bit: Individual
    SSAP: NetBIOS (0xf0)
    CR Bit: Command
    Control field: U, func = UI (0x03)
        000. 00.. = Unnumbered Information
        ......11 = Unnumbered frame
```

完整的帧数据如下：

```
0000 : 03 00 00 00 00 01 00 05 5d 72 96 88 00 ae f0 f0
0010 : 03 2c 00 ff ef 08 00 00 00 00 00 00 00 5a 4c 47
0020 : 4d 43 55 20 20 20 20 20 20 20 20 20 1d 5a 59 43
0030 : 44 20 20 20 20 20 20 20 20 20 20 00 ff 53 4d
```

```
0040 : 42 25 00 00 00 00 00 00 00 00 00 00 00 00 00 00
0050 : 00 00 00 00 00 00 00 00 00 00 00 00 00 11 00 00
0060 : 29 00 00 00 00 00 00 00 00 00 00 00 00 00 00 00
0070 : 00 00 00 00 29 00 56 00 03 00 01 00 01 00 02 00
0080 : 3a 00 5c 4d 41 49 4c 53 4c 4f 54 5c 42 52 4f 57
0090 : 53 45 00 01 07 e0 93 04 00 5a 59 43 44 00 00 00
00a0 : 00 00 00 00 00 00 00 00 00 00 04 00 03 22 41 00 15
00b0 : 04 55 aa b9 a4 b3 a7 bf cc c5 cc 00
```

## 4. ARP 协议

地址解析协议(ARP)是联系 IP 协议和 LAN 协议的桥梁,它的应用范围是局域网(LAN),如以太网、FDDI、令牌网等,它是基于访问共享和广播技术的协议。该协议把节点的 IP 解析成对应的 MAC 地址(也叫物理地址),它可以在局域网内寻找 IP 所对应的 MAC 地址,并保存起来以供发送使用。ARP 协议是基于数据链路层协议之上的,但它还不属于网络层协议,它是数据链路层和网络层之间的通道,它属于数据链路层的一部分,所以放在这里进行描述。

ARP 由两种帧组成,一种是请求帧,即在网络里面查找 IP 地址对应的 MAC 地址;另一种是应答帧,即回答该 IP 地址对应的 MAC 地址是多少。请求帧由要发 IP 报的节点发出,它是一个广播报,子网内的所有节点都能够收到。各节点收到后,如果目标 IP 和自己的 IP 相同,就发送一个 ARP 应答报;否则就扔掉。当发送请求帧的节点接收到应答报后,就知道了对方的 MAC 地址,即可发送 IP 报。

下面介绍 ARP 缓存表。ARP 缓存表是一个保存网络内 IP 地址和对应 MAC 地址的缓存表。在发送 IP 报时,首先查看 ARP 缓存表中目标 IP 是否有对应的 MAC 地址。如果有就直接发送;否则,就向网络发送 ARP 请求帧,并等待 ARP 应答帧。如果没有 ARP 应答报回复,就取消 IP 报的发送。另外一种情况是收到正确的 ARP 应答帧时,就要更新 ARP 缓存表,并把 IP 报发送出去。ARP 缓存表的表项都有一个生存时间,生存时间和系统时间相对应,表项在生存时间为 0 时该表项失效,重新发 ARP 请求帧后得到正确的 IP 地址对应的 MAC 地址时恢复生存时间。在 Windows 的 ARP 缓存表中表项生存时间是 2 min。

ARP 帧的以太网类型是 0x0806,ARP 帧不包含 IP 帧,ARP 帧过不了 IP 路由器,它可以通过集线器、中继器、第 2 层交换机、网桥等在子网内传播。ARP 帧的封装如图 4.20 所示。下面分析 ARP 帧的结构。

- 硬件类型:2 字节,指出数据链路层的协议,如 0x0001 表示以太网,0x0006 表示令牌网,0x0015 表示帧中继网等等。
- 协议类型:2 字节,指出要解析的协议,如 0x0800 表示 IP 协议,即指出该 ARP 报要解析的协议是 IP 协议。
- 硬件地址长度:1 字节,指出物理地址的长度,单位是字节,如以太网的 MAC 地址长

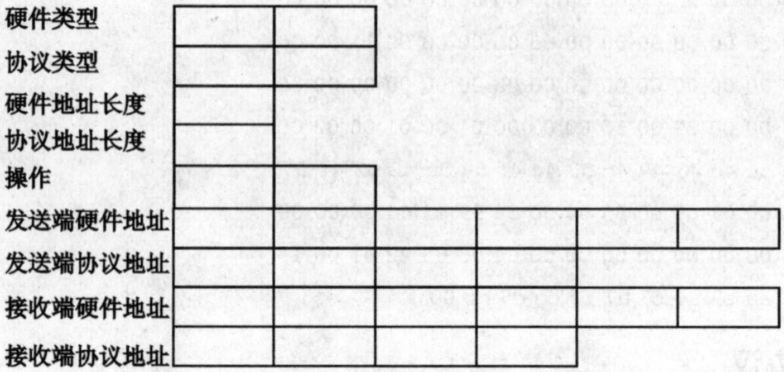


**图 4.20　ARP 帧的封装**

度是 6 字节，该字段就是 0x06。

- 协议地址长度：1 字节，指出要解析的协议地址的长度，单位是字节，如 IP 协议的 IP 地址长度是 4 字节，该字段就是 0x04。
- 操作：2 字节，用于表示该 ARP 帧的类型，如 0x0001 表示 ARP 请求帧，0x0002 表示 ARP 应答帧，0x0008 表示反转 ARP 请求帧，0x0009 表示反转 ARP 请求帧(反转 ARP 帧只用在帧中继)。
- 发送端硬件地址：它的长度等于硬件地址长度的值，如以太网是 6 字节。在以太网中它是发送端节点的 MAC 地址。
- 发送端协议地址：它的长度等于协议地址长度的值，如 IP 协议是 4 字节。用 IP 协议时，它是本节点的 IP 地址。
- 接收端硬件地址：它的长度等于硬件地址长度的值，如以太网是 6 字节。在以太网中它是接收端节点的 MAC 地址。如果是发送请求帧，它是 0x00 0x00 0x00 0x00 0x00 0x00。
- 接收端协议地址：它的长度等于协议地址长度的值，如 IP 协议是 4 字节。用 IP 协议时，它是接收端节点的 IP 地址。

下面是对具体 ARP 帧的分析。

请求帧如下：

```
Ethernet II, Src: 00:05:5d:61:58:a8, Dst: ff:ff:ff:ff:ff:ff
    Destination: ff:ff:ff:ff:ff:ff (Broadcast)
    Source: 00:05:5d:61:58:a8 (D-Link_61:58:a8)
    Type: ARP (0x0806)
```

【分析】 Ethernet II 网络协议层，发送源的网络地址（又称为 MAC 地址）为 00：05：5d：61：58：a8，发送目标的网络地址为 ff：ff：ff：ff：ff：ff，即广播地址，本网段内所有端点都能接收到，上层协议类型为 ARP 协议。

实际接收数据（Ethernet II 报首部） ff ff ff ff ff ff 00 05 5d 61
58 a8 08 06

```
Address Resolution Protocol (request)
    Hardware type：Ethernet (0x0001)
    Protocol type：IP (0x0800)
    Hardware size：6
    Protocol size：4
    Opcode：request (0x0001)
    Sender MAC address：00：05：5d：61：58：a8 (D-Link_61：58：a8)
    Sender IP address：192.168.0.55 (192.168.0.55)
    Target MAC address：00：00：00：00：00：00 (00：00：00_00：00：00)
    Target IP address：192.168.0.2 (192.168.0.2)
```

【分析】 ARP 协议，硬件类型为以太网类型 0x0001，协议类型为 IP 协议 0x0800，硬件地址长度为 6，协议地址长度为 4，操作为请求 0x0001，发送端 MAC 地址为 00：05：5d：61：58：a8，发送端 IP 地址为 192.168.0.55，目标 MAC 地址为 00：00：00：00：00：00，目标 IP 地址为 192.168.0.2。

实际接收数据（ARP 帧） 00 01 08 00 06 04 00 01 00 05 5d 61 58 a8
c0 a8 00 37 00 00 00 00 00 00 c0 a8 00 02

完整的帧数据如下：

```
0000 ：ff ff ff ff ff ff 00 05 5d 61 58 a8 08 06 00 01
0010 ：08 00 06 04 00 01 00 05 5d 61 58 a8 c0 a8 00 37
0020 ：00 00 00 00 00 00 c0 a8 00 02 00 77 31 d2 50 10
0030 ：fd 78 41 d3 00 00 00 00 00 00 00 00
```

应答帧：

```
Ethernet II, Src：00：05：5d：a1：b8：40, Dst： 00：05：5d：61：58：a8
    Destination：00：05：5d：61：58：a8 (D-Link_61：58：a8)
    Source：00：05：5d：a1：b8：40 (D-Link_a1：b8：40)
    Type：ARP (0x0806)
```

【分析】 Ethernet II 网络协议层，发送源的网络地址（又称为 MAC 地址）为 00：05：5d：a1：b8：40，发送目标的网络地址为 00：05：5d：61：58：a8，上层协议类型为 ARP 协议。

实际接收数据(Ethernet II 报首部)　00 05 5d 61 58 a8 00 05 5d a1
b8 40 08 06

```
Address Resolution Protocol (reply)
    Hardware type: Ethernet (0x0001)
    Protocol type: IP (0x0800)
    Hardware size: 6
    Protocol size: 4
    Opcode: reply (0x0002)
    Sender MAC address: 00:05:5d:a1:b8:40 (D-Link_a1:b8:40)
    Sender IP address: 192.168.0.2 (192.168.0.2)
    Target MAC address:  00:05:5d:61:58:a8 (D-Link_61:58:a8)
    Target IP address: 192.168.0.55 (192.168.0.55)
```

【分析】 ARP 协议,硬件类型为以太网类型 0x0001,协议类型为 IP 协议 0x0800,硬件地址长度为 6,协议地址长度为 4,操作为应答 0x0002,发送端 MAC 地址为 00:05:5d:a1:b8:40,发送端 IP 地址为 192.168.0.2,目标 MAC 地址为 00:05:5d:61:58:a8,目标 IP 地址为 192.168.0.55。

实际接收数据(ARP 帧)　00 01 08 00 06 04 00 02 00 05 5d a1 b8 40
c0 a8 00 02 00 05 5d 61 58 a8 c0 a8 00 37

完整的帧数据如下:

```
0000 : 00 05 5d 61 58 a8 00 05 5d a1 b8 40 08 06 00 01
0010 : 08 00 06 04 00 02 00 05 5d a1 b8 40 c0 a8 00 02
0020 : 00 05 5d 61 58 a8 c0 a8 00 37 00 77 31 d2 50 10
0030 : fd 78 41 d3 00 00 00 00 00 00 00 00
```

这里补充说一下逆地址解析协议(RARP),它一般用在无盘工作站等一些没有 IP 地址的设备上。该设备先发送 RARP 请求报,请求服务器解析本地 MAC 地址的 IP,从服务器那获得一个 IP。RARP 协议的使用与系统有关,并不是所有 TCP/IP 的实现都需要提供 RARP 服务。

### 4.4.4 网络层协议

IP 协议是 TCP/IP 协议栈的核心。它出现于 1981 年,发展至今已经 20 多年了,但是它仍然保持着旺盛的生命力。它提供的服务有:① 数据传输;② 封装多种上层协议;③ 提供路由及传输信息;④ 信息报交换技术等等。正是这些特性,让它成为 TCP/IP 中最重要的一个协议。

### 1. IP 协议的服务

#### 1）数据传输

IP 协议提供一种无连接的、不可靠的数据传输。它不能保证对方能成功接收，也不维护数据前、后之间的连续性，也就是说数据报不排序。IP 协议与底层的链路层协议或物理层无关。在传送过程中，IP 协议还支持分段和重新汇编，如在一些 IP 报长度大于 MTU 的情况下，可以通过对 IP 报分段的方法进行跨媒体传输。

#### 2）封装多种上层协议

IP 协议是上层协议的载体，TCP、UDP、ICMP 和 IGMP 等协议都是以 IP 报的形式进行传输的。每一个 IP 报只能包含一个上层协议，IP 报的报头有一条信息就是上层协议的类型。两个节点之间对具体的数据交换始终使用相同的协议，所以不必指出源协议和目标协议。

#### 3）提供路由及传输信息

IP 协议是一种路由选择协议，IP 报头包含传送信息的资料，如目标 IP、源 IP 等。因为 IP 地址包含了网络地址和节点地址等信息，所以它可以很方便地实现数据传送和路由，另外它还有路由次数的信息——生存时间，用于限制路由次数。

#### 4）信息报交换技术

在 IP 报路由的过程中可能会发生：从节点 1 到节点 2 可能有几个路径，从 1 发送到 2 的数据报可能到达的时间不一，次序却乱了。在这种情况下，IP 路由器结合 ICMP 协议可以减少这种问题。

IP 的 MTU 与底层的协议有关，如以太网协议下是 1 500 字节，FDDI 时是 4 352 字节，帧中继时是 1 600 字节。IP 在进行跨媒体传输时可以进行分段传输，就是由大 MTU 到小 MTU 网络传输时把大 MTU 的 IP 报分成几个小 MTU 的 IP 报来传输。因为分段传输非常占资源，所以在嵌入式应用中基本不会用到，一般的方法是把 MTU 的值设小，使其在任何网络接口协议中都能用。

#### 5）IP 数据报

IP 报是由报头和负载组成的。报头的长度范围为 20～60 字节，有效负载范围为 8～65 515 字节。

#### 6）IP 报头

IP 报头的封装如图 4.21 所示，现在分为第 4 版和第 6 版，第 6 版还没有完全推广，所以这里只介绍第 4 版的 IP 协议。

- 版本。长度为 4 位，表示该 IP 报的版本号。目前使用的基本都是标准 IP 版本的第 4 版，即 IPv4。IPv6 还没有完全推广开。
- IP 报头长度。长度为 4 位，表示 IP 报头的大小。它的数值范围是 0x5～0xF，它是表示 4 的倍数的值。如最小的 IP 报头长度是 20，它可以表示为 0x5，最大的 IP 报头长度是 60，它可以表示为 0xF。IP 报头的大小始终是 4 的倍数。

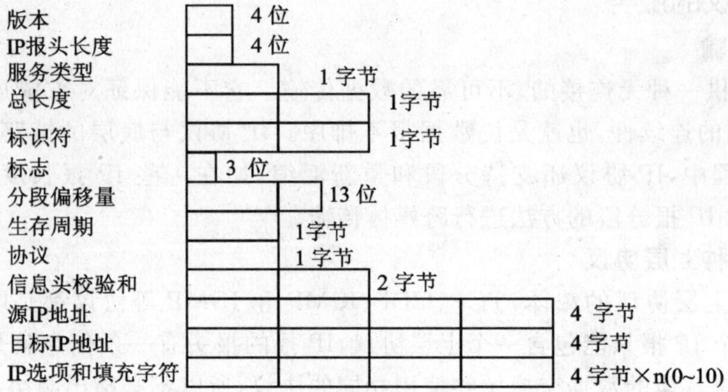


**图 4.21  IP 报头的封装**

- 服务类型。长度为 1 字节,表示路由器传递数据报时所使用的服务质量(QoS)。服务类型也称为 TOS,第 5～7 位表示优先权,不同的值表示不同的优先权,默认的情况下设为 000;第 4 位是延时,为 0 是普通模式,为 1 是低延时模式(就是延时少),一般用于声音图形的传播和一些交互性数据传播;第 3 位是吞吐量,为 0 是正常模式,为 1 是高吞吐量模式(就是数据量大),这时路由器会选择带宽高的路径来传输;第 2 位是可靠性,为 0 是正常模式,为 1 是高可靠性,在数据堵塞时,路由器先把为 0 的数据丢掉,最后把为 1 的数据丢掉;第 1 位是费用性,为 0 是正常模式,为 1 是低费用,如果是 1,路由器就不会选择卫星线路等昂贵的方式进行传输;第 0 位是保留位,为 0,一般默认情况下该字段为 0x00。
- 总长度。长度为 2 字节,表示该 IP 报的总长度(IP 报头＋有效负载)。它最大可以表示为 65 535 字节,这与 IP 的 MTU 有关,如以太网协议下最大是 1 500 字节,FDDI时最大是 4 352 字节,帧中继最大是 1 600 字节。
- 标识符。长度为 2 字节,表示 IP 报的号码,它是一个随机数,但连续的 IP 数据报标识符是递增的,它还可以用于标识 IP 数据报的分段。
- 标志。长度为 3 位,它们都与分段有关,所以也叫分段标志。最高位是保留位,为 0。第 2 位是分段标志位,也称为 DF 位,为 0 是分段,为 1 是不分段。最低位是更多段标志位,也称为 MF 位,为 1 表示该分段还没有结束,后面的一个 IP 数据报还是属本分段的一个报,在接收到为 0 的 IP 数据报时表示该分段结束。其实,分段是一个非常耗费资源的过程,应该尽量避免分段,可以通过 ICMP 协议获取网络 IP 的 MTU,这样就可以限制包发送的大小,从而避免分段。

- 分段偏移量。长度是 13 位，它也是与分段有关，它的值等于分段的数据相对该完整数据帧的起始位置。如一个长的 IP 数据帧，有效负载是 1 500 字节，但是要分段，分 3 段，第一段长度是 500，它的偏移量为 0，DF=0，MF=1；第二段长度也是 500，它的偏移量就变成了 500，DF=0，MF=1；第三段长度还是 500，它的偏移量就变成了 1 000，DF=0，MF=0。注意这 3 个分段的标识符是相等的。
- 生存周期。长度是 1 字节，也叫 TTL，表示 IP 数据报被丢弃前可以经过多少个 IP 路由器，即被转发的次数。该值每转发一次减 1，在 TTL=0 时，IP 数据报就会被丢掉。被丢掉后 IP 路由器会返回一个 ICMP 的时间超时报，这在介绍 ICMP 协议时再讨论。要使 IP 数据报在 internet 上传输不被丢掉，必须保证 TTL 大于经过 IP 路由器的数目。
- 协议。长度是 1 字节，表示有效负载内包含上层协议的类型，如 TCP 是 6，UDP 是 17，ICMP 是 1，IGMP 是 2 等等。
- 信息头校验和。长度是 2 字节，它仅检查 IP 报头。它把整个 IP 报头看作由多个 16 位的数据组成（如 IP 报头是 28 字节，等于由 14 个 16 位的数据组成），并把它们进行二进制反码求和，结果就是信息头校验和。在校验前先把信息头校验和清 0，在经过每个 IP 路由器时 TTL 都要减 1，所以信息头校验和都要重新计算。
- 源 IP 地址。长度是 4 字节，指本节点的 IP 地址。
- 目标 IP 地址。长度是 4 字节，指目标节点的 IP 地址。
- IP 选项和填充字符。长度是 4 字节的增加，具体长度不定，一般长度是 0。具体使用在后面再分析。

下面是对具体 IP 帧的分析。

**1) UDP 协议帧**

```
Internet Protocol, Src Addr: 192.168.0.1 (192.168.0.1), Dst Addr: 192.168.0.55 (192.168.0.55)
    Version: 4
    Header length: 20 bytes
    Differentiated Services Field: 0x00 (DSCP 0x00: Default; ECN: 0x00)
        0000 00.. = Differentiated Services Codepoint: Default (0x00)
        .... ..0. = ECN - Capable Transport (ECT): 0
        .... ...0 = ECN - CE: 0
    Total Length: 96
    Identification: 0xc79a (51098)
    Flags: 0x00
        .0.. = Don't fragment: Not set
        ..0. = More fragments: Not set
    Fragment offset: 0
```

```
Time to live: 128
Protocol: UDP (0x11)
Header checksum: 0xf169 (correct)
Source: 192.168.0.1 (192.168.0.1)
Destination: 192.168.0.55 (192.168.0.55)
```

【分析】 IP 层首部。版本为 4,就是说 IP 地址由 4 字节组成。IP 首部长度为 20 字节。服务类型为 0,没有使用服务。IP 数据帧的总长度为 96 字节(加上以太网首部 14 字节共 110 字节)。IP 报标识,0xC79A。标志字段和片偏移字段设置为 0x0000,就是 DF=0 允许分段,MF=0 没有更多的分段,没有偏移。生存时间 TTL 是 128。上层协议为 UDP 协议。IP 报首部校验和为 0xF169。发送源 IP 地址为 192.168.0.1,发送目标 IP 地址为 192.168.0.55。

实际接收数据(IP 数据帧头) 45 00 00 60 c7 9a 00 00 80 11 f1 69 c0
a8 00 01 c0 a8 00 37

完整的帧数据如下:

```
0000 : 00 05 5d 61 58 a8 00 05 5d 67 d0 b1 08 00 45 00
0010 : 00 60 c7 9a 00 00 80 11 f1 69 c0 a8 00 01 c0 a8
0020 : 00 37 00 89 00 89 00 4c 3a 95 00 56 85 00 00 00
0030 : 00 01 00 00 00 00 20 46 4b 45 4d 45 48 46 44 46
0040 : 43 46 47 43 41 43 41 43 41 43 41 43 41 43 41 43
0050 : 41 43 41 43 41 43 41 00 00 20 00 01 00 04 93 e0
0060 : 00 0c 60 00 c0 a8 00 01 60 00 a9 fe a1 cf
```

**2) TCP 协议帧**

```
Internet Protocol, Src Addr: 192.168.0.55 (192.168.0.55), Dst Addr: 192.168.0.1 (192.168.0.1)
    Version: 4
    Header length: 20 bytes
    Differentiated Services Field: 0x00 (DSCP 0x00: Default; ECN: 0x00)
        0000 00.. = Differentiated Services Codepoint: Default (0x00)
        .... ..0. = ECN - Capable Transport (ECT): 0
        .... ...0 = ECN - CE: 0
    Total Length: 48
    Identification: 0x4a3e (19006)
    Flags: 0x04
        .1.. = Don't fragment: Set
        ..0. = More fragments: Not set
    Fragment offset: 0
    Time to live: 128
```

```
Protocol: TCP (0x06)
Header checksum: 0x2f01 (correct)
Source: 192.168.0.55 (192.168.0.55)
Destination: 192.168.0.1 (192.168.0.1)
```

【分析】 IP 层首部。版本为 4,就是说 IP 地址由 4 字节组成。IP 首部长度为 20 字节。服务类型为 0,没有使用服务。IP 数据帧的总长度为 48 字节(加上以太网首部 14 字节共 62 字节)。IP 报标识,0x4A3E。标志字段和片偏移字段设置为 0x4000,就是 DF=1 不允许分段,MF=0 没有更多的分段,没有偏移。生存时间 TTL 是 128。上层协议为 TCP 协议。IP 报首部校验和为 0x2F01。发送源 IP 地址为 192.168.0.55,发送目标 IP 地址为 192.168.0.1。

实际接收数据(IP 数据帧头)　45 00 00 30 4a 3e 40 00 80 06 2f 01 c0
　　a8 00 37 c0 a8 00 01

完整的帧数据如下:

```
0000 : 00 05 5d 67 d0 b1 00 05 5d 61 58 a8 08 00 45 00
0010 : 00 30 4a 3e 40 00 80 06 2f 01 c0 a8 00 37 c0 a8
0020 : 00 01 04 42 1f 90 00 85 c5 9a 00 00 00 00 70 02
0030 : 20 00 f7 a4 00 00 02 04 05 b4 01 01 04 02
```

下面就以一个简单的例子来说明 IP 路由的过程。图 4.22 为网络拓扑结构图。

由图 4.22 可知,网络上有 8 个节点、6 台 PC 机和 2 台路由器,共分为 3 个子网,分别是 192.168.0.0(掩码:255.255.255.0)、192.168.1.0(掩码:255.255.255.248)、192.168.1.8(掩码:255.255.255.248)。网络上各节点参数如表 4.30 所列。

假设 F 机有一个 IP 包要发送到 IP 地址为 64.145.116.94 的主机。首先 F 机发送时检查是否有对应的网关转发该 IP 包,有就转发(目标 MAC 地址为转发节点的 MAC 地址,但是目标 IP 是 64.145.116.94)。在本例中是发送到默认网关 E 机,从 F 发送到 E 的包:目标 MAC 地址是 E 机(192.168.1.1)的 MAC 地址,目标 IP 地址是 64.145.116.94。E 机收到后检查是否有对应的网关转发该 IP 包,在本例中是发送到默认网关 C 路由器,从 E 发送到 C 的包:目标 MAC 地址是 C 路由器(192.168.0.1)的 MAC 地址,目标 IP 地址是 64.145.116.94。C 路由器收到后,检查是否有对应的网关转发该 IP 包,发现 A 路由器可以,就再次转发 IP 包,目标 MAC 地址是 A 路由器(192.168.0.57)的 MAC 地址,目标 IP 地址是 64.145.116.94。A 路由器收到后转发到 Internet,Internet 上的路由器也依据相同的机制最后把 IP 包转发到 64.145.116.94主机上。

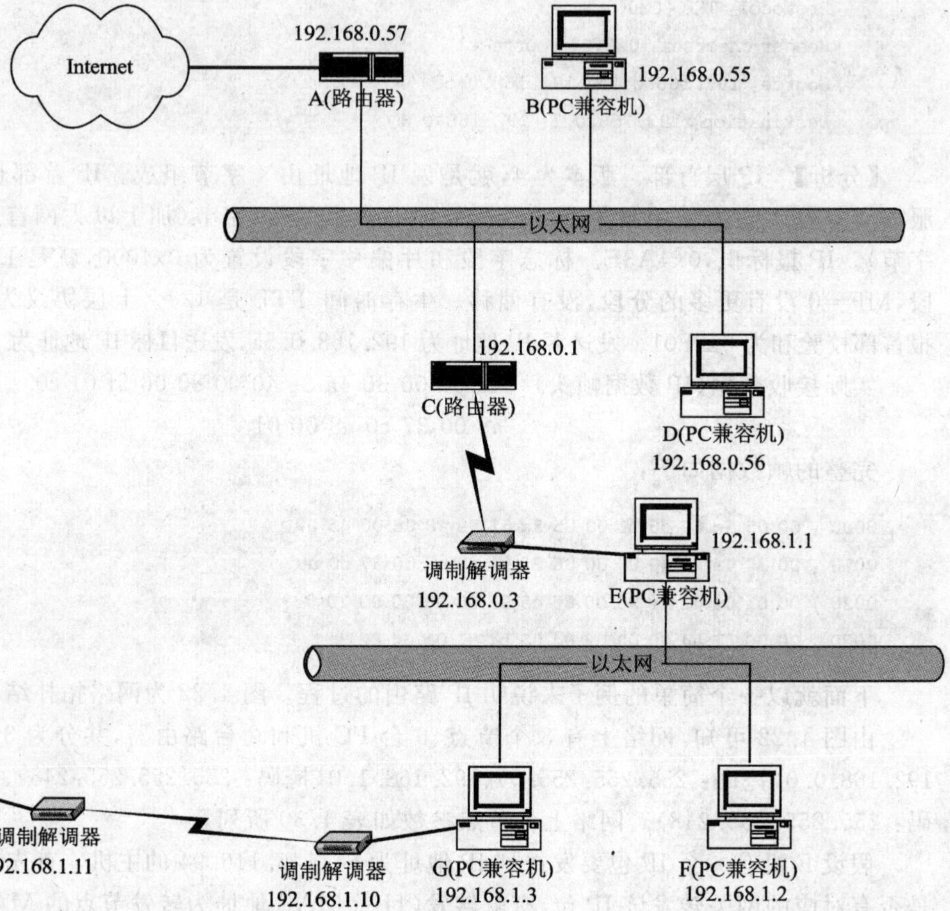


图 4.22　网络拓扑结构图

表 4.30　各节点参数

| 名称/类型 | IP 地址 | 网络号 | 掩　码 | 默认网关 |
|---|---|---|---|---|
| A/路由器 | 192.168.0.57 | 192.168.0.0 | 255.255.255.0 | C/???? 未知 |
| B/PC 机 | 192.168.0.55 | 192.168.0.0 | 255.255.255.0 | C/192.168.0.1 |
| C/路由器 | 192.168.0.1 | 192.168.0.0 | 255.255.255.0 | C/192.168.0.1 |
| D/PC 机 | 192.168.0.56 | 192.168.0.0 | 255.255.255.0 | C/192.168.0.1 |
| E/PC 机 | 192.168.0.3<br>192.168.1.1 | 192.168.0.0<br>192.168.1.0 | 255.255.255.0<br>255.255.255.248 | C/192.168.0.1 |

续表 4.30

| 名称/类型 | IP 地址 | 网络号 | 掩　码 | 默认网关 |
|---|---|---|---|---|
| F/PC 机 | 192.168.1.2 | 192.168.1.0 | 255.255.255.248 | E/192.168.1.1 |
| G/PC 机 | 192.168.1.3<br>192.168.1.10 | 192.168.1.0<br>192.168.1.8 | 255.255.255.248<br>255.255.255.248 | E/192.168.1.1 |
| H/PC 机 | 192.168.1.11 | 192.168.1.8 | 255.255.255.248 | G/192.168.1.10 |

读者应该注意到，上面所描述的路由过程中有个很特殊的词——“检查”没有解析。它检查什么？检查的过程是怎样的？它检查的是路由表，检查的过程是：先与本网络号对比看是否直接路由，即发送到本网段的主机，再查路由表中的专用表项看是否有对应的，如 F 机的路由表就有一项说明去 H 机/192.168.1.11 的 IP 数据报应发送到 G 机/192.168.1.3，由 G 机来转发，如果都不是，最后发送到默认网关。

路由表肯定可以建立本地的网络号表项和默认网关表项，那专用表项如何建立呢？通过 ICMP 协议！下面再举一个例子来阐述专用表项的产生过程。假设 F 机发 IP 报去 H 机，首先 F 机把报发送到默认网关 E 机/192.168.1.1，E 机收到后因为 E 机不是目标主机，所以 E 机检查自己的路由表。它找到了一条去 H 机的路径，就是通过 G 机/192.168.1.3。E 机作为网关，它会向源主机——F 机发送一个 ICMP 重定向报，然后把该 IP 数据报转发到 G 机。最后 G 机把 IP 数据报发送到 H 机。而 F 机就会根据 G 机发送过来的 ICMP 重定向报建立一个路由表的专用表项，以后凡是发到 H 机的数据都能够直接发送到 G 机，由 G 机来转发。

## 2. ICMP 数据报

Internet 控制信息协议(ICMP，Internet Control Message Protocol)，在结构上是属于传输层的，但在实际的功能上它是属于网络层的，是 IP 层的组成部分。ICMP 协议为 IP 数据报提供传输过程中遇到的路由和传送错误报告。

ICMP 消息在以下几种情况下发送：当数据报不能到达目的地时，当网关已经失去缓存功能时，当网关能够引导主机在更短路由上发送时。

IP 并非设计为绝对可靠，这个协议是为了当网络出现问题时返回控制信息，而不是使 IP 协议变得绝对可靠，并不保证数据报或控制信息能够返回。一些数据报仍将在没有任何报告的情况下丢失。上层协议必须使用自己的差错控制程序来判断通信是否正确。ICMP 信息通常报告在处理数据报过程中的错误。若要避免信息无限制地返回，ICMP 消息不会单独成包发送，而且 ICMP 信息只在处理数据报偏移量为 0 时发送。

ICMP 消息以基本 IP 报头发送。图 4.23 为 ICMP 的封装。下面介绍它的结构。

- 类型：长度 1 字节，表示该 ICMP 帧的类型。类型如表 4.31 所列。

由表 4.31 可知，ICMP 信息既是一份差错报文，又是查询报文。

- 代码：长度 1 字节，表示在该类型下的错误代码，只有差错报文才有，其余的都为 0。

表 4.31 ICMP 的类型

| 类 型 | 描 述 | 类 型 | 描 述 |
|---|---|---|---|
| 0 | 回应应答(PING 应答) | 11 | 超时* |
| 3 | 无法达到的目的地* | 12 | IP 报的参数设错了* |
| 4 | 源中断* | 13 | 时间戳请求 |
| 5 | 重定向* | 14 | 时间戳应答 |
| 8 | 回应请求(PING 请求) | 17 | 地址掩码请求 |
| 9 | 路由通过 | 18 | 地址掩码应答 |
| 10 | 路由选择 | | |

* 为差错报文。

- 校验和：长度 2 字节，表示整个 ICMP 帧的 16 位校验和，计算范围是 ICMP 的类型开始到数据末尾结束。计算方法与 IP 的校验和相同。
- 特定类型的数据：几乎每个类型的数据都不同，长度也不一。下面逐个分析。

类型 0 和 8 是一对，PING 命令的实现就使用该代码。

下面介绍它的结构。图 4.24 为 ICMP 的回应应答(请求)封装。

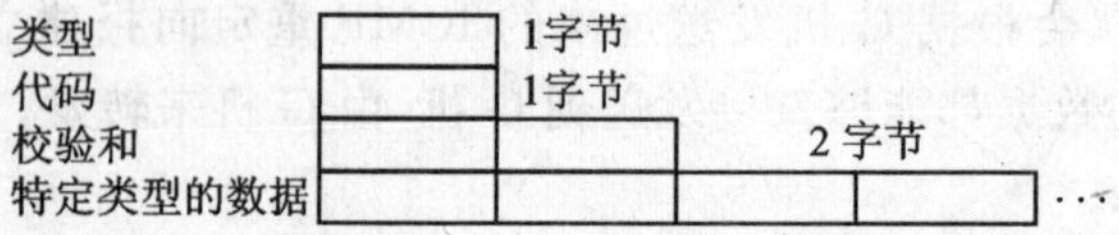


图 4.23 ICMP 的封装

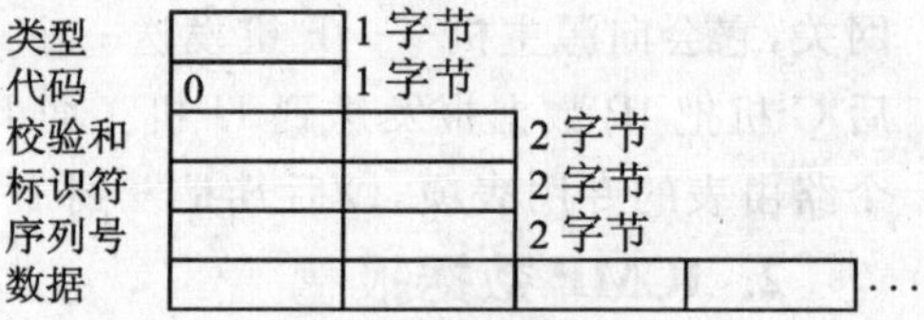


图 4.24 ICMP 的回应应答(请求)封装

- 标识符：长度为 2 字节，在 Windows 下的 PING 命令一般都发送 0x0100 或 0x0200，如果是回应应答，就应该保持标识符与回应请求相同。
- 序列号：长度为 2 字节，是一个随机数，如果是回应应答，就应该保持序列号与回应请求相同。

Windows 发送的 PING 请求帧：

```
Internet Control Message Protocol
    Type：8 (Echo (ping) request)
    Code：0
    Checksum：0x035a (correct)
    Identifier：0x0200
    Sequence number：48：02
    Data (32 bytes)
```

【分析】 ICMP 帧。类型为 8，回应请求。代码为 0。ICMP 校验和为 0x035A。标识符为 0x0200。序列号为 48：02。数据区长度是 32 字节。

实际接收数据(ICMP 帧头)　08 00 03 5a 02 00 48 02

数据　61 62 63 64 65 66 67 68 69 6a 6b 6c 6d
6e 6f 70 71 72 73 74 75 76 77 61 62 63
64 65 66 67 68 69

完整的帧数据如下：

```
0000 : 00 05 5d a1 b8 40 00 05 5d 61 58 a8 08 00 45 00
0010 : 00 3c 22 4d 00 00 20 01 f6 ea c0 a8 00 37 c0 a8
0020 : 00 02 08 00 03 5a 02 00 48 02 61 62 63 64 65 66
0030 : 67 68 69 6a 6b 6c 6d 6e 6f 70 71 72 73 74 75 76
0040 : 77 61 62 63 64 65 66 67 68 69
```

Windows 发送的 PING 应答帧：

```
Internet Control Message Protocol
    Type: 0 (Echo (ping) reply)
    Code: 0
    Checksum: 0x0b5a (correct)
    Identifier: 0x0200
    Sequence number: 48 : 02
    Data (32 bytes)
```

【分析】 ICMP 帧。类型为 0，回应应答。代码为 0。ICMP 校验和为 0x0B5A。标识符为 0x0200。序列号为 48：02。数据区长度是 32 字节。

实际接收数据(ICMP 帧头)　00 00 0b 5a 02 00 48 02

数据　61 62 63 64 65 66 67 68 69 6a 6b 6c 6d
6e 6f 70 71 72 73 74 75 76 77 61 62 63
64 65 66 67 68 69

完整的帧数据如下：

```
0000 : 00 05 5d a1 b8 40 00 05 5d 61 58 a8 08 00 45 00
0010 : 00 3c 22 4d 00 00 20 01 f6 ea c0 a8 00 37 c0 a8
0020 : 00 02 00 00 0b 5a 02 00 48 02 61 62 63 64 65 66
0030 : 67 68 69 6a 6b 6c 6d 6e 6f 70 71 72 73 74 75 76
0040 : 77 61 62 63 64 65 66 67 68 69
```

类型 3，无法达到的目的地。当 IP 数据报被发送到一个无法到达的目的地时，确认该 IP

报无法发送的主机或路由器向源节点返回一个 ICMP 的无法达到的目的地帧。图 4.25 为 ICMP 的无法达到的目的地帧封装。

下面介绍它的结构。

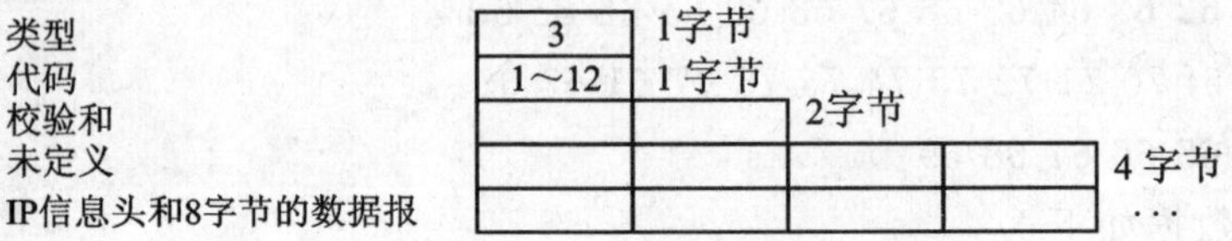


**图 4.25　ICMP 的无法达到的目的地帧封装**

- 代码：

  0 = 网络不可达；

  1 = 主机不可达；

  2 = 协议不可用；

  3 = 端口不可达；

  4 = 需要段和 DF 设置；

  5 = 源路由失败。
- 未定义：长度 4 字节，填 4 个 0 即可。
- IP 信息头和 8 字节的数据报：无法达到的目的 IP 数据报的 IP 信息头和有效负载中前 8 字节(64 位)。此数据用于主机匹配信息到相应的进程。如果高层协议使用端口号，应该假设其在源数据的前 8 字节之中。

对于与网关相应的路由表，如果在目的域中指定的网络不可达，如网络距离为无限远，网关会向发送源数据的主机发送目的不可达消息。而且，在一些网络中，网关有能力决定目的主机是否可达。如果目的地不可达，它将向发送源数据的主机发送不可达信息。

如果 IP 模块因为指定的协议模块和进程端口不可用而不能提交数据报，目的主机将向发送源数据的主机发送不可达信息。

另外一种情况是当数据报必须被分段传送时，不可分段位打开。在这种情况下，网关必须抛弃此数据报，并向发送源数据的主机发送不可达信息。

代码 0、1、4 和 5 由网关发送，而代码 2 和 3 由主机发送。

```
Internet Control Message Protocol
    Type：3 (Destination unreachable)
    Code：3 (Port unreachable)
    Checksum：0x024a (correct)
    Internet Protocol, Src Addr：192.168.0.1 (192.168.0.1), Dst Addr：192.168.0.55 (192.168.0.55)
        Version：4
```

```
        Header length: 20 bytes
        Differentiated Services Field: 0x00 (DSCP 0x00: Default; ECN: 0x00)
            0000 00.. = Differentiated Services Codepoint: Default (0x00)
            .... ..0. = ECN - Capable Transport (ECT): 0
            .... ...0 = ECN - CE: 0
        Total Length: 126
        Identification: 0x372b (14123)
        Flags: 0x00
            .0.. = Don't fragment: Not set
            ..0. = More fragments: Not set
        Fragment offset: 0
        Time to live: 128
        Protocol: UDP (0x11)
        Header checksum: 0x81bb (correct)
        Source: 192.168.0.1 (192.168.0.1)
        Destination: 192.168.0.55 (192.168.0.55)
    User Datagram Protocol, Src Port: domain (53), Dst Port: 1345 (1345)
        Source port: domain (53)
        Destination port: 1345 (1345)
        Length: 106
        Checksum: 0xf4d2
```

【分析】 ICMP 帧。类型为 3，无法达到的目的地。代码为 3，表示端口不可达。ICMP 校验和为 0x024A。紧跟着就是 IP 信息头和 8 字节的数据。IP 层首部。版本为 4；IP 首部长度为 20 字节；服务类型为 0，没有使用服务；IP 数据帧的总长度为 126 字节（是指无法达到目的地的 IP 数据报的长度）；IP 报标识为 0x372B。标志字段和片偏移字段设置为 0x0000，即 DF＝0 允许分段，MF＝0 没有更多的分段，没有偏移。生存时间 TTL 是 128。下层协议为 UDP 协议。IP 报首部校验和为 0x81BB。发送源 IP 地址为 192.168.0.1，发送目标 IP 地址为 192.168.0.55。对于 UDP 协议的起始 8 字节，源端口是 53（2 字节），目标端口是 1345（2 字节），UDP 帧长度为 106（2 字节），UDP 帧校验和为 0xF4D2（2 字节）。

```
实际接收数据(ICMP 帧头)    03 03 02 4a 00 00 00 00
IP 信息头和 8 字节的数据报  45 00 00 7e 37 2b 00 00 80 11 81 bb
                          c0 a8 00 01 c0 a8 00 37 00 35 05 41
                          00 6a f4 d2
```

完整的帧数据如下：

```
0000 : 00 05 5d 67 d0 b1 00 05 5d 61 58 a8 08 00 45 00
0010 : 00 38 21 0b 00 00 80 01 98 31 c0 a8 00 37 c0 a8
0020 : 00 01 03 03 02 4a 00 00 00 00 45 00 00 7e 37 2b
0030 : 00 00 80 11 81 bb c0 a8 00 01 c0 a8 00 37 00 35
0040 : 05 41 00 6a f4 d2
```

类型 11,超时。ICMP 超时帧的 ICMP 封装与无法达到目的地帧的相同。

代码:0 = 传送超时,1 = 分段级装超时。

如果网关在处理数据报时发现生存周期域为 0,此数据报必须抛弃。网关同时必须通过发送超时信息通知源主机。

如果主机在组装分段的数据报时因为丢失段未能在规定时间内组装数据,此数据报必须抛弃。网关发送超时信息。

如果段 0 不可用,则不用发送超时信息。

代码 0 由网关发送,代码 1 由主机发送。

下面是一个 ICMP 超时帧的例子,在 Windows 发送一个 ICMP 回应请求时发生超时,网关返回 ICMP 超时帧。

```
Internet Control Message Protocol
    Type: 11 (Time - to - live exceeded)
    Code: 0 (TTL equals 0 during transit)
    Checksum: 0x3edd (correct)
    Internet Protocol, Src Addr: 192.168.0.55 (192.168.0.55), Dst Addr: 61.145.116.94 (61.145.116.94)
        Version: 4
        Header length: 20 bytes
        Differentiated Services Field: 0x00 (DSCP 0x00: Default; ECN: 0x00)
        0000 00.. = Differentiated Services Codepoint: Default (0x00)
        .... ..0. = ECN - Capable Transport (ECT): 0
        .... ...0 = ECN - CE: 0
        Total Length: 60
        Identification: 0x0b74 (2932)
        Flags: 0x00
            .0.. = Don't fragment: Not set
            ..0. = More fragments: Not set
        Fragment offset: 0
        Time to live: 1
        Protocol: ICMP (0x01)
        Header checksum: 0x3b7f (correct)
```

```
        Source：192.168.0.55 (192.168.0.55)
        Destination：61.145.116.94 (61.145.116.94)
    Internet Control Message Protocol
        Type：8 (Echo (ping) request)
        Code：0
        Checksum：0x4020 (incorrect, should be 0x89fd)
        Identifier：0x0200
        Sequence number：6c:02
```

【分析】 ICMP 帧。类型为 11，超时。代码为 0，表示由网关发送。ICMP 校验和为 0x3EDD。紧跟着的就是 IP 信息头和 8 字节的数据。IP 层首部版本为 4；IP 首部长度为20 字节；服务类型为 0，没有使用服务；IP 数据帧的总长度为 60 字节(是指无法达到目的地的 IP 数据报的长度)；IP 报标识，0x0B74。标志字段和片偏移字段设置为 0x0000，即 DF＝0 允许分段，MF＝0 没有更多的分段，没有偏移。生存时间 TTL 是 1。下层协议为 ICMP 协议。IP 报首部校验和为 0x3B7F。发送源 IP 地址为 192.168.0.55，发送目标 IP 地址为61.145.116.94。对于 ICMP 协议的起始 8 字节，类型是 8(1 字节)，代码是 0(1 字节)，ICMP 帧校验和为 0x4020(2 字节)，标识符和为 0x0200(2 字节)。序列号为 6c：02(2 字节)。

| | |
|---|---|
| 实际接收数据(ICMP 帧头) | 0b 00 3e dd 00 00 00 00 |
| IP 信息头和 8 字节的数据报 | 45 00 00 3c 0b 74 00 00 01 01 3b 7f |
| | c0 a8 00 37 3d 91 74 5e 08 00 40 20 |
| | 02 00 6c 02 |

完整的帧数据如下：

```
0000 : 00 05 5d 61 58 a8 00 05 5d 67 d0 b1 08 00 45 00
0010 : 00 38 00 00 00 00 3c 01 4d 55 3d 90 33 01 c0 a8
0020 : 00 37 0b 00 3e dd 00 00 00 00 45 00 00 3c 0b 74
0030 : 00 00 01 01 3b 7f c0 a8 00 37 3d 91 74 5e 08 00
0040 : 40 20 02 00 6c 02
```

ICMP 协议中还有很多类型，在此不再叙述，有兴趣的读者可以参考 RFC792 文档。

### 3. IGMP 数据报

Internet 组管理协议 (IGMP)在 IP 主机上应用，并向任一个邻近的路由器报告它们的组播成员关系。该备忘录仅描述了 IGMP 在主机和路由器之间如何确定其成员关系，此路由器和组播成员主机的行为相近。IGMP 也可用于两个路由器之间，但这里不进行讨论。

同 ICMP 一样，IGMP 也是 IP 的一个组成部分。它要求在所有想接收 IP 组播的主机都要实现 IGMP。IGMP 消息封装在 IP 报文中，其 IP 的协议号为 2。在该文档中所有说明了的 IGMP 消息均会用 TTL 为 1 进行传递 ，并在 IP 头中包括了 IP 路由检测选项。

关于组播的问题比较复杂,在此不再叙述,有兴趣的读者可以参考 RFC2236 和 RFC1112。

## 4.4.5 传输层协议

传输层也叫运输层,它有两个协议传输数据:传输控制协议 TCP 和用户数据报协议 UDP。TCP 协议是面向连接的一个协议,可靠性高,费用也高;UDP 协议是提供最少服务和费用的传输层协议。

### 1. UDP 协议

UDP 是最简单的传输层协议,它具有以下特点:

- 无连接:UDP 不基于连接来传输数据,而 TCP 刚好相反。
- 不可靠:UDP 的数据报发送时没有定序,所以 UDP 传送的数据是不可靠的,只有在应用层协议中增加超时重发来提供可靠服务。
- 提供应用层协议标识:UDP 报头有定义源应用层协议标识和目标应用层协议标识,这在分析帧结构时再详细叙述。
- 提供 UDP 报的校验和:UDP 报头包含整个 UDP 报(包括报头和有效负载)及伪报头的校验和,计算方法与 IP 数据报的校验和计算方法相同。
- 缓冲:UDP 协议不提供任何数据接收或发送的缓冲区。缓冲区应该由应用层协议提供。
- 分段:UDP 协议不提供分段传输方式,所以应用层协议要发送尽量小的包。假如一定要分段,如基于 UDP 协议的文件服务器,应该由应用层协议来分段。
- 流控制:UDP 不提供发送或接收的流控制。

基于以上优点,这里点评一下 UDP 协议的上层应用层协议。DNS 域名系统协议是对客户的域名进行解析的协议,在一个网络上每个 DNS 服务器可能要为成千上万的客户服务,如果全部 DNS 客户都使用 TCP 而不是 UDP,那么 DNS 服务器必须支持成千上万个 TCP 连接。这是不可想像的,所以 UDP 是简单、基于请求/响应的应用层协议的最佳选择。如果应用层协议已经提供了可靠的数据传送服务,就不需要 TCP 的可靠服务了,可靠的应用层协议有普通文件传送协议 TFTP 和网络文件系统协议 NFS。因此,在应用层不需要可靠服务。而当需要以定期通告的方式来传送时,也可使用 UDP 协议,如路由信息协议 RIP 是采用定期 30 s向域内广播路由表的方式来实现的。TCP 协议只能实现一对一,而 UDP 协议可以提供一对多服务。

UDP 报的结构如图 4.26 所示。

UDP 报是基于 IP 数据报发送的。UDP 报使用 IP 协议字段为 17 的 IP 数据报头来封装,有效负载大小是 IP MTU 减 IP 报头长度再减 8 字节。

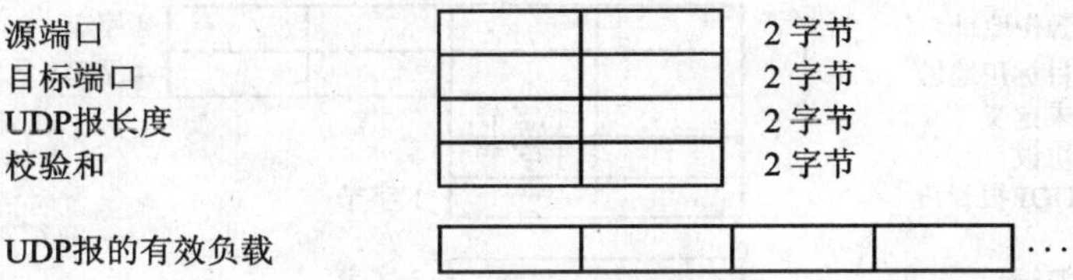


**图 4.26　UDP 的帧结构**

- 源端口：长度为 2 字节，是标识源应用层协议。如 53(DNS 域名称系统)、67(BOOTP 客户端)、68(BOOTP 服务器)、161(SNMP 简单网络管理协议)、530(RIP 路由信息协议)。
- 目标端口：长度为 2 字节，是标识目标应用层协议。IP 报头的目标 IP 地址加上 UDP 报头的目标端口组成全局惟一而有效的地址。
- UDP 报长度：2 字节，表示整个 UDP 报(包含 UDP 报头和有效负载)的长度，单位为字节。

UDP 长度＝IP 报有效负载长度＝IP 报长度－IP 报头长度

- 校验和：长度为 2 字节，为 UDP 报提供位级别的综合检查。它的计算包括 UDP 伪报头、UDP 报头、UDP 有效负载，不发送 UDP 伪报头。计算方法与 IP 报的校验与计算方法相同，计算前应先把 UDP 校验和字段清 0。
- UDP 报的有效负载：用于传送的有效数据区。

UDP 报有效负载长度＝IP 报长度－IP 报头长度－8 字节的 UDP 报头长度

UDP 伪报头结构如图 4.27 所示。

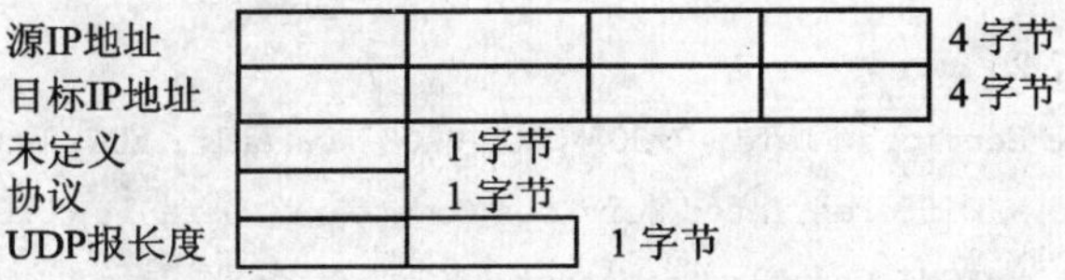


**图 4.27　UDP 的伪报头结构**

源 IP 地址和目标 IP 地址与 IP 报头的相同。未定义字段填 0，协议字段填 17(表示 UDP 协议)，UDP 长度填 UDP 报的长度，它与 UDP 报头上的 UDP 报长度字段值相同。

图 4.28 为 UDP 校验和的计算内容结构。

前面提到，UDP 校验和与 IP 报头校验和的计算方法相同，但是 IP 报头的计算个数是偶数，UDP 的计算个数可能是偶数也可能是奇数，而校验和的算法是把多个 16 位的字相加。如果是奇数怎么办？解决方法是在最后增加填充字节 0，这只是为了计算校验和，增加的填充字 0 与 UDP 伪报头一样不被发送。

下面分析一帧完整的基于以太网传输的 UDP 帧。

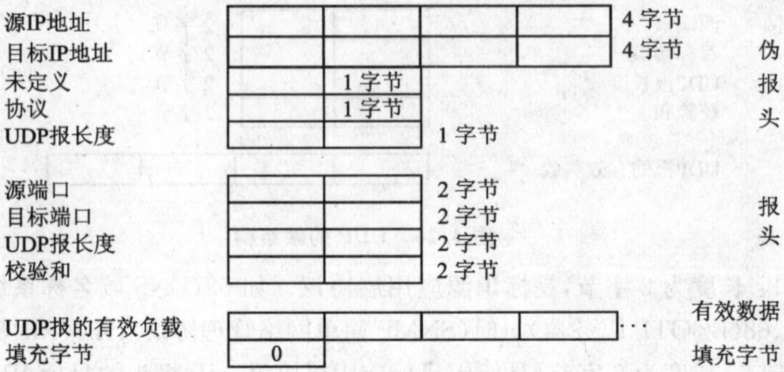


**图 4.28　UDP 校验和的计算内容结构**

```
Ethernet II, Src: 00:05:5d:61:58:a8, Dst: 00:05:5d:67:d0:b1
    Destination: 00:05:5d:67:d0:b1 (D-Link_67:d0:b1)
    Source: 00:05:5d:61:58:a8 (D-Link_61:58:a8)
    Type: IP (0x0800)
```

【分析】 Ethernet II 网络协议层,发送源 MAC 地址为 00:05:5d:61:58:a8,发送目标的 MAC 地址为 00:05:5d:67:d0:b1,上层协议类型为 IP 协议。

实际接收数据(Ethernet II 报首部)　00 05 5d 67 d0 b1 08 00 05 5d 61 58 a8 00

```
Internet Protocol, Src Addr: 192.168.0.55 (192.168.0.55), Dst Addr: 192.168.0.1 (192.168.0.1)
    Version: 4
    Header length: 20 bytes
    Differentiated Services Field: 0x00 (DSCP 0x00: Default; ECN: 0x00)
        0000 00.. = Differentiated Services Codepoint: Default (0x00)
        .... ..0. = ECN-Capable Transport (ECT): 0
        .... ...0 = ECN-CE: 0
    Total Length: 46
    Identification: 0x5902 (22786)
    Flags: 0x00
        .0.. = Don't fragment: Not set
        ..0. = More fragments: Not set
    Fragment offset: 0
    Time to live: 128
    Protocol: UDP (0x11)
    Header checksum: 0x6034 (correct)
```

```
    Source: 192.168.0.55 (192.168.0.55)
    Destination: 192.168.0.1 (192.168.0.1)
```

【分析】 IP 层首部。版本为 4,即 IP 地址由 4 字节组成。IP 首部长度为 20 字节。服务类型为 0,没有使用服务。IP 数据帧的总长度为 46 字节(加上以太网首部 14 字节一共 60 字节)。IP 报标识,0x5902。标志字段和片偏移字段设置为 0x0000,就是 DF=0 允许分段,MF=0没有更多的分段,没有偏移。生存时间 TTL 是 128。下层协议为 UDP 协议。IP 报首部校验和为 0x6034。发送源 IP 地址为 192.168.0.55,发送目标 IP 地址为 192.168.0.1。

实际接收数据(IP 数据帧头): 45 00 00 2e 59 02 00 00 80 11 60 34 c0
a8 00 37 c0 a8 00 01

```
User Datagram Protocol, Src Port: 1025 (1025), Dst Port: 6000 (6000)
    Source port: 1025 (1025)
    Destination port: 6000 (6000)
    Length: 26
    Checksum: 0x83e1 (correct)
Data (18 bytes)
```

【分析】 UDP 层首部。源端口为 1025,目标端口为 6000;UDP 报长度为 26 字节,也就是说有效负载为 18 字节(减去 8 字节的首部);UDP 报校验和为 0x83E1。有效数据 18 字节。

实际接收数据(UDP 帧): 04 01 17 70 00 1a 83 e1 31 32 33 34 35 36
37 38 39 31 32 33 34 35 36 37 38 39

完整的帧数据如下:

```
0000 : 00 05 5d 67 d0 b1 00 05 5d 61 58 a8 08 00 45 00
0010 : 00 2e 59 02 00 00 80 11 60 34 c0 a8 00 37 c0 a8
0020 : 00 01 04 01 17 70 00 1a 83 e1 31 32 33 34 35 36
0030 : 37 38 39 31 32 33 34 35 36 37 38 39
```

下面分析一帧基于 UDP 协议的 TFTP 协议帧。

```
Ethernet II, Src: 00:05:5d:61:58:a8, Dst: 00:05:5d:67:d0:b1
    Destination: 00:05:5d:67:d0:b1 (D-Link_67:d0:b1)
    Source: 00:05:5d:61:58:a8 (D-Link_61:58:a8)
    Type: IP (0x0800)
```

【分析】 Ethernet II 网络协议层,发送源 MAC 地址为 00:05:5d:61:58:a8,发送目标的 MAC 地址为 00:05:5d:67:d0:b1,上层协议类型为 IP 协议。

实际接收数据(Ethernet II 报首部) 00 05 5d 67 d0 b1 08 00 05 5d
61 58 a8 00

```
Internet Protocol, Src Addr: 192.168.0.55 (192.168.0.55), Dst Addr: 192.168.0.1 (192.168.0.1)
    Version: 4
    Header length: 20 bytes
    Differentiated Services Field: 0x00 (DSCP 0x00: Default; ECN: 0x00)
        0000 00.. = Differentiated Services Codepoint: Default (0x00)
        .... ..0. = ECN-Capable Transport (ECT): 0
        .... ...0 = ECN-CE: 0
    Total Length: 83
    Identification: 0x9325 (37669)
    Flags: 0x00
        .0.. = Don't fragment: Not set
        ..0. = More fragments: Not set
    Fragment offset: 0
    Time to live: 128
    Protocol: UDP (0x11)
    Header checksum: 0x25ec (correct)
    Source: 192.168.0.55 (192.168.0.55)
    Destination: 192.168.0.1 (192.168.0.1)
```

【分析】 IP 层首部。版本为 4,即 IP 地址由 4 字节组成。IP 首部长度为 20 字节。服务类型为 0,即没有使用服务。IP 数据帧的总长度为 83 字节(加上以太网首部 14 字节一共 97 字节)。IP 报标识,0x9325。标志字段和片偏移字段设置为 0x0000,就是 DF=0 允许分段,MF=0没有更多的分段,没有偏移。生存时间 TTL 是 128。下层协议为 UDP 协议。IP 报首部校验和为 0x25EC。发送源 IP 地址为 192.168.0.55,发送目标 IP 地址 192.168.0.1。

实际接收数据(IP 数据帧头): 45 00 00 53 93 25 00 00 80 11 25 ec c0
a8 00 37 c0 a8 00 01

```
User Datagram Protocol, Src Port: 1492 (1492), Dst Port: tftp (69)
    Source port: 1492 (1492)
    Destination port: tftp (69)
    Length: 63
    Checksum: 0xac40 (correct)
```

【分析】 UDP(User Datagram Protocol)层首部。源端口为 1492,目标端口为 69,即 TFTP 服务端口。UDP 报长度为 63 字节,即有效负载为 55 字节(减去 8 字节的首部)。UDP 报校验和为 0xaC40。

实际接收数据(UDP 帧头) 05 d4 00 45 00 3f ac 40

```
Trivial File Transfer Protocol
    Opcode: Read Request (1)
    Source File: c:\qwerq.qwe
    Type: netascii
    Option: blksize = 512
    Option: timeout = 10
    Option: tsize = 0
```

【分析】 TFTP(Trivial File Transfer Protocol)协议。操作代码为 Read Request,文件名为 c:\qwerq.qwe,结束符是 00H;传输模式为 netascii,结束符是 00H;操作块大小为 512 字节;操作超时为 10;操作 tsize 为 0。

实际接收数据(TFTP 协议): 00 01 63 3a 5c 71 77 65 72 71 2e 71 77
65 00 6e 65 74 61 73 63 69 69 00 62 6c
6b 73 69 7a 65 00 35 31 32 00 74 69 6d
65 6f 75 74 00 31 30 00 74 73 69 7a 65
00 30 00

完整的帧数据如下:

```
0000 : 00 05 5d 67 d0 b1 00 05 5d 61 58 a8 08 00 45 00
0010 : 00 53 93 25 00 00 80 11 25 ec c0 a8 00 37 c0 a8
0020 : 00 01 05 d4 00 45 00 3f ac 40 00 01 63 3a 5c 71
0030 : 77 65 72 71 2e 71 77 65 00 6e 65 74 61 73 63 69
0040 : 69 00 62 6c 6b 73 69 7a 65 00 35 31 32 00 74 69
0050 : 6d 65 6f 75 74 00 31 30 00 74 73 69 7a 65 00 30
0060 : 00
```

## 2. TCP 协议

TCP 协议全称是传输控制协议,从 TCP/IP 这个名字即可知道 TCP 的分量。一般介绍 TCP/IP 协议栈的书都会花最大的篇幅来叙述 TCP 协议,本书也不例外,下面分 4 部分来讲述 TCP 协议:① TCP 协议帧的基础;② TCP 的连接;③ TCP 的流量控制;④ TCP 的超时和重发。

### 1) TCP 协议帧的基础

TCP 与 UDP 一样都是基于 IP 数据帧的传输,而且将封装数据传递到应用层协议的方法也一样,不同的是 TCP 还可以提供可靠的数据传输服务。TCP 具有以下特点:

- 面向连接:TCP 协议规定,在进行数据传输之前 2 个节点必须使用 TCP 连接的建立过程,建立连接成功后再进行数据传输。终止连接也要使用 TCP 连接中断过程关闭连接,如何连接和中断以后再详细说明。

- 双向传输：TCP 协议中，每个连接都有 2 个逻辑管道，一收一发。数据可以同时进行收和发，TCP 报头包含传出数据和确认输入数据的序列号。
- 可靠传输：TCP 协议规定，在传输数据时要按顺序发送数据，并须得到接收方的确认，没有得到确认的数据将重发，接收方接收到的重复包将被丢弃，失序包将被还原为正确的序列。TCP 校验字提供比特级的完整性校验。
- 数据字节流：在 TCP 的输入和输出逻辑管道上传输的数据被认为是连续的字节流，TCP 报头的序列号和确认号都是以字节为单位确定的。TCP 不知道所传输的字节流的内容是什么，以及在哪里起始，在哪里结束，对字节流数据的分析只能通过应用层的协议进行分析。
- 流控制：TCP 协议中还规定了数据传输的流量控制，防止堵塞。在数据传输的双方都有接收缓冲区，如果一方接收缓冲区已满，另一方将不再发送，直到缓冲区有空余空间。而双方的接收缓冲区都是独立的，永远也不会溢出。
- 应用层数据分段：TCP 建立连接时，双方都交换可接收的最大段，如果接收到 ICMP 的"路径最大传输单位"MTU 消息，就能自动调整 TCP 最大段的大小。
- 一对一传输：TCP 协议只能实现一对一，而 UDP 协议可以提供一对多服务。

总结以上几点，TCP 协议为上层的应用层协议提供了可靠的数据传输服务，使用 TCP 传输的有 HTTP、FTP 和 SMTP 等一些不提供可靠数据传输的应用层协议。图 4.29 为 TCP 的帧结构。

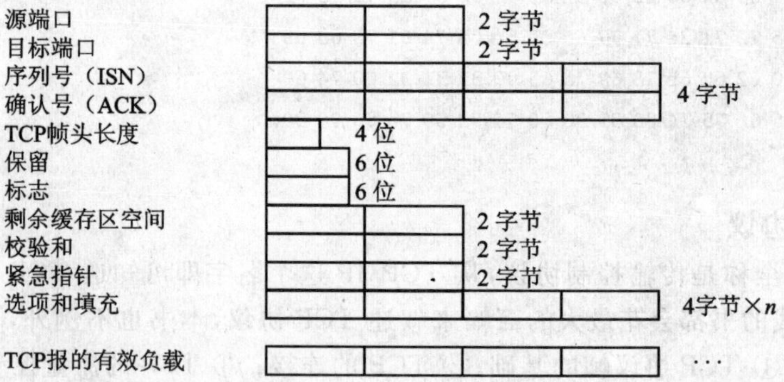


**图 4.29　TCP 的帧结构**

由图 4.29 可以看出，TCP 帧分两部分：报头和有效负载。TCP 报头的长度是可以改变的，最小长度是 20 字节(在没有选项和填充时)。

TCP 报头包括以下字段：

(1) 源端口：长度为 2 字节，标识源应用层协议。如 80(HTTP 服务器端口)、20 和

21(FTP服务器端口)、23(TELNET 服务器端口)等。应用层协议的服务器端一般在已知的端口上监听,而应用层协议的客户端只对默认的服务器端口进行访问。

(2) 目标端口:长度为 2 字节,标识目标应用层协议。IP 报头的目标 IP 地址加上 TCP 报头的目标端口组成全局惟一而有效的地址,1 个 IP 地址加 1 个端口号就称为一个SOCKET。

(3) 序列号(ISN):长度是 4 字节,表示本 TCP 帧中有效数据的第 1 个字节的基于输出字节流的序列号,即使没有有效数据也要设置序列号,这时它等于下一个字节的基于输出字节流的序列号。另外在建立连接或断开时序列号加 1,这种情况以后再详细说明。

(4) 确认号(ACK):长度是 4 字节,表示接收方希望接收的下一帧 TCP 帧数据字节流的第 1 个字节序列号。确认号提供对已经接收数据的确认。如果已经发送的数据没有得到正确的确认,就要重发。所以接收方要对已经接收的数据积极确认,确认号对所有的 TCP 帧来说都是非常重要的。

(5) TCP 帧头长度:长度是 4 位,表示在 TCP 帧中 TCP 帧头的长度,和 IP 的报头长度一样,它的数值范围是 0x5~0xF,它是表示 4 的倍数的值,如最小的 TCP 报头长度是 20,它可以表示为 0x5,最大的 TCP 报头长度是 60,它可以表示为 0xF。TCP 报头的大小始终是 4 的倍数。

(6) 保留:长度为 6 位,设为 0 即可。

(7) 标志:长度为 6 位,分别表示 URG(紧急指针)、ACK(确认序号正确)、PSH(接收方尽快把数据发到应用层)、RST(重建连接)、SYN(同步序号)、FIN(完成)6 个标志。置 1 有效,这 6 位可以同时多个置 1。

(8) 剩余缓存区空间:长度是 2 字节,表示发送端接收缓冲区的剩余空间,单位是字节。缓冲区最大值是 65 535 字节,改字段位 0 时,对方不能发送数据。其实该缓冲区是面向应用层的,如果应用层没有读取上面的数据,该字段就会越来越小,直到为 0。应用层协议读取后,该字段的值变大,这样就可以保证不会丢失数据。

(9) 校验和:长度为 2 字节,为 TCP 报提供位级别的综合检查。它的计算包括 TCP 伪报头、TCP 报头、TCP 有效负载,不发送 TCP 伪报头。计算方法与 IP 报的校验和计算方法相同,计算前要先把 TCP 校验和字段清 0。具体方法与 UDP 报的校验和一样,具体如图 4.31 所示。

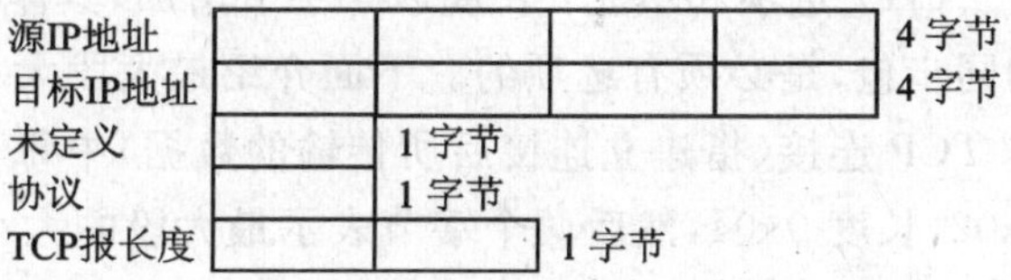


**图 4.30 TCP 的伪报头结构**

下面介绍 TCP 伪报头。图 4.30 为 TCP 的伪报头结构。

源 IP 地址和目标 IP 地址与 IP 报头的相同。未定义字段填 0,协议字段填 6(表示 TCP 协议),TCP 长度填 TCP 报的长度。

对于报文校验和的奇数和偶数个数的问题,其解决方法同 UDP 的一样,即在最后增加填充字节 0,这只是为了计算校验和,增加的填充字 0 与 TCP 伪报头一样不被发送。

(10) 紧急指针：长度为 2 字节，它在 URG 标志置 1 后才有用，平时为 0。它是 TCP 发送紧急数据的一种方式。它指出了 TCP 有效数据中紧急数据的长度和位置，紧急数据都放在当前 TCP 有效数据的开始到指针以内的范围，RFC793 的解析是在紧急指针指向最后一个紧急数据的位置，而新的 RFC1122 的解析是在紧急指针指向最后一个紧急数据位置再加 1 的地方。

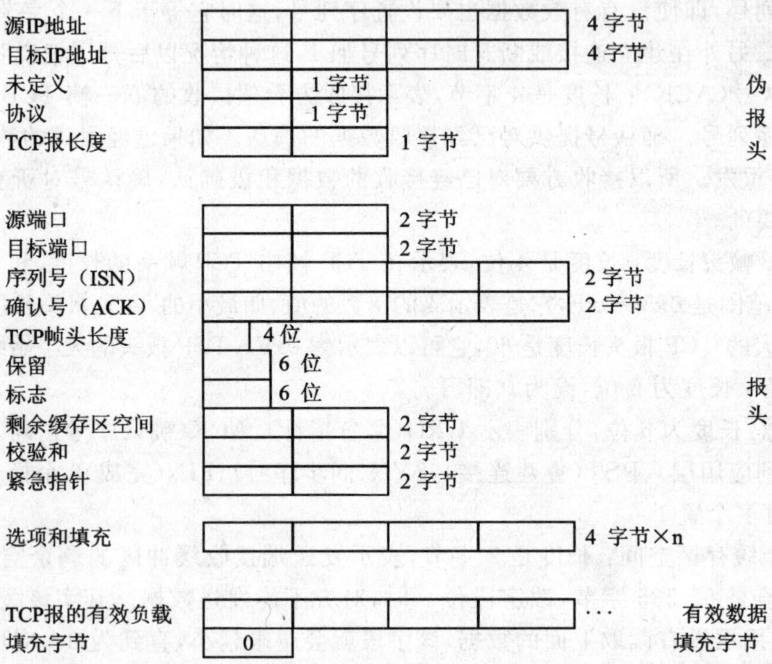


图 4.31 TCP 校验和的计算内容结构

(11) 选项和填充：长度以 4 字节增加，具体长度不定，一般是 0。但是某些包如建立连接的同步包，是必须有选项的。下面介绍最大段大小选项(Maximum Segment Size)。它描述了本 TCP 连接(指建立连接后所传输的数据)中每个 TCP 帧最大传输数据的大小，它的型号是 0x02，长度 0x04，然后两个字节表示最大段的大小，单位是字节。SACK 选择性重传描述了从 TCP 上传输的数据中哪些需要重新传输。它在使用前有两个默认字段，两个无操作 TCP 选择字段，0x01、0x01 然后是它选项型号和选项长度。一般它包含两种形式，SACK 许可和 SACK 选项。SACK 许可的选项型号是 0x04，选项长度是 0x02。SACK 选项的选项型号是 0x05，选项长度是 10、18、26、34 等，然后跟需要重发数据的左边界(序列号，4 字节)、右边界。左边界加右边界刚好定义一个数据段，每定义一个数据段使用 8 字节，加上前面的选项型号、选项长度后，长度可能是 10(1 个数据段)或者 18(2 个数据段)、26(3 个数据段)、34(4 个数据段)等。用户可以参考下面的实际接收帧的分析。

```
Transmission Control Protocol, Src Port: 3319 (3319), Dst Port: 8080 (8080), Seq: 22204696, Ack:
0, Len: 0
    Source port: 3319 (3319)
    Destination port: 8080 (8080)
    Sequence number: 22204696
    Header length: 28 bytes
    Flags: 0x0002 (SYN)
        0... .... = Congestion Window Reduced (CWR): Not set
        .0.. .... = ECN - Echo: Not set
        ..0. .... = Urgent: Not set
        ...0 .... = Acknowledgment: Not set
        .... 0... = Push: Not set
        .... .0.. = Reset: Not set
        .... ..1. = Syn: Set
        .... ...0 = Fin: Not set
    Window size: 8192
    Checksum: 0xe2a4 (correct)
    Options: (8 bytes)
        Maximum segment size: 1460 bytes
        NOP
        NOP
        SACK permitted
```

【分析】 TCP 协议。源端口为 3319；目标端口为 8080，序列号为 22204696；确认号为 0；TCP 帧头长度为 28；标志为 SYN，表示 TCP 同步帧；剩余缓存区空间为 8 192；校验和为 0xE2A4；选项共 8 字节，第 1 条说明了最大段大小为 1 460 字节，跟着是 SACK 允许。因为发送的数据长度为 0，所以这时已经是该帧的结尾了，没有有效负载。

实际接收数据(TCP 协议报头)： 0c f7 1f 90 01 52 d1 18 00 00 00 00
70 02 20 00 e2 a4 00 00 02 04 05 b4
01 01 04 02

**2) TCP 的连接**

TCP 协议是面向连接的协议，每个连接都由 4 个标志(服务器 IP 地址、服务器 TCP 端口、客户机 IP 地址、客户机 TCP 端口)作为它的惟一标识。在进行数据传输之前，服务器与客户机之间必须使用 TCP 连接的建立过程，建立连接成功后，再进行数据传输。终止连接也要使用 TCP 连接中断过程关闭连接。下面来讨论这个两过程。

① 建立连接

建立一个 TCP 的过程中双方需要知道输入数据的起始序列号、对方的接收缓冲区大小、对方可接收的最大端的大小、支持的 TCP 选项等,而这些信息都是在建立过程进行交换的。建立一个 TCP 连接一般需要收/发 3 个报,也叫 3 向交换,首先是主动连接端(一般是客户机)发送一个同步(SYN)报,它包含主动连接端的起始序列号(ISN)、接收缓冲区大小、可接收的最大端的大小、支持的 TCP 选项等。除了以上几点,它还有一些特点:确认号为 0,标志字段是 SYN=1。然后是被动连接端(一般是服务器)接收到数据之后的回应,发送一个同步应答(SYN-ACK)报,它包含被动连接端的起始序列号、接收缓冲区大小、可接收的最大端的大小、支持的 TCP 选项等。除了以上几点,它还有一些特点:确认号为主动连接端发送的序列号+1(ISN+1),标志字段是 SYN=1、ACK=1。该帧的发送表明被动连接端已经接受了主动连接端的连接要求,并把相应的连接信息进行交换,而主动连接端收到该帧的时候,就认为 TCP 连接建立成功。最后是主动连接端结束后的应答,发送一个应答(ACK)报,它包含被动连接端的序列号(ISN+1),确认号是被动连接端的序列号+1。该帧的发送表明主动连接端已经接受了被动连接端的连接信息,只有接收到该帧,被动连接端才会认为连接建立成功。建立过程如图 4.32 所示。

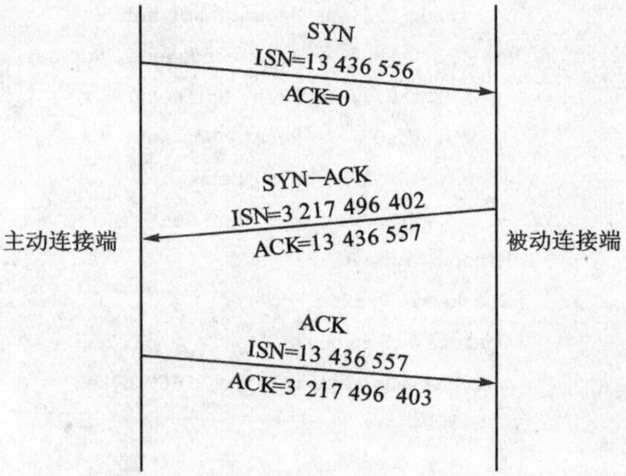


图 4.32 TCP 建立连接的过程

下面对图 4.32 实际例子中的 3 个连接 TCP 报进行具体分析。

**背景:** IP 地址为 192.168.0.55 的节点需要上网,而该网络的代理服务器的 IP 地址是 192.168.0.1,192.168.0.55 节点主动连接代理服务器 192.168.0.1。主动连接端为 192.168.0.55,被动连接端为 192.168.0.1。

◇ SYN 帧

该帧由 192.168.0.55 节点发送。

```
Ethernet II, Src: 00:05:5d:61:58:a8, Dst: 00:05:5d:67:d0:b1
    Destination: 00:05:5d:67:d0:b1 (D-Link_67:d0:b1)
    Source: 00:05:5d:61:58:a8 (D-Link_61:58:a8)
    Type: IP (0x0800)
```

**【分析】** Ethernet II 网络协议层,发送源的 MAC 地址为 00:05:5d:61:58:a8,发送

目标的 MAC 地址为 00：05：5d：67：d0：b1，上层协议类型为 IP 协议。

实际接收数据(Ethernet II 报首部)　00 05 5d 67 d0 b1 00 05 5d 61
58 a8 08 00

```
Internet Protocol, Src Addr: 192.168.0.55 (192.168.0.55), Dst Addr: 192.168.0.1 (192.168.0.1)
    Version: 4
    Header length: 20 bytes
    Differentiated Services Field: 0x00 (DSCP 0x00: Default; ECN: 0x00)
        0000 00.. = Differentiated Services Codepoint: Default (0x00)
        .... ..0. = ECN-Capable Transport (ECT): 0
        .... ...0 = ECN-CE: 0
    Total Length: 48
    Identification: 0xc481 (50305)
    Flags: 0x04
        .1.. = Don't fragment: Set
        ..0. = More fragments: Not set
    Fragment offset: 0
    Time to live: 128
    Protocol: TCP (0x06)
    Header checksum: 0xb4bd (correct)
    Source: 192.168.0.55 (192.168.0.55)
    Destination: 192.168.0.1 (192.168.0.1)
```

【分析】 IP 层首部。版本为 4，即 IP 地址由 4 字节组成。IP 首部长度为 20 字节。服务类型为 0，没有使用服务。IP 数据帧的总长度为 48 字节(加上以太网首部 14 字节共 62 字节)。IP 报标识，0xC481。标志字段和片偏移字段设置为 0x4000，就是 DF＝1 不允许分段，MF＝0 没有更多的分段，没有偏移。生存时间 TTL 是 128。下层协议为 TCP 协议。IP 报首部校验和为 0xB4BD。发送源 IP 地址为 192.168.0.55，发送目标 IP 地址为192.168.0.1。

实际接收数据(IP 报首部)　45 00 00 30 c4 81 40 00 80 06 b4 bd
c0 a8 00 37 c0 a8 00 01

```
Transmission Control Protocol, Src Port: 3779 (3779), Dst Port: 8080 (8080), Seq: 13436556, Ack:
0, Len: 0
    Source port: 3779 (3779)
    Destination port: 8080 (8080)
    Sequence number: 13436556
    Header length: 28 bytes
    Flags: 0x0002 (SYN)
```

```
        0... .... = Congestion Window Reduced (CWR): Not set
        .0.. .... = ECN-Echo: Not set
        ..0. .... = Urgent: Not set
        ...0 .... = Acknowledgment: Not set
        .... 0... = Push: Not set
        .... .0.. = Reset: Not set
        .... ..1. = Syn: Set
        .... ...0 = Fin: Not set
    Window size: 8192
    Checksum: 0xabea (correct)
    Options: (8 bytes)
        Maximum segment size: 1460 bytes
        NOP
        NOP
        SACK permitted
```

【分析】 TCP 协议。源端口为 3779；目标端口为 8080，序列号为 13436556，该序列号为主动连接端的起始序列号；确认号为 0；TCP 帧头长度为 28；数据段长度为 0；标志为 SYN，表示 TCP 同步帧；剩余缓存区空间为 8 192，通过这个值被动连接端就可以知道主动连接端的缓冲区空间是多大；校验和为 0xABEA；选项共 8 字节，第 1 条说明了主动连接端的最大段大小为 1 460 字节，跟着是 SACK 允许。

实际接收数据(TCP 报首部)　0e c3 1f 90 00 cd 06 8c 00 00 00 00 70
　　　　　　　　　　　　　02 20 00 ab ea 00 00 02 04 05 b4 01 01
　　　　　　　　　　　　　04 02

完整的帧数据如下：

```
0000 : 00 05 5d 67 d0 b1 00 05 5d 61 58 a8 08 00 45 00
0010 : 00 30 c4 81 40 00 80 06 b4 bd c0 a8 00 37 c0 a8
0020 : 00 01 0e c3 1f 90 00 cd 06 8c 00 00 00 00 70 02
0030 : 20 00 ab ea 00 00 02 04 05 b4 01 01 04 02
```

◇ SYN - ACK 帧

该帧由 192.168.0.1 节点发送。

```
Ethernet II, Src: 00:05:5d:67:d0:b1, Dst: 00:05:5d:61:58:a8
    Destination: 00:05:5d:61:58:a8 (D-Link_61:58:a8)
    Source: 00:05:5d:67:d0:b1 (D-Link_67:d0:b1)
    Type: IP (0x0800)
```

【分析】 Ethernet II 网络协议层，发送源的 MAC 地址为 00：05：5d：67：d0：b1，发送目标的 MAC 地址为 00：05：5d：61：58：a8，上层协议类型为 IP 协议。

实际接收数据(Ethernet II 报首部)　00 05 5d 61 58 a8 00 05 5d 67 d0 b1 08 00

```
Internet Protocol, Src Addr: 192.168.0.1 (192.168.0.1), Dst Addr: 192.168.0.55 (192.168.0.55)
    Version: 4
    Header length: 20 bytes
    Differentiated Services Field: 0x00 (DSCP 0x00: Default; ECN: 0x00)
        0000 00.. = Differentiated Services Codepoint: Default (0x00)
        .... ..0. = ECN - Capable Transport (ECT): 0
        .... ...0 = ECN - CE: 0
    Total Length: 48
    Identification: 0x819d (33181)
    Flags: 0x04
        .1.. = Don't fragment: Set
        ..0. = More fragments: Not set
    Fragment offset: 0
    Time to live: 128
    Protocol: TCP (0x06)
    Header checksum: 0xf7a1 (correct)
    Source: 192.168.0.1 (192.168.0.1)
    Destination: 192.168.0.55 (192.168.0.55)
```

【分析】 IP 层首部。版本为 4，即 IP 地址由 4 字节组成。IP 首部长度为 20 字节。服务类型为 0，没有使用服务。IP 数据帧的总长度为 48 字节(加上以太网首部 14 字节共 62 字节)。IP 报标识，0x819D。标志字段和片偏移字段设置为 0x4000，就是 DF=1 不允许分段，MF=0 没有更多的分段，没有偏移。生存时间 TTL 是 128。下层协议为 TCP 协议。IP 报首部校验和为 0xF7A1。发送源 IP 地址为 192.168.0.1，发送目标 IP 地址为192.168.0.55。

实际接收数据(IP 报首部)　45 00 00 30 81 9d 40 00 80 06 f7 a1 c0 a8 00 01 c0 a8 00 37

```
Transmission Control Protocol, Src Port: 8080 (8080), Dst Port: 3779 (3779), Seq: 3217496402,
Ack: 13436557, Len: 0
    Source port: 8080 (8080)
    Destination port: 3779 (3779)
    Sequence number: 3217496402
    Acknowledgement number: 13436557
```

```
    Header length: 28 bytes
    Flags: 0x0012 (SYN, ACK)
        0... .... = Congestion Window Reduced (CWR): Not set
        .0.. .... = ECN - Echo: Not set
        ..0. .... = Urgent: Not set
        ...1 .... = Acknowledgment: Set
        .... 0... = Push: Not set
        .... .0.. = Reset: Not set
        .... ..1. = Syn: Set
        .... ...0 = Fin: Not set
    Window size: 65535
    Checksum: 0xf2bf (correct)
    Options: (8 bytes)
        Maximum segment size: 1460 bytes
        NOP
        NOP
        SACK permitted
```

【分析】 TCP 协议。源端口为 8080;目标端口为 3779,序列号为 3217496402,该序列号为被动连接端的起始序列号;确认号为 13436557,即主动连接端的起始序列号 13436556+1; TCP 帧头长度为 28;数据段长度为 0;标志为 SYN+ACK,表示 TCP 同步应答帧;剩余缓存区空间为 65 535,通过这个值主动连接端就可以知道被动连接端的缓冲区空间是多大;校验和为 0xF2BF;选项共 8 字节,第 1 条说明了被动连接端的最大段大小为 1 460 字节,跟着是 SACK 允许。

实际接收数据(TCP 报首部) 1f 90 0e c3 bf c7 19 52 00 cd 06 8d 70
12 ff ff f2 bf 00 00 02 04 05 b4 01 01
04 02

完整的帧数据如下:

```
0000   00 05 5d 61 58 a8 00 05 5d 67 d0 b1 08 00 45 00
0010   00 30 81 9d 40 00 80 06 f7 a1 c0 a8 00 01 c0 a8
0020   00 37 1f 90 0e c3 bf c7 19 52 00 cd 06 8d 70 12
0030   ff ff f2 bf 00 00 02 04 05 b4 01 01 04 02
```

◇ ACK 帧

该帧由 192.168.0.55 节点发送。

```
Ethernet II, Src: 00:05:5d:61:58:a8, Dst: 00:05:5d:67:d0:b1
    Destination: 00:05:5d:67:d0:b1 (D-Link_67:d0:b1)
    Source: 00:05:5d:61:58:a8 (D-Link_61:58:a8)
    Type: IP (0x0800)
```

【分析】 Ethernet II 网络协议层，发送源的 MAC 地址为 00：05：5d：61：58：a8，发送目标的 MAC 地址为 00：05：5d：67：d0：b1，上层协议类型为 IP 协议。

实际接收数据(Ethernet II 报首部)　00 05 5d 67 d0 b1 00 05 5d 61
58 a8 08 00

```
Internet Protocol, Src Addr: 192.168.0.55 (192.168.0.55), Dst Addr: 192.168.0.1 (192.168.0.1)
    Version: 4
    Header length: 20 bytes
    Differentiated Services Field: 0x00 (DSCP 0x00: Default; ECN: 0x00)
        0000 00.. = Differentiated Services Codepoint: Default (0x00)
        ......0. = ECN-Capable Transport (ECT): 0
        .......0 = ECN-CE: 0
    Total Length: 40
    Identification: 0xc681 (50817)
    Flags: 0x04
        .1.. = Don't fragment: Set
        ..0. = More fragments: Not set
    Fragment offset: 0
    Time to live: 128
    Protocol: TCP (0x06)
    Header checksum: 0xb2c5 (correct)
    Source: 192.168.0.55 (192.168.0.55)
    Destination: 192.168.0.1 (192.168.0.1)
```

【分析】 IP 层首部。版本为 4，即 IP 地址由 4 字节组成。IP 首部长度为 20 字节。服务类型为 0，没有使用服务。IP 数据帧的总长度为 40 字节(加上以太网首部 14 字节共 54 字节)。IP 报标识，0xC681。标志字段和片偏移字段设置为 0x4000，就是 DF=1 不允许分段，MF=0 没有更多的分段，没有偏移。生存时间 TTL 是 128。下层协议为 TCP 协议。IP 报首部校验和为 0xB2C5。发送源 IP 地址为 192.168.0.55，发送目标 IP 地址为 192.168.0.1。

实际接收数据(IP 报首部)　45 00 00 28 c6 81 40 00 80 06 b2 c5 c0
a8 00 37 c0 a8 00 01

```
Transmission Control Protocol, Src Port: 3779 (3779), Dst Port: 8080 (8080), Seq: 13436557, Ack:
3217496403, Len: 0
    Source port: 3779 (3779)
    Destination port: 8080 (8080)
    Sequence number: 13436557
    Acknowledgement number: 3217496403
    Header length: 20 bytes
    Flags: 0x0010 (ACK)
        0... .... = Congestion Window Reduced (CWR): Not set
        .0.. .... = ECN-Echo: Not set
        ..0. .... = Urgent: Not set
        ...1 .... = Acknowledgment: Set
        .... 0... = Push: Not set
        .... .0.. = Reset: Not set
        .... ..0. = Syn: Not set
        .... ...0 = Fin: Not set
    Window size: 8760
    Checksum: 0xfd4b (correct)
```

【分析】 TCP 协议。源端口为 3779;目标端口为 8080,序列号为 13436557,该序列号为主动连接端的起始序列号 13436556+1;确认号为 3217496403,即被动连接端的起始序列号 3217496402+1; TCP 帧头长度为 20,这里是 20,因为选择字段没有了;数据段长度为 0;标志为 ACK,表示 TCP 应答帧;剩余缓存区空间为 8 760;校验和为 0xFD4B。

实际接收数据(TCP 报首部)　0e c3 1f 90 00 cd 06 8d bf c7 19 53 50
　　　　　　　　　　　　　　10 22 38 fd 4b 00 00

完整的帧数据如下:

```
0000 : 00 05 5d 67 d0 b1 00 05 5d 61 58 a8 08 00 45 00
0010 : 00 28 c6 81 40 00 80 06 b2 c5 c0 a8 00 37 c0 a8
0020 : 00 01 0e c3 1f 90 00 cd 06 8d bf c7 19 53 50 10
0030 : 22 38 fd 4b 00 00
```

以上说明的是标准的连接建立过程,而还有一些不标准的建立过程和建立过程中遇到的情况会在后面再具体叙述。建立连接后就可以进行数据传输了,数据传输的方向是双向的,而谁先发就没有规定了,可以是主动连接端,也可以是被动连接端。下面介绍如何断开连接。

② 断开连接

TCP 连接以后就有两个通道进行数据传输,连接的双方各占一个通道。断开连接的过程就是双方协商关断这两个传输通道的过程。它共分 4 个步骤,即 4 个帧。

断开也分为主动断开端和被动断开端。首先是主动断开端发送结束应答(FIN-ACK)帧,而该帧的确认号必须等于被动断开端的当前序列号,而 FIN 标志表示主动断开端不再向被动断开端发送数据了。然后在被动断开端收到后,返回一个应答(ACK)帧,该帧表示确认了传入数据到被动断开端的通道断开,以后不会在该通道再收到任何数据。这时仅仅是断开了一个通道,还有一个通道(主动断开端的数据传入通道)没有断开,还可以利用该通道传输数据(传输的方向只限于从被动断开端传送到主动断开端),这时被称为 TCP 的半关闭状态。接着是第 3 帧,是被动断开端发送结束应答(FIN-ACK)帧,表示被动断开端要求断开被动断开端的数据发送通道。最后是主动断开端,返回一个应答(ACK)帧,这时该连接就完全关闭了。断开过程如图 4.33 所示。

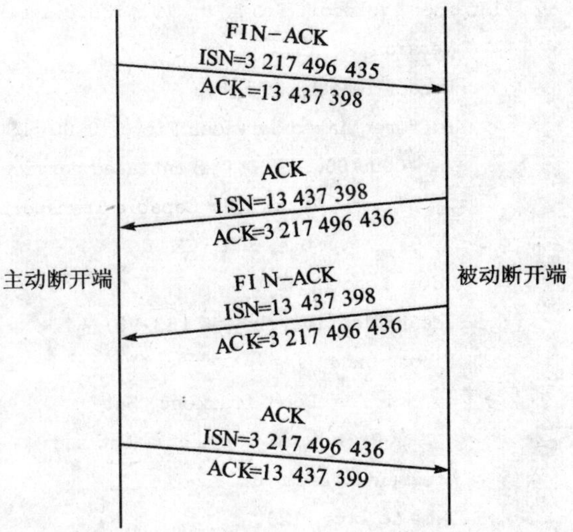


图 4.33　TCP 断开连接的过程

下面对图 4.33 实际例子中的 4 个连接 TCP 报进行具体分析。

**背景**:与建立连接相同,IP 地址 192.168.0.1 已经把需要发送的数据发送完毕,所以它主动要求断开连接,192.168.0.1 节点是主动断开节点,192.168.0.55 节点是被动断开节点。

◇ FIN-ACK 帧

该帧由 192.168.0.1 节点发送。

```
Ethernet II, Src: 00:05:5d:67:d0:b1, Dst: 00:05:5d:61:58:a8
    Destination: 00:05:5d:61:58:a8 (D-Link_61:58:a8)
    Source: 00:05:5d:67:d0:b1 (D-Link_67:d0:b1)
    Type: IP (0x0800)
    Trailer: 2D2105B40101
```

【分析】 Ethernet II 网络协议层,发送源的 MAC 地址为 00:05:5d:67:d0:b1,发送目标的 MAC 地址为 00:05:5d:61:58:a8,上层协议类型为 IP 协议。而发送时为了凑够 60 字节的最小帧,在最后填充了 6 字节的无效数据:2D2105B40101。

实际接收数据(Ethernet II 报首部)　00 05 5d 61 58 a8 00 05 5d 67 d0
b1 08 00

```
Internet Protocol, Src Addr: 192.168.0.1 (192.168.0.1), Dst Addr: 192.168.0.55 (192.168.0.55)
    Version: 4
    Header length: 20 bytes
    Differentiated Services Field: 0x00 (DSCP 0x00: Default; ECN: 0x00)
        0000 00.. = Differentiated Services Codepoint: Default (0x00)
        .... ..0. = ECN-Capable Transport (ECT): 0
        .... ...0 = ECN-CE: 0
    Total Length: 40
    Identification: 0x81a6 (33190)
    Flags: 0x04
        .1.. = Don't fragment: Set
        ..0. = More fragments: Not set
    Fragment offset: 0
    Time to live: 128
    Protocol: TCP (0x06)
    Header checksum: 0xf7a0 (correct)
    Source: 192.168.0.1 (192.168.0.1)
    Destination: 192.168.0.55 (192.168.0.55)
```

【分析】 IP 层首部。版本为 4,即 IP 地址由 4 字节组成。IP 首部长度为 20 字节。服务类型为 0,没有使用服务。IP 数据帧的总长度为 40 字节(加上以太网首部 14 字节共 54 字节,在加上 6 字节的填充就构成了最小帧的 60 字节)。IP 报标识,0x81A6。标志字段和片偏移字段设置为 0x4000,就是 DF=1 不允许分段,MF=0 没有更多的分段,没有偏移。生存时间 TTL 是 128。上层协议为 TCP 协议。IP 报首部校验和为 0xF7A0。发送源 IP 地址为 192.168.0.1,发送目标 IP 地址为 192.168.0.55。

实际接收数据(IP 报首部)　45 00 00 28 81 a6 40 00 80 06 f7 a0 c0 a8
00 01 c0 a8 00 37

```
Transmission Control Protocol, Src Port: 8080 (8080), Dst Port: 3779 (3779), Seq: 3217496435,
Ack: 13437398, Len: 0
    Source port: 8080 (8080)
    Destination port: 3779 (3779)
    Sequence number: 3217496435
    Acknowledgement number: 13437398
    Header length: 20 bytes
    Flags: 0x0011 (FIN, ACK)
        0... .... = Congestion Window Reduced (CWR): Not set
        .0.. .... = ECN-Echo: Not set
```

```
        ..0. .... = Urgent: Not set
        ...1 .... = Acknowledgment: Set
        .... 0... = Push: Not set
        .... .0.. = Reset: Not set
        .... ..0. = Syn: Not set
        .... ...1 = Fin: Set
    Window size: 64694
    Checksum: 0x1f63 (correct)
```

【分析】 TCP 协议。源端口为 8080;目标端口为 3779,序列号为 3217496435,它是发送完数据后的最后一个序列号,它等于主动断开节点发送前一帧的序列号加上发送的数据长度;确认号为 13437398,是接收完数据后的最后一个应答,等于被动断开节点发送最后一帧的序列号加上发送的数据长度;TCP 帧头长度为 20;数据段长度为 0;标志为FIN+ACK,表示TCP 结束应答帧;剩余缓存区空间为 64 694,因缓存区空间是 65 535,故有 65 535－64 694＝841 字节的数据未被应用层协议读取;校验和为 0x1F63,在这里校验和的计算范围只有 TCP 报头;无选项。

实际接收数据(TCP 报首部) 1f 90 0e c3 bf c7 19 73 00 cd 09 d6 50
11 fc b6 1f 63 00 00

完整的帧数据如下:

```
0000 : 00 05 5d 61 58 a8 00 05 5d 67 d0 b1 08 00 45 00
0010 : 00 28 81 a6 40 00 80 06 f7 a0 c0 a8 00 01 c0 a8
0020 : 00 37 1f 90 0e c3 bf c7 19 73 00 cd 09 d6 50 11
0030 : fc b6 1f 63 00 00 2d 21 05 b4 01 01
```

**注意**:最后的 6 字节是以太网帧填充数据。这个最小帧的限制不是所有系统都有,有的系统限制接收帧为 60 字节以上,有的没有。这个例子中 192.168.0.55 节点有这种限制,而 192.168.0.1 节点没有这个限制。

◇ ACK 帧

该帧由 192.168.0.55 节点发送。

```
Ethernet II, Src: 00:05:5d:61:58:a8, Dst: 00:05:5d:67:d0:b1
    Destination: 00:05:5d:67:d0:b1 (D-Link_67:d0:b1)
    Source: 00:05:5d:61:58:a8 (D-Link_61:58:a8)
    Type: IP (0x0800)
```

【分析】 Ethernet II 网络协议层,发送源的 MAC 地址为 00:05:5d:61:58:a8,发送目标的 MAC 地址为 00:05:5d:67:d0:b1,上层协议类型为 IP 协议。

实际接收数据(Ethernet II 报首部)　00 05 5d 67 d0 b1 00 05 5d 61
58 a8 08 00

```
Internet Protocol, Src Addr: 192.168.0.55 (192.168.0.55), Dst Addr: 192.168.0.1 (192.168.0.1)
    Version: 4
    Header length: 20 bytes
    Differentiated Services Field: 0x00 (DSCP 0x00: Default; ECN: 0x00)
        0000 00.. = Differentiated Services Codepoint: Default (0x00)
        ......0. = ECN-Capable Transport (ECT): 0
        .......0 = ECN-CE: 0
    Total Length: 40
    Identification: 0xca81 (51841)
    Flags: 0x04
        .1.. = Don't fragment: Set
        ..0. = More fragments: Not set
    Fragment offset: 0
    Time to live: 128
    Protocol: TCP (0x06)
    Header checksum: 0xaec5 (correct)
    Source: 192.168.0.55 (192.168.0.55)
    Destination: 192.168.0.1 (192.168.0.1)
```

【分析】 IP 层首部。版本为 4,即 IP 地址由 4 字节组成。IP 首部长度为 20 字节。服务类型为 0,没有使用服务。IP 数据帧的总长度为 40 字节(加上以太网首部 14 字节共 54 字节)。IP 报标识,0xCA81。标志字段和片偏移字段设置为 0x4000,就是 DF=1 不允许分段,MF=0 没有更多的分段,没有偏移。生存时间 TTL 是 128。下层协议为 TCP 协议。IP 报首部校验和为 0xAEC5。发送源 IP 地址为 192.168.0.55,发送目标 IP 地址为 192.168.0.1。

实际接收数据(IP 报首部)　45 00 00 28 ca 81 40 00 80 06 ae c5 c0
a8 00 37 c0 a8 00 01

```
Transmission Control Protocol, Src Port: 3779 (3779), Dst Port: 8080 (8080), Seq: 13437398, Ack:
3217496436, Len: 0
    Source port: 3779 (3779)
    Destination port: 8080 (8080)
    Sequence number: 13437398
    Acknowledgement number: 3217496436
    Header length: 20 bytes
    Flags: 0x0010 (ACK)
```

```
        0... .... = Congestion Window Reduced (CWR): Not set
        .0.. .... = ECN - Echo: Not set
        ..0. .... = Urgent: Not set
        ...1 .... = Acknowledgment: Set
        .... 0... = Push: Not set
        .... .0.. = Reset: Not set
        .... ..0. = Syn: Not set
        .... ...0 = Fin: Not set
    Window size: 8728
    Checksum: 0xfa01 (correct)
```

【分析】 TCP 协议。源端口为 3779；目标端口为 8080，序列号为 13437398，被动断开节点发送的最后一帧的序列号加上发送的数据长度；确认号为 3217496436，即主动断开端的 FIN－ACK 帧序列号 3217496435＋1；TCP 帧头长度为 20，这里是 20，因为选择字段没有了；数据段长度为 0；标志为 ACK，表示 TCP 应答帧；剩余缓存区空间为 8 728，因为缓存区空间是 8 760，所以有 8 760－8 728＝32 字节的数据未被应用层协议读取；校验和为 0xFA01。

实际接收数据(TCP 报首部) 0e c3 1f 90 00 cd 09 d6 bf c7 19 74 50
10 22 18 fa 01 00 00

完整的帧数据如下：

```
0000 : 00 05 5d 67 d0 b1 00 05 5d 61 58 a8 08 00 45 00
0010 : 00 28 ca 81 40 00 80 06 ae c5 c0 a8 00 37 c0 a8
0020 : 00 01 0e c3 1f 90 00 cd 09 d6 bf c7 19 74 50 10
0030 : 22 18 fa 01 00 00
```

◇ FIN－ACK 帧

该帧由 192.168.0.55 节点发送。

```
Ethernet II, Src: 00:05:5d:61:58:a8, Dst: 00:05:5d:67:d0:b1
    Destination: 00:05:5d:67:d0:b1 (D-Link_67:d0:b1)
    Source: 00:05:5d:61:58:a8 (D-Link_61:58:a8)
    Type: IP (0x0800)
```

【分析】 Ethernet II 网络协议层，发送源的 MAC 地址为 00:05:5d:61:58:a8，发送目标的 MAC 地址为 00:05:5d:67:d0:b1，上层协议类型为 IP 协议。

实际接收数据(Ethernet II 报首部) 00 05 5d 67 d0 b1 00 05 5d 61
58 a8 08 00

```
Internet Protocol, Src Addr: 192.168.0.55 (192.168.0.55), Dst Addr: 192.168.0.1 (192.168.0.1)
    Version: 4
    Header length: 20 bytes
    Differentiated Services Field: 0x00 (DSCP 0x00: Default; ECN: 0x00)
        0000 00.. = Differentiated Services Codepoint: Default (0x00)
        .... ..0. = ECN - Capable Transport (ECT): 0
        .... ...0 = ECN - CE: 0
    Total Length: 40
    Identification: 0xcb81 (52097)
    Flags: 0x04
        .1.. = Don't fragment: Set
        ..0. = More fragments: Not set
    Fragment offset: 0
    Time to live: 128
    Protocol: TCP (0x06)
    Header checksum: 0xadc5 (correct)
    Source: 192.168.0.55 (192.168.0.55)
    Destination: 192.168.0.1 (192.168.0.1)
```

【分析】 IP 层首部。版本为 4，即 IP 地址由 4 字节组成。IP 首部长度为 20 字节。服务类型为 0，即没有使用服务。IP 数据帧的总长度为 40 字节(加上以太网首部 14 字节刚好 54 字节)。IP 报标识，0xCB81。标志字段和片偏移字段设置为 0x4000，就是 DF=1 不允许分段，MF=0 没有更多的分段，没有偏移。生存时间 TTL 是 128。上层协议为 TCP 协议。IP 报首部校验和为 0xADC5。发送源 IP 地址为 192.168.0.55，发送目标 IP 地址为 192.168.0.1。

实际接收数据(IP 报首部)　45 00 00 28 cb 81 40 00 80 06 ad c5 c0
a8 00 37 c0 a8 00 01

```
Transmission Control Protocol, Src Port: 3779 (3779), Dst Port: 8080 (8080), Seq: 13437398, Ack:
3217496436, Len: 0
    Source port: 3779 (3779)
    Destination port: 8080 (8080)
    Sequence number: 13437398
    Acknowledgement number: 3217496436
    Header length: 20 bytes
    Flags: 0x0011 (FIN, ACK)
        0... .... = Congestion Window Reduced (CWR): Not set
        .0.. .... = ECN - Echo: Not set
        ..0. .... = Urgent: Not set
```

```
        ...1 .... = Acknowledgment: Set
        .... 0... = Push: Not set
        .... .0.. = Reset: Not set
        .... ..0. = Syn: Not set
        .... ...1 = Fin: Set
    Window size: 8728
    Checksum: 0xfa00 (correct)
```

【分析】 TCP 协议。源端口为 3779；目标端口为 8080，序列号为 13437398，与上一帧应答帧的序列号相同；确认号为 3217496436，与上一帧应答帧的应答号相同；TCP 帧头长度为 20，这里是 20，因为选择字段没有了；数据段长度为 0；标志为 FIN-ACK，表示 TCP 结束应答帧；剩余缓存区空间为 8 728，因为缓存区空间是 8 760，所以有 8 760−8 728＝32 字节的数据未被应用层协议读取；校验和为 0xFA00。

实际接收数据(TCP 报首部)　0e c3 1f 90 00 cd 09 d6 bf c7 19 74 50
11 22 18 fa 00 00 00

完整的帧数据如下：

```
0000 : 00 05 5d 67 d0 b1 00 05 5d 61 58 a8 08 00 45 00
0010 : 00 28 cb 81 40 00 80 06 ad c5 c0 a8 00 37 c0 a8
0020 : 00 01 0e c3 1f 90 00 cd 09 d6 bf c7 19 74 50 11
0030 : 22 18 fa 00 00 00
```

◇ ACK 帧

该帧由 192.168.0.1 节点发送。

```
Ethernet II, Src: 00:05:5d:67:d0:b1, Dst: 00:05:5d:61:58:a8
    Destination: 00:05:5d:61:58:a8 (D-Link_61:58:a8)
    Source: 00:05:5d:67:d0:b1 (D-Link_67:d0:b1)
    Type: IP (0x0800)
    Trailer: 020405B40101
```

【分析】 Ethernet II 网络协议层，发送源的 MAC 地址为 00:05:5d:67:d0:b1，发送目标的 MAC 地址为 00:05:5d:61:58:a8，上层协议类型为 IP 协议。而发送时为了凑够 60 字节的最小帧，在最后填充了 6 字节无效数据：020405B40101。

实际接收数据(Ethernet II 报首部)　00 05 5d 61 58 a8 00 05 5d 67 d0
b1 08 00

```
Internet Protocol, Src Addr: 192.168.0.1 (192.168.0.1), Dst Addr: 192.168.0.55 (192.168.0.55)
    Version: 4
```

```
Header length: 20 bytes
Differentiated Services Field: 0x00 (DSCP 0x00: Default; ECN: 0x00)
    0000 00.. = Differentiated Services Codepoint: Default (0x00)
    .... ..0. = ECN - Capable Transport (ECT): 0
    .... ...0 = ECN - CE: 0
Total Length: 40
Identification: 0x81a9 (33193)
Flags: 0x04
    .1.. = Don't fragment: Set
    ..0. = More fragments: Not set
Fragment offset: 0
Time to live: 128
Protocol: TCP (0x06)
Header checksum: 0xf79d (correct)
Source: 192.168.0.1 (192.168.0.1)
Destination: 192.168.0.55 (192.168.0.55)
```

【分析】 IP层首部。版本为4,即IP地址由4字节组成。IP首部长度为20字节。服务类型为0,就是没有使用服务。IP数据帧的总长度为40字节(加上以太网首部14字节共54字节,在加上6字节的填充就构成了最小帧的60字节)。IP报标识,0x81A9。标志字段和片偏移字段设置为0x4000,DF=1不允许分段,MF=0没有更多的分段,没有偏移。生存时间TTL是128。上层协议为TCP协议。IP报首部校验和为0xF79D。发送源IP地址为192.168.0.1,发送目标IP地址为192.168.0.55。

实际接收数据(IP报首部)　45 00 00 28 81 a9 40 00 80 06 f7 9d c0
a8 00 01 c0 a8 00 37

```
Transmission Control Protocol, Src Port: 8080 (8080), Dst Port: 3779 (3779), Seq: 3217496436,
Ack: 13437399, Len: 0
    Source port: 8080 (8080)
    Destination port: 3779 (3779)
    Sequence number: 3217496436
    Acknowledgement number: 13437399
    Header length: 20 bytes
    Flags: 0x0010 (ACK)
        0... .... = Congestion Window Reduced (CWR): Not set
        .0.. .... = ECN - Echo: Not set
        ..0. .... = Urgent: Not set
        ...1 .... = Acknowledgment: Set
```

```
        .... 0... = Push: Not set
        .... .0.. = Reset: Not set
        .... ..0. = Syn: Not set
        .... ...0 = Fin: Not set
    Window size: 64694
    Checksum: 0x1f62 (correct)
```

【分析】 TCP 协议。源端口为 8080;目标端口为 3779,序列号为 3217496436,即主动断开节点发送最后一帧(FIN-ACK 帧)的序列号 3217496435+1;确认号为 13437399,即被动断开端的 FIN-ACK 帧序列号 13 437 398+1; TCP 帧头长度为 20;数据段长度为 0;标志为 ACK,表示 TCP 应答帧;剩余缓存区空间为 64 694,因为缓存区空间是 65 535,所以有 65 535-64 694=841字节的数据未被应用层协议读取;校验和为 0x1F62,在这里校验和的计算范围就只有 TCP 报头;无选项。

实际接收数据(TCP 报首部)  1f 90 0e c3 bf c7 19 74 00 cd 09 d7 50
10 fc b6 1f 62 00 00

完整的帧数据如下:

```
0000 : 00 05 5d 61 58 a8 00 05 5d 67 d0 b1 08 00 45 00
0010 : 00 28 81 a9 40 00 80 06 f7 9d c0 a8 00 01 c0 a8
0020 : 00 37 1f 90 0e c3 bf c7 19 74 00 cd 09 d7 50 10
0030 : fc b6 1f 62 00 00 02 04 05 b4 01 01
```

题外话:读者是否注意到填充字 02 04 05 b4 01 01 与 TCP 连接时 TCP 报头的选择与填充字段(02 04 05 b4 01 01 04 02)很像。这与 TCPIP 的实现有关系,这里的例子是从Windows 系统下捕获的,是 Windows 对 TCP/IP 协议的实现。从它的填充字可以大概了解到 Windows 下 TCP/IP 实现的冰山一角。下面提出几个问题,① 填充字为什么不是 0x00 或 0xFF 呢? ② 为什么不是发送最后一个数据帧的数据呢?读者看完 TCP/IP 的实现以后就知道答案了。

③ 连接复位

断开连接的过程是不是比较复杂?这里有个快捷方法——发送 TCP 连接复位帧(RST)。

复位帧其实是针对非法连接的,例如连接到不能访问的端口(如果是 UDP 协议,对方会返回一个 ICMP 不能访问端口信息报)、所允许的连接数已经满了等情况,但在紧急情况下可以使用复位帧来中断连接。RST 帧有一些特点,序列号为 0,剩余缓冲区大小为 0。

下面对图 4.34 中的 2 个 TCP 报进行具体分析。

**背景**:IP 地址为 192.168.0.55 的节点要去连接 192.168.0.1 节点的 100 端口,但是 192.168.0.1 节点的 100 端口并没有被监听,所以不能访问该端口,192.168.0.1 节点返回一个连接复位应答(RST-ACK)帧。

◇ SYN 帧

该帧由 192.168.0.55 节点发送。

```
Ethernet II, Src: 00:05:5d:61:58:
a8, Dst: 00:05:5d:67:d0:b1
    Destination: 00:05:5d:67:d0:
b1 (D-Link_67:d0:b1)
    Source: 00:05:5d:61:58:a8 (D
-Link_61:58:a8)
    Type: IP (0x0800)
```

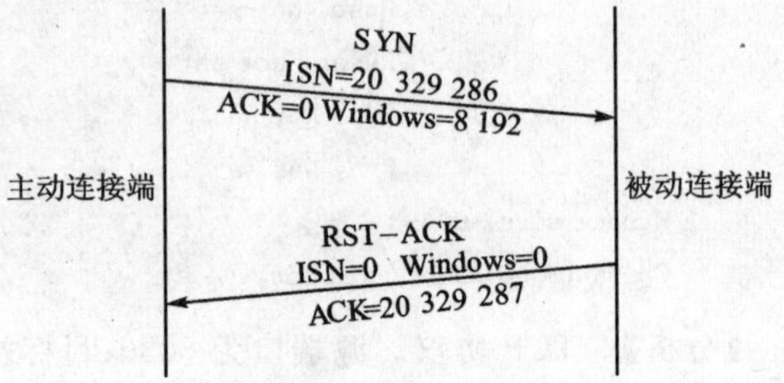


图 4.34 TCP 连接复位过程

【分析】 Ethernet II 网络协议层,发送源的 MAC 地址为 00:05:5d:61:58:a8,发送目标的 MAC 地址为 00:05:5d:67:d0:b1,上层协议类型为 IP 协议。

实际接收数据(Ethernet II 报首部) 00 05 5d 67 d0 b1 00 05 5d 61
58 a8 08 00

```
Internet Protocol, Src Addr: 192.168.0.55 (192.168.0.55), Dst Addr: 192.168.0.1 (192.168.0.1)
    Version: 4
    Header length: 20 bytes
    Differentiated Services Field: 0x00 (DSCP 0x00: Default; ECN: 0x00)
        0000 00.. = Differentiated Services Codepoint: Default (0x00)
        ......0. = ECN-Capable Transport (ECT): 0
        .......0 = ECN-CE: 0
    Total Length: 48
    Identification: 0x623c (25148)
    Flags: 0x04
        .1.. = Don't fragment: Set
        ..0. = More fragments: Not set
    Fragment offset: 0
    Time to live: 128
    Protocol: TCP (0x06)
    Header checksum: 0x1703 (correct)
    Source: 192.168.0.55 (192.168.0.55)
    Destination: 192.168.0.1 (192.168.0.1)
```

【分析】 IP 层首部。版本为 4,即 IP 地址由 4 字节组成。IP 首部长度为 20 字节。服务类型为 0,没有使用服务。IP 数据帧的总长度为 48 字节(加上以太网首部 14 字节共 62 字节)。IP 报标识,0x623C。标志字段和片偏移字段设置为 0x4000,DF=1 不允许分段,MF=0

没有更多的分段,没有偏移。生存时间 TTL 是 128。下层协议为 TCP 协议。IP 报首部校验和为 0x1703。发送源 IP 地址为 192.168.0.55,发送目标 IP 地址为 192.168.0.1。

实际接收数据(IP 报首部)　45 00 00 30 62 3c 40 00 80 06 17 03 c0
a8 00 37 c0 a8 00 01

```
Transmission Control Protocol, Src Port: 2403 (2403), Dst Port: 100 (100), Seq: 20329286, Ack: 0,
Len: 0
    Source port: 2403 (2403)
    Destination port: 100 (100)
    Sequence number: 20329286
    Header length: 28 bytes
    Flags: 0x0002 (SYN)
        0... .... = Congestion Window Reduced (CWR): Not set
        .0.. .... = ECN - Echo: Not set
        ..0. .... = Urgent: Not set
        ...0 .... = Acknowledgment: Not set
        .... 0... = Push: Not set
        .... .0.. = Reset: Not set
        .... ..1. = Syn: Set
        .... ...0 = Fin: Not set
    Window size: 8192
    Checksum: 0xa353 (correct)
    Options: (8 bytes)
        Maximum segment size: 1460 bytes
        NOP
        NOP
        SACK permitted
```

【分析】 TCP 协议。源端口为 2403;目标端口为 100,序列号为 20329286,该序列号为主动连接端的起始序列号;确认号为 0; TCP 帧头长度为 28;数据段长度为 0;标志为 SYN,表示 TCP 同步帧;剩余缓存区空间为 8 192;校验和为 0xA353;选项共 8 字节,主动连接端的最大段大小为 1 460 字节,跟着是 SACK 允许。

实际接收数据(TCP 报首部)　09 63 00 64 01 36 33 46 00 00 00 00 70
02 20 00 a3 53 00 00 02 04 05 b4 01 01
04 02

完整的帧数据如下:

```
0000 : 00 05 5d 67 d0 b1 00 05 5d 61 58 a8 08 00 45 00
0010 : 00 30 62 3c 40 00 80 06 17 03 c0 a8 00 37 c0 a8
0020 : 00 01 09 63 00 64 01 36 33 46 00 00 00 00 70 02
0030 : 20 00 a3 53 00 00 02 04 05 b4 01 01 04 02
```

◇ RST－ACK 帧

该帧由 192.168.0.1 节点发送。

```
Ethernet II, Src: 00:05:5d:67:d0:b1, Dst: 00:05:5d:61:58:a8
    Destination: 00:05:5d:61:58:a8 (D-Link_61:58:a8)
    Source: 00:05:5d:67:d0:b1 (D-Link_67:d0:b1)
    Type: IP (0x0800)
    Trailer: 323530204357
```

【分析】 Ethernet II 网络协议层，发送源的 MAC 地址为 00∶05∶5d∶67∶d0∶b1，发送目标的 MAC 地址为 00∶05∶5d∶61∶58∶a8，上层协议类型为 IP 协议。填充了 6 字节的无效数据：323 530 204 357。

实际接收数据(Ethernet II 报首部)　00 05 5d 61 58 a8 00 05 5d 67 d0 b1 08 00

```
Internet Protocol, Src Addr: 192.168.0.1 (192.168.0.1), Dst Addr: 192.168.0.55 (192.168.0.55)
    Version: 4
    Header length: 20 bytes
    Differentiated Services Field: 0x00 (DSCP 0x00: Default; ECN: 0x00)
        0000 00.. = Differentiated Services Codepoint: Default (0x00)
        ......0. = ECN-Capable Transport (ECT): 0
        .......0 = ECN-CE: 0
    Total Length: 40
    Identification: 0xe8f8 (59640)
    Flags: 0x00
        .0.. = Don't fragment: Not set
        ..0. = More fragments: Not set
    Fragment offset: 0
    Time to live: 128
    Protocol: TCP (0x06)
    Header checksum: 0xd04e (correct)
    Source: 192.168.0.1 (192.168.0.1)
    Destination: 192.168.0.55 (192.168.0.55)
```

【分析】 IP 层首部。版本为 4，即 IP 地址由 4 字节组成。IP 首部长度为 20 字节。服务类型为 0，没有使用服务。IP 数据帧的总长度为 40 字节(加上以太网首部 14 字节共 54 字节，再加上 6 字节的填充就构成了最小帧的 60 字节)。IP 报标识，0xE8F8。标志字段和片偏移字段设置为 0x0000，DF＝0 允许分段，MF＝0 没有更多的分段，没有偏移。生存时间 TTL 是 128。上层协议为 TCP 协议。IP 报首部校验和为 0xD04E。发送源 IP 地址为 192.168.0.1，发送目标 IP 地址为 192.168.0.55。

实际接收数据(IP 报首部)　45 00 00 28 e8 f8 00 00 80 06 d0 4e c0
a8 00 01 c0 a8 00 37

```
Transmission Control Protocol, Src Port: 100 (100), Dst Port: 2403 (2403), Seq: 0, Ack: 20329287,
Len: 0
    Source port: 100 (100)
    Destination port: 2403 (2403)
    Sequence number: 0
    Acknowledgement number: 20329287
    Header length: 20 bytes
    Flags: 0x0014 (RST, ACK)
        0... .... = Congestion Window Reduced (CWR): Not set
        .0.. .... = ECN - Echo: Not set
        ..0. .... = Urgent: Not set
        ...1 .... = Acknowledgment: Set
        .... 0... = Push: Not set
        .... .1.. = Reset: Set
        .... ..0. = Syn: Not set
        .... ...0 = Fin: Not set
    Window size: 0
    Checksum: 0xf003 (correct)
```

【分析】 TCP 协议。源端口为 100；目标端口为 2 403，序列号为 0；确认号为 20 329 287，即 SYN 帧序列号 20 329 286＋1；TCP 帧头长度为 20；数据段长度为 0；标志为 RST－ACK，表示 TCP 复位应答帧；剩余缓存区空间为 0；校验和为 0xF003。

实际接收数据(TCP 报首部)　00 64 09 63 00 00 00 00 01 36 33 47
50 14 00 00 f0 03 00 00

完整的帧数据如下：

```
0000 : 00 05 5d 61 58 a8 00 05 5d 67 d0 b1 08 00 45 00
0010 : 00 28 e8 f8 00 00 80 06 d0 4e c0 a8 00 01 c0 a8
```

```
0020 : 00 37 00 64 09 63 00 00 00 00 01 36 33 47 50 14
0030 : 00 00 f0 03 00 00 32 35 30 20 43 57
```

一般被复位后,主动连接端都会重试几次。

上面已经说明了 TCP 的连接和断开的过程,但是实际上可能出现的连接情况还有很多种,下面介绍 TCP 的连接状态。

TCP 共有 11 种连接状态。

CLOSED:关闭状态,这时 TCP 的端口不能被访问。

LISTEN:监听状态,一般应用层已经建立好 SOCKET,随时迎接客户机的连接要求或主动连接到别的服务器。

SYN_RCVD:SYN 已收到,对方已经发送了 SYN 报,正等待本机的回应。如果收到 RST 报,就返回监听状态。如果这时需要断开连接,可以直接发送 FIN 报。

SYN_SENT:SYN 已发送,本机已经发送了 SYN 报,正等待对方的回应。如果这时收到的不是 SYN-ACK 报,而是 SYN 报,则转换到 SYN_RCVD 状态。如果收到的是 RST 帧或对方一直都没有反应(超时),应该转换到关闭状态。

ESTABLISHED:数据传输状态,传输通道建立完成,可以进行数据传输。这种情况可能发生在主动连接也可能发生在被动连接。

CLOSE_WAIT:在 ESTABLISHED 状态收到对方发送的 FIN 报。这时是被动关断状态。

LAST_ACK:在 CLOSE_WAIT 状态发送 FIN 报。在这时应该等待对方的 ACK 报,接收到就返回 CLOSED 状态。

FIN_WAIT1:主动断开等待 1,它有可能进入以下几个状态,但最终结果都是断开连接。

FIN_WAIT2:主动断开等待 2,在主动断开等待 1 状态接收到 ACK 报就进入本状态。这时如果再收到 FIN 报,则应该返回 ACK 进入 TIME_WAIT 状态。

CLOSING:同时断开,在双方都同时发生 FIN 报时,都应该返回 ACK 报,并从主动断开等待 1 状态转到同时断开状态。

TIME_WAIT:时间等待状态。如果在 CLOSING 状态收到 ACK 报就进入本状态,或在主动断开等待 1 状态收到 FIN-ACK 报则返回 ACK 报,并进入本状态。根据 RFC793 的规定,旧的连接在这个状态下保持 2 min,在这 2 min 内本地端口不能使用。

TCP 连接双方经历的连接状态取决于连接双方的应用层协议,是主动建立连接的一方还是被动的一方,是主动断开连接的一方还是被动的一方。图 4.35 所示为 TCP 连接状态变化过程。

图 4.35 中粗线的指向表明了客户端的正常状态变化过程,而虚线的指向表明了服务器端的正常状态变化过程。图 4.36 为正常连接和断开的状态变化图。

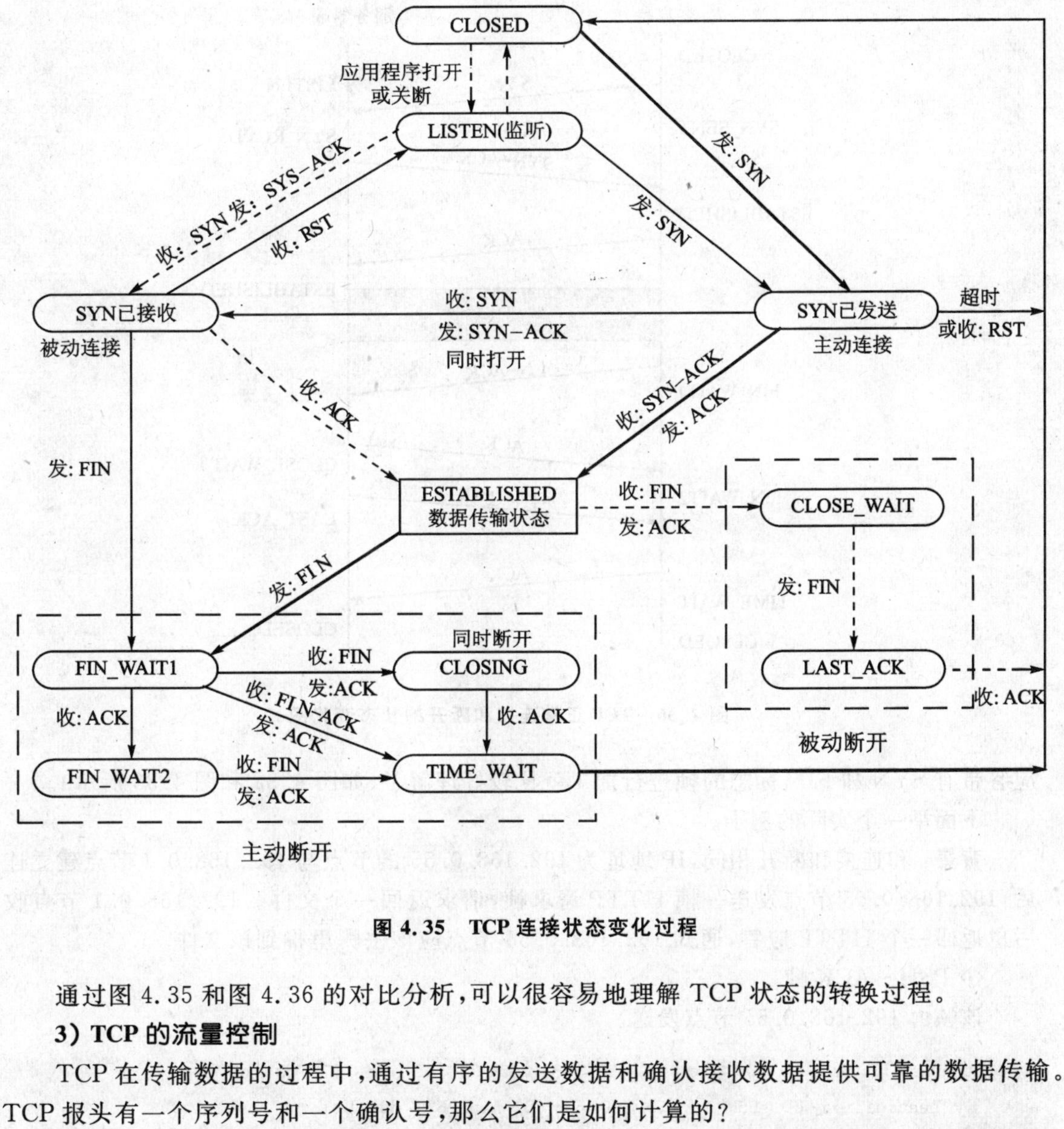


**图 4.35 TCP 连接状态变化过程**

通过图 4.35 和图 4.36 的对比分析，可以很容易地理解 TCP 状态的转换过程。

**3）TCP 的流量控制**

TCP 在传输数据的过程中，通过有序的发送数据和确认接收数据提供可靠的数据传输。TCP 报头有一个序列号和一个确认号，那么它们是如何计算的？

假设 A、B 双方已经成功建立连接了，A 发送一个带有 100 字节有效数据的 TCP 报到 B，A 发送的 TCP 报的序列号是 A1，确认号是 B1。B 收到后，返回一个 TCP 确认报，确认报的序列号是 B1，确认号是 A1＋100。B 跟着又发送一个 50 字节数据的报到 A，序列号是 B1，确认号还是 A1＋100。A 收到后，返回一个 TCP 确认报，确认报的序列号是 A1＋100，确认号是 B1＋50。另外还可以把带有 SYN 和 FIN 标志的帧看作带有 1 字节数据的帧来处理，这样对

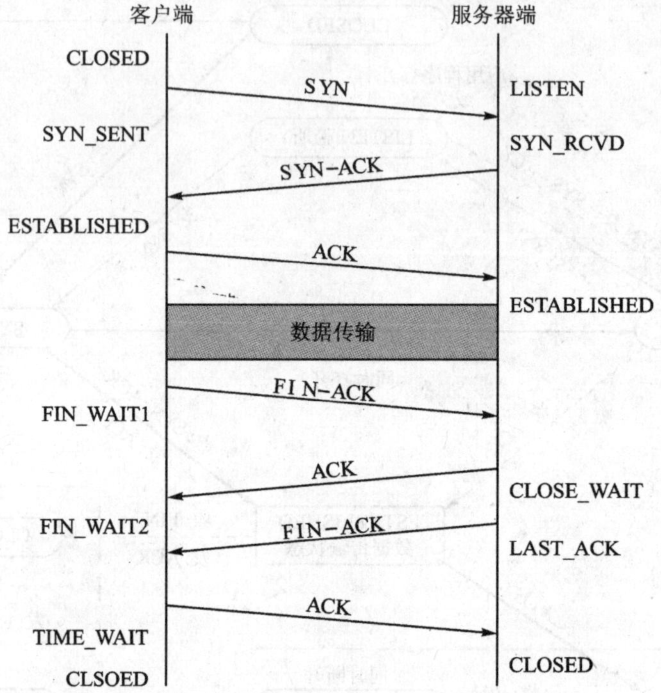


图 4.36 TCP 正常连接和断开的状态变化图

应答带有 SYN 和 FIN 标志的帧进行加 1 就比较好理解了(如图 4.32 和图 4.33 所示)。

下面举一个实际的例子。

**背景**:和连接和断开相同,IP 地址为 192.168.0.55 的节点与 192.168.0.1 节点建立连接后,192.168.0.55 节点发送一帧 HTTP 请求帧,请求返回一个文件。192.168.0.1 节点收到后也返回一个 HTTP 应答,通知 192.168.0.55 节点应该去哪里得到该文件。

◇ PSH - ACK 帧

该帧由 192.168.0.55 节点发送。

```
Ethernet II, Src: 00:05:5d:61:58:a8, Dst: 00:05:5d:67:d0:b1
    Destination: 00:05:5d:67:d0:b1 (D-Link_67:d0:b1)
    Source: 00:05:5d:61:58:a8 (D-Link_61:58:a8)
    Type: IP (0x0800)
```

**【分析】** Ethernet II 网络协议层,发送源的 MAC 地址为 00:05:5d:61:58:a8,发送目标的 MAC 地址为 00:05:5d:67:d0:b1,上层协议类型为 IP 协议。

实际接收数据(Ethernet II 报首部)　00 05 5d 67 d0 b1 00 05 5d 61
58 a8 08 00

```
Internet Protocol, Src Addr: 192.168.0.55 (192.168.0.55), Dst Addr: 192.168.0.1 (192.168.0.1)
    Version: 4
    Header length: 20 bytes
    Differentiated Services Field: 0x00 (DSCP 0x00: Default; ECN: 0x00)
        0000 00.. = Differentiated Services Codepoint: Default (0x00)
        .... ..0. = ECN-Capable Transport (ECT): 0
        .... ...0 = ECN-CE: 0
    Total Length: 881
    Identification: 0xc781 (51073)
    Flags: 0x04
        .1.. = Don't fragment: Set
        ..0. = More fragments: Not set
    Fragment offset: 0
    Time to live: 128
    Protocol: TCP (0x06)
    Header checksum: 0xae7c (correct)
    Source: 192.168.0.55 (192.168.0.55)
    Destination: 192.168.0.1 (192.168.0.1)
```

【分析】 IP 层首部。版本为 4,即 IP 地址由 4 字节组成。IP 首部长度为 20 字节。服务类型为 0,就是没有使用服务。IP 数据帧的总长度为 881 字节(加上以太网首部 14 字节共 895 字节)。IP 报标识,0xC781。标志字段和片偏移字段设置为 0x4000,DF=1 不允许分段,MF=0 没有更多的分段,没有偏移。生存时间 TTL 是 128。下层协议为 TCP 协议。IP 报首部校验和为 0xAE7C。发送源 IP 地址为 192.168.0.55,发送目标 IP 地址为 192.168.0.1。

实际接收数据(IP 报首部)　45 00 03 71 c7 81 40 00 80 06 ae 7c c0
a8 00 37 c0 a8 00 01

```
Transmission Control Protocol, Src Port: 3779 (3779), Dst Port: 8080 (8080), Seq: 13436557, Ack:
3217496403, Len: 841
    Source port: 3779 (3779)
    Destination port: 8080 (8080)
    Sequence number: 13436557
    Next sequence number: 13437398
    Acknowledgement number: 3217496403
    Header length: 20 bytes
```

```
Flags: 0x0018 (PSH, ACK)
    0... .... = Congestion Window Reduced (CWR): Not set
    .0.. .... = ECN - Echo: Not set
    ..0. .... = Urgent: Not set
    ...1 .... = Acknowledgment: Set
    .... 1... = Push: Set
    .... .0.. = Reset: Not set
    .... ..0. = Syn: Not set
    .... ...0 = Fin: Not set
Window size: 8760
Checksum: 0xc4b7 (correct)
```

【分析】 TCP 协议。源端口为 3 779;目标端口为 8 080,序列号为 13 436 557,而本节点下一帧发送的序列号是 13 437 398,因为发送的有效数据为 841 字节(13 436 557+841);确认号为 3 217 496 403; TCP 帧头长度为 20,这里是 20,因为选择字段没有了;数据段长度为 0;标志为 PSH - ACK,表示 TCP 数据应答帧;剩余缓存区空间为 8 760;校验和为 0xC4B7。

实际接收数据(TCP 报首部)　0e c3 1f 90 00 cd 06 8d bf c7 19 53
　　50 18 22 38 c4 b7 00 00

```
Hypertext Transfer Protocol
    GET http://www.zlg.cn/club/bbs/css/style.CSS HTTP/1.0\r\n
    Accept: */*\r\n
    Referer: http://www.zlg.cn/club/bbs/bbsView.asp\r\n
    Accept - Language: zh - cn\r\n
    Cookie:
bbsworld = lastBodyLen = 0&lastTopic = %B6%D4%A3%AC%C7%EB%C1%D0%B3%F6%C4%E3%D0%
E8%D2%AA%B5%C4%D4%AA%BC%FE%C7%E5%B5%A5%A1%A3&a = 1&viewtype = 0&timeLogin =
2004%2D3%2D2&sorttype = 0&readmsgtype = 0;
zlgBBS = login = %D2%B6%F0%A9%EA%DA%2D%2D2004%2D4%2D1
    If - Modified - Since: Tue, 25 Nov 2003 07:02:24 GMT; length = 5153\r\n
    User - Agent: Mozilla/4.0 (compatible; MSIE 6.0; Windows 98)\r\n
    Host: www.zlg.cn\r\n
    Proxy - Connection: Keep - Alive\r\n
    \r\n
```

【分析】 HTTP 协议。需要得到 style.CSS 文件,其他是一些信息,这里不再具体分析。接收数据比较多,这里不再列出。

◇ PSH - ACK 帧

该帧由 192.168.0.55 节点发送。

```
Ethernet II, Src: 00:05:5d:67:d0:b1, Dst: 00:05:5d:61:58:a8
    Destination: 00:05:5d:61:58:a8 (D-Link_61:58:a8)
    Source: 00:05:5d:67:d0:b1 (D-Link_67:d0:b1)
    Type: IP (0x0800)
```

【分析】 Ethernet II 网络协议层,发送源的 MAC 地址为 00:05:5d:67:d0:b1,发送目标的 MAC 地址为 00:05:5d:61:58:a8,上层协议类型为 IP 协议。

实际接收数据(Ethernet II 报首部)　00 05 5d 61 58 a8 00 05 5d 67 d0 b1 08 00

```
Internet Protocol, Src Addr: 192.168.0.1 (192.168.0.1), Dst Addr: 192.168.0.55 (192.168.0.55)
    Version: 4
    Header length: 20 bytes
    Differentiated Services Field: 0x00 (DSCP 0x00: Default; ECN: 0x00)
        0000 00.. = Differentiated Services Codepoint: Default (0x00)
        .... ..0. = ECN-Capable Transport (ECT): 0
        .... ...0 = ECN-CE: 0
    Total Length: 72
    Identification: 0x81a5 (33189)
    Flags: 0x04
        .1.. = Don't fragment: Set
        ..0. = More fragments: Not set
    Fragment offset: 0
    Time to live: 128
    Protocol: TCP (0x06)
    Header checksum: 0xf781 (correct)
    Source: 192.168.0.1 (192.168.0.1)
    Destination: 192.168.0.55 (192.168.0.55)
```

【分析】 IP 层首部。版本为 4,即 IP 地址由 4 字节组成。IP 首部长度为 20 字节。服务类型为 0,没有使用服务。IP 数据帧的总长度为 72 字节(加上以太网首部 14 字节共 86 字节)。IP 报标识,0x81A5。标志字段和片偏移字段设置为 0x4000,DF=1 不允许分段,MF=0 没有更多的分段,没有偏移。生存时间 TTL 是 128。下层协议为 TCP 协议。IP 报首部校验和为 0xF781。发送源 IP 地址为 192.168.0.1,发送目标 IP 地址为 192.168.0.55。

实际接收数据(IP 报首部)　45 00 00 48 81 a5 40 00 80 06 f7 81 c0
a8 00 01 c0 a8 00 37

```
Transmission Control Protocol, Src Port: 8080 (8080), Dst Port: 3779 (3779), Seq: 3217496403,
Ack: 13437398, Len: 32
    Source port: 8080 (8080)
    Destination port: 3779 (3779)
    Sequence number: 3217496403
    Next sequence number: 3217496435
    Acknowledgement number: 13437398
    Header length: 20 bytes
    Flags: 0x0018 (PSH, ACK)
        0... .... = Congestion Window Reduced (CWR): Not set
        .0.. .... = ECN - Echo: Not set
        ..0. .... = Urgent: Not set
        ...1 .... = Acknowledgment: Set
        .... 1... = Push: Set
        .... .0.. = Reset: Not set
        .... ..0. = Syn: Not set
        .... ...0 = Fin: Not set
    Window size: 64694
    Checksum: 0x04eb (correct)
```

【分析】 TCP 协议。源端口为 8080;目标端口为 3779,序列号为 3217496403,而本节点下一帧发送的序列号是 3217496435,因为发送的有效数据为 32 字节(3217496403＋32);确认号为 13437398,即对方的上一帧数据帧序列号 13436557＋841; TCP 帧头长度为 20;数据段长度为 0;标志为 PSH＋ACK,表示 TCP 数据应答帧;剩余缓存区空间为 64 694,缓冲区大小为 65 535,上一帧的数据是 841 字节,所以剩余缓存区空间 65 535－841;校验和为 0x04EB。

实际接收数据(TCP 报首部)　1f 90 0e c3 bf c7 19 53 00 cd 09 d6
50 18 fc b6 04 eb 00 00

```
Hypertext Transfer Protocol
    HTTP/1.0 304 Use cached copy\r\n
    \r\n
```

【分析】 HTTP 协议。指出文件在 CACHE 中。

实际接收数据(HTTP 协议) 48 54 54 50 2f 31 2e 30 20 33 30 34 20
55 73 65 20 63 61 63 68 65 64 20 63 6f
70 79 0d 0a 0d 0a

完整的帧数据如下：

```
0000 : 00 05 5d 61 58 a8 00 05 5d 67 d0 b1 08 00 45 00
0010 : 00 48 81 a5 40 00 80 06 f7 81 c0 a8 00 01 c0 a8
0020 : 00 37 1f 90 0e c3 bf c7 19 53 00 cd 09 d6 50 18
0030 : fc b6 04 eb 00 00 48 54 54 50 2f 31 2e 30 20 33
0040 : 30 34 20 55 73 65 20 63 61 63 68 65 64 20 63 6f
0050 : 70 79 0d 0a 0d 0a
```

发送数据后,何时再发送数据呢？一般是接收到 ACK 后,再发送第 2 帧数据。可以把将要发送的数据存放在发送缓冲区,等收到上一帧的 ACK 信号后再把发送缓存区的数据发送出去。这就是 Nagle 算法。这种方法会有延时,当某些用途不能有延时,可以直接发送,不等 ACK。

下面叙述关于流控制的问题。TCP 是通过剩余缓冲区大小(Window Size)来实现流控制的。大批量的数据传输会让接收端的剩余缓冲区越来越小,但发送端发送的数据报大小不能大于剩余缓冲区大小,在剩余缓冲区值为 0 时,发送端会等待和延时发送单字节数据的帧,直到接收 ACK 帧的剩余缓冲区值大于 0。所以,接收端可以通过控制剩余缓冲区大小来控制数据传输的速度和数量,从而实现流控制。

**4) TCP 的超时和重发**

一般 TCP 协议需要管理 4 个定时器：① 重发定时；② 剩余缓存区报告(定时告诉对方本机的剩余接收缓存区大小)；③ 空闲连接检查(如果该连接 2 小时都没有反应,则可以断开)；④ TIME_WAIT 状态检查。

首先是定时重发,它涉及本网络的速度延时问题。如果重发定时小于对方的反应时间,那么肯定连接不上,这时可以考虑使用 TCP 的时间戳选项来进行设置,即通过对方反应的时间戳来设定重发延时的时间。

剩余缓存区报告是指向对方通报本机的 Window Size。如果前一次对方发送后的数据刚好等于本机的接收缓存区大小,那么对方发送完最后一个数据时得到应答的 Window Size 是 0。如果不定时更新 Window Size,对方会一直认为本机的 Window Size 为 0,就不能再发送任何数据,所以需要定时更新 Window Size。这里建议在实现时只要 Window Size 一改变就进行更新。

空闲连接检查是为了使一些空闲的连接,或者连接空闲时,被不正常断开连接后重返初始状态(CLOSED 状态或 LISTEN 状态)释放计算机的部分资源。例如 Windows 的默认设定是连接空闲 2 小时以后自动断开。

TIME_WAIT 状态检查是指实现连接处在 TIME_WAIT 状态时延时 2 min 后返回 CLOSED 状态的过程。一般在正常主动断开后,端口处在 TIME_WAIT 状态,在该状态时端口不能再次用于建立连接,要等到状态转换到 CLOSED 时才能使用。

对于错误重发,如果发送一个数据报后,对方的应答没有确认,那么就重发该数据包。同超时重发一样,重发次数为 3~6 次。

# 4.5 嵌入式 TCP/IP 协议栈的实现

嵌入式 TCP/IP 协议栈的实现比一些个人电脑中 Windows 或 UNIX 的实现都要简单很多,功能也弱很多,一般只实现低流量、低速度、少接口、少连接的要求。本节介绍简单实现 ZLG/IP。

## 4.5.1 ZLG/IP 与操作系统的联系

ZLG/IP 在设计时就是以 μC/OS-II 为操作系统平台的,而硬件平台原来是 51 单片机,但是后来发现编译器的效率不高,而且这时 PHILIPS 公司的 ARM 推出了,于是就改到了 32 位 ARM 上面。

图 4.37 为 ZLG/IP 系统框图,其中灰底部分表示一个任务,所以 ZLG/IP 共占用 3 个任务(不包括应用程序的任务),第 1 个是接收和 ICMP、ARP 处理任务,第 2 个是 UDP 接收任务,第 3 个是 TCP 接收任务。有些实现通常只用到 1 个任务,或者 2 个任务(1 个接收,1 个 TCP 处理),而这里用到 3 个任务是为了方便理解,增强可读性。接收任务与 UDP 和 TCP 任务的通信是通过消息队列来进行的。而 UDP 接收任务和 TCP 接收任务是通过 SOCKET 接口与应用层的程序进行通信的,关于 SOCKET 接口的接收会在后面介绍,下面先来介绍数据报的接收过程。

### 1. 数据报的接收

数据报的接收是通过一个任务来进行的,该任务优先极较高,可以通过时间片来触发,也可以通过中断来触发。程序清单 4.13 是一个通过时间片触发的例子。

**程序清单 4.13　时间片接收例子**

```
UBYTE iii;
while(1)
      {
         OSTimeDly(4);
         do
         {
             iii = Rec_Packet();
```

```
        }// end of do
        while(iii!= 0);
    }//end for while(1)
```

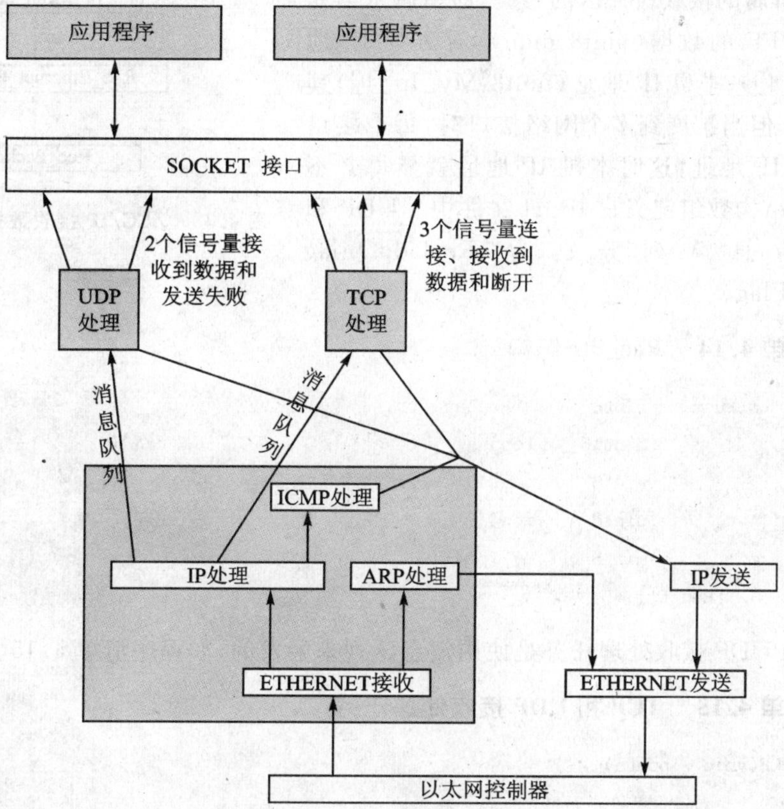


**图 4.37　ZLG/IP 系统框图**

Rec_Packet()函数是底层的驱动程序函数，它在接收时调用了 Rec_Ethernet_Packed()函数进行以太网层处理，而 Rec_Ethernet_Packed()函数又调用了 IP_PROCESS()函数，IP 层的处理由 IP_PROCESS()函数执行，它可以对不同类型的 IP 报进行分类，如 ICMP 报就交给 icmp_process()函数处理，而 TCP 或 UDP 报就通过消息队列交给 TCP 或 UDP 处理任务去执行。过程如图 4.38 所示。

μC/OS－II 的消息队列传递的是一个指针，而仅仅一个指针不足以描述从 IP 到 TCP 的数据报所包含的信息(如 IP 地址、数据长度等)，于是就建立一个结构数组，通过传递结构的起始指针来传递这些信息。

该结构的名称是 Rec_Ptr,如程序清单 4.14 所示,它包含了 TCP 或 UDP 报的起始指针(uint8 * RecDataPtr);整个 TCP 或 UDP 报的长度(uint16 length);它所属的接收缓冲区的号码,即指属于第几个 REC_BUFF 的数据(uint8 num);对方的 IP 地址(uint8 ip[4]);本机 IP 地址(uint8 My_Ip[4])其实可以不用,但当扩展到多个网络接口时,每个接口对应不同的 IP 地址,这时本机 IP 地址就显得必不可少了。该结构数组定义在 IP. H 文件中。UDP 和 TCP 的消息队列分别为 RecUdpQFlag 和RecTcpQFlag。

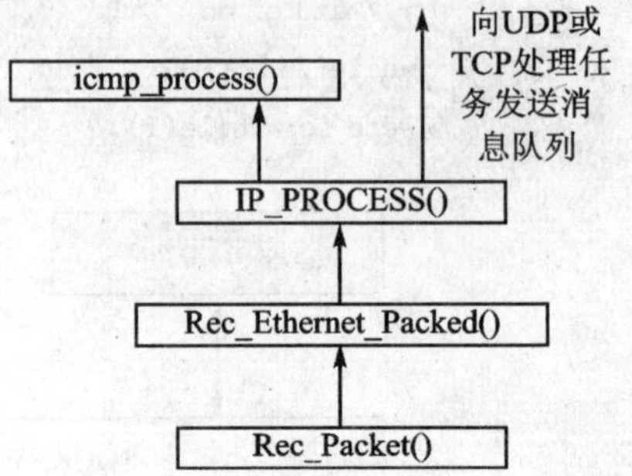


图 4.38　ZLG/IP 接收数据报的执行过程

**程序清单 4.14　Rec_Ptr 结构**

```
typedef   struct{   uint8     * RecDataPtr;
                    uint16    length;
                    uint8     num;
                    uint8     ip[4];
                    uint8     My_Ip[4];
          }Rec_Ptr;
```

TCP 和 UDP 接收处理任务是使用消息队列来触发的,如程序清单 4.15 所示。

**程序清单 4.15　TCP 和 UDP 接收处理任务**

```
void TaskB(void * pdata)
{
void * UdpTemp;
uint8 eer;
    while (1)
    {
          UdpTemp = OSQPend(RecUdpQFlag,0,&eer);
           if(eer == OS_NO_ERR)
          {
            Udp_Process(UdpTemp);
          }//end for if
    }//end for while(1)
}
```

```
void TaskC(void * pdata)
{
void * TcpTemp;
uint8 err;
    while (1)
    {
            TcpTemp = OSQPend(RecTcpQFlag,0,&err);
            if(err == OS_NO_ERR)
            {
                Process_Tcp((Rec_Ptr * )TcpTemp);
            }//end for if
    }//end for while(1)
}
```

## 2. 数据报的发送

数据报的发送与数据报的接收是一个相反的过程，是由上层协议函数调用下层协议函数来进行的。上层 TCP、UDP 处理函数或 SOCKET 接口函数都是通过调用 Send_Ip_Frame()函数来发送 IP 报的，而 Send_Ip_Frame()函数则调用 Send_Ip_To_LLC()函数来处理 IP 地址对应 MAC 地址的事情，然后 Send_Ip_To_LLC()再调用 Send_ethernet_Frame()函数。把对应的 MAC 地址写入发送区(这里之所以把以太网层分两个函数，是因为方便 ARP 报的发送，ARP 报直接调用 Send_ethernet_Frame()进行发送)，最后调用驱动程序的发送函数 Send_Packet()。过程如图 4.39 所示。

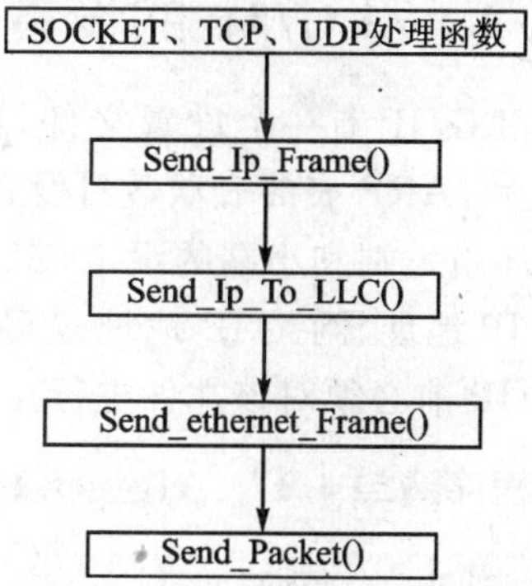


**图 4.39　ZLG/IP 发送数据报的执行过程**

在这个发送过程中有一个结构非常重要，它被用于传递需要发送数据的起始地址和长度，定义在 cfg_net.H 文件中。该结构的名称是_pkst。详细定义见程序清单 4.16，* STPTR 是一个结构本身类型的指针，用于指向前一个结构。当该指针指向空指针(NULL)时表示后面没有要发送的数据了，结构链表结束；length 表示要发送的数据长度；* DAPTR 是指向发送数据起始地址的指针。

**程序清单 4.16　结构_pkst**

```
struct      _pkst{
                    struct _pkst      * STPTR;
                    unsigned int      length;
```

```
        unsigned char      * DAPTR;
    };
```

该结构在每一个发送函数中都会用到，每一层的协议都定义了一个结构，关系如图 4.40 所示。在 Send_Packet()函数中对这个结构链表进行解读，然后把该发送的数据发送出去。这样的结构有利于编程时对 TCP/IP 协议栈每一层的划分，减少层与层之间的联系，方便对源码的阅读和理解。

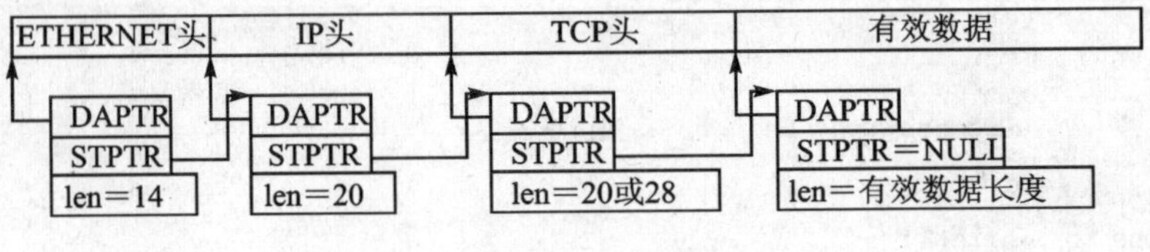


**图 4.40　_pkst 结构链表的用法**

## 4.5.2　ZLG/IP 的设置文件

ZLG/IP 有一个设置文件，即 cfg_net. H。它包含_pkst 结构的定义，ARP 表的结构定义(a_t)，ARP 表的表项数目设置，TCP 报的最大数据长度的设置，最大 TCP 连接数的设置，运行环境大端和小端的设定，ZLG/IP 的头文件的包含，网络接口的 MAC 地址、IP 掩码地址、本地 IP 地址、网关 IP 地址等等的设定。该文件包含在 ZLG/IP 的程序文件中。用户使用 ZLG/IP 前必须对该文件进行正确的设置。程序如程序清单 4.17 所示。

**程序清单 4.17　cfg_net. H**

```
struct     _pkst{
                    struct _pkst      * STPTR;
                    unsigned int      length;
                    unsigned char      * DAPTR;
         };//typedef
struct     a_t{
                    unsigned char     TTL;
                    unsigned char     IP_NUM[4];
                    unsigned char     MAC_NUM[6];
         };

#define MAX_ARP_TERM          50
#define MAX_TCP_DATA          1460
#define MAX_TCP_LINKS         4
#define Little_End
```

```
#include "..\include\hardware.h"
#include "..\include\ethernet.h"
#include "..\include\ARP.h"
#include "..\include\ip.h"
#include "..\include\icmp.h"
#include "..\include\udp.h"
#include "..\include\tcp.h"
#include "..\include\zlg_socket.h"

/**************first Net Port Config **************************/
#define My_Mac_1ID          {0x52,0x54,0x4c,0x19,0xf8,0x22}
#define IP_MARK_1ID         {255,255,255,0}          //255.255.255.0,子网掩码
#define MY_IP_1ID           {192,168,0,174}
#define MY_GATEWAY_1ID      {192,168,0,1}
/**************End Net Port Config **************************/
#if (MAX_NET_PORT>=2)
/**************first Net Port Config **************************/
#define My_Mac_2ID          {0x52,0x54,0x4c,0x19,0xf8,0x32}
#define IP_MARK_2ID         {255,255,255,0}          //255.255.255.0,子网掩码
#define MY_IP_2ID           {192,168,0,174}
#define MY_GATEWAY_2ID      {192,168,0,1}
/**************End Net Port Config **************************/
#endif
```

## 4.5.3 以太网驱动程序的编写

以太网驱动程序的编写分 3 部分：接收、发送和初始化。它们都包含在 HARDWARE.c 和 HARDWARE.h 文件中。

在 HARDWARE.c 文件中定义了一个联合数据，即以太网层的接收缓冲区，可接收帧的个数在 HARDWARE.h 文件中定义(#define MAX_REC_BUFF 5)。因为以太网层的 MTU 是 1 536，所以该联合的大小是 1 536 字节，如程序清单 4.18 所示。

**程序清单 4.18　接收缓冲区**

```
union  REC_BUFF_UNION
    {
        uint32      Dwords[384];
```

```
        uint16      words[768];
        uint8       bytes[1536];
    };
```

硬件的驱动主要由 3 个函数组成，另外还有一些辅助函数。3 个函数是 InitNic()、Rec_Packet()和 Send_Packet()，分别负责网络接口芯片的初始化、数据报的接收以及数据报的发送。

### 1. 初始化

在介绍初始化函数之前先介绍一些相关的辅助函数。

首先是对网络接口芯片的读/写操作函数。程序如程序清单 4.19 所示。写函数包含 2 个输入参数，一个是要写入的地址，它是指网络接口芯片的内部地址，不是基地址，类型为无符号字符型；另一个是需要写入的数据，因为是 16 位总线，所以该类型是无符号短整型。读函数有一个输入参数，是要写入的地址，类型为无符号字符型；返回值是读取的数值，类型是无符号短整型。

**程序清单 4.19　读/写操作函数**

```
void  WriteToNet(uint8 ADDR_16,uint16 WRITEDATA)
{
     (*((volatile unsigned short *) 0x83400000 + ADDR_16)) = WRITEDATA;
}


uint16  ReadFromNet(uint8 ADDR_16)
{
uint16 temp;
       temp = (*((volatile unsigned short *) 0x83400000 + ADDR_16));
       return (temp);
}
```

页切换函数。因为 RTL8019AS 网络芯片内部有 4 个寄存器页，访问不同的页需要进行切换，该函数就实现这种功能。它的输入参数只有一个，就是页的号码，大小范围为 0～3，只用到一个字节的低 2 位，其余为高位且无效。程序如程序清单 4.20 所示。(以下的操作中都会涉及一些 RTL8019AS 网络芯片内部寄存器的读/写，具体寄存器对应的功能和使用方法请参考 RTL8019AS 网络芯片的数据手册。)

**程序清单 4.20　页切换函数**

```
void page(uint8 pagenumber)
{
```

```
    uint8 temp;
    temp = ReadFromNet(0);      //command register
    temp = temp&0x3B ;          //注意 txp 位不能要
    pagenumber = pagenumber <<6;
    temp = temp | pagenumber;
    WriteToNet(0,temp);
}
```

本机 MAC 地址设置函数。它主要是用于将本机的 MAC 地址写入 RTL8019AS 网络芯片内部,方便芯片对网络上的数据进行过滤。该函数的输入参数是存放本机 MAC 地址的数据段起始地址,类型是无符号字符型指针。程序如程序清单 4.21 所示。

**程序清单 4.21　MAC 地址设置函数**

```
void SetMacID(uint8 * mac_ptr)
{
//把 MAC 地址写入 MY——MAC——ID 中
page(1);
WriteToNet(1 , * mac_ptr);
mac_ptr ++ ;
WriteToNet(2 , * mac_ptr);
mac_ptr ++ ;
WriteToNet(3 , * mac_ptr);
mac_ptr ++ ;
WriteToNet(4 , * mac_ptr);
mac_ptr ++ ;
WriteToNet(5 , * mac_ptr);
mac_ptr ++ ;
WriteToNet(6 , * mac_ptr);
page(0);
}
```

初始化函数。它的输入参数有一个(uint8 num),默认应该使用 0。如果有多个 RTL8019AS 网络芯片,则可以分别对不同的芯片进行设置(多个 RTL8019AS 网络芯片同时使用的功能还没有经过测试,目前还不支持)。程序如程序清单 4.22 所示。初始化函数调用了对 I/O 口的控制,故在使用该函数前需要对 I/O 功能进行设置,如在 LPC2200 系列对 PINSEL0或 PINSEL1 等寄存器进行配置。

**程序清单 4.22　初始化函数**

```
void InitNic(uint8 num)
{
uint8   i;
uint8   j;

IODIR = IODIR|NET_RST;
IOCLR = NET_RST;
for(i = 0;i<200;i ++ )
      for(j = 0;j<200;j ++ );
IOSET = NET_RST;
for(i = 0;i<200;i ++ )
      for(j = 0;j<200;j ++ );
IOCLR = NET_RST;
for(i = 0;i<200;i ++ )
      for(j = 0;j<200;j ++ );
WriteToNet(0x1f,0x00);
for(i = 0;i<200;i ++ )
      for(j = 0;j<200;j ++ );
WriteToNet(0x00,0x21);          //使芯片处于停止模式,这时进行寄存器设置
for(i = 0;i<200;i ++ )
      for(j = 0;j<200;j ++ );   //延时 10 ms,确保芯片进入停止模式
page(0);
WriteToNet(0x0a,0x00);          //清 rbcr0
WriteToNet(0x0b,0x00);          //清 rbcr1
WriteToNet(0x0c, 0xe0);         //RCR,监视模式,不接收数据包
WriteToNet(0x0d, 0xe2);         //TCR,loop back 模式
page(0);
WriteToNet(0x01,0x4c);          //PSTART = 0x4C
WriteToNet(0x02,0x80);          //PSTOP = 0x80
WriteToNet(0x03,0x4c);          //bnry = 0x4C
page(0);
WriteToNet(0x04,0x40);          //TPSR,发送起始页寄存器
WriteToNet(0x07,0xff);          //清除所有中断标志位,中断状态寄存器
WriteToNet(0x0f,0x11);          //中断屏蔽寄存器清 0,禁止中断
WriteToNet(0x0e,0xcb);          //数据配置寄存器,16 位 DMA 方式
page(1);
```

```
    WriteToNet(0x07,0x4d);        //curr = 0x4D
    WriteToNet(0x08,0x00);
    WriteToNet(0x09,0x00);
    WriteToNet(0x0a,0x00);
    WriteToNet(0x0b,0x00);
    WriteToNet(0x0c,0x00);
    WriteToNet(0x0d,0x00);
    WriteToNet(0x0e,0x00);
    WriteToNet(0x0f,0x00);
    WriteToNet(0x00,0x22);        //芯片开始工作
    SetMacID(NetPort[num].My_Mac);//将芯片物理地址写入 MAR 寄存器
    page(0);
    WriteToNet(0x0c,0xcc);        //将芯片设置成正常模式,与外部网络连接
    WriteToNet(0x0d,0xe0);
    WriteToNet(0x00,0x22);        //启动芯片开始工作
    WriteToNet(0x07,0xff);        //清除所有中断标志位
    }
```

程序首先设置了 LPC2200 ARM 芯片的 I/O 口属性。然后对 RTL8019AS 网络芯片进行复位,包括硬件复位和软件复位。再进入芯片停止状态,对内部寄存器进行设置,包括 MAC 地址的写入和内部 SRAM 的分频。最后,使芯片进入运行状态结束初始化。流程图如图 4.41 所示。该函数在 2 个地方调用,一个是第 1 个任务的开始,另外一个地方是接收报函数 Rec_Packet()。

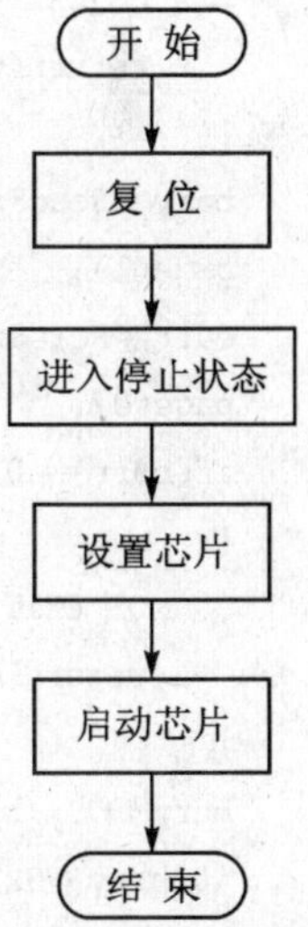


图 4.41 初始化函数流程图

### 2. 接收数据报

在接收函数 Rec_Packet()中调用 μC/OS－II 的两个宏,OS_ENTER_CRITICAL()进入临界区,OS_EXIT_CRITICAL()推出临界区。这里主要是为了对硬件操作进行保护。

Rec_Packet()函数总是把所有数据报都读出来后才退出,而接收缓存区没有指示哪些报未被处理。因此,如果接收到的数据报(指放在网络接口芯片内部缓存的)来不及处理,那么可能会发生丢包现象,所以对处理速度慢的机器需要设置更多的接收缓冲区(把 HARDWARE.H 文件中定义的 MAX_REC_BUFF 值设大一些)。程序如程序清单 4.23 所示。

**程序清单 4.23　接收函数**

```
uint8 Rec_Packet()
{
static uint8 REC_BUFF_NUM = 0;
static uint8 bnry,curr;
static uint16 tmp[2];
uint16 * REC_BUFF_PTR_WORDS;
uint8 * REC_BUFF_PTR_BYTES;
uint8 i;
uint16 ii,length;

OS_ENTER_CRITICAL();

real:
    page(0);
    i = ReadFromNet(0x07);                    //读取中断状态
    if((i&0x90)!= 0)                          //如果复位或益出,则重新初始化
    {
        InitNic(0);
        OS_EXIT_CRITICAL();
        return(0);
    }
    bnry = ReadFromNet(0x03);                 //bnry page have read 读页指针
    page(1);
    curr = ReadFromNet(0x07);                 //curr writepoint 8019 写页指针
    page(0);
    if(curr == 0)
    {
        OS_EXIT_CRITICAL();
        return(0);                            //读的过程出错
    }
    bnry ++ ;//bnry = bnry ++ ;
    if(bnry>0x7f)
    {
        bnry = 0x4c;
    }
    if(bnry!= curr)                           //此时表示在缓冲区中有新的数据包
```

```
{                                          //任何操作最好都返回 page0
    if(REC_BUFF_NUM == MAX_REC_BUFF)       //接收缓冲区号清 0
    {
        REC_BUFF_NUM = 0;
    }
        //设定接收缓冲区的起始地址
    REC_BUFF_PTR_WORDS = REC_BUFF[REC_BUFF_NUM].words;
    WriteToNet(0x09,bnry);                 //RSAR1 写入读页地址的高字节
    WriteToNet(0x08,0x00);                 //RSAR0 写入读页地址的低字节
    WriteToNet(0x0b,0x00);                 //RSCR1 写入读取字节计数高字节
    WriteToNet(0x0a,18);                   //RSCR0 写入读取字节计数高字节
    WriteToNet(0x00,0x0a);                 //启动 Remote DMA 读操作
    //读取包的前 4 个字节：4 字节的 8019 头部
    for(i = 0;i<2;i ++ )
    {
        * REC_BUFF_PTR_WORDS = ReadFromNet(0x10);
        tmp[i] = * REC_BUFF_PTR_WORDS;
        REC_BUFF_PTR_WORDS ++ ;
    }
    //0：接收状态;1：下一包的指针;2：本包低位;3：本包高位
    WriteToNet(0x0b,0x00);                 //RSCR1 写入读取字节计数高字节
    WriteToNet(0x0a,0x00);                 //RSCR0 写入读取字节计数高字节
    WriteToNet(0x00,0x22);                 //结束或放弃 DMA 操作
    tmp[1] = tmp[1] - 4;                   //去掉 4 个字节的 CRC
    //把真正接收的帧长度保存到缓冲区
    REC_BUFF[REC_BUFF_NUM].words[1] = tmp[1];
    //以上各步操作表示读入的数据包有效
    //0：接收状态;1：下一包的指针;2：本包高位;3：本包低位
    if(((tmp[0]&0x0001) == 0)||((tmp[0]&0xff00)>0x7f00)
        ||((tmp[0]&0xff00)<0x4c00)||(tmp[1]>0x0600))
    {//接收状态错误或下一数据包的起始页地址错误或接收的数据包长度>1 536 字节
        page(1);
        curr = ReadFromNet(0x07);          //page1 读取 CURR 的值
        page(0);                           //切换回 page0
        bnry  =  curr  - 1;                //把 bnry 恢复为下 16K 中的空余部分
        if(bnry < 0x4c)
        {
```

```
            bnry = 0x7f;
        }
        WriteToNet(0x03,bnry);    //把 BNRY 恢复到指向下一帧
        WriteToNet(0x07,0xff);    //清除中断标志
        OS_EXIT_CRITICAL();
        return(0);
    }//end of if(((tmp[0]&0x0001)
    else                          //表示数据包是完好的,读取剩下的数据
    {
        WriteToNet(0x09,bnry);    //RSAR1 写入读页地址的高字节
        WriteToNet(0x08,4);       //RSAR0 写入读页地址的低字节
        WriteToNet(0x0b,tmp[0]);  //RSCR1 写入读取字节计数高字节
        WriteToNet(0x0a,tmp[1]);  //RSCR0 写入读取字节计数低字节

        WriteToNet(0x00,0x0a);    //启动 Remote DMA 读操作
        length = tmp[1];          //计算出要读取的帧的长度
        for(ii = 0;ii<((length + 1)/2);ii ++ )
        {
            * REC_BUFF_PTR_WORDS = ReadFromNet(0x10);
            REC_BUFF_PTR_WORDS ++ ;
        }
        WriteToNet(0x0b,0x00);    //RSCR1 写入读取字节计数高字节
        WriteToNet(0x0a,0x00);    //RSCR0 写入读取字节计数高字节
        WriteToNet(0x00,0x22);    //结束或放弃 DMA 操作
    }//end of else
    bnry = (tmp[0]/256) - 1;      //tmp[1]是当前有效的 CURR
    if(bnry<0x4c)
        bnry = 0x7f;
    WriteToNet(0x03,bnry);        //写入有效的 BNRY
    WriteToNet(0x07,0xff);        //清除中断标志
    REC_BUFF_PTR_BYTES = REC_BUFF[REC_BUFF_NUM].bytes;
    //把指针恢复到数据包的起始
    REC_BUFF_PTR_BYTES = REC_BUFF_PTR_BYTES + 4;

#ifdef Little_End
//可以减少对数据缓冲区的利用。但如果缓冲区足够大,则可以去掉
    if((((ipethernet * )REC_BUFF_PTR_BYTES) - >NextProtocal == 0x0008)
```

```
            ||(((ipethernet * )REC_BUFF_PTR_BYTES) - >NextProtocal == 0x0608))
#endif
#ifdef Big_End
//可以减少对数据缓冲区的利用。但如果缓冲区足够大,则可以去掉
        if((((ipethernet * )REC_BUFF_PTR_BYTES) - >NextProtocal == 0x0800)
            ||(((ipethernet * )REC_BUFF_PTR_BYTES) - >NextProtocal == 0x0806))
#endif
        {
            REC_BUFF_NUM ++ ;
            OS_EXIT_CRITICAL();
            Rec_Ethernet_Packed(REC_BUFF_PTR_BYTES,0);
            OS_ENTER_CRITICAL();
            goto rea1;
            //如果缓冲区小,并且使用时间片方式,则可以直接退出
        }
        else
            goto rea1;
    }//end of if(bnry!= curr)
    OS_EXIT_CRITICAL();
    return(0);
}
```

几乎 Rec_Packet()的所有代码都属于临界区代码。函数一开始就进入临界区。如果网络接口芯片是处于复位状态,则对网络芯片进行初始化然后退出。如果处于正常状态,则读取读/写指针。如果写指针指向的位置出错,则退出;否则读指针加 1。如果加 1 后等于最后一页(0x7F),就设回起始页(0x4C)。检查是否接收到数据报,如果没有则退出;否则,检查接收状态是否正确,数据长度是否过长等。若检查都没有问题,则进行读取并进行处理。处理完再次从读取读/写指针开始运行,直到检查没有收到数据报为止。如果检查接收状态和数据长度时发现有错误,则清空网络接口芯片的接收缓存区,再退出。流程图如图 4.42 所示。

### 3. 发送数据报

在叙述发送数据报函数 Send_Packet()之前,先讨论一个 RTL8019AS 网络芯片发送缓存区的问题。在初始化 RTL8019AS 网络芯片时把内部的 16 KB SRAM 分为两个部分,3 KB 空间用于发送数据,13 KB 空间用于接收数据。而 3 KB 的发送缓冲区可以保存 2 个完整的以太网帧,可以看作 2 个发送缓存区,这样就可以轮流对这两个发送缓存区进行操作。另外,在 Send_Packet()函数中_pkst 结构指针是其惟一的输入参数,通过该函数可得到需要发送的数据包和总长度。

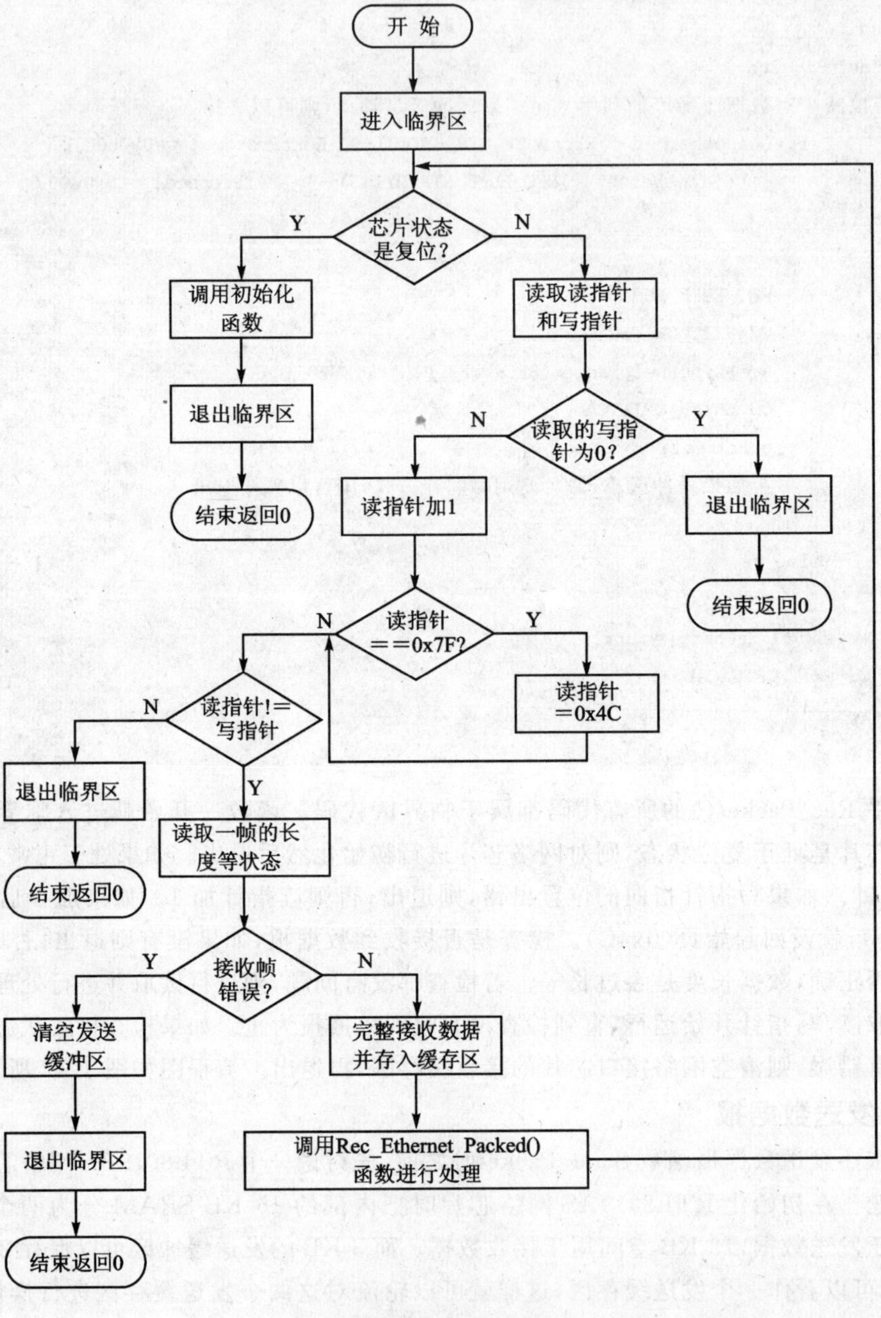


图 4.42 接收函数流程图

首先，Send_Packet()函数通过传递的参数_pkst 结构指针计算出需要发送数据的总长度。然后选择一个 RTL8019AS 网络芯片内部的发送缓存区，把数据都发送到 RTL8019AS 网络芯片的发送缓存区，设置芯片发送的起始地址(即发送缓存区的起始地址)。如果发送的数据少于 60 字节，则发送 60 字节。最后发送数据。如果发送失败则重发。重发次数是 6 次，6 次以后就退出。程序如程序清单 4.24 所示。流程图如图 4.43 所示。

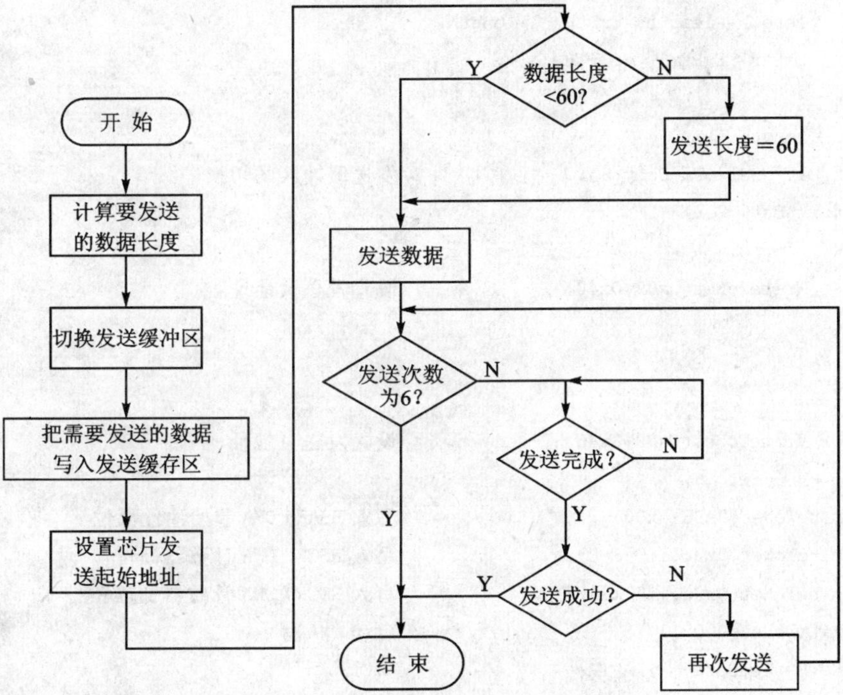


图 4.43 发送函数流程图

## 程序清单 4.24 发送数据报函数

```
void Send_Packet(struct _pkst * TxdData)
{
static uint8 Tx_Buff_Sel = 0;
struct _pkst * ExPtr;
uint8 * TEPTR;
union send_temp{
        uint16 words;
        uint8    bytes[2];
        }send_buff;
uint16 ii,length = 0;
```

```
page(0);                                  //切换至第 0 页
length = length + TxdData - >length;
ExPtr = TxdData - >STPTR;
while(ExPtr!= NULL)                       //计算出要发送数据的总长度
{
    length = length + ExPtr - >length;
    ExPtr = ExPtr - >STPTR;
}
ii = length;
Tx_Buff_Sel = Tx_Buff_Sel^1;              //发送缓冲区的切换
if(Tx_Buff_Sel)
{
    WriteToNet(0x09,0x40);                //设置发送页地址
}
else
{
    WriteToNet(0x09,0x46);                //设置发送页地址
}
WriteToNet(0x08,0x00);                    //写入 RSAR0 DMA 起始地址低位
WriteToNet(0x0b,ii>>8);                   //写入 RSCR1 DMA 计数器高位
WriteToNet(0x0a,ii&0x00ff);               //写入 RSCR0 DMA 计数器低位
WriteToNet(0,0x12);                       //启动 DMA 写
TEPTR = TxdData - >DAPTR;
for(ii = 0;ii<(((TxdData - >length) + 1)/2);ii ++ )
{
    send_buff.bytes[0] = * TEPTR;
    TEPTR ++ ;
    send_buff.bytes[1] = * TEPTR;
    TEPTR ++ ;
    WriteToNet(0x10,send_buff.words);
}
ExPtr = TxdData - >STPTR;
while(ExPtr!= NULL)
{
    TEPTR = ExPtr - >DAPTR;
    for(ii = 0;ii<((ExPtr - >length + 1)/2);ii ++ )
```

```
            {
                send_buff.bytes[0] = * TEPTR;
                TEPTR ++ ;
                send_buff.bytes[1] = * TEPTR;
                TEPTR ++ ;
                WriteToNet(0x10,send_buff.words);
            }
        ExPtr = ExPtr - >STPTR;
    }
    //以下为终止 DMA 操作
    WriteToNet(0x0b,0x00);
    WriteToNet(0x0a,0x00);
    WriteToNet(0x00,0x22);                    //结束或放弃 DMA 操作
    WriteToNet(0x07,0xff);
    if(Tx_Buff_Sel)
    {
        WriteToNet(0x04,0x40);                //txd packet start
    }
    else
    {
        WriteToNet(0x04,0x46);                //txd packet start
    }
    ii = length;
    if(length<60)
    {
        ii = 60;                              //如果数据长度<60 字节,设置长度为 60 字节
    }
    WriteToNet(0x06,ii>>8);                   //high byte counter
    WriteToNet(0x05,ii&0x00ff);               //low byte counter
    WriteToNet(0x07,0xff);
    WriteToNet(0x00,0x3e);                    //to sendpacket
    //重发数据的处理
    for(length = 0;length<6;length ++ )       //最多重发 6 次
    {
        for(ii = 0;ii<1000;ii ++ )
        {//检查 CR 寄存器的 txp 位是否为低。为 1 说明正在发送,为 0 说明发完或出错放弃
            if((ReadFromNet(0x00)&0x04) == 0)
```

```
                { break; }
            }
        //表示发送成功,判断发送状态寄存器 TSR,决定是否出错
        if((ReadFromNet(0x04)&0x01)!= 0)
            break;
        WriteToNet(0x00,0x3e);           //to sendpacket;
    }
}
```

## 4.5.4 以太网层程序的编写

这里有一个新的结构数组引入 ARP 表,其定义在 CFG_NET. H 文件中。它包含 3 个单元:生存时间(TTL)、IP 地址(IP_NUM[4])、IP 地址对应的 MAC 地址(MAC_NUM[6])。ARP 表项的添加和维护由 ARP 处理程序和以太网层的接收函数来完成。维护工作包括生存时间的刷新、表项的添加和修改等。维护的过程是:当系统收到 ARP 请求包时,就把对方的信息添加到 ARP 表。如果收到 IP 包,就查询 ARP 表是否有对应的表项。若有,则刷新生存时间;否则,添加表项然后再来处理。维护原理很简单,但是涉及 ARP 的处理以及以太网、IP 层的处理。下面从 ETHERNET. H 文件开始介绍。

### 1. 以太网层设置文件

在 ETHERNET. H 文件中定义了两个比较重要的结构,定义如程序清单 4.25 所示。一个是 ipethernet 结构,它定义了一个以太网帧头的结构,包括目标 MAC 地址 DestMacId[6]、源 MAC 地址 SourceMacId[6]、下一层的协议或数据长度 NextProtocal。另外一个是 NetP 结构,它定义了一个硬件接口的一些参数,如接口 IP 地址 My_Ip[4]、接口网关 IP 地址 My_Gateway[4]、接口 IP 地址掩码 My_Ip_Mark[4]、接口 MAC 地址 My_Mac[6]、网关的 MAC 地址My_Gateway_Mac[6]、网关 IP 地址的生存时间 Gateway_IP_TTL、本接口对应的 ARP 表 ARP_TERM[MAX_ARP_TERM](MAX_ARP_TERM 在 CFG_NET. H 文件中定义)。定义如程序清单 4.25 所示。

**程序清单 4.25　ETHERNET. H**

```
typedef struct          {
                        uint8     DestMacId[6];        /*目的网卡地址*/
                        uint8     SourceMacId[6];      /*源网卡地址*/
                        uint16    NextProtocal;        /*下一层协议*/
                            } ipethernet;
typedef struct      {
                uint8           My_Ip[4];
```

```
            uint8           My_Gateway[4];
            uint8           My_Ip_Mark[4];
            uint8           My_Mac[6];
            uint8           My_Gateway_Mac[6];
            uint8           Gateway_IP_TTL;
            struct          a_t ARP_TERM[MAX_ARP_TERM];
        } NetP;
```

在 ETHERNET.H 文件中还定义了一个 MAX_NET_PORT 的值，它是指网络接口的数目，默认情况下设为 1，即只有一个网络接口。

在运行初始化驱动程序(InitNic())前，需要先设置网络接口的参数。ETHERNET.C 文件中的 SetNetPort()函数就是完成这个功能。程序清单 4.26 是一个例子。

**程序清单 4.26　SetNetPort()与 InitNic()的应用例子**

```
UBYTE iii;
⋮
SetNetPort();
InitNic(0);
⋮
    while(1)
      {
        OSTimeDly(4);
        do
        {
            iii = Rec_Packet();
        }// end of do
        while(iii!= 0);
      }//end for while(1)
```

## 2. 以太网层数据接收

以太网层的数据接收函数是 Rec_Ethernet_Packed()，它由驱动的 Rec_Packet()函数调用，它的输入参数是以太网帧数据包的起始地址和网络接口号(它与 NetP 结构相关，默认情况下是 0，即默认的网络接口 0)。在函数 Rec_Ethernet_Packed()中调用了结构 eip，该结构在 IP.H 文件中定义了 IP 报的报头。

首先 Rec_Ethernet_Packed()函数通过传递参数获知该帧的类型是 IP 报还 ARP 报，然后分别调用 IP 处理函数和 ARP 接收处理函数。另外，在调用 IP 处理函数之前还要进行 ARP 表的更新工作，程序如程序清单 4.27 所示。程序流程图如图 4.44 所示。

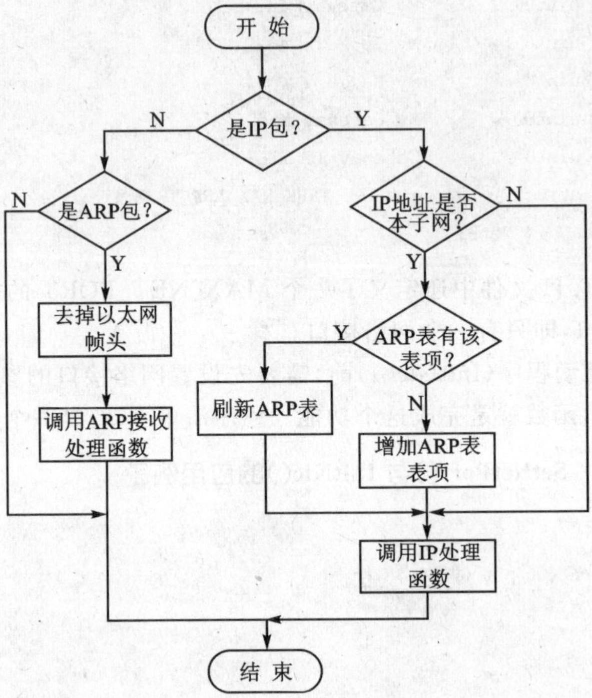


图 4.44　以太网接收函数流程图

**程序清单 4.27　以太网层的数据接收函数**

```
uint8 Rec_Ethernet_Packed(uint8 * RecData,uint8 num)
{
uint8 i;

#ifdef Big_End
    if(((ipethernet * )RecData) - >NextProtocal == 0x0800)      //可以减少对数据缓冲区的利用
#endif
#ifdef Little_End
    if(((ipethernet * )RecData) - >NextProtocal == 0x0008)      //可以减少对数据缓冲区的利用
#endif
    {
        RecData = RecData + 14;                                 //指向 IP 包头
        //检查是否属于本 IP 段,否则不保存到 ARP 表中?
        if( * RecData 指向的 IP 报的发送节点所属的子网 == 本接口所属的子网)  //是否属于同一子网
        {
```

```
            for(i = 0;i<MAX_ARP_TERM;i ++ )
            {
                if(ARP 表的 IP 地址表项 == * RecData 指向的 IP 报的源地址)
                //如果已经保存有对应的 MAC 地址而且 TTL 有效
                {//刷新 TTL,处理 IP 包
                    NetPort[num].ARP_TERM[i].TTL = 100;
                    IP_PROCESS(RecData,num);
                    return(2);
                }
            }
            //ARP 表没有对应的 MAC 地址
            for(i = 0;i<MAX_ARP_TERM;i ++ )
            {
                if(NetPort[num].ARP_TERM[i].TTL == 0)          //如果该 ARP 表项无效
                {
                    ARP 表中添加 IP 地址;
                    RecData = RecData - 14;
                    ARP 表中添加对应的 MAC 地址;
                    NetPort[num].ARP_TERM[i].TTL = 100;        //添加表项的生存时间
                    RecData = RecData + 14;                    //保存其 IP 和对应的 MAC 地址
                    IP_PROCESS(RecData,num);
                    return(2);
                }
            }
            //MAC 表溢出!!
            IP_PROCESS(RecData,num);
            return(4);
        }
        //非本地 IP
        IP_PROCESS(RecData,num);
        return(3);
    }
#ifdef Big_End
    else if(((ipethernet *)RecData) - >NextProtocal == 0x0806)   //如果是 ARP 报
#endif
#ifdef Little_End
    else if(((ipethernet *)RecData) - >NextProtocal == 0x0608)   //如果是 ARP 报
```

```
#endif
    {
        RecData = RecData + 14;
        PROCESS_ARP_REC(RecData,num);
        return(1);
    }
    return(3);
}
```

### 3. 以太网层数据发送

以太网层的发送分为两个函数，分别是 Send_Ip_To_LLC()、Send_ethernet_Frame()。Send_Ip_To_LLC()负责查询 ARP 表，Send_ethernet_Frame()负责把查询的结果写到以太网层的缓存区。下面分别进行介绍。

**1) Send_IP_To_LLC()**

Send_Ip_To_LLC()函数输入参数是_pkst 结构指针 * TxdData，用于指向上一层协议的数据信息，指向目标 IP 地址的起始指针 * de_ip，还有指向发送的网络接口号(默认是 0)。返回值是一个无符号字符型值，0 为发送失败，1 为发送成功。函数首先查询目标 IP 地址与本地 IP 地址的关系，确定是否属于同一个子网。如果不相同，就把目标 MAC 地址设为默认网关的 MAC 地址；否则，在 ARP 表中查询是否有对应的 MAC 地址。若有，则直接传递到 Send_ethernet_Frame()函数进行发送；否则，发送一个 ARP 请求帧，请求得到该 IP 地址对应的 MAC 地址，返回发送失败标志。程序如程序清单 4.28 所示，程序流程图如图 4.45 所示。

**程序清单 4.28　Send_Ip_To_LLC()函数**

```
uint8 Send_Ip_To_LLC(struct _pkst * TxdData,uint8 * de_ip,uint8 num)
{
uint8 i;
    if(IP 报的目标节点所属的子网 == 本接口所属的子网)
    {
        i = 0;                              //查找 MAC 表
        do
        {
            OS_ENTER_CRITICAL();
            if(ARP 表的 IP 地址表项 == IP 报的目标地址)
            {
                NetPort[num].ARP_TERM[i].TTL = 100;
                Send_ethernet_Frame(TxdData,NetPort[num].ARP_TERM[i].MAC_NUM
                                    ,IP_PACKED,num);
```

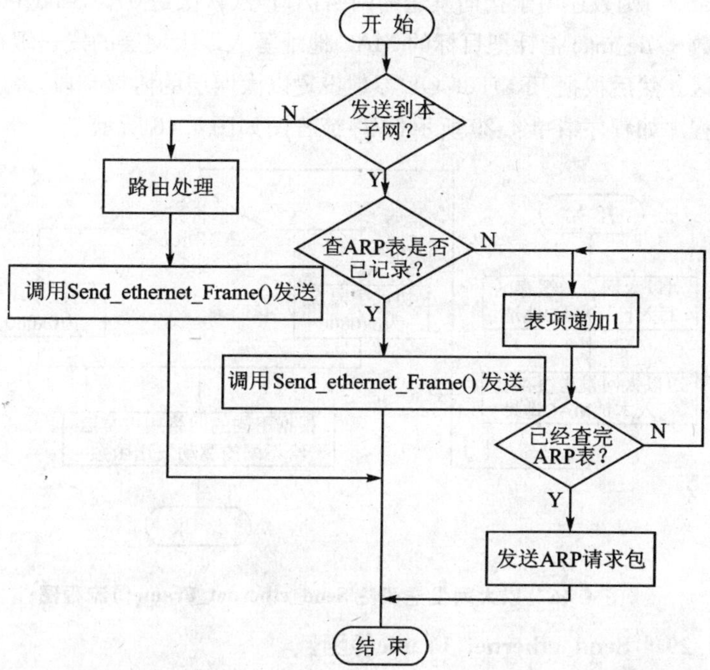


**图 4.45　以太网发送函数 Send_Ip_To_LLC()流程图**

```
                OS_EXIT_CRITICAL();
                return(1);
            }
            OS_EXIT_CRITICAL();
            i++;
        }
        while(i<MAX_ARP_TERM);          //如果 ARP 表查询完毕还没有对应的 MAC 地址,则退出
        Arp_Request(de_ip,num);         //请求对方 MAC
        return(0);
    }
    Send_ethernet_Frame(TxdData,Gateway_MAC,IP_PACKED,num);
    return(1);
}
```

**2) Send_ethernet_Frame()**

Send_ethernet_Frame()函数的输入参数是_pkst 结构指针 * TxdData,用于指向上一层协议的数据信息,指向目标 MAC 地址的起始的指针 * de_mac,PROTOCOL 用于指明上层的协议的类型,类型有 IP_PACKED 和 ARP_PACKED,都在 ETHERNET. H 文件中定义。

Send_ethernet_Frame()函数还用于指向发送的网络接口号(默认是 0)。Send_ethernet_Frame()函数首先根据输入参数 * de_mac 指针把目标的 MAC 地址写入以太网层的发送缓存区,再把本机 MAC 地址也写到缓存区。然后根据 PROTOCOL 参数设置以太网层的协议字段,最后通过调用驱动发送程序发送数据。程序如程序清单 4.29 所示,程序流程图如图 4.46 所示。

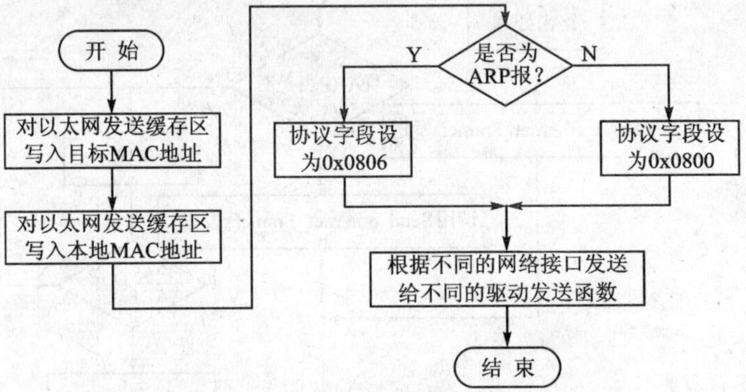


**图 4.46 以太网发送函数 Send_ethernet_Frame()流程图**

## 程序清单 4.29 Send_ethernet_Frame()函数

```
uint8 Send_ethernet_Frame       (
                    struct _pkst * TxdData,        //结构指针
                    uint8     * de_mac,            //对方的 MAC 地址指针
                    uint8     PROTOCOL,            //IP 协议或 ARP 协议
                    uint8     num
                    )
{
ipethernet ethernet_head;//ETHERNET 处理缓存区
struct _pkst PKethernet;

    ethernet_head.DestMacId[0] = * de_mac;         //设置对方 MAC
    de_mac ++ ;
    ethernet_head.DestMacId[1] = * de_mac;
    de_mac ++ ;
    ethernet_head.DestMacId[2] = * de_mac;
    de_mac ++ ;
    ethernet_head.DestMacId[3] = * de_mac;
    de_mac ++ ;
    ethernet_head.DestMacId[4] = * de_mac;
```

```
    de_mac ++ ;
    ethernet_head.DestMacId[5] = * de_mac;
    ethernet_head.SourceMacId[0] = NetPort[num].My_Mac[0];      //设置本机 MAC 地址
    ethernet_head.SourceMacId[1] = NetPort[num].My_Mac[1];
    ethernet_head.SourceMacId[2] = NetPort[num].My_Mac[2];
    ethernet_head.SourceMacId[3] = NetPort[num].My_Mac[3];
    ethernet_head.SourceMacId[4] = NetPort[num].My_Mac[4];
    ethernet_head.SourceMacId[5] = NetPort[num].My_Mac[5];
#ifdef Little_End
    if(PROTOCOL == IP_PACKED)                                   //如果是 IP 包,则设为 0x0800
        ethernet_head.NextProtocal = 0x0008;
    else if(PROTOCOL == ARP_PACKED)                             //如果是 ARP 包,则设为 0x0806
        ethernet_head.NextProtocal = 0x0608;                    //0x0806;
#endif
#ifdef Big_End
    if(PROTOCOL == IP_PACKED)                                   //如果是 IP 包,则设为 0x0800
        ethernet_head.NextProtocal = 0x0800;
    else if(PROTOCOL == ARP_PACKED)                             //如果是 ARP 包,,则设为 0x0806
        ethernet_head.NextProtocal = 0X0806;//0X0806;
#endif
    PKethernet.STPTR = TxdData;                                 //指向前一个结构数组
    PKethernet.length = 14;                                     //ETHERNET 报头的长度
    PKethernet.DAPTR = (uint8 EX_RAM * )&ethernet_head;         //ETHERNET 报头的指针
    OS_ENTER_CRITICAL();
    switch(num)
    {
        case 0:
            Send_Packet(&PKethernet);                           //发送该帧
            break;
        case 1:
            break;
        case 2:
            break;
        default:
            break;
    }
    OS_EXIT_CRITICAL();                                         //恢复
```

```
    return(1);
}
```

## 4.5.5 ARP 协议处理程序的编写

ARP 协议处理主要是针对 ARP 表的处理,处理包括对接收到 ARP 请求帧的应答、ARP 表表项的添加和刷新以及网关 MAC 地址的保存等。有一个新的结构引入 ARP 帧结构,其定义在 ARP.C 文件中。它包含 9 个单元:硬件类型(HardwareType)、协议类型(ProtocalType)、硬件地址长度(HardwareLen)、协议地址长度(ProtocalLen)、操作(Operation)、源 MAC 地址(SourceMacId[6])、源 IP 地址(SourceIp[4])、目标 MAC 地址(DestMacId[6])以及目标 IP 地址(DestId[4]),如程序清单 4.30 所示。下面从 ARP 初始化开始介绍。

**程序清单 4.30　ARP 结构**

```
typedef struct      { /* arp 报文的内容总长 28 字节 */
                    uint16      HardwareType;       /* 以太网为 0x0001 */
                    uint16      ProtocalType;       /* IP 为 0x0800 */
                    uint8       HardwareLen;        /* = 0x06 */
                    uint8       ProtocalLen;        /* = 0x04 */
                    uint16      Operation;          /* 操作 0x0001 为请求,0x0002 为应答 */
                    uint8       SourceMacId[6];     /* 源网卡地址 */
                    uint8       SourceIp[4];        /* 源 IP 地址 */
                    uint8       DestMacId[6];       /* 目的网卡地址 */
                    uint8       DestId[4];          /* 目的 IP 地址 */
                    } arp ;
```

### 1. ARP 初始化

在 ARP.C 文件中定义了一个 ARP 初始化函数 Initial_arp(),它的主要功能是初始化各个网络接口默认网关的 MAC 地址的生存时间;然后对各个网络接口的网关发送 ARP 请求报,请求获取对应的 MAC 地址(在函数中调用了 ARP 请求函数 Arp_Request(),该函数在本小节第 2 条"ARP 请求"中进行介绍)。如程序清单 4.31 所示。

**程序清单 4.31　ARP 初始化函数**

```
void    Initial_arp()
{
uint8 i,num;

    for(num = 0;num<MAX_NET_PORT;num ++ )
```

```
    {
        NetPort[num].Gateway_IP_TTL = 0;
        for(i = 0;i<MAX_ARP_TERM;i ++ )
        {
            NetPort[num].ARP_TERM[i].TTL = 0;
        }
        Arp_Request(NetPort[num].My_Gateway,num);
    }
}
```

## 2. ARP 请求

Arp_Request ()函数的输入参数是指针 * ip_address,用于指出目标 IP 地址和指向发送的网络接口号(默认是 0)。该函数的处理过程比较简单,即把相应的参数写入 ARP 帧的缓存区,然后发送出去即可。ARP 请求函数如程序清单 4.32 所示。

**程序清单 4.32　ARP 请求函数**

```
void Arp_Request(uint8 * ip_address,uint8 num)
{
struct _pkst TxdArpReq;
uint8 ARPREQ[46];                                      //ARP 帧的缓存区
uint8 i;
    for(i = 0;i<6;i ++ )                               //复制对方网卡地址或网关地址
    {
        ((arp * )ARPREQ) - >SourceMacId[i] = NetPort[num].My_Mac[i];
        ((arp * )ARPREQ) - >DestMacId[i] = 0x00;       //ARP 报文的目的物理地址填为 0
    }
    for(i = 0;i<4;i ++ )
    {
        ((arp * )ARPREQ) - >SourceIp[i] = NetPort[num].My_Ip[i];  //填充源 IP 地址
        ((arp * )ARPREQ) - >DestId[i] = * ip_address; //填充目的 IP 地址
        ip_address ++ ;
    }
#ifdef Big_End
    ((arp * )ARPREQ) - >HardwareType = 0x0001;         //硬件类型：0x0001,以太网类型
    ((arp * )ARPREQ) - >ProtocalType = 0x0800;         //协议类型：0x0800,对应 IPv4
    ((arp * )ARPREQ) - >Operation = 0x0001;            //操作类型：ARP 请求
#endif
```

```
#ifdef Little_End
    ((arp *)ARPREQ)->HardwareType = 0x0100;        //硬件类型：0x0001,以太网类型
    ((arp *)ARPREQ)->ProtocalType = 0x0008;        //协议类型：0x0800,对应 IPv4
    ((arp *)ARPREQ)->Operation = 0x0100;           //操作类型：ARP 请求
#endif
    ((arp *)ARPREQ)->HardwareLen = 0x06;           //硬件长度：即物理地址长度,单位字节
    ((arp *)ARPREQ)->ProtocalLen = 0x04;           //协议长度：即逻辑地址长度,单位字节
    ARPREQ[28] = 0x00;                             //填充数据为 0x00,这一句无关紧要
    //启动发送数据,发送的是一个 ARP 请求
    TxdArpReq.STPTR = NULL;
    TxdArpReq.length = 46;
    TxdArpReq.DAPTR = ARPREQ;
    Send_ethernet_Frame(&TxdArpReq,ARP_REP_MAC,ARP_PACKED,num);
}
```

### 3. ARP 报处理

在接收到 ARP 数据报后,需要调用 ARP 报处理函数 PROCESS_ARP_REC()。该函数的输入参数包括接收到数据的起始指针 * ARP_PTR,以及指向接收的网络接口号(默认是 0)。函数的主要功能是判断接收到的 ARP 数据报是属于 ARP 请求报还是 ARP 应答报。如果是 ARP 应答报,则调用 REC_ARP_REQ()函数进行处理;如果是 ARP 请求报,则调用 Arp_Answer()函数进行处理。ARP 报处理函数如程序清单 4.33 所示。

**程序清单 4.33　ARP 报处理函数**

```
void PROCESS_ARP_REC(uint8 * ARP_PTR,uint8 num)
{
#ifdef Big_End
    if(((arp *)ARP_PTR)->Operation == 0X0001)
#endif
#ifdef Little_End
    if(((arp *)ARP_PTR)->Operation == 0X0100)
#endif
    {
        Arp_Answer(ARP_PTR,num);
    }
#ifdef Big_End
    else if(((arp *)ARP_PTR)->Operation == 0X0002)
#endif
```

```
#ifdef Little_End
    else if(((arp *)ARP_PTR)->Operation == 0X0200)
#endif
    {
        REC_ARP_REQ(ARP_PTR,num);
    }
}
```

ARP 应答报处理函数 REC_ARP_REQ()主要负责对 ARP 表的更新，它的输入参数包括接收到数据的起始指针 * ARP_REC_REQ_PTR，以及指向接收的网络接口号(默认是 0)。REC_ARP_REQ()的处理过程是：首先检查接收的 ARP 应答报的源 IP 是否为本网络接口的网关 IP，如果是，则保存网关的 MAC 地址；然后再检查该报的源 IP 地址是否与本 IP 地址属于同一子网。如果是，则检查 ARP 表是否有对应的表项。若有，则刷新表项的生存时间；否则，增加 ARP 表表项。程序如程序清单 4.34 所示。流程图如图 4.47 所示。

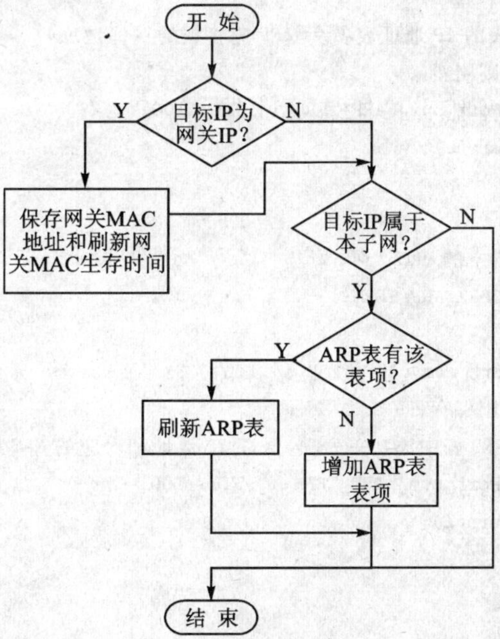


**图 4.47 ARP 应答帧处理函数 REC_ARP_REQ()流程图**

## 程序清单 4.34 ARP 应答报处理函数

```
uint8 REC_ARP_REQ(uint8 * ARP_REC_REQ_PTR,uint8 num)
{
uint8 i;
```

```
    if(源 IP 地址 == 网关地址)
    {
         for (i = 0;i<6;i ++ )
         {
          NetPort[num].My_Gateway_Mac[i] =
              ((arp * )ARP_REC_REQ_PTR) - >SourceMacId[i];
         }
         NetPort[num].Gateway_IP_TTL = 100;
    }
    //如果发送方属于本子网
    if(ARP 应答报的发送节点所属的子网 == 本接口所属的子网)
    {//查找是否有属于该 IP 的对应 MAC 表
       for(i = 0;i<MAX_ARP_TERM;i ++ )
       {
          if(ARP 表的 IP 地址表项 == ARP 应答报的目标地址)
          {//若有则刷新
              NetPort[num].ARP_TERM[i].TTL = 100;
              return(0);
          }
       }
       //查找是否有空的 MAC 表项
       for(i = 0;i<MAX_ARP_TERM;i ++ )
       {
          if(NetPort[num].ARP_TERM[i].TTL == 0)
          {//若有则保存
              在 ARP 表中添加一表项,保存 IP 地址和对应的 MAC 地址;
              NetPort[num].ARP_TERM[i].TTL = 100;
              return(2);
          }
       }
       //MAC 表已满
       return(4);
    }
    return(1);
}
```

ARP 请求报处理函数 Arp_Answer()主要负责对 ARP 表的更新和对 ARP 请求报的应

答，它的输入参数包括接收到的数据的起始指针 * ARP_REC_PTR 和指向接收的网络接口号(默认是 0)。Arp_Answer()的处理过程是：首先，检查接收的 ARP 请求报的目标 IP 地址是否为本网络接口对应的 IP 地址；然后根据接收到 ARP 请求报返回一个对应的 ARP 应答报，再检查该报的源 IP 地址是否与本 IP 地址属于同一子网。如果是，则检查 ARP 表是否有对应的表项。若有，则刷新表项的生存时间；否则，增加 ARP 表表项。程序如程序清单 4.35 所示。流程图如图 4.48 所示。

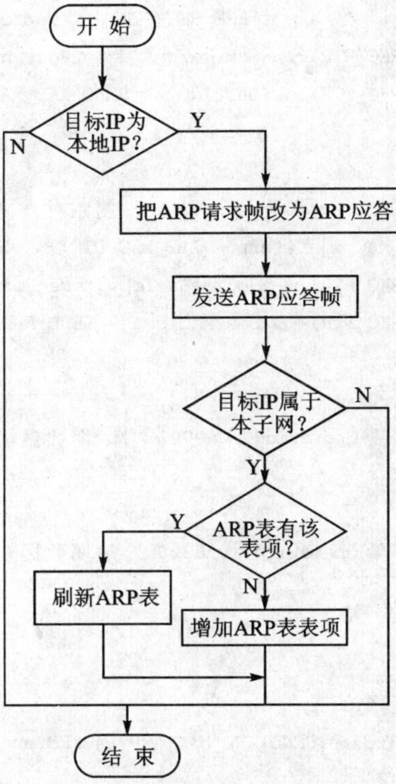


**图 4.48 ARP 请求帧处理函数 Arp_Answer()流程图**

### 程序清单 4.35 ARP 请求报处理函数

```
uint8 Arp_Answer(uint8 * ARP_REC_PTR,uint8 num)
{
struct _pkst TxdArp;
uint8 SEND_ARP_MAC[6];
uint8 i;
//如果目标 IP 地址是本机 IP
```

```
    if (((arp * )ARP_REC_PTR) - >DestId[0] == NetPort[num]. My_Ip[0])
    if (((arp * )ARP_REC_PTR) - >DestId[1] == NetPort[num]. My_Ip[1])
    if (((arp * )ARP_REC_PTR) - >DestId[2] == NetPort[num]. My_Ip[2])
    if (((arp * )ARP_REC_PTR) - >DestId[3] == NetPort[num]. My_Ip[3])
    {                                                   //表示要解析本地 IP 的请求
        for(i = 0;i<4;i ++ )                            //复制对方 IP 地址,填充源地址
        {
            SEND_ARP_MAC[i] = ((arp * )ARP_REC_PTR) - >SourceIp[i];
            ((arp * )ARP_REC_PTR) - >SourceIp[i] = NetPort[num]. My_Ip[i];
            ((arp * )ARP_REC_PTR) - >DestId[i] = SEND_ARP_MAC[i];
        }
        for(i = 0;i<6;i ++ )
          {                                             //复制对方物理地址或网关地址
                SEND_ARP_MAC[i] = ((arp * )ARP_REC_PTR) - >SourceMacId[i];
            ((arp * )ARP_REC_PTR) - >SourceMacId[i] = NetPort[num]. My_Mac[i];
            ((arp * )ARP_REC_PTR) - >DestMacId[i] = SEND_ARP_MAC[i];
        }
#ifdef Big_End
    ((arp * )ARP_REC_PTR) - >Operation = 0x0002; //表明数据帧为 ARP 应答
#endif
#ifdef Little_End
    ((arp * )ARP_REC_PTR) - >Operation = 0x0200; //表明数据帧为 ARP 应答
#endif
    TxdArp. STPTR = NULL;
    TxdArp. length = 0x60;
    TxdArp. DAPTR = ARP_REC_PTR;
    Send_ethernet_Frame(&TxdArp,SEND_ARP_MAC,ARP_PACKED,num);  //发送 ARP 应答帧
    //如果发送方属于本网段
        if(ARP 请求报的发送节点所属的子网 == 本接口所属的子网)
        {
            //查找是否有属于该 IP 的对应 MAC 表
            for(i = 0;i<MAX_ARP_TERM;i ++ )
            {
                if(ARP 表的 IP 地址表项 == ARP 应答报的目标地址)
                {
                    NetPort[num]. ARP_TERM[i]. TTL = 100;
                    return(0);
```

```
            }
        }
        //查找是否有空的 MAC 表项
        for(i = 0;i<MAX_ARP_TERM;i ++ )
        {
            if(NetPort[num].ARP_TERM[i].TTL == 0)
            {
                在 ARP 表中添加一表项，保存 IP 地址和对应的 MAC 地址；
                NetPort[num].ARP_TERM[i].TTL = 100;
                return(2);
            }
        }
        //MAC 表已满
        return(4);
    }
    return (3);
  }
  return (1);
}
```

### 4.5.6 IP 协议处理程序的编写

IP 协议处理主要是针对 IP 协议层的处理，处理包括对接收到 IP 报的分类、根据上层的信息封装和发送 IP 报等等。有 2 个新的结构被引入，一个是 eip，它定义了 IP 报的头结构，利于它可以方便的设置 IP 报头的参数，然后发送；另一个是 Rec_Ptr，它是一个结构数组，消息队列通过传递该结构的指针把接收到 TCP 报和 UDP 报交给 TCP 或 UDP 处理任务执行，其单元包括接收到的数据起始指针*RecDataPtr、数据长度 length、接收的网络接口号 num、接收到 IP 报的源 IP 地址 ip[4]、接收到的 IP 报的目标 My_Ip[4]。在 IP. H 文件中还定义了消息队列的长度 Q_Max_Size。

**程序清单 4.36　IP. H**

```
typedef     struct {
                        uint8     VerandIphLen;         /* 版本与头长度 */
                        uint8     ServerType;           /* 服务类型 */
                        uint16    TotalLen;             /* 总长度 */
                        uint16    FrameIndex;           /* IP 帧序号 */
                        uint16    Segment;              /* 分段标志 */
```

```
                        uint8      ttl;                    /*生存时间*/
                        uint8      NextProtocal;           /*下一层协议*/
                        uint16     Crc;                    /*校验和*/
                        uint8      SourceIp[4];            /*源 IP*/
                        uint8      DestId[4];              /*目的 IP*/
                    }eip;
typedef     struct{
                        uint8      *RecDataPtr;
                        uint16     length;
                        uint8      num;
                        uint8      ip[4];
                        uint8      My_Ip[4];
                 }Rec_Ptr;
#define    Q_Max_Size    20
```

在 IP.C 文件的开始定义了一些信号量和消息队列。如程序清单 4.37 所示,前 3 个是消息队列,分别对应 ICMP 处理、TCP 处理和 UDP 处理,ICMP 处理可以不需要,因为没有定义一个任务去处理 ICMP 报,而是在接收任务内直接处理。第 4 个是发送信号量,用于发送时的资源管理。只有在取得发送信号量后才能发送 IP 包,在发送过程中占用该信号量,发送完毕后才释放。Rec_Ptr 类型的数组 RECQ 不必解析,它的功能前面已介绍。该数组的列数是 MAX_REC_BUFF(定义在 HARDWARE.H 中),与接收缓冲区的数目相同。最后 3 个就是消息队列数组,与前 3 行对应。

**程序清单 4.37　IP.C 的起始定义**

```
OS_EVENT     *RecIcmpQFlag;
OS_EVENT     *RecTcpQFlag;
OS_EVENT     *RecUdpQFlag;

OS_EVENT     *SendFlag;

Rec_Ptr         RECQ[MAX_REC_BUFF];

void     *RecIcmpQ[Q_Max_Size];
void     *RecTcpQ[Q_Max_Size];
void     *RecUdpQ[Q_Max_Size];
```

## 1. IP 报的发送

IP 报发送函数内部调用了一个 16 位校验和计算函数 CreateIpHeadCrc()。该函数负责对 IP 报头校验和的计算，输入参数是 IP 报头的指针，返回的是计算结果。函数运行时先把 IP 报头按 16 位的方式累加，累加的结果如果大于 0xFFFF，就把高出的 16 位和低 16 位相加，最后结果取反输出。程序如程序清单 4.38 所示，流程图如图 4.49 所示。

**程序清单 4.38　16 位校验和计算函数**

```
uint16  CreateIpHeadCrc(uint8 * Ip)
{
union  w  CrcTemp;
uint8  i;
CrcTemp.dwords = 0;
    for(i = 0;i<10;i ++ )
    {
        CrcTemp.dwords = CrcTemp.dwords + ((uint32)Ip[2 * i]<<8) + (uint32)Ip[2 * i + 1];
    }
    while(CrcTemp.words.high>0)
    {
            CrcTemp.dwords = (uint32)(CrcTemp.words.high + CrcTemp.words.low);
    }
    CrcTemp.words.low = 0xffff - CrcTemp.words.low;  //取反
    return(CrcTemp.words.low);
}
```

IP 报发送函数 Send_Ip_Frame()主要由上层协议的处理函数调用，负责 IP 层的数据封装以及把数据传递到以太网层的发送函数。它的输入参数包括_pkst 结构指针 * TxdData、指向目标 IP 地址的起始的指针 * de_ip、指向源 IP 地址的起始的指针 * so_ip(网络接口号就是根据源 IP 来查找的)，还有用于指明上一层协议的 PROTOCOL(6 是 TCP 协议，17 是 UDP 协议，1 是 ICMP 协议)。

Send_Ip_Frame()函数首先根据输入参数 so_ip 来查出对应的网络接口。然后根据相关的信息设置好 IP 发送缓存区的对应值，准备发送。接着调用 μC/OS - II 的系统函数 OSSemPend()，获取发送信号量 SendFlag。得到信号量以后，调用以太网发送函数 Send_Ip_To_LLC()把 IP 层的发送缓冲区数据发送出去。最后释放发送信号量 SendFlag，退出。程序如程序清单 4.39 所示，流程图如图 4.50 所示。

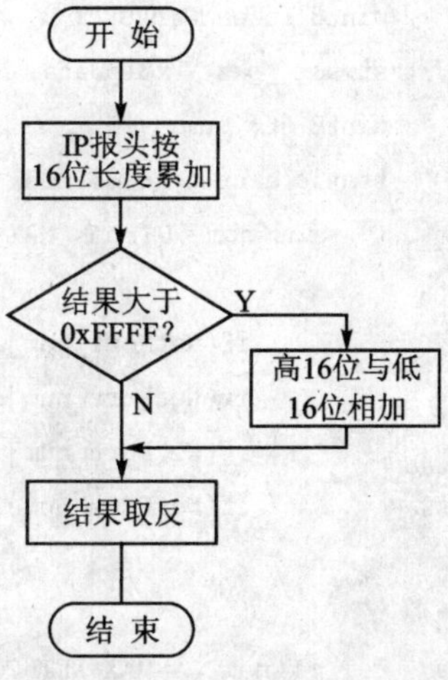


**图 4.49　IP 报头校验和计算函数 CreateIpHeadCrc()流程图**

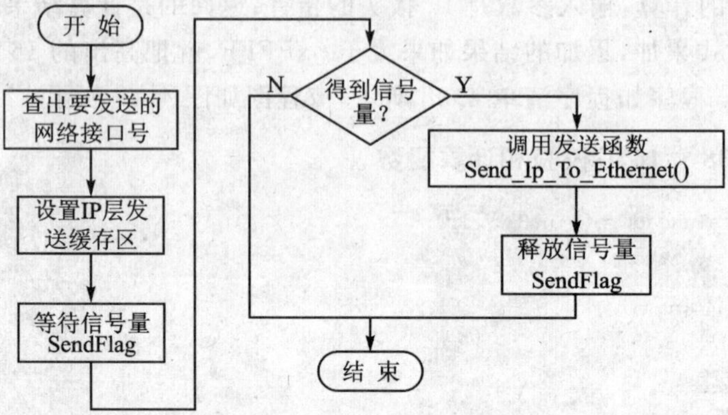


图 4.50 IP 报发送函数 Send_Ip_Frame()流程图

## 程序清单 4.39 IP 报发送函数

```
uint8 Send_Ip_Frame     (
                struct _pkst * TxdData,
                uint8 * de_ip,
                uint8 * so_ip,
                uint8 PROTOCOL
            )
{
union ip_rc IpHead;
uint8 IpHeadUint8[20];
struct _pkst TxdIpData;
uint8 err,num;
static uint16 FrameIndex = 0;
    for(num = 0;num<MAX_NET_PORT;num ++ )
    {
        if(NetPort[num].My_Ip[0] == so_ip[0])
        if(NetPort[num].My_Ip[1] == so_ip[1])
        if(NetPort[num].My_Ip[2] == so_ip[2])
        if(NetPort[num].My_Ip[3] == so_ip[3])
            break;
    }
    if(num> = MAX_NET_PORT)
        return (0xff);
    IpHead.e_ip.VerandIphLen = 0x45;                        //IP 版本和头长度
```

```
IpHeadUint8[0] = 0x45;
IpHead.e_ip.ServerType = 0x00;                              //服务类型为 0
IpHeadUint8[1] = 0x00;                                      //服务类型
IpHead.e_ip.TotalLen = ( * TxdData).length + 20;            //IP 数据报总长度
IpHeadUint8[2] = (IpHead.e_ip.TotalLen&0xff00)>>8;          //IP 数据报总长度高字节
IpHeadUint8[3] = IpHead.e_ip.TotalLen&0x00ff;               //IP 数据报总长度低字节
IpHead.e_ip.FrameIndex = FrameIndex + 1;
IpHeadUint8[4] = (FrameIndex&0xff00)>>8;                    //IP 数据报标识高字节
IpHeadUint8[5] = FrameIndex&0x00ff;                         //IP 数据报标识低字节
FrameIndex ++ ;
IpHeadUint8[6] = 0x40;                                      //IP 数据报标志及分段偏移量
IpHeadUint8[7] = 0x00;                                      //IP 数据报标志及分段偏移量
IpHead.e_ip.ttl = 0x80;                                     //128TTL
IpHeadUint8[8] = 0x80;                                      //TTL
IpHead.e_ip.NextProtocal = PROTOCOL;                        //下层协议
IpHeadUint8[9] = PROTOCOL;
IpHead.e_ip.Crc = 0;
IpHeadUint8[10] = 0;                                        //CRC h
IpHeadUint8[11] = 0;                                        //CRC l
IpHead.e_ip.SourceIp[0] = NetPort[num].My_Ip[0];            //填充源 IP 地址
IpHead.e_ip.SourceIp[1] = NetPort[num].My_Ip[1];
IpHead.e_ip.SourceIp[2] = NetPort[num].My_Ip[2];
IpHead.e_ip.SourceIp[3] = NetPort[num].My_Ip[3];
IpHeadUint8[12] = NetPort[num].My_Ip[0];                    //填充源 IP 地址
IpHeadUint8[13] = NetPort[num].My_Ip[1];
IpHeadUint8[14] = NetPort[num].My_Ip[2];
IpHeadUint8[15] = NetPort[num].My_Ip[3];
IpHead.e_ip.DestId[0] = de_ip[0];                           //填充目的 IP 地址
IpHead.e_ip.DestId[1] = de_ip[1];
IpHead.e_ip.DestId[2] = de_ip[2];
IpHead.e_ip.DestId[3] = de_ip[3];
IpHeadUint8[16] = de_ip[0];                                 //填充目的 IP 地址
IpHeadUint8[17] = de_ip[1];
IpHeadUint8[18] = de_ip[2];
IpHeadUint8[19] = de_ip[3];
IpHead.e_ip.Crc = CreateIpHeadCrc(IpHeadUint8);             //产生 IP 头的检验和
IpHeadUint8[10] = (IpHead.e_ip.Crc&0xff00)>>8;              //IP 数据报总长度高字节
```

```
    IpHeadUint8[11] = IpHead.e_ip.Crc&0x00ff;                    //IP 数据报总长度低字节
    TxdIpData.STPTR = TxdData;
    TxdIpData.length = 20;
    TxdIpData.DAPTR = IpHeadUint8;
    OSSemPend(SendFlag,10,&err);                                 //获取发送信号量
    if(err == OS_NO_ERR)
    {
        if(Send_Ip_To_LLC(&TxdIpData,IpHead.e_ip.DestId,num))
        {
            OSSemPost(SendFlag);
            return(1);
        }
        else
        {
            OSSemPost(SendFlag);
            return(0);
        }
    }
    else
        return (0);
}
```

## 2. IP 报的接收

IP 层的数据接收函数是 IP_PROCESS(),它由以太网层的接收函数 Rec_Ethernet_Packed()调用,其输入参数是 IP 帧数据包的起始地址和网络接口号(它与 NetP 结构相关,默认情况下是 0,即默认的网络接口为 0)。IP_PROCESS()函数在执行过程中,首先通过传递参数获得该 IP 报的报头长度和总长度(IP 报头+有限负载),然后向 RECQ 结构数组填写相关的信息,最后通过 IP 报中的协议字段来判断有限负载中上层协议的类型进行处理。对于 ICMP 协议,则调用 icmp_process()进行处理,而 UDP 和 TCP 协议是通过传递 RECQ 结构数组的消息队列来处理的。程序如程序清单 4.40 所示,流程图如图 4.51 所示。

**程序清单 4.40　IP 层的数据接收函数**

```
uint8 IP_PROCESS(uint8 * RecData,uint8 num)
{
static      temp = 0;
uint8       iii;
uint16      PackedLength;
```

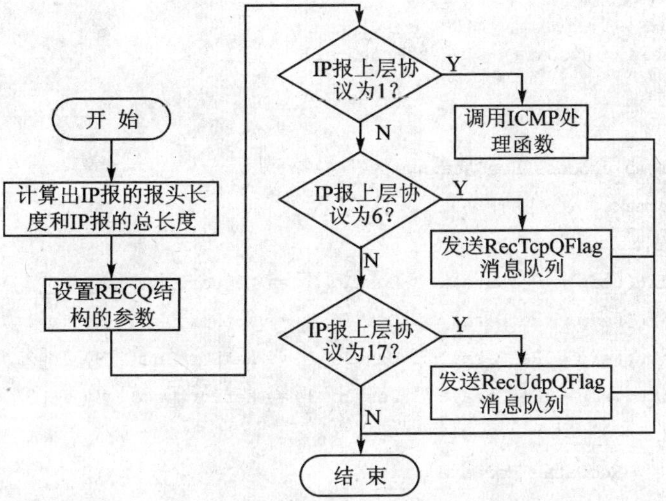


**图 4.51 IP 报接收函数 IP_PROCESS()流程图**

```
uint8       TempIP[4];
#ifdef      Little_End
uint16      Ltemp;
#endif
    TempIP[0] = ((eip * )RecData) ->SourceIp[0];
    TempIP[1] = ((eip * )RecData) ->SourceIp[1];
    TempIP[2] = ((eip * )RecData) ->SourceIp[2];
    TempIP[3] = ((eip * )RecData) ->SourceIp[3];            //保存对方 IP
    iii = ((eip * )RecData) ->VerandIphLen&0x0f;
    iii = iii * 4;                                          //取 IP 包头的长度
#ifdef Big_End
    PackedLength = ((eip * )RecData) ->TotalLen;
#endif
#ifdef Little_End
    PackedLength = ((eip * )RecData) ->TotalLen;
    Ltemp = PackedLength&0x00ff;
    PackedLength = (PackedLength&0xff00)>>8;
    PackedLength = PackedLength + (Ltemp<<8);
#endif
    PackedLength = PackedLength - (uint16)iii;              //计算有效数据的长度
    temp ++ ;
    if(temp> = MAX_REC_BUFF)
```

```
        temp = 1;
    switch(((eip * )RecData) - >NextProtocal)
    {
        case 1:
            icmp_process(RecData,num);
            break;
        case 6:
            if(((eip * )RecData) - >DestId[0] == NetPort[num].My_Ip[0])
            if(((eip * )RecData) - >DestId[1] == NetPort[num].My_Ip[1])
            if(((eip * )RecData) - >DestId[2] == NetPort[num].My_Ip[2])
            if(((eip * )RecData) - >DestId[3] == NetPort[num].My_Ip[3])  //目标为本 IP
            {
                RecData = RecData + iii;
                RECQ[temp].RecDataPtr = RecData;
                RECQ[temp].length = PackedLength;
                RECQ[temp].ip[0] = TempIP[0];
                RECQ[temp].ip[1] = TempIP[1];
                RECQ[temp].ip[2] = TempIP[2];
                RECQ[temp].ip[3] = TempIP[3];
                RECQ[temp].num = num;
                RECQ[temp].My_Ip[0] = NetPort[num].My_Ip[0];
                RECQ[temp].My_Ip[1] = NetPort[num].My_Ip[1];
                RECQ[temp].My_Ip[2] = NetPort[num].My_Ip[2];
                RECQ[temp].My_Ip[3] = NetPort[num].My_Ip[3];
                OSQPost(RecTcpQFlag,(void * )&RECQ[temp]);
            }
            //TCP
            break;
        case 17:
            RecData = RecData + iii;
            RECQ[temp].RecDataPtr = RecData;
            RECQ[temp].length = PackedLength;
            RECQ[temp].ip[0] = TempIP[0];
            RECQ[temp].ip[1] = TempIP[1];
            RECQ[temp].ip[2] = TempIP[2];
            RECQ[temp].ip[3] = TempIP[3];
            RECQ[temp].num = num;
```

```
            OSQPost(RecUdpQFlag,(void * )&RECQ[temp]);
            break;
            //UDP
        default :
            break;
    }// end for switch
    return 1;
}
```

## 4.5.7 ICMP 协议处理程序的编写

ICMP 协议处理主要是针对 PING 的处理,处理包括对接收到的 PING 请求报的应答和主动发送 PING 请求报等。有 1 个新的结构被引入,即 icmp。它定义了 ICMP 报结构,利于它可方便地设置 ICMP 报头的参数,然后发送。程序如程序清单 4.41 所示。

**程序清单 4.41　icmp 结构**

```
typedef struct  {
                    uint8     type;
                    uint8     option;
                    uint16    Crc;
                    uint16    id;
                    uint16    seq;
                    uint8     icmpdata[32];
                }icmp;
```

### 1. ICMP 报的 PING 应答发送

ICMP 报发送函数内部调用了一个 16 位校验和计算函数 CreateIcmpCrc ()。该函数负责对 ICMP 报校验和的计算,输入参数是 ICMP 报的联合,返回的是计算结果。函数运行时先把 ICMP 报按 16 位的方式累加。因为 PING 应答的 ICMP 报的长度是 40 字节,所以设为累加 20 次(IP 报头的校验和是累加 10 次)。若累加的结果大于 0xFFFF,则把高出的 16 位和低 16 位相加,最后结果取反输出。程序如程序清单 4.42 所示,流程图与图 4.49 相同。

**程序清单 4.42　16 位校验和计算函数**

```
uint16  CreateIcmpCrc(union icmp_rc icmppk)
{
    uint8     i;
    union     w  CrcTemp;
```

```
    CrcTemp.dwords = 0;
    for(i = 0;i<20;i ++ )
    {
        CrcTemp.dwords = CrcTemp.dwords + icmppk.words.wordbuf[i];
    }
    while(CrcTemp.words.high>0)
    {
            CrcTemp.dwords = (uint32)(CrcTemp.words.high + CrcTemp.words.low);
        }
    CrcTemp.words.low = 0xffff - CrcTemp.words.low;
    return(CrcTemp.words.low);
}
```

icmp_process()函数主要负责对接收到的 ICMP 报进行处理，主要是处理接收到的 PING 请求报。函数的输入参数有该 ICMP 报的 IP 报头地址指针 * ICMPSENDPTR，以及网络接口号。

函数在运行时首先根据 ICMP 报的类型字段判断是否是 PING 请求帧。若是，则根据接收到的 PING 请求帧来设置 PING 应答帧。然后调用 μC/OS－II 的系统函数 OSSemPend()，获取发送信号量 SendFlag，得到信号量以后就调用以太网发送函数 Send_Ip_To_LLC()把 PING 应答帧发送出去。最后释放发送信号量 SendFlag，退出。程序如程序清单 4.43 所示，流程图如图 4.52 所示。

**程序清单 4.43　ICMP 报处理函数**

```
void icmp_process(uint8   * ICMPSENDPTR,uint8 num)
{
uint8 i,temp;
struct _pkst SendIcmpData;
    if(((icmppro * )ICMPSENDPTR) - >icmpf.e_icmp.type == 0x08)      //请求!!
    {
        ((icmppro * )ICMPSENDPTR) - >icmpf.e_icmp.type = 0;         //回复
        ((icmppro * )ICMPSENDPTR) - >ipf.e_ip.ttl -- ;
        for (i = 0; i < 4; i ++ )                                   //IP 翻转
        {
                temp = ((icmppro * )ICMPSENDPTR) - >ipf.e_ip.SourceIp[i];
            ((icmppro * )ICMPSENDPTR) - >ipf.e_ip.SourceIp[i] =
                ((icmppro * )ICMPSENDPTR) - >ipf.e_ip.DestId[i];
                  ((icmppro * )ICMPSENDPTR) - >ipf.e_ip.DestId[i] = temp;
        }
```

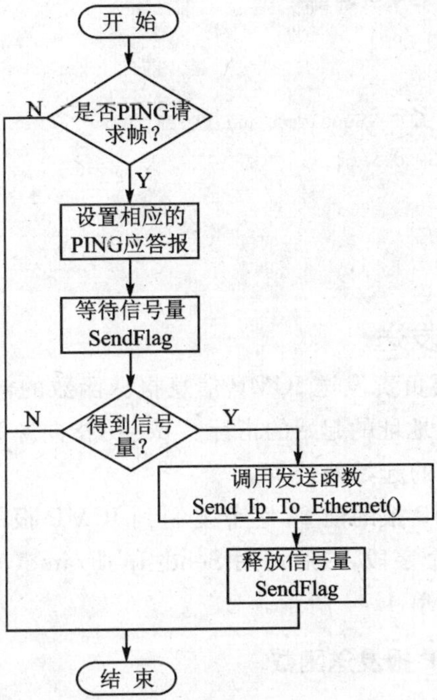


图 4.52 ICMP 报处理函数 icmp_process()流程图

```
        ((icmppro *)ICMPSENDPTR)->ipf.e_ip.Crc = 0;
        OS_ENTER_CRITICAL();
        ((icmppro *)ICMPSENDPTR)->ipf.e_ip.Crc = CreateIpHeadCrc(ICMPSENDPTR);
#ifdef Little_End
        ((icmppro *)ICMPSENDPTR)->ipf.e_ip.Crc =
            swap_int16(((icmppro *)ICMPSENDPTR)->ipf.e_ip.Crc);
#endif
        OS_EXIT_CRITICAL();
        ((icmppro *)ICMPSENDPTR)->icmpf.e_icmp.Crc = 0;
        ((icmppro *)ICMPSENDPTR)->icmpf.e_icmp.Crc =
            CreateIcmpCrc(((icmppro *)ICMPSENDPTR)->icmpf);
        SendIcmpData.length = ((icmppro *)ICMPSENDPTR)->ipf.e_ip.TotalLen;
#ifdef Little_End
        SendIcmpData.length = swap_int16(SendIcmpData.length);
#endif
        SendIcmpData.STPTR = NULL;
        SendIcmpData.DAPTR = ICMPSENDPTR;
```

```
            OSSemPend(SendFlag,5,&temp);
            if(temp == OS_NO_ERR)
            {
                Send_Ip_To_LLC(&SendIcmpData,((icmppro * )ICMPSENDPTR) - >ipf.e_ip.DestId,num);
                OSSemPost(SendFlag);
            }
        }
    }
```

### 2. ICMP 报的信息发送

Icmp_Send()函数主要负责发送 ICMP 信息报。函数的输入参数有指明该 ICMP 报类型和操作的参数、指向目标 IP 地址的起始的指针 * de_ip,指向源 IP 地址的起始的指针 * so_ip,还有引起该信息报产生 IP 报的起始地址等。

函数在运行时首先把 IP 报的前 28 字节复制到 ICMP 报的发送缓存区,然后根据类型和操作等设置 ICMP 报的各个字段,最后调用 Send_Ip_Frame()函数进行发送。函数的实现过程比较简单,程序如程序清单 4.44 所示。

**程序清单 4.44　ICMP 报发送函数**

```
void Icmp_Send(uint8 type,uint8 option,uint8 * so_ip,uint8 * de_ip, uint8 * REC_FRAME )
{
struct _pkst SendPingData;
union icmp_rc IcmpPacked;
    OS_ENTER_CRITICAL();
    memcpy (&(IcmpPacked.e_icmp.icmpdata), REC_FRAME, 28);
    OS_EXIT_CRITICAL();

    IcmpPacked.e_icmp.type = type;
    IcmpPacked.e_icmp.option = option;
    IcmpPacked.e_icmp.Crc = 0;
    IcmpPacked.e_icmp.id = 0;
    IcmpPacked.e_icmp.seq = 0;
    IcmpPacked.e_icmp.Crc = CreateIcmpCrc1(IcmpPacked);
    SendPingData.length = 36;
    SendPingData.STPTR = NULL;
    SendPingData.DAPTR = ( uint8 * )&IcmpPacked;
    Send_Ip_Frame (&SendPingData,de_ip,so_ip,1);
}
```

### 3. ICMP 报的 PING 请求发送

Ping_Precess()函数主要是负责发送 PING 请求报。函数的输入参数有指向目标 IP 地址的起始的指针 * de_ip,以及指向源 IP 地址的起始的指针 * so_ip(网络接口号就是根据源 IP 来查找的)。

函数在运行时首先根据输入参数设置好 ICMP 报的发送缓存区,然后调用 Send_Ip_Frame()函数进行发送。函数的实现过程比较简单,程序如程序清单 4.45 所示。

**程序清单 4.45　PING 请求报发送函数**

```
void Ping_Precess(uint8 * de_ip,uint8 * so_ip)
{
    struct _pkst SendPingData;
    union icmp_rc IcmpPacked;
    static uint16 temp_findex = 0x2345;
    IcmpPacked.e_icmp.type = 0x08;
    IcmpPacked.e_icmp.option = 0;
    IcmpPacked.e_icmp.Crc = 0;
#ifdef Big_End
    IcmpPacked.e_icmp.id = 0x0300;
#endif
#ifdef Little_End
    IcmpPacked.e_icmp.id = 0x0003;
#endif
    IcmpPacked.e_icmp.seq = temp_findex ++ ;
    IcmpPacked.e_icmp.Crc = CreateIcmpCrc(IcmpPacked);
    SendPingData.length = 40;
    SendPingData.STPTR = NULL;
    SendPingData.DAPTR = ( uint8 * )&IcmpPacked;
    Send_Ip_Frame(&SendPingData,de_ip,so_ip,1);
}
```

## 4.5.8 UDP 协议处理程序的编写

UDP 协议处理主要是针对接收到 UDP 报的处理,而 UDP 报的发送由 SOCKET 接口函数来处理。UDP 处理任务在收到 RecUdpQFlag 消息后调用 Udp_Process()函数进行处理。Udp_Process()函数在处理过程中,查找建立的 SOCKET 中本地端口是否与 UDP 报对应的目标 UDP 端口相同。若相同,则设置 SOCKET 状态值,并发送对应的信号量;否则,发送一个无效端口的 ICMP 信息报。

有几个新的结构被引入,一个是 udp_data,它定义了 UDP 报结构,利于方便地设置 ICMP 报头的参数,然后发送。程序如程序清单 4.46 所示。

**程序清单 4.46 udp_data 结构**

```
typedef struct   {
                    uint16      SourcePort;          /* 源端口 */
                    uint16      DestPort;            /* 目的端口 */
                    uint16      length;              /* 长度 = UDP 头 + 数据 */
                    uint16      Crc;                 /* 校验和,包括伪头部、UDP 头部和数据 */
                    uint8       udpdata[1478];       /* UDP 数据 */
                  }udp_data;
```

一个是 udp_dhead,它定义了 UDP 报的伪报头,利于设置 UDP 报伪头的参数,然后发送。还有一个结构体是 UDP 伪报头加上 UDP 报。定义这个结构主要是为了方便计算 UDP 报的校验和(因为 UDP 报的校验和计算包含 UDP 伪报头)。程序如程序清单 4.47 所示。

**程序清单 4.47 udp_dhead 和 udp_send 结构**

```
typedef struct   {
                 uint8          rev;
                 uint8          NextProtocal;
                 uint16         TotalLen;            /* 长度,UDP 头部,数据 */
                 uint8          SourceIp[4];         /* 源端口 */
                 uint8          DestId[4];           /* 目的端口 */
                 }udp_dhead;
typedef struct   {
                 udp_dhead     UdpDHead;             /* UDP 伪报头 */
                 udp_data     Udp;                   /* UDP 报头 + UDP 数据 */
                 }udp_send;
```

最后介绍的是与 SOCKET 有联系的一个结构体 udp_socket。它包含一些接收到的 UDP 报和已经定义的 SOCKET 的一些重要信息。My_Port 表示已开通的本地端口;My_Ip[4]表示本地的 IP 地址;Rec_Sta 表示该 UDP SOCKET 的接收状态;info[UdpMaxRec]是一个 udp_sub_socket结构体数组(UdpMaxRec 的介绍见下一段),它用于保存接收到的 UDP 信息,它之所以定义成数据的形式是为了同时保存多个 UDP 报的信息,不至于丢报;*UdpSemRec 是一个信号量,表示该 UDP SOCKET 接收到数据帧。udp_sub_socket 结构体的单元包括De_Port(接收到的 UDP 包的源端口)、De_Ip[4](接收到的 UDP 包的源 IP 地址)、len(接收到的 UDP 报的有限负载的长度)、num(该 UDP 报保存的 UDP 缓冲区号)。程序如程序清单 4.48 所示。

程序清单 4.48 udp_sub_socket 和 udp_socket 结构

```
typedef struct   {
                 uint16      De_Port;
                 uint8       De_Ip[4];
                 uint16      len;
                 uint8       num;
                 }udp_sub_socket;
typedef struct   {
                 uint16      My_Port;
                 uint8       My_Ip[4];
                 uint8       Rec_Sta;
                 udp_sub_socket     info[UdpMaxRec];
                 OS_EVENT      * UdpSemRec;
                 }udp_socket;
```

在 UDP.H 文件中可以设置两个定义。一个是 UdpMaxRec，它默认定义为 3，表示在 UDP 处理函数中定义了 3 个接收缓冲区用于保存接收到的 UDP 报。在 udp_socket 结构中定义的 info 结构数组的长度 UdpMaxRec 就是为了连续接收到 UdpMaxRec 个 UDP 报。而且这些报都是发给同一个 SOCKET 时设定的。如果连续接收到的 UDP 报的个数大于 UdpMaxRec（接收的速率远大于处理的速率），就会丢失最早接收的 UDP 报。另外一个定义是 MAX_UDP_LINKS，它不是指 UDP 的连接数量（大家都知道 UDP 不基于连接），而是可建立的 UDP SOCKET 的数量，每个 UDP SOCKET 只管理一个端口，所以该值可以大于 UDP 接收缓存区数（UdpMaxRec），默认定义为 5。

基于 udp_socket 和 udp_data 结构，我们分别定义了两个结构数组：UdpStatus[MAX_UDP_LINKS]（UDP 连接状态保存数组）和 UdpRecBuff[UdpMaxRec]（UDP 接收缓冲区）。

### 1. UDP 处理的初始化

对于用于 UDP 处理的初始化，我们定义了一个函数 Udp_Initial()，其任务是对结构体数组 UdpStatus [MAX_UDP_LINKS] 的单元进行初始化。它要对 UdpStatus[MAX_UDP_LINKS] 的所有单元进行初始化，把端口清 0，初始化信号量 UdpSemRec，把 info 中的所有单元也初始化，包括 len 清 0，num 置为 UdpMaxRec（因为 num 的有效值范围是 0～UdpMaxRec－1）。目标端口也清 0。程序如程序清单 4.49 所示。

程序清单 4.49　UDP 初始化函数

```
void Udp_Initial(void)
{
uint8 i,j;
    for(i = 0;i<MAX_UDP_LINKS;i ++ )
    {
        UdpStatus[i].My_Port = 0;
        UdpStatus[i].My_Ip[0] = 0xff;
        UdpStatus[i].My_Ip[1] = 0xff;
        UdpStatus[i].My_Ip[2] = 0xff;
        UdpStatus[i].My_Ip[3] = 0xff;
        UdpStatus[i].Rec_Sta = 0;
        UdpStatus[i].UdpSemRec = OSSemCreate(0);
        for(j = 0;j<UdpMaxRec;j ++ )
        {
            UdpStatus[i].info[j].De_Port = 0;
            UdpStatus[i].info[j].num = UdpMaxRec;
            UdpStatus[i].info[j].len = 0;
        }
    }
}
```

## 2. UDP 接收处理

在介绍 UDP 接收处理之前,先介绍 UDP 协议在 SOCKET 接口的处理。首先定义一个基于 UDP 协议的 SOCKET (如"s= * socket( 0, SOCK_DGRAM, UDP_PROTOCOL);",运行 socket()函数即可),然后绑定对应的本地 IP 地址和本地端口到该 SOCKET(例如"bind( (SOCKET * )&s, (struct sockaddr * )&clientaddr, sizeof(clientaddr));")。这时一个 UDP SOCKET 已完整地建立起来,用户可以运行 recvfrom()接收 UDP 数据和 sendto()发送 UDP 数据。recvfrom()函数与 UDP 接收处理函数的联系比较密切,UdpSemRec 信号量由 UDP 接收处理函数 Udp_Process()发送,recvfrom()函数则通过等待 UdpSemRec 信号量获取接收到的数据。

UDP 接收处理函数 Udp_Process()主要负责对接收到的 UDP 报进行处理,如果已经建立 SOCKET 的端口接收到 UDP 报,则向该 SOCKET 发送 UdpSemRec 信号量;如果查找了所有 SOCKET 都没有建立对应的端口,则向源目标节点发送一个不可访问端口的 ICMP 信息报。Udp_Process()的输入参数是 Rec_Ptr 结构指针。该结构的组成请参考 IP 报的 4.5.6 小节。

函数的处理过程如下。首先从 Rec_Ptr 结构指针中获取接收缓冲区的起始地址。然后把数据都拷贝到 UdpRecBuff[]中。再对 UDP 报中的目标端口和 UdpStatus 中的本地端口进行比较,查找是否有对应的值。如果没有,表明该端口无效,返回一个 ICMP 无效端口信息报。如果有,则继续查找该 UdpStatus 中的接收报数据 info. num 是否有空闲的。若有,则把对应的 UDP 信息保存到 UdpStatus 中(包括目标端口、目标 IP 地址、有效数据长度和 UDP 接收缓存区号等);否则,表明处理不过来,退出。最后发送一个该 UdpStatus 的 UdpSemRec 信号量。程序如程序清单 4.50 所示,流程图如图 4.53 所示。

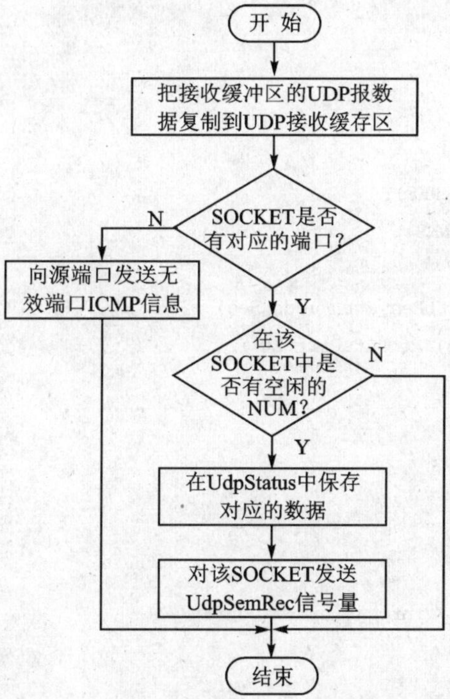


**图 4.53 UDP 报接收处理函数 Udp_Process()流程图**

### 程序清单 4.50 UDP 接收处理函数

```
uint8 Udp_Process(Rec_Ptr * Udp_Rec)
{
    static uint8      UDP_REC_BUFF_NUM = 0;
uint8     i,j;
    OS_ENTER_CRITICAL();
    memcpy (&(UdpRecBuff[UDP_REC_BUFF_NUM]), ( * Udp_Rec).RecDataPtr, ( * Udp_Rec).length);
    OS_EXIT_CRITICAL();
```

```
#ifdef Little_End
    UdpRecBuff[UDP_REC_BUFF_NUM].DestPort =
        swap_int16(UdpRecBuff[UDP_REC_BUFF_NUM].DestPort);
#endif
    i = 0;
    do
    {
        if(UdpStatus[i].My_Port == UdpRecBuff[UDP_REC_BUFF_NUM].DestPort)
        {
            break;
        }
        i ++ ;
    }
    while(i<MAX_UDP_LINKS);
    if(i>= MAX_UDP_LINKS)
    {
        Icmp_Send(3,3,((Rec_Ptr * )Udp_Rec) ->My_Ip,((Rec_Ptr * )Udp_Rec) ->ip,
            ( * Udp_Rec).RecDataPtr - 20 );
        return 0;
    }
    OS_ENTER_CRITICAL();
    j = 0;
    do
    {
        if(UdpStatus[i].info[j].num == UdpMaxRec)
            break;
        j ++ ;
    }
    while(j<UdpMaxRec);
    if(j>= UdpMaxRec)
    {
        OS_EXIT_CRITICAL();
        return (1);
    }
    UdpStatus[i].info[j].De_Port = UdpRecBuff[UDP_REC_BUFF_NUM].SourcePort;
#ifdef Little_End
    UdpStatus[i].info[j].De_Port = swap_int16(UdpStatus[i].info[j].De_Port);
```

```
#endif
    UdpStatus[i].info[j].De_Ip[0] = ( * Udp_Rec).ip[0];
    UdpStatus[i].info[j].De_Ip[1] = ( * Udp_Rec).ip[1];
    UdpStatus[i].info[j].De_Ip[2] = ( * Udp_Rec).ip[2];
    UdpStatus[i].info[j].De_Ip[3] = ( * Udp_Rec).ip[3];
    UdpStatus[i].info[j].num = UDP_REC_BUFF_NUM;
    UdpStatus[i].info[j].len = ( * Udp_Rec).length;
    OS_EXIT_CRITICAL();
    UDP_REC_BUFF_NUM ++ ;
    if(UDP_REC_BUFF_NUM> = UdpMaxRec)
        UDP_REC_BUFF_NUM = 0;
    OSSemPost(UdpStatus[i].UdpSemRec);
    return (2);
}
```

还有 SOCKET 函数库中的 recvfrom()函数用于 UDP 报的接收处理，这将在介绍 SOCKET 函数时再说明。UDP 的发送函数 sendto()也是一个 SOCKET 函数库的成员，所以关于 UDP 发送不再介绍，将在介绍 SOCKET 函数时再说明 UDP 数据的发送。

## 4.5.9　TCP 协议处理程序的编写

TCP 协议是一个比较复杂的协议，它与 SOCKET 接口关系非常密切。我们在编写时把接收处理放在 TCP 这里完成，而发送直接由 SOCKET 完成。下面先介绍几个设置值。在 CFG_NET.H文件中有两个定义与 TCP 协议有关，即 MAX_TCP_DATA 和 MAX_TCP_LINKS。MAX_TCP_DATA 定义了 TCP 帧的有效负载最大值，默认是 1 460 字节，1 460 也是以太网下的最大值。MAX_TCP_LINKS 定义了能够同时建立的连接数，默认是 4 个连接。程序如程序清单 4.51 所示。

**程序清单 4.51　CFG_NET.H 中关于 TCP 的设置**

```
#define    MAX_TCP_DATA    1460
#define    MAX_TCP_LINKS   4
```

下面介绍 TCP 协议中的一些定义(**注意：**上面介绍的是设置，设置是可以改变的。下面介绍的是定义，定义一般是不变的)。在 TCP.H 文件中定义了一些 TCP 连接的状态和连接的标志。程序如程序清单 4.52 所示。

**程序清单 4.52　TCP.H**

```
/ * tcp 状态定义 * /
#define    TCP_STATE_CLOSED          0
#define    TCP_STATE_LISTEN          1
#define    TCP_STATE_SYN_RCVD        2
#define    TCP_STATE_SYN_SENT        3
#define    TCP_STATE_ESTABLISHED     4
#define    TCP_STATE_FIN_WAIT1       5
#define    TCP_STATE_FIN_WAIT2       6
#define    TCP_STATE_CLOSING         7
#define    TCP_STATE_CLOSE_WAIT      8
#define    TCP_STATE_LAST_ACK        9
#define    TCP_STATE_TIME_WAIT       10
/ * tcp 连接的标志位 * /
#define    TCP_FIN 0x01
#define    TCP_SYN 0x02
#define    TCP_RST 0x04
#define    TCP_PSH 0x08
#define    TCP_ACK 0x10
#define    TCP_URG 0x20
```

在 TCP.C 文件的开始定义了几个信号量，这些信号量用于 SOCKET 和 TCP 直接的通信。AppSemSend 表示发送成功，AppSemCon 表示连接成功，AppSemDisc 表示断开成功。每个连接都有这 3 个信号量，其定义如程序清单 4.53 所示。

**程序清单 4.53　TCP.C 文件的开始定义**

```
OS_EVENT            * AppSemSend[MAX_TCP_LINKS];
OS_EVENT            * AppSemCon[MAX_TCP_LINKS];
OS_EVENT            * AppSemDisc[MAX_TCP_LINKS];
```

在 TCP.H 文件中还定义了几个结构体。tcp_data 是一个 TCP 报的结构体，它包括各个字段和有效负载；tcp_dhead 定义了 TCP 报的伪报头，主要用于校验和的计算；Socket_Type 是一个 TCP 连接的数据结构，它记录 TCP 连接中的各个数据和状态，包含了该连接的发送缓存区、接收数据缓存区等。其定义如程序清单 4.54 所示。

**程序清单 4.54　TCP.H**

```
struct tcp_data {
                    uint16      SourcePort;          /* 源端口 */
                    uint16      DestPort;            /* 目的端口 */
                    uint32      SeqNum;              /* 顺序号 */
                    uint32      AckNum;              /* 确认号 */
                    uint8       offset;              /* 数据偏移量 */
                    uint8       control;             /* 连接控制 */
                    uint16      window;              /* 流控 */
                    uint16      Crc;                 /* 校验和,包括伪头部、TCP 头部和数据 */
                    uint16      urg;                 /* 紧急指针 */
                    uint8       tcpdata[MAX_TCP_DATA];   /* TCP 数据 */
            };
struct  tcp_dhead{
                    uint8       rev;
                    uint8       NextProtocal;
                    uint16      TotalLen;            /* 校验和,包括伪头部、UDP 头部和数据 */
                    uint8       SourceIp[4];         /* 源端口 */
                    uint8       DestId[4];           /* 目的端口 */
                    };
typedef struct  {
                    struct      tcp_dhead    TcpDHead;
                    struct      tcp_data    Tcp;
                    }tcp_send;
struct Socket_Type{
                    uint16      My_Port;             //本机端口
                    uint16      Dest_Port;           //对方端口
                    uint8       Dest_Ip[4];          //对方 IP
                    uint8       My_Ip[4];
                    uint32      IRS;                 //初始化顺序号
                    uint32      ISS;                 //本机初始化序列号
                    uint32      Rcv_Next;            //对方的顺序号
                    uint32      Send_Next;           //本机已经发送顺序号
                    uint32      Sent_UnAck;          //本机尚未确认顺序号
                    uint32      RecPassSeq;
                    uint32      RecPassAck;
                    uint32      SenPassSeq;
```

```
        uint32      SenPassAck;
        uint32      RecFutureAck;
        uint32      SenFutureSeq;
        uint16      Rcv_Window;          //对方的 Window 大小
        uint16      Snd_Window;          //本机 Window 大小
        uint16      Dest_Max_Seg_Size;   //对方接收的最大数据包大小 MTU
        uint16      My_Max_Seg_Size;     //本机能接收的最大数据包大小
        uint32      My_Wl1;
        uint32      My_Wl2;
        uint8       State;               //连接状态
        uint8       Open;
        uint8       ResendState;
        uint8       ResendTime;
        uint16      ResendLength;
        uint8       StaSem;
        uint8       TcpDHeadUint8[12];
        uint8       TcpHeadUint8[MAX_TCP_DATA + 20];
        uint8       TcpDataQ[MAX_TCP_DATA];
        uint16      TcpDataQWrPtr;
        uint16      TcpDataQRdPtr;
    };
```

在 TCP.C 文件中定义了 TCP 连接状态结构数，以及一个默认的接收缓存区。其定义如程序清单 4.55 所示。

**程序清单 4.55　接收缓存区和状态保存结构的定义**

```
struct        Socket_Type TcpStatus[MAX_TCP_LINKS];
tcp_send      Tcp_Packed;                          //接收缓存区
```

## 1. TCP 处理的初始化

对于 TCP 处理的初始化，我们定义了一个函数 Tcp_Initial()，其任务是对结构体数组 TcpStatus [MAX_TCP_LINKS] 的单元和信号量进行初始化。它要对 TcpStatus [MAX_TCP_LINKS]的大部分单元进行初始化。程序如程序清单 4.56 所示。

**程序清单 4.56　TCP 初始化函数**

```
void Tcp_Initial(void)
{
uint8 i;
```

```
    for(i = 0;i<MAX_TCP_LINKS;i ++ )
    {
        TcpStatus[i].Dest_Port = 0;
        TcpStatus[i].My_Port = 0;
        TcpStatus[i].State = TCP_STATE_CLOSED;
        TcpStatus[i].StaSem = 0;
        TcpStatus[i].Send_Next = 0;
        TcpStatus[i].ResendTime = 0;
        TcpStatus[i].ResendState = 0;
        TcpStatus[i].RecPassSeq = 0;
        TcpStatus[i].SenPassSeq = 0;
        TcpStatus[i].SenFutureSeq = 0;
        TcpStatus[i].RecPassAck = 0;
        TcpStatus[i].SenPassAck = 0;
        TcpStatus[i].RecFutureAck = 0;
        TcpStatus[i].Snd_Window = MAX_TCP_DATA;
        TcpStatus[i].TcpDataQWrPtr = 0;
        TcpStatus[i].TcpDataQRdPtr = 0;
        AppSemSend[i] = OSSemCreate(0);
        AppSemCon[i] = OSSemCreate(0);
        AppSemDisc[i] = OSSemCreate(0);
    }
    Tcp_Packed.TcpDHead.rev = 0;
    Tcp_Packed.TcpDHead.NextProtocal = 6;
}
```

## 2. TCP 接收处理

TCP 接收处理与 SOCKET 接口的处理关系非常密切，这里仅介绍 TCP 报接收到的处理过程。

TCP 接收处理函数 Tcp_Process()的任务主要是把接收到的 TCP 报按连接分类，然后根据该连接所处的状态调用状态处理函数进行处理。Tcp_Process()的输入参数是 Rec_Ptr 结构指针。该结构的组成请参考 4.5.6 小节。

处理过程如下：首先判断该 TCP 报是否过长。然后把 TCP 报(TCP 报头＋有效负载)从接收缓存区(REC_BUFF)拷贝到 TCP 接收缓存区(Tcp_Packed)。接着检查结构体数组 TcpStatus [MAX_TCP_LINKS]中的 IP 和 PORT 单元，查看是否有对应的连接已经建立从而得到 TcpStatus 的序号。如果有，则根据该 TcpStatus 的 State 发送到对应状态处理函数。否则，检查 TcpStatus 的 Myport 单元，查看是否有监听对应的端口。若有，则发送到 Tcp_Listen()函数处理；否则，证明该端口没有被监听，或监听的连接数已经满了，就发送

RST - ACK 包给对方。程序如程序清单 4.57 所示，流程图如图 4.54 所示。

**程序清单 4.57　TCP 接收处理函数**

```
uint8 Process_Tcp(Rec_Ptr * Tcp_Rec)
{
uint8 i,j;
uint8 * temp_ptr;
struct _pkst TxdData;
    if(( * Tcp_Rec).length< = (MAX_TCP_DATA + 20))
    {
        OS_ENTER_CRITICAL();
        memcpy (&(Tcp_Packed.Tcp), ( * Tcp_Rec).RecDataPtr, ( * Tcp_Rec).length);
        OS_EXIT_CRITICAL();
    }
    else
    {
        return 0;
    }
    temp_ptr = (uint8 * )&(Tcp_Packed.Tcp);
    Tcp_Packed.Tcp.SourcePort = Char2ToInt16(temp_ptr);
    temp_ptr = temp_ptr + 2;
    Tcp_Packed.Tcp.DestPort = Char2ToInt16(temp_ptr);
    temp_ptr = temp_ptr + 2;
    Tcp_Packed.Tcp.SeqNum = Char4ToInt32(temp_ptr);
    temp_ptr = temp_ptr + 4;
    Tcp_Packed.Tcp.AckNum = Char4ToInt32(temp_ptr);
    temp_ptr = temp_ptr + 4;
    temp_ptr = temp_ptr + 2;
    Tcp_Packed.Tcp.window = Char2ToInt16(temp_ptr);
    temp_ptr = temp_ptr + 4;
    Tcp_Packed.Tcp.urg = Char2ToInt16(temp_ptr);
    i = 0;
    j = MAX_TCP_LINKS;
    Tcp_Packed.TcpDHead.TotalLen = ( * Tcp_Rec).length;
    for(i = 0;i<MAX_TCP_LINKS;i ++ )
    {
        if(TcpStatus[i].State> = TCP_STATE_SYN_RCVD)//已经建立的连接
```

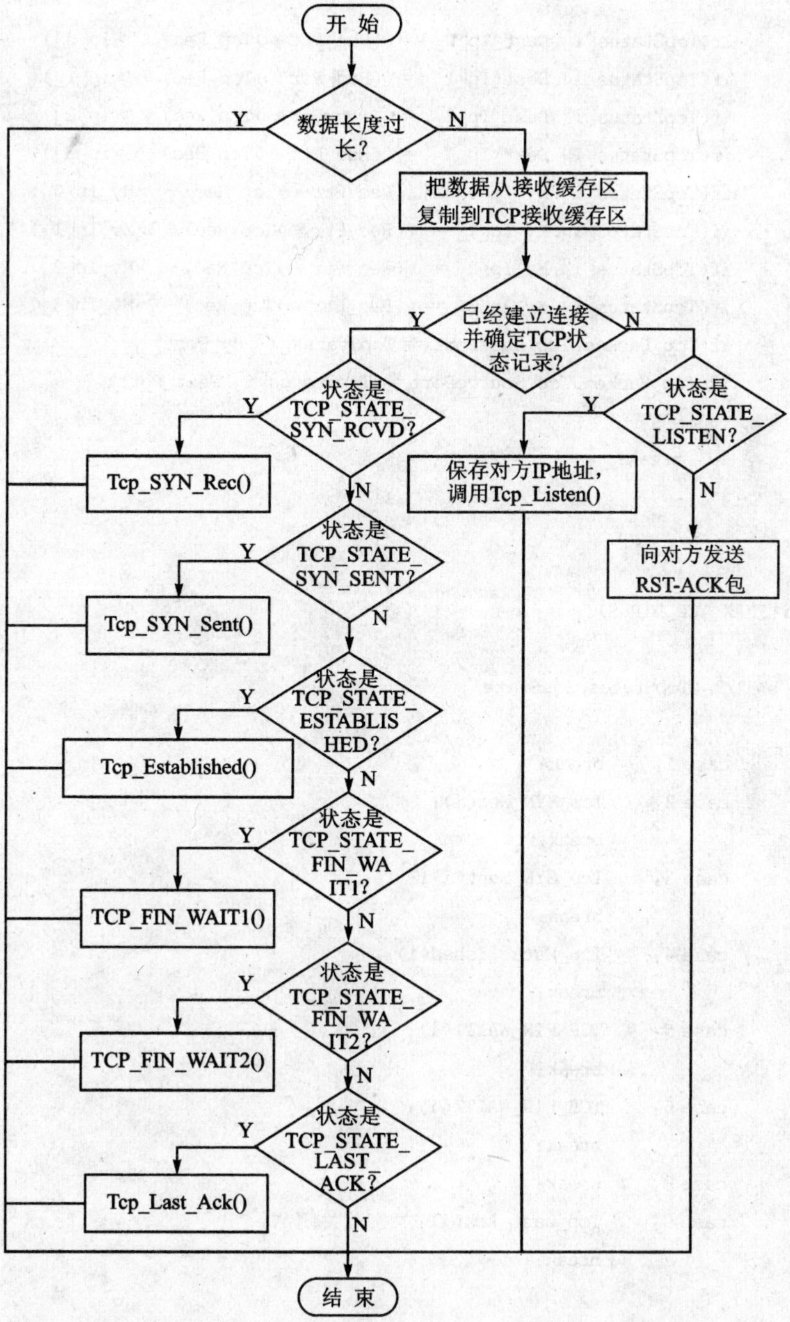


图 4.54　TCP 报接收处理函数 Tcp_Process()流程图

```
    {
        if(TcpStatus[i].Dest_Ip[0] == ((Rec_Ptr *)Tcp_Rec) - >ip[0])
        if(TcpStatus[i].Dest_Ip[1] == ((Rec_Ptr *)Tcp_Rec) - >ip[1])
        if(TcpStatus[i].Dest_Ip[2] == ((Rec_Ptr *)Tcp_Rec) - >ip[2])
        if(TcpStatus[i].Dest_Ip[3] == ((Rec_Ptr *)Tcp_Rec) - >ip[3])
        if(TcpStatus[i].My_Ip[0] == ((Rec_Ptr *)Tcp_Rec) - >My_Ip[0])
        if(TcpStatus[i].My_Ip[1] == ((Rec_Ptr *)Tcp_Rec) - >My_Ip[1])
        if(TcpStatus[i].My_Ip[2] == ((Rec_Ptr *)Tcp_Rec) - >My_Ip[2])
        if(TcpStatus[i].My_Ip[3] == ((Rec_Ptr *)Tcp_Rec) - >My_Ip[3])
        if(Tcp_Packed.Tcp.DestPort == TcpStatus[i].My_Port)
        if(Tcp_Packed.Tcp.SourcePort == TcpStatus[i].Dest_Port)
        {
            break;
        }
    }
}
if(i<MAX_TCP_LINKS)
{
    switch (TcpStatus[i].State)
    {
        case 1:     break;
        case 2:     Tcp_SYN_Rec(i);
                    break;
        case 3:     Tcp_SYN_Sent(i);
                    break;
        case 4:     Tcp_Established(i);
                    break;
        case 5:     TCP_FIN_WAIT1(i);
                    break;
        case 6:     TCP_FIN_WAIT2(i);
                    break;
        case 8:     break;
        case 9:     Tcp_Last_Ack(i);      //关闭
                    break;
    }
    return (2);
}
```

```
else
{
    for(i = 0;i<MAX_TCP_LINKS;i ++ )
    {
        if(TcpStatus[i].My_Ip[0] == ((Rec_Ptr * )Tcp_Rec) - >My_Ip[0])
        if(TcpStatus[i].My_Ip[1] == ((Rec_Ptr * )Tcp_Rec) - >My_Ip[1])
        if(TcpStatus[i].My_Ip[2] == ((Rec_Ptr * )Tcp_Rec) - >My_Ip[2])
        if(TcpStatus[i].My_Ip[3] == ((Rec_Ptr * )Tcp_Rec) - >My_Ip[3])
        if(Tcp_Packed.Tcp.DestPort == TcpStatus[i].My_Port)
        if(TcpStatus[i].State == TCP_STATE_LISTEN)
        {
            break;
        }
    }
    if(i<MAX_TCP_LINKS)
    {
        TcpStatus[i].Dest_Ip[0] = ((Rec_Ptr * )Tcp_Rec) - >ip[0];
        TcpStatus[i].Dest_Ip[1] = ((Rec_Ptr * )Tcp_Rec) - >ip[1];
        TcpStatus[i].Dest_Ip[2] = ((Rec_Ptr * )Tcp_Rec) - >ip[2];
        TcpStatus[i].Dest_Ip[3] = ((Rec_Ptr * )Tcp_Rec) - >ip[3];
        Tcp_Listen(i);
        return (2);
    }
    else
    {

        Tcp_Packed.TcpDHead.TotalLen = 0x14;
        Tcp_Packed.TcpDHead.rev = 0;
        Tcp_Packed.TcpDHead.NextProtocal = 6;
        Tcp_Packed.TcpDHead.SourceIp[0] = ((Rec_Ptr * )Tcp_Rec) - >My_Ip[0];
        Tcp_Packed.TcpDHead.SourceIp[1] = ((Rec_Ptr * )Tcp_Rec) - >My_Ip[1];
        Tcp_Packed.TcpDHead.SourceIp[2] = ((Rec_Ptr * )Tcp_Rec) - >My_Ip[2];
        Tcp_Packed.TcpDHead.SourceIp[3] = ((Rec_Ptr * )Tcp_Rec) - >My_Ip[3];
        Tcp_Packed.TcpDHead.DestId[0] = ((Rec_Ptr * )Tcp_Rec) - >ip[0];
        Tcp_Packed.TcpDHead.DestId[1] = ((Rec_Ptr * )Tcp_Rec) - >ip[1];
        Tcp_Packed.TcpDHead.DestId[2] = ((Rec_Ptr * )Tcp_Rec) - >ip[2];
        Tcp_Packed.TcpDHead.DestId[3] = ((Rec_Ptr * )Tcp_Rec) - >ip[3];
```

```
#ifdef Little_End
            Tcp_Packed.TcpDHead.TotalLen = 0x1400;
            Tcp_Packed.Tcp.SourcePort = swap_int16(Tcp_Packed.Tcp.SourcePort);
            Tcp_Packed.Tcp.DestPort = swap_int16(Tcp_Packed.Tcp.DestPort);
#endif
            Tcp_Packed.Tcp.Crc = Tcp_Packed.Tcp.DestPort;
            Tcp_Packed.Tcp.DestPort = Tcp_Packed.Tcp.SourcePort;
            Tcp_Packed.Tcp.SourcePort = Tcp_Packed.Tcp.Crc;
            Tcp_Packed.Tcp.Crc = 0;
            Tcp_Packed.Tcp.AckNum = Tcp_Packed.Tcp.SeqNum + 1;
#ifdef Little_End
            Tcp_Packed.Tcp.AckNum = swap_int32(Tcp_Packed.Tcp.AckNum);
#endif
            Tcp_Packed.Tcp.SeqNum = 0;
            Tcp_Packed.Tcp.offset = 0x50;
            Tcp_Packed.Tcp.control = 0x14;
            Tcp_Packed.Tcp.window = 0;
            Tcp_Packed.Tcp.urg = 0;
            Tcp_Packed.Tcp.Crc = CheckSumUdp((uint8 *)&Tcp_Packed,32);
#ifdef Little_End
            Tcp_Packed.Tcp.Crc = swap_int16(Tcp_Packed.Tcp.Crc);
#endif
            TxdData.STPTR = NULL;
            TxdData.length = 20;
            TxdData.DAPTR = (uint8 *)&Tcp_Packed.Tcp;
            Send_Ip_Frame
            (
                &TxdData,
                Tcp_Packed.TcpDHead.DestId,
                Tcp_Packed.TcpDHead.SourceIp,
                6
            );
            return (1);
        }
    }
}
```

针对处于连接不同状态接收到的包有不同的处理函数进行处理，TCP 共有 11 种连接状态。有些状态是在接收到对应的 TCP 报才会发生状态转移的，而有些状态是在发送一个 TCP 报后发送状态转移的。这里只列出了接收到对应的 TCP 报发生状态转移的状态处理函数。这些函数都有一个相同的输入参数，就是 TcpStatus 的序号。传递一个 TcpStatus 的序号其实等于传递了整个 TcpStatus 结构。可以根据该序号对对应的 TcpStatus 单元进行操作。

LISTEN：监听状态，一般是应用层已经建立好 SOCKET，随时迎接客户机的连接要求或主动连接到其他服务器。处理函数是 Tcp_Listen()。

SYN_RCVD：SYN 已收到，对方已经发送了 SYN 报，正等待本机回应。如果收到 RST 报，则返回监听状态。如果这时需要断开连接，则可以直接发送 FIN 报。处理函数是 Tcp_SYN_Rec()。

SYN_SENT：SYN 已发送，本机已经发送了 SYN 报，正等待对方回应。如果此时收到的不是 SYN－ACK 报，而是 SYN 报，则转换到 SYN_RCVD 状态。如果收到的是 RST 帧，或对方一直都没有反应（超时），则应该转换到关闭状态。处理函数是Tcp_SYN_Sent()。

ESTABLISHED：数据传输状态，传输通道已建立完成，可以进行数据传输。在这种情况下可能发生主动连接，也可能发生被动连接。处理函数是 Tcp_Established()。

LAST_ACK：在 CLOSE_WAIT 状态发送 FIN 报。此时应该等待对方的 ACK 报，如果接收到就返回 CLOSED 状态。处理函数是 Tcp_Last_Ack()。

FIN_WAIT1：主动断开等待 1，它有可能进入几个断开处理状态，但最终结果都是断开连接。处理函数是 TCP_FIN_WAIT1()。

FIN_WAIT2：主动断开等待 2，在主动断开等待 1 状态接收到 ACK 报就进入本状态。这时如果再收到 FIN 报，则应该返回 ACK 进入 TIME_WAIT 状态。处理函数是 TCP_FIN_WAIT1()。

LISTEN 状态函数 Tcp_Listen()主要由 TCP 接收处理函数调用，负责处理监听状态下接收到的 TCP 报。它的输入参数是 TcpStatus 的序号。

Tcp_Listen()函数首先根据接收到的 TCP 报报头标志字段的值判断是否为 SYN 报。如果不是 SYN 报，则退出，反之则把状态转换为 SYN_RCVD。然后根据接收到的 TCP 报报头信息，在 TcpStatus 结构上记录下相关信息（包括 MTU、Window、起始序号等），再返回一个 SYN－ACK 帧，然后退出。程序比较长，作者不再写程序清单，读者可以直接参考 TCP. C 文件的源码。程序流程图如图 4.55 所示。

SYN_RCVD 状态函数 Tcp_SYN_Rec()主要由 TCP 接收处理函数调用，负责处理 SYN_RCVD状态下接收到的 TCP 报。其输入参数是 TcpStatus 的序号。

Tcp_SYN_Rec()函数首先根据接收到的 TCP 报报头标志字段的值判断是否为 RST 报。

如果不是,则继续判断是否为 SYN 报;反之则调用 Delete_Socket()函数清除 TcpStatus 结构中的相关信息,把状态转换到 LISTEN 或 CLOSED,退出。如果是 SYN 报,那么返回一个 RST 报,然后再调用 Delete_Socket()函数清除 TcpStatus 结构中的相关信息,把状态转换到 LISTEN 或 CLOSED,退出。如果不是 SYN 报,则继续判断是否为 ACK 报。如果是,则判断 ACK 的值是否正确。若正确,则把状态转为 ESTABLISHED,再发送 AppSemCon 信号量,表示连接建立成功。程序比较长,这里不再列出程序清单,读者可以直接参考 TCP. C 文件的源码,流程图如图4.56所示。

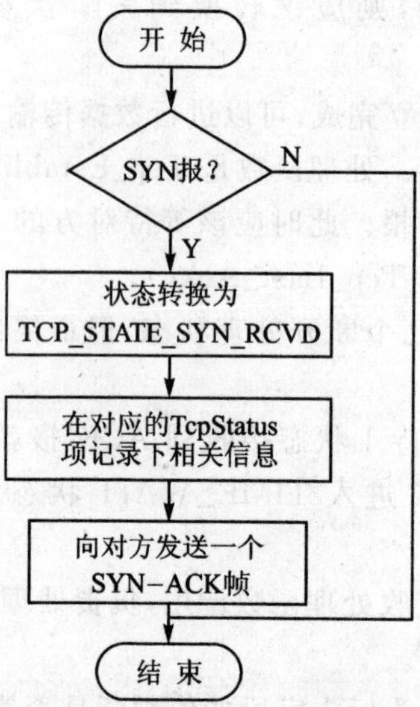


**图 4.55 TCP 报监听状态处理函数 Tcp_Listen()流程图**

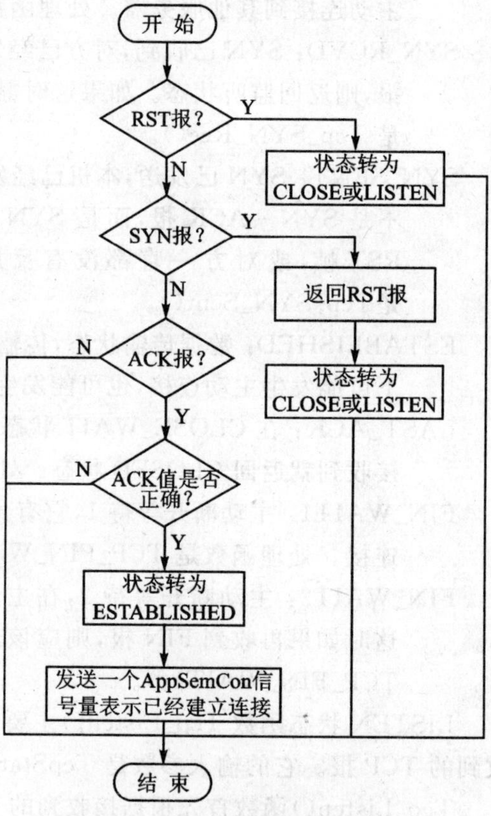


**图 4.56 TCP 报 SYN_Rec 状态处理函数 Tcp_SYN_Rec()流程图**

SYN_SENT 状态函数 Tcp_SYN_Sent()主要由 TCP 接收处理函数调用,负责处理 SYN_SENT状态下接收到的 TCP 报。它的输入参数是 TcpStatus 的序号。

Tcp_SYN_ Sent()函数首先根据根据接收到的 TCP 报报头标志字段的值判断是否为 SYN - ACK 报。如果是,则判断 ACK 的值是否正确。若正确,则把状态转为 ESTABLISHED,再发送 AppSemCon 信号量,表示连接建立成功。否则,继续判断是否为

SYN 报。如果是 SYN 报,则把状态转为 SYN_RCVD,在 TcpStatus 结构中记录相关信息,再返回 SYN - ACK 报;反之则继续判断是否为 RST 报。若是 RST 报,则调用 Delete_Socket()函数清除 TcpStatus 结构中的相关信息,把状态转换为 LISTEN 或 CLOSED,退出。若不是 RST 报,则继续判断是否为 ACK 报。如果是,则返回一个 RST 报。程序比较长,这里不再列出程序清单,读者可以直接参考 TCP.C 文件的源码。程序流程图如图 4.57 所示。

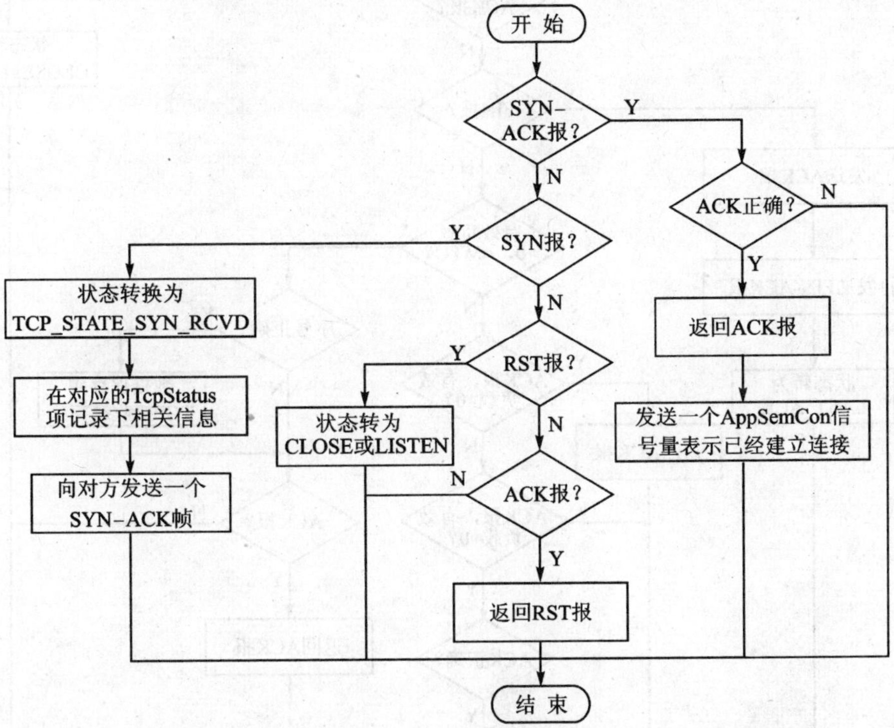


**图 4.57 TCP 报 SYN_Sen 状态处理函数 Tcp_SYN_Sent()流程图**

ESTABLISHED 状态函数 Tcp_Established()主要由 TCP 接收处理函数调用,负责处理 ESTABLISHED 状态下接收到的 TCP 报。它的输入参数是 TcpStatus 的序号。

Tcp_Established()函数首先根据接收到的 TCP 报报头标志字段的值判断是否为 RST - ACK报。若是,则调用 Delete_Socket()函数清除 TcpStatus 结构中的相关信息,把状态转换为 LISTEN 或 CLOSED,退出。如果不是,则继续判断是否为 FIN 报。如果是 FIN 报,则发送 ACK 包,然后再发送 FIN - ACK 报,把连接状态转换为 LAST_ACK。如果不是 FIN 报,就判断有效负载是否大于 0。若是,则把数据送入接收缓存区,把 Window 值减少,然后返回 ACK 报,退出。如果有有效负载但是大于最大值,则返回前一个 ACK 包。如果是 ACK 报,而且有效负载为 0,则检查该连接是否有等待发送成功信号(TcpStatus 结构中的

StaSem 单元第 0 位置 1)。若有,则发送 AppSemSend 信号量,然后退出。程序在此不再列出,可以直接参考 TCP. C 文件。流程图如图 4.58 所示。

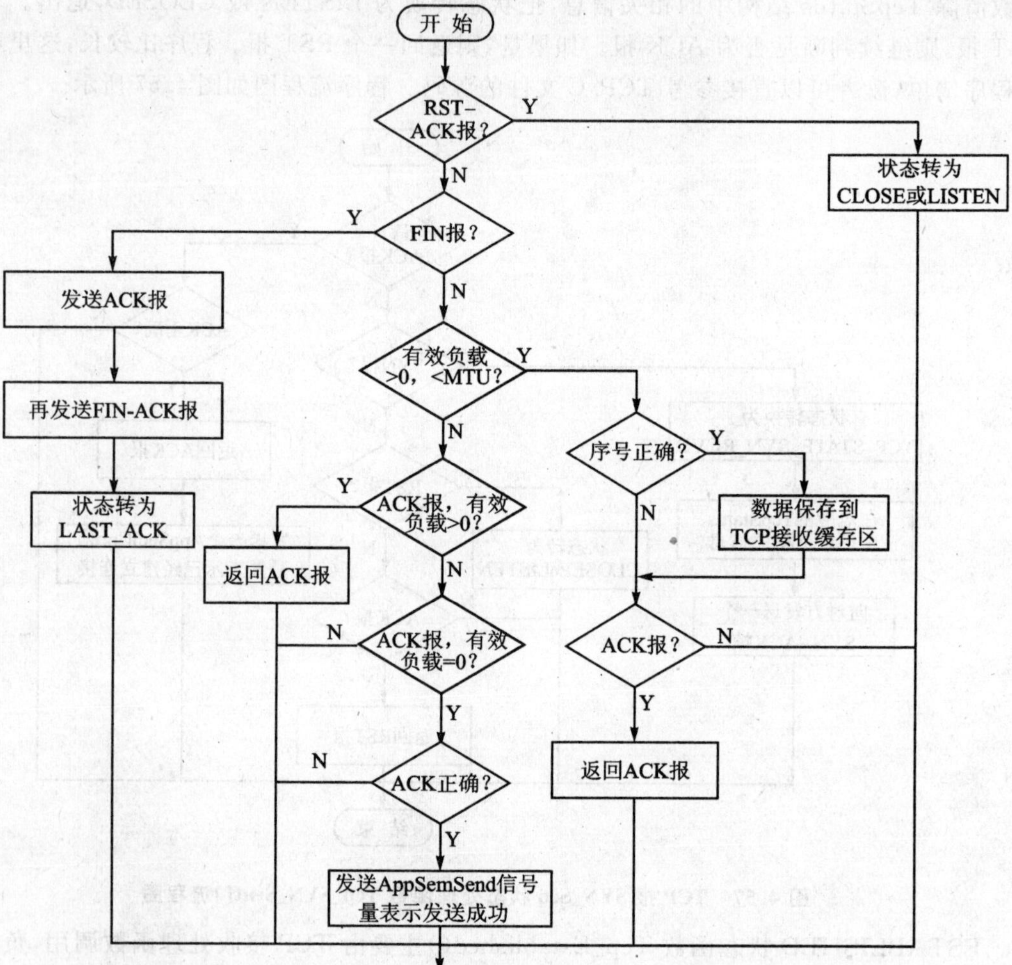


**图 4.58　TCP 报 Established 状态处理函数 Tcp_Established( )流程图**

FIN_WAIT1 状态函数 Tcp_FIN_WAIT1()主要由 TCP 接收处理函数调用,负责处理 FIN_WAIT1 状态下接收到的 TCP 报。它的输入参数是 TcpStatus 的序号。

Tcp_FIN_WAIT1()函数首先根据接收到的 TCP 报报头标志字段的值判断是否为 ACK 报。若是,则状态转换为 FIN_WAIT2,退出。否则,直接发送 AppSemDisc 信号量,让等待断开的任务激活。程序在此不再列出,可以直接参考 TCP. C 文件。流程图如图 4.59 所示。

FIN_WAIT2 状态函数 Tcp_FIN_WAIT2()主要由 TCP 接收处理函数调用,负责处理

FIN_WAIT2 状态下接收到的 TCP 报。它的输入参数是 TcpStatus 的序号。

Tcp_FIN_WAIT2()函数首先根据接收到的 TCP 报报头标志字段的值判断是否为 FIN 报。若是,则状返回 ACK 报,然后发送 AppSemDisc 信号量。否则,直接发送AppSemDisc信号量,让等待断开的任务激活。程序在此不再列出,读者可以直接参考 TCP. C 文件的源码。流程图如图 4.60 所示。

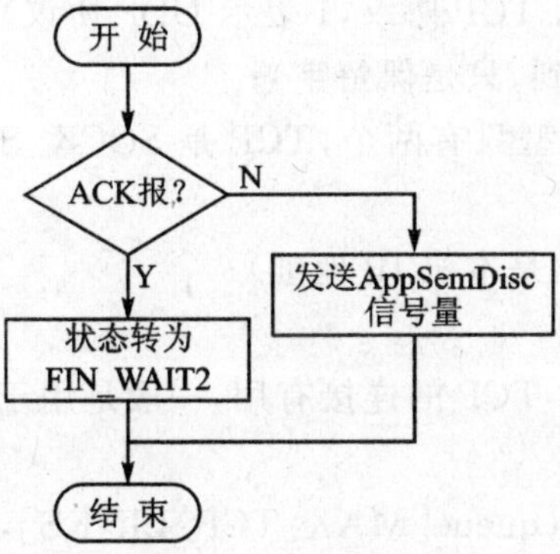


图 4.59 TCP 报 FIN_WAIT1 状态处理函数 Tcp_FIN_WAIT1()流程图

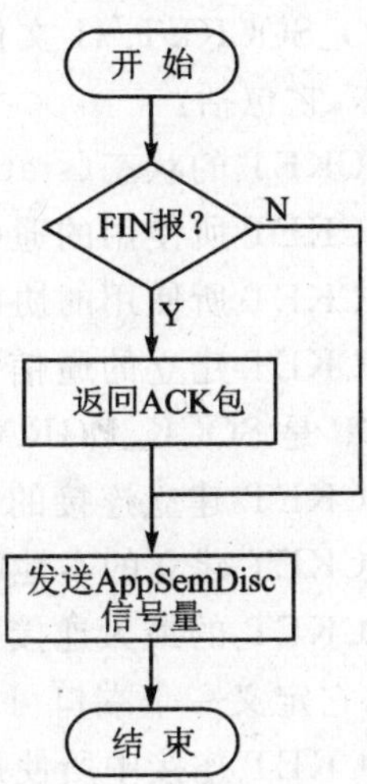


图 4.60 TCP 报 FIN_WAIT2 状态处理函数 Tcp_FIN_WAIT2()流程图

LAST_ACK 状态函数 Tcp_Last_Ack()主要由 TCP 接收处理函数调用,负责处理 LAST_ACK 状态下接收到的 TCP 报。它的输入参数是 TcpStatus 的序号。

Tcp_Last_Ack ()函数首先根据接收到的 TCP 报报头标志字段的值判断是否为 FIN 或 SYN 或 ACK 报。如果是,则调用 Delete_Socket()函数清除 TcpStatus 结构中的相关信息,把状态转换为LISTEN 或 CLOSED,退出。否则,直接退出。程序在此不再列出,读者可以直接参考 TCP. C 文件的源码。流程图如图 4.61 所示。

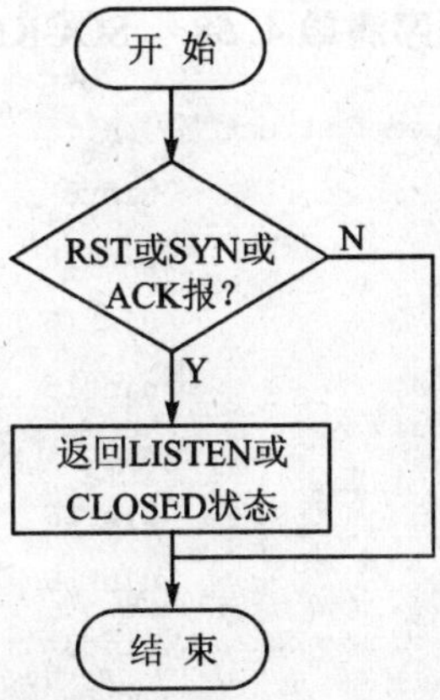


图 4.61 TCP 报 Last_Ack 状态处理函数 Tcp_Last_Ack()流程图

## 4.5.10 SOCKET API 程序的编写

SOCKET API 是所有现代操作系统的一个共同组成部分,可能名字不一样,但是功能却是相同的。它的使用与 TCP 和 UDP 联系非常紧密,如 UDP 的发送函数和 TCP 的发送函数实际就是 SOCKET API 函数。

在 ZLG_SOCKET.H 文件中还定义了 2 个结构体。SOCKET 是一个记录 SOCKET 信息的结构体,它包括:

- SOCKET 的状态(state,为 1 表示已经建立连接);
- SOCKET 所使用的通信协议(protocol,0 表示 TCP 协议,1 表示 UDP 协议);
- SOCKET 所使用的协议栈(af,目前还没有用到,只是保留字);
- SOCKET 建立的通信传输方式(type,它的类型只有两个,TCP 是 SOCK_STREAM,UDP 是 SOCK_DGRAM);
- SOCKET 建立连接的本地 IP 地址(My_Ip,它是本机 IP 地址);
- SOCKET 建立的本地端口(My_Port);
- SOCKET 的最大连接数(Max_Queue,它只对 TCP 的连接有用,一般是用于服务器方式,它定义一个端口可以监听的连接数);
- SOCKET 连接中所使用的 TcpStatus 的序号(queue[MAX_TCP_LINKS],它是一个数组,记录本 SOCKET 所使用的所有 TcpStatus 的序号,只限于 TCP 连接的使用);
- SOCKET 连接中所使用的 udp_socket 的序号(Udp_Queue,只在 UDP 连接中使用)。定义如程序清单 4.58 所示。

**程序清单 4.58 SOCKET 结构**

```
typedef struct {
                uint8       State;
                uint16      protocol;
                uint16      af;
                uint16      type;
                uint8       My_Ip[4];
                uint16      My_Port;
                uint16      Max_Queue;
                uint8       queue[MAX_TCP_LINKS];
                uint8       Udp_Queue;
                }SOCKET;
```

另外一个结构体是 sockaddr,它主要用于记录 IP 地址和端口及节点名称等。定义如程序清单 4.59 所示。

**程序清单 4.59　sockaddr 结构**

```
struct    sockaddr{
               uint16    sin_family;
               uint8     sin_addr[4];
               uint16    sin_port;
               };
```

## 1. SOCKET API 公共函数

公共函数是指 TCP 或 UDP 通信都要使用的函数，包括 socket()、bind()和 closesocket() 3 个函数。

### 1) socket()函数

socket()是建立 SOCKET 的函数，返回值是一个 SOCKET 结构指针，指向一个已经建立的 SOCKET 结构。在很多 TCP/IP 协议栈的实现中，建立 SOCKET 的函数都是返回一个 int 类型的数值。int 值其实是指向一个 SOCKET 结构数组的序号，从这个序号得到一个已经建立的 SOCKET 结构指针。在实现时首先建立一个 SOCKET 结构数组，建立用户 SOCKET 时直接返回这个 SOCKET 结构数组的表项。socket()的输入参数有 af(指定协议栈，目前为保留)、type(传输类型)和 protocol(传输协议类型)。

执行过程如下：先把输入参数存入 SOCKET 结构中，然后判断是 UDP 协议还是 TCP 协议。如果两个都不是，则返回 INVALID_SOCKET，退出。TCP 协议则查找 TcpStatus 结构数组中的 My_Port 单元，并找出未用到的端口号。UDP 协议则查找 UdpStatus 结构数组中的 My_Port 单元，并找出未用到的端口号，以及未使用的 UdpStatus 表项。如果所有 UdpStatus表项都已经被使用，则返回 INVALID_SOCKET；否则，在这个没有使用的 UdpStatus表项里填上默认的 IP 地址和刚查到的端口，SOCKET 的 Udp_Queue 单元存入该 UdpStatus 表项的序列号。最后无论是 TCP 协议还是 UDP 协议，都把默认的 IP 地址和查找出来的端口号保存在 SOCKET 的对应单元内，返回该 SOCKET 的地址。程序如程序清单 4.60所示，流程图如图 4.62 所示。

**程序清单 4.60　SOCKET 建立函数**

```
SOCKET * socket( uint16 af, uint16 type, uint16 protocol)
{
uint8 i,j,k;
static uint16 port = 1025;
    OS_ENTER_CRITICAL();
    for(k = 0;k<MAX_SOCKETS;k ++ )
        if(Zlg_Socket[k].State == 0)
```

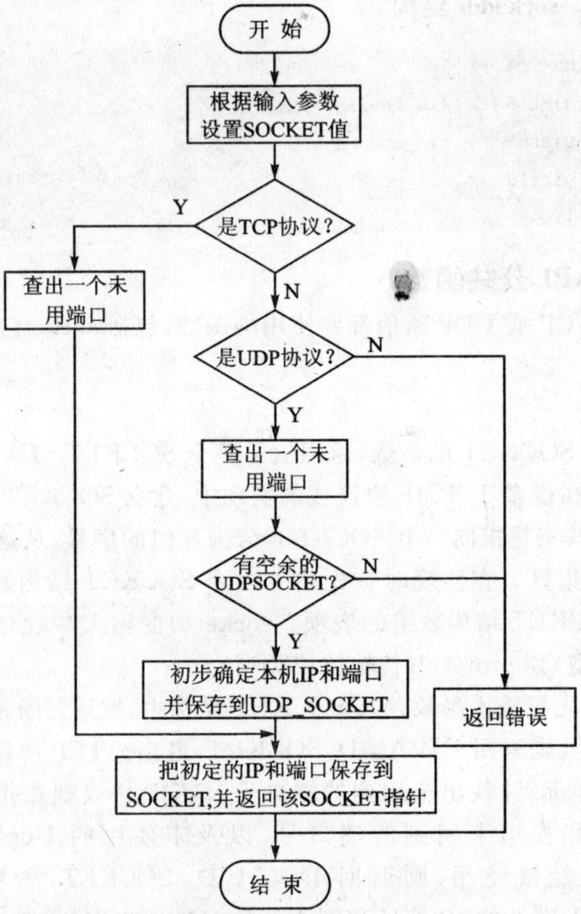


图 4.62 SOCKET 建立函数 socket()流程图

```
            break;
        Zlg_Socket[k].State = 0x50;
        Zlg_Socket[k].af = af;
        Zlg_Socket[k].type = type;
        Zlg_Socket[k].protocol = protocol;
        i = 0;
        if(protocol == TCP_PROTOCOL)
        {
            do
            {
                if(TcpStatus[i].My_Port == port)
```

```
            {
                port ++ ;
            }
            i ++ ;
        }while(i<MAX_TCP_LINKS);
    }
    else if(protocol == UDP_PROTOCOL)
    {
        j = 0;
        do
        {
            if(UdpStatus[i].My_Port == port)
            {
                port ++ ;
            }
            i ++ ;
        }while(i<MAX_UDP_LINKS);
        do
        {
            if(UdpStatus[j].My_Port == 0)
            {
                break;
            }
            j ++ ;
        }while(j<MAX_UDP_LINKS);
        if(j> = MAX_UDP_LINKS)
        {
            OS_EXIT_CRITICAL();
            return ((SOCKET * )INVALID_SOCKET);
        }
        Zlg_Socket[k].Udp_Queue = j;
        UdpStatus[j].My_Port = port;
        UdpStatus[j].My_Ip[0] = NetPort[0].My_Ip[0];
        UdpStatus[j].My_Ip[1] = NetPort[0].My_Ip[1];
        UdpStatus[j].My_Ip[2] = NetPort[0].My_Ip[2];
        UdpStatus[j].My_Ip[3] = NetPort[0].My_Ip[3];
    }
```

```
    else
    {
        OS_EXIT_CRITICAL();
        return((SOCKET * )INVALID_SOCKET);
    }
    Zlg_Socket[k].My_Port = port;
    port ++ ;
    if(port> = 5000)
        port = 1025;
    Zlg_Socket[k].My_Ip[0] = NetPort[0].My_Ip[0];
    Zlg_Socket[k].My_Ip[1] = NetPort[0].My_Ip[1];
    Zlg_Socket[k].My_Ip[2] = NetPort[0].My_Ip[2];
    Zlg_Socket[k].My_Ip[3] = NetPort[0].My_Ip[3];
    OS_EXIT_CRITICAL();
    return (&s);
}
```

**2) bind()函数**

bind()是绑定一个其他调用可以引用的 SOCKET 的名字和对应 IP 地址和端口号的函数。如果不调用该函数,SOCKET 就按 socket()建立的默认 IP 和端口工作。返回值是 int 型,目前只有两个返回值(0 表示该 SOCKET 是 TCP 协议通信,1 则是 UDP 协议)。bind()的输入参数有 SOCKET * s(SOCKET 的指针)、struct sockaddr * name(需要设置的 IP 地址和端口号及名称)和 namelen(name 的长度)。

执行过程如下：先把 IP 和端口等输入参数存入 SOCKET 结构中,然后判断是否为 UDP 协议。如果是,则在对应的 UdpStatus 表项里填上 IP 和端口,退出。程序如程序清单 4.61 所示,流程图如图 4.63 所示。

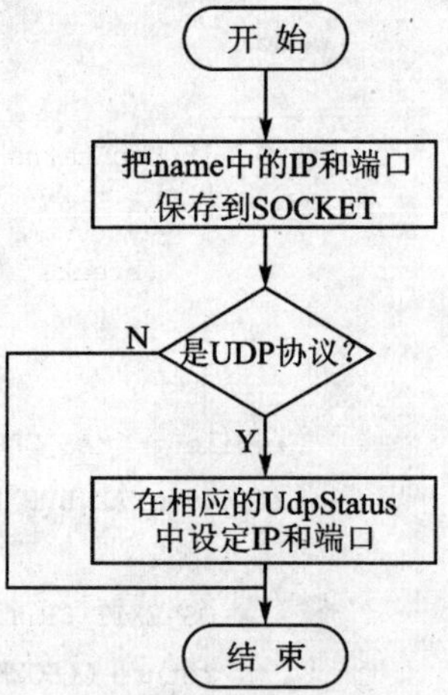


**图 4.63 SOCKET 函数 bind()流程图**

**程序清单 4.61　bind()**

```
int bind( SOCKET * s, struct sockaddr * name,uint16 namelen)
{
    s - >My_Ip[0] = ((struct sockaddr * )name) - >sin_addr[0];
    s - >My_Ip[1] = ((struct sockaddr * )name) - >sin_addr[1];
    s - >My_Ip[2] = ((struct sockaddr * )name) - >sin_addr[2];
```

```
        s->My_Ip[3] = ((struct sockaddr *)name)->sin_addr[3];
        s->My_Port = ((struct sockaddr *)name)->sin_port;
        if(s->protocol == UDP_PROTOCOL)
        {
            UdpStatus[s->Udp_Queue].My_Port = ((struct sockaddr *)name)->sin_port;
            UdpStatus[s->Udp_Queue].My_Ip[0] = ((struct sockaddr *)name)->sin_addr[0];
            UdpStatus[s->Udp_Queue].My_Ip[1] = ((struct sockaddr *)name)->sin_addr[1];
            UdpStatus[s->Udp_Queue].My_Ip[2] = ((struct sockaddr *)name)->sin_addr[2];
            UdpStatus[s->Udp_Queue].My_Ip[3] = ((struct sockaddr *)name)->sin_addr[3];
            return 1;
        }
        return 0;
    }
```

**3) closesocket()函数**

closesocket()是删除 SOCKET 的函数。返回值是 int 型值，目前还没有用到。closesocket()的输入参数有 SOCKET * s(需要删除的 SOCKET)。

执行过程如下：先判断是否为 TCP 协议。如果是，则在清除 SOCKET 单元中的Max_Queue 和 queue 数组的所有单元；否则，继续判断是否为 UDP 协议。如果是，则清除 UdpStatus 结构中的对应 IP 地址、端口和 info 数组中的值，再把 UdpSemRec 信号量也清空。最后把 SOCKET中的其余单元一同清除，退出。程序如程序清单 4.62 所示，流程图如图 4.64 所示。

**程序清单 4.62　closesocket()**

```
int closesocket( SOCKET s )
{
uint8 i;
    if(s.protocol == TCP_PROTOCOL)
    {
        s.Max_Queue = 0;
        for(i = 0;i<MAX_TCP_LINKS;i ++ )
            s.queue[i] = 0xff;
    }
    else if(s.protocol == UDP_PROTOCOL)
    {
        OS_ENTER_CRITICAL();
        UdpStatus[s.Udp_Queue].My_Port = 0;
        UdpStatus[s.Udp_Queue].My_Ip[0] = 0xff;
```

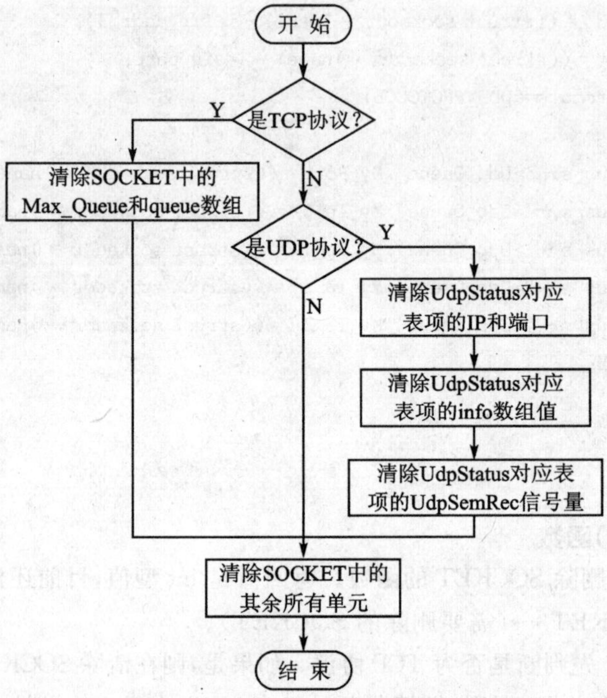


图 4.64　SOCKET 函数 closesocket()流程图

```
        UdpStatus[s.Udp_Queue].My_Ip[1] = 0xff;
        UdpStatus[s.Udp_Queue].My_Ip[2] = 0xff;
        UdpStatus[s.Udp_Queue].My_Ip[3] = 0xff;
        for(i = 0;i<UdpMaxRec;i ++ )
        {
            UdpStatus[s.Udp_Queue].info[i].num = UdpMaxRec;
            UdpStatus[s.Udp_Queue].info[i].De_Port = 0;
            UdpStatus[s.Udp_Queue].info[i].len = 0;
        }
        OS_EXIT_CRITICAL();
        do
        {
            i = OSSemAccept(UdpStatus[s.Udp_Queue].UdpSemRec);
        }while(i!= 0);
    }
    s.State = 0x0;
    s.protocol = 0xff;
```

```
    s.af = 0xff;
    s.type = 0xff;
    s.My_Ip[0] = 0xff;
    s.My_Ip[1] = 0xff;
    s.My_Ip[2] = 0xff;
    s.My_Ip[3] = 0xff;
    s.My_Port = 0;
    s.Udp_Queue = MAX_UDP_LINKS;
    return 1;
}
```

## 2. SOCKET API 的 TCP 连接函数

SOCKET API 的 TCP 连接函数是指仅在 TCP 连接中使用的 SOCKET API 函数。它包括 listen()、accept()、recv()、send()、connect()和 close() 6 个函数。

### 1) listen()函数

listen()常用于 TCP 服务器定义监听 SOCKET 端口的连接数量。其返回值是 int 类型，如果调用正确，会返回需要建立的连接数。输入参数有 2 个，即 SOCKET * s(需要监听的 SOCKET 指针)和 uint16 backlog (需要建立的连接数量)。

执行过程如下：先判断 backlog 的合理性和 s 的协议是否为 TCP 协议(因为 listen ()函数自适应于 TCP 协议)。如果没有问题，则向 TcpStatus 中的 State 查找是否有 CLOSED 状态的表项，有则设置为 LISTEN 状态，然后判断设置的表项数目是否等于 backlog。若是，则继续设置这些表项的本地 IP 和本地端口；否则，把刚才设的表项中的 LISTEN 状态改回 CLOSED 状态。最后退出。程序如程序清单 4.63 所示，流程图如图 4.65 所示。

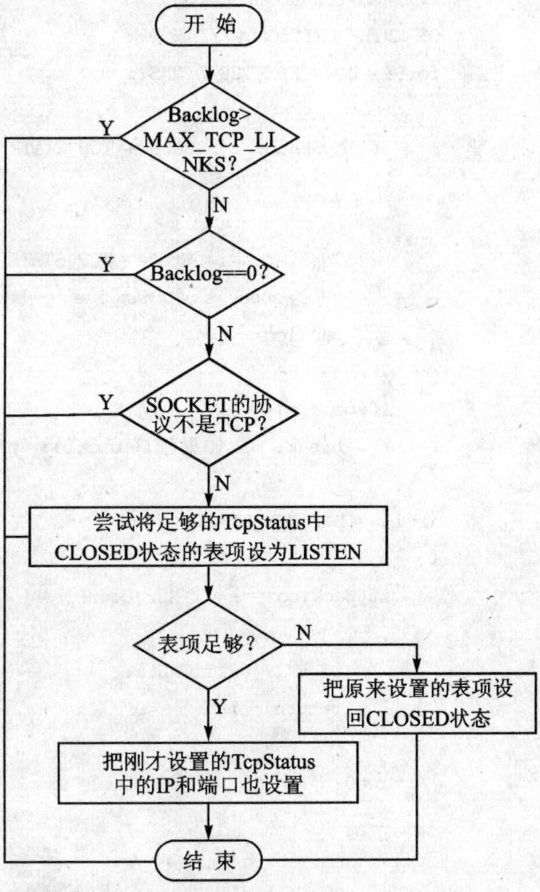


图 4.65 SOCKET 函数 listen()流程图

**程序清单 4.63　listen()**

```
int listen( SOCKET * s, uint16 backlog )
{
uint16 i;
    if(backlog>MAX_TCP_LINKS)
        return -1;
    else if(backlog == 0)
        return -2;
    else if(s->protocol!= 0)
        return -3;
    s->Max_Queue = backlog;
    OS_ENTER_CRITICAL();
    for(i = 0;i<MAX_TCP_LINKS;i ++ )
    {
        if(TcpStatus[i].State == TCP_STATE_CLOSED)
        {

            TcpStatus[i].State = TCP_STATE_LISTEN;
            s->queue[s->Max_Queue - backlog] = i;
            backlog -- ;
        }
        if(backlog == 0)
            break;  //如果刚好 backlog = MAX_TCP_LINKS,i = MAX_TCP_LINK - 1;
    }
    if(i> = MAX_TCP_LINKS)
    {
        if(backlog == s->Max_Queue)
        {
            OS_EXIT_CRITICAL();
            return -4;
        }
        i = 0;
        do
        {
            TcpStatus[s->queue[i]].State = TCP_STATE_CLOSED;
            backlog ++ ;
            i ++ ;
```

```
        }
        while(backlog!= s->Max_Queue);
        memset(&s, 0, sizeof(s));
        OS_EXIT_CRITICAL();
        return -4;
    }
    else
    {
        s->State = 1;
        for(i = 0;i<s->Max_Queue;i ++ )
        {
            TcpStatus[s->queue[i]].My_Ip[0] = s->My_Ip[0];
            TcpStatus[s->queue[i]].My_Ip[1] = s->My_Ip[1];
            TcpStatus[s->queue[i]].My_Ip[2] = s->My_Ip[2];
            TcpStatus[s->queue[i]].My_Ip[3] = s->My_Ip[3];
            TcpStatus[s->queue[i]].My_Port = s->My_Port;
            TcpStatus[s->queue[i]].StaSem = 0x82;
        }
    }
    OS_EXIT_CRITICAL();
    return (s->Max_Queue);
}
```

**2) accept()函数**

accept()函数常用于 TCP 服务器确认客户机的主动连接。它的返回值是 uint8 类型。如果调用正确，就返回建立连接的 TcpStatus 序号。输入参数有 3 个，即 SOCKET * s(需要监听的 SOCKET 的指针)、struct sockaddr * addr(用于保存对方的 IP 地址、端口号等信息)以及 int * addrlen(用于保存 addr 长度的变量地址)。

执行过程如下：先判断 s 的协议是否为 TCP 协议(因为 accept()函数只适应于 TCP 协议)。如果没有问题，再检查要求建立的连接数是否大于 0。若是，则向 AppSemCon 信号量中查找是否有已经建立连接的信号发出。如果没有，则查询 TcpStatus 中的状态为 LISTEN 的表项，然后等待该表项对应的 AppSemCon 信号量。恢复后，查询获取信号量是否正确。若不正确，则查询是否连接已经建立。如果已经建立或获取信号量成功，则在 addr 指向的地址填入对方的 IP 和端口号，然后退出。程序如程序清单 4.64 所示，流程图如图 4.66 所示。

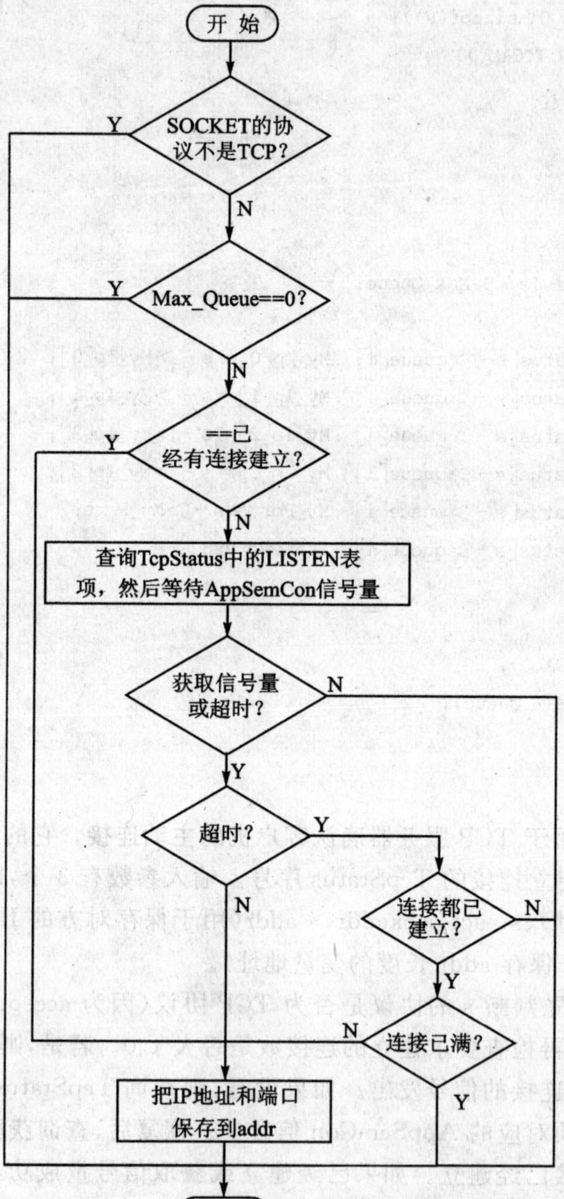


**图 4.66　SOCKET 函数 accept( )流程图**

**程序清单 4.64　accept()**

```
uint8 accept( SOCKET * s, struct sockaddr * addr, int * addrlen )
{
uint16 i;
uint8   err;
    if(s->protocol!= 0)
        return (0xFF);
    if(s->Max_Queue == 0)
        return (0xFF);
    for(i = 0;i<s->Max_Queue;i ++ )
    {
        if(OSSemAccept(AppSemCon[s->queue[i]]))
            break;
    }
    if(i> = s->Max_Queue)
    {
        for(i = 0;i<s->Max_Queue;i ++ )
        {
            if(TcpStatus[s->queue[i]].State == TCP_STATE_LISTEN)
            {
                OSSemPend(AppSemCon[s->queue[i]],400,&err);
                if(err == OS_NO_ERR||err == OS_TIMEOUT)  //等
                    break;
                else
                    return (0xFF);
            }
        }
        if(err == OS_TIMEOUT)
        {
            for(i = 0;i<s->Max_Queue;i ++ )
            {
                if(TcpStatus[s->queue[i]].State == TCP_STATE_ESTABLISHED)
                    break;          //连接中有已经建立连接的了
            }
            if(i> = s->Max_Queue)
                return (0xFF);     //连接已满
        }
```

```
    }
    addr->sin_addr[0] = TcpStatus[s->queue[i]].Dest_Ip[0];
    addr->sin_addr[1] = TcpStatus[s->queue[i]].Dest_Ip[0];
    addr->sin_addr[2] = TcpStatus[s->queue[i]].Dest_Ip[0];
    addr->sin_addr[3] = TcpStatus[s->queue[i]].Dest_Ip[0];
    addr->sin_port = TcpStatus[s->queue[i]].Dest_Port;
    *addrlen = sizeof( *addr);
    return (s->queue[i]);
}
```

**3) recv()函数**

recv()函数用于 TCP 连接建立后的数据接收。它的返回值是 uint16 类型。如果接收正确,就返回成功接收的字节数。输入参数有 4 个,即 uint8 num(该连接对应的 TcpStatus 序号)、uint8 *buf(发送数据的起始地址)、uint16 len(发送数据的长度)和 int flags(用于传送相关标志,目前保留未用)。

在介绍执行过程之前,首先介绍一下 TCP 的数据接收缓存区。缓存区就是 TcpStatus 结构中的 TcpDataQ 数组。管理这个缓存区的还有两个变量:TcpDataQRdPtr(读指针)和 TcpDataQWrPtr(写指针),它们都是 TcpStatus 结构中的单元,还有一个单元 Snd_Window(本地 Window 的大小)也间接参与了管理。TcpDataQ 数组是一个循环队列,其大小等于本地 Window的最大值。当收到一个数据报后,数据被放入 TcpDataQ 数组,TcpDataQWrPtr 指向写入的最后一个字节,这时本地 Window 的大小将减少。当数据被读取后,TcpDataQRdPtr指向被读取的最后一个字节,这时本地 Window 的大小将增加。以此类推,当 TcpDataQWrPtr 指向 TcpDataQ 数组的最后一个字节时,还有数据写入,TcpDataQWrPtr 就会指向 TcpDataQ 数组的第一个字节,然后重新递增保存数据。TcpDataQRdPtr 也一样。

执行过程如下:先判断是否为空。如果有数据,再检查读指针是否大于等于写指针。如果是,则表示写指针已经翻转了。再检查读出的长度是否大于读指针到缓存区最高字节的长度。若大于,则表示读指针需要翻转;若小于或等于,则表示读指针不翻转。然后进行读取操作。修改读取后的 Window 值,返回 ACK 报告诉对方本地连接的 Window 已经变大,实现了 TCP 传输的流控制。最后退出。程序如程序清单 4.65 所示,流程图如图 4.67 所示。

**程序清单 4.65　recv()**

```
uint16 recv( uint8 num, uint8 *buf, uint16 len, int flags )
{
uint16      i,temp,sum,tempwindow;
struct _pkst TxdData;
    flags = flags;
```

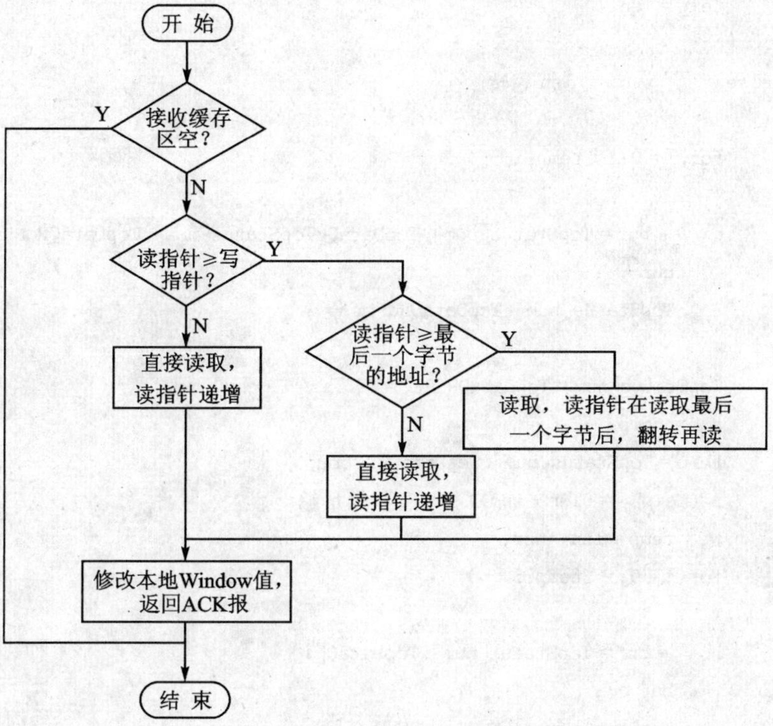


图 4.67 SOCKET 函数 recv()流程图

```
tempwindow = TcpStatus[num].Snd_Window;
if((TcpStatus[num].TcpDataQWrPtr == TcpStatus[num].TcpDataQRdPtr)&&
    (TcpStatus[num].Snd_Window!= 0))
    return (0);
else    if(TcpStatus[num].TcpDataQRdPtr> = TcpStatus[num].TcpDataQWrPtr) //队列已经翻转
{
    temp = MAX_TCP_DATA - TcpStatus[num].TcpDataQRdPtr;
    if(temp> = len)                    //len 没有翻转
    {
        for(i = 0;i<len;i ++ )
        {
            * buf = TcpStatus[num].TcpDataQ[TcpStatus[num].TcpDataQRdPtr];
            buf ++ ;
            TcpStatus[num].TcpDataQRdPtr ++ ;
        }
        TcpStatus[num].Snd_Window = TcpStatus[num].Snd_Window + len;
```

```
        temp = len;
    }
    else              //len 翻转
    {
        for(i = 0;i<temp;i ++ )
        {
            * buf = TcpStatus[num].TcpDataQ[TcpStatus[num].TcpDataQRdPtr];
            buf ++ ;
            TcpStatus[num].TcpDataQRdPtr ++ ;
        }
        TcpStatus[num].TcpDataQRdPtr = 0;
        sum = temp;
        temp = TcpStatus[num].TcpDataQWrPtr;
        if(temp> = (len - sum))     //数据足够
            temp = len - sum;
        for(i = 0;i<temp;i ++ )
        {
            * buf = TcpStatus[num].TcpDataQ[i];
            buf ++ ;
            TcpStatus[num].TcpDataQRdPtr ++ ;
        }
        sum = sum + temp;
        TcpStatus[num].Snd_Window = TcpStatus[num].Snd_Window + sum;
        temp = sum;
    }
}
else                                   //队列未翻转
{
    temp = TcpStatus[num].TcpDataQWrPtr - TcpStatus[num].TcpDataQRdPtr;
    if(temp> = len)                    //数据足够
        temp = len;
    for(i = 0;i<temp;i ++ )
    {
        * buf = TcpStatus[num].TcpDataQ[TcpStatus[num].TcpDataQRdPtr];
        buf ++ ;
        TcpStatus[num].TcpDataQRdPtr ++ ;
    }
```

```
        TcpStatus[num].Snd_Window = TcpStatus[num].Snd_Window + temp;
    }
    TcpHeadHandle(num ,0x5000 + TCP_ACK);   //headlength 0x20,
    TcpStatus[num].TcpDHeadUint8[2] = 0;
    TcpStatus[num].TcpDHeadUint8[3] = 20;
    sum = CheckSumTcp1(num,32);              //12 + 28
    TcpStatus[num].TcpHeadUint8[16] = (sum&0xff00)>>8;;
    TcpStatus[num].TcpHeadUint8[17] = sum&0x00ff;
    TxdData.STPTR = NULL;
    TxdData.length = 20;
    TxdData.DAPTR = TcpStatus[num].TcpHeadUint8;
    Send_Ip_Frame
        (
            &TxdData,
            TcpStatus[num].Dest_Ip,
            TcpStatus[num].My_Ip,
            6
        );
    return (temp);
}
```

**4) send()函数**

send()函数用于 TCP 连接建立后的数据发送。它的返回值是 uint16 类型。如果发送正确,就返回成功发送的字节数。输入参数有 4 个,即 uint8 num(该连接对应的 TcpStatus 序号)、uint8 *buf(发送数据的起始地址)、uint16 len(发送数据的长度)和 int flags(用于传送相关标志,目前保留未用)。

执行过程如下:先判断发送的长度是否大于对方能够接收的范围,以及是否处于连接状态。如果都通过,则发送数据,然后等待 AppSemSend 信号量,最后退出。程序如程序清单 4.66 所示,流程图如图 4.68 所示。

**程序清单 4.66　send()**

```
uint16 send( uint8 num, uint8 *buf, uint16 len, int flags )
{
struct _pkst TxdData;
uint16 temp;
uint8 err,i;
    flags = flags;
```

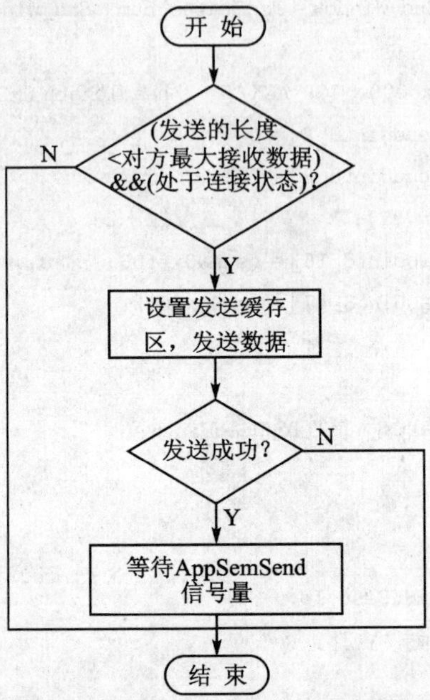


图 4.68 SOCKET 函数 send()流程图

```
    if((TcpStatus[num].Dest_Max_Seg_Size> = len)&&(TcpStatus[num].State == TCP_STATE_ESTAB-
LISHED))
    {
        TcpStatus[num].SenPassSeq = TcpStatus[num].SenFutureSeq;
        TcpStatus[num].SenPassAck = TcpStatus[num].SenPassAck;
        TcpStatus[num].SenFutureSeq = TcpStatus[num].SenPassSeq + len;
        TcpStatus[num].RecFutureAck = TcpStatus[num].SenPassSeq + len;
        TcpHeadHandle(num ,0x5000 + TCP_PSH + TCP_ACK);  //headlength 0x20,
        TcpStatus[num].TcpDHeadUint8[2] = ((len + 20)&0XFF00)>>8;
        TcpStatus[num].TcpDHeadUint8[3] = (len + 20)&0X00FF;
        OS_ENTER_CRITICAL();
        memcpy (&(TcpStatus[num].TcpHeadUint8[20]), buf, len);
        temp = len + 32;
        TxdData.length = CheckSumTcp1(num,temp);          //12 + 20
        OS_EXIT_CRITICAL();
        TcpStatus[num].TcpHeadUint8[16] = (TxdData.length&0xff00)>>8;
        TcpStatus[num].TcpHeadUint8[17] = TxdData.length&0x00ff;
        TxdData.STPTR = NULL;
```

```
        TxdData.length = 20 + len;
        TxdData.DAPTR = TcpStatus[num].TcpHeadUint8;
        i = 0;
        do
        {
            i ++ ;
            if(Send_Ip_Frame
                (
                    &TxdData,
                    TcpStatus[num].Dest_Ip,
                    TcpStatus[num].My_Ip,
                    6
                ))
            {
                TcpStatus[num].StaSem = TcpStatus[num].StaSem|0x01;
                OSSemPend(AppSemSend[num],400,&err);
                if((err == OS_NO_ERR))                    //等
                    return(len);
                if(TcpStatus[num].State!= TCP_STATE_ESTABLISHED)
                    return 0;
            }
        }while(i<2);                                      //重发一次
        return 0;
    }
    else
    {
        return (0);
    }
}
```

**5) close()函数**

close()函数用于已经建立 TCP 连接的断开，属于主动断开。它的返回值是 uint8 类型，如果成功断开返回 1，则输入参数是连接的 TcpStatus 序号。

执行过程如下：先判断连接是否处于 CLOSED 状态。如果是则退出，否则继续判断是否处于 LISTEN 状态。若是，则调用 Delete_Socket()函数然后返回；否则，继续判断是否处于连接状态。若是则发送 FIN－ACK 报。如果是处于 SYN_RCVD 状态，则发送 FIN 报。然后把状态转为 FIN_WAIT1，一直等待 AppSemDisc 信号量。得到信号量后调用 Delete_Socket()

函数,最后退出。程序如程序清单 4.67 所示,流程图如图 4.69 所示。

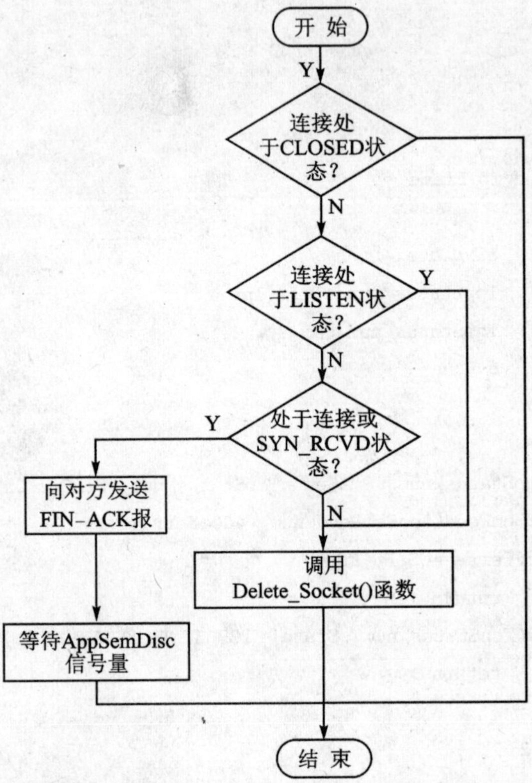


图 4.69 SOCKET 函数 close()流程图

## 程序清单 4.67 close()

```
uint8 close(uint8 num)
{
uint8 err,i;
struct _pkst TxdData;
    if(TcpStatus[num].State == TCP_STATE_CLOSED)
    {
        return (1);
    }
    else if(TcpStatus[num].State == TCP_STATE_LISTEN)
    {
```

```
        Delete_Socket(num);
        return (1);
    }
    else if(TcpStatus[num].State == TCP_STATE_ESTABLISHED)
    {
        TcpStatus[num].SenPassSeq = TcpStatus[num].SenFutureSeq;
        TcpStatus[num].SenPassAck = TcpStatus[num].SenPassAck;
        TcpStatus[num].SenFutureSeq = TcpStatus[num].SenPassSeq + 1;
        TcpStatus[num].RecFutureAck = TcpStatus[num].SenPassSeq + 1;
        TcpHeadHandle(num ,0x5000 + TCP_ACK + TCP_FIN);//headlength 0x20,
        TcpStatus[num].TcpDHeadUint8[2] = 0;
        TcpStatus[num].TcpDHeadUint8[3] = 20;
        TxdData.length = CheckSumTcp1(num,32);   //12 + 28
        TcpStatus[num].TcpHeadUint8[16] = (TxdData.length&0xff00)>>8;;
        TcpStatus[num].TcpHeadUint8[17] = TxdData.length&0x00ff;
        TxdData.STPTR = NULL;
        TxdData.length = 20;
        TxdData.DAPTR = TcpStatus[num].TcpHeadUint8;
        Send_Ip_Frame     (&TxdData,TcpStatus[num].Dest_Ip,TcpStatus[num].My_Ip,6);
    }
    else if(TcpStatus[num].State == TCP_STATE_SYN_RCVD)
    {
        TcpStatus[num].SenPassSeq = TcpStatus[num].SenFutureSeq;
        TcpStatus[num].SenPassAck = TcpStatus[num].SenPassAck;
        TcpStatus[num].SenFutureSeq = TcpStatus[num].SenPassSeq + 1;
        TcpStatus[num].RecFutureAck = TcpStatus[num].SenPassSeq + 1;
        TcpHeadHandle(num ,0x5000 + TCP_FIN);   //headlength 0x20,
        TcpStatus[num].TcpDHeadUint8[2] = 0;
        TcpStatus[num].TcpDHeadUint8[3] = 20;
        TxdData.length = CheckSumTcp1(num,32);   //12 + 28
        TcpStatus[num].TcpHeadUint8[16] = (TxdData.length&0xff00)>>8;
        TcpStatus[num].TcpHeadUint8[17] = TxdData.length&0x00ff;
        TxdData.STPTR = NULL;
        TxdData.length = 20;
        TxdData.DAPTR = TcpStatus[num].TcpHeadUint8;
        Send_Ip_Frame     (&TxdData,TcpStatus[num].Dest_Ip,TcpStatus[num].My_Ip,6);
    }
```

```
    else
    {
        Delete_Socket(num);
        return (1);
    }
    TcpStatus[num].State = TCP_STATE_FIN_WAIT1;
    for(i = 0;i<5;i ++ )
    {
        OSSemPend(AppSemDisc[num],100,&err);
        if(err == OS_NO_ERR)
        {
            Delete_Socket(num);
            return (1);
        }
        else
        {
            Send_Ip_Frame     (&TxdData,TcpStatus[num].Dest_Ip,TcpStatus[num].My_Ip,6);
        }
    }
    Delete_Socket(num);
    return(0);
}
```

**6) connect()函数**

connect()函数用于 TCP 客户端建立连接。它的返回值是 uint8 类型。如果连接成功,就返回建立连接的 TcpStatus 序号;否则,返回 MAX_TCP_LINKS。输入参数有 3 个,即 SOCKET * s(需要监听的 SOCKET 指针)、struct sockaddr * addr(用于保存对方的 IP 地址、端口号等信息)以及 int * addrlen(用于保存 addr 长度的变量地址)。

执行过程如下:先判断是否已经建立连接。如果没有,则在 TcpStatus 结构数组中查找一个处于 CLOSED 状态的联系,发送 SYN 报,然后等待 AppSemCon 信号量最后退出。若程序等待 AppSemCon 信号量超,则自动重发 3 次。程序如程序清单 4.68 所示,流程图如图 4.70 所示。

**程序清单 4.68　connect()**

```
uint8 connect(SOCKET * s, struct sockaddr * addr,uint16 addrlen)
{
struct _pkst TxdData;
```

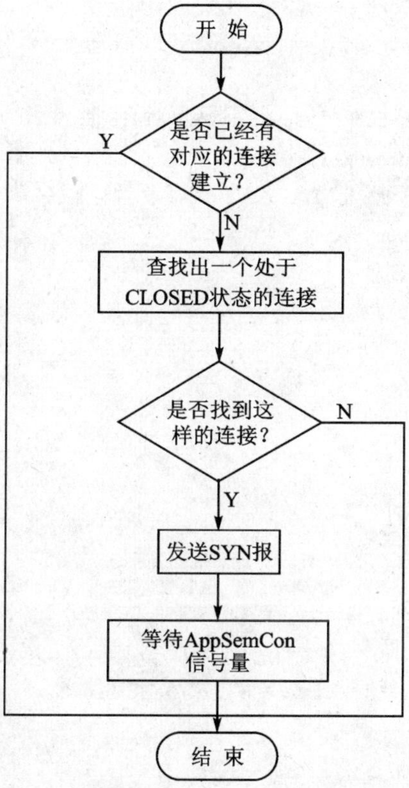


图 4.70 SOCKET 函数 connect()流程图

```
uint8 i,j,err;

    for(i = 0;i<MAX_TCP_LINKS;i ++ )
    {
        if(TcpStatus[i].State> = TCP_STATE_LISTEN)
        {
            if(TcpStatus[i].Dest_Ip[0] == addr - >sin_addr[0])
            if(TcpStatus[i].Dest_Ip[1] == addr - >sin_addr[1])
            if(TcpStatus[i].Dest_Ip[2] == addr - >sin_addr[2])
            if(TcpStatus[i].Dest_Ip[3] == addr - >sin_addr[3])
            if(TcpStatus[i].My_Ip[0] == s - >My_Ip[0])
            if(TcpStatus[i].My_Ip[1] == s - >My_Ip[1])
            if(TcpStatus[i].My_Ip[2] == s - >My_Ip[2])
            if(TcpStatus[i].My_Ip[3] == s - >My_Ip[3])
```

```
            if(s->My_Port == TcpStatus[i].My_Port)
            if(addr->sin_port == TcpStatus[i].Dest_Port)
            {
                if(TcpStatus[i].State == TCP_STATE_ESTABLISHED)
                    return (i);
                else
                    close (i);
            }
        }
    }
    j = 0;
    do
    {
        OS_ENTER_CRITICAL();
        for(i = 0;i<MAX_TCP_LINKS;i ++ )
        {
            if(TcpStatus[i].State == TCP_STATE_CLOSED)
            {
                TcpStatus[i].State = TCP_STATE_SYN_SENT;
                break;
            }
        }
        OS_EXIT_CRITICAL();
        if(i> = MAX_TCP_LINKS)
            return (MAX_TCP_LINKS);                    //连接已满
        TcpStatus[i].My_Port = s->My_Port;
        TcpStatus[i].Dest_Port = addr->sin_port;    //对方端口
        TcpStatus[i].Dest_Ip[0] = addr->sin_addr[0];
        TcpStatus[i].Dest_Ip[1] = addr->sin_addr[1];
        TcpStatus[i].Dest_Ip[2] = addr->sin_addr[2];
        TcpStatus[i].Dest_Ip[3] = addr->sin_addr[3];
        TcpStatus[i].My_Ip[0] = s->My_Ip[0];
        TcpStatus[i].My_Ip[1] = s->My_Ip[1];
        TcpStatus[i].My_Ip[2] = s->My_Ip[2];
        TcpStatus[i].My_Ip[3] = s->My_Ip[3];
        TcpStatus[i].RecPassSeq = 0;
        TcpStatus[i].RecPassAck = 0;
```

```
        TcpStatus[i].SenPassSeq = 781010;
        TcpStatus[i].SenPassAck = 0;
        TcpStatus[i].RecFutureAck = TcpStatus[i].SenPassSeq + 1;
        TcpStatus[i].SenFutureSeq = TcpStatus[i].SenPassSeq + 1;
        TcpStatus[i].My_Wl2 = TcpStatus[i].SenPassSeq;
        TcpStatus[i].Snd_Window = MAX_TCP_DATA;
//通知对方本地可最大接收 1 024 字节的包,用于流控
        TcpStatus[i].My_Max_Seg_Size = MAX_TCP_DATA;
//本地机可以接收最大的以太网数据包
        TcpHeadHandle(i ,0x7000 + TCP_SYN);
        //******添加 TCP 头选项 *************//
        TcpStatus[i].TcpHeadUint8[20] = 0x02;
        TcpStatus[i].TcpHeadUint8[21] = 0x04;
        TcpStatus[i].TcpHeadUint8[22] = MAX_TCP_DATA/256;
        TcpStatus[i].TcpHeadUint8[23] = MAX_TCP_DATA % 256;
        TcpStatus[i].TcpHeadUint8[24] = 0x01;
        TcpStatus[i].TcpHeadUint8[25] = 0x01;
        TcpStatus[i].TcpHeadUint8[26] = 0x04;
        TcpStatus[i].TcpHeadUint8[27] = 0x02;

        TcpStatus[i].TcpDHeadUint8[2] = 0;
        TcpStatus[i].TcpDHeadUint8[3] = 28;
        TxdData.length = CheckSumTcp1(i,40);//12 + 28
        TcpStatus[i].TcpHeadUint8[16] = (TxdData.length&0xff00)>>8;;
        TcpStatus[i].TcpHeadUint8[17] = TxdData.length&0x00ff;
        TxdData.STPTR = NULL;
        TxdData.length = 28;
        TxdData.DAPTR = TcpStatus[i].TcpHeadUint8;
        TcpStatus[i].StaSem = 0x02;
        Send_Ip_Frame  (&TxdData,TcpStatus[i].Dest_Ip,TcpStatus[i].My_Ip,6);
        OSSemPend(AppSemCon[i],100,&err);            //挂起,等待 SYN_ACK 信号的成功接收
        if(err == OS_NO_ERR)
        {
            return(i);
        }
        if(TcpStatus[i].State == TCP_STATE_SYN_SENT)
        if(TcpStatus[i].Dest_Ip[0] == addr->sin_addr[0])
```

```
        if(TcpStatus[i].Dest_Ip[1] == addr->sin_addr[1])
        if(TcpStatus[i].Dest_Ip[2] == addr->sin_addr[2])
        if(TcpStatus[i].Dest_Ip[3] == addr->sin_addr[3])
        if(TcpStatus[i].My_Ip[0] == s->My_Ip[0])
        if(TcpStatus[i].My_Ip[1] == s->My_Ip[1])
        if(TcpStatus[i].My_Ip[2] == s->My_Ip[2])
        if(TcpStatus[i].My_Ip[3] == s->My_Ip[3])
        if(s->My_Port == TcpStatus[i].My_Port)
        if(addr->sin_port == TcpStatus[i].Dest_Port)
        {
            Delete_Socket(i);
        }
        j++;
    }while(j<3);
    Delete_Socket(i);
    return(MAX_TCP_LINKS);                              //退出,返回连接失败
}
```

### 3. SOCKET API 的 UDP 连接函数

SOCKET API 的 UDP 连接函数是指仅在 UDP 连接中使用的 SOCKET API 函数。它包括 sendto()、recvfrom()两个函数。

**1) sendto()函数**

sendto()函数常用于 UDP 通信中的数据发送,其返回值是 uint16 类型。若调用正确,则会返回发送的字节数。输入参数有 6 个,即 SOCKET s(该 UDP 连接的 SOCKET)、uint8 * buf(发送数据的起始地址)、uint16 len(发送数据的长度)、int flags(用于传送相关标志,目前保留没有用到)、struct sockaddr * to(用于保存对方的 IP 地址、端口号等信息)以及 int * tolen(用于保存 addr 长度的变量地址)。

执行过程如下:先判断 len 的合理性。然后根据 s 设置 UDP 报的本地端口,根据 to 设置 UDP 报的目标端点,然后发送出去。最后判断发送是否成功。若发送成功,则返回发送的长度;否则返回 0。程序如程序清单 4.69 所示,流程图如图 4.71 所示。

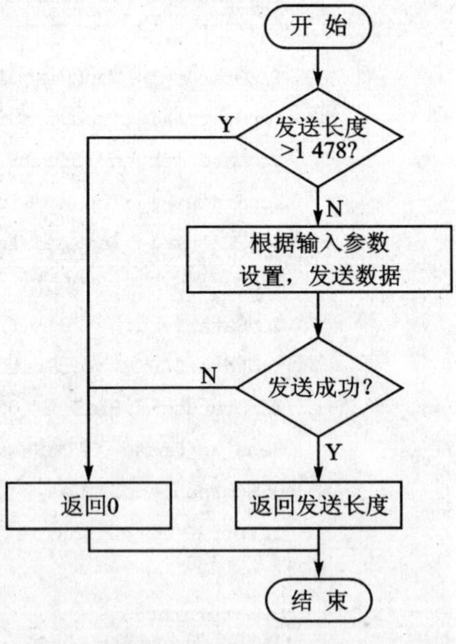


**图 4.71 SOCKET 函数 sendto()流程图**

程序清单 4.69　sendto()

```
uint16 sendto( SOCKET s, uint8 * buf, uint16 len, int flags, struct sockaddr * to, uint16 tolen )
{
udp_send UdpPacked;
struct _pkst TxdData;
    if(len>1478)
        return 0;
    UdpPacked.UdpDHead.rev = 0;
    UdpPacked.UdpDHead.NextProtocal = 17;
    UdpPacked.UdpDHead.TotalLen = 8 + len;
#ifdef Little_End
    UdpPacked.UdpDHead.TotalLen = swap_int16(UdpPacked.UdpDHead.TotalLen);
#endif
    UdpPacked.UdpDHead.SourceIp[0] = s.My_Ip[0];
    UdpPacked.UdpDHead.SourceIp[1] = s.My_Ip[1];
    UdpPacked.UdpDHead.SourceIp[2] = s.My_Ip[2];
    UdpPacked.UdpDHead.SourceIp[3] = s.My_Ip[3];
    UdpPacked.UdpDHead.DestId[0] = ((struct sockaddr *)to) - >sin_addr[0];
    UdpPacked.UdpDHead.DestId[1] = ((struct sockaddr *)to) - >sin_addr[1];
    UdpPacked.UdpDHead.DestId[2] = ((struct sockaddr *)to) - >sin_addr[2];
    UdpPacked.UdpDHead.DestId[3] = ((struct sockaddr *)to) - >sin_addr[3];
    UdpPacked.Udp.SourcePort = s.My_Port;
    UdpPacked.Udp.DestPort = ((struct sockaddr *)to) - >sin_port;
    UdpPacked.Udp.length = 8 + len;
#ifdef Little_End
    UdpPacked.Udp.SourcePort = swap_int16(UdpPacked.Udp.SourcePort);
    UdpPacked.Udp.DestPort = swap_int16(UdpPacked.Udp.DestPort);
    UdpPacked.Udp.length = swap_int16(UdpPacked.Udp.length);
#endif
OS_ENTER_CRITICAL();
    memcpy (&(UdpPacked.Udp.udpdata), buf, len);
OS_EXIT_CRITICAL();
    UdpPacked.Udp.Crc = 0;
    UdpPacked.Udp.Crc = CheckSumUdp((uint8 *)(&UdpPacked),len + 20);
#ifdef Little_End
    UdpPacked.Udp.Crc = swap_int16(UdpPacked.Udp.Crc);
#endif
```

```
        TxdData.STPTR = NULL;
        TxdData.length = 8 + len;
        TxdData.DAPTR = (uint8 *)(&(UdpPacked.Udp));
        if(Send_Ip_Frame(&TxdData,UdpPacked.UdpDHead.DestId,UdpPacked.UdpDHead.SourceIp,17))
        {
            return(len);
        }
        else
            return(0);
    }
```

**2) recvfrom()函数**

recvfrom()函数常用于 UDP 通信中的数据接收。它的返回值是 uint16 类型。如果调用正确,会返回接收的字节数。输入参数有 6 个,即 SOCKET s(该 UDP 连接的 SOCKET)、uint8 * buf(发送缓存区的起始地址)、uint16 len(接收缓存区长度)、int flags(用于传送相关标志,目前保留没有用到)、struct sockaddr * from(用于保存对方的 IP 地址、端口号等信息)以及 int * fromlen(用于保存 addr 长度的变量地址)。

执行过程如下:先判断 SOCKET 的合理性,然后等待信号量 UdpSemRec。如果等待超时,则退出;否则,继续判断是否接收成功。若接收成功,则把数据保存到 buf 中,把对方的 IP 和端口保存到 from 中,再返回接收到的字节数,退出;否则返回 0。程序如程序清单 4.70 所示,流程图如图 4.72 所示。

**程序清单 4.70 recvfrom()**

```
uint16 recvfrom( SOCKET s, uint8 *buf, uint16 len, int flags, struct sockaddr *from, uint16 *
fromlen )
{
uint16 temp;
uint8 j,err;
    if(s.Udp_Queue>= MAX_UDP_LINKS)
        return 0;
    if(s.My_Port!= UdpStatus[s.Udp_Queue].My_Port)
        return 0;
    OSSemPend(UdpStatus[s.Udp_Queue].UdpSemRec,40,&err);
    if(err == OS_TIMEOUT)
        return 0;
    else if(err == OS_NO_ERR)
    {
```

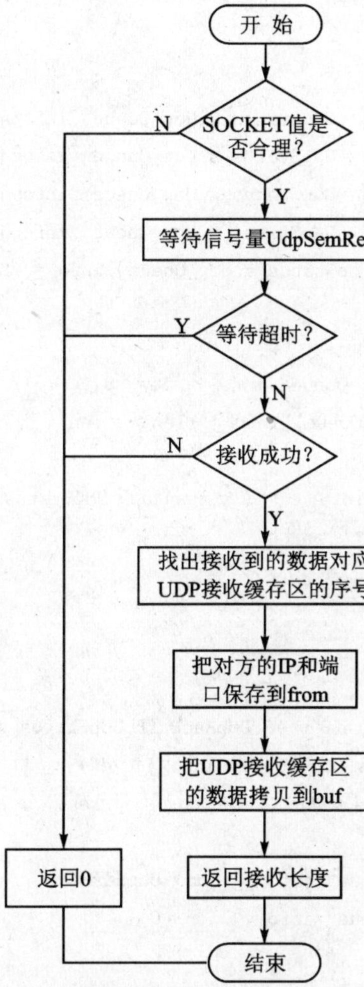


图 4.72 SOCKET 函数 recvfrom()流程图

```
j = 0;
do
{
    if(UdpStatus[s.Udp_Queue].info[j].num!= UdpMaxRec)
        break;
    j ++ ;
}
while(j<UdpMaxRec);
if(j> = UdpMaxRec)
```

```
        {
            return (0);
        }
        from->sin_addr[0] = UdpStatus[s.Udp_Queue].info[j].De_Ip[0];
        from->sin_addr[1] = UdpStatus[s.Udp_Queue].info[j].De_Ip[1];
        from->sin_addr[2] = UdpStatus[s.Udp_Queue].info[j].De_Ip[2];
        from->sin_addr[3] = UdpStatus[s.Udp_Queue].info[j].De_Ip[3];
        from->sin_port = UdpStatus[s.Udp_Queue].info[j].De_Port;
        OS_ENTER_CRITICAL();
        UdpStatus[s.Udp_Queue].info[j].len =
            UdpStatus[s.Udp_Queue].info[j].len - 8;
        if(UdpStatus[s.Udp_Queue].info[j].len>= len)
        {
            memcpy (buf, (uint8 *)&(UdpRecBuff[UdpStatus[s.Udp_Queue].info[j].num]) + 8,
len);
            temp = len;
        }
        else
        {
            memcpy (buf, (uint8 *)&(UdpRecBuff[UdpStatus[s.Udp_Queue].info[j].num]) + 8,
                UdpStatus[s.Udp_Queue].info[j].len);
            temp = UdpStatus[s.Udp_Queue].info[j].len;
        }
        UdpStatus[s.Udp_Queue].info[j].num = UdpMaxRec;
        UdpStatus[s.Udp_Queue].info[j].len = 0;
        OS_EXIT_CRITICAL();
        *fromlen = sizeof(*from);
        return (temp);
    }
    else
        return 0;
}
```

# 第5章　GUI 图形用户界面基础

## 5.1　概　述

GUI 为 Graphics User Interface 的缩写，即图形用户界面。它是用于提高人机交互友好性、易操作性的计算机程序，是建立在计算机图形学基础上的产物。图形用户界面是当今计算机技术的重大成就之一，它极大方便了非专业用户的使用，人们不再需要死记硬背大量的命令，而是可通过窗口、菜单方便地进行操作。

随着嵌入式系统的日益发展，以及 32 位嵌入式处理器及图形显示设备的广泛应用，目标产品对 GUI 的需求越来越多。因为嵌入式系统的资源有限，所以对 GUI 的要求是可裁剪的、高速度的。本章介绍嵌入式系统简易的图形用户界面 ZLG/GUI。ZLG/GUI 提供了最基本的画点、线、圆形、圆弧、椭圆形、矩形、正方形和填充等功能，较高级的接口功能有 ASCII 显示、汉字显示、图标显示、窗口和菜单等，支持单色、灰度、伪彩和真彩等图形显示设备。

## 5.2　基本画图原理

为了实现基本的图形操作，要在 RAM 中开辟一块或多块显示缓冲区。缓冲区大小一般与实际图形显示设备的点像素对应，如 128×64 点的单色图形 LCD，开辟显示缓冲区大小为 1 024字节(即 128×64/8，1 字节数据对应 8 个点像素)。在 RAM 开辟显示缓冲区进行图形操作时可以获得较高的速度，待操作完毕后再将显示缓冲区的数据发送到显示设备中。当然，也可以直接使用显示设备的显示 RAM。如果直接使用显示设备中的显示 RAM 进行图形操作，由于其读/写操作速度较慢，就会直接影响显示效果。一般在系统存储器 RAM 较宽松的情况下，对于单色、4 级灰度、16 级灰度或读/写操作速度较慢的显示设备，使用系统存储器 RAM 建立显示缓冲区。

ZLG/GUI 的显示存储器映射(即显示缓冲区映射)如图 5.1 与图 5.2 所示。图 5.2 为图 5.1显示区对应的显示缓冲区。缓冲区为顺序排列的，即显示区(0,0)上的点对应缓冲区的第 1 个字节的显示数据。各种图形的运算结果先保存在显示缓冲区中。ZLG/GUI 接口函数的坐标参数采用绝对坐标值。

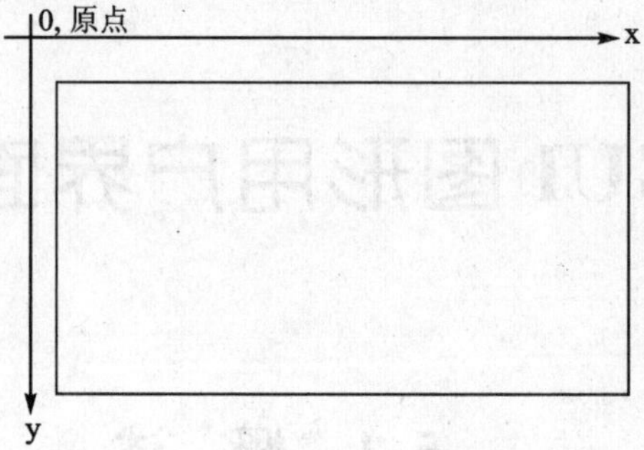


图 5.1　显示设备的显示区

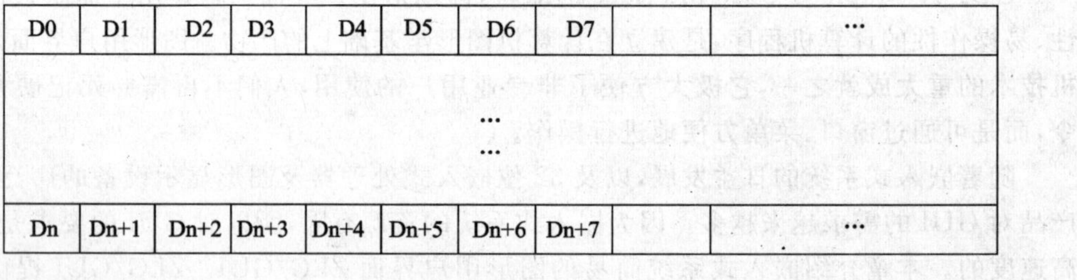


图 5.2　显示缓冲区

为了更好地理解及设计软件,可以将 ZLG/GUI 分为 3 个层次,如图 5.3 所示。

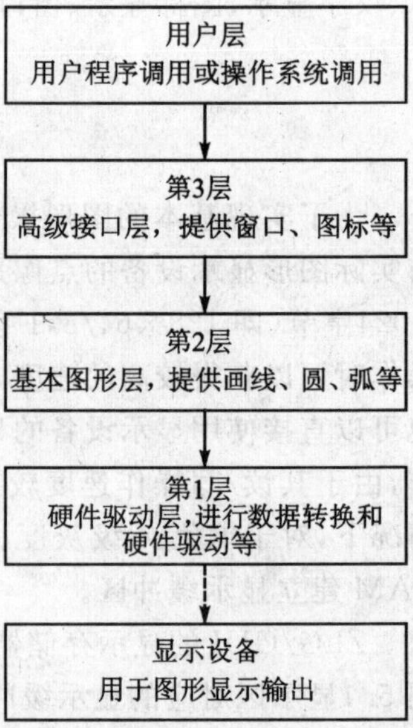


图 5.3　ZLG/GUI 的层次关系图

**第 1 层为硬件驱动层。**这一层主要负责硬件驱动,将显示数据转换并发送给图形显示设备。用户在该层上进行显示设备硬件及显示缓冲区的设置,处理画点、水平线、垂直线等操作。对于不同的图形显示设备,只需要对这一层进行更改即可使用 ZLG/GUI。

对于嵌入式系统,图形显示设备一般为点阵式图形液晶显示模块,即 LCM。对于不同的图形设备,可分为单色、灰度及彩色 3 种,它们的硬件控制操作、初始化操作、显示缓冲区的处理方法是不一样的。

**第 2 层为基本图形层。**这一层提供了基本的画线、圆形、圆弧、椭圆形、四方形、矩形和填充等功能。该层的主要特点是进行各种运算,实现图形显示。这一层的程序会直接调用硬件驱动层的函数实现显示更新。

**第 3 层为高级接口层。**主要为用户提供窗口、图标、菜单等图形接口，一般直接调用第 2 层的基本画图函数来实现。但为了加快刷新速度，可以调用第 1 层的驱动函数发送数据。该层的主要特点是进行各种数据结构处理，将它们转换为可显示的具体参数，并控制画图操作。

在较大型 GUI 系统中，其接口设置会更复杂，一般是以消息驱动为基础的，具有大量的图形资源、操作函数和数据结构，这样可实现代码的最大重复利用，形成一个规范的接口方式，方便编程及扩展，具有很好的图形效果。

## 5.3 基本画图函数

ZLG/GUI 提供了最基本的画点、线、圆形、圆弧、椭圆形、矩形、正方形和填充等功能，对于这些基本画图函数，均采用实际的绝对坐标进行作图。本节将详细介绍相关的函数功能及原理。

### 1. 作图的基本思想

如果在 RAM 中建立显示缓冲区，则画图操作先对显示缓冲区相应点的数据进行设置，然后控制数据输出，更新 LCM 显示，保证 LCM 显示及缓冲区数据同步(**注意：**显示缓冲区只由硬件驱动层使用)。若没有在 RAM 中建立显示缓冲区，则在画点时可能需要先读取 LCM 上的数据(如单色 LCM、4 级/16 级灰度 LCM 等)，进行“与”/“或”操作，然后再将数据输出 LCM 更新显示，保证作图时不破坏原显示图形。

### 2. 颜色的处理

对于不同的液晶显示模块，可定义不同的颜色数据类型 TCOLOR，如无符号 8 位、无符号 16 位、无符号 32 位，甚至数据结构。一般单色、4 级灰度、16 级灰度等颜色值不满 1 个字节的 LCM 定义 TCOLOR 为 uint8，画图操作使用低位来传递颜色参数。ZLG/GUI 有时需要进行颜色变量值比较和复制颜色值。由于不同的颜色数据类型处理代码不完全一致，故需要用户编写接口函数进行处理(由 ZLG/GUI 调用)，如后面介绍的 GUI_CmpColor()和GUI_CopyColor()。

### 3. 显示缓冲区定义

首先在图形液晶模块(LCM)驱动程序的头文件中定义两个与 LCD 像素大小相关的两个宏，以便系统定义缓冲区，文件名如 LCDDRIVE. H。另外，ZLG/GUI 也会根据这两个宏来判断操作是否超出范围。因此，不管是否在 RAM 中建立显示缓冲区，这两个宏必须定义。定义代码如程序清单 5.1 所示。

**程序清单 5.1　颜色数据类型及 LCD 像素大小定义**

```
#define  TCOLOR           uint8
#define  GUI_LCM_XMAX     240          /* 定义液晶 x 轴的点数 */
#define  GUI_LCM_YMAX     128          /* 定义液晶 y 轴的点数 */
```

然后在程序 LCD_DRIVE.C 中定义显示缓冲区，将缓冲区定义成一个二维数组。对于单色 LCM，因为每一个字节对应 8 个点像素，所以缓冲区的定义为 gui_disp_buf [GUI_LCM_YMAX][GUI_LCM_XMAX/8]。若 GUI_LCM_XMAX 不是 8 的倍数，则显示缓冲区的定义改为 gui_disp_buf [GUI_LCM_YMAX][GUI_LCM_XMAX/8+1]。对于 256 色伪彩 LCM，每一字节对应一个点像素，所以缓冲区的定义为 gui_disp_buf [GUI_LCM_YMAX][GUI_LCM_XMAX]。显示缓冲区定义的例子见程序清单 5.2 和程序清单 5.3。

**程序清单 5.2　显示缓冲区定义——单色 LCM**

```
/*定义显示缓冲区*/
TCOLOR   gui_disp_buf[GUI_LCM_YMAX][GUI_LCM_XMAX/8];
```

**程序清单 5.3　显示缓冲区定义——256 色 LCM**

```
/*定义显示缓冲区*/
TCOLOR   gui_disp_buf[GUI_LCM_YMAX][GUI_LCM_XMAX];
```

## 4. 硬件驱动层接口函数

为了实现对 LCM 的显示驱动控制，用户须提供如程序清单 5.4 所示的 9 个 LCM 驱动接口函数。ZLG/GUI 的所有图形显示操作均通过调用这 9 个函数实现，这些函数的执行效率直接影响图形绘制的效率。

**程序清单 5.4　LCM 驱动接口函数**

```
/**********************************************************************
* 名称：GUI_FillSCR()
* 功能：全屏填充。直接使用数据填充显示缓冲区
* 入口参数：dat          填充的数据
* 出口参数：无
* 说明:用户根据 LCM 的实际情况编写此函数
**********************************************************************/
extern void   GUI_FillSCR(TCOLOR dat);

/**********************************************************************
* 名称：GUI_Initialize()
* 功能：初始化 GUI,包括初始化显示缓冲区,初始化 LCM 并清屏
* 入口参数：无
* 出口参数：无
* 说明：用户根据 LCM 的实际情况编写此函数
**********************************************************************/
```

```
extern void  GUI_Initialize(void);

/ *****************************************************************
 * 名称：GUI_ClearSCR()
 * 功能：清屏
 * 入口参数：无
 * 出口参数：无
 * 说明：用户根据 LCM 的实际情况编写此函数
*****************************************************************/
extern void  GUI_ClearSCR(void);

/ *****************************************************************
 * 名称:GUI_Point()
 * 功能:在指定位置上画点
 * 入口参数：x          指定点所在列的位置
 *          y          指定点所在行的位置
 *          color      显示颜色(对于黑白色 LCM,为 0 时灭,为 1 时显示)
 * 出口参数：返回值为 1 时表示操作成功,为 0 时表示操作失败。(操作失败原因是指定
 *          地址超出有效范围)
 * 说明：用户根据 LCM 的实际情况编写此函数
*****************************************************************/
extern uint8   GUI_Point(uint32 x, uint32 y, TCOLOR color);

/ *****************************************************************
 * 名称：GUI_ReadPoint()
 * 功能：读取指定点的颜色
 * 入口参数：x          指定点所在列的位置
 *          y          指定点所在行的位置
 *          ret        保存颜色值的指针
 * 出口参数：返回 0 时表示指定地址超出缓冲区范围
 * 说明：对于单色,设置 ret 的 d0 位为 1 或 0,4 级灰度则为 d0、d1 有效,8 位 RGB 则
 *       d0～d7 有效,RGB 结构则 R、G、B 变量有效
*****************************************************************/
extern int  GUI_ReadPoint(uint32 x, uint32 y, TCOLOR * ret);

/ *****************************************************************
 * 名称：GUI_HLine()
```

```
* 功能：画水平线
* 入口参数：x0          水平线起点所在列的位置
*           y0          水平线起点所在行的位置
*           x1          水平线终点所在列的位置
*           color       显示颜色(对于黑白色 LCM,为 0 时灭,为 1 时显示)
* 出口参数：无
* 说明：对于单色、4 级灰度的液晶,可通过修改此函数提高作图速度,如单色 LCM,
*       可以一次更新 8 个点,而不需要逐点写到 LCM 中
****************************************************************************/
extern void  GUI_HLine(uint32 x0, uint32 y0, uint32 x1, TCOLOR color);

/****************************************************************************
* 名称：GUI_RLine()
* 功能：画垂直线
* 入口参数：x0          垂直线起点所在列的位置
*           y0          垂直线起点所在行的位置
*           y1          垂直线终点所在行的位置
*           color       显示颜色
* 出口参数：无
* 说明：对于单色、4 级灰度的液晶,可通过修改此函数作图提高速度,如单色 LCM,
*       可以一次更新 8 个点,而不需要逐点写到 LCM 中
****************************************************************************/
extern void  GUI_RLine(uint32 x0, uint32 y0, uint32 y1, TCOLOR color);

/****************************************************************************
* 名称：GUI_CmpColor()
* 功能：判断颜色值是否一致
* 入口参数：color1          颜色值 1
*           color2          颜色值 2
* 出口参数：返回 1 表示相同,返回 0 表示不相同
* 说明：因为颜色类型 TCOLOR 可以是结构类型,所以需要用户编写比较函数
****************************************************************************/
extern int  GUI_CmpColor(TCOLOR color1, TCOLOR color2);

/****************************************************************************
* 名称：GUI_CopyColor()
* 功能：颜色值复制
```

```
* 入口参数：color1          目标颜色变量
*           color2          源颜色变量
* 出口参数：无
* 说明：因为颜色类型 TCOLOR 可以是结构类型,所以需要用户编写复制函数
****************************************************************/
extern void  GUI_CopyColor(TCOLOR *color1, TCOLOR color2);
```

### 5. 接口函数编程实例

GUI_Initialize()函数如程序清单 5.5 所示,程序调用了 LCD_Initialize()初始化 LCM,将其设置为图形工作模式并打开显示;然后 GUI_FillSCR()进行全屏填充,实现清屏操作。另外,用户也可以加入背光灯的控制操作,点亮背光灯。

**程序清单 5.5　LCM 驱动接口函数——GUI_Initialize()**

```
void  GUI_Initialize(void)
{  LCD_Initialize();                        //初始化 LCM 模块工作模式,纯图形模式
   GUI_FillSCR(0x00);                       //初始化缓冲区为 0x00,并输出屏幕(清屏)
}
```

GUI_FillSCR()函数如程序清单 5.6 所示,程序调用了 LCD_FillAll()进行 LCM 全屏填充。当使用显示缓冲区 gui_disp_buf 时,需要同时填充缓冲区。

**程序清单 5.6　LCM 驱动接口函数——GUI_FillSCR()**

```
void  GUI_FillSCR(TCOLOR dat)
{  uint32   i, j;

   /* 填充缓冲区 */
   for(i = 0; i<GUI_LCM_YMAX; i++)             //历遍所有行
   {  for(j = 0; j<GUI_LCM_XMAX; j++)          //历遍所有列
      {  gui_disp_buf[i][j] = dat;
      }
   }
   /* 填充 LCM */
   LCD_FillAll(dat);
}
```

GUI_ClearSCR()函数如程序清单 5.7 所示,可直接调用 GUI_FillSCR 函数实现清屏。此函数可以定义成宏函数,以提高程序效率。

**程序清单 5.7　LCM 驱动接口函数——GUI_ClearSCR()**

```
void  GUI_ClearSCR(void)
{  GUI_FillSCR(0x00);
}
//  也可以定义宏函数
//  #define  GUI_ClearSCR()                GUI_FillSCR(0x00)
```

GUI_CmpColor()函数如程序清单 5.8 所示,比较两个颜色值是否相等。对于单色 LCM,则只需比较 d0 位即可;对于 256 色 LCM,则需要比较 1 字节数据。此函数可以定义成宏函数,以提高程序效率。

**程序清单 5.8　LCM 驱动接口函数——GUI_CmpColor()**

```
int  GUI_CmpColor(TCOLOR color1, TCOLOR color2)
{  if(color1 == color2) return(1);
     else  return(0);
}
//  也可以定义宏函数
//  #define  GUI_CmpColor(color1, color2)        (color1 == color2)
```

GUI_CopyColor()函数如程序清单 5.9 所示,复制颜色值,即给颜色变量赋值。对于单色 LCM,只复制最低位 d0,其他位清 0;对于 256 色 LCM,则直接使用"="赋值即可。此函数可以定义成宏函数,以提高程序效率。

**程序清单 5.9　LCM 驱动接口函数——GUI_CopyColor()**

```
void  GUI_CopyColor(TCOLOR * color1, TCOLOR color2)
{   * color1 = color2;
}
//  也可以定义宏函数
//  #define  GUI_CopyColor(color1, color2)        * color1 = color2
```

### 6. 点坐标转换计算

进行图形操作最基本的运算就是点坐标转换计算,即将指定点的坐标值(x, y)转换成实际 LCM 的显示存储单元地址,以便于画点或读点操作(读点,即读取指定点上的当前显示颜色值)。进行转换计算要依据 LCM 的规定列出 addr = ky + x 关系式;但对于单色 LCM、4 级灰度、16 级灰度或显示存储单元排列较为特殊的液晶模块,它们的计算公式有所不同。

图 5.4 所示为 T6963/SED1335 控制的单色 LCM 的点像素与显示存储单元的关系,显示存储单元地址计算 addr = ky + x/8,其中 k 为一行点像素所使用的字节个数。取得要操作

点所在的显示存储单元地址后，由于是单色 LCM，每一个点只占该存储字节单元中的一个位，故还需要针对显示位进行操作。如程序清单 5.10 和 5.11 所示，先定义一个 DEC_HEX_TAB 数据转换表，然后通过查表对所要操作位进行置位或复位操作。对于 4 级灰度、16 级灰度 LCM，可以使用 point_dat = (point_dat&MASK_TAB[i]) | (color<<n)进行设置，MASK_TAB为点像素数据屏蔽字表，主要目的是为了设置指定点的数据，且不破坏其他点原有的数据。

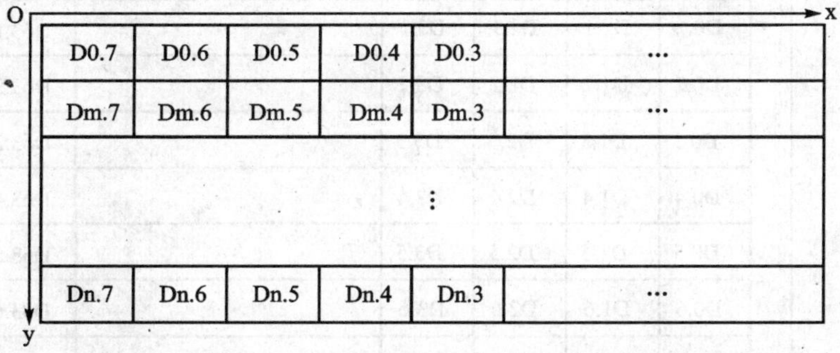


图 5.4 单色 LCM 点像素与显示存储单元关系图——T6963/SED1335

### 程序清单 5.10 DEC_HEX_TAB 数据转换表——T6963/SED1335

```
/*定义转换表 DEC->HEX(根据实际液晶情况设置) */
//uint8  const  DEC_HEX_TAB[8] = { 0x01, 0x02, 0x04, 0x08, 0x10, 0x20, 0x40, 0x80 };
uint8  const  DEC_HEX_TAB[8] = { 0x80, 0x40, 0x20, 0x10, 0x08, 0x04, 0x02, 0x01 };
```

### 程序清单 5.11 单色 LCM 画点操作描述——T6963/SED1335

```
/*读取指定点(x, y)上的显示存储单元数据到 point_dat */
point_dat = *addr;


/*置位操作*/
if(显示) point_dat = point_dat | DEC_HEX_TAB[x&0x07];
/*复位操作*/
  else  point_dat = point_dat &(~ DEC_HEX_TAB[x&0x07]);


/*将 point_dat 数据写回 addr 地址，输出显示*/
*addr = point_dat;
```

对于使用 HD61102 控制的单色 LCM，点像素与显示存储单元的关系比较特殊，如图 5.5 所示。HD61102 对显示存储单元的访问是通过地址寄存器 X(页寄存器)和地址寄存器 Y 来实现的，如图 5.5 中的 D0～D63 为第 0 页，即 X=0；D64～D127 为第 1 页，即 X=1。而 D0 的

Y 寄存器地址为 0,D1 的 Y 寄存器地址为 1……D64 的 Y 寄存器地址为 0。所以只有指定点的坐标值(x, y)转换为两部分地址,才能访问到正确的显示存储单元,如 Xaddr 和 Yaddr。计算公式为 Xaddr = y/8,Yaddr = x,其中 x 要小于 64。而 DEC_HEX_TAB 数据转换表定义如程序清单 5.12 所示,画点操作程序的描述如程序清单 5.13 所示。

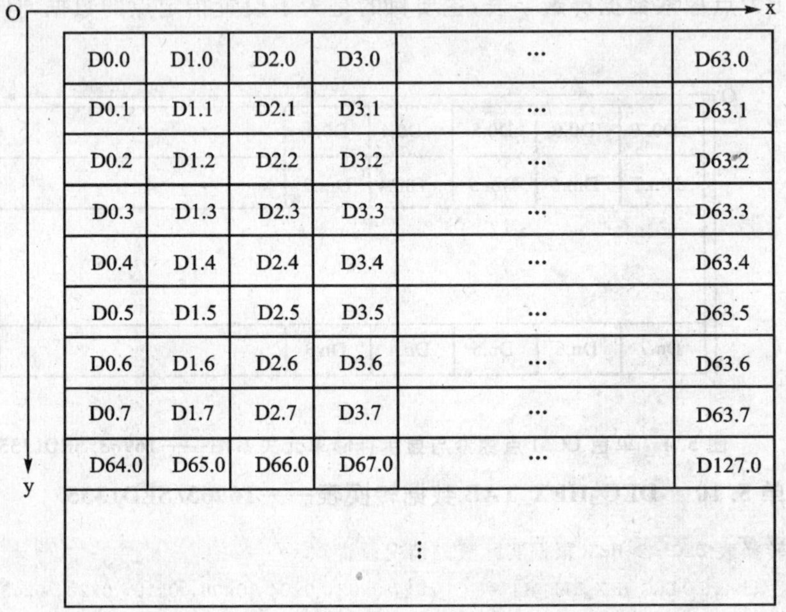


图 5.5　单色 LCM 点像素与显示存储单元关系图——HD61102

**程序清单 5.12　DEC_HEX_TAB 数据转换表——HD61102**

```
/＊定义转换表 DEC－＞HEX(根据实际液晶情况设置)＊/
uint8  const  DEC_HEX_TAB[8] = { 0x01, 0x02, 0x04, 0x08, 0x10, 0x20, 0x40, 0x80 };
//uint8  const  DEC_HEX_TAB[8] = { 0x80, 0x40, 0x20, 0x10, 0x08, 0x04, 0x02, 0x01 };
```

**程序清单 5.13　单色 LCM 画点操作描述——HD61102**

```
/＊读取指定点(x, y)上的显示存储单元数据到 point_dat＊/
point_dat = ＊(Xaddr, Yaddr);

/＊置位操作＊/
if(显示) point_dat = point_dat | DEC_HEX_TAB[y&0x07];
/＊复位操作＊/
  else  point_dat = point_dat &(～ DEC_HEX_TAB[y&0x07]);
```

```
/*将 point_dat 数据写回(Xaddr, Yaddr)地址,输出显示*/
*(Xaddr, Yaddr) = point_dat;
```

对于 256 色 LCM,每一点即对应 1 字节显示存储单元,如图 5.6 所示。显示存储单元地址计算 addr = ky + x,其中 k 为一行所使用的字节个数,即一行的点像素个数。画点操作程序描述如程序清单 5.14 所示。

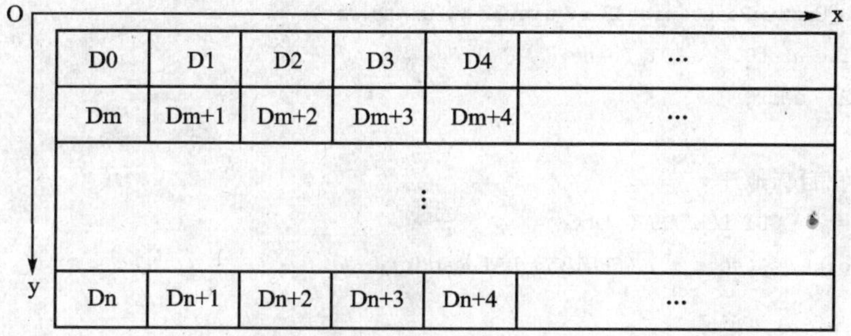


图 5.6　256 色 LCM 点像素与显示存储单元关系图——SED1353

**程序清单 5.14　256 色 LCM 画点操作描述——SED1353**

```
/*将 point_dat 颜色值数据写入 addr 地址,输出显示*/
*addr = point_dat;
```

## 7. 更新点函数

所谓"更新点函数",就是为 GUI_Point()提供的一个用于更新 LCM 指定点显示的函数,用户可自由设定函数涉及的参数,也可以直接在 GUI_Point()内编写相应的代码。这里使用 LCD_UpdatePoint(),入口参数为需要更新点的坐标值(x, y)。当使用 RAM 作显示缓冲区时,更新的数据可在 gui_disp_buf 显示缓冲区中取得,因为 gui_disp_buf 的内容即是 LCD 显示屏要显示的内容,如程序清单5.15所示;对于没有在 RAM 中建立显示缓冲区的情况,LCD_UpdatePoint()还需要一个入口参数——更新的数据,程序直接把这一数据输出到 LCM 即可,如程序清单5.16所示。

**程序清单 5.15　LCD_UpdataPoint()函数例子——有显示缓冲区**

```
void  LCD_UpdatePoint(uint32 x, uint32 y)
{  volatile uint8    *DAT_Point;
   uint32   addr;


   /*找出目标地址*/
   addr = y*GUI_LCM_XMAX + x;
```

```
    DAT_Point = (void * ) (SED1353_DAT + addr);

    * DAT_Point = gui_disp_buf[y][x];     //输出数据
}
```

**程序清单 5.16　LCD_UpdataPoint()函数例子——无显示缓冲区**

```
void  LCD_UpdatePoint(uint32 x, uint32 y, uint8 dat)
{  volatile uint8   * DAT_Point;
   uint32   addr;

   /* 找出目标地址 */
   addr = y * GUI_LCM_XMAX + x;
   DAT_Point = (void * ) (SED1353_DAT + addr);

    * DAT_Point = dat;          //输出数据
}
```

## 5.3.1　点

点是图形的最基本元素，描述一个点时需要使用其坐标值(x, y)和颜色。一般对于单色LCD颜色值为0或1，为0时表示显示熄灭；为1时表示显示点亮。在画点时，先把指定的点坐标值转换为显示缓冲区上的对应字节(如前面介绍的点坐标转换计算)；然后进行颜色处理及显示存储单元数据的设置操作；最后调用LCD_UpdatePoint，将更新的数据字节发送到LCM上显示。若没有显示缓冲区，则转换坐标值后直接对LCM进行操作。

程序清单5.17为256色彩色液晶的画点函数，在RAM定义了显示缓冲区，程序中LCD_UpdatePoint函数会将指定点上的数据发送到LCM。程序清单5.18为单色液晶的画点函数，无显示缓冲区，所以程序先从LCM读取显示存储单元的数据，对相应位设置后再写回LCM。为了方便点数据的处理，在GUI_BASIC.H中定义了点的数据结构，如程序清单5.19所示(硬件驱动层接口函数无需使用此数据结构，用户程序可以使用此数据结构)。

**程序清单 5.17　画点函数——256 色、有显示缓冲区**

```
/****************************************************************
* 名称：GUI_Point()
* 功能：在指定位置上画点
* 入口参数：x          指定点所在列的位置
*          y          指定点所在行的位置
*          color      显示颜色(对于黑白色 LCM,为 0 时灭,为 1 时显示)
```

```
* 出口参数：返回值为 1 时表示操作成功，为 0 时表示操作失败(操作失败原因是指定地址
*            超出有效范围)
* 说明：用户根据 LCM 的实际情况编写此函数。对于单色，只有 1 个位有效，要使用左移
*        的方法实现 point_dat = (point_dat&MASK_TAB[i]) | (color<<n)，其他位数的一样处理
*****************************************************************************/
uint8  GUI_Point(uint32 x, uint32 y, TCOLOR color)
{  /* 参数过滤 */
   if(x>=GUI_LCM_XMAX) return(0);
   if(y>=GUI_LCM_YMAX) return(0);

   /* 设置缓冲区相应的点 */
   gui_disp_buf[y][x] = color;

   /* 刷新显示 */
   LCD_UpdatePoint(x, y);
   return(1);
}
```

**程序清单 5.18　画点函数——单色、无显示缓冲区**

```
/*****************************************************************************
* 名称：GUI_Point()
* 功能：在指定位置上画点
* 入口参数：x         指定点所在列的位置
*            y         指定点所在行的位置
*            color     显示颜色(对于黑白色 LCM，为 0 时灭，为 1 时显示)
* 出口参数：返回值为 1 时表示操作成功，为 0 时表示操作失败(操作失败原因是指定地址
*            超出有效范围)
* 说明：用户根据 LCM 的实际情况编写此函数。对于单色，只有 1 个位有效，要使用左移
*        的方法实现 point_dat = (point_dat&MASK_TAB[i]) | (color<<n)，其他位数的一样处理
*****************************************************************************/
uint8  GUI_Point(uint32 x, uint32 y, TCOLOR color)
{  uint32  addr;
   uint8   point_dat;

   /* 参数过滤 */
   if(x>=GUI_LCM_XMAX) return(0);
   if(y>=GUI_LCM_YMAX) return(0);
```

```
    /*刷新显示*/
    //LCD_UpdatePoint(x, y, color);
   addr = y*(GUI_LCM_XMAX>>3) + (x>>3);                         //addr = ky + x/8
   point_dat = LCD_ReadData(addr);                               //读取显示存储单元的数据
    if( (color&0x01)!= 0)  point_dat = point_dat | DEC_HEX_TAB[y&0x07];
       else  point_dat = point_dat &(~ DEC_HEX_TAB[y&0x07]);
    LCD_WriteData(addr, point_dat));                             //更新显示

    return(1);
}
```

**程序清单 5.19　点数据结构定义**

```
/*定义坐标数据结构*/
typedef  struct
{  uint32   x;                          //坐标的 x 变量
   uint32   y;                          //坐标的 y 变量
} PointXY;
```

## 5.3.2　线

对于直线的绘画，分为水平线、垂直线和一般直线 3 种绘画方法。其实一般直线就包含水平线和垂直线，但由于这两种直线较为特殊，绘画操作不需要像其他直线一样须进行较多的运算，故将它们分开有利于提高绘画速度。图 5.7 所示为水平线、垂直线和一般直线的图形。

对于水平线，从起点(x0, y0)开始绘点；然后 y 轴值不变，x 轴值加 1，不断地绘点，直到直线结束，如程序清单 5.20 所示。对于单色、4 级灰度和 16 级灰度液晶，例如 T6963/SED1335 控制的单色 LCM，根据液晶和显示缓冲区的关系，可以在画一个字节最后一个点时再传送到 LCM，有利于提高作图效率。

**图 5.7　常见的直线**

**程序清单 5.20　画水平线函数**

```
/****************************************************************************
*  名称：GUI_HLine()
*  功能：画水平线
*  入口参数：x0          水平线起点所在列的位置
```

```
*              y0          水平线起点所在行的位置
*              x1          水平线终点所在列的位置
*              color       显示颜色(对于黑白色 LCM,为 0 时灭,为 1 时显示)
* 出口参数:无
* 说明:对于单色、4 级灰度的液晶,可通过修改此函数作图提高速度,如单色 LCM,可以
*        一次更新 8 个点,而不需要逐点写到 LCM 中
*********************************************************************/
void  GUI_HLine(uint32 x0, uint32 y0, uint32 x1, TCOLOR color)
{  uint32   bak;

   if(x0>x1)                          //对 x0、x1 大小进行排列,以便画图
   {  bak = x1;
      x1 = x0;
      x0 = bak;
   }

   do
   {  GUI_Point(x0, y0, color);       //逐点显示,描出水平线
      x0 ++ ;
   }while(x1>=x0);
}
```

对于垂直线,从起点(x0, y0)开始绘点;然后 x 轴值不变,y 轴值加 1,不断地绘点,直到直线结束,如程序清单 5.21 所示。对于单色、4 级灰度和 16 级灰度液晶,例如 HD61102 控制的单色 LCM,根据液晶和显示缓冲区的关系,可以在画一个字节最后一个点时再传送到 LCM,有利于提高作图效率。

**程序清单 5.21　画垂直线函数**

```
/*********************************************************************
* 名称:GUI_RLine()
* 功能:画垂直线
* 入口参数:x0          垂直线起点所在列的位置
*              y0          垂直线起点所在行的位置
*              y1          垂直线终点所在行的位置
*              color       显示颜色
* 出口参数:无
* 说明:对于单色、4 级灰度的液晶,可通过修改此函数作图提高速度,如单色 LCM,可以
*        一次更新 8 个点,而不需要逐点写到 LCM 中
*********************************************************************/
```

```
void  GUI_RLine(uint32 x0, uint32 y0, uint32 y1, TCOLOR color)
{  uint32   bak;

   if(y0>y1)                          //对 y0、y1 大小进行排列,以便画图
   {  bak = y1;
      y1 = y0;
      y0 = bak;
   }
   do
   {  GUI_Point(x0, y0, color);       //逐点显示,描出垂直线
      y0 ++ ;
   }while(y1> = y0);
}
```

对于一般直线,可以用一元一次方程表达,即 y=kx。在画图时,将 x 的值代入方程求出 y,即可绘画此直线上相应的点。但这样会出现直线的连续性问题,即当 k 远远大于 1 时,x 每增加 1 个像素点,y 将会增加多个像素点,直线会出现断裂。而且在直线绘画时,一般只提供直线的起点和终点,需要计算出 k 值(浮点数),然后使用 y=kx 画直线。这样会使用较多的乘/除运算,从而大大影响绘图速度和质量。图 5.8 所示为斜率大于 0 的两条直线的图形。

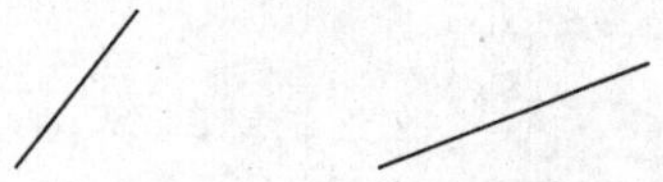

(a) k>1的直线　　(b) k≤1的直线

**图 5.8　斜率大于 0 的直线**

一般图形系统上常使用 Bresenham 算法来绘画直线。这种算法只需简单的整数乘法和加法运算,即可绘画出高质量的直线。基本的思路如下:对于 k>1 的直线,从图 5.8 (a)中可以看出其 y 轴的值不断加 1,而 x 轴的值有时会加 1,有时则不会,即 y 轴为基轴;对于 k≤1 的直线,从图 5.8 (b)中可以看出其 x 轴的值不断加 1,而 y 轴的值有时会加 1,有时则不会,即 x 轴为基轴。实际上 Bresenham 算法就是一个将直线方程转换成一个迭代的过程,即在某一计长方向上(基轴)每一次变化一个单位步长或一个单位像素,另一方向的变化量可通过计算得到。

假设要生成的直线起点为(x1, y1)、终点为(x2, y2),经相对坐标变换后直线起点为(0, 0)、终点为(Δx, Δy),其中 Δx=x2-x1,Δy=y2-y1,此时直线方程式为:

$$y = kx = \Delta y/\Delta x \cdot x$$

当直线的斜率 k 在 0~1 时,如图 5.9 所示,设 P(r,q)点为已确定的、逼近的像素点,S(r+1,q)点、T(r+1,q+1)点是靠近直线的两个点,现在要决定下一像素是 S 点还是 T 点。设 T 点到理论直线点的距离为 t,S 点到理论直线点的距离为 s。若 s≥t 时 T 点比较接近理论直线点,则选择 T 点;否则选择 S 点。

$$s=\Delta y/\Delta x \cdot (r+1)-q$$
$$t=(q+1)-\Delta y/\Delta x \cdot (r+1)$$

则

$$s-t = 2 \cdot \Delta y/\Delta x \cdot (r+1)-2q-1$$

即

$$\Delta x \cdot (s-t)= 2 \cdot \Delta y \cdot (r+1)-2q \cdot \Delta x-\Delta x=$$
$$2(\Delta y \cdot r-q \cdot \Delta x) +2 \cdot \Delta y-\Delta x$$

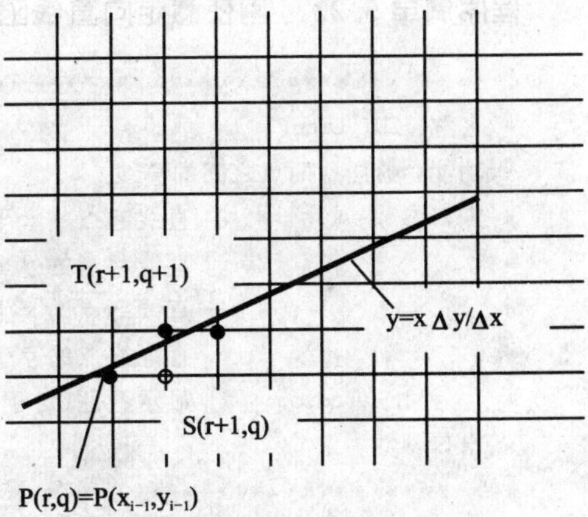


图 5.9 Bresenham 算法画直线

由于 $\Delta x$ 为正，故 $\Delta x \cdot (s-t)$ 的正/负由 $(s-t)$ 决定，可以用 $\Delta x \cdot (s-t)$ 的正/负作为选择 S 点或 T 点的依据。令 $d_i=\Delta x \cdot (s-t)$，则有：

$$d_i=2(\Delta y \cdot r-q \cdot \Delta x) +2 \cdot \Delta y-\Delta x$$

将 $r=x_{i-1}$，$q=y_{i-1}$ 代入上式，得：

$$d_i=2\ x_{i-1} \cdot \Delta y-2y_{i-1} \cdot \Delta x+2 \cdot \Delta y-\Delta x \tag{5-1}$$

将上式中的 i 用 i+1 代替，则有：

$$d_{i+1}=2\ x_i \cdot \Delta y-2y_i \cdot \Delta x+2 \cdot \Delta y-\Delta x$$

用 $d_{i+1}-d_i$ 得：

$$d_{i+1}-d_i=2\Delta y(x_i-x_{i-1}) -2\Delta x(y_i-y_{i-1})$$

由于此时走步方向为 x 轴方向，所以 $x_i-x_{i-1}=1$，即

$$d_{i+1}-d_i=2\Delta y -2\Delta x(y_i-y_{i-1})$$
$$d_{i+1}= d_i+2\Delta y -2\Delta x(y_i-y_{i-1})$$

若 $d_i \geqslant 0$，即 $s \geqslant t$，则选 $T_i$ 点，此时，

$$y_i= y_{i-1}+1, \quad d_{i+1}= d_i+2\Delta y -2\Delta x$$

若 $d_i<0$，即 $s<t$，则选 $S_i$ 点，此时，

$$y_i= y_{i-1}, \quad d_{i+1}= d_i+2\Delta y$$

这样，就有了一个递推的方法，即由前一个 $d_i$ 计算出下一个 $d_{i+1}$，并对 $S_i$、$T_i$ 进行选择。$d_i$ 的初始值为 $d_1$，即 i=1，x0=0，y0=0，代入式(5-1)得：

$$d_1=2 \cdot \Delta y-\Delta x$$

当斜率大于 1 时，只需要将 x、y 交换计算即可(此时 y 轴方向为走步方向，每次增加 1 个单位像素)。对任意走向的直线，在计算时 $\Delta x$、$\Delta y$ 要用绝对值代入，并根据 $\Delta x$、$\Delta y$ 的正/负号决定 x、y 方向增量的正/负。程序清单 5.22 所示为画任意走向直线函数的具体代码。

程序清单 5.22　画任意走向直线函数

```
/*********************************************************************
* 名称：GUI_Line()
* 功能：画任意两点之间的直线
* 入口参数：x0          直线起点的 x 坐标值
*           y0          直线起点的 y 坐标值
*           x1          直线终点的 x 坐标值
*           y1          直线终点的 y 坐标值
*           color       显示颜色(对于黑白色 LCM,为 0 时灭,为 1 时显示)
* 出口参数：无
*********************************************************************/
void  GUI_Line(uint32 x0, uint32 y0, uint32 x1, uint32 y1, TCOLOR color)
{  int32    dx;                          //直线 x 轴差值变量
   int32    dy;                          //直线 y 轴差值变量
   int8     dx_sym;                      //x 轴增长方向,为 -1 时减值方向,为 1 时增值方向
   int8     dy_sym;                      //y 轴增长方向,为 -1 时减值方向,为 1 时增值方向
   int32    dx_x2;                       //dx×2 值变量,用于加快运算速度
   int32    dy_x2;                       //dy×2 值变量,用于加快运算速度
   int32    di;                          //决策变量

   dx = x1 - x0;                         //求取两点之间的差值
   dy = y1 - y0;

   /* 判断增长方向,或是否为水平线、垂直线和点 */
   if(dx>0)                              //判断 x 轴方向
   {  dx_sym = 1;                        //dx>0,设置 dx_sym=1
   }
   else
   {  if(dx<0)
      {  dx_sym = -1;                    //dx<0,设置 dx_sym=-1
      }
      else
      {  //dx==0,画垂直线或一点
         GUI_RLine(x0, y0, y1, color);
         return;
      }
```

```
    }

    if(dy>0)                                  //判断 y 轴方向
    {  dy_sym = 1;                            //dy>0,设置 dy_sym = 1
    }
    else
    {  if(dy<0)
       {  dy_sym = -1;                        //dy<0,设置 dy_sym = -1
       }
       else
       {  //dy == 0,画水平线或一点
          GUI_HLine(x0, y0, x1, color);
           return;
       }
    }

    /*将 dx、dy 取绝对值*/
    dx = dx_sym * dx;
    dy = dy_sym * dy;

    /*计算 2 倍的 dx 及 dy 值*/
    dx_x2 = dx*2;
    dy_x2 = dy*2;

    /*使用 Bresenham 法进行画直线*/
    if(dx>=dy)                                //对于 dx≥dy,则使用 x 轴为基准
    {  di = dy_x2 - dx;
       while(x0!=x1)
       {  GUI_Point(x0, y0, color);
          x0 += dx_sym;
          if(di<0)
          {  di += dy_x2;                     //计算出下一步的决策值
          }
          else
          {  di += dy_x2 - dx_x2;
             y0 += dy_sym;
          }
```

```
        }
        GUI_Point(x0, y0, color);           //显示最后一点
    }
    else                                    //对于 dx<dy,则使用 y 轴为基准
    {   di = dx_x2 - dy;
        while(y0!= y1)
        {   GUI_Point(x0, y0, color);
            y0 += dy_sym;
            if(di<0)
            {   di += dx_x2;
            }
            else
            {   di += dx_x2 - dy_x2;
                x0 += dx_sym;
            }
        }
        GUI_Point(x0, y0, color);           //显示最后一点
    }

}
```

还可以使用逐点比较法实现画直线，判断两个点中哪一点更接近理论直线，就选用哪一点。如图 5.10 所示的直线，其斜率 $k<1$，A(x1, y1)点为起点，B(x2, y2)点为终点。从 A 点开始画点，然后下一点就是 C(x3, y3)点或D(x3, y4)点。E 点为理论直线上的点。设 $\Delta x = x2 - x1$，$\Delta y = y2 - y1$，A 点为原点。

D 点到 E 点的距离：$y4 - \Delta y/\Delta x \cdot x3$。

E 点到 C 点的距离：$\Delta y/\Delta x \cdot x3 - y3$。

判断 C 点和 D 点哪一点更接近于 E 点：如果 $(y4 - \Delta y/\Delta x \cdot x3) - (\Delta y/\Delta x \cdot x3 - y3) > 0$ 说明 C 点更接近 E 点，则选择 C 点；否则选择 D 点。将不等式进行简化，即不等式左边乘上一个正数 $\Delta x$，不等式仍然成立，即有：

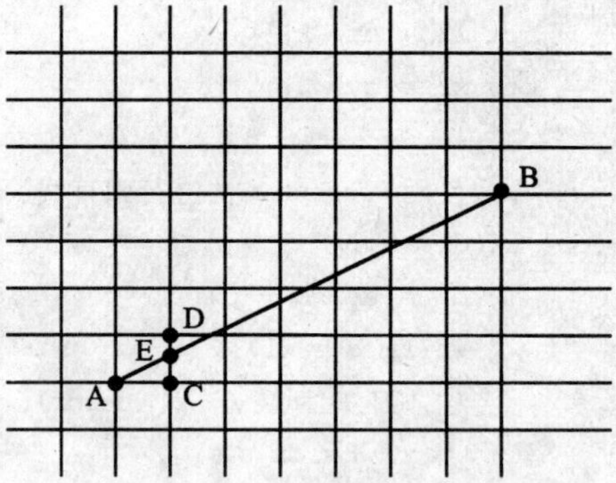


**图 5.10　逐点比较法画直线**

$$\Delta x((y4 - \Delta y/\Delta x \cdot x3) - (\Delta y/\Delta x \cdot x3 - y3)) > 0$$

将上式化简得：

$$y4 \cdot \Delta x - 2\,x3 \cdot \Delta y + y3 \cdot \Delta x > 0$$

因为 $y4 = y3 + 1$，所以：

$$2\,y3 \cdot \Delta x - 2\,x3 \cdot \Delta y + \Delta x > 0$$

程序清单 5.23 所示为使用逐点比较法画直线函数的具体代码，此函数只适于 $0 < k < 1$ 的直线，入口参数要求 $x0 < x1$。

**程序清单 5.23　逐点比较法画直线函数**

```
/*********************************************************************
* 名称：GUI_Line()
* 功能：画任意两点之间的直线。使用逐点比较法画图
* 入口参数：x0         直线起点的 x 坐标值
*           y0         直线起点的 y 坐标值
*           x1         直线终点的 x 坐标值
*           y1         直线终点的 y 坐标值
*           color      显示颜色(对于黑白色 LCM,为 0 时灭,为 1 时显示)
* 出口参数：无
* 说明：函数只适应 0<k<1 的直线,入口参数要求 x0<x1
*********************************************************************/
void  GUI_Line(uint32 x0, uint32 y0, uint32 x1, uint32 y1, TCOLOR color)
{   int  x, y;                                  //相对坐标变量
    int  dx, dy;

   x = y = 0;
   dx = x1 - x0;
   dy = y1 - y0;
   GUI_Point(x0, y0, color);                    //画第 1 点
   while(x0<x1)
   {   x ++ ; x0 ++ ;                           //下一点,x 轴加 1

       if( (2 * y * dx - 2 * x * dy + dx)<0)    //判断 y 轴是否要加 1
       {  y ++ ; y0 ++ ;
       }
       GUI_Point(x0, y0, color);
   }
}
```

对于具有宽度的直线，在画直线时将每一点的宽度加大即可。如图 5.11(a)所示，对于 k>1 的直线，由于其基轴为 y 轴，故要使用横线来代替点；如图 5.11(b)所示，对于 k≤1 的直线，由于其轴为 x 轴，故要使用竖线来代替点。

(a) k>1的直线　　(b) k≤1的直线

**图 5.11　有宽度的直线图素**

画直线时，每一点都使用横线/竖线代替，横线/竖线的中心要与直线点重合，最终画出的直线就具有一定的线宽了。实现代码如程序清单 5.24 所示。

**程序清单 5.24　画具有宽度直线的函数**

```
/*********************************************************************
* 名称：GUI_LineWith()
* 功能：画任意两点之间的直线，并且可设置线的宽度
* 入口参数：x0        直线起点的 x 坐标值
*           y0        直线起点的 y 坐标值
*           x1        直线终点的 x 坐标值
*           y1        直线终点的 y 坐标值
*           with      线宽(0～50)
*           color     显示颜色
* 出口参数：无
*********************************************************************/
void  GUI_LineWith(uint32 x0, uint32 y0, uint32 x1, uint32 y1, uint8 with, TCOLOR color)
{  int32   dx;                          //直线 x 轴差值变量
   int32   dy;                          //直线 y 轴差值变量
   int8    dx_sym;                      //x 轴增长方向，为 -1 时减值方向，为 1 时增值方向
   int8    dy_sym;                      //y 轴增长方向，为 -1 时减值方向，为 1 时增值方向
   int32   dx_x2;                       //dx×2 值变量，用于加快运算速度
   int32   dy_x2;                       //dy×2 值变量，用于加快运算速度
   int32   di;                          //决策变量

   int32   wx, wy;                      //线宽变量
   int32   draw_a, draw_b;

   /* 参数过滤 */
   if(with == 0) return;
   if(with>50) with = 50;
```

```
dx = x1 - x0;                                //求取两点之间的差值
dy = y1 - y0;

wx = with/2;
wy = with - wx - 1;

/*判断增长方向,或是否为水平线、垂直线和点*/
if(dx>0)                                     //判断 x 轴方向
{   dx_sym = 1;                              //dx>0,设置 dx_sym = 1
}
else
{   if(dx<0)
    {   dx_sym = -1;                         //dx<0,设置 dx_sym = -1
    }
    else
    {   /* dx == 0,画垂直线或一点 */
        wx = x0 - wx;
        if(wx<0) wx = 0;
        wy = x0 + wy;

        while(1)
        {   x0 = wx;
            GUI_RLine(x0, y0, y1, color);
            if(wx>=wy) break;
            wx++;
        }
         return;
    }
}

if(dy>0)                                     //判断 y 轴方向
{   dy_sym = 1;                              //dy>0,设置 dy_sym = 1
}
else
{   if(dy<0)
    {   dy_sym = -1;                         //dy<0,设置 dy_sym = -1
    }
    else
```

```
    {  /*dy==0,画水平线,或一点*/
       wx = y0 - wx;
       if(wx<0) wx = 0;
       wy = y0 + wy;

       while(1)
       {  y0 = wx;
          GUI_HLine(x0, y0, x1, color);
          if(wx>=wy) break;
          wx++;
       }
         return;
    }
}

/*将 dx、dy 取绝对值*/
dx = dx_sym * dx;
dy = dy_sym * dy;

/*计算 2 倍的 dx 及 dy 值*/
dx_x2 = dx*2;
dy_x2 = dy*2;

/*使用 Bresenham 法进行画直线*/
if(dx>=dy)                              //对于 dx≥dy,则使用 x 轴为基准
{  di = dy_x2 - dx;
   while(x0!=x1)
   {  /*x 轴向增长,则宽度在 y 方向,即画垂直线*/
      draw_a = y0 - wx;
      if(draw_a<0) draw_a = 0;
      draw_b = y0 + wy;
      GUI_RLine(x0, draw_a, draw_b, color);

      x0 += dx_sym;
      if(di<0)
      {  di += dy_x2;                   //计算出下一步的决策值
      }
      else
```

```
            {   di += dy_x2 - dx_x2;
                y0 += dy_sym;
            }
        }
        draw_a = y0 - wx;
         if(draw_a<0) draw_a = 0;
        draw_b = y0 + wy;
         GUI_RLine(x0, draw_a, draw_b, color);
    }
    else                                        //对于 dx<dy,则使用 y 轴为基准
    {   di = dx_x2 - dy;
        while(y0!= y1)
        {   /* y 轴向增长,则宽度在 x 方向,即画水平线 */
            draw_a = x0 - wx;
            if(draw_a<0) draw_a = 0;
            draw_b = x0 + wy;
            GUI_HLine(draw_a, y0, draw_b, color);

            y0 += dy_sym;
            if(di<0)
            {   di += dx_x2;
            }
            else
            {   di += dx_x2 - dy_x2;
                x0 += dx_sym;
            }
        }
        draw_a = x0 - wx;
         if(draw_a<0) draw_a = 0;
        draw_b = x0 + wy;
         GUI_HLine(draw_a, y0, draw_b, color);
    }

}
```

画多边形操作实际上是将多边形的各个顶点用直线连接起来,ZLG/GUI 提供了一个 GUI_LineS()函数来实现各点的连接。该函数先取出第 1 点、第 2 点的坐标,进行连线;然后取出第 3 点的坐标值,再将第 2 点与第 3 点连接。依此类推直到最后一点。若将最后一点与

第 1 点连接,则形成封闭的多边形。画多边形函数如程序清单 5.25 所示。

**程序清单 5.25　画多边形函数**

```
/*****************************************************************
* 名称：GUI_LineS()
* 功能：多个点之间的连续连线。从第 1 点连到第 2 点,再连到第 3 点…
* 入口参数：points      多个点坐标数据的指针,数据排列为(x0,y0)、(x1,y1)、(x2,y2)...
*           color       显示颜色
*           no          点数目,至少要大于 1
* 出口参数：无
*****************************************************************/
void  GUI_LineS(uint32 const *points, TCOLOR color, uint8 no)
{  uint32   x0, y0;
   uint32   x1, y1;
   uint8    i;

   /* 入口参数过滤 */
   if(0 == no) return;
   if(1 == no)                          //单点
   {  x0 =  *points++;
      y0 =  *points;
      GUI_Point(x0, y0, color);
   }

   /* 画多条线条 */
   x0 =  *points++;                     //取出第 1 点坐标值,作为原起点坐标值
   y0 =  *points++;
   for(i = 1; i<no; i++)
   {  x1 =  *points++;                  //取出下一点坐标值
      y1 =  *points++;
      GUI_Line(x0, y0, x1, y1, color);
      x0 = x1;                          //更新原起点坐标
      y0 = y1;
   }
}
```

## 5.3.3 圆形

圆形是最常见的图形之一,可以使用圆心 O 和半径 R 来描述一个圆形。圆形及圆弧的生成算法主要有角度 DDA 法、Bresenham 画圆算法和逐点比较法等。

角度 DDA 法是通过给出角度直接计算出圆弧上的点。这种算法需要使用正弦和余弦两个三角函数,速度及精度较差。设圆心坐标为($x_c$, $y_c$),半径为 R,则以角度 t 为参数的圆的参数方程式可写为:

$$x = x_c + R\cos t, \quad y = y_c + R\sin t$$

当 t 从 0 变化到 2π 时,上述方程所表示的轨迹是一个整圆。但是 t 每一步变化(步长)的大小和 R 的大小影响画圆的质量。当 t 步长较大或 R 较大时,所画出的点是离散的,需要用直线将这些点连起来,逼近圆弧。

Bresenham 画圆算法,算法是以圆心为坐标原点建立局部坐标系(即使用相对坐标)。先考虑产生第 1 象限的 1/8 圆弧,如图 5.12 所示。设 $P_{i-1}(x_{i-1}, y_{i-1})$为已确定的逼近像素点,$S(x_{i-1}+1, y_{i-1})$、$T(x_{i-1}+1, y_{i-1}-1)$点是靠近圆弧的两个点,判断哪一个点更接近理论圆弧,就选用哪一点作为逼近像素点。这两个点到理论圆弧的距离为 $D(S_i)$、$D(T_i)$,计算公式如下:

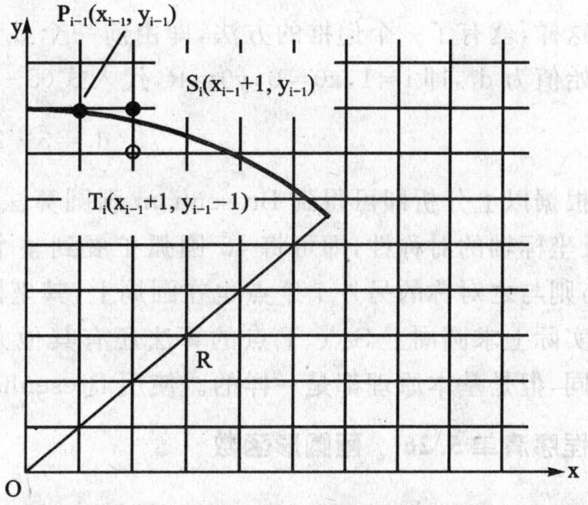


**图 5.12 Bresenham 画圆**

$$D(S_i) = [(x_{i-1}+1)^2 + y_{i-1}^2] - R^2 \tag{5-2}$$

$$D(T_i) = R^2 - [(x_{i-1}+1)^2 + (y_{i-1}-1)^2] \tag{5-3}$$

其中,$[(x_{i-1}+1)^2 + y_{i-1}^2]$为 $S_i$点到圆心的距离的平方,而$[(x_{i-1}+1)^2 + (y_{i-1}-1)^2]$为 $T_i$点到圆心的距离的平方。如果 $D(S_i) < D(T_i)$,则 $S_i$点比 $T_i$点更接近实际的圆弧,应选择 $S_i$点。令 $d_i = D(S_i) - D(T_i)$,若 $d_i \geq 0$,则选择 $T_i$点;否则选择 $S_i$点。

$$d_i = D(S_i) - D(T_i) = [(x_{i-1}+1)^2 + y_{i-1}^2] - 2R^2 + [(x_{i-1}+1)^2 + (y_{i-1}-1)^2] \tag{5-4}$$

用 i+1 代替上式中的 i,得:

$$d_{i+1} = [(x_i+1)^2 + y_i^2] - 2R^2 + [(x_i+1)^2 + (y_i-1)^2]$$

用 $d_{i+1}-d_i$,得:

$$d_{i+1}-d_i=2[(x_i+1)^2-(x_{i-1}+1)^2]+(y_i^2-y_{i-1}{}^2)+(y_i-1)^2-(y_{i-1}-1)^2$$

若 $d_i\geqslant 0$,则选择 $T_i$点,此时有:

$$x_i=x_{i-1}+1,\quad y_i=y_{i-1}-1,\quad d_{i+1}=d_i+4(x_{i-1}-y_{i-1})+10$$

若 $d_i<0$,则选择 $S_i$点,此时有:

$$x_i=x_{i-1}+1,\quad y_i=y_{i-1},\quad d_{i+1}=d_i+4x_{i-1}+6$$

这样,就有了一个递推的方法,即由前一个 $d_i$计算出下一个 $d_{i+1}$,并对 $S_i$、$T_i$进行选择。$d_i$的初始值为 $d_1$,即 i=1,x0=0,y0=R,代入式(5-4)得:

$$d_1=3-2R$$

根据以上分析即可得到 Bresenham 画圆算法产生的 1/8 圆弧,利用圆周对坐标原点(圆心)及坐标轴的对称性,即可将 45°圆弧扩展到整个圆周。如图 5.12 所示,如果点(x,y)在圆周上,则与之对称的另外 7 个点也在圆周上,其坐标就很容易求出了。

实际上求圆周上 $S_i$点、$T_i$点的算法还有其他方法,所以 Bresenham 画圆算法公式也会有所不同,但是基本原理都是一样的。使用 Bresenham 算法画圆如程序清单 5.26 所示。

**程序清单 5.26　画圆形函数**

```
/*******************************************************************
* 名称:GUI_Circle()
* 功能:指定圆心位置及半径,画圆
* 入口参数:x0         圆心的 x 坐标值
*           y0         圆心的 y 坐标值
*           r          圆的半径
*           color      显示颜色
* 出口参数:无
*******************************************************************/
void  GUI_Circle(uint32 x0, uint32 y0, uint32 r, TCOLOR color)
{  int32   draw_x0, draw_y0;              //绘图点坐标变量
   int32   draw_x1, draw_y1;
   int32   draw_x2, draw_y2;
   int32   draw_x3, draw_y3;
   int32   draw_x4, draw_y4;
   int32   draw_x5, draw_y5;
   int32   draw_x6, draw_y6;
```

```
int32  draw_x7, draw_y7;
int32  xx, yy;                          //画圆控制变量
int32  di;                              //决策变量

/*参数过滤*/
if(0 == r) return;
/*计算出8个特殊点(0°、45°、90°、135°、180°、225°、270°),进行显示*/
draw_x0 = draw_x1 = x0;
draw_y0 = draw_y1 = y0 + r;
if(draw_y0<GUI_LCM_YMAX) GUI_Point(draw_x0, draw_y0, color);    //90°

draw_x2 = draw_x3 = x0;
draw_y2 = draw_y3 = y0 - r;
if(draw_y2>=0) GUI_Point(draw_x2, draw_y2, color);              //270°

draw_x4 = draw_x6 = x0 + r;
draw_y4 = draw_y6 = y0;
if(draw_x4<GUI_LCM_XMAX) GUI_Point(draw_x4, draw_y4, color);    //0°

draw_x5 = draw_x7 = x0 - r;
draw_y5 = draw_y7 = y0;
if(draw_x5>=0) GUI_Point(draw_x5, draw_y5, color);              //180°
if(1 == r) return;                    //若半径为1,则圆已画完

/*使用Bresenham法进行画圆*/
di = 3 - 2*r;                         //初始化决策变量
xx = 0;
yy = r;
while(xx<yy)
{  if(di<0)
   {  di += 4*xx + 6;
   }
   else
   {  di += 4*(xx - yy) + 10;


      yy--;
     draw_y0--;
```

```
        draw_y1 -- ;
        draw_y2 ++ ;
        draw_y3 ++ ;
        draw_x4 -- ;
        draw_x5 ++ ;
        draw_x6 -- ;
        draw_x7 ++ ;
    }

    xx ++ ;
    draw_x0 ++ ;
    draw_x1 -- ;
    draw_x2 ++ ;
    draw_x3 -- ;
    draw_y4 ++ ;
    draw_y5 ++ ;
    draw_y6 -- ;
    draw_y7 -- ;

    /* 要判断当前点是否在有效范围内 */
    if( (draw_x0<=GUI_LCM_XMAX)&&(draw_y0>=0))
    {  GUI_Point(draw_x0, draw_y0, color);
    }
    if( (draw_x1>=0)&&(draw_y1>=0))
    {  GUI_Point(draw_x1, draw_y1, color);
    }
    if( (draw_x2<=GUI_LCM_XMAX)&&(draw_y2<=GUI_LCM_YMAX))
    {  GUI_Point(draw_x2, draw_y2, color);
    }
    if( (draw_x3>=0)&&(draw_y3<=GUI_LCM_YMAX))
    {  GUI_Point(draw_x3, draw_y3, color);
    }
    if( (draw_x4<=GUI_LCM_XMAX)&&(draw_y4>=0))
    {  GUI_Point(draw_x4, draw_y4, color);
    }
    if( (draw_x5>=0)&&(draw_y5>=0))
    {  GUI_Point(draw_x5, draw_y5, color);
```

```
        }
        if( (draw_x6< = GUI_LCM_XMAX)&&(draw_y6< = GUI_LCM_YMAX))
        {  GUI_Point(draw_x6, draw_y6, color);
        }
        if( (draw_x7> = 0)&&(draw_y7< = GUI_LCM_YMAX))
        {  GUI_Point(draw_x7, draw_y7, color);
        }
    }
}
```

### 5.3.4 圆弧及扇形

对于圆弧，可以使用 Bresenham 画圆算法或逐点比较法。如图 5.12 所示的 1/8 圆弧，逐点比较法就是直接使用式(5-2)、式(5-3)和式(5-4)来判断 $S_i(x_i, y_i)$点和 $T_i(x_i, y_i-1)$点哪点更接近实际的圆弧(不引入决策变量 $d_i$)，使用 x 轴为基轴，完成此段圆弧产生。用 $x_i$、$y_i$代替式(5-4)的($x_{i-1}+1$)、$y_{i-1}$，得：

$$D(S_i)-D(T_i)=(x_i^2+y_i^2)-2R^2+[x_i^2+(y_i-1)^2]$$

化简得

$$D(S_i)-D(T_i)=2x_i^2+2y_i^2-2R^2-2y_i+1$$

在画圆弧时，需要用户提供圆弧的圆心、半径、起始角度和终止角度。对于任意角度的圆弧，由于以上算法所用的起点及终点是固定的，故要加入相应的附加计算才能实现。这里所采用的方法是计点数法，即先根据所给出的半径，计算出 1/4 圆弧所需要的点的个数 N(使用逐点比较法模拟画圆弧)；然后分别计算出 0°到起始角度、终止角度的点个数，no = K×N/90。画圆弧时，从 359°开始，顺时针模拟画圆弧，并记住已画点的个数。当到达起始角度的点数时，才真正画圆弧；当到达终止角度的点数时结束操作，完成圆弧。画任意圆弧操作示意图如图 5.13 所示。程序清单 5.27 是画 1/4 圆弧的程序，程序清单 5.28 是画任意圆弧的程序。

**程序清单 5.27　画 1/4 圆弧函数**

```
/****************************************************************
* 名称：GUI_Arc4()
* 功能：画弧。起点及终点只能为 0～90°、90～180°、180～270°、270～0°等。即分别
*         为第 1～4 象限的 90°弧
* 入口参数：x0          圆心的 x 坐标值
*           y0          圆心的 x 坐标值
*           r           圆弧的半径
```

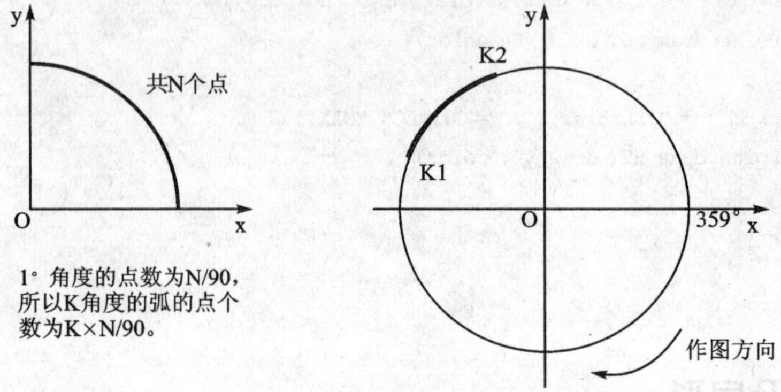


图 5.13　画任意圆弧操作示意图

```
 *            angle          画弧的象限(1～4)
 *            color          显示颜色
 * 出口参数:无
*****************************************************************/
void  GUI_Arc4(uint32 x, uint32 y, uint32 r, uint8 angle, TCOLOR color)
{  int32   draw_x, draw_y;
   int32   op_x, op_y;
   int32   op_2rr;

   if(r == 0) return;

   op_2rr = 2 * r * r;                              //计算 r 平方乘以 2
   switch(angle)
   {  case  1:
           draw_x = x + r;
           draw_y = y;
           op_x = r;
           op_y = 0;

           while(1)
           {  GUI_Point(draw_x, draw_y, color);       //开始画图

              /* 计算下一点 */
              op_y ++;
```

```
            draw_y ++ ;
            if( (2 * op_x * op_x + 2 * op_y * op_y - op_2rr - 2 * op_x + 1)>0)
                                                        //使用逐点比较法实现画圆弧
            {  op_x -- ;
               draw_x -- ;
            }
            if(op_y> = op_x) break;
        }
        while(1)
        {  GUI_Point(draw_x, draw_y, color);           //开始画图

            /* 计算下一点 */
            op_x -- ;
            draw_x -- ;
            if( (2 * op_x * op_x + 2 * op_y * op_y - op_2rr + 2 * op_y + 1)< = 0)
                                                        //使用逐点比较法实现画圆弧
            {  op_y ++ ;
               draw_y ++ ;
            }
            if(op_x< = 0)
            {  GUI_Point(draw_x, draw_y, color);       //开始画图
               break;
            }
        }
        break;

    case  2:
        draw_x = x - r;
        draw_y = y;
        op_x = r;
        op_y = 0;

        while(1)
        {  GUI_Point(draw_x, draw_y, color);           //开始画图

            /* 计算下一点 */
            op_y ++ ;
```

```
            draw_y ++ ;
            if( (2 * op_x * op_x + 2 * op_y * op_y - op_2rr - 2 * op_x + 1)>0)
                                                        //使用逐点比较法实现画圆弧
            {   op_x -- ;
                draw_x ++ ;
            }
            if(op_y> = op_x) break;
        }
        while(1)
        {   GUI_Point(draw_x, draw_y, color);          //开始画图

            /* 计算下一点 */
            op_x -- ;
            draw_x ++ ;
            if( (2 * op_x * op_x + 2 * op_y * op_y - op_2rr + 2 * op_y + 1)< = 0)
                                                        //使用逐点比较法实现画圆弧
            {   op_y ++ ;
                draw_y ++ ;
            }
            if(op_x< = 0)
            {   GUI_Point(draw_x, draw_y, color);      //开始画图
                break;
            }
        }
        break;

    case  3:
        draw_x = x - r;
        draw_y = y;
        op_x = r;
        op_y = 0;

        while(1)
        {   GUI_Point(draw_x, draw_y, color);          //开始画图

            /* 计算下一点 */
            op_y ++ ;
```

```
            draw_y -- ;
            if( (2 * op_x * op_x + 2 * op_y * op_y - op_2rr - 2 * op_x + 1)>0)
                                                    //使用逐点比较法实现画圆弧
            {   op_x -- ;
                draw_x ++ ;
            }
            if(op_y>= op_x) break;
        }
        while(1)
        {   GUI_Point(draw_x, draw_y, color);          //开始画图

            /* 计算下一点 */
            op_x -- ;
            draw_x ++ ;
            if( (2 * op_x * op_x + 2 * op_y * op_y - op_2rr + 2 * op_y + 1)<= 0)
                                                    //使用逐点比较法实现画圆弧
            {   op_y ++ ;
                draw_y -- ;
            }
            if(op_x<= 0)
            {   GUI_Point(draw_x, draw_y, color);      //开始画图
                break;
            }
        }
        break;

    case  4:
        draw_x = x + r;
        draw_y = y;
        op_x = r;
        op_y = 0;

        while(1)
        {   GUI_Point(draw_x, draw_y, color);          //开始画图

            /* 计算下一点 */
            op_y ++ ;
```

```
            draw_y-- ;
            if( (2*op_x*op_x + 2*op_y*op_y - op_2rr - 2*op_x +1)>0)
                                                    //使用逐点比较法实现画圆弧
            {  op_x-- ;
               draw_x-- ;
            }
            if(op_y>=op_x) break;
         }
         while(1)
         {  GUI_Point(draw_x, draw_y, color);          //开始画图

            /*计算下一点*/
            op_x-- ;
            draw_x-- ;
            if( (2*op_x*op_x + 2*op_y*op_y - op_2rr + 2*op_y +1)<=0)
                                                    //使用逐点比较法实现画圆弧
            {  op_y++ ;
               draw_y-- ;
            }
            if(op_x<=0)
            {  GUI_Point(draw_x, draw_y, color);       //开始画图
               break;
            }
         }
         break;

      default:
         break;
   }

}
```

**程序清单 5.28　画任意圆弧函数**

```
/****************************************************************************
* 名称：GUI_Arc()
* 功能：指定起点、终点及半径画弧(不能画圆)。使用的是顺时针方向画图
* 入口参数：x            圆心的 x 轴坐标值
```

```
*              y          圆心的 y 轴坐标值
*              stangle    起始角度(0～359°)
*              endangle   终止角度(0～359°)
*              r          圆的半径终点
*              color      显示颜色
* 出口参数:无
*****************************************************************************/
void  GUI_Arc(uint32 x, uint32 y, uint32 r, uint32 stangle, uint32 endangle, TCOLOR color)
{  int32   draw_x, draw_y;                     //画图坐标变量
   int32   op_x, op_y;                         //操作坐标
   int32   op_2rr;                             //2×r×r 值变量
   int32   pno_angle;                          //度角点的个数
   uint8   draw_on;                            //画点开关,为 1 时画点,为 0 时不画

   /* 参数过滤 */
   if(r == 0) return;                          //半径为 0 则直接退出
   if(stangle == endangle) return;             //起始角度与终止角度相同,退出
   if( (stangle>=360) || (endangle>=360) ) return;

   op_2rr = 2*r*r;                             //计算 r 平方乘以 2
   pno_angle = 0;
   /* 先计算出在此半径下的 45°的圆弧的点数 */
   op_x = r;
   op_y = 0;
   while(1)
   {  pno_angle++;                             //画点计数
      /* 计算下一点 */
      op_y++;
      if( (2*op_x*op_x + 2*op_y*op_y - op_2rr - 2*op_x +1)>0)
                                               //使用逐点比较法实现画圆弧
      {  op_x--;
      }
      if(op_y>=op_x) break;
   }

   draw_on = 0;                                //最开始关画点开关
   /* 设置起始点及终点 */
```

```
if(endangle>stangle) draw_on = 1;       //若终点大于起点,则从一开始即画点(359)
stangle = (360 - stangle) * pno_angle/45;
endangle = (360 - endangle) * pno_angle/45;
if(stangle == 0) stangle = 1;
if(endangle == 0) endangle = 1;

/* 开始顺时针画弧,从 359°开始(第 4 象限) */
pno_angle = 0;
draw_x = x + r;
draw_y = y;
op_x = r;
op_y = 0;
while(1)
{  /* 计算下一点 */
   op_y ++ ;
   draw_y -- ;
   if( (2 * op_x * op_x + 2 * op_y * op_y - op_2rr - 2 * op_x + 1)>0)
                                                  //使用逐点比较法实现画圆弧
   {  op_x -- ;
      draw_x -- ;
   }
   if(draw_on == 1) GUI_Point(draw_x, draw_y, color);       //开始画图
   pno_angle ++ ;
   if( (pno_angle == stangle)||(pno_angle == endangle))    //若遇到起点或终点,画点开关取反
   {  draw_on = 1 - draw_on;
      if(draw_on == 1) GUI_Point(draw_x, draw_y, color);
   }
   if(op_y> = op_x)
   {  if(draw_on == 1) GUI_Point(draw_x, draw_y, color);
      break;
   }
}

while(1)
{  /* 计算下一点 */
   op_x -- ;
   draw_x -- ;
```

```
        if( (2 * op_x * op_x + 2 * op_y * op_y - op_2rr + 2 * op_y + 1)<= 0)  //使用逐点比较法实
                                                                              //现画圆弧
        {   op_y ++ ;
            draw_y -- ;
        }
        if(draw_on == 1) GUI_Point(draw_x, draw_y, color);        //开始画图
        pno_angle ++ ;
        if( (pno_angle == stangle)||(pno_angle == endangle))     //若遇到起点或终点,画点开关取反
        {   draw_on = 1 - draw_on;
            if(draw_on == 1) GUI_Point(draw_x, draw_y, color);
        }

        if(op_x<= 0)
        {   if(draw_on == 1) GUI_Point(draw_x, draw_y, color);  //开始画图
            break;
        }
    }

    /* 开始顺时针画弧,从 269°开始(第 3 象限) */
    draw_y = y - r;
    draw_x = x;
    op_y = r;
    op_x = 0;
    while(1)
    {   /* 计算下一点 */
        op_x ++ ;
        draw_x -- ;
        if( (2 * op_x * op_x + 2 * op_y * op_y - op_2rr - 2 * op_y + 1)>0)  //使用逐点比较法实
                                                                            //现画圆弧
        {   op_y -- ;
            draw_y ++ ;
        }
        if(draw_on == 1) GUI_Point(draw_x, draw_y, color);        //开始画图
        pno_angle ++ ;
        if( (pno_angle == stangle)||(pno_angle == endangle))     //若遇到起点或终点,画点开关取反
        {   draw_on = 1 - draw_on;
            if(draw_on == 1) GUI_Point(draw_x, draw_y, color);
```

```
    }

    if(op_x>=op_y)
    {  if(draw_on==1) GUI_Point(draw_x, draw_y, color);   //开始画图
       break;
    }
}

while(1)
{  /*计算下一点*/
   op_y--;
   draw_y++;
   if( (2*op_x*op_x + 2*op_y*op_y - op_2rr + 2*op_x +1)<=0)  //使用逐点比较法实
                                                              //现画圆弧
   {  op_x++;
      draw_x--;
   }
   if(draw_on==1) GUI_Point(draw_x, draw_y, color);       //开始画图
   pno_angle++;
   if( (pno_angle==stangle)||(pno_angle==endangle))    //若遇到起点或终点,画点开关取反
   {  draw_on = 1-draw_on;
      if(draw_on==1) GUI_Point(draw_x, draw_y, color);
   }
   if(op_y<=0)
   {  if(draw_on==1) GUI_Point(draw_x, draw_y, color);
      break;
   }
}

/*开始顺时针画弧,从179°开始(第2象限)*/
draw_x = x-r;
draw_y = y;
op_x = r;
op_y = 0;
while(1)
{  /*计算下一点*/
   op_y++;
```

```
    draw_y ++ ;
    if( (2 * op_x * op_x + 2 * op_y * op_y - op_2rr - 2 * op_x + 1)>0)  //使用逐点比较法实
                                                                         //现画圆弧
    {  op_x -- ;
       draw_x ++ ;
    }
    if(draw_on == 1) GUI_Point(draw_x, draw_y, color);      //开始画图
    pno_angle ++ ;
    if( (pno_angle == stangle)||(pno_angle == endangle))    //若遇到起点或终点,画点开关取反
    {  draw_on = 1 - draw_on;
       if(draw_on == 1) GUI_Point(draw_x, draw_y, color);
    }
    if(op_y> = op_x)
    {  if(draw_on == 1) GUI_Point(draw_x, draw_y, color);
       break;
    }
}

while(1)
{  /* 计算下一点 */
   op_x -- ;
   draw_x ++ ;
   if( (2 * op_x * op_x + 2 * op_y * op_y - op_2rr + 2 * op_y + 1)< = 0)  //使用逐点比较法实
                                                                          //现画圆弧
   {  op_y ++ ;
      draw_y ++ ;
   }
   if(draw_on == 1) GUI_Point(draw_x, draw_y, color);      //开始画图
   pno_angle ++ ;
   if( (pno_angle == stangle)||(pno_angle == endangle))    //若遇到起点或终点,画点开关取反
   {  draw_on = 1 - draw_on;
      if(draw_on == 1) GUI_Point(draw_x, draw_y, color);
   }

   if(op_x< = 0)
   {  if(draw_on == 1) GUI_Point(draw_x, draw_y, color); //开始画图
      break;
```

```
    }
}

/* 开始顺时针画弧,从 89°开始(第 1 象限) */
draw_y = y+r;
draw_x = x;
op_y = r;
op_x = 0;
while(1)
{   /* 计算下一点 */
    op_x++;
    draw_x++;
    if( (2*op_x*op_x + 2*op_y*op_y - op_2rr - 2*op_y +1)>0)  //使用逐点比较法实
                                                               //现画圆弧
    {   op_y--;
        draw_y--;
    }
    if(draw_on==1) GUI_Point(draw_x, draw_y, color);       //开始画图
    pno_angle++;
    if( (pno_angle==stangle)||(pno_angle==endangle))    //若遇到起点或终点,画点开关取反
    {   draw_on = 1-draw_on;
        if(draw_on==1) GUI_Point(draw_x, draw_y, color);
    }

    if(op_x>=op_y)
    {   if(draw_on==1) GUI_Point(draw_x, draw_y, color);  //开始画图
        break;
    }
}

while(1)
{   /* 计算下一点 */
    op_y--;
    draw_y--;
```

```
        if( (2 * op_x * op_x + 2 * op_y * op_y - op_2rr + 2 * op_x + 1)<=0)  //使用逐点比较法实
                                                                              //现画圆弧
        {   op_x++;
            draw_x++;
        }
        if(draw_on == 1) GUI_Point(draw_x, draw_y, color);      //开始画图
        pno_angle++;
        if( (pno_angle == stangle)||(pno_angle == endangle))   //若遇到起点或终点,画点开关取反
        {   draw_on = 1 - draw_on;
            if(draw_on == 1) GUI_Point(draw_x, draw_y, color);
        }
        if(op_y<=0)
        {   if(draw_on == 1) GUI_Point(draw_x, draw_y, color);
            break;
        }
    }

}
```

扇形是在圆弧的基础上把圆弧起点到圆心、圆弧终点到圆心之间连成直线。那么画扇形的程序与画任意圆弧的程序基本一致,差别只在于圆弧起点和终点分别画直线到圆心,如程序清单 5.29 所示。

**程序清单 5.29　画任意扇形函数**

```
/******************************************************************
 * 名称：GUI_Pieslice()
 * 功能：指定起点、终点及半径扇形(不能画圆)。使用的是顺时针方向画图
 * 入口参数：x          圆心的 x 轴坐标值
 *           y          圆心的 y 轴坐标值
 *           stangle    起始角度(0～359°)
 *           endangle   终止角度(0～359°)
 *           r          圆的半径终点
 *           color      显示颜色
 * 出口参数：无
*******************************************************************/
void  GUI_Pieslice(uint32 x, uint32 y, uint32 r, uint32 stangle, uint32 endangle, TCOLOR color)
{  int32   draw_x, draw_y;                     //画图坐标变量
   int32   op_x, op_y;                         //操作坐标
```

```
int32   op_2rr;                              //2×r×r 值变量
int32   pno_angle;                           //度角点的个数
uint8   draw_on;                             //画点开关,为 1 时画点,为 0 时不画

/* 参数过滤 */
if(r == 0) return;                           //半径为 0 则直接退出
if(stangle == endangle) return;              //起始角度与终止角度相同,退出
if( (stangle> = 360) || (endangle> = 360)) return;

op_2rr = 2*r*r;                              //计算 r 平方乘以 2
pno_angle = 0;
/* 先计算出在此半径下的 45°的圆弧的点数 */
op_x = r;
op_y = 0;
while(1)
{   pno_angle ++ ;                           //画点计数
    /* 计算下一点 */
    op_y ++ ;
    if( (2*op_x*op_x + 2*op_y*op_y - op_2rr - 2*op_x +1)>0)  //使用逐点比较法实
                                                             //现画圆弧
    {  op_x -- ;
    }
    if(op_y> = op_x) break;
}

draw_on = 0;                                 //最开始关画点开关
/* 设置起始点及终点 */
if(endangle>stangle) draw_on = 1;            //若终点大于起点,则从一开始即画点(359)
stangle = (360 - stangle) * pno_angle/45;
endangle = (360 - endangle) * pno_angle/45;
if(stangle == 0) stangle = 1;
if(endangle == 0) endangle = 1;

/* 开始顺时针画弧,从 359°开始(第 4 象限) */
pno_angle = 0;
draw_x = x+r;
draw_y = y;
```

```
op_x = r;
op_y = 0;
while(1)
{  /*计算下一点*/
   op_y++;
   draw_y--;
   if( (2*op_x*op_x + 2*op_y*op_y - op_2rr - 2*op_x +1)>0)   //使用逐点比较法实
                                                              //现画圆弧
   {  op_x--;
      draw_x--;
   }
   if(draw_on==1) GUI_Point(draw_x, draw_y, color);     //开始画图
   pno_angle++;
   if( (pno_angle==stangle)||(pno_angle==endangle))   //若遇到起点或终点,画点开关取反
   {  draw_on = 1-draw_on;
      if(draw_on==1) GUI_Point(draw_x, draw_y, color);
      GUI_Line(x, y, draw_x, draw_y, color);
   }
   if(op_y>=op_x)
   {  if(draw_on==1) GUI_Point(draw_x, draw_y, color);
      break;
   }
}

while(1)
{  /*计算下一点*/
   op_x--;
   draw_x--;
   if( (2*op_x*op_x + 2*op_y*op_y - op_2rr + 2*op_y +1)<=0)   //使用逐点比较法实
                                                               //现画圆弧
   {  op_y++;
      draw_y--;
   }
   if(draw_on==1) GUI_Point(draw_x, draw_y, color);     //开始画图
   pno_angle++;
   if( (pno_angle==stangle)||(pno_angle==endangle))   //若遇到起点或终点,画点开关取反
   {  draw_on = 1-draw_on;
```

```
        if(draw_on == 1) GUI_Point(draw_x, draw_y, color);
        GUI_Line(x, y, draw_x, draw_y, color);
    }

    if(op_x<=0)
    {   if(draw_on == 1) GUI_Point(draw_x, draw_y, color); //开始画图
        break;
    }
}

/*开始顺时针画弧,从269°开始(第3象限)*/
draw_y = y-r;
draw_x = x;
op_y = r;
op_x = 0;
while(1)
{   /*计算下一点*/
    op_x++;
    draw_x--;
    if( (2*op_x*op_x + 2*op_y*op_y - op_2rr - 2*op_y +1)>0)    //使用逐点比较法实
                                                              //现画圆弧
    {   op_y--;
        draw_y++;
    }
    if(draw_on == 1) GUI_Point(draw_x, draw_y, color);     //开始画图
    pno_angle++;
    if( (pno_angle == stangle)||(pno_angle == endangle))   //若遇到起点或终点,画点开关取反
    {   draw_on = 1-draw_on;
        if(draw_on == 1) GUI_Point(draw_x, draw_y, color);
        GUI_Line(x, y, draw_x, draw_y, color);
    }

    if(op_x>=op_y)
    {   if(draw_on == 1) GUI_Point(draw_x, draw_y, color); //开始画图
        break;
    }
}
```

```
while(1)
{  /*计算下一点*/
   op_y--;
   draw_y++;
   if( (2*op_x*op_x + 2*op_y*op_y - op_2rr + 2*op_x +1)<=0)   //使用逐点比较法实
                                                              //现画圆弧
   {  op_x++;
      draw_x--;
   }
   if(draw_on==1) GUI_Point(draw_x, draw_y, color);     //开始画图
   pno_angle++;
   if( (pno_angle==stangle)||(pno_angle==endangle))   //若遇到起点或终点,画点开关取反
   {  draw_on = 1-draw_on;
      if(draw_on==1) GUI_Point(draw_x, draw_y, color);
      GUI_Line(x, y, draw_x, draw_y, color);
   }
   if(op_y<=0)
   {  if(draw_on==1) GUI_Point(draw_x, draw_y, color);
      break;
   }
}

/*开始顺时针画弧,从179°开始(第2象限)*/
draw_x = x-r;
draw_y = y;
op_x = r;
op_y = 0;
while(1)
{  /*计算下一点*/
   op_y++;
   draw_y++;
   if( (2*op_x*op_x + 2*op_y*op_y - op_2rr - 2*op_x +1)>0)  //使用逐点比较法实
                                                             //现画圆弧
   {  op_x--;
      draw_x++;
   }
   if(draw_on==1) GUI_Point(draw_x, draw_y, color);     //开始画图
```

```
    pno_angle ++ ;
    if( (pno_angle == stangle)||(pno_angle == endangle))   //若遇到起点或终点,画点开关取反
    {  draw_on  =  1 - draw_on;
       if(draw_on == 1) GUI_Point(draw_x, draw_y, color);
       GUI_Line(x, y, draw_x, draw_y, color);
    }
    if(op_y>= op_x)
    {  if(draw_on == 1) GUI_Point(draw_x, draw_y, color);
       break;
    }
}

while(1)
{  /* 计算下一点 */
    op_x -- ;
    draw_x ++ ;
    if( (2 * op_x * op_x + 2 * op_y * op_y - op_2rr + 2 * op_y + 1)<= 0)  //使用逐点比较法实
                                                                          //现画圆弧
    {  op_y ++ ;
       draw_y ++ ;
    }
    if(draw_on == 1) GUI_Point(draw_x, draw_y, color);     //开始画图
    pno_angle ++ ;
    if( (pno_angle == stangle)||(pno_angle == endangle))   //若遇到起点或终点,画点开关取反
    {  draw_on  =  1 - draw_on;
       if(draw_on == 1) GUI_Point(draw_x, draw_y, color);
       GUI_Line(x, y, draw_x, draw_y, color);
    }

    if(op_x<= 0)
    {  if(draw_on == 1) GUI_Point(draw_x, draw_y, color); //开始画图
       break;
    }
}

/* 开始顺时针画弧,从 89°开始(第 1 象限) */
draw_y  =  y + r;
```

```
draw_x = x;
op_y = r;
op_x = 0;
while(1)
{  /*计算下一点*/
   op_x++;
   draw_x++;
   if( (2*op_x*op_x + 2*op_y*op_y - op_2rr - 2*op_y +1)>0)   //使用逐点比较法实
                                                             //现画圆弧
   {  op_y--;
      draw_y--;
   }
   if(draw_on==1) GUI_Point(draw_x, draw_y, color);     //开始画图
   pno_angle++;
   if( (pno_angle==stangle)||(pno_angle==endangle))   //若遇到起点或终点,画点开关取反
   {  draw_on = 1-draw_on;
      if(draw_on==1) GUI_Point(draw_x, draw_y, color);
      GUI_Line(x, y, draw_x, draw_y, color);
   }

   if(op_x>=op_y)
   {  if(draw_on==1) GUI_Point(draw_x, draw_y, color); //开始画图
      break;
   }
}

while(1)
{  /*计算下一点*/
   op_y--;
   draw_y--;
   if( (2*op_x*op_x + 2*op_y*op_y - op_2rr + 2*op_x +1)<=0)   //使用逐点比较法实
                                                              //现画圆弧
   {  op_x++;
      draw_x++;
   }
   if(draw_on==1) GUI_Point(draw_x, draw_y, color);     //开始画图
   pno_angle++;
```

```
        if( (pno_angle == stangle)||(pno_angle == endangle))    //若遇到起点或终点,画点开关取反
        {   draw_on = 1 - draw_on;
            if(draw_on == 1) GUI_Point(draw_x, draw_y, color);
            GUI_Line(x, y, draw_x, draw_y, color);
        }
        if(op_y< = 0)
        {   if(draw_on == 1) GUI_Point(draw_x, draw_y, color);
            break;
        }
    }

}
```

## 5.3.5 椭圆形

椭圆形的算法与画圆的算法相似,可以采用 Bresenham 算法画出。由于椭圆的对称性,只要画出 1/4 椭圆即可推算出整个椭圆上的点。设椭圆的中心点为原点,x 轴方向的长半轴为 a,y 轴方向的短半轴为 b,对于椭圆上的点则有以下关系:

$$x^2/a^2 + y^2/b^2 = 1$$

写成隐式方程式则为:

$$f(x,y) = b^2 \cdot x^2 + a^2 \cdot y^2 - a^2 \cdot b^2 = 0 \quad (5-5)$$

先来讨论第 1 象限的 1/4 椭圆,N 点上的椭圆弧斜率为-1,很明显在 N 点左边的椭圆弧上(区域 1)斜率大于-1,N 点右边的椭圆弧上(区域 2)斜率小于-1,如图 5.14 所示。

在区域 1 上作图时,如图 5.14 所示,以 x 轴为基轴,即 x 变量不断加 1;而 y 变量是否减 1 则要通过计算决策。在区域 2 上作图时,以 y 轴为基轴,即 y 变量不断的减 1;而 x 变量是否加 1 则要通过计算决策。当画区域 1 时,每画出一点后即可判断是否到达 N 点。若是,则转换到区域 2 作图。由式(5-5)得:

$$b^2 \cdot x^2 + a^2 \cdot y^2 = a^2 \cdot b^2 \quad (5-6)$$

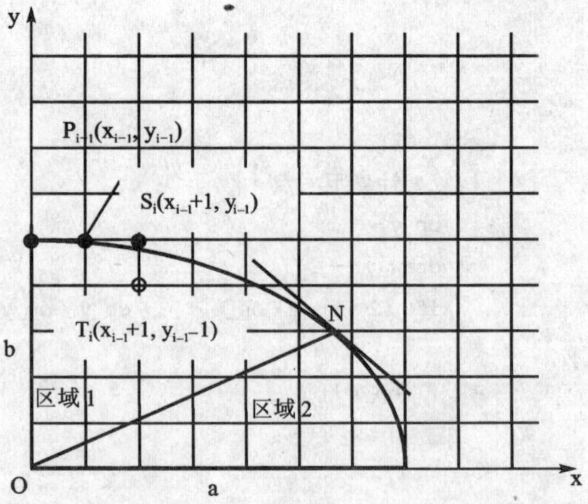


图 5.14 Bresenham 画椭圆(1)

对式(5-6)求导得：

$$dy/dx=-(b^2\cdot x)/(a^2y)$$

当斜率大于-1时(即s区域1)，则有：

$$b^2x<a^2y$$

按 Bresenham 的算法，以椭圆中心为坐标原点建立局部坐标系。设 $P_{i-1}(x_{i-1}, y_{i-1})$ 为已确定的逼近像素点，$S(x_{i-1}+1, y_{i-1})$ 点、$T(x_{i-1}+1, y_{i-1}-1)$ 点是靠近椭圆弧的两个点。通过判断哪一个点更接近理论椭圆弧，就选用哪一点作为逼近像素点。

$$D(S_i)=b^2\cdot(x_{i-1}+1)^2+a^2\cdot y_{i-1}{}^2-a^2\cdot b^2$$
$$D(T_i)=a^2\cdot b^2-b^2\cdot(x_{i-1}+1)^2-a^2\cdot(y_{i-1}-1)^2$$

根据式(5-5)可知，$D(S_i)$ 或 $D(T_i)$ 哪个值更接近0，就选哪一点。如果 $D(S_i)<D(T_i)$，则 $S_i$ 点比 $T_i$ 点更接近实际的椭圆弧，应选择 $S_i$ 点。令 $d_i=D(S_i)-D(T_i)$，若 $d_i\geqslant 0$，应选择 $T_i$ 点；否则，选择 $S_i$ 点。

$$\begin{aligned}d_i&=b^2\cdot(x_{i-1}+1)^2+a^2\cdot y_{i-1}{}^2-a^2\cdot b^2-[a^2\cdot b^2-b^2\cdot(x_{i-1}+1)^2-a^2\cdot(y_{i-1}-1)^2]\\&=2\cdot b^2\cdot(x_{i-1}+1)^2+2\cdot a^2\cdot y_{i-1}{}^2+a^2-2\cdot a^2\cdot y_{i-1}-2\cdot a^2\cdot b^2\end{aligned}\qquad(5-7)$$

用 i+1 代替式(5-7)中的 i，得：

$$d_{i+1}=2\cdot b^2\cdot(x_i+1)^2+2\cdot a^2\cdot y_i^2+a^2-2\cdot a^2\cdot y_i-2\cdot a^2\cdot b^2$$

用 $d_{i+1}-d_i$，得：

$$d_{i+1}-d_i=2\cdot b^2\cdot[(x_i+1)^2-(x_{i-1}+1)^2]+2\cdot a^2\cdot[y_i^2-y_{i-1}{}^2+y_{i-1}-y_i]$$

若 $d_i\geqslant 0$，则选择 $T_i$ 点，此时有：

$$x_i=x_{i-1}+1,\quad y_i=y_{i-1}-1$$
$$d_{i+1}=d_i+2\cdot b^2\cdot(2x_{i-1}+3)+4\cdot a^2-4\cdot a^2\cdot y_{i-1}$$

若 $d_i<0$，则选择 $S_i$ 点，此时有：

$$x_i=x_{i-1}+1,\quad y_i=y_{i-1}$$
$$d_{i+1}=d_i+2\cdot b^2\cdot(2x_{i-1}+3)$$

这样，就有了一个递推的方法，即由前一个 $d_i$ 计算出下一个 $d_{i+1}$，并对 $S_i$、$T_i$ 进行选择。$d_i$ 的初始值为 $d_1$，即 i=1，x0=0，y0=b，代入式(5-7)得：

$$d_1=2\cdot b^2+a^2-2\cdot a^2\cdot b$$

在区域 2 上作图时,如图 5.15 所示。同样推理,设 $P_{i-1}(x_{i-1}, y_{i-1})$为已确定的逼近像素点,$S(x_{i-1}+1, y_{i-1}-1)$点、$T(x_{i-1}, y_{i-1}-1)$点是靠近椭圆弧的两个点,哪一个点更接近理论椭圆弧,就选用哪一点作为逼近像素点。

$$D(S_i) = b^2 \cdot (x_{i-1}+1)^2 + a^2 \cdot (y_{i-1}-1)^2 - a^2 \cdot b^2$$

$$D(T_i) = a^2 \cdot b^2 - b^2 \cdot x_{i-1}{}^2 - a^2 \cdot (y_{i-1}-1)^2$$

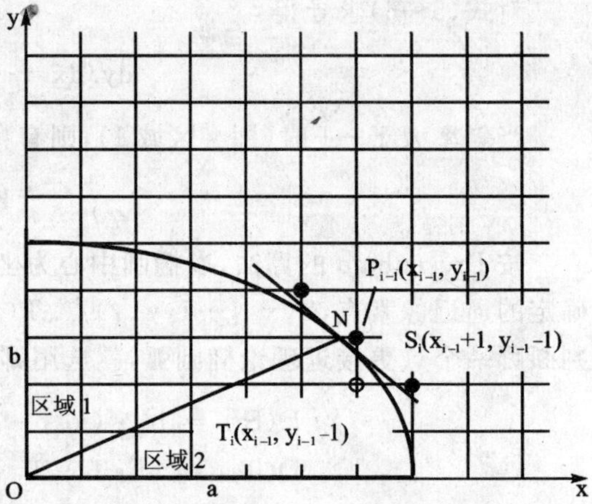


图 5.15 Bresenham 画椭圆(2)

根据式(5-5)可知,$D(S_i)$或$D(T_i)$哪个值更接近 0,就选哪一点。如果 $D(S_i) < D(T_i)$,则 $S_i$点比 $T_i$点更接近实际的椭圆弧,应选择 $S_i$点。令 $d_i = D(S_i) - D(T_i)$,若 $d_i \geqslant 0$,应选择 $T_i$点;否则,选择 $S_i$点。

$$\begin{aligned} d_i &= b^2 \cdot (x_{i-1}+1)^2 + a^2 \cdot (y_{i-1}-1)^2 - a^2 \cdot b^2 - [a^2 \cdot b^2 - b^2 \cdot x_{i-1}{}^2 - a^2 \cdot (y_{i-1}-1)^2] \\ &= 2 \cdot a^2 \cdot (y_{i-1}-1)^2 + 2 \cdot b^2 \cdot x_{i-1}{}^2 + b^2 + 2 \cdot b^2 \cdot x_{i-1} - 2 \cdot a^2 \cdot b^2 \end{aligned} \quad (5-8)$$

用 i+1 代替式(5-8)中的 i,得:

$$d_{i+1} = 2 \cdot a^2 \cdot (y_i - 1)^2 + 2 \cdot b^2 \cdot x_i{}^2 + b^2 + 2 \cdot b^2 \cdot x_i - 2 \cdot a^2 \cdot b^2$$

用 $d_{i+1} - d_i$,得:

$$d_{i+1} - d_i = 2 \cdot a^2 \cdot [(y_i - 1)^2 - (y_{i-1}-1)^2] + 2 \cdot b^2 \cdot [x_i{}^2 - x_{i-1}{}^2 + x_i - x_{i-1}]$$

若 $d_i \geqslant 0$,则选择 $T_i$点,此时有:

$$x_i = x_{i-1}, \quad y_i = y_{i-1} - 1,$$
$$d_{i+1} = d_i + 2 \cdot a^2 \cdot (3 - 2y_{i-1})$$

若 $d_i < 0$,则选择 $S_i$点,此时有:

$$x_i = x_{i-1} + 1, \quad y_i = y_{i-1} - 1,$$
$$d_{i+1} = d_i + 2 \cdot a^2 \cdot (3 - 2y_{i-1}) + 4 \cdot b^2 \cdot x_{i-1} + 4 \cdot b^2$$

画椭圆形的函数如程序清单 5.30 所示。

**程序清单 5.30　画椭圆函数**

```
/*********************************************************************
* 名称：GUI_Ellipse()
* 功能：画正椭圆。给定椭圆的 4 个点的参数,最左、最右点的 x 轴坐标值为 x0、x1,最上、最下点
*       的 y 轴坐标为 y0、y1
* 入口参数：x0          最左点的 x 坐标值
*           x1          最右点的 x 坐标值
*           y0          最上点的 y 坐标值
*           y1          最下点的 y 坐标值
*           color       显示颜色
* 出口参数：无
*********************************************************************/
void  GUI_Ellipse(uint32 x0, uint32 x1, uint32 y0, uint32 y1, TCOLOR color)
{  int32   draw_x0, draw_y0;               //绘图点坐标变量
   int32   draw_x1, draw_y1;
   int32   draw_x2, draw_y2;
   int32   draw_x3, draw_y3;
   int32   xx, yy;                         //画图控制变量

   int32   center_x, center_y;             //椭圆中心点坐标变量
   int32   radius_x, radius_y;             //椭圆的半径,x 轴半径和 y 轴半径
   int32   radius_xx, radius_yy;           //半径乘平方值
   int32   radius_xx2, radius_yy2;         //半径乘平方值的两倍
   int32   di;                             //定义决策变量

   /* 参数过滤 */
   if( (x0 == x1) || (y0 == y1)) return;

   /* 计算出椭圆中心点坐标 */
   center_x = (x0 + x1) >> 1;
   center_y = (y0 + y1) >> 1;
   /* 计算出椭圆的半径,x 轴半径和 y 轴半径 */
   if(x0 > x1)
   {  radius_x = (x0 - x1) >> 1;
   }
   else
   {  radius_x = (x1 - x0) >> 1;
```

```
}
if(y0 > y1)
{  radius_y = (y0 - y1) >> 1;
}
else
{  radius_y = (y1 - y0) >> 1;
}
/*计算半径平方值*/
radius_xx = radius_x * radius_x;
radius_yy = radius_y * radius_y;
/*计算半径平方值乘 2 的值*/
radius_xx2 = radius_xx<<1;
radius_yy2 = radius_yy<<1;
/*初始化画图变量*/
xx = 0;
yy = radius_y;
di = radius_yy2 + radius_xx - radius_xx2 * radius_y ;          //初始化决策变量
/*计算出椭圆 y 轴上的两个端点坐标,作为作图起点*/
draw_x0 = draw_x1 = draw_x2 = draw_x3 = center_x;
draw_y0 = draw_y1 = center_y + radius_y;
draw_y2 = draw_y3 = center_y - radius_y;
GUI_Point(draw_x0, draw_y0, color);                          //画 y 轴上的两个端点
GUI_Point(draw_x2, draw_y2, color);

while( (radius_yy * xx) < (radius_xx * yy))
{  if(di<0)
   {  di += radius_yy2 * (2 * xx + 3);
   }
   else
   {  di += radius_yy2 * (2 * xx + 3) + 4 * radius_xx - 4 * radius_xx * yy;

      yy-- ;
      draw_y0-- ;
      draw_y1-- ;
      draw_y2++ ;
      draw_y3++ ;
   }
```

```
        xx ++ ;                                            //x 轴加 1
        draw_x0 ++ ;
        draw_x1 -- ;
        draw_x2 ++ ;
        draw_x3 -- ;

        GUI_Point(draw_x0, draw_y0, color);
        GUI_Point(draw_x1, draw_y1, color);
        GUI_Point(draw_x2, draw_y2, color);
        GUI_Point(draw_x3, draw_y3, color);
    }

    di = radius_xx2 * (yy - 1) * (yy - 1) + radius_yy2 * xx * xx + radius_yy + radius_yy2 * xx -
        radius_xx2 * radius_yy;
    while(yy>=0)
    {   if(di<0)
        {  di += radius_xx2 * 3 + 4 * radius_yy * xx + 4 * radius_yy - 2 * radius_xx2 * yy;

           xx ++ ;                                         //x 轴加 1
           draw_x0 ++ ;
           draw_x1 -- ;
           draw_x2 ++ ;
           draw_x3 -- ;
        }
        else
        {  di += radius_xx2 * 3 - 2 * radius_xx2 * yy;
        }

        yy -- ;
        draw_y0 -- ;
        draw_y1 -- ;
        draw_y2 ++ ;
        draw_y3 ++ ;

        GUI_Point(draw_x0, draw_y0, color);
        GUI_Point(draw_x1, draw_y1, color);
        GUI_Point(draw_x2, draw_y2, color);
```

```
        GUI_Point(draw_x3, draw_y3, color);
    }
}
```

## 5.3.6 矩　形

对于矩形,其 4 条边分别为水平线或垂直线,所以在绘图时只要调用函数画水平线和画垂直线即可实现。绘画矩形时需要矩形的一对对角的坐标值,如(x0, y0)、( x1, y1),则另外一对对角坐标值为(x0, y1)、(x1,y0),如程序清单 5.31 所示。

**程序清单 5.31　画矩形函数**

```
/****************************************************************************
 * 名称：GUI_Rectangle()
 * 功能：画矩形
 * 入口参数：x0          矩形左上角的 x 坐标值
 *           y0          矩形左上角的 y 坐标值
 *           x1          矩形右下角的 x 坐标值
 *           y1          矩形右下角的 y 坐标值
 *           color       显示颜色
 * 出口参数：无
****************************************************************************/
void  GUI_Rectangle(uint32 x0, uint32 y0, uint32 x1, uint32 y1, TCOLOR color)
{   GUI_HLine(x0, y0, x1, color);
    GUI_HLine(x0, y1, x1, color);
    GUI_RLine(x0, y0, y1, color);
    GUI_RLine(x1, y0, y1, color);
}
```

## 5.3.7 正方形

正方形是一种特殊的矩形,即它的长和宽是相等的,可以使用 GUI_Rectangle 函数来绘画正方形,如 GUI_Rectangle(20, 10, 30, 20, 1)。当然,也可以用一个函数来封装,只要提供正方形左上角的坐标及其边长即可,如程序清单 5.32 所示。

**程序清单 5.32　画正方形函数**

```
/****************************************************************************
 * 名称：GUI_Square()
```

```
 * 功能：画正方形
 * 入口参数：x0        正方形左上角的 x 坐标值
 *          y0        正方形左上角的 y 坐标值
 *          with      正方形的边长
 *          color     显示颜色
 * 出口参数：无
 ***************************************************************/
void  GUI_Square(uint32 x0, uint32 y0, uint32  with, TCOLOR  color)
{  if(with == 0) return;
   if( (x0 + with) > GUI_LCM_XMAX) return;
   if( (y0 + with) > GUI_LCM_YMAX) return;
   GUI_Rectangle(x0, y0, x0 + with, y0 + with, color);
}
```

### 5.3.8 填　充

矩形的填充使用逐行画直线的方法实现即可(即使用水平线填充)，从第 1 行开始用指定的颜色画矩形内的水平线，接着到下一行画水平线，依次作图直到所有行结束，如程序清单 5.33所示。

**程序清单 5.33　画填充矩形函数**

```
/***************************************************************
 * 名称：GUI_RectangleFill()
 * 功能：填充矩形。画一个填充的矩形，填充色与边框色一样
 * 入口参数：x0        矩形左上角的 x 坐标值
 *          y0        矩形左上角的 y 坐标值
 *          x1        矩形右下角的 x 坐标值
 *          y1        矩形右下角的 y 坐标值
 *          color     填充颜色
 * 出口参数：无
 ***************************************************************/
void  GUI_RectangleFill(uint32 x0, uint32 y0, uint32 x1, uint32 y1, TCOLOR color)
{  uint32  i;

   /* 先找出矩形左上角与右下角的两个点，保存在(x0,y0)和(x1,y1) */
   if(x0>x1)                          //若 x0>x1，则 x0 与 x1 交换
   {  i = x0;
```

```
        x0 = x1;
        x1 = i;
    }
    if(y0>y1)                           //若 y0>y1,则 y0 与 y1 交换
    {   i = y0;
        y0 = y1;
        y1 = i;
    }
    /*判断是否只是直线*/
    if(y0 == y1)
    {   GUI_HLine(x0, y0, x1, color);
        return;
    }
    if(x0 == x1)
    {   GUI_RLine(x0, y0, y1, color);
        return;
    }
    while(y0<=y1)
    {   GUI_HLine(x0, y0, x1, color);   //当前画水平线
        y0++;                           //下一行
    }
}
```

圆形的填充可以在画圆时使用横线(也可以用竖线)进行填充,就是使用横线将圆周上与 y 轴对称的点进行连接,实现圆形的填充功能,如图 5.16 所示。画填充圆形函数如程序清单 5.34 所示。

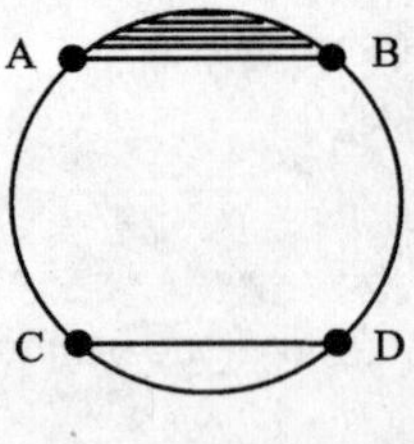


**图 5.16 圆的填充**

**程序清单 5.34 画填充圆形函数**

```
/****************************************************************
* 名称:GUI_CircleFill()
```

```
* 功能：指定圆心位置及半径，画圆并填充，填充色与边框色一样
* 入口参数：x0          圆心的 x 坐标值
*           y0          圆心的 y 坐标值
*           r           圆的半径
*           color       填充颜色
* 出口参数：无
***************************************************************************/
void  GUI_CircleFill(uint32 x0, uint32 y0, uint32 r, TCOLOR color)
{  int32   draw_x0, draw_y0;                     //绘图点坐标变量
   int32   draw_x1, draw_y1;
   int32   draw_x2, draw_y2;
   int32   draw_x3, draw_y3;
   int32   draw_x4, draw_y4;
   int32   draw_x5, draw_y5;
   int32   draw_x6, draw_y6;
   int32   draw_x7, draw_y7;
   int32   fill_x0, fill_y0;                     //填充所需的变量，使用垂直线填充
   int32   fill_x1;
   int32   xx, yy;                               //画圆控制变量
   int32   di;                                   //决策变量

   /* 参数过滤 */
   if(0 == r) return;

   /* 计算出 4 个特殊点(0°、90°、180°、270°)，进行显示 */
   draw_x0 = draw_x1 = x0;
   draw_y0 = draw_y1 = y0 + r;
   if(draw_y0<GUI_LCM_YMAX)
   {  GUI_Point(draw_x0, draw_y0, color);      //90°
   }

   draw_x2 = draw_x3 = x0;
   draw_y2 = draw_y3 = y0 - r;
   if(draw_y2>=0)
   {  GUI_Point(draw_x2, draw_y2, color);      //270°
   }
```

```
    draw_x4 = draw_x6 = x0 + r;
    draw_y4 = draw_y6 = y0;
    if(draw_x4<GUI_LCM_XMAX)
    {  GUI_Point(draw_x4, draw_y4, color);      //0°
       fill_x1 = draw_x4;
    }
    else
    {  fill_x1 = GUI_LCM_XMAX;
    }
    fill_y0 = y0;                               //设置填充线条起始点 fill_x0
    fill_x0 = x0 - r;                           //设置填充线条结束点 fill_y1
    if(fill_x0<0) fill_x0 = 0;
    GUI_HLine(fill_x0, fill_y0, fill_x1, color);

    draw_x5 = draw_x7 = x0 - r;
    draw_y5 = draw_y7 = y0;
    if(draw_x5>=0)
    {  GUI_Point(draw_x5, draw_y5, color);      //180°
    }
    if(1 == r) return;

    /* 使用 Bresenham 法进行画圆 */
    di = 3 - 2*r;                               //初始化决策变量
    xx = 0;
    yy = r;
    while(xx<yy)
    {  if(di<0)
       {  di += 4*xx + 6;
       }
       else
       {  di += 4*(xx - yy) + 10;

          yy--;
          draw_y0--;
          draw_y1--;
          draw_y2++;
          draw_y3++;
```

```
    draw_x4 -- ;
    draw_x5 ++ ;
    draw_x6 -- ;
    draw_x7 ++ ;
}

xx ++ ;
draw_x0 ++ ;
draw_x1 -- ;
draw_x2 ++ ;
draw_x3 -- ;
draw_y4 ++ ;
draw_y5 ++ ;
draw_y6 -- ;
draw_y7 -- ;

/* 要判断当前点是否在有效范围内 */
if( (draw_x0<= GUI_LCM_XMAX)&&(draw_y0>= 0))
{  GUI_Point(draw_x0, draw_y0, color);
}
if( (draw_x1>= 0)&&(draw_y1>= 0))
{  GUI_Point(draw_x1, draw_y1, color);
}

/* 第 2 点水直线填充(下半圆的点) */
if(draw_x1>= 0)
{  /* 设置填充线条起始点 fill_x0 */
   fill_x0 = draw_x1;
   /* 设置填充线条起始点 fill_y0 */
   fill_y0 = draw_y1;
   if(fill_y0>GUI_LCM_YMAX) fill_y0 = GUI_LCM_YMAX;
   if(fill_y0<0) fill_y0 = 0;
   /* 设置填充线条结束点 fill_x1 */
   fill_x1 = x0 * 2 - draw_x1;
   if(fill_x1>GUI_LCM_XMAX) fill_x1 = GUI_LCM_XMAX;
   GUI_HLine(fill_x0, fill_y0, fill_x1, color);
}
```

```
if( (draw_x2<=GUI_LCM_XMAX)&&(draw_y2<=GUI_LCM_YMAX))
{  GUI_Point(draw_x2, draw_y2, color);
}
if( (draw_x3>=0)&&(draw_y3<=GUI_LCM_YMAX))
{  GUI_Point(draw_x3, draw_y3, color);
}

/*第4点垂直线填充(上半圆的点)*/
if(draw_x3>=0)
{     /*设置填充线条起始点 fill_x0*/
      fill_x0 = draw_x3;
      /*设置填充线条起始点 fill_y0*/
      fill_y0 = draw_y3;
      if(fill_y0>GUI_LCM_YMAX) fill_y0 = GUI_LCM_YMAX;
      if(fill_y0<0) fill_y0 = 0;
      /*设置填充线条结束点 fill_x1*/
      fill_x1 = x0*2 - draw_x3;
      if(fill_x1>GUI_LCM_XMAX) fill_x1 = GUI_LCM_XMAX;
      GUI_HLine(fill_x0, fill_y0, fill_x1, color);
  }

if( (draw_x4<=GUI_LCM_XMAX)&&(draw_y4>=0))
{  GUI_Point(draw_x4, draw_y4, color);
}
if( (draw_x5>=0)&&(draw_y5>=0))
{  GUI_Point(draw_x5, draw_y5, color);
}

/*第6点垂直线填充(上半圆的点)*/
if(draw_x5>=0)
{     /*设置填充线条起始点 fill_x0*/
      fill_x0 = draw_x5;
      /*设置填充线条起始点 fill_y0*/
      fill_y0 = draw_y5;
      if(fill_y0>GUI_LCM_YMAX) fill_y0 = GUI_LCM_YMAX;
      if(fill_y0<0) fill_y0 = 0;
      /*设置填充线条结束点 fill_x1*/
```

```
            fill_x1 = x0 * 2 - draw_x5;
            if(fill_x1>GUI_LCM_XMAX) fill_x1 = GUI_LCM_XMAX;
            GUI_HLine(fill_x0, fill_y0, fill_x1, color);
        }

        if( (draw_x6<=GUI_LCM_XMAX)&&(draw_y6<=GUI_LCM_YMAX))
        {  GUI_Point(draw_x6, draw_y6, color);
        }
        if( (draw_x7>=0)&&(draw_y7<=GUI_LCM_YMAX))
        {  GUI_Point(draw_x7, draw_y7, color);
        }

        /*第 8 点垂直线填充(上半圆的点)*/
        if(draw_x7>=0)
        {     /*设置填充线条起始点 fill_x0*/
            fill_x0 = draw_x7;
            /*设置填充线条起始点 fill_y0*/
            fill_y0 = draw_y7;
            if(fill_y0>GUI_LCM_YMAX) fill_y0 = GUI_LCM_YMAX;
            if(fill_y0<0) fill_y0 = 0;
            /*设置填充线条结束点 fill_x1*/
            fill_x1 = x0 * 2 - draw_x7;
            if(fill_x1>GUI_LCM_XMAX) fill_x1 = GUI_LCM_XMAX;
            GUI_HLine(fill_x0, fill_y0, fill_x1, color);
         }
      }

   }
```

椭圆的填充与圆的填充基本一致，也是在椭圆过程中画线填充，即程序在画椭圆过程中跟踪 y 轴变量的变化。只要一变化，即在此 y 变量坐标值上画水平线进行填充。函数如程序清单 5.35 所示。

**程序清单 5.35　画填充椭圆函数**

```
/**********************************************************************
* 名称：GUI_EllipseFill()
* 功能：画正椭圆，并填充。给定椭圆的 4 个点的参数，最左、最右点的 x 轴坐标值
*        为 x0、x1，最上、最下点的 y 轴坐标为 y0、y1
```

```
* 入口参数：x0          最左点的 x 坐标值
*           x1          最右点的 x 坐标值
*           y0          最上点的 y 坐标值
*           y1          最下点的 y 坐标值
*           color       填充颜色
* 出口参数：无
****************************************************************/
void  GUI_EllipseFill(uint32 x0, uint32 x1, uint32 y0, uint32 y1, TCOLOR color)
{  int32   draw_x0, draw_y0;                     //绘图点坐标变量
   int32   draw_x1, draw_y1;
   int32   draw_x2, draw_y2;
   int32   draw_x3, draw_y3;
   int32   xx, yy;                               //画图控制变量

   int32   center_x, center_y;                   //椭圆中心点坐标变量
   int32   radius_x, radius_y;                   //椭圆的半径,x 轴半径和 y 轴半径
   int32   radius_xx, radius_yy;                 //半径乘平方值
   int32   radius_xx2, radius_yy2;               //半径乘平方值的两倍
   int32   di;                                   //定义决策变量

   /*参数过滤*/
   if( (x0 == x1) || (y0 == y1)) return;

   /*计算出椭圆中心点坐标*/
   center_x = (x0 + x1) >> 1;
   center_y = (y0 + y1) >> 1;
   /*计算出椭圆的半径,x 轴半径和 y 轴半径*/
   if(x0 > x1)
   {  radius_x = (x0 - x1) >> 1;
   }
   else
   {  radius_x = (x1 - x0) >> 1;
   }
   if(y0 > y1)
   {  radius_y = (y0 - y1) >> 1;
   }
   else
```

```
{   radius_y = (y1 - y0) >> 1;
}

/* 计算半径乘平方值 */
radius_xx = radius_x * radius_x;
radius_yy = radius_y * radius_y;
/* 计算半径乘 4 值 */
radius_xx2 = radius_xx<<1;
radius_yy2 = radius_yy<<1;

/* 初始化画图变量 */
xx = 0;
yy = radius_y;
di = radius_yy2 + radius_xx - radius_xx2 * radius_y ;     //初始化决策变量

/* 计算出椭圆 y 轴上的两个端点坐标,作为作图起点 */
draw_x0 = draw_x1 = draw_x2 = draw_x3 = center_x;
draw_y0 = draw_y1 = center_y + radius_y;
draw_y2 = draw_y3 = center_y - radius_y;
GUI_Point(draw_x0, draw_y0, color);          //画 y 轴上的两个端点
GUI_Point(draw_x2, draw_y2, color);

while( (radius_yy * xx) < (radius_xx * yy))
{   if(di<0)
    {   di += radius_yy2 * (2 * xx + 3);
    }
    else
    {   di += radius_yy2 * (2 * xx + 3) + 4 * radius_xx - 4 * radius_xx * yy;

        yy -- ;
        draw_y0 -- ;
        draw_y1 -- ;
        draw_y2 ++ ;
        draw_y3 ++ ;
    }

    xx ++ ;                                  //x 轴加 1
```

```
        draw_x0 ++ ;
        draw_x1 -- ;
        draw_x2 ++ ;
        draw_x3 -- ;

        GUI_Point(draw_x0, draw_y0, color);
        GUI_Point(draw_x1, draw_y1, color);
        GUI_Point(draw_x2, draw_y2, color);
        GUI_Point(draw_x3, draw_y3, color);

        /*若 y 轴已变化,则进行填充*/
        if(di>=0)
        {  GUI_HLine(draw_x0, draw_y0, draw_x1, color);
           GUI_HLine(draw_x2, draw_y2, draw_x3, color);
        }
    }

    di = radius_xx2 * (yy-1) * (yy-1) + radius_yy2 * xx * xx + radius_yy + radius_yy2 * xx -
         radius_xx2 * radius_yy;
    while(yy>=0)
    {  if(di<0)
       {  di += radius_xx2 * 3 + 4 * radius_yy * xx + 4 * radius_yy - 2 * radius_xx2 * yy;

          xx ++ ;                                  //x 轴加 1
          draw_x0 ++ ;
          draw_x1 -- ;
          draw_x2 ++ ;
          draw_x3 -- ;
       }
       else
       {  di += radius_xx2 * 3 - 2 * radius_xx2 * yy;
       }

       yy -- ;
       draw_y0 -- ;
       draw_y1 -- ;
       draw_y2 ++ ;
```

```
        draw_y3 ++ ;

        GUI_Point(draw_x0, draw_y0, color);
        GUI_Point(draw_x1, draw_y1, color);
        GUI_Point(draw_x2, draw_y2, color);
        GUI_Point(draw_x3, draw_y3, color);

        /* y 轴已变化,进行填充 */
        GUI_HLine(draw_x0, draw_y0, draw_x1, color);
        GUI_HLine(draw_x2, draw_y2, draw_x3, color);
    }

}
```

对于多边形的填充,可以使用扫描法实现。如图 5.17 所示,一般多边形(凸多边形)的填充方法较简单。例如提供的填充点为 A 点,此时可以在 A 点所在 x 轴上找出多边形左边界的点和右边界的点,然后画水平线(即用水平线填充);计算出此水平线的中点 C,并记住这一点,以 C 为中心向上移一行,并进行填充……直到上面部分填充完毕;然后回到 C 点,用同样的方法向下填充,直到结束。这样即可把整个多边形填充完毕。

如图 5.18 所示,对复杂多边形(凹多边形),在向上和向下填充时找出相应的折点(如 B、C、D 点等)并保存;然后在当前块填充区域填充完后;再取出保存的折点作为下一块区填充区域。依此类推直到完成所有折点上的填充。例如指定填充点为 A 点,保存 A 点作为向上折点,以便于表明还要从 A 点向上填充。然后从 A 点开始向下填充。当发现折点 B 时,保存 B 点作为向下折点,然后填充区域①;当区域①填充完毕后,回到 B 折点,向下填充区域②;当区域②填充完毕后,返回到折点 A,开始向上填充。在填充过程中,要找出相应的向上折点和向下折点,然后再一一填充。

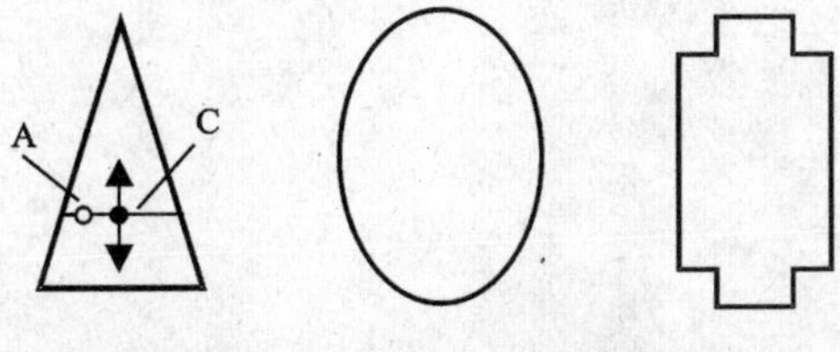


**图 5.17　一般多边形的填充**

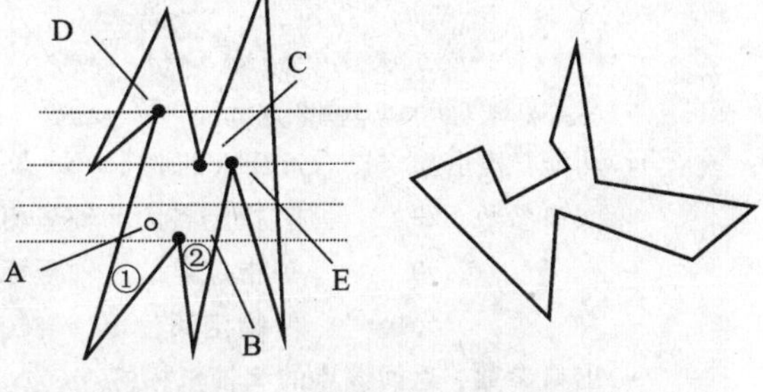


**图 5.18　复杂多边形的填充**

边界点的颜色值与填充点上的颜色值是不相等的，查找边界就是根据这一特点来判断的，如程序清单 5.36 中 GUI_ReadLeftPoint()、GUI_ReadRightPoint()所示。

边形填充如程序清单 5.36 中 GUI_CmpPointColor()所示。

**程序清单 5.36　多边形填充函数**

```
/****************************************************************************
* 名称：GUI_ReadLeftPoint()
* 功能：找出指定点左边最近的非 color 点
* 入口参数：x0          指定点的 x 坐标值
*          y0          指定点的 y 坐标值
*          color       指定颜色值
* 出口参数：返回该点的 x 轴坐标值
* 说明：若没有找出，则返回最左的 x 坐标 0
****************************************************************************/
uint32  GUI_ReadLeftPoint(uint32 x0, uint32 y0, TCOLOR color)
{  uint32  i;
   TCOLOR  bakc;

   for(i = x0 - 1; i>0; i--)
   {  GUI_ReadPoint(i, y0, &bakc);
      if( GUI_CmpColor(bakc,color) == 0) return(i + 1);        //若找到，则返回
   }
   GUI_ReadPoint(i, y0, &bakc);
   if( GUI_CmpColor(bakc,color) == 0) return(1);               //若找到，则返回

   return(0);
}

/****************************************************************************
* 名称：GUI_ReadRightPoint()
* 功能：找出指定点右边最近的非 color 点
* 入口参数：x0          指定点的 x 轴坐标值
*          y0          指定点的 y 轴坐标值
*          color       指定颜色值
* 出口参数：返回该点的 x 轴坐标值
* 说明：若没有找出，则返回最右的 x 坐标 GUI_LCM_XMAX
****************************************************************************/
```

```
uint32   GUI_ReadRightPoint(uint32 x0, uint32 y0, TCOLOR color)
{  uint32   i;
   TCOLOR  bakc;

   for(i = x0 + 1; i<GUI_LCM_XMAX; i ++ )
   {  GUI_ReadPoint(i, y0, &bakc);
      if( GUI_CmpColor(bakc,color) == 0) return(i - 1);          //若找到,则返回
   }
   return(GUI_LCM_XMAX);
}

/****************************************************************************
* 名称：GUI_CmpPointColor()
* 功能：判断指定点上的颜色是否为某种颜色
* 入口参数：x          指定点的 x 轴坐标值
*           y          指定点的 y 轴坐标值
*           color      颜色值
* 出口参数：返回 1 表示相同,返回 0 表示不相同
****************************************************************************/
int  GUI_CmpPointColor(uint32 x, uint32 y, TCOLOR color)
{  TCOLOR  bakc;

   GUI_ReadPoint(x, y, &bakc);
   return( GUI_CmpColor(bakc,color));
}

/* 定义折点个数 */
#define  DOWNP_N          20
#define  UPP_N            20
/****************************************************************************
* 名称：GUI_FloodFill()
* 功能：图形填充,将指定点内的封闭图形进行填充。对指定点的颜色区域进行填充,即不是该颜色
*       的像素为边界(如,指定点上的颜色为红色,则其他颜色像素均为边界)
* 入口参数：x0          指定点的 x 坐标值
*           y0          指定点的 y 坐标值
*           color       填充颜色
* 出口参数：无
```

```
********************************************************************/
void  GUI_FloodFill(uint32 x0, uint32 y0, TCOLOR color)
{  PointXY   down_point[DOWNP_N];                         //定义向下填充转折点缓冲区
   uint8      down_no;                                    //向下折点个数
   PointXY   up_point[UPP_N];                             //定义向上填充转折点缓冲区
   uint8      up_no;                                      //向上折点个数
   TCOLOR    fcolor;                                      //填充点上的颜色

   uint32   xx, yy;                                       //填充临时 x,y 变量（当前填充行的中点）
   uint32   xx0;                                          //当前填充行的左 x 值变量
   uint32   xx1;                                          //当前填充行的右 y 值变量
   uint32   i;

   uint32   x0_bak, y0_bak;
   uint32   x1_bak;

   /*参数过滤*/
   if(x0>=GUI_LCM_XMAX) return;
   if(y0>=GUI_LCM_YMAX) return;

   /*判断指定点是否为填充颜色,若是则直接返回*/
   GUI_ReadPoint(x0, y0, &fcolor);                        //取得填充点的颜色
   if( GUI_CmpColor(fcolor,color)!= 0) return;

   y0_bak  =  y0;
   x0_bak  =  xx0  =  GUI_ReadLeftPoint(x0, y0, fcolor); //找出当前 y 坐标上的最左边的点
   x1_bak  =  xx1  =  GUI_ReadRightPoint(x0, y0, fcolor); //找出当前 y 坐标上的最右边的点
   down_point[0].x  =  up_point[0].x  =  (xx1  +  xx0)/2;
   down_point[0].y  =  up_point[0].y  =  y0;
   down_no  =  1;
   up_no  =  1;

   /*开始向上填充*/
FILL_UP:
   if(0 == up_no) goto FILL_DOWN;                         //若向下扫描已完成,则退出
   xx  =  up_point[up_no-1].x;                            //否则取出下一折点
   yy  =  up_point[up_no-1].y;
```

```
up_no-- ;
xx0 = GUI_ReadLeftPoint(xx, yy, fcolor);
xx1 = GUI_ReadRightPoint(xx, yy, fcolor);
while(1)
{  yy += 1;                                        //中心点向上一点

   if( GUI_CmpPointColor(xx, yy, fcolor) == 0)
   {  /*判断此点是否为终点,若是则退出此次循环*/
      for(i = xx0; i<= xx1; i++)                   //查找此行是否有需填充点
      {  if( GUI_CmpPointColor(i, yy, fcolor)!= 0) break;
      }
      if(i>xx1) goto FILL_UP;

      /*找出新一行中最右边的点*/
      xx = i;                                      //更新 xx 到要填充的有效区域内
      xx1 = GUI_ReadRightPoint(xx, yy, fcolor);
   }
   else
   {  /*找出新一行中最右边的点*/
      xx1 = GUI_ReadRightPoint(xx, yy, fcolor);
   }
   xx0 = GUI_ReadLeftPoint(xx, yy, fcolor);

   /*向下折点。使用 y0 作为折点变量,x0 作为上一折点变量*/
   if(down_no<DOWNP_N)
   {  y0 = xx0;
      x0 = y0 - 1;
      for(i = y0; i<= xx1; i++)
      {  if( GUI_CmpPointColor(i, yy - 1, fcolor) == 0)   //更新折点
         {  y0 = i;
         }
         else
         {  if(x0!= y0)                            //找到新的折点
            {  x0 = y0;
               down_point[down_no].x = i;
               down_point[down_no].y = yy;
               down_no++ ;
```

```
                }
            }
            if(down_no> = DOWNP_N) break;                //若缓冲区已保存满,则退出
        }//end  of for(i = y0 + 1; i<xx1; i ++ )
    }//end of if(down_no<DOWNP_N)

    xx = (xx1 + xx0)/2;                                  //更新中心点
    GUI_HLine(xx0, yy, xx1, color);                      //填充一行

    /* 向上折点。使用 y0 作为折点变量,x0 作为上一折点变量 */
    if(up_no<UPP_N)
    {  y0 = xx0;
       x0 = y0 - 1;
       for(i = y0; i< = xx1; i ++ )
       {  if( GUI_CmpPointColor(i, yy + 1, fcolor) == 0)  //更新折点
          {  y0 = i;
          }
          else
          {  if(x0!= y0)                                 //找到新的折点
             {  x0 = y0;
                up_point[up_no].x = i;
                up_point[up_no].y = yy;
                up_no ++ ;
             }
          }
          if(up_no> = UPP_N) break;                      //若缓冲区已保存满,则退出
       }
    }//end of if(up_no<UPP_N)

  }//end of while(1)

  /* 向下填充 */
FILL_DOWN:
  if(0 == down_no)
  {  if(0 == up_no)
     {  GUI_HLine(x0_bak, y0_bak, x1_bak, color);
        return;                       //若向下扫描已完成,且没有发现新的向上折点,则退出
```

```
    }
    else
    {  goto FILL_UP;
    }
}
xx = down_point[down_no - 1].x;                          //否则取出下一折点
yy = down_point[down_no - 1].y;
down_no -- ;
xx0 = GUI_ReadLeftPoint(xx, yy, fcolor);
xx1 = GUI_ReadRightPoint(xx, yy, fcolor);

while(1)
{  yy - = 1;                                             //中心点向上一点
   if( GUI_CmpPointColor(xx, yy, fcolor) == 0)
   {  /* 判断此点是否为终点,若是则退出此次循环 */
      for(i = xx0; i< = xx1; i ++ )                      //查找下一行是否有需填充点
      {  if( GUI_CmpPointColor(i, yy, fcolor)!= 0) break;
      }
      if(i>xx1) goto FILL_DOWN;

      /* 找出新一行中最右边的点 */
      xx = i;
      xx1 = GUI_ReadRightPoint(xx, yy, fcolor);
   }
   else
   {  /* 找出新一行中最右边的点 */
      xx1 = GUI_ReadRightPoint(xx, yy, fcolor);
   }
   xx0 = GUI_ReadLeftPoint(xx, yy, fcolor);

   /* 向上折点。使用 y0 作为折点变量,x0 作为上一折点变量 */
   if(up_no<UPP_N)
   {  y0 = xx0;
      x0 = y0 - 1;
      for(i = y0; i< = xx1; i ++ )
      {  if( GUI_CmpPointColor(i, yy + 1, fcolor) == 0)   //更新折点
         {  y0 = i;
```

```
            }
            else
            {   if(x0!= y0)                                 //找到新的折点
                {   x0 = y0;
                    up_point[up_no].x = i;
                    up_point[up_no].y = yy;
                    up_no ++ ;
                }
            }
            if(up_no> = UPP_N) break;                      //若缓冲区已保存满,则退出
        }
    }

    xx = (xx1 + xx0)/2;
    GUI_HLine(xx0, yy, xx1, color);                        //填充一行

    /* 向下折点。使用 y0 作为折点变量,x0 作为上一折点变量 */
    if(down_no<DOWNP_N)
    {   y0 = xx0;
        x0 = y0 - 1;
        for(i = y0; i< = xx1; i ++ )
        {   if( GUI_CmpPointColor(i, yy - 1, fcolor) == 0)  //更新折点
            {   y0 = i;
            }
            else
            {   if(x0!= y0)                                 //找到新的折点
                {   x0 = y0;
                    down_point[down_no].x = i;
                    down_point[down_no].y = yy;
                    down_no ++ ;
                }
            }
            if(down_no> = DOWNP_N) break;                  //若缓冲区已保存满,则退出
        }
    }//end of if(down_no<DOWNP_N)

}//end of while(1)
```

```
    GUI_HLine(x0_bak, y0_bak, x1_bak, color);
}
```

# 5.4 简易窗口管理

窗口是图形操作系统中的常用界面,用户的当前操作及提示输出均在窗口内完成,具有统一性、易操作性。ZLG/GUI 只提供了简单的窗口绘画函数,没有复杂的结构及操作,窗口数据结构如程序清单 5.37 所示。图 5.19 所示为一个简单的窗口。

**程序清单 5.37　窗口数据结构**

```
/*定义窗口数据结构*/
typedef  struct
{  uint32  x;          //窗口位置(左上角的 x 坐标)
   uint32  y;          //窗口位置(左上角的 y 坐标)

   uint32  with;       //窗口宽度
   uint32  hight;      //窗口高度

   uint8   *title;     //定义标题栏指针(标题字符为 ASCII 字符串,最大个数受窗口限制)
   uint8   *state;     //定义状态栏指针(若为空,则不显示状态栏)
} WINDOWS;
```

在窗口数据结构中,没有定义窗口边框的颜色、标题的颜色、背景色等,所以窗口的显示只有前景色(disp_color)、背景色(back_color)两种。这两个变量在 GUI_STOCKC.C 文件中定义。在显示窗口之前,用户需要调用 GUI_SetColor()函数设置前景色及背景色,代码如程序清单 5.38 所示。下文又称前景色为显示色。

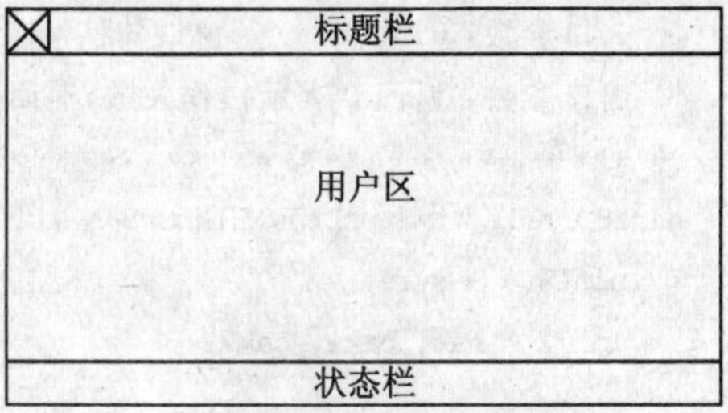


图 5.19　一个简单的窗口

**程序清单 5.38　前景色及背景色设置函数**

```
/*定义前景色及背景色变量,用于 ASCII 码、汉字、窗口、单色位图显示*/
TCOLOR  disp_color;
TCOLOR  back_color;
```

```
/****************************************************************
* 名称：GUI_SetColor()
* 功能：设置显示色及背景色。用于 ASCII 字符显示及汉字显示
* 入口参数：color1          显示色的值
*           color2          背景色的值
* 出口参数：无
* 说明：无
****************************************************************/
void  GUI_SetColor(TCOLOR color1, TCOLOR color2)
{  GUI_CopyColor(&disp_color, color1);
   GUI_CopyColor(&back_color, color2);
}
```

当画窗口时，需要先设置窗口属性，然后调用 GUI_WindowsDraw 函数进行显示输出。GUI_WindowsDraw 会根据窗口左上角的坐标及窗口宽度、高度计算出矩形的 4 条边，然后显示标题栏。若状态栏指针不为 NULL，则显示状态栏，如程序清单 5.39 所示。标题栏的高度固定为 12 点像素，而状态栏的高度固定为 11 点像素，它们的长为窗口的宽度。若要显示的字符超出了窗口的长度，超出部分的字符不显示。

**程序清单 5.39　窗口显示函数**

```
/****************************************************************
* 名称：GUI_WindowsDraw()
* 功能：显示窗口。根据提供的窗口参数进行画窗口
* 入口参数：win          窗口句柄
* 出口参数：返回 0 表示操作失败，返回 1 表示操作成功
****************************************************************/
uint8  GUI_WindowsDraw(WINDOWS *win)
{  uint8   *str;
   int32  bak, bak1, bak2;

   /* 参数过滤，若窗口起出范围，则返回 0 */
   if( ( (win->with)<20) || ( (win->hight)<20)) return(0); //宽度、高度检查，限制最小窗口
   if( (win->x + win->with) > GUI_LCM_XMAX) return(0);      //窗口宽度是否溢出
   if( (win->y + win->hight) > GUI_LCM_YMAX) return(0);     //窗口高度是否溢出

   /* 开始画窗口 */
   GUI_RectangleFill(win->x, win->y, win->x + win->with - 1, win->y + win->
```

```
hight - 1, back_color);
    GUI_Rectangle(win->x, win->y, win->x + win->with - 1, win->y + win->hight -
1, disp_color);                                              //画窗口
    GUI_HLine(win->x, win->y + 12, win->x + win->with - 1, disp_color);
                                                             //画标题目栏
    GUI_RLine(win->x + 12, win->y, win->y + 12, disp_color);     //画关闭窗号按钮
    GUI_Line(win->x, win->y, win->x + 12, win->y + 12, disp_color);
    GUI_Line(win->x + 12, win->y, win->x, win->y + 12, disp_color);

    /*写标题*/
    if( win->title != NULL)
    {  str = win->title;
       bak = win->x + 15;
       bak1 = win->y + 3;
       bak2 = win->x + win->with -1;

       while(1)
       {  if( (bak+8) > bak2) break;           //判断标题是否溢出
          if(*str=='\0') break;                //判断字符串是否结束
          GUI_PutChar(bak, bak1, *str++);      //显示标题
          bak += 6;
       }
    }

    /*写状态栏*/
    if( win->state != NULL)
    {  if( win->hight < 60) return(0);        //判断是否可以画状态栏
       /*画状态栏*/
       GUI_HLine(win->x, win->y + win->hight - 11, win->x + win->with - 1,
                 disp_color);

       str = win->state;
       bak = win->x + 3;
       bak1 = win->y + win->hight - 9;
       bak2 = win->x + win->with -1;

       while(1)
```

```
        {   if( (bak + 8) > bak2) break;                    //判断标题是否溢出
            if( * str == '\0') break;                       //判断字符串是否结束

            GUI_PutChar(bak, bak1, * str ++ );              //显示标题
            bak += 6;
        }
    }
    return(1);

}
```

对于窗口的消隐,使用 GUI_RectangleFill()函数直接对整个窗口填充为背景色实现,如程序清单 5.40 所示。

**程序清单 5.40　窗口消隐函数**

```
/****************************************************************************
 * 名称：GUI_WindowsHide()
 * 功能：消隐窗口
 * 入口参数：win          窗口句柄
 * 出口参数：返回 0 表示操作失败,返回 1 表示操作成功
****************************************************************************/
uint8   GUI_WindowsHide(WINDOWS * win)
{  /* 参数过滤,若窗口起出范围,则返回 0 */
    if( ( (win->with)<20) || ( (win->hight)<20)) return(0); //宽度、高度检查,限制最小窗口
    if( (win->x + win->with) > GUI_LCM_XMAX) return(0);      //窗口宽度是否溢出
    if( (win->y + win->hight) > GUI_LCM_YMAX) return(0);     //窗口高度是否溢出

    /* 消隐窗口 */
    GUI_RectangleFill(win->x, win->y, win->x + win->with - 1, win->y +
                      win->hight - 1, back_color);
    return(1);
}
```

清除窗口,即清除窗口用户区域,先根据标题栏、状态栏及边框来计算出窗口内的用户区尺寸,再用背景色进行填充实现,如程序清单 5.41 所示。

**注意:** 使用这个函数前要保证窗口已使用 GUI_WindowsDraw()函数显示且在最顶层(top),否则函数会破坏其他图形。

**程序清单 5.41　窗口清除函数**

```
/****************************************************************************
 * 名称：GUI_WindowsClr()
 * 功能：清屏窗口
 * 入口参数：win          窗口句柄
 * 出口参数：无
 * 说明：使用此函数前要先使用 GUI_WindowsDraw()将窗口画出
****************************************************************************/
void  GUI_WindowsClr(WINDOWS *win)
{  uint8  x0, y0;
   uint8  x1, y1;

   /*设置要清屏的区域*/
   x0 = win->x + 1;
   x1 = win->x + win->with - 2;
   y0 = win->y + 13;
   y1 = win->y + win->hight - 2;
   if( win->state != NULL)                    //判断是否有状态栏
   {  if( win->hight >= 60)
      {  y1 = win->y + win->hight - 12;
      }
   }
   /*使用填充矩形实现清屏*/
   GUI_RectangleFill(x0, y0, x1, y1, back_color);
}
```

## 5.5　字符及图形

在点阵式图形液晶上显示字符或图形，需要使用原始的点阵数据，把对应的数据发送到 LCM 即可显示。有的液晶模块自身带有 ASCII 码的字符库（点阵数据）或常用汉字的字库，使用时只要按要求设置相应的模式即可。ZLG/GUI 建立了一个常用 5×7 ASCII 码的点阵库（文件 FONT5_7.C）、8×8 ASCII 码的点阵库（FONT8_8.C）以及 24×32 数字的点阵库（FONT24_32.C）。为了方便增加及修改点阵数据，定义点阵数据时直接使用"_"和"X"来代替相应点的数据。为"_"的点表示 0，即显示为空；而为"X"的点为 1，即显示点亮，如程序清单 5.42 所示。

**程序清单 5.42　ASCII 码点阵数据定义**

```
const unsigned char FONT8ASCII[][8] = {
  /*  空格 */
   {
    ________,
    ________,
    ________,
    ________,
    ________,
    ________,
    ________,
    ________}
  …
  …
  /*2*/
,{
   _XXX____,
   X___X___,
   ____X___,
   __XX____,
   _X______,
   X_______,
   XXXXX___,
   ________}
   ⋮
```

但是程序清单 5.42 的定义还要转换成实际的二进制数，以方便编程及应用，如“_XXX____”应用 0x70 代替，这样就要定义一个 0x00～0xFF 的数据转换表(文件 FONT_MACRO.H)，如程序清单 5.43 所示。

**程序清单 5.43　ASCII 码点阵数据转换字**

```
#define    ________    0x00
#define    _______X    0x01
#define    ______X_    0x02
#define    ______XX    0x03
#define    _____X__    0x04
#define    _____X_X    0x05
```

```
#define      _____XX_     0x06
#define      _____XXX     0x07
#define      ____X___     0x08
#define      ____X__X     0x09
#define      ____X_X_     0x0a
#define      ____X_XX     0x0b
#define      ____XX__     0x0c
#define      ____XX_X     0x0d
#define      ____XXX_     0x0e
#define      ____XXXX     0x0f
⋮
```

对于 5×7 的 ASCII 码，显示时可以将左边和下边各增加一个像素点的间隙(即要显示 8 行、6 列点阵数据)，以便下一字符显示时不会紧贴在一起。显示 ASCII 码时，先将要显示的 ASCII 码转换成相应的点阵数据所在数组单元，然后取出数据直接输出到 LCM 显示，函数如程序清单 5.44 所示。

**注意：** 字符显示使用前景色(disp_color)、背景色(back_color)，所以在显示字符前用户需要调用 GUI_SetColor()函数进行设置。

程序清单 5.44 中，取得点阵数据后，逐点分析前 6 个点(d7～d2)，使用 DCB2HEX_TAB 转换表进行屏蔽，判断该点是否显示点亮(显示前景色)或熄灭(显示背景色)。DCB2HEX_TAB 转换表定义在GUI_STOCKC.C文件中，定义值如程序清单 5.45 所示。

**程序清单 5.44　ASCII 码显示输出函数**

```
/****************************************************************************
* 名称：GUI_PutChar()
* 功能：显示 ASCII 码，显示值为 20H～7FH(若为其他值，则显示' ')
* 入口参数：x          指定显示位置，x 坐标
*           y          指定显示位置，y 坐标
*           ch         要显示的 ASCII 码值
* 出口参数：返回值为 1 时表示操作成功，为 0 时表示操作失败
* 说明：操作失败原因是指定地址超出有效范围(显示格式为 6×8)
****************************************************************************/
uint8   GUI_PutChar(uint32 x, uint32 y, uint8 ch)
{  uint8    font_dat;
   uint8    i, j;
   TCOLOR  bakc;
```

```
    /*参数过滤*/
    if( x>=(GUI_LCM_XMAX-8)) return(0);
    if( y>=(GUI_LCM_YMAX-8)) return(0);
    if( (ch<0x20) || (ch>0x7f)) ch = 0x20;

    ch -= 0x20;
    for(i=0; i<8; i++)
    {  /*读取点阵数据*/
       font_dat = FONT5x7ASCII[ch][i];

       for(j=0; j<6; j++)
       {  /*设置相应的点为 color 或为 back_color*/
          if( (font_dat&DCB2HEX_TAB[j]) == 0) GUI_CopyColor(&bakc, back_color);
             else  GUI_CopyColor(&bakc, disp_color);
          GUI_Point(x, y, bakc);
          x++;
       }

       y++;                                          //指向下一行
       x -= 6;                                       //恢复 x 值
    }

    return(1);
}
```

**程序清单 5.45　DEC2HEX_TAB 转换表定义**

```
/*定义十进制(0～7)==>十六进制位转换表,因为显示点数据是由左到右,所以十六进制位顺序是倒的*/
uint8 const  DCB2HEX_TAB[8] = {0x80, 0x40, 0x20, 0x10, 0x08, 0x04, 0x02, 0x01};
```

可以通过调用字符串显示输出函数来实现字符串的显示,如程序清单 5.46 所示。

**程序清单 5.46　字符串显示输出函数**

```
/****************************************************************************
 * 名称:GUI_PutString()
 * 功能:输出显示字符串(没有自动换行功能)
 * 入口参数:x          指定显示位置,x 坐标
 *          y          指定显示位置,y 坐标
```

```
*            str        要显示的 ASCII 码字符串
* 出口参数：无
****************************************************************/
void  GUI_PutString(uint32 x, uint32 y, char * str)
{  while(1)
   {  if( (* str) == '\0') break;
      if( GUI_PutChar(x, y, * str++ ) == 0) break;
      x += 6;                          //下一个字符显示位置，y 不变(即不换行)
   }
}
```

当用 GUI_PutString()函数显示字符串时，显示的字符个数由字符串本身决定，没有作任何限制。有些显示场合需要限制最大显示字符个数，否则会超出规定显示区域。GUI_PutNoStr()函数就是有限定个数的字符串显示函数，如程序清单 5.47 所示。

### 程序清单 5.47　指定字符个数显示字符串

```
/****************************************************************
* 名称：GUI_PutNoStr()
* 功能：输出显示字符串(没有自动换行功能)，若显示的字符个数大于指定个数，则直接退出
* 入口参数：x          指定显示位置，x 坐标
*            y          指定显示位置，y 坐标
*            str        要显示的 ASCII 码字符串
*            no         最大显示字符的个数
* 出口参数：无
****************************************************************/
void  GUI_PutNoStr(uint32 x, uint32 y, char * str, uint8 no)
{  if(no == 0) return;
   for(; no>0; no-- )
   {  if( (* str) == '\0') break;
      if( GUI_PutChar(x, y, * str++ ) == 0) break;
      x += 6;                          //下一个字符显示位置，y 不变(即不换行)
   }
}
```

对于 8×8 ASCII 码字符、24×32 数字字符的显示操作方法与 5×7 的 ASCII 码字符的显示操作方法基本一致，只是更改了字库的数据及显示格式。显示操作可调用 GUI_PutChar8_8 ()、GUI_PutString8_8 ()、GUI_PutNoStr8_8 ()、GUI_PutChar24_32()等函数。

汉字显示及单色图形显示也是用类似的方法，将图形或汉字的点阵数据输出到对应显示

点上，点亮的点用前景色显示，熄灭的点用背景色显示。一般汉字采用 16×16 字库，即一个汉字要用 16 行显示，每行为 16 个点，那么一个汉字的点阵数据将要使用 32 字节的空间。图形及汉字显示时，要逐行输出点阵数据，如程序清单 5.48 所示。GUI_LoadLine()就是用于输出一行点阵数据的函数。程序先取得点阵数据(uint8 类型)，并保存到 bit_dat 变量；然后逐点进行分析，判断该点是否显示点亮(显示前景色)或熄灭(显示背景色)。

**程序清单 5.48　图形点阵数据显示输出函数**

```
/****************************************************************************
* 名称：GUI_LoadLine()
* 功能：输出单色图形的一行数据
* 入口参数：x           指定显示位置，x 坐标
*           y           指定显示位置，y 坐标
*           dat         要输出显示的数据
*           no          要显示此行的点个数
* 出口参数：返回值为 1 时表示操作成功，为 0 时表示操作失败
* 说明：操作失败原因是指定地址超出有效范围
****************************************************************************/
uint8  GUI_LoadLine(uint32 x, uint32 y, uint8 *dat, uint32 no)
{  uint8    bit_dat;
   uint8    i;
   TCOLOR  bakc;

   /* 参数过滤 */
   if(x>= GUI_LCM_XMAX) return(0);
   if(y>= GUI_LCM_YMAX) return(0);

   for(i=0; i<no; i++)
   {  /* 判断是否要读取点阵数据 */
      if( (i%8)==0) bit_dat = *dat++;

      /* 设置相应的点为 color 或为 back_color */
      if( (bit_dat&DCB2HEX_TAB[i&0x07])==0) GUI_CopyColor(&bakc, back_color);
         else  GUI_CopyColor(&bakc, disp_color);
      GUI_Point(x, y, bakc);

      if( (++x)>= GUI_LCM_XMAX) return(0);
   }
```

```
    return(1);
}
```

单色图形显示函数如程序清单 5.49 所示，调用时需要指出显示图形的起始坐标、图形的点阵数据指针及显示格式(即分多少行、多少列显示)。在显示图形之前，如果将前景色及背景色交换，则会显示出反相的图形(常用于表示某选项被选中)，如程序清单 5.50 所示的 GUI_LoadPic1()函数。

**程序清单 5.49　图形显示函数**

```
/****************************************************************************
 * 名称：GUI_LoadPic()
 * 功能：输出单色图形数据
 * 入口参数：x          指定显示位置,x 坐标
 *          y          指定显示位置,y 坐标
 *          dat        要输出显示的数据
 *          hno        要显示此行的点个数
 *          lno        要显示此列的点个数
 * 出口参数：无
****************************************************************************/
void  GUI_LoadPic(uint32 x, uint32 y, uint8 *dat, uint32 hno, uint32 lno)
{  uint32   i;

   for(i = 0; i<lno; i ++ )
   {  GUI_LoadLine(x, y, dat, hno);              //输出一行数据
      y ++ ;                                     //显示下一行
      dat += (hno>>3);                           //计算下一行的数据
      if( (hno&0x07)!= 0) dat ++ ;
   }
}
```

**程序清单 5.50　图形反相显示函数**

```
/****************************************************************************
 * 名称：GUI_LoadPic1()
 * 功能：输出单色图形数据,反相显示
 * 入口参数：x          指定显示位置,x 坐标
 *          y          指定显示位置,y 坐标
 *          dat        要输出显示的数据
```

```
*               hno        要显示此行的点个数
*               lno        要显示此列的点个数
* 出口参数:无
*****************************************************************/
void  GUI_LoadPic1(uint32 x, uint32 y, uint8 *dat, uint32 hno, uint32 lno)
{  uint32   i;

   GUI_ExchangeColor();                           //显示色与背景色交换
   for(i=0; i<lno; i++)
   {  GUI_LoadLine(x, y, dat, hno);               //输出一行数据
      y++;                                        //显示下一行
      dat += (hno>>3);                            //计算下一行的数据
      if( (hno&0x07)!= 0) dat++;
   }
   GUI_ExchangeColor();

}
```

汉字显示函数与单色图形显示函数基本一致,如程序清单 5.51 所示,在调用时要设置汉字点阵规格大小及显示位置,如在屏幕左上角显示一个 16×16 的汉字 GUI_PutHZ(0, 0, HZdat, 16, 16),其中 HZdat 为待显示汉字的点阵数据的地址。

**程序清单 5.51　汉字显示函数**

```
/*****************************************************************
* 名称:GUI_PutHZ()
* 功能:显示汉字
* 入口参数:x          指定显示位置,x 坐标
*          y          指定显示位置,y 坐标
*          dat        要输出显示的汉字点阵数据
*          hno        要显示此行的点个数
*          lno        要显示此列的点个数
* 出口参数:无
*****************************************************************/
void  GUI_PutHZ(uint32 x, uint32 y, uint8 *dat, uint8 hno, uint8 lno)
{  uint8   i;

   for(i=0; i<lno; i++)
   {  GUI_LoadLine(x, y, dat, hno);                  //输出一行数据
```

```
        y ++ ;                                          //显示下一行
        dat += (hno>>3);                                //计算下一行的数据
        if( (hno&0x07) != 0) dat ++ ;
    }
}
```

## 5.6 菜单的操作

ZLG/GUI 可以使用两种菜单方式，一种为图标菜单，另一种为简易下拉式菜单。图标菜单显示了直观、大方及操作简便的人-机交互方式，如图 5.20 所示。

**图 5.20　图标菜单**

一般图标菜单分为两部分，即图形部分和标识字部分。对于当前选择的图标菜单，其标题部分要反相显示（其他图标菜单的标题正常显示），以便指示当前选择项。通常图标菜单的点阵数为 32×32，所占用的显示面积较大，一般用于只有较少菜单项的系统中。图标菜单数据结构定义如程序清单 5.52 所示。菜单的显示只有前景色（disp_color）和背景色（back_color）两种颜色，用户需要调用 GUI_SetColor()函数设置前景色及背景色。

**程序清单 5.52　图标菜单数据结构**

```
/* 定义图标菜单数据结构 */
typedef  struct
{   uint32   x;                     //图标菜单位置(左上角的 x 坐标)
    uint32   y;                     //图标菜单位置(左上角的 y 坐标)
    uint8     * icodat;             //32 × 32 的 ICO 数据地址
    uint8    * title;               //相关标题提示 (42 × 13)
    uint8    state;                 //图标菜单状态,为 0 时表示未选中,为 1 时表示已选中

    void     ( * Function)(void);   //对应的服务程序
} MENUICO;
```

对于图标菜单的显示，需要调用 GUI_MenuIcoDraw 函数。此函数先将图形部分按指定的位置进行显示，然后空出一行空行，再显示相应的标题部分，代码如程序清单 5.53 所示。用

户在进行选择操作时,将原菜单的选中状态设置为非选中状态 0,而新选菜单的选中状态设置为选中状态 1,然后分别刷新显示即可。

**程序清单 5.53　图标菜单显示函数**

```
/*************************************************************
* 名称：GUI_MenuIcoDraw()
* 功能：显示图标菜单
* 入口参数：ico            图标菜单句柄
* 出口参数：返回 0 表示操作失败,返回 1 表示操作成功
*************************************************************/
uint8   GUI_MenuIcoDraw(MENUICO * ico)
{
   /*参数过滤*/
   if( ( (ico->x)<5) || ( (ico->x)>(GUI_LCM_XMAX - 37))) return(0); //显示起始地址判断
   if( ( (ico->icodat) == NULL) || ( (ico->title) == NULL)) return(0); //显示数据内容判断

   GUI_LoadPic(ico->x, ico->y, (uint8 *) ico->icodat, 32, 32);     //显示 ICO 图
   GUI_HLine(ico->x - 5, ico->y + 32, ico->x + 37, back_color);     //显示一空行
   if( (ico->state) == 0)
   {  GUI_LoadPic(ico->x - 5, ico->y + 33, (uint8 *) ico->title, 42, 13);
   }
   else
   {  GUI_LoadPic1(ico->x - 5, ico->y + 33, (uint8 *) ico->title, 42, 13);
   }

   return(1);
}
```

按钮也是常用的图标菜单,它的组成只有图形部分,没有标识字部分。当处于选中状态时按钮将反相显示,或显示为另一张图形。ZLG/GUI 提供了 49×14 的单色按钮显示函数 GUI_Button49x14(),如程序清单 5.54 所示。另外,ZLG/GUI 提供了 OK、Cancle 按钮显示函数 GUI_Button_OK()、GUI_Button_Cancle()、GUI_Button_OK1()和 GUI_Button_Cancle1(),用户可以调用这些函数来组成确认对话框。

**程序清单 5.54　按钮显示函数**

```
/*************************************************************
* 名称：GUI_Button49x14()
```

```
 * 功能：显示 49×14 按钮
 * 入口参数：x          指定显示位置，x 坐标
 *           y          指定显示位置，y 坐标
 *           dat        显示的数据地址
 * 出口参数：无
***************************************************************/
void  GUI_Button49x14(uint32 x, uint32 y, uint8 *dat)
{  GUI_LoadPic(x, y, (uint8 *)dat, 49, 14);
}
```

下拉式菜单是最常见的人机交互方式之一。它可以方便地将菜单进行分类，在正常工作时只显示菜单，占用的显示面积小，只有在激活的情况下才弹出下拉子菜单。下拉式菜单常用于较大量的菜单系统中。下拉式菜单具有主菜单和子菜单，其数据结构定义如程序清单 5.55 所示。

**程序清单 5.55　下拉式菜单数据结构**

```
/*定义主菜单宽度，及最大菜单个数*/
#define  MMENU_WIDTH                34
#define  MMENU_NO                   6

/*定义菜单的宽度(下拉菜单)，及最大子菜单个数*/
#define  SMENU_WIDTH                66
#define  SMENU_NO                   8

/*定义一子菜单项的数据结构*/
typedef  struct
{  WINDOWS   *win;                   //所属窗口
   uint8     mmenu_no;               //对应的主菜单项号(0～n)

   uint8     no;                     //子菜单项个数
   char      *str[SMENU_NO];         //子菜单字符串
   uint8     state;                  //所选择的子菜单

   void      (*Function[SMENU_NO])(void); //子菜单对应的服务程序
} SMENU;

/*主菜单数据结构*/
typedef  struct
```

```
{   WINDOWS    * win;                          //所属窗口


    uint8      no;                             //主菜单个数
    char       * str[MMENU_NO];                //主菜单字符串
} MMENU;
```

ZLG/GUI 的下拉式菜单的宽度是固定的，主菜单宽度由 MMENU_WIDTH 定义，子菜单的宽度由 SMENU_WIDTH 定义。子菜单下拉时，先判断右边是否具有足够显示的空间。若有，则以左侧为基准向右下拉；否则以右侧为基准向左下拉。下拉式菜单直接显示在窗口的标题栏下，与窗口上边界的距离为 22 点像素。主菜单显示如程序清单 5.56 所示，子菜单显示如程序清单 5.57 所示。

**程序清单 5.56　主菜单显示函数**

```
/*******************************************************************
 * 名称：GUI_MMenuDraw()
 * 功能：显示主菜单，加上边框
 * 入口参数：men          主菜单句柄
 * 出口参数：返回 0 表示操作失败，返回 1 表示操作成功
*******************************************************************/
uint8   GUI_MMenuDraw(MMENU * men)
{   WINDOWS    * mwin;
    uint8   i;
    uint8   xx;

    /* 参数过滤 */
    if( (men->no) == 0) return(0);

    mwin = men->win;                                //取得窗口句柄
    /* 判断是否可以显示主菜单 */
    if( (mwin->hight)<50) return(0);
    if( (mwin->with)<50) return(0);

    /* 画菜单条，并显示菜主单 */
    GUI_HLine(mwin->x, mwin->y + 22, mwin->x + mwin->with - 1, disp_color);

    xx = mwin->x;
    for(i=0; i<(men->no); i++)
```

```
    {   if( (xx + MMENU_WIDTH) > (mwin->x + mwin->with)) return(0);

        GUI_PutNoStr(xx + 2, mwin->y + 14, men->str[i], 4);              //书写主菜单文字
        xx += MMENU_WIDTH;
        GUI_RLine(xx, mwin->y + 12, mwin->y + 22, disp_color);          //显示主菜单分界线
    }

    return(1);
}
```

## 程序清单 5.57　子菜单显示函数

```
/****************************************************************************
* 名称：GUI_SMenuDraw()
* 功能：显示子菜单，加上边框
* 入口参数：men          子菜单句柄
* 出口参数：返回 0 表示操作失败，返回 1 表示操作成功
****************************************************************************/
uint8  GUI_SMenuDraw(SMENU *men)
{  WINDOWS   *mwin;
   uint32    xx, yy;
   uint8     i;

   mwin = men->win;
   /* 判断是否可以显示主菜单 */
   if( (mwin->hight)<50) return(0);
   if( (mwin->with)<50) return(0);

   /* 画子菜单项。下拉子菜单，以向左下拉为原则，若右边溢出则以右下拉显示 */
   xx = mwin->x;
   xx += (men->mmenu_no) * MMENU_WIDTH;
   yy = mwin->y + 22;
   yy +=  (men->no) * 11 + 2;
   if( (xx + SMENU_WIDTH) <= (mwin->x + mwin->with - 1))
   {  /* 以左下拉为原则显示子菜单 */
      if( (men->mmenu_no) == 0)
      {  GUI_RLine(xx + SMENU_WIDTH, mwin->y + 22, yy, disp_color);
         GUI_HLine(xx, yy, xx + SMENU_WIDTH, disp_color);
```

```
        }
        else
        {   GUI_Rectangle(xx, mwin->y + 22, xx+SMENU_WIDTH, yy, disp_color);
        }
        GUI_HLine(xx+1, mwin->y + 22, xx+MMENU_WIDTH-1, back_color);

    }
    else
    {   /*以右下拉为原则*/
        if( (xx+MMENU_WIDTH) == (mwin->x + mwin->with - 1))
        {   GUI_RLine(xx-(SMENU_WIDTH-MMENU_WIDTH), mwin->y + 22, yy, disp_color);
            GUI_HLine(xx-(SMENU_WIDTH-MMENU_WIDTH), yy, xx+MMENU_WIDTH, disp_color);

        }
        else
        {   GUI_Rectangle(xx-(SMENU_WIDTH-MMENU_WIDTH), mwin->y + 22, xx+MMENU_WIDTH, yy,
                      disp_color);
        }
        GUI_HLine(xx+1, mwin->y + 22, xx+MMENU_WIDTH-1, back_color);

        xx = xx-(SMENU_WIDTH-MMENU_WIDTH);
    }

    /*显示菜单文字*/
    xx++;
    yy = mwin->y + 22 + 2;
    for(i=0; i<(men->no); i++)
    {   if( i == (men->state))                              //判断所选择的菜单项
        {   /*显示背景色*/
            GUI_RectangleFill(xx, yy, xx+SMENU_WIDTH-2, yy+10, disp_color);
            /*显示菜单字符*/
            GUI_ExchangeColor();
            GUI_PutNoStr(xx+1, yy+1, men->str[i], 8); //书写子菜单文字
            GUI_ExchangeColor();
        }
        else
        {   /*显示背景色*/
```

```
            GUI_RectangleFill(xx, yy, xx + SMENU_WIDTH - 2, yy + 10, back_color);
            /* 显示菜单字符 */
            GUI_PutNoStr(xx + 1, yy + 1, men->str[i], 8);   //书写子菜单文字
        }

        yy += 11;
    }

    return(1);
}
```

在主菜单中选择选项时，被选中的选项下会显示一行下划线，每进行一次选择均要调用 GUI_MmenuSelect 函数进行显示，如程序清单 5.58 所示。GUI_MmenuSelect 函数先找出选中的主菜单所在的坐标位置，然后根据主菜单的宽度画出下划线。

**程序清单 5.58　主菜单选择**

```
/****************************************************************************
* 名称：GUI_MMenuSelect()
* 功能：当前主菜单，加下划线，表示当前主菜单
* 入口参数：men          主菜单句柄
*           no           所选的主菜单项
* 出口参数：无
****************************************************************************/
void  GUI_MMenuSelect(MMENU *men, uint8 no)
{  WINDOWS   *mwin;
   uint8   xx;

   /* 参数过滤 */
   if( (men->no) == 0) return;
   if( no>(men->no)) return;

   mwin = men->win;                              //取得窗口句柄
   /* 判断是否可以显示主菜单 */
   if( (mwin->hight)<50) return;
   if( (mwin->with)<50) return;
   /* 显示下划线 */
   xx = mwin->x + no * MMENU_WIDTH;
   GUI_HLine(xx + 1, mwin->y + 22 - 1, xx + MMENU_WIDTH - 1, disp_color);
}
```

在主菜单进行选择时，当选择一个新的主菜单项时，原主菜单项要取消选中状态，即将下划线取消，如程序清单 5.59 所示。

**程序清单 5.59　主菜单取消选择**

```
/****************************************************************************
* 名称：GUI_MMenuNSelect()
* 功能：取消当前主菜单,去除下划线
* 入口参数：men          主菜单句柄
*           no           所选的主菜单项
* 出口参数：无
****************************************************************************/
void  GUI_MMenuNSelect(MMENU *men, uint8 no)
{  WINDOWS   *mwin;
   uint8   xx;

   /*参数过滤*/
   if( (men->no) == 0) return;
   if( no>(men->no)) return;

   mwin = men->win;                              //取得窗口句柄
   /*判断是否可以显示主菜单*/
   if( (mwin->hight)<50) return;
   if( (mwin->with)<50) return;
   /*显示下划线*/
   xx = mwin->x + no*MMENU_WIDTH;
   GUI_HLine(xx+1, mwin->y + 22-1, xx+MMENU_WIDTH- 1, back_color);
}
```

选择主菜单项后，弹出下拉式子菜单，调用 GUI_SmenuDraw 函数即可。当子菜单要进行选择时，所选中的子菜单项反白显示，这可通过 GUI_SmenuSelect 函数实现，如程序清单 5.60 所示。

**程序清单 5.60　子菜单选择函数**

```
/****************************************************************************
* 名称：GUI_SMenuSelect()
* 功能：选择新的子菜单
* 入口参数：men          子菜单句柄
*           old_no       原先选择的子菜单项
```

```
*              new_no       现要选择的子菜单项
* 出口参数：无
****************************************************************/
void  GUI_SMenuSelect(SMENU *men, uint8 old_no, uint8 new_no)
{  WINDOWS   *mwin;
   uint8   xx, yy;

   /*参数过滤*/
   if(old_no == new_no) return;
   xx = men->no;
   if( (old_no>xx) || (new_no>xx)) return;

   /*设置新的选择的子菜单项*/
   men->state = new_no;
   /*进行菜单反相显示*/
   mwin = men->win;
   xx = mwin->x;
   xx +=  (men->mmenu_no) * MMENU_WIDTH;
   if( (xx + SMENU_WIDTH) > (mwin->x + mwin->with - 1))
   {  /*以右下拉为原则显示子菜单,所以 xx 设置在左端*/
      xx = xx - (SMENU_WIDTH - MMENU_WIDTH);
   }
   xx ++ ;

   /*取消原子菜单选择*/
   yy = mwin->y + 22 + 2;
   yy += old_no * 11;
   GUI_RectangleFill(xx, yy, xx + SMENU_WIDTH - 2, yy + 10, back_color);
   GUI_PutNoStr(xx + 1, yy + 1, men->str[old_no], 8);
   /*选择新的子菜单*/
   yy = mwin->y + 22 + 2;
   yy += new_no * 11;
   GUI_RectangleFill(xx, yy, xx + SMENU_WIDTH - 2, yy + 10, disp_color);
   GUI_ExchangeColor();
   GUI_PutNoStr(xx + 1, yy + 1, men->str[new_no], 8);
   GUI_ExchangeColor();
}
```

当选择一个新的子菜单项时，原选中的子菜单项要取消反白显示，如程序清单 5.61 所示。

**程序清单 5.61　子菜单取消选择**

```
/*****************************************************************
* 名称：GUI_SMenuHide()
* 功能：消隐子菜单项
* 入口参数：men          子菜单句柄
* 出口参数：返回 0 表示操作失败，返回 1 表示操作成功
*****************************************************************/
uint8  GUI_SMenuHide(SMENU *men)
{  WINDOWS   *mwin;
   uint8     xx, yy;

   mwin = men->win;
   /* 判断是否可以显示主菜单 */
   if( (mwin->hight)<50) return(0);
   if( (mwin->with)<50) return(0);

   /* 画菜子单项。下拉子菜单，以向左下拉为原则，若右边溢出则以右下拉显示 */
   xx = mwin->x;
   xx +=  (men->mmenu_no) * MMENU_WIDTH;
   yy = mwin->y + 22;
   yy +=  (men->no) * 11 + 2;
   if( (xx + SMENU_WIDTH) <= (mwin->x + mwin->with - 1))
   {  /* 以左下拉为原则显示子菜单 */
      if( (men->mmenu_no) == 0)
      {  GUI_RectangleFill(xx + 1, mwin->y + 22 + 1, xx + SMENU_WIDTH, yy, back_color);
      }
      else
      {  GUI_RectangleFill(xx, mwin->y + 22 + 1, xx + SMENU_WIDTH, yy, back_color);
      }
      GUI_HLine(xx + 1, mwin->y + 22, xx + MMENU_WIDTH - 1, disp_color);
   }
   else
   {  /* 以右下拉为原则 */
      if( (xx + MMENU_WIDTH) == (mwin->x + mwin->with - 1))
      { GUI_RectangleFill(xx - (SMENU_WIDTH - MMENU_WIDTH), mwin->y + 22 + 1,
```

```
                xx + MMENU_WIDTH - 1, yy, back_color);
        }
        else
        {  GUI_RectangleFill(xx - (SMENU_WIDTH - MMENU_WIDTH), mwin->y + 22 + 1,
                xx + MMENU_WIDTH, yy, back_color);
        }
        GUI_HLine(xx + 1, mwin->y + 22, xx + MMENU_WIDTH - 1, disp_color);
    }
    return(1);
}
```

## 5.7 彩色图形处理

由于 LCM 有单色、灰度和彩色等,而且灰度又分为 4 级灰度和 16 级灰度,彩色也有 16 色、256 色、4K 色和 32K 色等,所以在显示控制时需要进行颜色值的转换,以得到最合理的显示颜色值。一般 RGB 颜色是一个 DWORD 值,32 位,格式为 0x00rrggbb,进行转换时要将其 R 值、G 值、B 值分别量化转换。

RGB 颜色值转换 n 色索引值计算公式如下:

$$c = m \times n/256 \qquad (5-9)$$

其中,m 为待转换的 RGB 颜色的 R/G/B 值;n 为索引值颜色 R/G/B 值的最大值;c 为转换结果。

例如,LCM 为 32K 色,颜色是一个 uint16,二进制格式为 0rrrrrgg gggbbbbb。根据式(5-9),索引值颜色 R/G/B 值的最大值均为 32,即 n=32,所以得:

$$c = m \times n/256 = m \times 32/256 = m >> 3$$

要转换成 32K 色的 R 值、G 值、B 值,分别取 RGB 颜色的 R/G/B 值的高 5 位即可。如程序清单 5.62 所示,程序先分别取得 RGB 颜色中的高 5 位 R 值、G 值和 B 值,并存入变量 r、g 和 b,然后将这 3 个变量组合为 32K 色颜色值返回。

**程序清单 5.62　RGB 颜色值转换为 32K 色索引值**

```
/*******************************************************************
* 名称:GUI_Color2Index_555()
* 功能:将 RGB 值转换 15 位索引值。转换后的值适用于 32K 色彩色液晶
* 入口参数:ColorRGB        RGB 值,d23~d16 为 R 值,d15~d8 为 G 值,d7~d0 为 B 值
* 出口参数:返回转换值(32K 色,d14~d10 为 R 值,d9~d5 为 G 值,d4~d0 为 B 值)
```

```
*******************************************************************/
uint16   GUI_Color2Index_555(uint32 colorRGB)
{  uint8   r, g, b;

   b = ( colorRGB>>(0+3)) & 0x1f;
   g = ( colorRGB>>(8+3)) & 0x1f;
   r = ( colorRGB>>(16+3)) & 0x1f;
   return( (r<<10) + (g<<5) + (b<<0));
}
```

n 色索引值转换 RGB 颜色值计算公式如下：

$$m = c\times255/(n-1) \tag{5-10}$$

其中,c 为待转换的 n 色索引值的 R/G/B 值;n 为索引值颜色 R/G/B 值的最大值;m 为转换结果。

例如,LCM 为 32K 色,颜色是一个 uint16,二进制格式为 0rrrrrgg gggbbbbb。根据式(5-10),索引值颜色 R/G/B 值的最大值均为 32,即 n=32,所以得：

$$m = c\times255/(32-1) = c\times255/31$$

32K 色索引值转换 RGB 颜色值如程序清单 5.63 所示。

**程序清单 5.63　32K 色索引值转换 RGB 颜色值**

```
/*******************************************************************
* 名称：GUI_Index2Color_555()
* 功能：将 15 位索引值转换为 RGB 值。适用于 32K 色彩色液晶
* 入口参数：index          15 位索引值(32K 色,d14～d10 为 R 值,d9～d5 为 G 值,d4～d0 为 B 值)
* 出口参数：返回值即为 RGB 值(d23～d16 为 R 值,d15～d8 为 G 值,d7～d0 为 B 值)
*******************************************************************/
uint32   GUI_Index2Color_555(uint16 index)
{  uint32   r, g, b;

   b = (index>>0)  & 0x1f;
   g = (index>>5)  & 0x1f;
   r = (index>>10) & 0x1f;
   r = r * 255 / 31;
   g = g * 255 / 31;
   b = b * 255 / 31;
   return( (r<<16) + (g<<8) + (b<<0));
}
```

# 5.8 ZLG/GUI 应用实例

在使用 ZLG/GUI 时，需要一个包含其他头文件及系统配置的文件 CONFIG.H。这是为了方便项目的管理，源程序中只要包含此文件即可使用系统的函数或配置。CONFIG.H 文件代码如程序清单 5.64 所示。

其中，GUI_CONFIG.H 为 ZLG/GUI 配置文件；LCDDRIVE.H 为液晶驱动程序（即硬件驱动层接口函数）的头文件；GUI_BASIC.H 为基本图形操作程序的头文件；GUI_STOCKC.H 为颜色转换操作程序的头文件；FONT_MACRO.H 定义字节点阵宏；FONT5_7.H 为 5×7 ASCII 码字符显示程序的头文件；FONT8_8.H 为 8×8 ASCII 码字符显示程序的头文件；FONT24_32.H 为 24×32 数字字符显示程序的头文件；LOADBIT.H 为单色图形及汉字显示程序的头文件；WINDOWS.H 为窗口管理功能的头文件；MENU.H 为下拉式菜单、按钮及图标菜单功能的头文件。

**程序清单 5.64　CONFIG.H 文件**

```
#ifndef TRUE
#define TRUE   1
#endif

#ifndef FALSE
#define FALSE 0
#endif

#ifndef NULL
#define NULL   0
#endif

typedef unsigned char      uint8;                   /* 无符号 8 位整型变量 */
typedef signed char        int8;                    /* 有符号 8 位整型变量 */
typedef unsigned short     uint16;                  /* 无符号 16 位整型变量 */
typedef signed short       int16;                   /* 有符号 16 位整型变量 */
typedef unsigned int       uint32;                  /* 无符号 32 位整型变量 */
typedef signed int         int32;                   /* 有符号 32 位整型变量 */
typedef float              fp32;                    /* 单精度浮点数(32 位长度) */
typedef double             fp64;                    /* 双精度浮点数(64 位长度) */
```

```
#include    "LPC2106.h"

/*********************************/
/*          应用程序配置          */
/*********************************/
#include    "GUI_CONFIG.H"
#include    "LCDDRIVE.H"
#include    "GUI_BASIC.H"
#include    "GUI_STOCKC.H"
#include    "FONT_MACRO.H"
#include    "FONT5_7.H"
#include    "FONT8_8.H"
#include    "FONT24_32.H"
#include    "LOADBIT.H"
#include    "WINDOWS.H"
#include    "MENU.H"
⋮
```

## 5.8.1 驱动程序的编写

为了能够使用 ZLG/GUI 对不同的图形液晶操作，需要用户定义液晶大小并编写相关的驱动程序，并提供 9 个硬件驱动层接口函数。例子如程序清单 5.65、程序清单 5.66 所示，这是对 SED1353 控制的 256 色伪彩液晶，点像素为 320×240，使用 RAM 建立显示缓冲区gui_disp_buf。

**程序清单 5.65　256 色伪彩液晶(320×240)参数定义——LCDDRIVE.H**

```
/*定义颜色数据类型(可以是数据结构)*/
#define  TCOLOR              uint8

/*定义 LCM 像素数宏*/
#define  GUI_LCM_XMAX        320                /*定义液晶 x 轴的像素数*/
#define  GUI_LCM_YMAX        240                /*定义液晶 y 轴的像素数*/
⋮
```

**程序清单 5.66　256 色伪彩液晶(320×240)硬件驱动层接口函数——LCDDRIVE.C**

```
#include "config.h"

/* 定义显示缓冲区(可根据情况定义或直接使用 LCM 显示存储空间) */
TCOLOR  gui_disp_buf[GUI_LCM_YMAX][GUI_LCM_XMAX];
⋮
/****************************************************************************
* 名称:GUI_FillSCR()
* 功能:全屏填充。直接使用数据填充显示缓冲区
* 入口参数:dat          填充的数据
* 出口参数:无
* 说明:用户根据 LCM 的实际情况编写此函数
****************************************************************************/
void  GUI_FillSCR(TCOLOR dat)
{  uint32   i, j;

   /* 填充缓冲区 */
   for(i = 0; i<GUI_LCM_YMAX; i ++ )              //历遍所有行
   {  for(j = 0; j<GUI_LCM_XMAX; j ++ )           //历遍所有列
      {  gui_disp_buf[i][j] = dat;
      }
   }

   /* 填充 LCM */
   LCD_FillAll(dat);
}

/****************************************************************************
* 名称:GUI_Initialize()
* 功能:初始化 GUI,包括初始化显示缓冲区,初始化 LCM 并清屏
* 入口参数:无
* 出口参数:无
* 说明:用户根据 LCM 的实际情况编写此函数
****************************************************************************/
void  GUI_Initialize(void)
{  LCD_Initialize();                                //初始化 LCM 模块工作模式,纯图形模式
   GUI_FillSCR(0x00);                               //初始化缓冲区为 0x00,并输出屏幕(清屏)
```

```
}

/*****************************************************************
* 名称：GUI_ClearSCR()
* 功能：清屏
* 入口参数：无
* 出口参数：无
* 说明：用户根据 LCM 的实际情况编写此函数
*****************************************************************/
void  GUI_ClearSCR(void)
{  GUI_FillSCR(0x00);
}

/*****************************************************************
* 名称：GUI_Point()
* 功能：在指定位置上画点
* 入口参数：x          指定点所在列的位置
*           y          指定点所在行的位置
*           color      显示颜色(对于黑白色 LCM,为 0 时灭,为 1 时显示)
* 出口参数：返回值为 1 时表示操作成功,为 0 时表示操作失败(操作失败原因是指定
*           地址超出有效范围)
* 说明：用户根据 LCM 的实际情况编写此函数。对于单色,只有一个位有效,则要使用
*       左移的方法实现 point_dat = (point_dat&MASK_TAB[i]) | (color<<n),其他位数的
*       一样处理
*****************************************************************/
uint8  GUI_Point(uint32 x, uint32 y, TCOLOR color)
{  /* 参数过滤 */
   if(x>=GUI_LCM_XMAX) return(0);
   if(y>=GUI_LCM_YMAX) return(0);

   /* 设置缓冲区相应的点 */
   gui_disp_buf[y][x] = color;

   /* 刷新显示 */
   LCD_UpdatePoint(x, y);
   return(1);
}
```

```
/****************************************************************
 * 名称：GUI_ReadPoint()
 * 功能：读取指定点的颜色
 * 入口参数：x          指定点所在列的位置
 *           y          指定点所在行的位置
 *           ret        保存颜色值的指针
 * 出口参数：返回 0 时表示指定地址超出有效范围
 * 说明：对于单色,设置 ret 的 d0 位为 1 或 0,4 级灰度则为 d0、d1 有效,8 位 RGB 则
 *       d0~d7 有效,RGB 结构则 R、G、B 变量有效
****************************************************************/
int  GUI_ReadPoint(uint32 x, uint32 y, TCOLOR *ret)
{  /*参数过滤*/
   if(x>=GUI_LCM_XMAX) return(0);
   if(y>=GUI_LCM_YMAX) return(0);

   /*取得该点颜色(用户自行更改)*/
   *ret = gui_disp_buf[y][x];

   return(1);
}

/****************************************************************
 * 名称：GUI_HLine()
 * 功能：画水平线
 * 入口参数：x0         水平线起点所在列的位置
 *           y0         水平线起点所在行的位置
 *           x1         水平线终点所在列的位置
 *           color      显示颜色(对于黑白色 LCM,为 0 时灭,为 1 时显示)
 * 出口参数：无
 * 说明：对于单色、4 级灰度的液晶,可通过修改此函数提高作图速度,如单色 LCM,
 *       可以一次更新 8 个点,而不需要逐点写到 LCM 中
****************************************************************/
void  GUI_HLine(uint32 x0, uint32 y0, uint32 x1, TCOLOR color)
{  uint32  bak;

   if(x0>x1)                          //对 x0、x1 大小进行排列,以便画图
   {  bak = x1;
```

```
        x1 = x0;
        x0 = bak;
    }

    do
    {  GUI_Point(x0, y0, color);              //逐点显示,描出垂直线
        x0 ++ ;
    }while(x1>=x0);
}

/****************************************************************************
* 名称:GUI_RLine()
* 功能:画垂直线
* 入口参数:x0         垂直线起点所在列的位置
*           y0         垂直线起点所在行的位置
*           y1         垂直线终点所在行的位置
*           color      显示颜色
* 出口参数:无
* 说明:对于单色、4 级灰度的液晶,可通过修改此函数提高作图速度,如单色 LCM,
*       可以一次更新 8 个点,而不需要逐点写到 LCM 中
****************************************************************************/
void  GUI_RLine(uint32 x0, uint32 y0, uint32 y1, TCOLOR color)
{  uint32  bak;

    if(y0>y1)                              //对 y0、y1 大小进行排列,以便画图
    {  bak = y1;
        y1 = y0;
        y0 = bak;
    }
    do
    {  GUI_Point(x0, y0, color);              //逐点显示,描出垂直线
        y0 ++ ;
    }while(y1>=y0);
}

/****************************************************************************
* 名称:GUI_CmpColor()
```

```
 * 功能：判断颜色值是否一致
 * 入口参数：color1          颜色值 1
 *           color2          颜色值 2
 * 出口参数：返回 1 表示相同,返回 0 表示不相同
 * 说明：由于颜色类型 TCOLOR 可以是结构类型,所以需要用户编写比较函数
*************************************************************************/
int  GUI_CmpColor(TCOLOR color1, TCOLOR color2)
{  if(color1 == color2) return(1);
     else  return(0);
}

/*************************************************************************
 * 名称：GUI_CopyColor()
 * 功能：颜色值复制
 * 入口参数：color1          目标颜色变量
 *           color2          源颜色变量
 * 出口参数：无
 * 说明：由于颜色类型 TCOLOR 可以是结构类型,所以需要用户编写复制函数
*************************************************************************/
void  GUI_CopyColor(TCOLOR * color1, TCOLOR color2)
{  *color1 = color2;
}
```

程序清单 5.67 所示为 16 标准色颜色值定义,注释为 RGB 颜色的 R 值、G 值和 B 值。

**程序清单 5.67　16 标准色颜色值定义**

```
/*设置颜色宏定义*/
#define   BLACK       0x00        /*黑色：    0,    0,    0    */
#define   NAVY        0x02        /*深蓝色：  0,    0,    128  */
#define   DGREEN      0x10        /*深绿色：  0,    128,  0    */
#define   DCYAN       0x12        /*深青色：  0,    128,  128  */
#define   MAROON      0x80        /*深红色：  128,  0,    0    */
#define   PURPLE      0x82        /*紫色：    128,  0,    128  */
#define   OLIVE       0x90        /*橄榄绿：  128,  128,  0    */
#define   LGRAY       0xCA        /*灰白色：  192,  192,  192  */
#define   DGRAY       0x92        /*深灰色：  128,  128,  128  */
#define   BLUE        0x03        /*蓝色：    0,    0,    255  */
#define   GREEN       0x1C        /*绿色：    0,    255,  0    */
```

```
#define   CYAN      0x1F        /* 青色:  0,    255,  255   */
#define   RED       0xE0        /* 红色:  55,   0,    0     */
#define   MAGENTA   0xE3        /* 品红:  255,  0,    255   */
#define   YELLOW    0xFC        /* 黄色:  255,  255,  0     */
#define   WHITE     0xFF        /* 白色:  255,  255,  255   */
```

## 5.8.2 基本作图

将 ZLG/GUI 的文件加入到项目中,然后在用户程序中加入含 CONFIG. H 的语句,即可调用 ZLG/GUI 的 API 函数进行画图。下面以画直线、圆弧、多边形及多图形填充为例进行说明。

画直线可以使用 GUI_RLine、GUI_Hline 和 GUI_Line 3 个函数,调用时要提供直线起点和终点的绝对坐标值,以及显示的颜色,对于画水平线和垂直线直接使用 GUI_RLine 和 GUI_Hline会得到更好的绘制效率;当要画具有线宽要求的直线时,使用 GUI_LineWith 函数。画直线的例子如程序清单 5.68 所示。

**程序清单 5.68　画直线演示**

```
/*******************************************************************
* 名称:DemoLine()
* 功能:画直线演示
* 入口参数:无
* 出口参数:无
*******************************************************************/
void  DemoLine(void)
{  WINDOWS  demow;

   /* 显示演示窗口 */
   demow.x = 45;
   demow.y = 25;
   demow.with = 150;
   demow.hight = 80;
   demow.title = (uint8 *) "Line for Demo";
   demow.state = (uint8 *) "Enter a key return.";
   GUI_WindowsDraw(&demow);

   /* 打钩 */
   GUI_Line(90, 60, 110, 90, GREEN);
```

```
    GUI_Line(110, 90, 190, 50, GREEN);
    GUI_LineWith(50, 60, 70, 90, 3, GREEN);
    GUI_LineWith(70, 90, 170, 40, 3, GREEN);

    /*画垂直线及水平线*/
    GUI_RLine(70, 45, 70, RED);
    GUI_HLine(140, 85, 180, RED);

    WaitAKey();                                  //等待一按键
    GUI_WindowsHide(&demow);
}
```

画任意圆弧时使用 GUI_Arc 函数,调用时使用的参数是圆弧的圆心、半径、起始角度及终止角度。企图使用 GUI_Arc 画一个圆是错误的。若要画 1/4 圆弧,使用 GUI_Arc4 函数会获得更好的效率。画圆弧函数使用的例子如程序清单 5.69 所示。

**程序清单 5.69　画圆弧演示**

```
/****************************************************************************
* 名称:DemoCircle()
* 功能:画圆弧演示
* 入口参数:无
* 出口参数:无
****************************************************************************/
void  DemoCircle(void)
{  WINDOWS  demow;

   /*显示演示窗口*/
   demow.x = 45;
   demow.y = 25;
   demow.with = 150;
   demow.hight = 80;
   demow.title = (uint8 *) "Circle for Demo";
   demow.state = (uint8 *) "Enter a key return.";
   GUI_WindowsDraw(&demow);

   /*画两个圆*/
   GUI_CircleFill(75, 60, 15, GREEN);
   GUI_Circle(100, 70, 5, GREEN);
```

```
    /*画两个交圆,并对交点进行填充*/
    GUI_Circle(135, 65, 20, YELLOW);
    GUI_Circle(155, 65, 20, GREEN);
    GUI_FloodFill(145, 65, RED);

    WaitAKey();                                    //等待一按键
    GUI_WindowsHide(&demow);
}
```

画多边形时,要提供多边形的端点坐标数据(如程序清单 5.70 中的 mline、poly5 和 poly4 数组),然后调用 GUI_LineS 函数即可把多边形的各个端点连接起来。只有在起始端点和终止端点为同一点时,画出的图形才是完全封闭的。使用填充函数 GUI_FloodFill 时,需要指出要填充区域内的任意一点,并提供填充颜色。画多边形和多边形填充的例子如程序清单 5.70 所示。

**程序清单 5.70　画多边形及填充演示**

```
uint32  const mline[] = {120,40, 110,55, 90,60, 110,70, 120,90, 130,70, 150,60, 130,55, 120,
                         40};
uint32  const poly5[] = {65,45, 50,60, 50,90, 80,90, 80,60, 65,45};
uint32  const poly4[] = {155,50, 190,50, 155,85, 190,85, 155,50};
/*****************************************************************
* 名称:DemoPoly()
* 功能:画多边形演示
* 入口参数:无
* 出口参数:无
*****************************************************************/
void  DemoPoly(void)
{  WINDOWS  demow;

    /*显示演示窗口*/
    demow.x = 45;
    demow.y = 25;
    demow.with = 150;
    demow.hight = 80;
    demow.title = (uint8 *) "Poly for Demo";
    demow.state = (uint8 *) "Enter a key return.";
```

```
    GUI_WindowsDraw(&demow);

    GUI_LineS(poly5, 6, GREEN);
    GUI_LineS(mline, 9, RED);
    GUI_FloodFill(115, 55, GREEN);
    GUI_LineS(poly4, 5, RED);
    GUI_FloodFill(160, 52, RED);

    WaitAKey();                                //等待一按键
    GUI_WindowsHide(&demow);
}
```

## 5.8.3 画窗口

在使用窗口前要先定义一个窗口的数据结构,如程序清单 5.71 中的 mainwindows,设置窗口的起始坐标、窗口的大小和窗口的标题等相关参数后,即可调用 GUI_WindowsDraw 进行显示输出。图标菜单也需要定义相关的数据结构,如程序清单 5.71 中的 mainmenu,将每一个图标菜单项的显示坐标地址、图标的数据指针和对应的服务函数等进行设置后,即可调用 GUI_MenuIcoDraw 实现显示输出。另外,主程序需要先调用 GUI_SetColor()函数来设置前景色及背景色。画窗口和图标菜单应用的例子如程序清单 5.71 所示。

**程序清单 5.71　窗口及图标菜单演示**

```
/***********************************************************************
* 名称: RunDemo()
* 功能: 进行 GUI 的演示,包括画线、圆、圆弧、椭圆、矩形、多边形、bmp 图及汉字、动画等
* 入口参数: 无
* 出口参数: 无
***********************************************************************/
void  RunDemo(void)
{   WINDOWS  mainwindows;
    MENUICO  mainmenu[8];
    uint8   select;                            //菜单选项变量
    uint8   key;
    uint8   i;

    /*设置主窗口并显示输出*/
    mainwindows.x = 0;
```

```
mainwindows.y = 0;
mainwindows.with = 320;
mainwindows.hight = 240;
mainwindows.title = (uint8 *) "Graphics Function  Demo!";
mainwindows.state = NULL;
GUI_WindowsDraw(&mainwindows);            //绘制主窗口

/*设置图标菜单*/
for(i=0; i<8; i++)
{  if(i<4)
   {  mainmenu[i].x = i*59+11;
      mainmenu[i].y = 20;
   }
   else
   {  mainmenu[i].x = (i-4)*59+11;
      mainmenu[i].y = 72;
   }
   mainmenu[i].state = 0;                 //初始化为末选中状态
}

/*连接相应的图标数据*/
mainmenu[0].icodat = (uint8 *) menuico1;
mainmenu[0].title = (uint8 *) menuchar1;
mainmenu[1].icodat = (uint8 *) menuico2;
mainmenu[1].title = (uint8 *) menuchar2;
mainmenu[2].icodat = (uint8 *) menuico3;
mainmenu[2].title = (uint8 *) menuchar3;
mainmenu[3].icodat = (uint8 *) menuico4;
mainmenu[3].title = (uint8 *) menuchar4;
mainmenu[4].icodat = (uint8 *) menuico5;
mainmenu[4].title = (uint8 *) menuchar5;
mainmenu[5].icodat = (uint8 *) menuico6;
mainmenu[5].title = (uint8 *) menuchar6;
mainmenu[6].icodat = (uint8 *) menuico7;
mainmenu[6].title = (uint8 *) menuchar7;
mainmenu[7].icodat = (uint8 *) menuico8;
mainmenu[7].title = (uint8 *) menuchar8;
```

```
/*连接菜单功能函数*/
mainmenu[0].Function = (void(*)())DemoLine;
mainmenu[1].Function = (void(*)())DemoCircle;
mainmenu[2].Function = (void(*)())DemoArc;
mainmenu[3].Function = (void(*)())DemoEllipse;
mainmenu[4].Function = (void(*)())DemoRectang;
mainmenu[5].Function = (void(*)())DemoPoly;
mainmenu[6].Function = (void(*)())DemoBmp;
mainmenu[7].Function = (void(*)())MoveCircle;

/*设置默认菜单*/
mainmenu[0].state = 1;
select = 0;

/*进行主菜单显示及选择操作*/
while(1)
{  for(i=0; i<8; i++)                               //显示图标菜单
   {  GUI_MenuIcoDraw(&mainmenu[i]);
   }
   /*选择功能*/
   while(1)
   {  key = WaitKey();
      if(key == KEY_OK) break;                      //单击 OK 键选择
      if(key == KEY_NEXT)
      {  mainmenu[select].state = 0;                //取消上一选择
         GUI_MenuIcoDraw(&mainmenu[select]);
         select++;                                  //指向下一菜单
         if(select>7) select=0;
         mainmenu[select].state = 1;
         GUI_MenuIcoDraw(&mainmenu[select]);
      }
      if(key == KEY_BACK)
      {  mainmenu[select].state = 0;                //取消上一选择
         GUI_MenuIcoDraw(&mainmenu[select]);
         if(select == 0) select = 7;
           else  select--;                          //指向下一菜单
         mainmenu[select].state = 1;
```

```
            GUI_MenuIcoDraw(&mainmenu[select]);
        }
    }

    /*执行相应功能*/
    (*mainmenu[select].Function)();
    if(select>=6) GUI_WindowsDraw(&mainwindows);      //主窗口重绘(清屏)
  }
}
```

## 5.8.4 图形、汉字显示

在图形及汉字的显示操作之前，要将相应的点阵数据放到一个数组中，然后调用GUI_LoadBmp及GUI_PutHZ即可。显示汉字时要指定汉字的行、列规格，并要自行处理字与字之间的间隙控制。使用图形及汉字的例子如程序清单5.72所示。

**程序清单5.72　图形及汉字显示演示**

```
/*调入了一幅图像:C:\WINDOWS\Desktop\Critter2.ico*/
/*宽度×高度=32×32*/
uint8  const  critter[]=
{
0x00,0x00,0x00,0x00,0x00,0x00,0x00,0x00,0x00,0x00,0x00,0x00,0x00,0x00,0x00,0x00,
0x03,0xF0,0x00,0x00,0x07,0xFC,0x00,0x00,0x0C,0x9F,0x00,0x00,0x1A,0xCF,0x80,0x00,
0x1C,0x8F,0x80,0x00,0x1F,0xFF,0xC0,0x00,0x1F,0xFF,0xE0,0x00,0x0F,0xFF,0xF0,0x00,
0x0F,0xFF,0xF8,0x00,0x07,0xFF,0xFC,0x00,0x03,0xFF,0xFF,0x00,0x01,0xFF,0xFF,0xC0,
0x00,0xFF,0xFF,0xC0,0x00,0xFF,0xFF,0xC0,0x1F,0xFF,0xFF,0xC0,0x3F,0xFF,0xFF,0xC0,
0x1F,0xFF,0xFF,0xC0,0x0F,0xFF,0xFF,0xC0,0x0F,0xFF,0xFF,0xC0,0x00,0x1F,0xFF,0xC0,
0x00,0x0F,0xFF,0x80,0x00,0x0F,0xFF,0x80,0x00,0x1F,0xFF,0x80,0x00,0x1F,0xFF,0x80,
0x00,0x3F,0xFF,0x80,0x00,0x7F,0x9F,0x00,0x00,0x7F,0x1F,0x00,0x00,0x7E,0x1F,0x00
};

/****************************************************************
* 名称:RunOpen()
* 功能:执行Open菜单命令,打开一个图标
* 入口参数:无
* 出口参数:无
```

```
*****************************************************************/
void  RunOpen(void)
{  GUI_LoadBmp(105, 70, (uint8 *)critter, 32, 32);
}

/* 文字：请 */
/* 宋体 12;  此字体下对应的点阵为：宽×高=16×16 */
uint8  const  hzchar1[]=
{
0x00,0x40,0x47,0xFC,0x30,0x40,0x23,0xF8,0x00,0x40,0x07,0xFE,0xF0,0x00,0x13,0xF8,
0x12,0x08,0x13,0xF8,0x12,0x08,0x13,0xF8,0x16,0x08,0x1A,0x08,0x12,0x28,0x02,0x10
};

/* 文字：稍 */
/* 宋体 12;  此字体下对应的点阵为：宽×高=16×16 */
uint8  const  hzchar2[]=
{
0x0E,0x20,0x79,0x22,0x08,0xA4,0x08,0xA8,0x7D,0xFC,0x19,0x04,0x1D,0x04,0x2B,0xFC,
0x29,0x04,0x49,0x04,0x49,0xFC,0x89,0x04,0x09,0x04,0x09,0x04,0x09,0x14,0x09,0x08
};

/* 文字：等 */
/* 宋体 12;  此字体下对应的点阵为：宽×高=16×16 */
uint8  const  hzchar3[]=
{
0x20,0x80,0x3E,0xFC,0x28,0xA0,0x45,0x10,0x85,0x10,0x3F,0xF8,0x01,0x00,0xFF,0xFE,
0x00,0x20,0x00,0x20,0x7F,0xFC,0x04,0x20,0x02,0x20,0x02,0x20,0x00,0xA0,0x00,0x40
};

/****************************************************************
* 名称：DemoBmp()
* 功能：画 bmp 图及汉字显示演示
* 入口参数：无
* 出口参数：无
*****************************************************************/
void  DemoBmp(void)
{  GUI_ClearSCR();
```

```
    GUI_LoadBmp(0, 0, (uint8 *)windows, 168, 124);
    GUI_PutHZ(210, 20, (uint8 *)hzchar1, 16, 16);
    GUI_PutHZ(210, 50, (uint8 *)hzchar2, 16, 16);
    GUI_PutHZ(210, 80, (uint8 *)hzchar3, 16, 16);

    WaitAKey();                                  //等待一按键
}
```

## 5.8.5 菜单操作

使用下拉菜单时,要先在 MENU.H 文件中设置主菜单和子菜单的宽度。然后定义主菜单的数据结构变量和子菜单的数据结构变量,进行主菜单和子菜单的显示字符及对应功能函数等相关设置。再使用 GUI_MmenuSelect 先显示主菜单。当确定主菜单后即可调用 GUI_SmenuDraw函数下拉显示子菜单,选择子菜单项时使用 GUI_SmenuSelect 进行反白显示。使用下拉菜单的例子如程序清单 5.73 所示。

**程序清单 5.73　下拉菜单示演示**

```
/****************************************************************************
* 名称：RunMenuDemo()
* 功能：进行菜单的演示操作
* 入口参数：无
* 出口参数：无
****************************************************************************/
void  RunMenuDemo(void)
{   WINDOWS  mainwindows;
    MMENU    mainmenu;
    SMENU    submenu[5];
    uint8     mselect;
    uint8     select, bak;
    uint8     key;

    /*设置主窗口并显示输出*/
    mainwindows.x = 0;
    mainwindows.y = 0;
    mainwindows.with = 240;
    mainwindows.hight = 128;
    mainwindows.title = (uint8 *) "Down Menu  Demo!";
```

```
mainwindows.state = (uint8 * ) "ready";
GUI_WindowsDraw(&mainwindows);                    //绘制主窗口

mainmenu.win = &mainwindows;                      //设置主菜单所属窗口
mainmenu.no = 5;                                  //主菜单项个数
mainmenu.str[0] = (char * ) "File";               //主菜单项各项字符
mainmenu.str[1] = (char * ) "Edit";
mainmenu.str[2] = (char * ) "View";
mainmenu.str[3] = (char * ) "Find";
mainmenu.str[4] = (char * ) "Help";
GUI_MMenuDraw(&mainmenu);                         //显示主菜单

/* 子菜单设置 */
for(bak = 0; bak<5; bak ++ )
{  submenu[bak].win = &mainwindows;               //设置菜单所属的窗口
   submenu[bak].mmenu_no = bak;
   submenu[bak].state = 0;
}

submenu[0].no = 3;
submenu[0].str[0] = (char * ) "Open";
submenu[0].str[1] = (char * ) "Close";
submenu[0].str[2] = (char * ) "Exit";
submenu[0].Function[0] = (void( * )()) RunOpen;
submenu[0].Function[1] = (void( * )()) RunClose;
submenu[0].Function[2] = (void( * )()) RunBye;

submenu[1].no = 4;
submenu[1].str[0] = (char * ) "Cut";
submenu[1].str[1] = (char * ) "Copy";
submenu[1].str[2] = (char * ) "Paste";
submenu[1].str[3] = (char * ) "Delete";
submenu[1].Function[0] = (void( * )()) NotThing;
submenu[1].Function[1] = (void( * )()) NotThing;
submenu[1].Function[2] = (void( * )()) NotThing;
submenu[1].Function[3] = (void( * )()) NotThing;
```

```
        submenu[2].no = 2;
        submenu[2].str[0] = (char * ) "Tools";
        submenu[2].str[1] = (char * ) "Font";
        submenu[2].Function[0] = (void( * )()) NotThing;
        submenu[2].Function[1] = (void( * )()) NotThing;

        submenu[3].no = 3;
        submenu[3].str[0] = (char * ) "Find";
        submenu[3].str[1] = (char * ) "Replace";
        submenu[3].str[2] = (char * ) "Next";
        submenu[3].Function[0] = (void( * )()) NotThing;
        submenu[3].Function[1] = (void( * )()) NotThing;
        submenu[3].Function[2] = (void( * )()) NotThing;
        submenu[3].Function[3] = (void( * )()) NotThing;

        submenu[4].no = 1;
        submenu[4].str[0] = (char * ) "About";
        submenu[4].Function[0] = (void( * )()) RunAbout;

        /* 进行子菜单 1 显示及选择操作 */
        mselect = 0;
        while(1)
        {  /* 选择主菜单项 */
           while(1)
           {  GUI_MMenuSelect(&mainmenu, mselect);           //显示当前主菜单项
              key   = WaitKey();                             //等待按键操作
              if(key == KEY_OK) break;                       //若是 OK 键,则退出主菜单选择
              if(key == KEY_BACK)                            //BACK 键操作
              {  if(mselect>0)
                 {  GUI_MMenuNSelect(&mainmenu, mselect);    //取消当前主菜单项选择
                    mselect -- ;                             //指向下一主菜单项
                 }
              }
              if(key == KEY_NEXT)                            //NEXT 键操作
              {  if( mselect<(mainmenu.no - 1))
                 {  GUI_MMenuNSelect(&mainmenu, mselect);    //取消当前主菜单项选择
                    mselect ++ ;                             //指向下一主菜单项
```

```
            }
        }
    }
    GUI_MMenuNSelect(&mainmenu, mselect);

    /*下拉子菜单,选择功能*/
    select = submenu[mselect].state;
    bak = select;
    GUI_SMenuDraw(&submenu[mselect]);                //显示子菜单
    while(1)
    {  key = WaitKey();
       if(key == KEY_OK) break;                      //单击 OK 键选择
       if(key == KEY_NEXT)
       {  bak = select;
          select ++ ;
          if(select >= submenu[mselect].no) select = 0;
          GUI_SMenuSelect(&submenu[mselect], bak, select);
       }
       if(key == KEY_BACK)
       {  bak = select;
          if(select == 0) select = submenu[mselect].no - 1;
            else select -- ;
          GUI_SMenuSelect(&submenu[mselect], bak, select);
       }
    }
    GUI_SMenuHide(&submenu[mselect]);
    (*submenu[mselect].Function[select])();          //调用相应的服务程序
    if( (mselect == 0) && (select == 2))
    {  break;
    }
  }
}
```

# 附录　版权声明及许可协议

## 1. 关于版权

本书提到的软件及本书的大部分文字、图片、表格等内容的著作权和知识产权属于广州周立功单片机发展有限公司所有，并受《中华人民共和国著作权法》、《计算机软件保护条理》、《知识产权保护条例》和相关国际版权条约、法律、法规，以及其他知识产权法律和条约的保护。本书中部分文字、图片、表格的著作权和知识产权不完全属于广州周立功单片机发展有限公司，这些部分将在本文最后列出。

本书提到的软件知识产权和其他所有权利属于广州周立功单片机发展有限公司所有。任何单位和个人未经广州周立功单片机发展有限公司授权不能使用、修改和再发布本软件的任何部分，否则将视为非法侵害，本公司保留依法追究其责任的权利，此条款同样适用于本书中广州周立功单片机发展有限公司拥有完全权利的文字、图片、表格等内容。

## 2. 关于修改与升级

广州周立功单片机发展有限公司保留在不通知用户的情况下对本书及本书提到的软件进行修改、升级的权力，并保留对升级版本修改许可协议的权力。

## 3. 关于许可协议

用户可以通过两种途径获取本书提到的软件使用许可证：

(1) 在授权经销商处购买 EasyARM2200 开发学习套件。EasyARM2200 开发学习套件是广州周立功单片机发展有限公司开发的 ARM7 开发学习套件，一套 EasyARM2200 开发学习套件搭配一份许可证，用户在广州周立功单片机发展有限公司授权的经销商处购买即可。一份许可证可以在一个项目或产品中使用这些软件。许可证不可转让，且以用户在广州周立功单片机发展有限公司登记的名称为准。一旦您购买了 EasyARM2200 开发学习套件，表示您接受了本许可协议。如果您不同意本许可协议，请将其退回原购买处。

(2) 直接与广州周立功单片机发展有限公司联系。

## 4. 没有担保

由于本书提到的软件只是最终产品程序的一部分，广州周立功单片机发展有限公司不提供任何类型的担保。不论是明确的，还是隐含的，包括但不限于适合特定用途的保证。全部的风险由使用者来承担。如果程序出现缺陷，则使用者承担所有必要的服务、修改和改正的